**1권** 스프레드시트 실무

# 주희쌤의
# 컴퓨터활용능력

기본서와
기출문제집을
하나로

Office 2021

✓ 시험에 자주 나오는
**핵심을 엄선**하여 정리

✓ 쉽게 **따라**할 수 있는
친절한 문제 풀이

단기 합격을 ⚡ 위한
## 주희 쌤만의
## 비밀 팁

**대공개!**

# 2급
# 실기

✓ 개념 이해 문제부터
**상시 복원 문제**까지
모두 수록

✓ 실전 완벽 대비
기출유형 및 모의고사
**13회분 수록**

# 이 책의 구성

## 1권 | 스프레드시트 실무

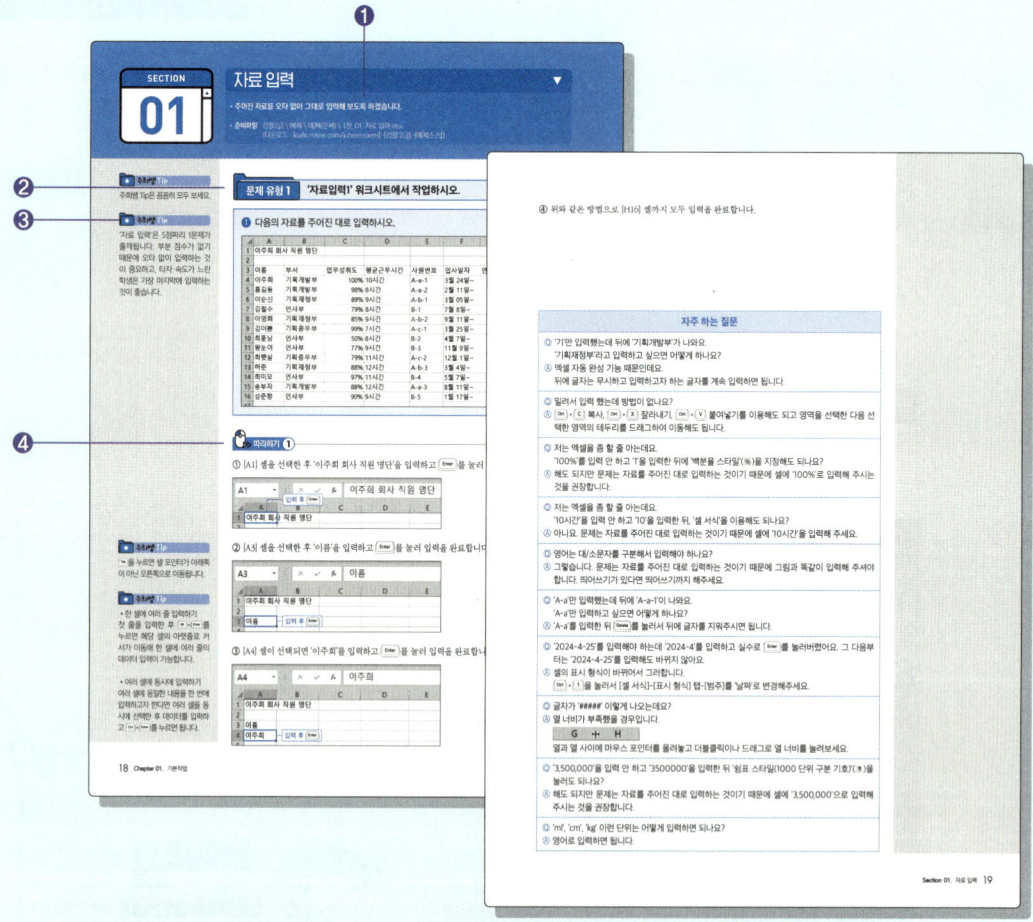

**❶ 섹션 개요**
각 섹션에서 학습할 내용이나 알아두면 좋을 간략한 배경지식 등을 제시하고, 따라하기 예제에 필요한 준비파일의 경로를 표기하였습니다.

**❷ 문제 유형**
최근 기출문제 분석에 따른 다양한 문제 유형들을 예제로 구성하였습니다.

**❸ 주희쌤 Tip**
단기 합격을 위한 주희쌤만의 비밀 팁을 실었습니다. 놓치면 안 될 핵심 내용이 많으므로 꼼꼼히 모두 보기를 권장합니다.

**❹ 따라하기**
예제에 대한 풀이를 누구나 쉽게 따라 할 수 있는 친절한 '따라하기' 방식으로 설명하였습니다.

Structure

## 2권 | 최신기출유형 + 실전모의고사

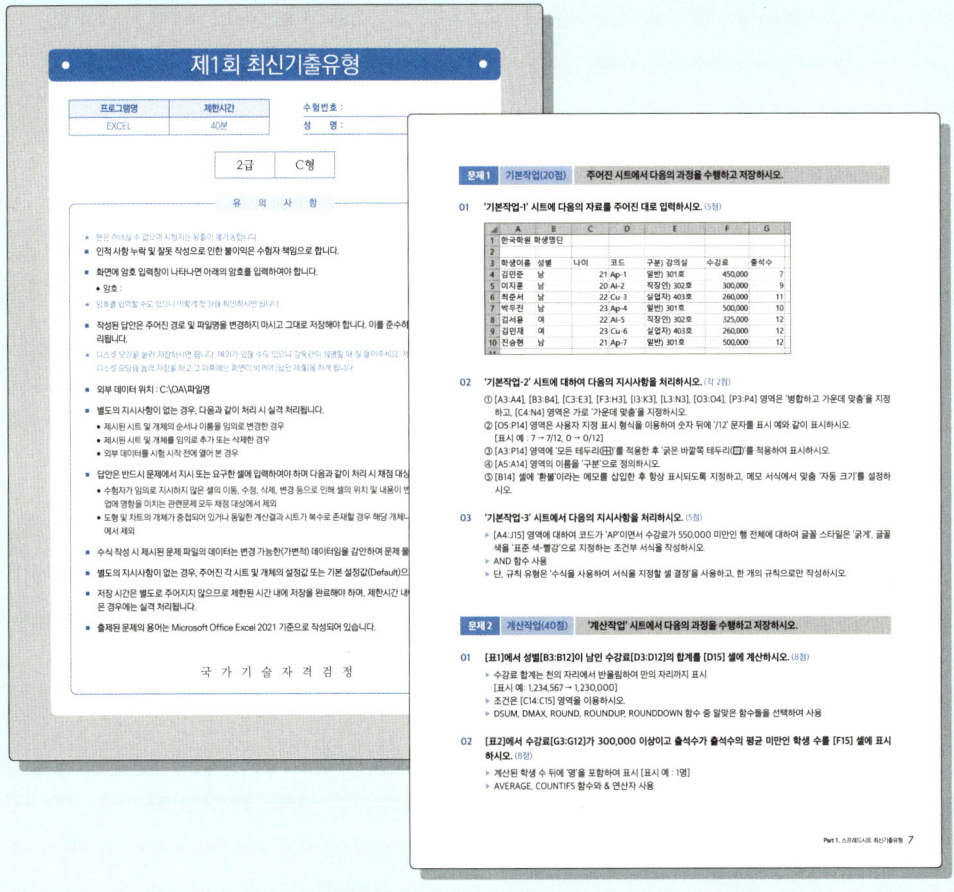

최신 기출문제 유형에 따른 모의고사 13회분을 수록하였습니다.
(최신기출유형은 자동채점 프로그램 제공)

## 학습질문 게시판 활용

1. 'https://cafe.naver.com/juheessaem'의 컴활 2급 질문답변 게시판에서 무엇이든 물어보세요.

   **질문 예**
   - 엑셀을 할 줄 모르는데 컴활 2급을 취득할 수 있을까요.
   - 컴활 2급을 공부하기로 했는데 무엇부터 시작해야 할지 모르겠어요.
   - 저는 오피스 2021 버전 프로그램이 없는데 괜찮을까요.
   - 1권 엑셀 122쪽 함수 4번에서 왜 '>=80'에 큰따옴표를 붙여야 하나요?
   - 채점 프로그램이 최신기출유형 01회 문제1-03을 오답으로 채점하는 이유를 모르겠어요.

2. 시험 문제는 계속해서 변화하기 때문에 책에 수록되지 않은 문제는 컴활 2급 학습자료실에 수시로 업데이트됩니다. 실기 시험 일주일 전에 확인해주세요.

3. 시험 볼 때 모르는 문제가 출제되었다면 기억해두었다가 질문답변 게시판에 질문해주세요. 오늘 출제된 문제는 다음에 또 출제될 가능성이 큽니다. 틀린 문제를 또 틀릴 수는 없으니까요.

## 데이터 파일 이용 방법

1. 책에 수록된 문제를 실습할 수 있는 데이터 파일은 'https://cafe.naver.com/juheessaem'의 컴활 2급 예제소스 혹은 'http://www.thebaeum.co.kr'의 고객센터 공지사항에서 다운로드 할 수 있습니다.

2. 게시글에 첨부된 파일을 다운로드한 후 압축을 풀어 작업합니다.

# 채점 프로그램 이용 방법

1. 2권 최신기출유형의 자동채점 프로그램 설치 파일은 'https://cafe.naver.com/juheessaem'의 컴활 2급 예제소스 혹은 'http://www.thebaeum.co.kr'의 고객센터 공지사항에서 다운로드 할 수 있습니다.

2. 첨부된 파일을 다운로드하여 실행한 후 지시사항에 따라 단추를 클릭하면 간단하게 설치됩니다.

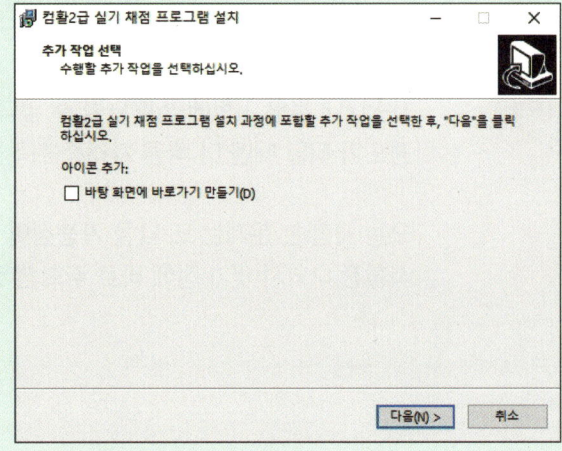

3. [문제유형선택]에서 회차를 선택하고 [작성 파일 선택] 단추를 클릭해 채점할 파일을 열기한 다음 [채점하기] 단추를 클릭하면 빠르게 채점해볼 수 있습니다.

※ Microsoft Office 2021이 설치되어 있지 않거나 Office Update 등에 따른 이유로 채점 결과에 오류가 생길 수 있습니다.

Q. 정확히 작성한 것 같은데 오답으로 채점됩니다.
A. 채점 프로그램은 정답 파일과 비교만 하므로 정답 파일의 내용과 동일하지 않으면 오답으로 채점되기도 합니다. 오답으로 채점이 되는 문제는 사람의 검수가 필요합니다. 실제 시험에서도 실기 시험은 사람의 검수가 필요하기 때문에 필기시험 보다 합격자 조회가 늦죠.
학생 본인이 검수가 어려울 시 작성한 파일을 압축하여 'https://cafe.naver.com/juheessaem' 질문 답변 게시판에 올리면 확인 후 답변을 드립니다.

## Guide

**1** 기본 기능을 파악할 수 있는 문제부터 최근 시험에 출제된
난이도 높은 문제까지 한 권에 해결하기

**2** 공부하면서 궁금하거나 답답한 점을 'https://cafe.naver.com/juheessaem'의
질문답변 게시판을 통해 해소하기

**3** 1년 내내 컴활 시험에만 매달릴 수 없다!
진도가 더딜 때엔 더 빠른 자격증 취득을 위한 동영상 강의 시청하기

**4** 오늘 시험 본 문제는 또 나올 가능성이 크다!
시험장 나와서 잊기 전에 바로 주희쌤에게 질문하기

## 시험 일정

컴퓨터활용능력은 상시검정으로 수시로 시험이 있어 개설된 시험 일정 중에 원하는 일정으로 시험을 접수하고 응시할 수 있습니다.

## 필기 합격 유효 기간

필기 합격 유효 기간은 필기 합격 발표일을 기준으로 만 2년입니다.
만약 2급 필기를 2024년 12월 30일에 합격하였다면 필기 합격 유효 기간은 2026년 12월 29일까지이고 이 기간 내에 2급 실기를 응시하시면 됩니다.

## 시험과목

**필기**
- 1과목 : 컴퓨터 일반 ▷ 암기
- 2과목 : 스프레드시트 일반(=엑셀) ▷ 암기+이해

**실기**
- 1과목 : 스프레드시트 실무(=엑셀)

필기의 2과목이 실기의 1과목과 일치한다는 것을 알 수 있는데요.
시험은 필기시험부터 봐야 하지만 아무것도 모르는 상태에서 이론 공부를 한다는 자체가 어렵기 때문에 실기를 먼저 공부해서 함수를 사용하는 방법이나 엑셀의 기능 등을 익히면 필기 공부하는 것이 훨씬 수월해집니다.
실기가 완벽하게 준비된다면 필기에서 이해하는 부분은 저절로 해결됩니다.

## 검정 수수료 · 시험 시간 · 합격 기준 · 실기 프로그램

**필기**
- 검정 수수료 : 19,000원
- 시험 시간 : 40분
- 객관식으로 과목당 20문항씩 총 40문항
- 합격 기준 : 과목당 40점 이상, 평균 60점 이상(40문항 중 24문항)

**실기**
- 검정 수수료 : 22,500원
- 시험 시간 : 엑셀 40분
- 컴퓨터 작업형
  Microsoft Office Excel 2021(MS Office LTSC Professional Plus 2021)
- 합격 기준 : 70점 이상

## 합격자 발표

**필기**
- 응시일 다음날 오전 10시 이후에 조회 가능
- 불합격 하더라도 2018년 7월부터 필기시험 재응시기간 제한 폐지로 인해 수험자가 원하는 날짜에 재응시 가능

**실기**
- 응시 주간을 제외한 2주 후 금요일에 조회 가능
- 합격자 발표일 전에 재응시 가능
  (여러 번 응시하는 경우 처음 합격한 시점을 기준으로 자격증을 취득하는 것이고, 이후에 불합격했다 하더라도 무효가 됩니다.)

## 시험 방식

**필기**

OMR 카드에 컴퓨터용 사인펜으로 답을 기입하는 것이 아니라 CBT(Computer Based Training) 방식으로 모니터 화면을 보고 마우스로 답을 클릭하게 됩니다.

**실기**

❶ 정해진 자리에 앉아 본인의 인적사항과 맞는지 확인합니다.
❷ 엑셀 문제지를 받습니다.
  - 듀얼 모니터로 한쪽 모니터에는 문제를 띄우고, 다른 한쪽 모니터에는 프로그램을 띄우고 작업할 수 있습니다.
  - 펜은 꺼내실 수 없습니다.
❸ 40분 동안 엑셀 문제를 풉니다.
  - 다운되는 것을 대비하여 중간 중간에 저장을 해주는 것이 좋습니다.
  - 모르는 문제가 있을 때에는 일단 넘기고 아는 문제부터 풀어 커트라인 점수를 확보합니다.
❹ 엑셀 문제지를 반납(제출)합니다.
  - 문제는 유출이 불가능하여 문제지를 다시 반납하게 되어 있습니다.
❺ 퇴실 후 못 푼 문제나 어려운 문제를 잊기 전에 바로 질문답변 게시판에 질문하여 다음에 유사 문제가 나왔을 때 맞힐 수 있도록 합니다.

## 학습 순서

**01 실기 공부**
실기 공부가 탄탄해야(똑같은 문제를 3번~5번 반복) 필기 공부 양이 감소

**02 필기 접수**
필기 공부는 오랜 기간이 걸리지 않기 때문에 일단 접수해 놓고 공부 시작
(시험 접수 : 대한상공회의소 자격평가사업단 http://license.korcham.net/)

**03 필기 공부**
실기 공부가 잘 되어 있다는 가정하에 최소 12시간 ~ 최대 30시간

**04 필기시험**
실기 공부 + 기출문제 5년치 풀이 + 주희쌤의 필기 요약 암기 = 60점 ~ 70점 사이로 합격(필기 합격 커트라인은 60점)

**05 필기 합격**
시험을 본 다음날 합격 조회

**06 실기 접수**
필기 합격을 확인하는 순간 실기 접수

**07 실기 공부**
앞서 실기 공부했던 것을 최종 복습

**08 실기 시험**
실기 시험 응시 후 컴활 2급에 최종 합격 되었다면 대한상공회의소 자격평가사업단(http://license.korcham.net/) 홈페이지에서 자격증 발급 신청

# 필기 공부 방법

**1**  **100점을 목표로 하지 않는다.**
컴활은 방대한 범위를 가지고 문제를 출제하는데요. 그 방대한 범위를 모두 공부하려면 필기에만 두어 달을 투자해도 부족한 시간일 것입니다.
그래서 우리는 만점을 목표로 공부하는 것이 아니고 커트라인만 딱 넘기자! 해서 시험에 나왔던 문제만 공부하고 가는 것이지요.
그 외에 문제는 엑셀을 할 줄 안다면 풀 수 있는 문제들이 나오는 것이고요.
더 많이 풀고 더 많이 보면 물론 합격에 조금 더 다가설 수 있겠지만 시간 대비 효율성이 좋을까... 라는 생각을 먼저 해봅니다.

**2**  **실기 공부는 탄탄하게 되어 있어야 한다.**
컴활2급 합격을 목표로 공부를 시작했다면 어차피 실기 공부를 해야 합니다. 필기시험은 실기에서 배웠던 내용들이 이론화되어 있기 때문에 실기를 탄탄하게 공부해둔다면 실기 공부를 하지 않은 학생보다 필기 공부 시간이 훨씬 줄어들게 됩니다.

**3**  **최근 기출문제 5년치를 푼다.**
시험 문제가 토씨하나 다르지 않고 똑같이 출제되지는 않으나 비슷한 유형의 문제들이 많습니다. 따라서 최근 기출문제 5년치를 풀이하여 반복되는 내용들을 통해 자연스럽게 암기되도록 할 수 있습니다.

**4**  **문제와 답만 외우는 것이 아니라 나머지 선지들도 함께 본다.**
예를 들어 필기 기출문제가 아래와 같다면
**Q.  이주희가 아닌 것은?**
　　가. 여자　　나. 컴활 쌤　　다. 서울 거주　　라. 수학 쌤

> 정답은 **라.** 번 인데요. '이주희는 수학 쌤이 아니다'만 보고 끝나는 것이 아니라 '이주희는 여자이고 컴활 쌤이고 서울에 거주하는데 수학 쌤은 아니구나~' 해주셔야 합니다. 'Q. 컴활 쌤은'이라고 문제가 출제될 수도 있으니까요.

## 실기 공부 방법

**1 포기하는 파트 없이 공부한다.**
보통 어느 한 파트(Part)에서 막히게 되면 그 부분은 포기하고 다른 파트에서 더 확실하게 공부하자! 라고 생각을 하는데요.
컴활2급 실기 시험은 포기하는 파트 없이 공부해야 합니다. 함수 파트가 너무 어려워서 함수 부분을 완전히 포기하게 되면 다른 부분을 다 맞힌다 하더라도 60점이 되어 불합격되기 때문입니다.

**2 포기하는 문제없이 공부한다.**
**하지만 한 두 문제 차이로 합격할 사람이 떨어지지는 않는다.**
교재 안에 물론 어려운 문제도 있습니다. 조금 어렵다고 해서 포기하게 되면 포기해야 할 문제들은 너무나 많아지기 때문에 포기하지 않아야 합니다.
하지만 정말 어려워서 못하겠다! 하는 문제는 스트레스를 받을 필요가 없이 한 두 문제 정도 빼도 됩니다. 한 두 문제 차이로 붙을 사람이 절대 떨어지지 않기 때문이죠.

**3 교재 안에 모든 문제는 적어도 3번 이상 반복하여 푼다.**
반복하다 보면 익숙해지고 익숙해지면 쉬워지고 쉬워지면 재밌어집니다.

## 수업 준비

Ⓠ **저는 MS Office LTSC Professional Plus 2021 프로그램이 없는데 따라갈 수 있을까요?**
Ⓐ 엑셀 프로그램 버전에 따라 작업의 큰 차이는 없으나 학습자마다 느끼는 부분이 다를 수 있고, 시험을 Microsoft Excel 2021 버전으로 응시하기 때문에 해당 프로그램을 준비하시는 것이 좋겠습니다.

Ⓠ **저는 엑셀을 다뤄본 적이 없는데 바로 자격증을 취득할 수 있을까요?**
Ⓐ 컴퓨터활용능력 2급의 난이도는 높지 않기 때문에 걱정하실 필요가 없습니다. 다만 컴퓨터 프로그램에 익숙하지 않은 학생이라면 빠른 자격증 취득을 위해 동영상 강의 시청을 권장합니다.
강의 영상은 배속 조정이 가능하므로 여러 번 들으시면 반복 학습이 되어 이해가 충분히 되실 것입니다.

## 실기 배점

난이도가 높은 문제만으로 구성되어 출제된 적은 없습니다. 시험은 이때까지의 출제 유형을 벗어나지 않는 문제로 70% 이상이 항상 채워져 있었습니다.

시험은 100점 만점으로 문제가 구성되어 있지만 커트라인 점수는 70점입니다. 100점 모두를 맞힐 수 없다고 해서 좌절할 필요도, 포기할 필요도 없다는 것이죠.

하지만 60점대로 불합격하는 학생들이 꽤 많습니다. 그래서 우리는 70점이 아닌 80점 이상을 목표로 공부해야 합니다.

| | | | |
|---|---|---|---|
| 1. 기본작업(표 서식) | 20점 | 자료 입력 | 5점 |
| | | 셀 서식 | 2점×5문제 = 10점 |
| | | 외부 데이터 가져오기 | 5점 |
| | | 필터 | |
| | | 조건부 서식 | |
| 2. 계산작업 | 40점 | 함수 | 8점×5문제 = 40점 |
| 3. 분석작업 | 20점 | 부분합 | 10점×2문제 = 20점 |
| | | 데이터 통합 | |
| | | 피벗 테이블 | |
| | | 데이터 표 | |
| | | 시나리오 | |
| | | 목표값 찾기 | |
| 4. 기타작업 | 20점 | 매크로 | 5점×2문제 = 10점 |
| | | 차트 | 2점×5문제 = 10점 |

## 엑셀 화면 구성

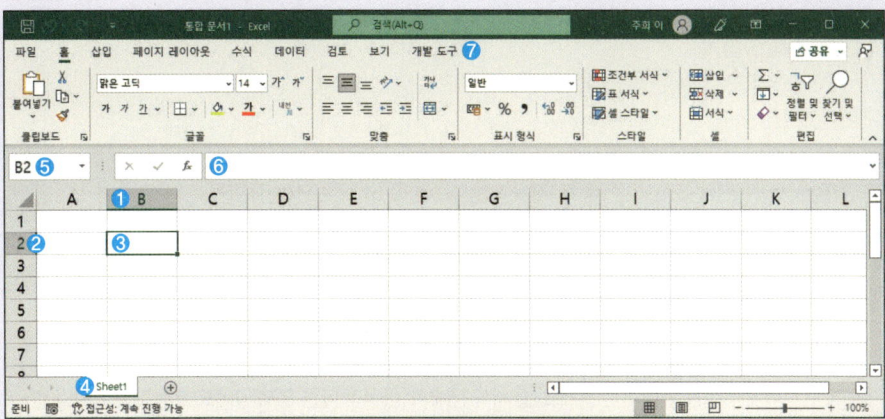

① B열
② 2행
③ B2 셀
④ Sheet1 시트
⑤ 이름 상자
⑥ 수식 입력줄
⑦ [개발 도구] 탭이 안 보이는 경우 [파일] 탭-[옵션]-[리본 사용자 지정] 탭-'개발 도구'에 체크-[확인]

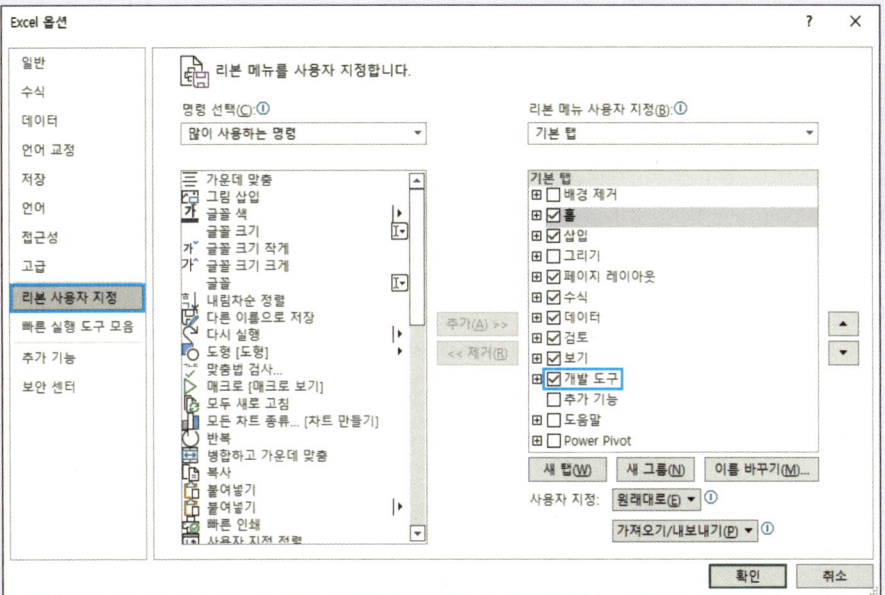

# 섹션별 개요 및 전략

## 기본작업

### 자료 입력
주어진 자료를 오타 없이 그대로 입력하는 문제로 부분 점수가 없기 때문에 오타 없이 입력하는 것이 중요하고, 실제 시험에서 타자 속도가 느린 수험생은 가장 마지막에 입력하는 것이 좋습니다.

### 셀 서식
셀에 있는 데이터가 보기 좋게 표시되게끔 셀을 꾸며주는 문제로 셀 서식 문제 뿐 아니라 다른 문제 안에도 포함되어 있으니 반드시 알고 있어야 하는 부분입니다.

### 외부 데이터 가져오기
엑셀로 만들어진 데이터가 아닌 다른 프로그램에서 만들어진 데이터를 엑셀의 셀로 가져오는 문제로 쉽게 출제됩니다.

### 필터
다양하게 조건을 지정해보고 그 조건에 해당하는 데이터만을 추출하는 문제로 자동 필터든 고급 필터든 출제되었을 때 맞히는 것을 목표로 합니다.

### 조건부 서식
조건에 해당하는 셀이나 영역을 꾸며주는 문제로 계산 작업 문제에 비해 쉽게 출제되니 점수를 확보해 놓아야 합니다.

## 계산작업

### 함수
수험생들이 가장 어려워하는 부분으로 날짜/시간 함수, 논리 함수, 데이터베이스 함수, 문자열 함수, 수학/삼각 함수, 찾기/참조 함수, 통계 함수가 출제되며 책 안의 문제만큼은 완벽하게 내 것으로 만들도록 많은 반복을 해야 합니다.

## 분석작업

분석작업의 모든 문제는 배점이 높은 것에 비해 어렵지 않게 출제되니 맞히는 것을 목표로 합니다.

### 부분합
특정 필드의 같은 글자를 그룹화하여 계산하는 문제입니다.

### 데이터 통합
여러 데이터의 결과를 하나의 표로 통합하여 요약하는 문제입니다.

### 피벗 테이블
복잡한 데이터를 분석하고 탐색하기 쉽게 정렬 및 요약하는 문제입니다.

### 데이터 표
변수에 따른 결과 값의 변화를 표로 표시하는 문제입니다.

### 시나리오
참조되는 셀 값의 변화에 따른 수식의 결과를 시트에 표시하는 문제입니다.

### 목표값 찾기
수식의 결과를 정해놓고 수식에 참조되는 셀 값의 변화를 표시하는 문제입니다.

## 기타작업

### 매크로
도형이나 양식 컨트롤을 클릭했을 때 기록했던 명령이 실행되도록 하는 문제로 간단한 수식 작성이나 셀 서식에서 배웠던 부분이 포함되어 출제됩니다.

### 차트
데이터의 내용에 맞춰 차트의 구성 요소나 서식 등을 변경하는 문제로 차트와 관련된 기능을 전반적으로 알고 있어야 합니다.

# CONTENTS

**Chapter 01** 기본작업

| | | |
|---|---|---|
| Section 01 | 자료 입력 | 18 |
| Section 02 | 셀 서식 | 20 |
| Section 03 | 외부 데이터 가져오기 | 51 |
| Section 04 | 필터 | 59 |
| Section 05 | 조건부 서식 | 80 |

**Chapter 02** 계산작업

| | | |
|---|---|---|
| Section 01 | 함수 | 108 |

**Chapter 03** 분석작업

| | | |
|---|---|---|
| Section 01 | 정렬 및 부분합 | 172 |
| Section 02 | 데이터 통합 | 185 |
| Section 03 | 피벗 테이블 | 192 |
| Section 04 | 데이터 표 | 208 |
| Section 05 | 시나리오 | 211 |
| Section 06 | 목표값 찾기 | 226 |

**Chapter 04** 기타작업

| | | |
|---|---|---|
| Section 01 | 매크로 | 230 |
| Section 02 | 차트 | 254 |

컴퓨터활용능력 2급 실기 1권 스프레드시트

# CHAPTER 01

## 기본작업

- Section 01 자료 입력
- Section 02 셀 서식
- Section 03 외부 데이터 가져오기
- Section 04 필터
- Section 05 조건부 서식

# SECTION 01

## 자료 입력

- 주어진 자료를 오타 없이 그대로 입력해 보도록 하겠습니다.
- 준비파일 : 컴활2급 \ 예제 \ 예제(문제) \ 1장_01. 자료 입력.xlsx
  (다운로드 : [cafe.naver.com/juheessaem]-[컴활 2급]-[예제소스])

### 주희쌤 Tip
주희쌤 Tip은 꼼꼼히 모두 보세요.

### 주희쌤 Tip
'자료 입력'은 5점짜리 1문제가 출제됩니다. 부분 점수가 없기 때문에 오타 없이 입력하는 것이 중요하고, 타자 속도가 느린 학생은 가장 마지막에 입력하는 것이 좋습니다.

**문제 유형 1** '자료입력1' 워크시트에서 작업하시오.

**1** 다음의 자료를 주어진 대로 입력하시오.

| | A | B | C | D | E | F | G | H |
|---|---|---|---|---|---|---|---|---|
| 1 | 이주희 회사 직원 명단 | | | | | | | |
| 2 | | | | | | | | |
| 3 | 이름 | 부서 | 업무성취도 | 평균근무시간 | 사원번호 | 입사일자 | 연수일 | 월급여 |
| 4 | 이주희 | 기획개발부 | 100% | 10시간 | A-a-1 | 3월 24일~ | 2024-04-25 | 3,500,000 |
| 5 | 홍길동 | 기획개발부 | 98% | 8시간 | A-a-2 | 2월 11일~ | 2024-05-07 | 3,300,000 |
| 6 | 이순신 | 기획재정부 | 89% | 9시간 | A-b-1 | 3월 05일~ | 2025-08-07 | 3,000,000 |
| 7 | 김철수 | 인사부 | 79% | 8시간 | B-1 | 7월 8일~ | 2024-09-11 | 2,700,000 |
| 8 | 이영희 | 기획재정부 | 85% | 9시간 | A-b-2 | 9월 11일~ | 2024-08-05 | 2,900,000 |
| 9 | 김이쁨 | 기획총무부 | 99% | 7시간 | A-c-1 | 3월 25일~ | 2025-09-07 | 2,980,000 |
| 10 | 최훈남 | 인사부 | 50% | 8시간 | B-2 | 4월 7일~ | 2024-07-03 | 3,000,000 |
| 11 | 왕눈이 | 인사부 | 77% | 9시간 | B-3 | 11월 9일~ | 2024-07-01 | 2,850,000 |
| 12 | 최햇살 | 기획총무부 | 79% | 11시간 | A-c-2 | 12월 1일~ | 2025-08-07 | 3,400,000 |
| 13 | 허준 | 기획재정부 | 88% | 12시간 | A-b-3 | 3월 4일~ | 2024-11-11 | 3,450,000 |
| 14 | 최미모 | 인사부 | 97% | 11시간 | B-4 | 5월 7일~ | 2025-08-09 | 3,450,000 |
| 15 | 송부자 | 기획개발부 | 88% | 12시간 | A-a-3 | 8월 11일~ | 2025-04-05 | 2,850,000 |
| 16 | 성춘향 | 인사부 | 90% | 9시간 | B-5 | 1월 17일~ | 2024-12-03 | 2,900,000 |
| 17 | | | | | | | | |

### 따라하기 1

① [A1] 셀을 선택한 후 '이주희 회사 직원 명단'을 입력하고 Enter 를 눌러 입력을 완료합니다.

② [A3] 셀을 선택한 후 '이름'을 입력하고 Enter 를 눌러 입력을 완료합니다.

③ [A4] 셀이 선택되면 '이주희'를 입력하고 Enter 를 눌러 입력을 완료합니다.

### 주희쌤 Tip
Tab 을 누르면 셀 포인터가 아래쪽이 아닌 오른쪽으로 이동됩니다.

### 주희쌤 Tip
• 한 셀에 여러 줄 입력하기
첫 줄을 입력한 후 Alt + Enter 를 누르면 해당 셀의 아랫줄로 커서가 이동해 한 셀에 여러 줄의 데이터 입력이 가능합니다.

• 여러 셀에 동시에 입력하기
여러 셀에 동일한 내용을 한 번에 입력하고자 한다면 여러 셀을 동시에 선택한 후 데이터를 입력하고 Ctrl + Enter 를 누르면 됩니다.

④ 위와 같은 방법으로 [H16] 셀까지 모두 입력을 완료합니다.

## 자주 하는 질문

Q '기'만 입력했는데 뒤에 '기획개발부'가 나와요.
'기획재정부'라고 입력하고 싶으면 어떻게 하나요?
A 엑셀 자동 완성 기능 때문인데요.
뒤에 글자는 무시하고 입력하고자 하는 글자를 계속 입력하면 됩니다.

Q 밀려서 입력 했는데 방법이 없나요?
A [Ctrl]+[C] 복사, [Ctrl]+[X] 잘라내기, [Ctrl]+[V] 붙여넣기를 이용해도 되고 영역을 선택한 다음 선택한 영역의 테두리를 드래그하여 이동해도 됩니다.

Q 저는 엑셀을 좀 할 줄 아는데요.
'100%'를 입력 안 하고 '1'을 입력한 뒤에 '백분율 스타일'(%)을 지정해도 되나요?
A 해도 되지만 문제는 자료를 주어진 대로 입력하는 것이기 때문에 셀에 '100%'로 입력해 주시는 것을 권장합니다.

Q 저는 엑셀을 좀 할 줄 아는데요.
'10시간'을 입력 안 하고 '10'을 입력한 뒤, '셀 서식'을 이용해도 되나요?
A 아니요. 문제는 자료를 주어진 대로 입력하는 것이기 때문에 셀에 '10시간'을 입력해 주세요.

Q 영어는 대/소문자를 구분해서 입력해야 하나요?
A 그렇습니다. 문제는 자료를 주어진 대로 입력하는 것이기 때문에 그림과 똑같이 입력해 주셔야 합니다. 띄어쓰기가 있다면 띄어쓰기까지 해주세요.

Q 'A-a'만 입력했는데 뒤에 'A-a-1'이 나와요.
'A-a'만 입력하고 싶으면 어떻게 하나요?
A 'A-a'를 입력한 뒤 [Delete]를 눌러서 뒤에 글자를 지워주시면 됩니다.

Q '2024-4-25'를 입력해야 하는데 '2024-4'를 입력하고 실수로 [Enter]를 눌러버렸어요. 그 다음부터는 '2024-4-25'를 입력해도 바뀌지 않아요.
A 셀의 표시 형식이 바뀌어서 그러합니다.
[Ctrl]+[1]을 눌러서 [셀 서식]-[표시 형식] 탭-[범주]를 '날짜'로 변경해주세요.

Q 글자가 '#####' 이렇게 나오는데요?
A 열 너비가 부족했을 경우입니다.

| G | ✛ | H |

열과 열 사이에 마우스 포인터를 올려놓고 더블클릭이나 드래그로 열 너비를 늘려보세요.

Q '3,500,000'을 입력 안 하고 '3500000'을 입력한 뒤 '쉼표 스타일(1000 단위 구분 기호)'( , )을 눌러도 되나요?
A 해도 되지만 문제는 자료를 주어진 대로 입력하는 것이기 때문에 셀에 '3,500,000'으로 입력해 주시는 것을 권장합니다.

Q 'ml', 'cm', 'kg' 이런 단위는 어떻게 입력하면 되나요?
A 영어로 입력하면 됩니다.

# SECTION 02

## 셀 서식

- 서식은 '꾸민다'라는 의미로, 셀 서식은 '셀을 꾸민다'입니다. 셀에 있는 데이터가 보기 좋게 표시되게끔 셀을 꾸며보도록 보도록 하겠습니다.

- 준비파일 : 컴활2급 \ 예제 \ 예제(문제) \ 1장_02. 셀 서식.xlsx

### 주희쌤 Tip
주희쌤 Tip은 꼼꼼히 모두 보세요.

### 주희쌤 Tip
'셀 서식'은 2점씩 5문제. 총 10점이 출제됩니다. 목표 점수는 10점으로 셀 서식은 셀 서식 문제뿐 아니라 다른 문제 안에도 포함되어 있으니 반드시 알고 있어야 하는 부분입니다.

### 문제 유형 1 ㅣ '셀서식1' 워크시트에서 다음의 지시사항을 처리하시오.

① [A1:G1] 영역은 '병합하고 가운데 맞춤', 글꼴 '궁서체', 크기 18, 글꼴 스타일 '굵게', 글꼴 색 '표준 색-자주', 밑줄 '이중 실선', 행 높이 30으로 지정하시오.

② [A3:A4], [B3:B4], [C3:C4], [D3:D4], [E3:F3], [G3:G4], [I3:I4] 영역은 '셀 병합' 후 가로, 세로 '가운데 맞춤'으로 지정하시오.

③ [E4:F4] 영역은 '가로 가운데 맞춤', [A3:G4] 영역은 채우기 색 '표준 색-파랑'으로 지정하시오.

④ [A16:D16], [A17:D17] 영역은 '병합하고 가운데 맞춤', [A16:D17] 영역은 셀 스타일을 '제목 및 머리글'의 '제목 4'로 지정하시오.

⑤ [A5] 셀의 셀 스타일을 '연한 파랑, 40% – 강조색5'로 지정하시오.

⑥ 제목 "이주희 회사 직원 명단"의 "회사"를 한자 "會社"로 바꾸시오.

⑦ [A3] 셀의 "성명"을 한자 "姓名"으로 변환하시오.

⑧ 제목 "이주희 會社 직원 명단"의 앞 뒤에 특수 문자 "◈"를 삽입하시오.

⑨ [A5] 셀에 '보너스 무료 여행'라는 메모를 삽입한 후 글꼴 '맑은 고딕', 크기 11, 글꼴 스타일 '굵게', 채우기 색 '표준 색-노랑', '자동 크기'로 지정하고, 항상 표시되도록 하시오.

⑩ [I5:I15] 영역을 복사하여 근태점수(G5:G15) 영역에 '연산(더하기)' 기능으로 '선택하여 붙여넣기'를 하시오.

⑪ [I5:I15] 영역은 '오른쪽 들여쓰기', '들여쓰기 1'로 지정하시오.

⑫ [B5:B15] 영역은 '지역'으로 이름을 정의하고, 텍스트 맞춤은 '가로 균등 분할'로 지정하시오.

⑬ [G2] 셀은 셀 서식의 사용자 지정 서식을 이용하여 "yy년 mm월 dd일 aaaa" 형식, '셀에 맞춤'으로 지정하시오.

⑭ [C5:C15] 영역은 '백분율 스타일(%)', 소수 첫째 자리까지 지정하시오.

⑮ [F5:F17] 영역은 '통화 기호(₩)', [E5:E17] 영역은 '쉼표 스타일(,)'을 지정하시오.

⑯ [I3:I15] 영역은 '모든 테두리(田)'를 적용한 후 '굵은 바깥쪽 테두리(▣)'를 적용하여 표시하시오.

⑰ [A3:G17] 영역에 테두리 스타일 '모든 테두리(田)', 선 스타일 '실선', 테두리 색 '빨강'으로 적용하고, [G16:G17] 영역은 선 스타일 '실선', 테두리 색 '빨강', 대각선(X) 모양을 적용하여 표시하시오.

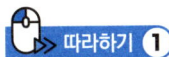

① [A1:G1] 영역을 드래그하여 선택한 후 [홈] 탭-[맞춤] 그룹-[병합하고 가운데 맞춤](🖽)을 클릭합니다.

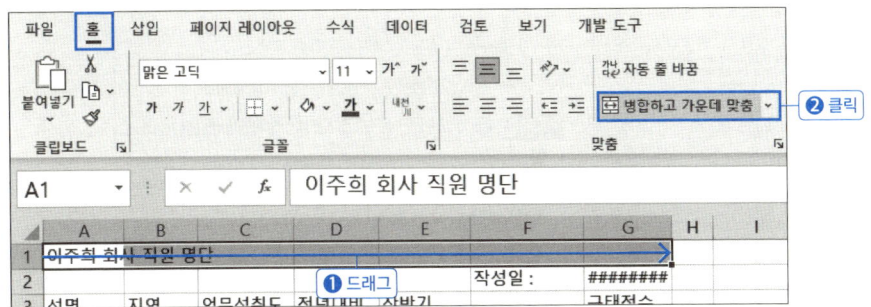

> **주희쌤 Tip**
> [A1:G1]은 [A1] 셀부터 [G1] 셀까지를 의미합니다.

② 글꼴을 변경하기 위해 [홈] 탭-[글꼴] 그룹-[글꼴] 입력란에 '궁서체'를 입력한 후 Enter를 눌러 입력을 완료합니다.

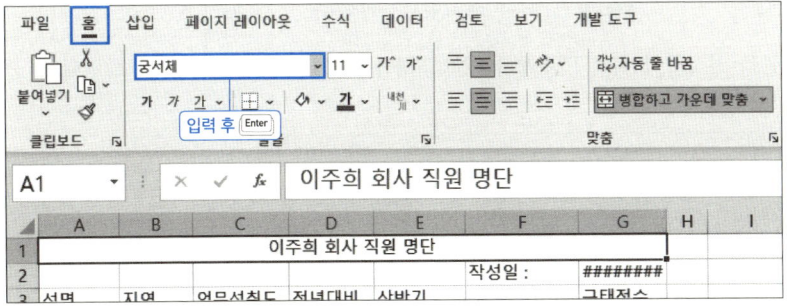

> **주희쌤 Tip**
> 목록 단추(▼)를 클릭해 '궁서체'를 찾아도 되지만 직접 입력 후 Enter를 누르는 것이 빠릅니다.

> **주희쌤 Tip**
> '궁서'와 '궁서체'는 다릅니다.

③ 글꼴 크기를 변경하기 위해 [홈] 탭-[글꼴] 그룹-[글꼴 크기] 입력란에 '18'을 입력한 후 Enter를 눌러 입력을 완료합니다.

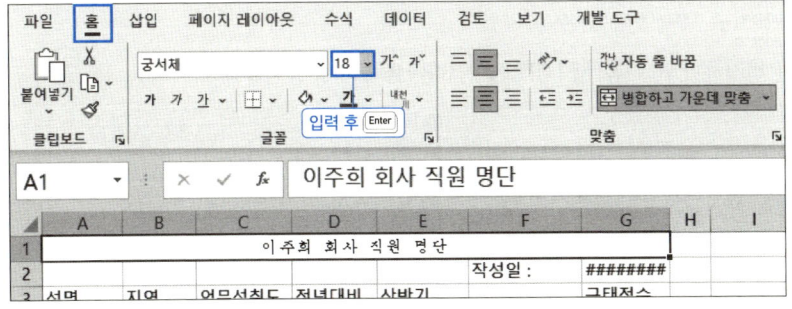

④ 글꼴 스타일을 변경하기 위해 [홈] 탭-[글꼴] 그룹-[굵게]( 가 )를 클릭합니다.

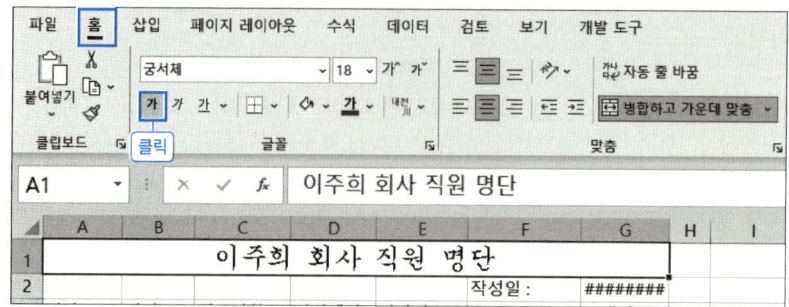

⑤ 글꼴 색을 변경하기 위해 [홈] 탭-[글꼴] 그룹-[글꼴 색]의 목록 단추(▼)를 클릭해 '자주'를 선택합니다.

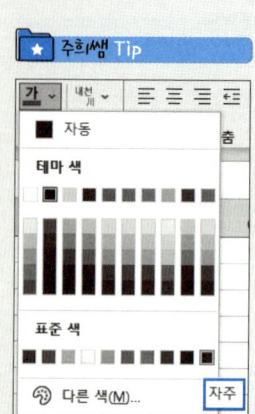

**주희쌤 Tip**

색에 마우스 포인터를 올려놓으면 팁으로 해당 색의 이름이 표시됩니다. 정확한 색으로 선택해야 정답으로 채점됩니다.

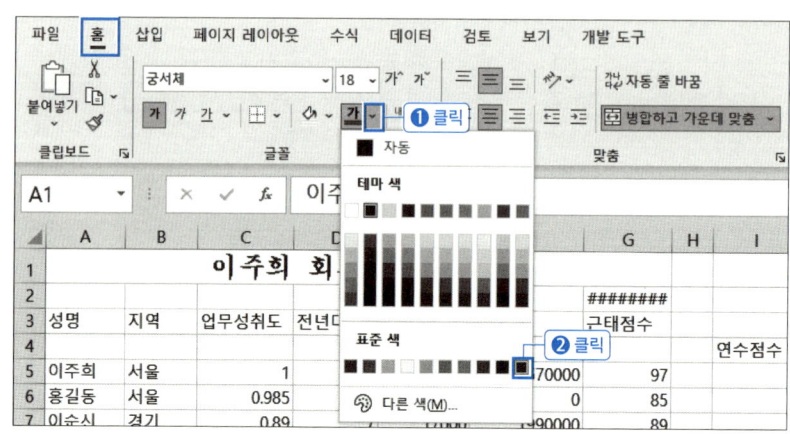

⑥ 이중 실선을 지정하기 위해 [홈] 탭-[글꼴] 그룹-[밑줄]의 목록 단추(▼)를 클릭해 '이중 밑줄'( 가 )을 선택합니다.

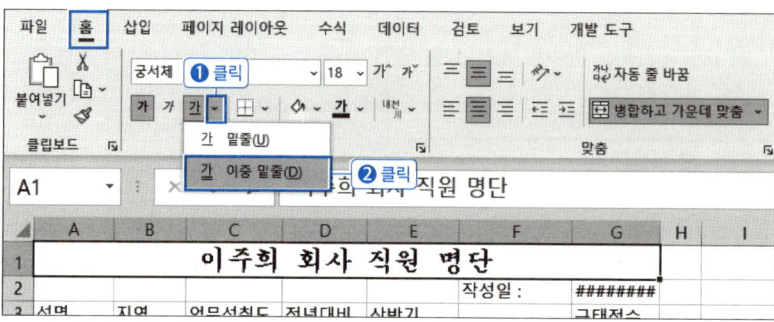

⑦ 행 높이를 변경하기 위해 [홈] 탭-[셀] 그룹-[서식]-[행 높이]를 클릭합니다.

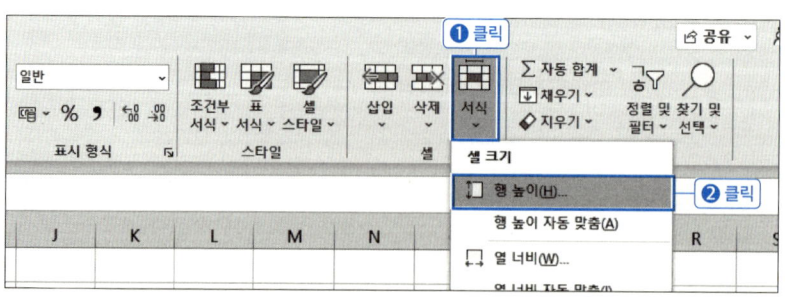

⑧ [행 높이] 대화상자가 나타나면 '행 높이' 입력란에 '30'을 입력한 후 [확인] 단추를 클릭합니다.

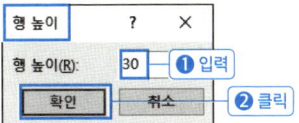

① [A3:A4] 영역을 선택한 후 Ctrl 을 누른 채로 [B3:B4], [C3:C4], [D3:D4], [E3:F3], [G3:G4], [I3:I4] 영역을 선택합니다.

② 영역이 모두 선택되면 [홈] 탭-[맞춤] 그룹-[병합하고 가운데 맞춤](圉)을 클릭합니다.

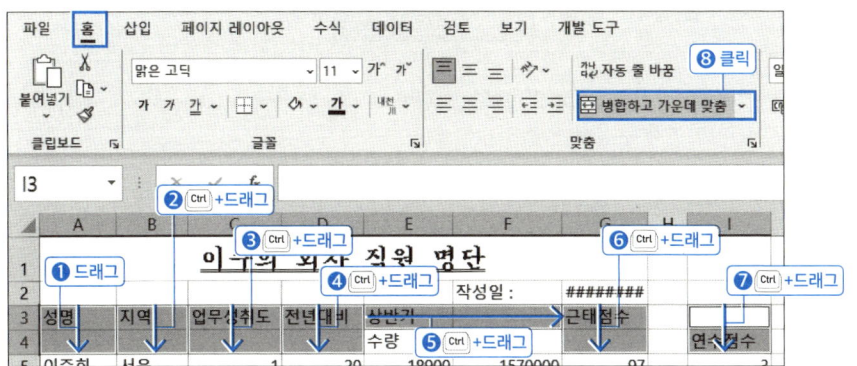

③ 가로 가운데 맞춤은 이미 설정되어 있으므로 세로 가운데 맞춤을 지정하기 위해 [홈] 탭-[맞춤] 그룹-[세로 가운데 맞춤](≡)을 클릭합니다.

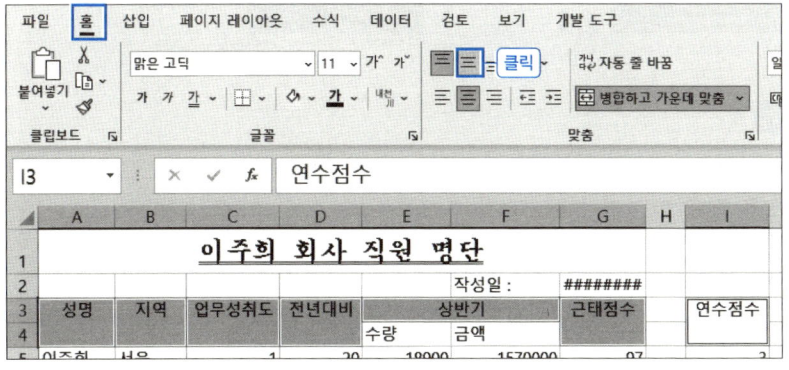

★ 주희쌤 Tip

Ctrl 은 두 번째 영역부터 누릅니다.

★ 주희쌤 Tip

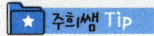

'셀을 병합하면 왼쪽 위의 값만 남고 나머지 값은 잃게 됩니다.' 라고 경고 창이 나타나는 이유는 영역을 잘못 선택했기 때문입니다. [취소] 단추를 클릭하고 다시 선택해 보세요.

★ 주희쌤 Tip

[병합하고 가운데 맞춤]을 클릭했는데도 아무런 실행이 되지 않는 이유는 영역을 잘못 선택했기 때문입니다. 영역을 다시 선택하세요.

★ 주희쌤 Tip

| 三三三 | 세로 가운데 맞춤 |
|---|---|
| 三三三 | 가로 가운데 맞춤 |

[병합하고 가운데 맞춤]을 지정하면 '가로 가운데 맞춤'은 자동으로 선택됩니다.

 따라하기 ③

① [E4:F4] 영역을 선택한 후 [가로 가운데 맞춤](≡)을 클릭합니다.

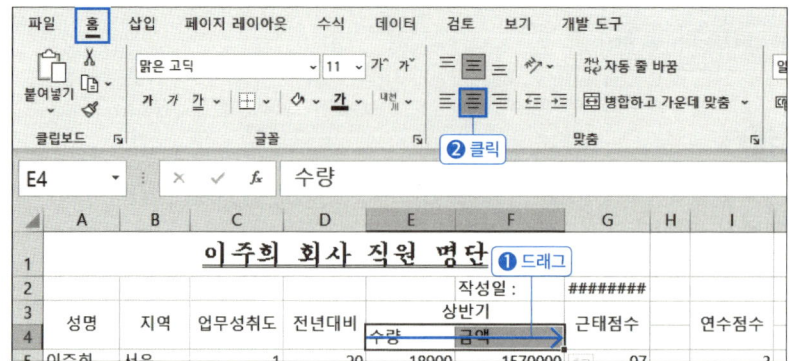

② 채우기 색을 지정하기 위해 [A3:G4] 영역을 선택한 후 [홈] 탭-[글꼴] 그룹-[채우기 색]의 목록 단추(▼)를 클릭해 '파랑'을 선택합니다.

> **주희쌤 Tip**
> • 글꼴 색 ≠ 채우기 색
> • 채우기 색 = 배경 색
> • 가로 가운데 맞춤 = 가운데 맞춤 = 가로 방향 텍스트 가운데 맞춤

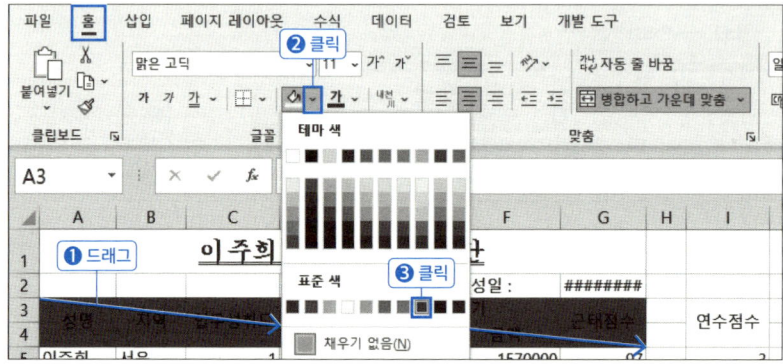

 따라하기 ④

① [A16:D16] 영역을 선택한 후 [Ctrl]을 누른 채로 [A17:D17] 영역을 선택합니다.

② [홈] 탭-[맞춤] 그룹-[병합하고 가운데 맞춤](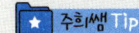)을 클릭합니다.

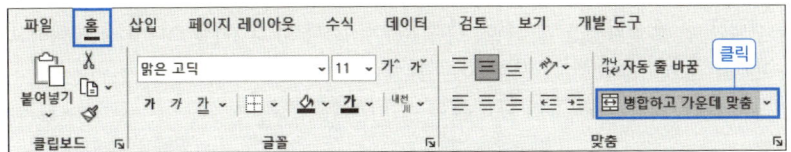

③ [A16:D17] 영역을 선택한 후 셀 스타일을 지정하기 위해 [홈] 탭-[스타일] 그룹-[셀 스타일]을 클릭하고 [제목 및 머리글] 범주의 '제목 4'를 클릭합니다.

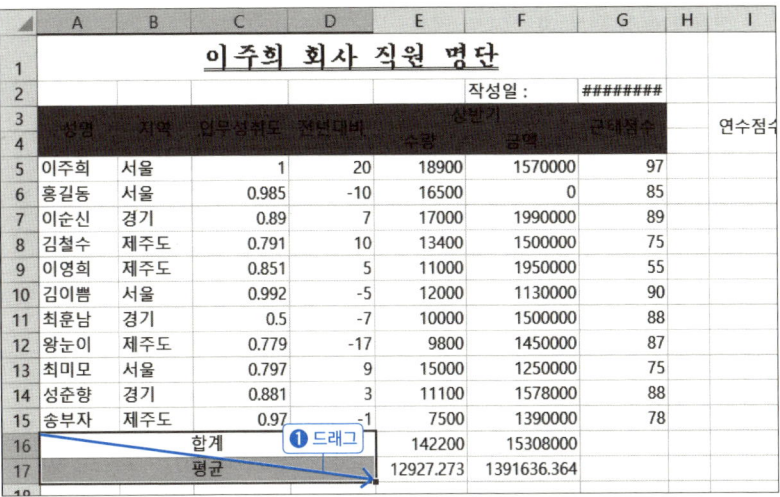

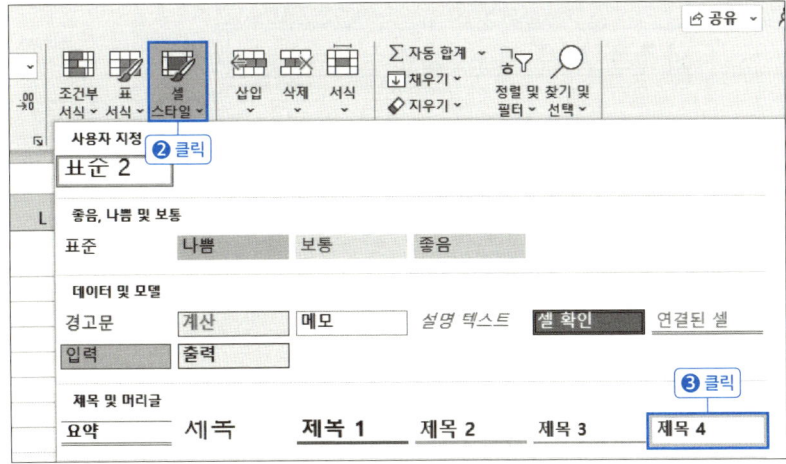

★ 주희쌤 Tip

프로그램이 열린 크기에 따라 셀 스타일이 다르게 표시되어 보일 수 있습니다.

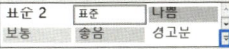

↑ 프로그램이 크게 열려 있으면 위와 같이 표시됩니다.
이러한 경우 자세히(▼)를 클릭하면 아래와 같이 보입니다.

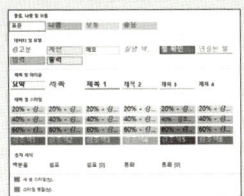

> **주희쌤 Tip**
>
> '셀 스타일'을 변경했을 때 글자 크기가 바뀌어도, 안 바뀌어도 상관없습니다.

### 따라하기 5

① [A5] 셀을 선택한 후 셀 스타일을 지정하기 위해 [홈] 탭-[스타일] 그룹-[셀 스타일]을 클릭하고 [테마 셀 스타일] 범주의 '연한 파랑, 40% - 강조색5'를 선택합니다.

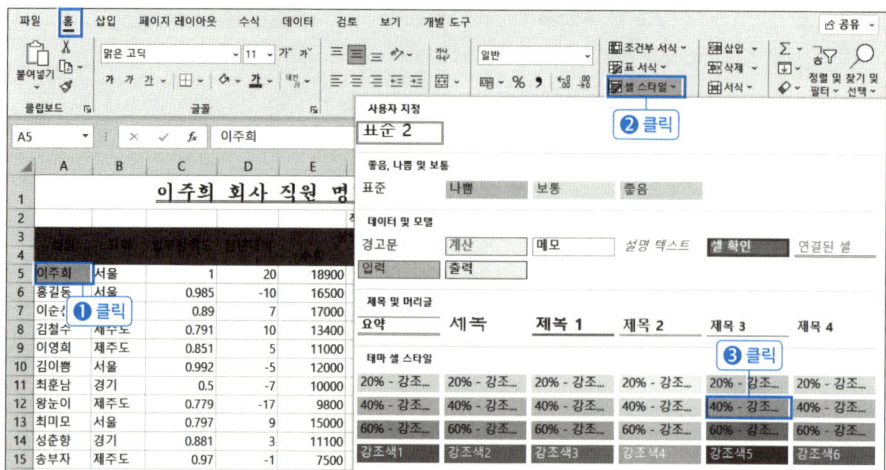

### 따라하기 6

① [A1] 셀을 선택한 후 [수식 입력줄]에서 '회사'를 드래그하여 선택합니다.

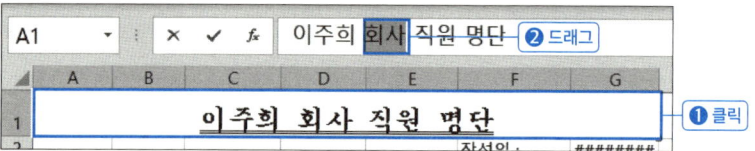

② 한자로 변환하기 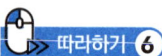를 누릅니다.

③ [한글/한자 변환] 대화상자가 나타나면 '한자 선택' 목록에서 '會社'를 클릭, '입력 형태'를 '漢字'로 선택한 후 [변환] 단추를 클릭합니다.

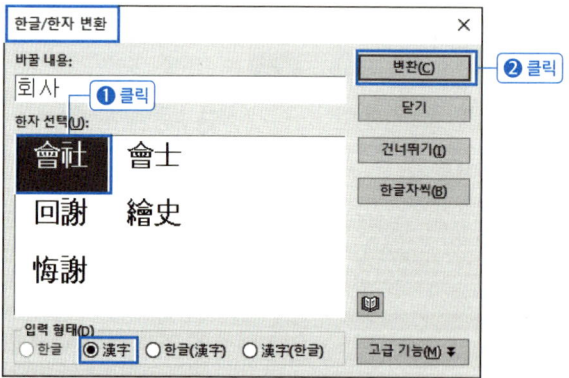

④ 회사가 한자로 변환되면 Enter 를 눌러 완료합니다.

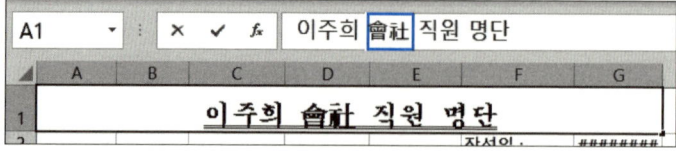

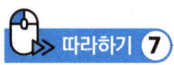 **따라하기 7**

① [A3] 셀을 선택한 후 [수식 입력줄]에서 '성명'을 드래그하여 선택합니다.

② 한자로 변환하기 위해 [한자]를 누릅니다.

③ [한글/한자 변환] 대화상자가 나타나면 '한자 선택' 목록에서 '姓名'을 클릭, '입력 형태'를 '漢字'로 선택한 후 [변환] 단추를 클릭합니다.

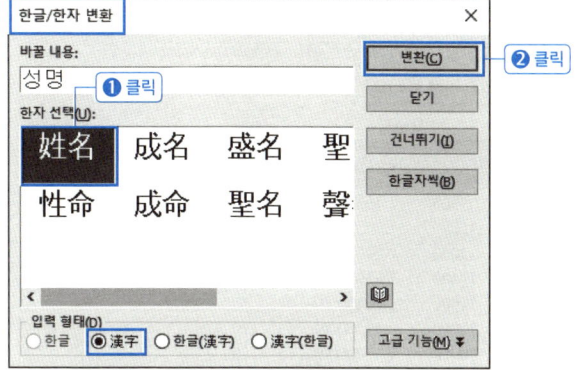

④ 성명이 한자로 변환되면 [Enter]를 눌러 완료합니다.

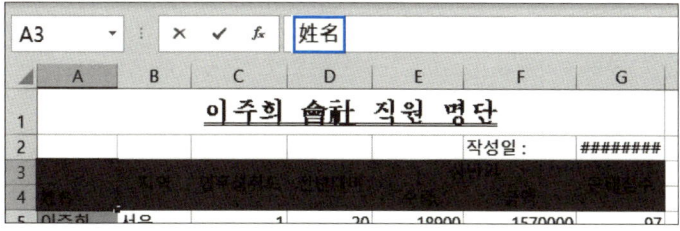

 **따라하기 8**

① [A1] 셀을 선택한 후 [수식 입력줄]에서 제목 왼쪽을 클릭합니다.

② 특수 문자를 삽입하기 위해 [ㅁ]을 누르고 [한자]를 누릅니다.

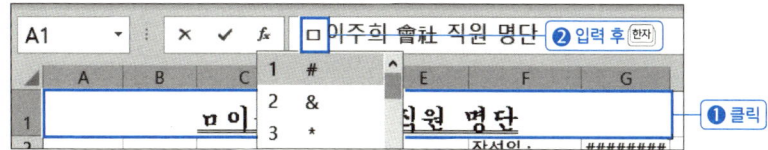

> **주희쌤 Tip**
>
> 자음을 입력하고 [한자]를 누르면 자음마다 다른 특수문자가 표시됩니다.

③ [Tab]을 눌러 목록을 확장한 다음 '◆'을 선택합니다.

④ 같은 방법으로 제목 오른쪽에도 '◆'을 삽입한 후 [Enter]를 눌러 완료합니다.

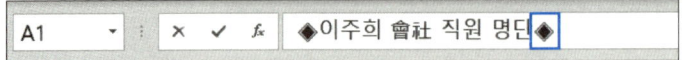

① [A5] 셀을 선택한 후 마우스 오른쪽 버튼을 눌러 바로 가기 메뉴가 나타나면 [메모 삽입] 명령을 클릭합니다.

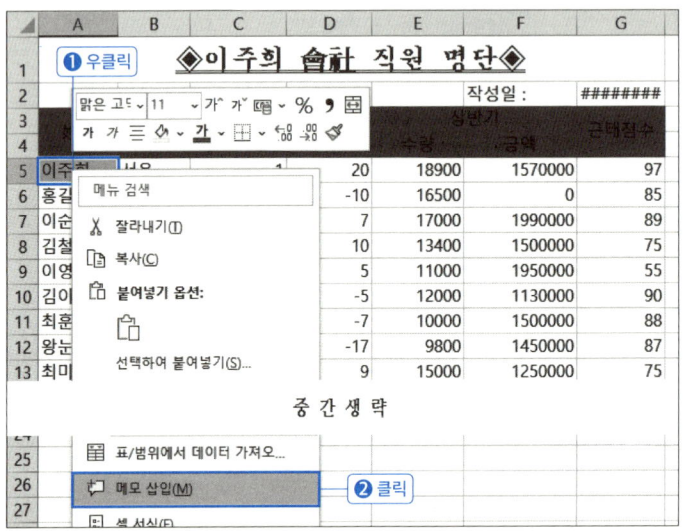

② 메모 입력 창이 나타나면 사용자 이름 맨 앞에 커서를 두고 [Delete]를 길게 눌러 메모 안의 모든 내용을 지웁니다.

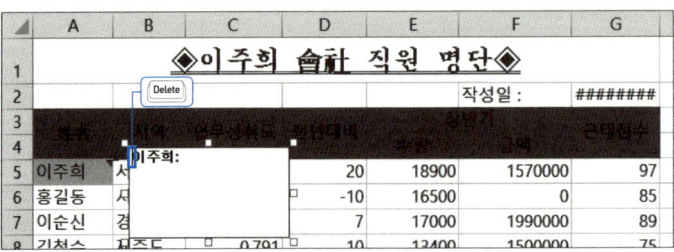

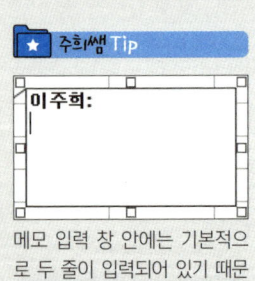

메모 입력 창 안에는 기본적으로 두 줄이 입력되어 있기 때문에 두 줄을 모두 지워야 합니다.

③ 사용자 이름이 지워지면 '보너스 무료 여행'을 입력합니다.

④ 메모의 틀에서 마우스 오른쪽 버튼을 눌러 바로 가기 메뉴가 나타나면 [메모 서식]명령을 클릭합니다.

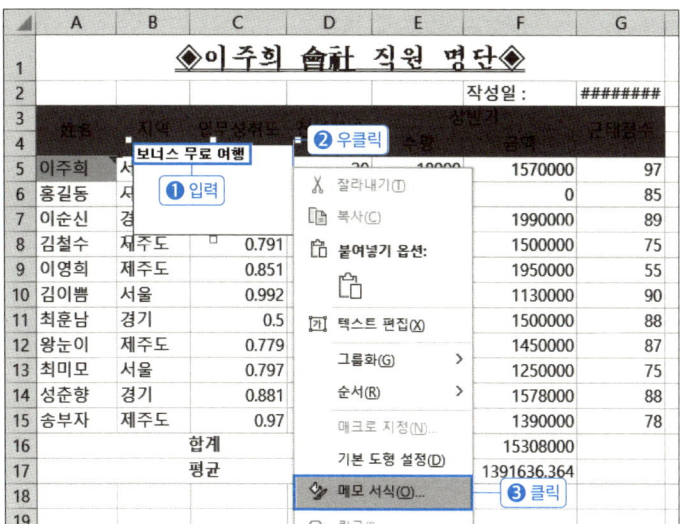

⑤ [메모 서식] 대화상자가 나타나면 [글꼴] 탭-[글꼴]을 '맑은 고딕'으로 선택, [크기]를 '11'로 선택, [글꼴 스타일]을 '굵게'로 선택합니다.

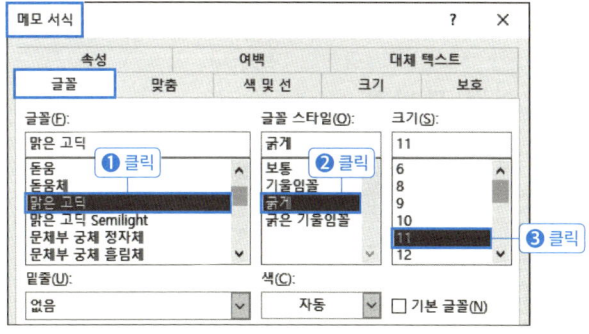

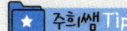

Ⓠ 저는 [메모 서식] 대화상자에 [글꼴] 탭만 보여요.
Ⓐ 메모의 틀에서 마우스 오른쪽 버튼-[메모 서식]을 클릭하지 않고 메모 창 안에서 마우스 오른쪽 버튼-[메모 서식]을 클릭했기 때문입니다.

⑥ 이어서 [색 및 선] 탭-[채우기] 범주-'색' 목록 단추(▼)를 클릭해 '노랑'을 선택합니다.

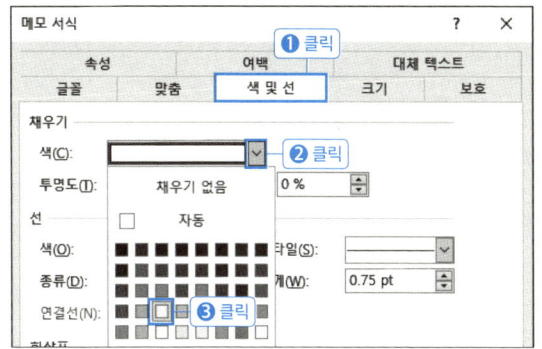

⑦ 이어서 [맞춤] 탭의 '자동 크기' 확인란을 선택한 후 [확인] 단추를 클릭합니다.

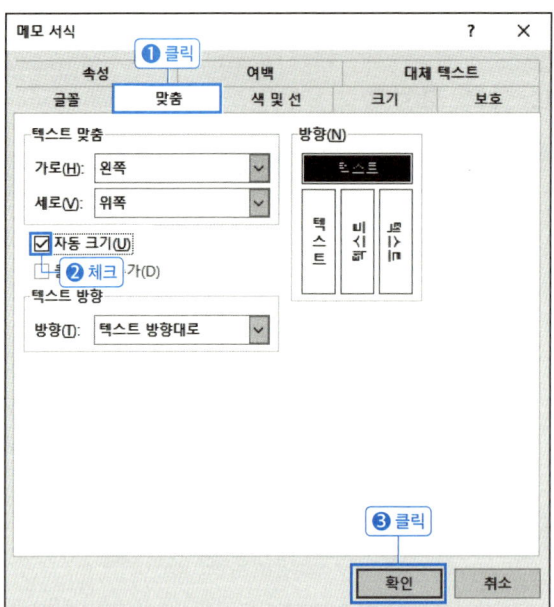

**주희쌤Tip**

메모의 틀을 드래그하여 이동해 놔도 상관없습니다.

**주희쌤Tip**

이미 메모가 항상 표시되어 있다면 ⑧번 해설을 생략합니다.

⑧ 메모가 항상 표시되도록 [A5] 셀을 선택한 후 마우스 오른쪽 버튼을 눌러 바로 가기 메뉴가 나타나면 [메모 표시/숨기기]를 클릭합니다.

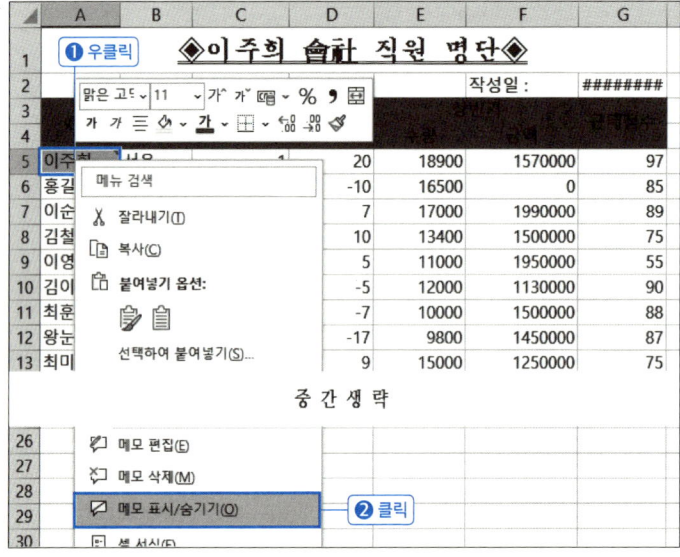

 따라하기 10

① [I5:I15] 영역을 드래그하여 선택한 후 Ctrl + C 를 눌러 복사합니다.

② 연산 기능으로 붙여넣기 위해 [G5:G15] 영역을 드래그하여 선택한 후 [홈] 탭-[클립보드] 그룹-[붙여넣기]의 목록 단추(▾)를 클릭하고 [선택하여 붙여넣기]를 선택합니다.

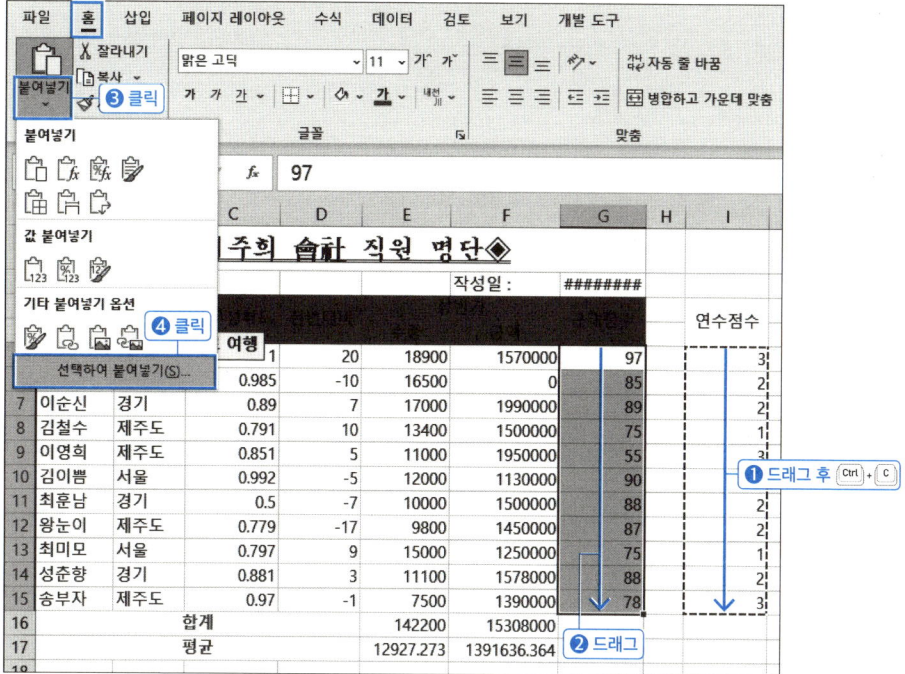

③ [선택하여 붙여넣기] 대화상자가 나타나면 [연산] 범주-'더하기'를 선택한 후 [확인] 단추를 클릭합니다.

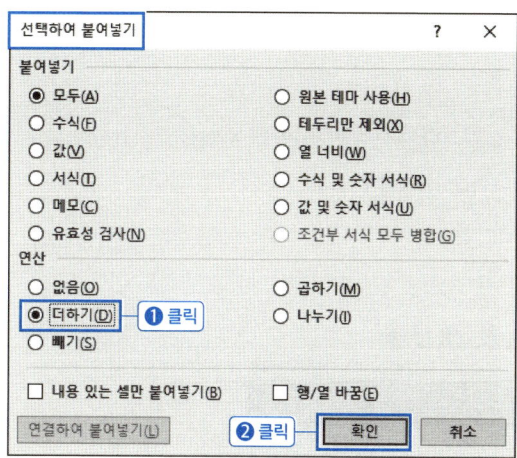

④ ESC 를 눌러 선택을 해제합니다.

> **주희쌤 Tip**
>
> ESC 를 누르면 복사했던 내용이 클립보드에서 사라집니다. ESC 를 누르지 않아도 다음 문제를 풀 수 있습니다.

① [I5:I15] 영역을 드래그하여 선택한 후 [홈] 탭-[맞춤] 그룹-[텍스트 오른쪽 맞춤]( )을 클릭합니다.

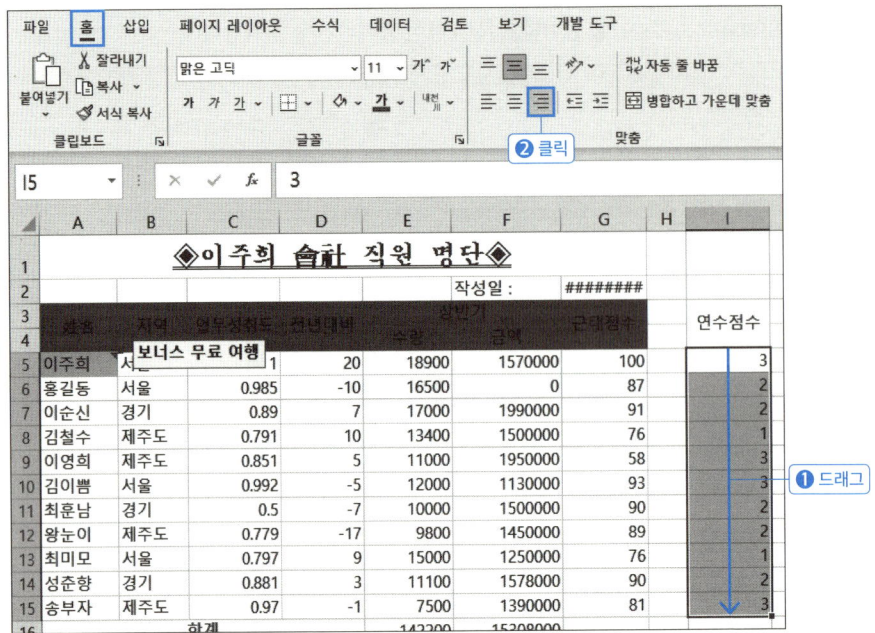

② 이어서 [홈] 탭-[맞춤] 그룹-[들여쓰기]( )를 클릭합니다.

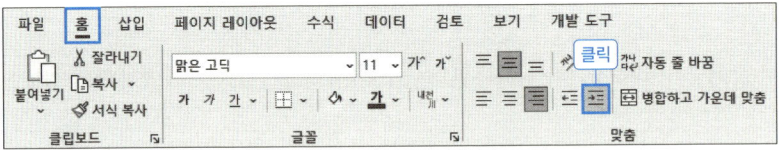

> **주희쌤 Tip**
> '들여쓰기 1'이기 때문에 '들여쓰기( )'를 한 번만 클릭합니다.

> **주희쌤 Tip**
> [셀 서식] 대화상자의 [맞춤] 탭에서도 지정이 가능합니다.
>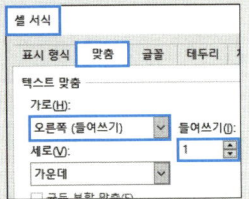

> **주희쌤 Tip**
> 이름을 정의하면 표 이름을 알아보기 쉽게 하고 수식에서 활용이 가능합니다.
> 이름 삭제는 [수식] 탭-[정의된 이름] 그룹-[이름 관리자]에서 합니다.

### 따라하기 12

① 이름을 정의하기 위해 [B5:B15] 영역을 드래그하여 선택한 후 [이름 상자]를 클릭합니다.

② '지역'을 입력한 후 오타 여부를 확인하고 Enter 를 누릅니다.

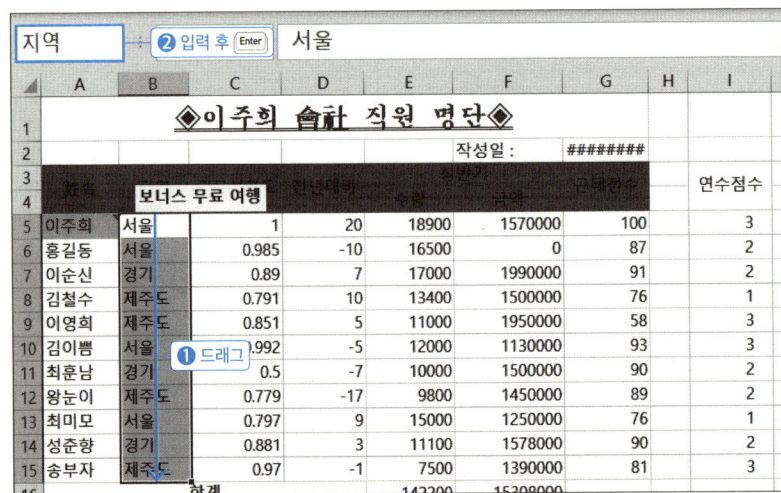

③ 가로 균등 분할을 지정하기 위해 [B5:B15] 영역이 선택된 상태에서 Ctrl + 1 을 누릅니다.

④ [셀 서식] 대화상자가 나타나면 [맞춤] 탭-[텍스트 맞춤] 범주-'가로' 목록 단추(∨)를 클릭해 '균등 분할 (들여쓰기)'을 선택한 후 [확인] 단추를 클릭합니다.

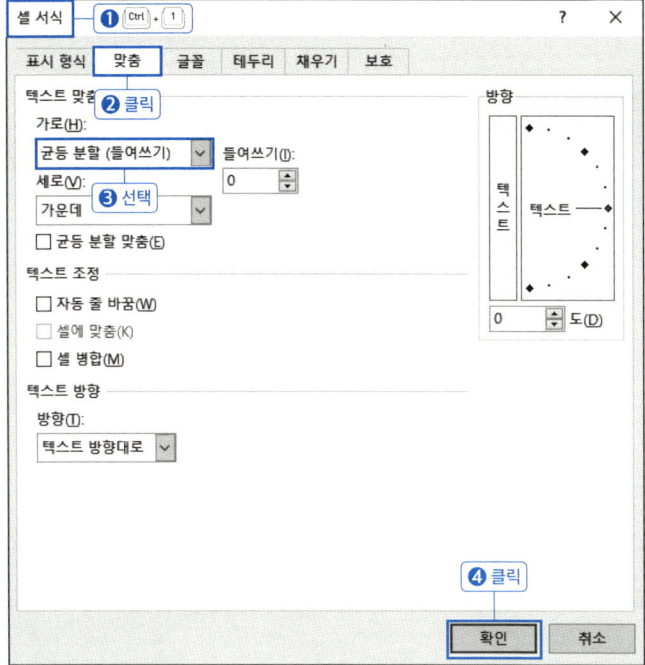

> ★ 주희쌤 Tip
>
> [셀 서식]의 단축키는 Ctrl + 1 입니다.
> 블록을 지정하고 마우스 오른쪽 버튼을 눌러 바로 가기 메뉴가 나타나면 [셀 서식] 명령을 클릭해도 되지만 [셀 서식] 명령을 호출할 일이 많이 있으니 단축키 사용을 권장합니다.

 따라하기 13

① [G2] 셀을 선택한 후 Ctrl + 1 을 누릅니다.

② [셀 서식] 대화상자가 나타나면 [표시 형식] 탭-[범주]를 '사용자 지정'으로 선택하고 '형식'에 이미 입력되어 있는 내용을 지운 뒤 'yy년 mm월 dd일 aaaa'를 입력합니다.

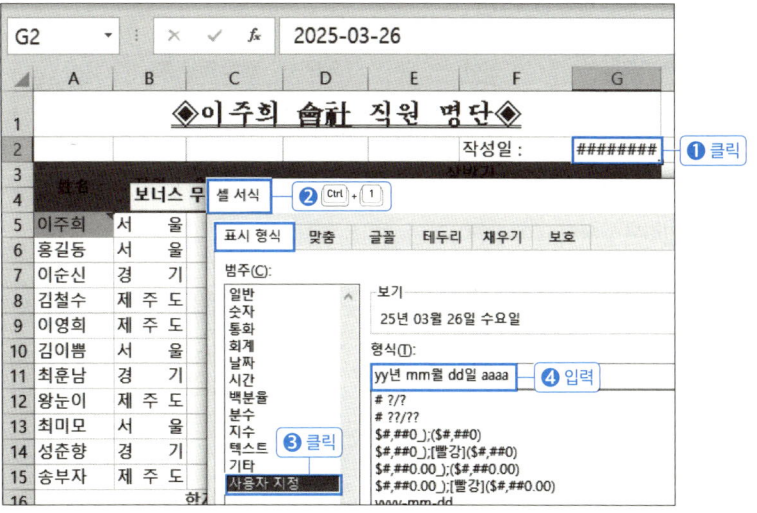

## 주희쌤 Tip

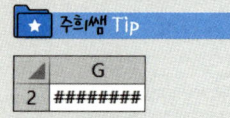

↑ 입력된 숫자나 날짜에 비해 열 너비가 부족했을 경우입니다.

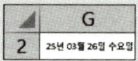

↑ '셀에 맞춤'을 지정하면 데이터가 셀 크기에 맞춰 조정됩니다. ([G2] 셀의 글꼴 크기가 변경되는 것은 아닙니다.)

③ 이어서 셀에 맞춰 텍스트를 조정하기 위해 [맞춤] 탭-[텍스트 조정] 범주-'셀에 맞춤' 확인란을 선택한 후 [확인] 단추를 클릭합니다.

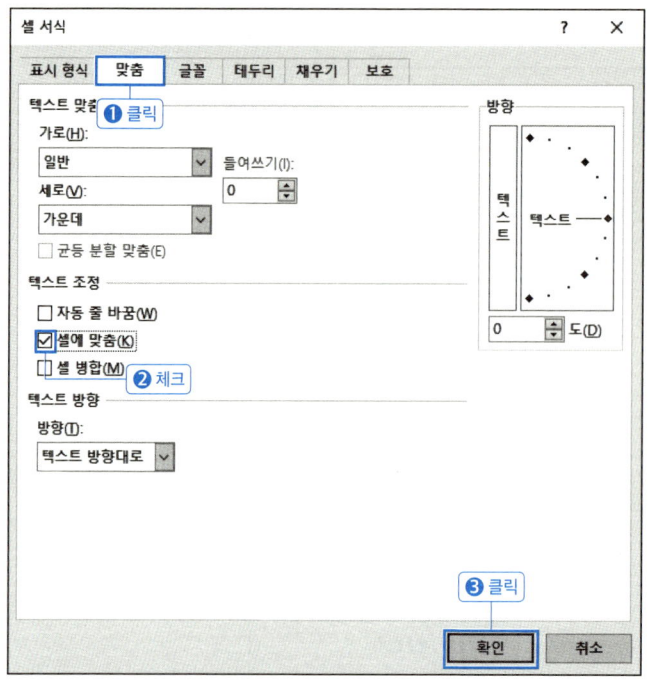

### 시험에 자주 나오는 서식 코드

| | 셀에 입력된 날짜의 연도를 표시 | | |
|---|---|---|---|
| | 예 | | |
| y | 원본 데이터 | 형식 | 형식 적용 후 |
| | 2025-01-08 | yyyy | 2025 |
| | 2025-01-08 | yy | 25 |

| | 셀에 입력된 날짜의 월을 표시 | | |
|---|---|---|---|
| | 예 | | |
| m | 원본 데이터 | 형식 | 형식 적용 후 |
| | 2025-01-08 | m | 1 |
| | 2025-01-08 | mm | 01 |
| | 2025-01-08 | mmm | Jan |
| | 2025-01-08 | mmmm | January |

| | 셀에 입력된 날짜의 일이나 영어로 된 요일을 표시 | | |
|---|---|---|---|
| | 예 | | |
| d | 원본 데이터 | 형식 | 형식 적용 후 |
| | 2025-01-08 | d | 8 |
| | 2025-01-08 | dd | 08 |
| | 2025-01-08 | ddd | Wed |
| | 2025-01-08 | dddd | Wednesday |

| | 셀에 입력된 날짜의 한글로 된 요일을 표시 | | |
|---|---|---|---|
| | 예 | | |
| a | 원본 데이터 | 형식 | 형식 적용 후 |
| | 2025-01-08 | aaa | 수 |
| | 2025-01-08 | aaaa | 수요일 |

 따라하기 14

① [C5:C15] 영역을 선택한 후 [홈] 탭-[표시 형식] 그룹-[백분율 스타일](%)을 클릭합니다.

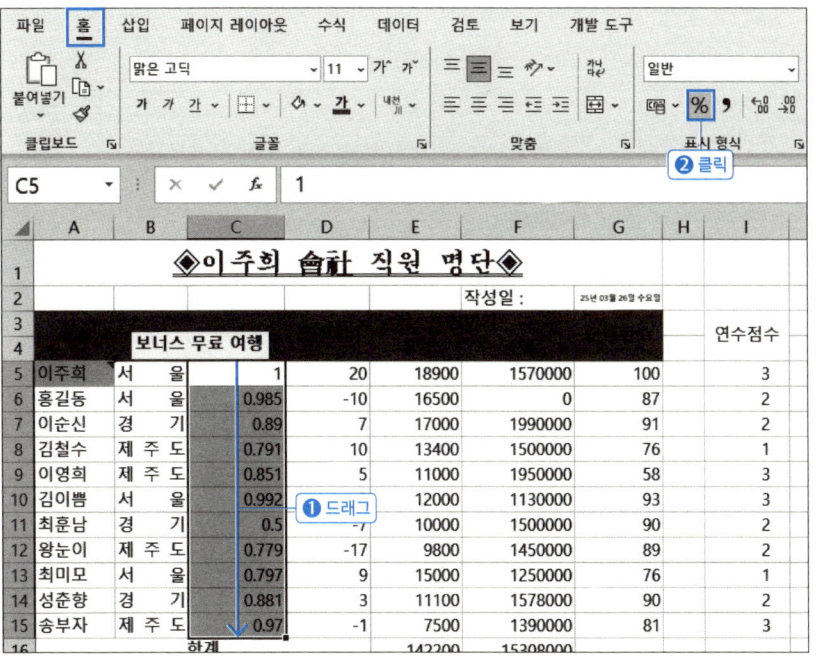

> **주희쌤 Tip**
> '백분율 스타일'은 곱하기 100을 하고 뒤에 '%' 기호를 붙입니다. 예를 들어, '0.9'에 '백분율 스타일'을 지정하면 '90%'가 됩니다.

② 소수 첫째 자리까지 표시하기 위해 [홈] 탭-[표시 형식] 그룹-[자릿수 늘림](　)을 클릭합니다.

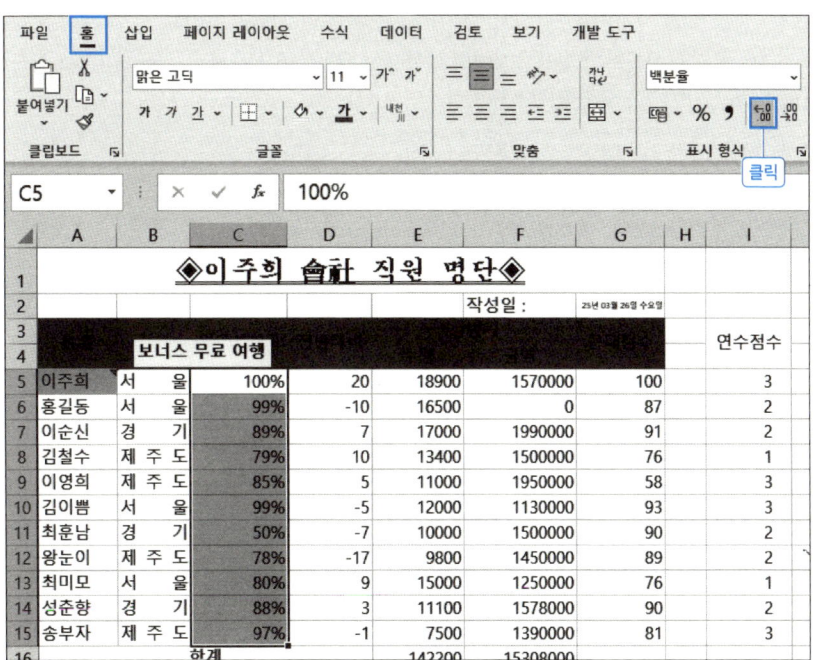

> **주희쌤 Tip**
> 소수 첫째 자리 = 소수점 아래 1자리

> **주희쌤 Tip**
> [셀 서식] 대화상자의 [표시 형식] 탭에서도 지정이 가능합니다.
>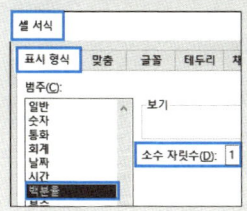

① 통화 기호를 지정하기 위해 [F5:F17] 영역을 드래그하여 선택한 후 [홈] 탭-[표시 형식] 그룹의 목록 단추(▼)을 클릭하고 '회계'를 선택합니다.

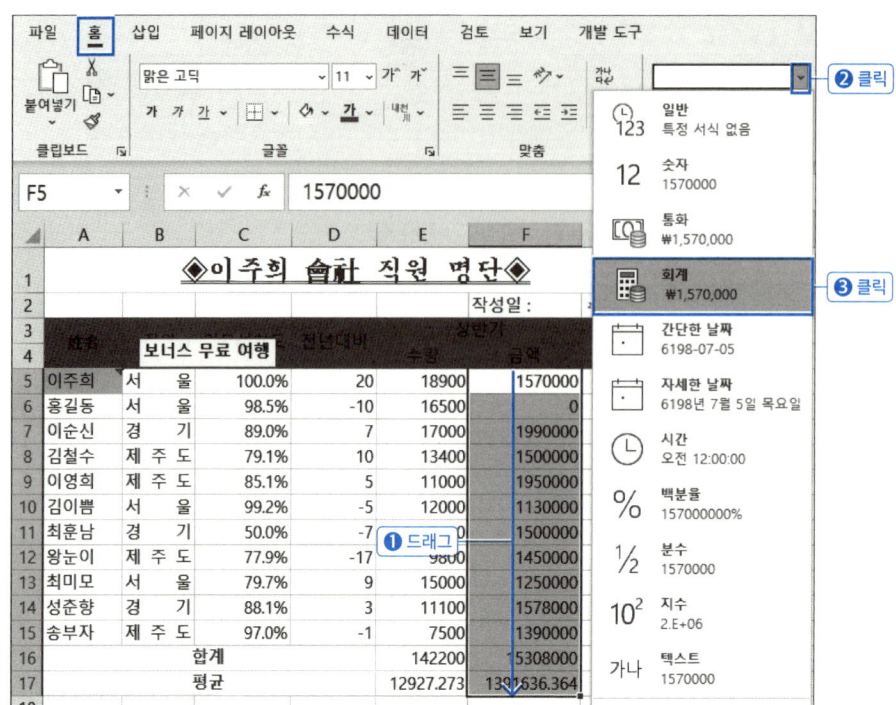

↑ '회계' 형식    ↑ '통화' 형식

② 천 단위 구분 기호를 지정하기 위해 [E5:E17] 영역을 드래그하여 선택한 후 [홈] 탭-[표시 형식] 그룹-[쉼표 스타일](,)을 클릭합니다.

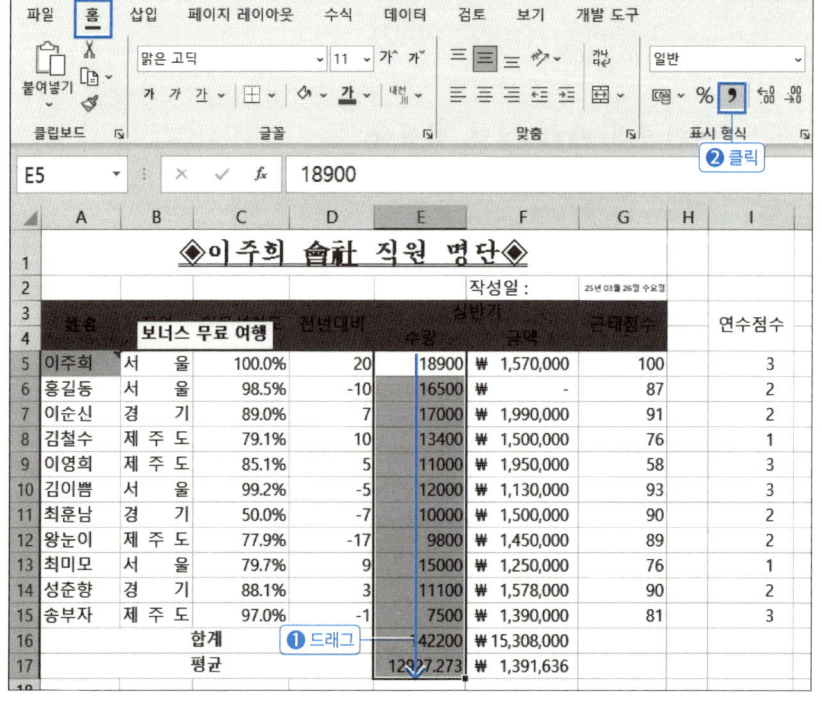

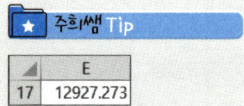

↑ '쉼표 스타일'을 지정하면 아래와 같이 반올림되어 정수가 되고 천 단위 구분 기호가 표시됩니다.

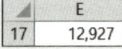

① 모든 테두리를 지정하기 위해 [I3:I15] 영역을 선택한 후 [홈] 탭-[글꼴] 그룹-[테두리]의 목록 단추(▼)를 클릭하고 '모든 테두리'(⊞)를 선택합니다.

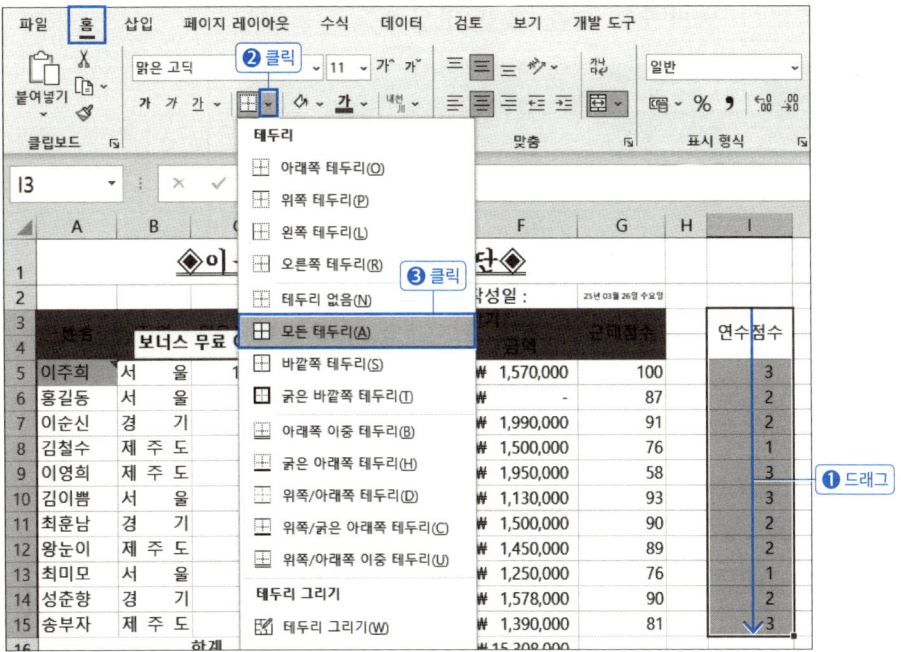

② 이어서 굵은 바깥쪽 테두리를 지정하기 위해 [홈] 탭-[글꼴] 그룹-[테두리]의 목록 단추(▼)를 클릭하고 '굵은 바깥쪽 테두리'(▣)를 선택합니다.

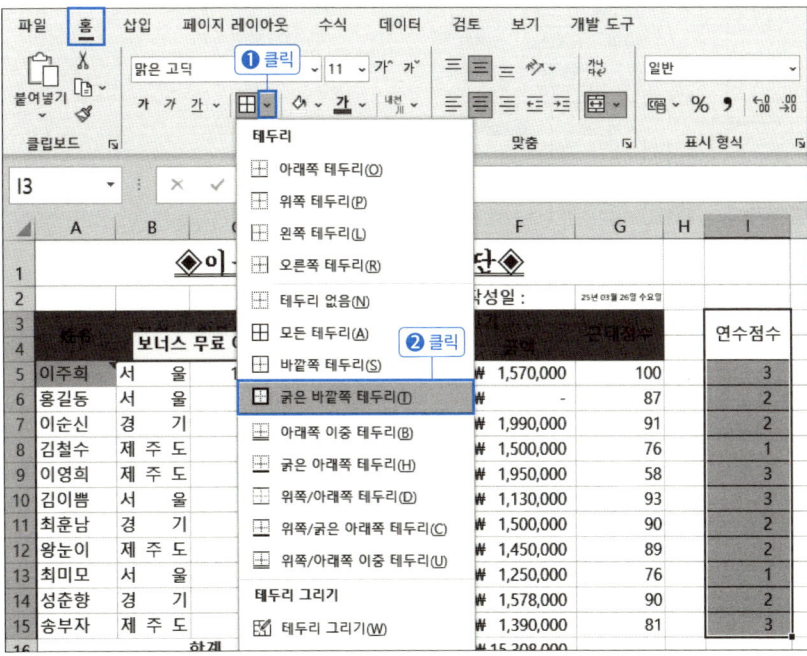

> **주희쌤 Tip**
> 테두리의 색상이 검정이 아닐 경우 [셀 서식] 대화상자를 이용하는 것이 편합니다.

## 따라하기 17

① [A3:G17] 영역을 드래그하여 선택한 후 Ctrl + 1 을 누릅니다.

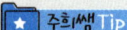

② [셀 서식] 대화상자가 나타나면 [테두리] 탭-[선] 범주-'색'의 목록 단추(▾)를 클릭하고 '빨강'을 선택합니다.

③ 이어서 윤곽선(▣), 안쪽(⊞)을 각각 선택하고 [확인] 단추를 클릭합니다.

> **주희쌤 Tip**
> '선 스타일'은 기본적으로 '실선'으로 선택되어 있습니다.

> **주희쌤 Tip**
> '색'을 먼저 선택하고 적용될 '테두리'를 선택해야 합니다.

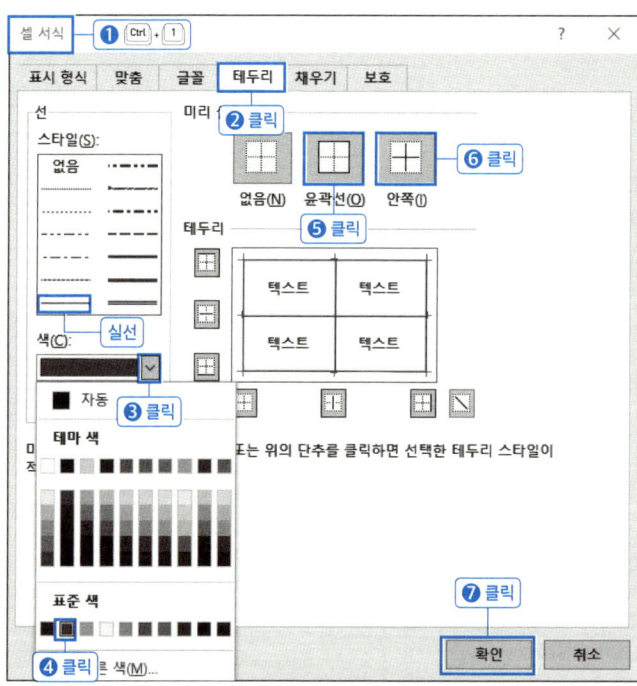

④ [G16:G17] 영역을 드래그하여 선택한 후 Ctrl + 1 을 누릅니다.

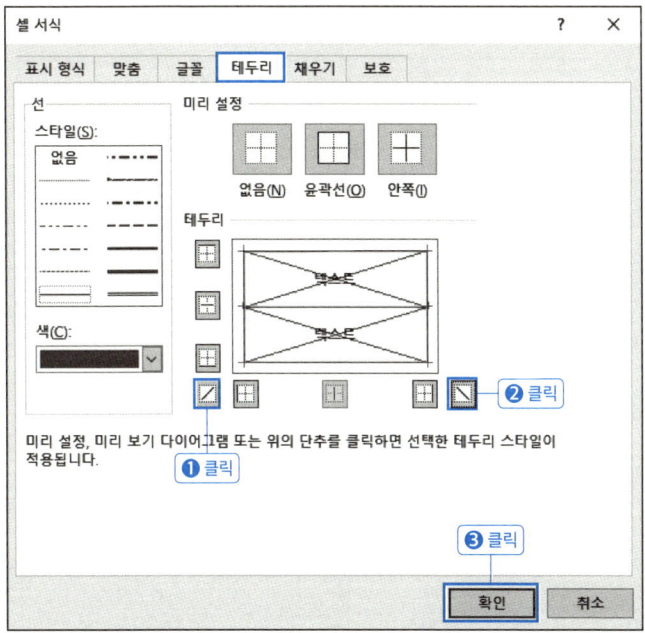

⑤ [셀 서식] 대화상자가 나타나면 양쪽 대각선(◩, ◪)을 각각 선택한 후 [확인] 단추를 클릭합니다.

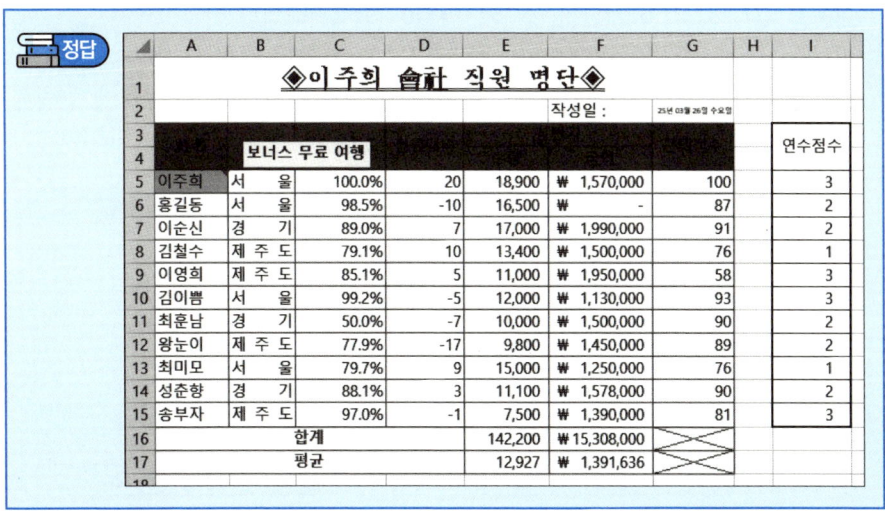

| | 시험에 자주 나오는 서식 코드 |
|---|---|
| # | - 가치가 있는 수만 표시하고, 가치가 없는 0은 표시하지 않음<br>- 소수점 앞에 '#'은 생략이 가능(즉, #.#와 ##.#와 ###.#는 같음)<br>- 자릿수가 조정되면 자동으로 반올림<br>- 쉼표(,)를 이용하여 천 단위 구분 기호를 지정할 수 있으나 천 단위 이상이 아닌 수에는 쉼표(,)가 표시되지 않음<br>- 마지막에 입력한 쉼표(,)는 천 단위로 표시<br>- '%'는 숫자에 곱하기 100을 하고 뒤에 '%'를 붙여서 표시<br>예<br><table><tr><th>원본 데이터</th><th>형식</th><th>형식 적용 후</th></tr><tr><td>7</td><td>#</td><td>7</td></tr><tr><td>7</td><td>#"개"</td><td>7개</td></tr><tr><td>0</td><td>#</td><td>아무것도 표시되지 않음</td></tr><tr><td>100</td><td>#.#</td><td>100.</td></tr><tr><td>123.45</td><td>#.#</td><td>123.5</td></tr><tr><td>123.4</td><td>#</td><td>123</td></tr><tr><td>100</td><td>#,###</td><td>100</td></tr><tr><td>100000</td><td>#,###</td><td>100,000</td></tr><tr><td>1000000</td><td>#,###</td><td>1,000,000</td></tr><tr><td>6789</td><td>#,</td><td>7</td></tr><tr><td>1000000</td><td>#,,</td><td>1</td></tr><tr><td>1234567</td><td>#,###,</td><td>1,235</td></tr><tr><td>5</td><td>#%</td><td>500%</td></tr></table> |
| 0 | '#'과 '0'의 차이점은 '0'은 가치가 없는 0도 0으로 표시<br>예<br><table><tr><th>원본 데이터</th><th>형식</th><th>형식 적용 후</th></tr><tr><td>7</td><td>0</td><td>7</td></tr><tr><td>7</td><td>00"개"</td><td>07개</td></tr><tr><td>0</td><td>0</td><td>0</td></tr><tr><td>100</td><td>0.0</td><td>100.0</td></tr><tr><td>123.45</td><td>0.0</td><td>123.5</td></tr><tr><td>7.5</td><td>0</td><td>8</td></tr><tr><td>1000</td><td>#,###</td><td>1,000</td></tr><tr><td>1000</td><td>#,##0</td><td>1,000</td></tr><tr><td>0</td><td>#,###</td><td>아무것도 표시되지 않음</td></tr><tr><td>0</td><td>#,##0</td><td>0</td></tr><tr><td>0</td><td>#,##0.0</td><td>0.0</td></tr><tr><td>0.25</td><td>0.0%</td><td>25.0%</td></tr></table> |
| ? | '0'이 가치가 없는 자리에 0을 표시한다면 '?'는 가치가 없는 자리에 공백을 표시<br>예<br><table><tr><th>원본 데이터</th><th>형식</th><th>형식 적용 후</th></tr><tr><td>7</td><td>0.00"개"</td><td>7.00개</td></tr><tr><td>7</td><td>0.0#"개"</td><td>7.0개</td></tr><tr><td>7</td><td>0.0?"개"</td><td>7.0 개</td></tr></table> |
| @ | 셀에 입력된 문자(텍스트)를 표시<br>예<br><table><tr><th>원본 데이터</th><th>형식</th><th>형식 적용 후</th></tr><tr><td>주희</td><td>@"쌤"</td><td>주희쌤</td></tr><tr><td>ju</td><td>@"@hee.com"</td><td>ju@hee.com</td></tr></table> |

## 시험에 자주 나오는 서식 코드

**\***: '*' 뒤에 있는 특정 문자를 셀의 너비만큼 반복하여 채움

예

| 원본 데이터 | 형식 | 형식 적용 후 |
|---|---|---|
| 3 | #*△ | 3△△△△△ |
| 3 | *△# | △△△△△3 |
| 3 | △* # | △        3 |

**[ ]**: 대괄호를 이용해 조건이나 색을 지정

예

| 원본 데이터 | 형식 | 형식 적용 후 |
|---|---|---|
| 1 | [>=10]#"명" | 1 |
| 30 | [>=10]#"명" | 30명 |
| 30 | [검정]"전체 "#"명" | 전체 30명 |

**①;②;③;④**:
- 양수인 경우 ① 적용, 음수인 경우 ② 적용, 0인 경우 ③ 적용, 문자인 경우 ④ 적용
- 양수와 음수를 세미콜론(;)으로 분리해서 입력할 경우 음수 부호를 따로 지정하지 않으면 음수 부호는 표시되지 않음

예

| 원본 데이터 | 형식 | 형식 적용 후 |
|---|---|---|
| 0 | 0"명";#"개";"*";@"합격" | * |
| 컴활2급 | 0"명";#"개";"*";@"합격" | 컴활2급합격 |
| 1 | 0"명";#"개";"*";@"합격" | 1명 |
| -1 | 0"명";#"개";"*";@"합격" | 1개 |

---

### 문제 유형 2 ― '셀서식2' 워크시트에서 다음의 지시사항을 처리하시오.

⑱ [D5:D15] 영역은 셀 서식의 사용자 지정 서식을 이용하여 숫자 뒤에 "개"를 표시하시오.

⑲ [E5:E15] 영역은 셀 서식의 사용자 지정 서식을 이용하여 숫자 뒤에 "개"를 표시하되 셀 값이 0일 경우에는 "0개"를 표시하시오.

⑳ [B5:B15] 영역은 사용자 지정 서식을 이용하여 '1234-5678'처럼 표시되도록 지정하시오.

㉑ [A5:A15] 영역은 셀 서식의 사용자 지정을 이용하여 네 자리 숫자로 표시되도록 지정하시오. (표시 예 : 1 → 0001)

㉒ [I5:I15] 영역은 사용자 지정 셀 서식을 이용하여 숫자 뒤에 '점'이 추가되어 표시되도록 지정하시오. (표시 예 : 96.2 → 96.2점, 70 → 70.0점)

㉓ [F5:F15] 영역은 사용자 지정 서식을 이용하여 천 단위 구분 기호와 숫자 뒤에 "원"을 표시하시오. (표시 예 : 1000000 → 1,000,000원)

> **주희쌤 Tip**
> 문제 유형이 바뀔 때마다 시트를 확인해주세요.
>
>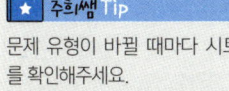

㉔ [G5:G15] 영역은 사용자 지정 서식을 이용하여 천 단위 구분 기호와 숫자 뒤에 "원"을 표시하되, 셀 값이 0일 경우에는 "0원"으로 표시하시오. (표시 예 : 1000 → 1,000원)

㉕ [F16:G16] 영역은 사용자 지정 서식을 이용하여 통화(₩) 기호와 천 단위 구분 기호를 지정하고, 숫자 뒤에 "원"을 표시하시오. (표시 예 : 1000 → ₩1,000원)

㉖ [H5:H15] 영역은 사용자 지정 서식을 이용하여 1000의 배수로 표시하고, 숫자 뒤에 "천원"이 추가되어 표시되도록 지정하시오. (표시 예 : 1000000 → 1,000천원)

㉗ [J2] 셀은 사용자 지정 서식을 이용하여 문자 뒤에 '팀'이 표시되도록 지정하시오. (표시 예 : 기획 → 기획팀)

㉘ [C5:C15] 영역은 사용자 지정 서식을 이용하여 문자 뒤에 '@ju.com'을 표시하시오.

㉙ [J5:J15] 영역은 연수점수가 3이상인 숫자 앞에 "우수-"를 표시하도록 사용자 지정 서식을 지정하시오.

### 따라하기 18

① [D5:D15] 영역을 드래그하여 선택한 후 Ctrl + 1 을 누릅니다.

② [셀 서식] 대화상자가 나타나면 [표시 형식] 탭-[범주]를 '사용자 지정'으로 선택하고 '형식'에 이미 입력되어 있는 내용을 지운 뒤 '#"개"'를 입력합니다.

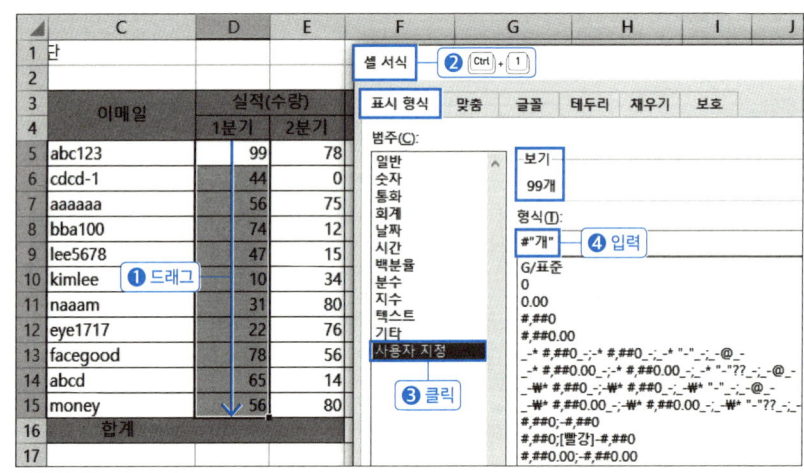

③ [보기]에 '99개'가 표시되면 [확인] 단추를 클릭합니다.

---

**주희쌤 Tip**

문제에 특별한 언급이 없을 경우 숫자를 표현할 때 '#'과 '0'을 둘 다 사용할 수 있습니다.

**주희쌤 Tip**

형식에 '#개'를 입력하고 [확인]을 클릭한 후 다시 [셀 서식] 대화상자에 들어가면 '#"개"'가 입력되어 있는 것을 확인할 수 있습니다.
문자에 큰 따옴표("")가 자동으로 입력되는 경우도 있지만 직접 입력하여 습관화해주시는 것이 좋습니다.

**주희쌤 Tip**

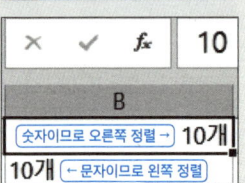

[B1] 셀 : '10'을 입력 후 표시 형식을 지정하여 숫자 뒤에 '개'가 붙게 하였습니다. 숫자이므로 셀의 오른쪽 정렬이 됩니다.
[B2] 셀 : 셀에 바로 '10개'를 입력하였습니다. 문자이므로 셀의 왼쪽 정렬이 됩니다.

| | A | B |
|---|---|---|
| 1 | =B1+1 | 10개 |
| 2 | =B2+1 | 10개 |

[A1] 셀 : 숫자+숫자를 계산하므로 오류 없이 계산됩니다.
[A2] 셀 : 문자+숫자를 계산하므로 오류가 나게 됩니다.

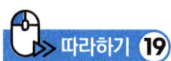 따라하기 19

① [E5:E15] 영역을 드래그하여 선택한 후 `Ctrl`+`1`을 누릅니다.

② [셀 서식] 대화상자가 나타나면 [표시 형식] 탭-[범주]를 '사용자 지정'으로 선택하고 '형식'에 이미 입력되어 있는 내용을 지운 뒤 '0"개"'를 입력합니다.

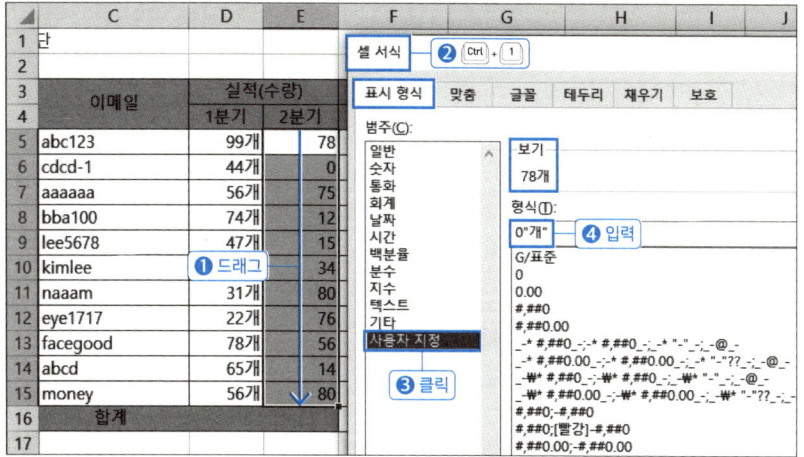

> **주희쌤 Tip**
> 숫자 서식 코드
> • # : 가치가 없는 0일 때는 아무것도 표시하지 않음
> • 0 : 가치가 없는 0일 때도 0을 표시

> **주희쌤 Tip**
> 18번은 '#개' 혹은 '0개'를 지정해도 되지만 19번은 0일 경우 0을 표시해야 하므로 '0개'로 지정해야 합니다.

③ [보기]에 '78개'가 표시되면 [확인] 단추를 클릭합니다.

 따라하기 20

① [B5:B15] 영역을 드래그하여 선택한 후 `Ctrl`+`1`을 누릅니다.

② [셀 서식] 대화상자가 나타나면 [표시 형식] 탭-[범주]를 '사용자 지정'으로 선택하고 '형식'에 이미 입력되어 있는 내용을 지운 뒤 '0000-0000'을 입력합니다.

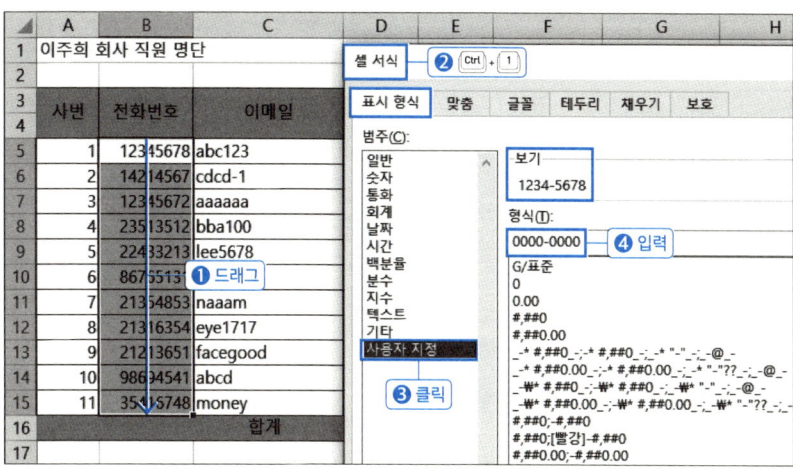

> **주희쌤 Tip**
> 다양한 방법으로 표시 형식을 지정할 수 있을 때에는 셀에 표시된 결과로 채점이 됩니다. 즉, 3번은 '0000-0000'으로 지정해도, '####-####'으로 지정해도 결과가 같으므로 둘 다 정답으로 처리됩니다.

③ [보기]에 '1234-5678'이 표시되면 [확인] 단추를 클릭합니다.

① [A5:A15] 영역을 드래그하여 선택한 후 Ctrl + 1 을 누릅니다.

② [셀 서식] 대화상자가 나타나면 [표시 형식] 탭-[범주]를 '사용자 지정'으로 선택하고 '형식'에 이미 입력되어 있는 내용을 지운 뒤 '0000'을 입력합니다.

> **주희쌤 Tip**
>
> 아래의 두 표시 형식은 같습니다.
>
> | # | 0 | 0 |
> | 0 | 0 |
>
> → 일의 자리와 십의 자리는 표시하고, 백의 자리부터는 가치가 있는 숫자만 표시함
> (예 5 → 05, 75 → 75, 275 → 275)

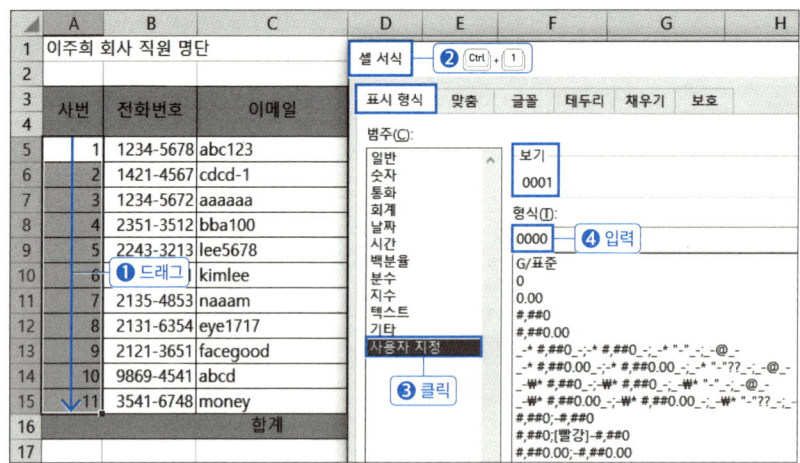

③ [보기]에 '0001'이 표시되면 [확인] 단추를 클릭합니다.

① [I5:I15] 영역을 드래그하여 선택한 후 Ctrl + 1 을 누릅니다.

② [셀 서식] 대화상자가 나타나면 [표시 형식] 탭-[범주]를 '사용자 지정'으로 선택하고 '형식'에 이미 입력되어 있는 내용을 지운 뒤 '0.0"점"'을 입력합니다.

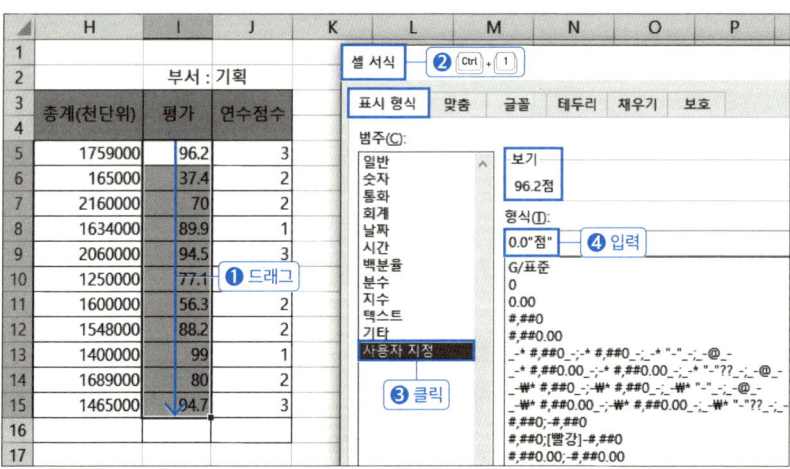

③ [보기]에 '96.2점'이 표시되면 [확인] 단추를 클릭합니다.

 따라하기 23

① [F5:F15] 영역을 드래그하여 선택한 후 Ctrl + 1 을 누릅니다.

② [셀 서식] 대화상자가 나타나면 [표시 형식] 탭-[범주]를 '사용자 지정'으로 선택하고 '형식'에 이미 입력되어 있는 내용을 지운 뒤 '#,###"원"'을 입력합니다.

> **주희쌤 Tip**
> - 천 단위(=천의 배수) : #,
>   예) 1600 → 2
> - 천 단위마다 콤마 : #,###
>   예) 1000 → 1,000
> - 천 단위 + 천 단위마다 콤마 : #,###,
>   예) 1000700 → 1,001
> - 백만 단위 : #,,
>   예) 2000000 → 2

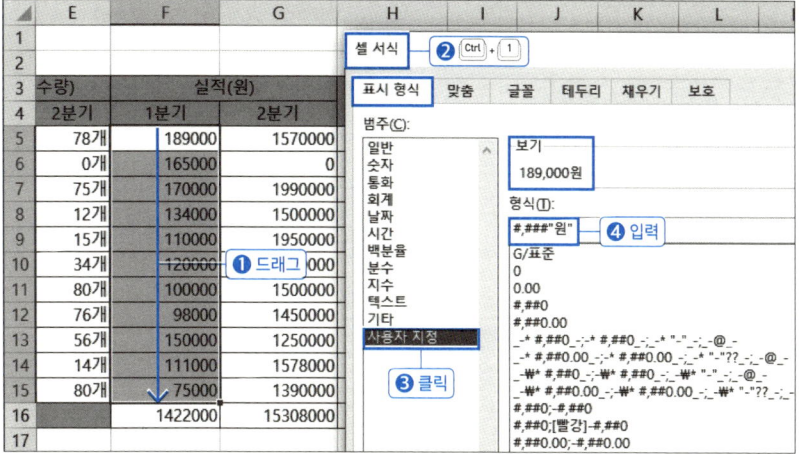

③ [보기]에 '189,000원'이 표시되면 [확인] 단추를 클릭합니다.

 따라하기 24

① [G5:G15] 영역을 드래그하여 선택한 후 Ctrl + 1 을 누릅니다.

② [셀 서식] 대화상자가 나타나면 [표시 형식] 탭-[범주]를 '사용자 지정'으로 선택하고 '형식'에 이미 입력되어 있는 내용을 지운 뒤 '#,##0"원"'을 입력합니다.

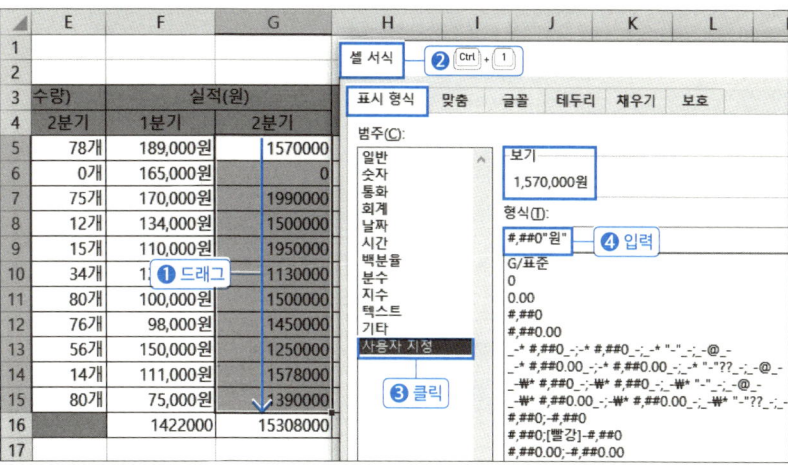

③ [보기]에 '1,570,000원'이 표시되면 [확인] 단추를 클릭합니다.

① [F16:G16] 영역을 드래그하여 선택한 후 Ctrl + 1 을 누릅니다.

② [셀 서식] 대화상자가 나타나면 [표시 형식] 탭-[범주]를 '사용자 지정'으로 선택하고 '형식'에 이미 입력되어 있는 내용을 지운 뒤 '₩#,###"원"'을 입력합니다.

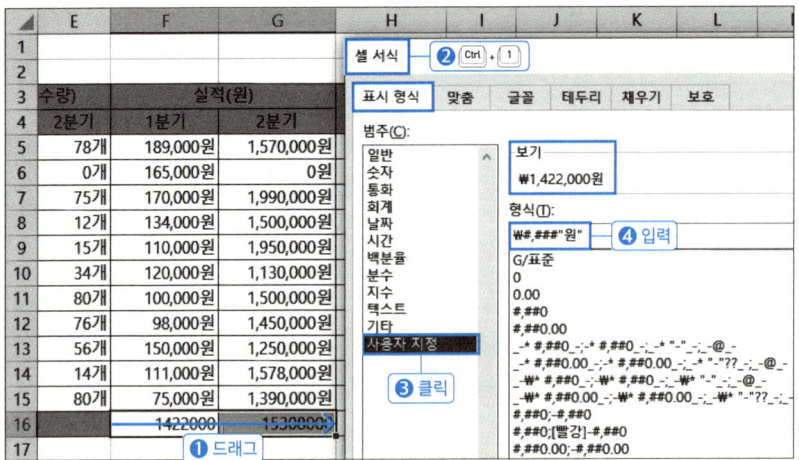

③ [보기]에 '1,422,000원'이 표시되면 [확인] 단추를 클릭합니다.

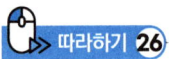

① [H5:H15] 영역을 드래그하여 선택한 후 Ctrl + 1 을 누릅니다.

② [셀 서식] 대화상자가 나타나면 [표시 형식] 탭-[범주]를 '사용자 지정'으로 선택하고 '형식'에 이미 입력되어 있는 내용을 지운 뒤 '#,###,"천원"'을 입력합니다.

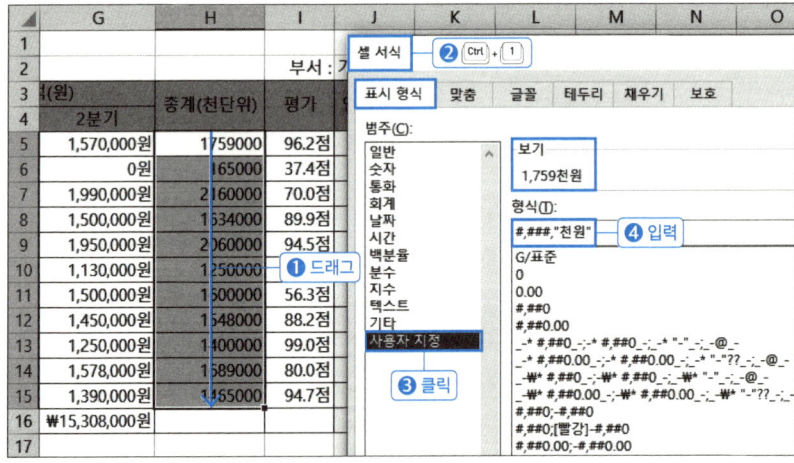

③ [보기]에 '1,759천원'이 표시되면 [확인] 단추를 클릭합니다.

 **따라하기 27**

① [J2] 셀을 선택한 후 `Ctrl`+`1`을 누릅니다.

② [셀 서식] 대화상자가 나타나면 [표시 형식] 탭-[범주]를 '사용자 지정'으로 선택하고 '형식'에 이미 입력되어 있는 내용을 지운 뒤 '@"팀"'을 입력합니다.

> **주희쌤 Tip**
> • 숫자 서식 코드 : 0 혹은 #
> • 문자 서식 코드 : @

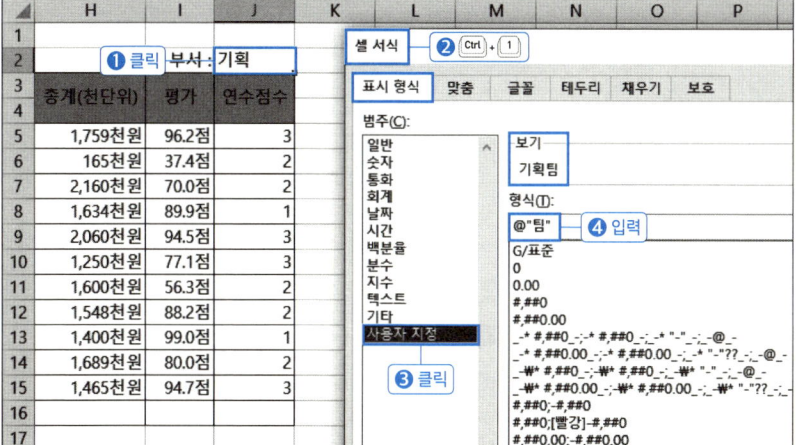

③ [보기]에 '기획팀'이 표시되면 [확인] 단추를 클릭합니다.

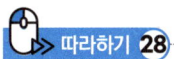 **따라하기 28**

① [C5:C15] 영역을 드래그하여 선택한 후 `Ctrl`+`1`을 누릅니다.

② [셀 서식] 대화상자가 나타나면 [표시 형식] 탭-[범주]를 '사용자 지정'으로 선택하고 '형식'에 이미 입력되어 있는 내용을 지운 뒤 '@"@ju.com"'을 입력합니다.

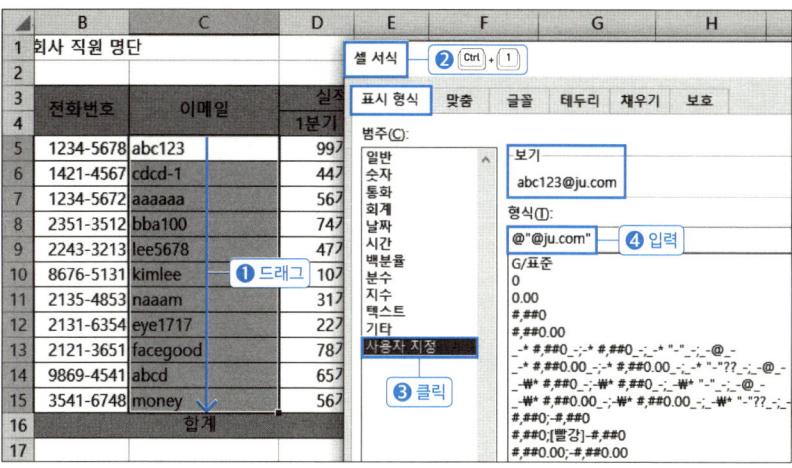

③ [보기]에 'abc123@ju.com'이 표시되면 [확인] 단추를 클릭합니다.

## 주희쌤 Tip

[색깔 혹은 조건]표시 형식
예) [빨강][>=3]#"개"
셀 값이 3 이상이면 빨강색으로 숫자 뒤에 '개'를 표시

## 주희쌤 Tip

• 않고, 아닌, 아니, 않은, 제외 : <>
• 부터, 에서, 이후, 이상, 크거나 같음 : >=
• 까지, 이전, 이하, 작거나 같음, 이내 : <=
• 초과, 크다, 큰 : >
• 미만, 작다, 작은 : <
• 같다, 동일 : =

위와 같은 관계 연산자는 비교 값 앞에 입력됩니다.
예)
3 이상 → >=3
5가 3 이상 → 5>=3

**Q** '이상'은 '=>' 이렇게 왜 안 되나요?

**A** 내가 만들기보다는 만들어져 있는 것을 지켜주실 필요가 있습니다. '이상'은 '>='을 사용하고, '=>'란 부등호는 없습니다. 기억해주세요. 만들어져 있는 것을 잘 지켜준다!

 따라하기 29

① [J5:J15] 영역을 드래그하여 선택한 후 Ctrl + 1 을 누릅니다.

② [셀 서식] 대화상자가 나타나면 [표시 형식] 탭-[범주]를 '사용자 지정'으로 선택하고 '형식'에 이미 입력되어 있는 내용을 지운 뒤 '[>=3]"우수-"#'을 입력합니다.

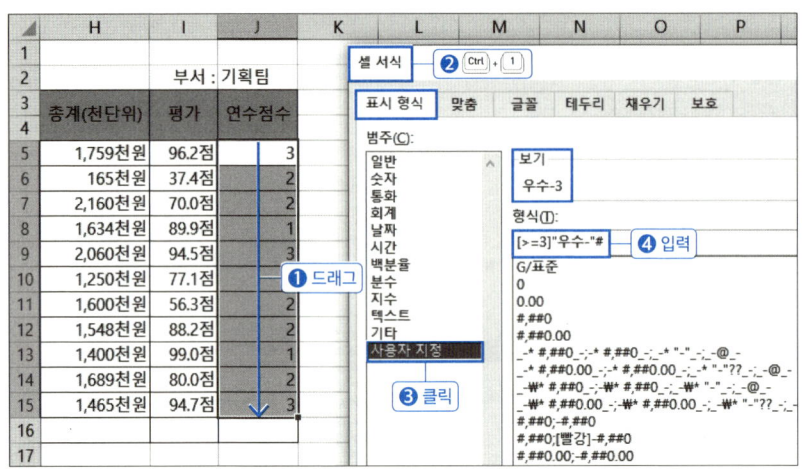

③ [보기]에 '우수-3'가 표시되면 [확인] 단추를 클릭합니다.

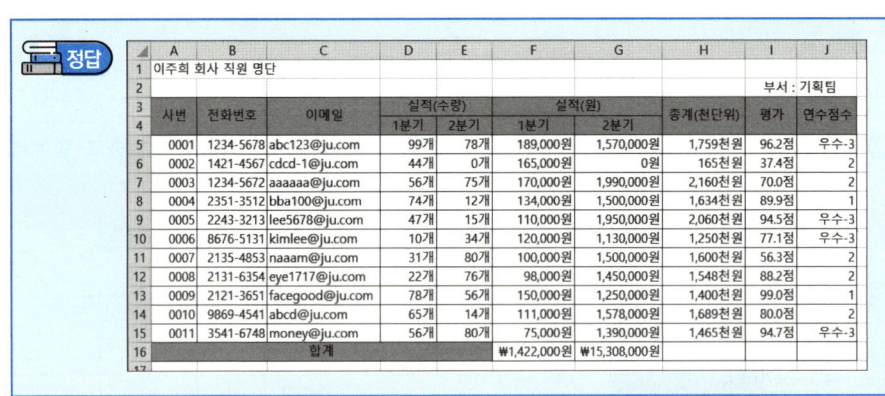

| 문제 유형 3 | '셀서식3' 워크시트에서 다음의 지시사항을 처리하시오.

㉚ [B2:E3] 영역을 복사한 다음 [B5] 셀에 '연결하여 그림 붙여넣기'를 이용하여 붙여 넣으시오.
▶ 단, 원본 데이터는 삭제하지 마시오.

㉛ [G2:I2] 영역을 복사하여 [G5] 셀에 연결하여 붙여 넣으시오.
▶ 단, 원본 데이터는 삭제하지 마시오.

 따라하기 ㉚

① [B2:E3] 영역을 드래그하여 선택한 후 Ctrl + C 를 눌러 복사합니다.

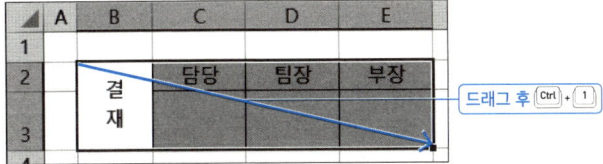

② 연결하여 그림을 붙여넣기 위해 [B5] 셀을 선택한 후 [홈] 탭-[클립보드] 그룹-[붙여넣기]의 목록 단추(▼)를 클릭하고 '연결된 그림'(📋)을 선택합니다.

**주희쌤 Tip**
연결하여 붙여넣으면 원본의 글자가 변경되었을 때 붙여 넣어진 글자도 함께 변경됩니다.

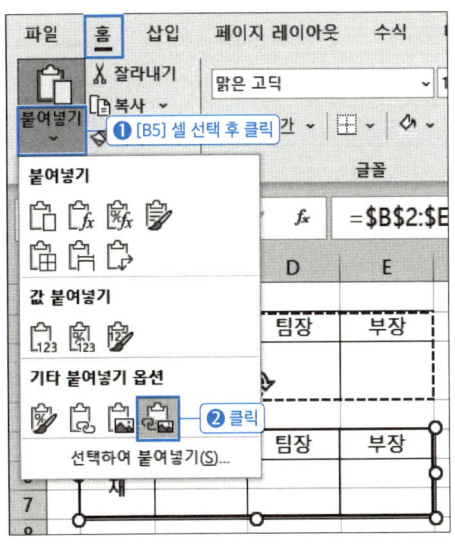

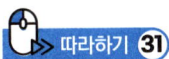 따라하기 ㉛

① [G2:I2] 영역을 드래그하여 선택한 후 Ctrl + C 를 눌러 복사합니다.

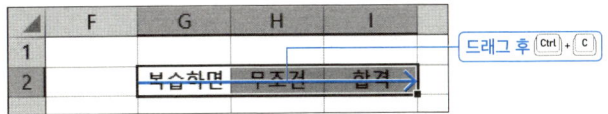

② 연결하여 붙여넣기 위해 [G5] 셀을 선택한 후 [홈] 탭-[클립보드] 그룹-[붙여넣기]의 목록 단추(▼)를 클릭하고 '연결하여 붙여넣기'(🔗)을 선택합니다.

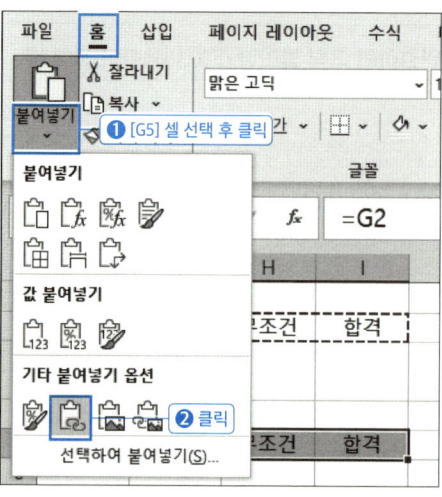

> **주희쌤 Tip**
> 이해 위주의 복습이 합격, 불합격을 좌우합니다.

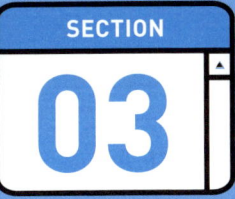

# 외부 데이터 가져오기

- 외부 데이터 가져오기는 '외부 프로그램에서 만들어진 데이터 가져오기'입니다. 엑셀로 만들어진 데이터가 아닌 다른 프로그램에서 만들어진 데이터를 엑셀의 셀로 가져와 보도록 하겠습니다.

- 준비파일 : 컴활2급 \ 예제 \ 예제(문제) \ 1장_03. 외부 데이터 가져오기.xlsx

### 문제 유형 1    '외부데이터1' 워크시트에서 작업하시오.

① 다음의 텍스트 파일을 열어 생성된 데이터를 '외부데이터1' 시트의 [B2:F15] 영역에 붙여넣으시오.
- ▶ 외부 데이터 파일명은 '사원명단.txt'임
- ▶ 외부 데이터는 쉼표(,)로 구분되어 있음
- ▶ 열 너비는 조정하지 않음
- ▶ '평가' 열은 제외할 것

 따라하기 ①

① [파일] 탭-[열기]-[찾아보기]를 클릭합니다.

② 현재 파일을 열어준 폴더(컴활2급\예제\예제(문제))로 이동하고 파일 형식을 '텍스트 파일(*.prn;*.txt;*.csv)'로 변경합니다.

③ '사원명단.txt'를 선택한 후 [열기] 단추를 클릭합니다.

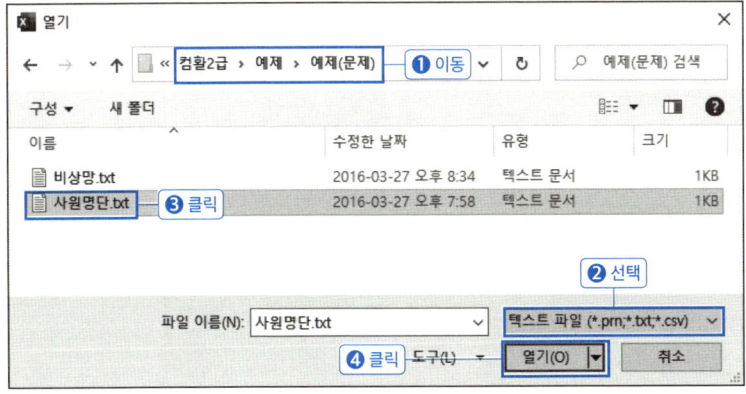

**주희쌤 Tip**
주희쌤 Tip은 꼼꼼히 모두 보세요.

**주희쌤 Tip**
'외부 데이터 가져오기'의 경우 출제된다면 5점짜리 1문제로 출제됩니다. 쉽게 출제되는 부분이니 맞히는 것을 목표로 합니다.

**주희쌤 Tip**
형식을 변경해야 텍스트 파일이 보입니다.

**주희쌤 Tip**
실제 시험에서 외부 데이터 위치는 시험지 첫 장 <유의사항>에 명시되어 있습니다.
실제 시험에서 외부 데이터는 'C:\OA'를 확인해보세요.

> **주희쌤 Tip**
> 쉼표(,)로 구분되어 입력되어 있으므로 구분 기호로 분리해야 합니다.

④ [텍스트 마법사] 대화상자가 나타나면 1단계로 '구분 기호로 분리됨'을 선택하고 [다음] 단추를 클릭합니다.

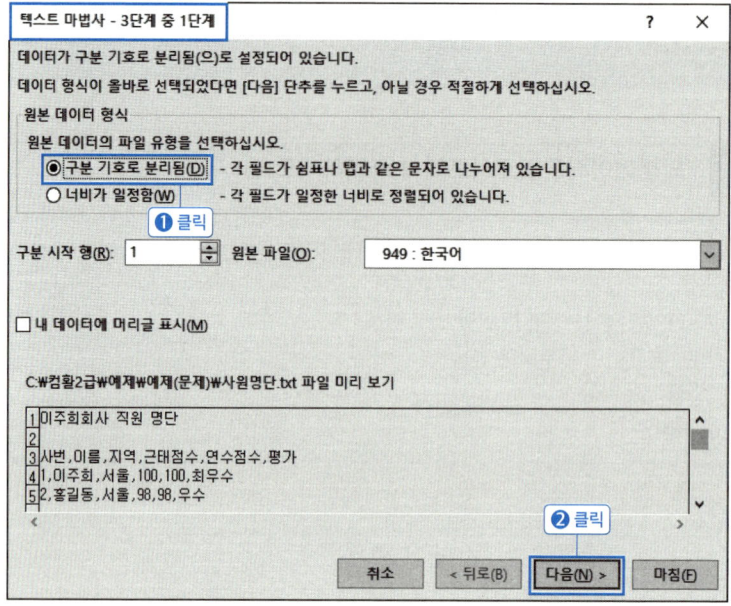

⑤ 2단계로 이동하면 [구분 기호] 범주-'쉼표' 확인란을 선택한 후 [다음] 단추를 클릭합니다.

> **주희쌤 Tip**
> [구분 기호] 범주-'탭'은 선택된 (체크) 상태로 두어도 되고 선택을 취소(체크를 해제)해도 됩니다.

> **주희쌤 Tip**
> '쉼표'를 선택하고 [데이터 미리 보기]에서 데이터가 구분되는지 확인하세요.

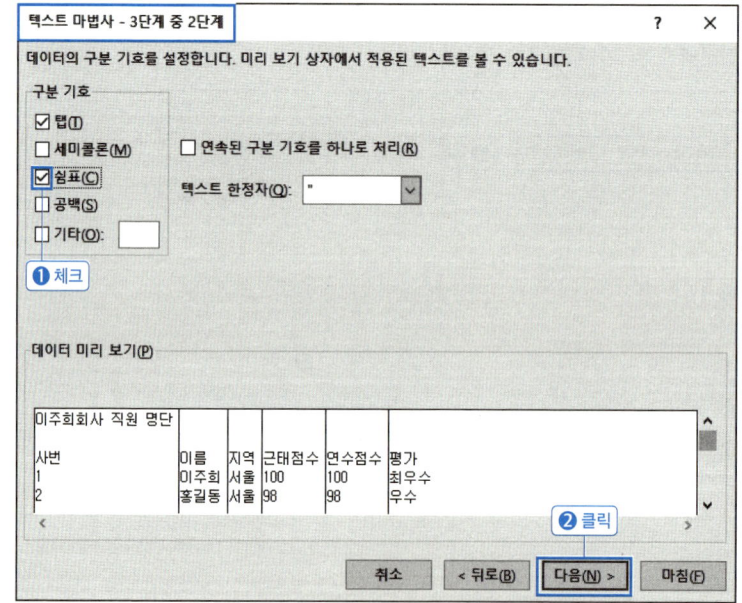

⑥ 3단계로 이동하면 '평가' 열은 제외하기 위해 '평가' 열을 선택한 후 '열 가져오지 않음(건너뜀)'을 선택하고 [마침] 단추를 클릭합니다.

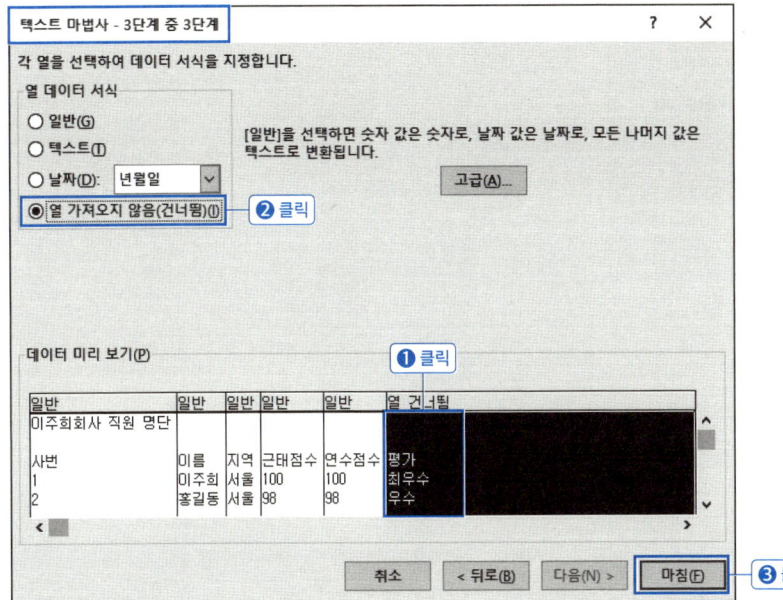

★ 주희쌤Tip

평가 열은 제외할 것
= 사번, 이름, 지역, 근태점수, 연수점수 열만 가져올 것

★ 주희쌤Tip

두 개의 열을 제외한다면 첫 번째 제외하고자 하는 열을 선택하고 '열 가져오지 않음(건너뜀)'을 선택한 후 두 번째 제외하고자 하는 열을 선택하고 '열 가져오지 않음(건너뜀)'을 선택합니다.

⑦ 쉼표로 구분된 텍스트 파일이 엑셀 프로그램으로 열리면 [A1:E14] 영역을 드래그하여 선택한 후 Ctrl + C 를 눌러 복사합니다.

⑧ '1장_03. 외부 데이터 가져오기' 파일로 전환하기 위해 '사원명단.txt' 파일을 닫습니다.

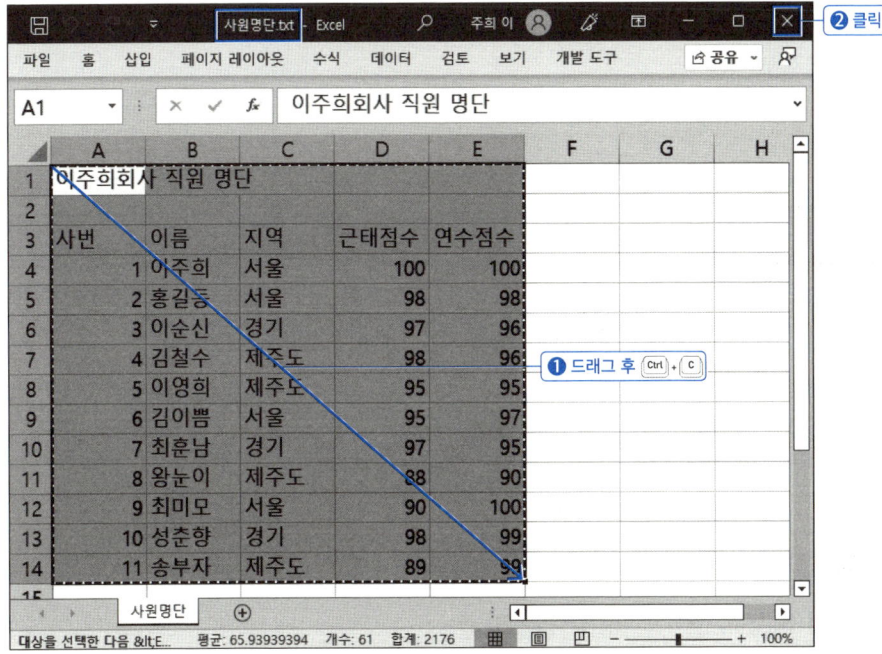

⑨ '1장_03. 외부 데이터 가져오기' 파일이 나타나면 [B2] 셀을 선택한 후 Ctrl + V 를 눌러 붙여넣기 합니다.

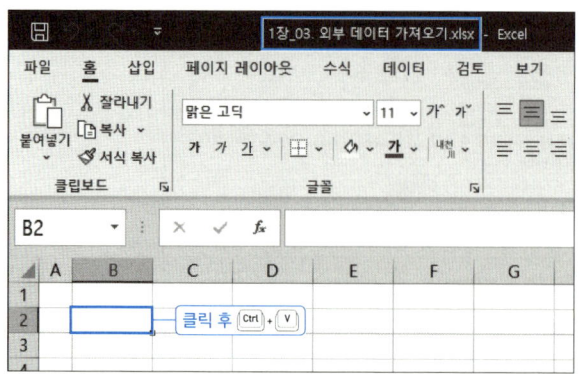

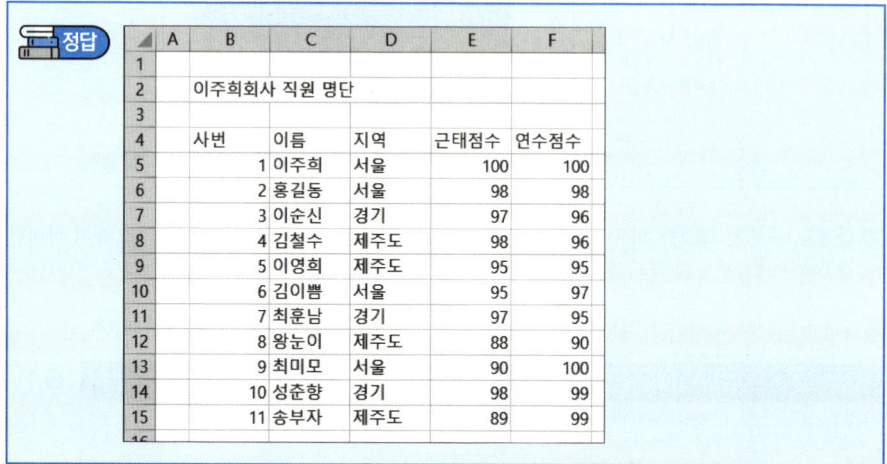

### 문제 유형 2  '외부데이터2' 워크시트에서 작업하시오.

❷ 다음의 텍스트 파일을 열어 생성된 데이터를 '외부데이터2' 시트의 [A1] 셀에 붙여넣은 후 텍스트 나누기를 실행하시오.
  ▶ 외부 데이터 파일명은 '비상망.txt'임
  ▶ 외부 데이터는 '#'으로 구분되어 있음
  ▶ 열 너비는 조정하지 않음

 따라하기 ❷

① [파일] 탭-[열기]-[찾아보기]를 클릭합니다.

② 현재 파일을 열어준 폴더(컴활2급\예제\예제(문제))로 이동하고 파일 형식을 '텍스트 파일(*.prn;*.txt;*.csv)'로 변경합니다.

③ '비상망.txt'를 선택한 후 [열기] 단추를 클릭합니다.

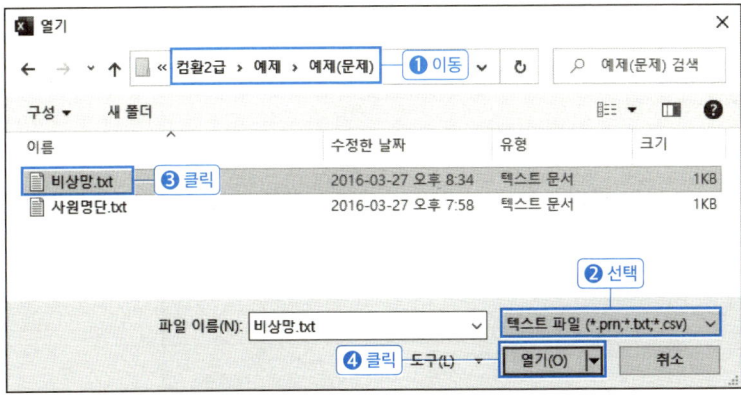

④ [텍스트 마법사] 대화상자가 나타나면 기본 설정 그대로 [다음] 단추를 클릭합니다.

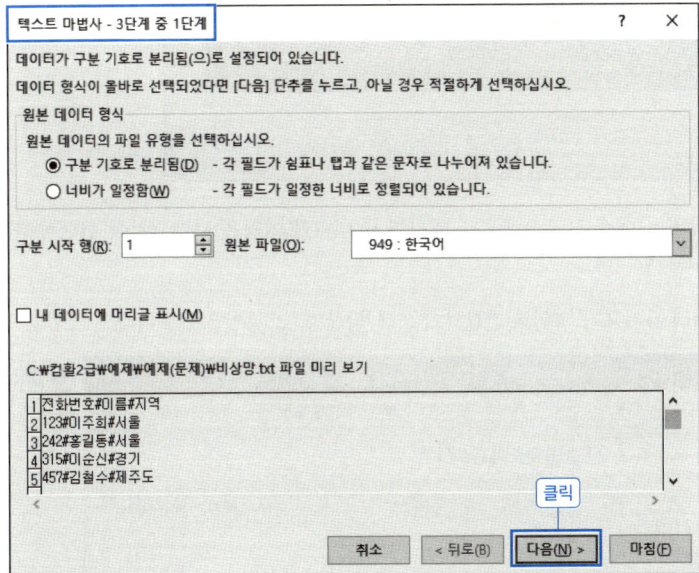

⑤ 2단계로 이동하면 기본 설정 그대로 [다음] 단추를 클릭합니다.

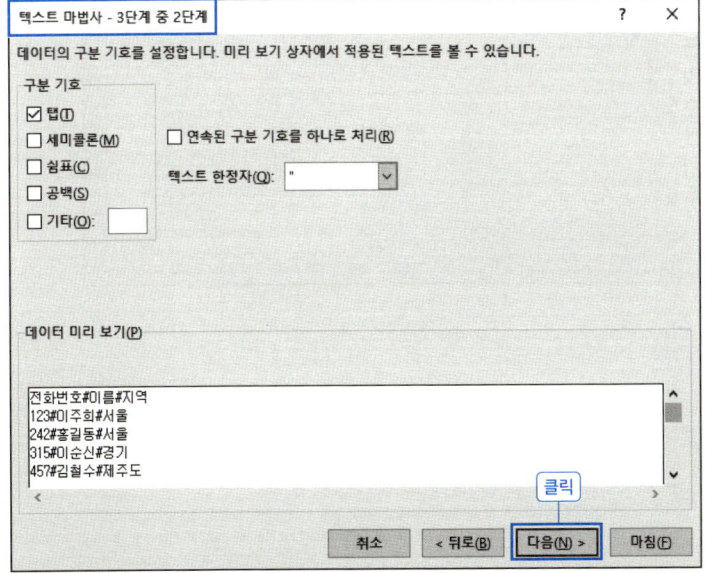

> **주희쌤Tip**
>
> 2번은 아래와 같이 작성해도 결과가 같으므로 정답 처리됩니다.
> ① [파일] 탭-[열기]를 클릭합니다.
> ② 현재 파일을 열어준 폴더로 이동하고 파일 형식을 '텍스트 파일 (*.prn;*.txt;*.csv)'로 변경합니다.
> ③ '비상망.txt'를 선택한 후 [열기] 단추를 클릭합니다.
> ④ [텍스트 마법사] 대화상자가 나타나면 1단계로 '구분 기호로 분리됨'을 선택하고 [다음] 단추를 클릭합니다.
> ⑤ 2단계로 이동하면 [구분 기호] 범주-'기타' 확인란을 선택한 후 입력란에 '#'을 입력하고 [다음] 단추를 클릭합니다.
> ⑥ 3단계로 이동하면 [마침] 단추를 클릭합니다.
> ⑦ '#'로 구분된 텍스트 파일이 엑셀 프로그램으로 열리면 [A1:C12] 영역을 드래그하여 선택한 후 Ctrl+C를 눌러 복사합니다.
> ⑧ '비상망.txt' 파일을 닫습니다.
> ⑨ '1장_03. 외부 데이터 가져오기' 파일이 나타나면 [A1] 셀을 선택한 후 Ctrl+V를 눌러 붙여넣기 합니다.

⑥ 3단계로 이동하면 기본 설정 그대로 [마침] 단추를 클릭합니다.

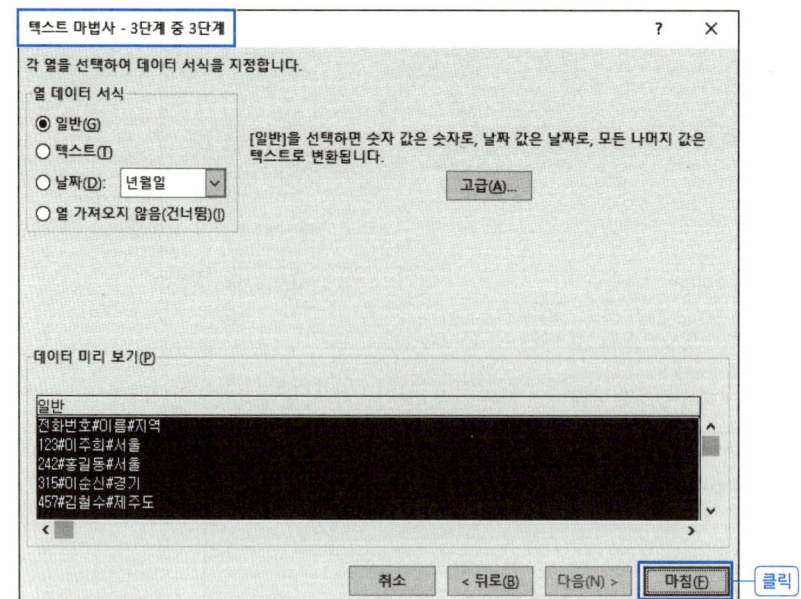

⑦ '비상망' 텍스트 파일이 엑셀 프로그램으로 열리면 [A1:A12] 영역을 드래그하여 선택한 후 Ctrl+C를 눌러 복사합니다.

⑧ '1장_03. 외부 데이터 가져오기' 파일로 전환하기 위해 '비상망.txt' 파일을 닫습니다.

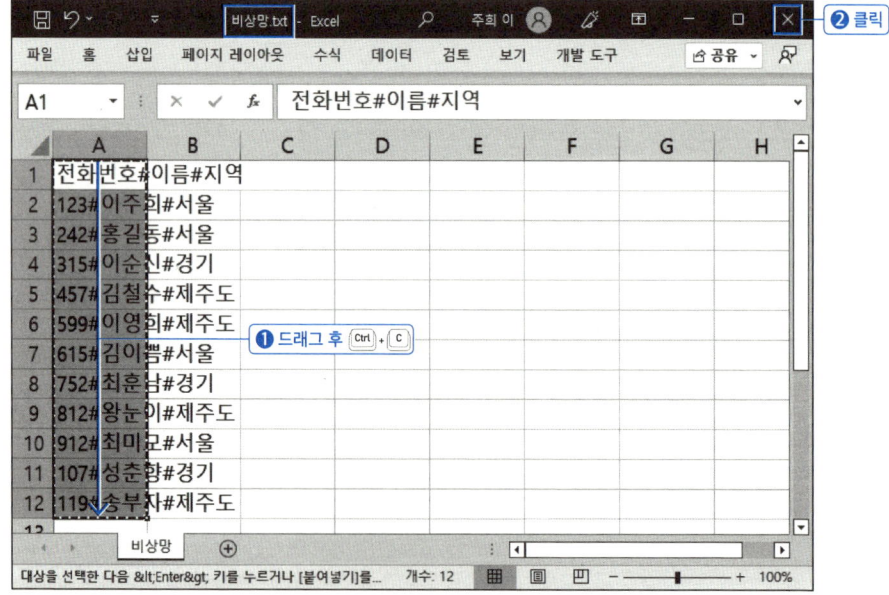

⑨ '1장_03. 외부 데이터 가져오기' 파일이 나타나면 [A1] 셀을 선택한 후 Ctrl+V를 눌러 붙여넣기 합니다.

⑩ [A1:A12] 영역이 선택된 상태에서 [데이터] 탭-[데이터 도구] 그룹-[텍스트 나누기]를 클릭합니다.

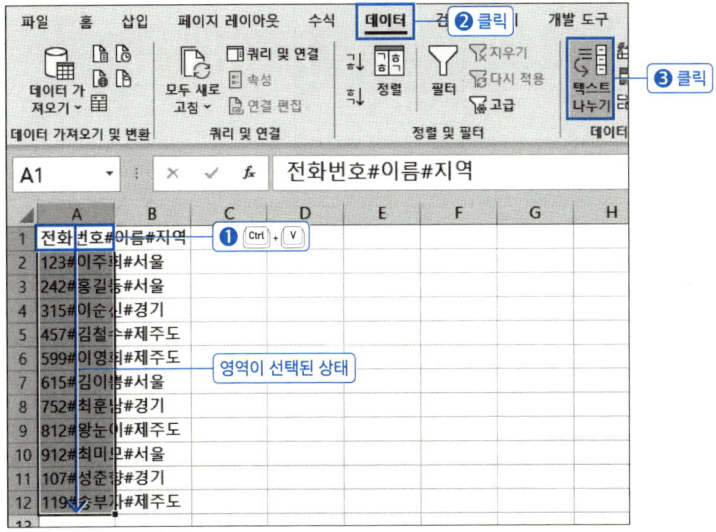

⑪ [텍스트 마법사] 대화상자가 나타나면 1단계로 '구분 기호로 분리됨'을 선택하고 [다음] 단추를 클릭합니다.

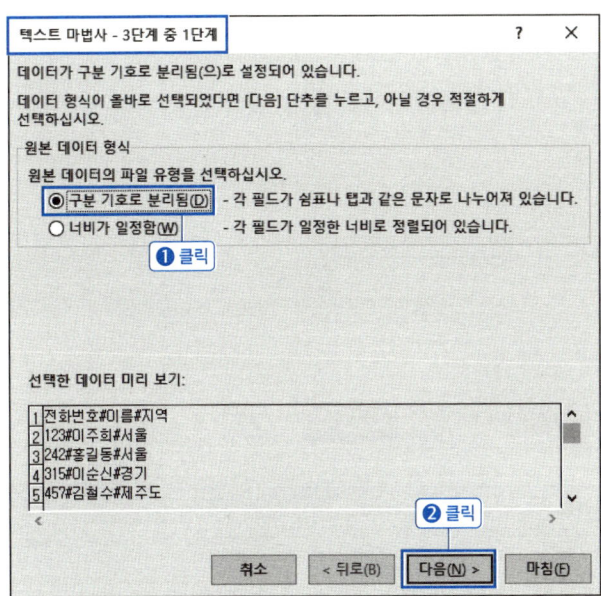

⑫ 2단계로 이동하면 [구분 기호] 범주-'기타' 확인란을 선택한 후 입력란에 '#'을 입력하고 [다음] 단추를 클릭합니다.

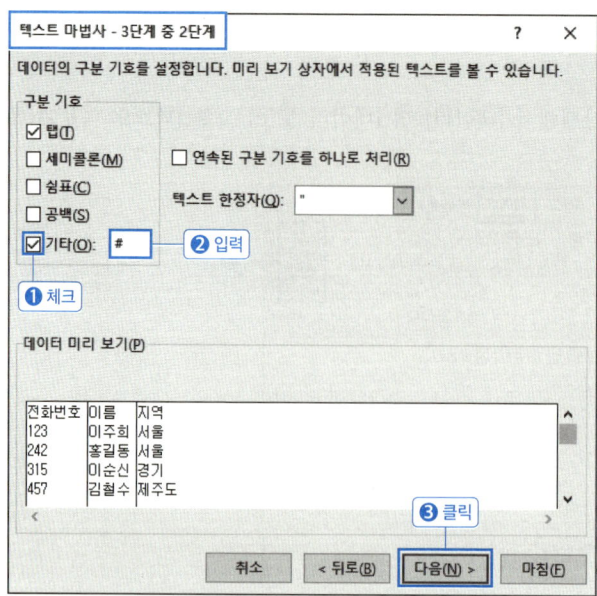

> **주희쌤 Tip**
> 문제에 제시되지 않은 사항은 기본 설정 그대로 둡니다.

⑬ 3단계로 이동하면 [마침] 단추를 클릭합니다.

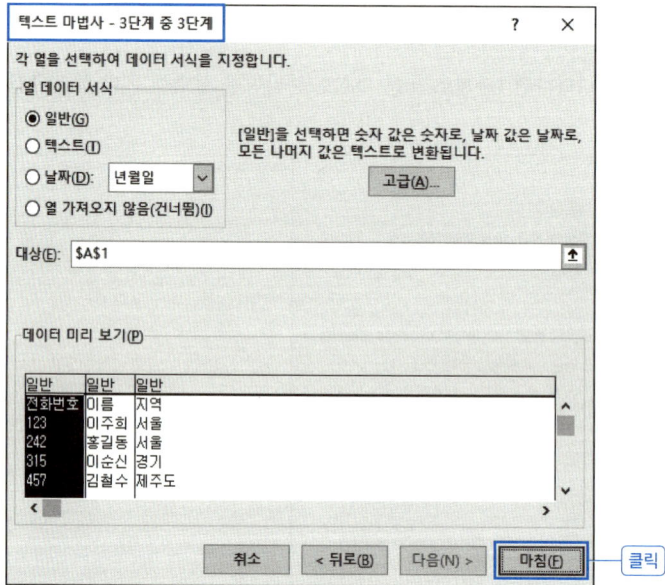

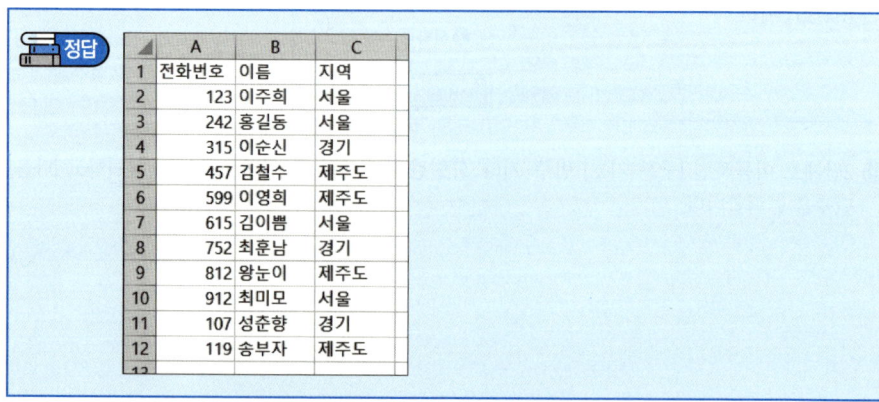

# SECTION 04. 필터

- 필터는 '추출하다'라는 의미입니다. 다양하게 조건을 지정해보고 그 조건에 해당하는 데이터만을 추출해 보도록 하겠습니다.
- 준비파일 : 컴활2급 \ 예제 \ 예제(문제) \ 1장_04. 필터.xlsx

## 문제 유형 1   '자동필터' 워크시트에서 작업하시오.

**①** 자동 필터 기능을 이용하여 [B4:I17] 영역에 '지점'이 서울이면서 '1분기'가 120 이상인 데이터를 표시하시오.

### 따라하기 ①

① 목록 범위인 [B4:I17] 영역의 임의의 셀을 선택합니다.

② 목록 범위 안에 셀 포인터가 있으면 [데이터] 탭-[정렬 및 필터] 그룹-[필터]를 클릭합니다.

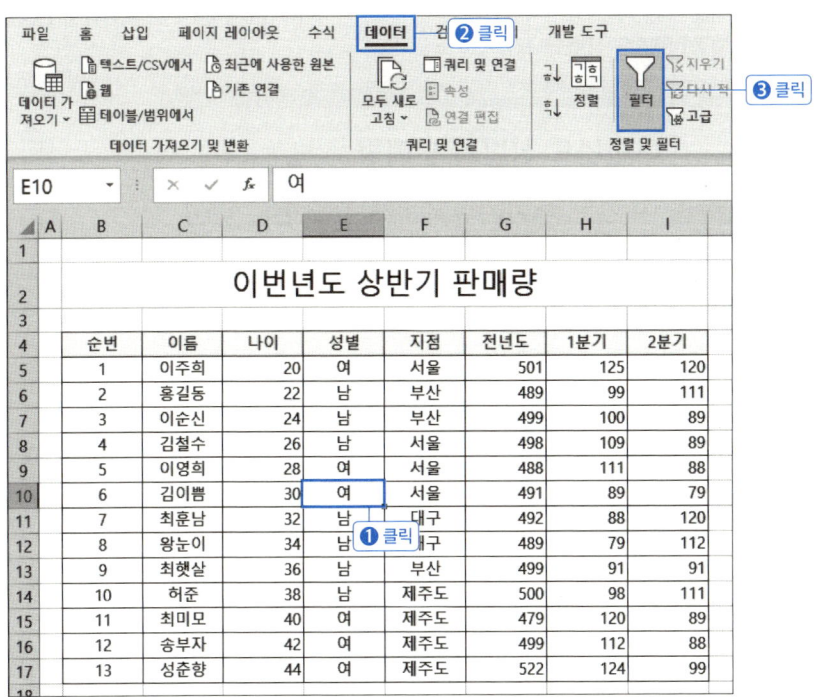

③ 각 필드명의 오른쪽에 '필터 목록 단추(▼)'가 나타나면 '지점' 필드의 '필터 목록 단추(▼)'를 클릭하여 '(모두 선택)' 확인란의 선택을 취소하고 '서울' 확인란을 선택한 후 [확인] 단추를 클릭합니다.

---

**주희쌤 Tip** 은 꼼꼼히 모두 보세요.

**주희쌤 Tip**
'필터'는 자동 필터와 고급 필터가 있으며 출제된다면 5점짜리 1문제나 '매크로'와 같이 출제됩니다.
자동 필터든 고급 필터든 출제되었을 때 모두 맞히는 것을 목표로 합니다.

**주희쌤 Tip**
목록 범위를 블록으로 지정하고 시작해도 됩니다. 다만, 필드명을 이용하여 필터링 되는 것이기 때문에 필드명을 포함한 [B4:I17] 영역을 선택해야 합니다.

**주희쌤 Tip**
자동 필터는 원본 목록 범위 위치에서만 데이터 추출이 가능합니다.

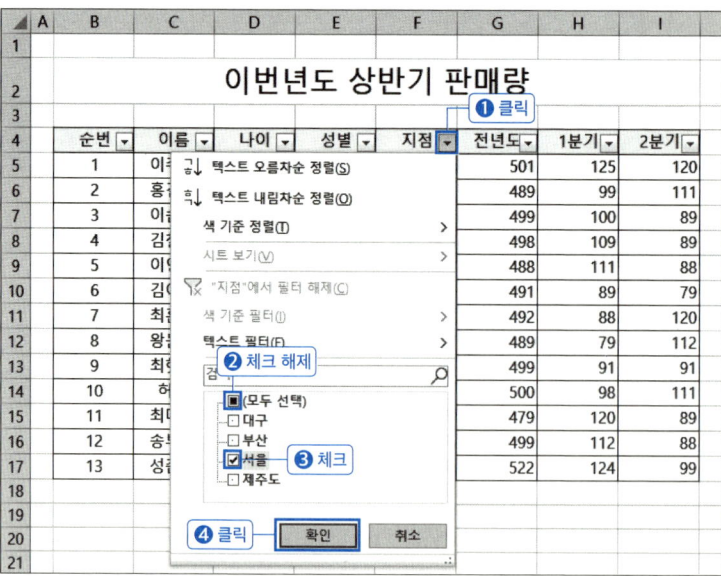

**주희쌤Tip**

'셀서식2' 시트에서 배웠던 부분입니다.
- 않고, 아닌, 아니, 않은, 제외 : <>
- 부터, 에서, 이후, 이상, 크거나 같음 : >=
- 까지, 이전, 이하, 작거나 같음, 이내 : <=
- 초과, 크다, 큰 : >
- 미만, 작다, 작은 : <
- 같다, 동일 : =

④ '지점' 필드에 '서울' 데이터만 표시되면 '1분기' 필드의 '필터 목록 단추(▼)'를 클릭하여 [숫자 필터]-[크거나 같음] 명령을 선택합니다.

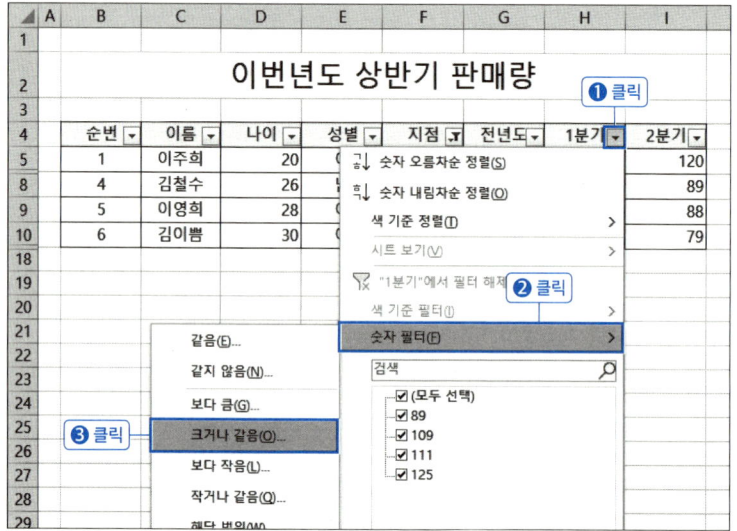

⑤ [사용자 지정 자동 필터] 대화상자가 나타나면 아래와 같이 '120'을 입력한 후 [확인] 단추를 클릭합니다.

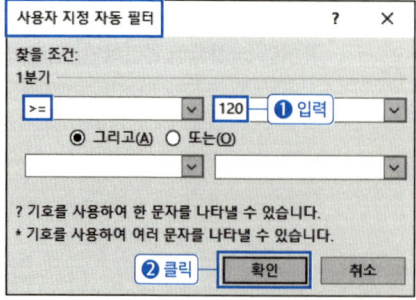

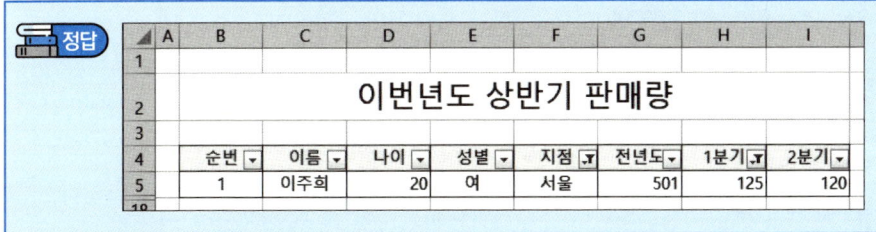

### 문제를 풀기 위하여 꼭 알아둬야 할 고급 필터 특징

1. 조건부터 입력
   - 조건의 필드명은 같은 행에 입력
   - And 조건이면 필터링할 데이터를 같은 행에 입력
   - Or 조건이면 필터링할 데이터를 다른 행에 입력

2. 결과에 특정한 필드만 추출하는 경우
   - 추출하고자 하는 필드명을 먼저 입력

3. 조건에 수식('='으로 시작되는 식)이 입력되는 경우
   - 조건의 필드명은 원본 데이터의 필드명과 다른 필드명
   - 수식의 결과는 TRUE 혹은 FALSE

> **주희쌤 Tip**
> 'And'는 조건 모두가 만족해야 만족하는 것으로 '이고', '인 중에서', '이면서', '모두', '에서 까지', '부터', '그리고', '이며', '이상 이하', '이상 미만' 등이 'And'를 의미합니다.
>
> 'Or'는 조건 중 하나만 만족해도 만족하는 것으로 '이거나', '또는', '한 항목이라도' 등이 'Or'를 의미합니다.

### 문제 유형 2   '고급필터1' 워크시트에서 작업하시오.

❷ '이번년도 상반기 판매량' 표에서 지점이 '서울'이고, 1분기가 1,200 이상인 데이터를 고급 필터를 사용하여 검색하시오.
  ▶ 고급 필터 조건은 [B19:D21] 범위 내에 알맞게 입력하시오.
  ▶ 고급 필터 결과 복사 위치는 동일 시트의 [B22] 셀에서 시작하시오.

 따라하기 ❷

① 조건을 지정하기 위해 [B19] 셀에 '지점', [B20] 셀에 '서울', [C19] 셀에 '1분기', [C20] 셀에 '>=1200'을 입력합니다.

| | A | B | C | D |
|---|---|---|---|---|
| 19 | | 지점 | 1분기 | |
| 20 | | 서울 | >=1200 | ← 입력 |
| 21 | | | | |

② 모두 입력이 되었다면 [B4:I17] 영역의 임의의 셀을 선택합니다.

③ 목록 범위 안에 셀 포인터가 있으면 [데이터] 탭-[정렬 및 필터] 그룹-[고급]을 클릭합니다.

> **주희쌤 Tip**
> 목록의 필드명과 조건의 필드명을 비교하여 데이터를 찾기 때문에 필드명이 완전히 일치하도록 오타 없이 입력해야 합니다.
>
> ⓠ 분명히 똑같이 한 것 같은데 안돼요.
> ⓐ 오타를 다시 꼼꼼히 확인해주세요.

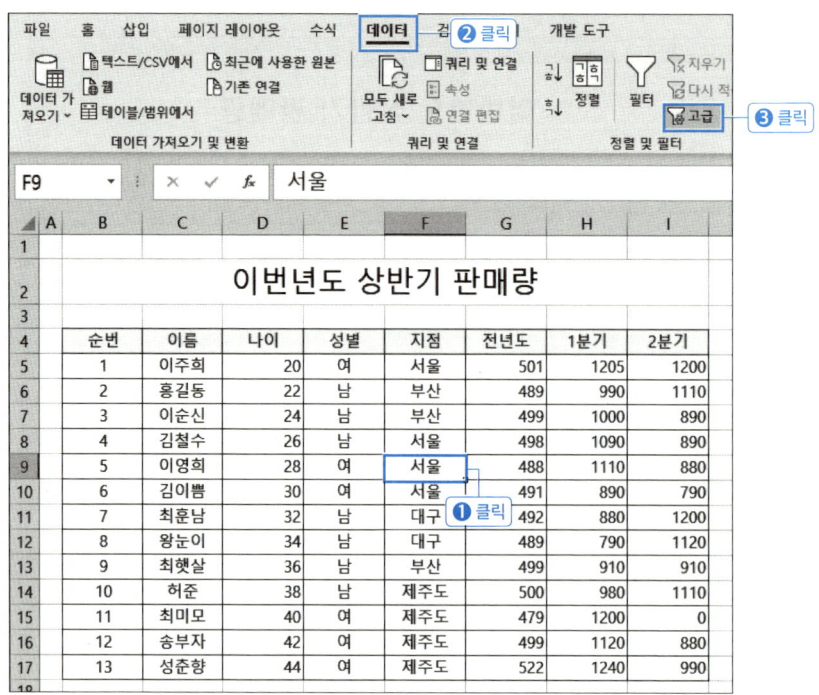

④ [고급 필터] 대화상자가 나타나면 [목록 범위]에 [B4:I17] 영역이 이미 지정되어 있는 것을 확인하고 [조건 범위]에 커서를 이동합니다.

⑤ [조건 범위]에 커서가 나타나면 [B19:C20] 영역을 드래그합니다.

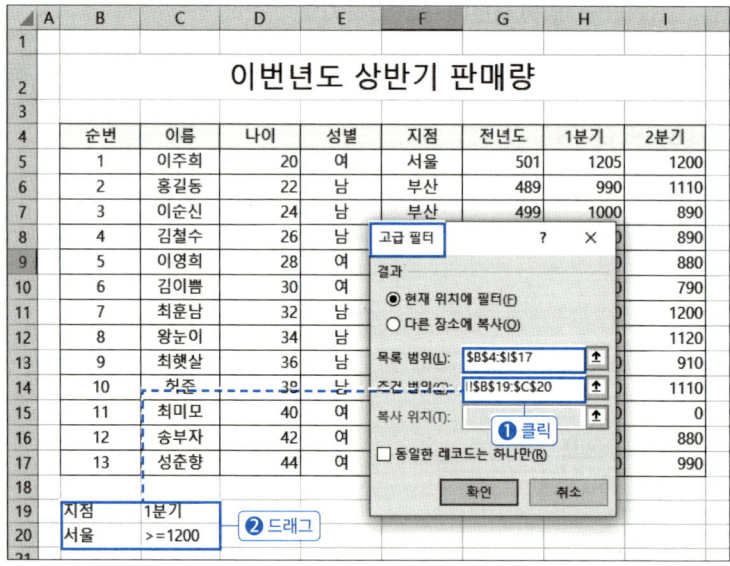

⑥ 복사 위치를 지정하기 위해 '다른 장소에 복사'를 선택한 후 [복사 위치]에 커서를 이동하여 [B22] 셀을 선택합니다.

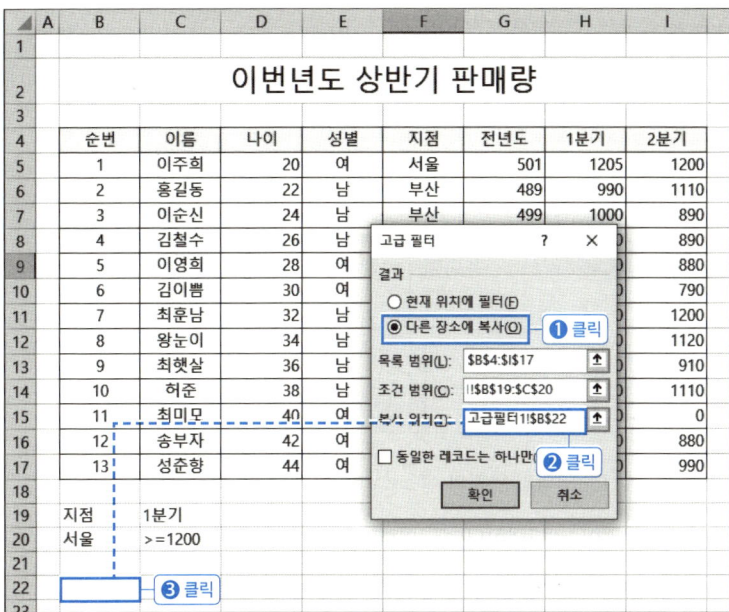

⑦ 각 항목에 셀 주소가 지정되었다면 [확인] 단추를 클릭합니다.

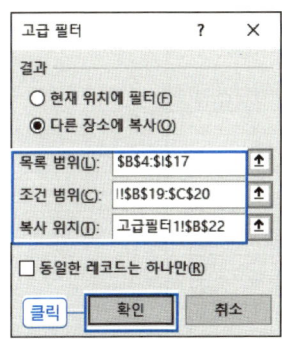

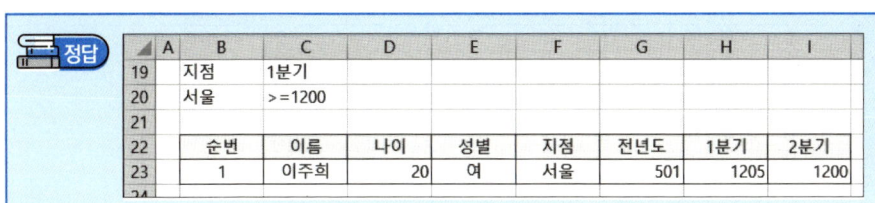

### 문제 유형 3  '고급필터2' 워크시트에서 작업하시오.

❸ '이번년도 상반기 판매량' 표에서 '나이'가 25세 이하이거나 '전년도'가 500 이상인 데이터의 '이름', '나이', '성별', '전년도'만을 고급 필터를 사용하여 검색하시오.
▶ 고급 필터 조건은 [B19:D21] 범위 내에 알맞게 입력하시오.
▶ 고급 필터 결과 복사 위치는 동일 시트의 [B23] 셀에서 시작하시오.

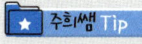

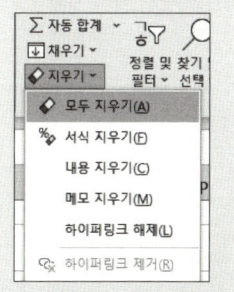

Ⓞ 영역을 선택하고 Delete를 눌러도 테두리가 남아 있어요.
Ⓐ [홈] 탭-[편집] 그룹-[지우기]-[모두 지우기] 하세요.

Ⓐ [홈] 탭-[셀] 그룹-[삭제]-[시트 행 삭제] 하세요.

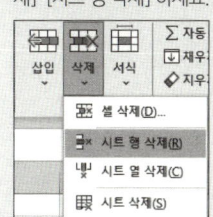

① 조건을 지정하기 위해 [B19] 셀에 '나이', [B20] 셀에 '<=25', [C19] 셀에 '전년도', [C21] 셀에 '>=500'을 입력합니다.

② 결과에 특정한 필드를 추출하기 위해 [B23] 셀에 '이름', [C23] 셀에 '나이', [D23] 셀에 '성별', [E23] 셀에 '전년도'를 입력합니다.

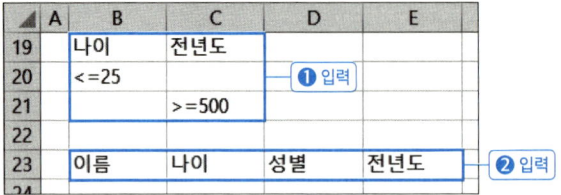

③ 모두 입력이 되었다면 [B4:I17] 영역의 임의의 셀을 선택합니다.

④ 목록 범위 안에 셀 포인터가 있으면 [데이터] 탭-[정렬 및 필터] 그룹-[고급]을 클릭합니다.

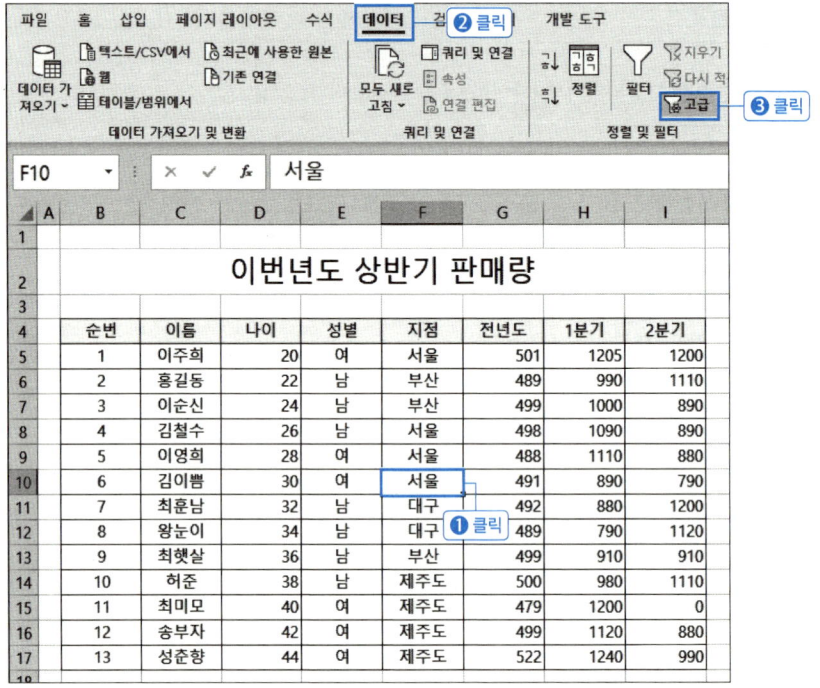

⑤ [고급 필터] 대화상자가 나타나면 [목록 범위]에 [B4:I17] 영역이 이미 지정되어 있는 것을 확인하고 [조건 범위]에 커서를 이동합니다.

⑥ [조건 범위]에 커서가 나타나면 [B19:C21] 영역을 드래그합니다.

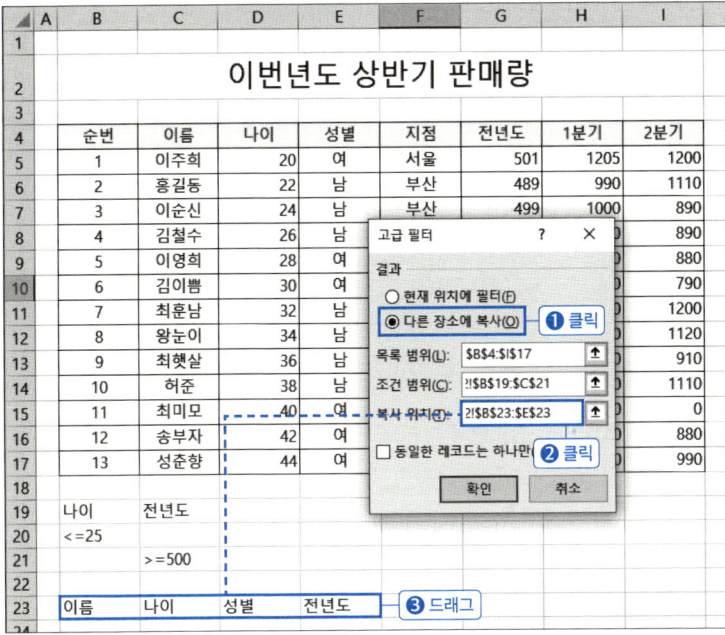

⑦ 복사 위치를 지정하기 위해 '다른 장소에 복사'를 선택한 후 [복사 위치]에 커서를 이동하여 [B23:E23] 영역을 드래그합니다.

⑧ 각 항목에 셀 주소가 지정되었다면 [확인] 단추를 클릭합니다.

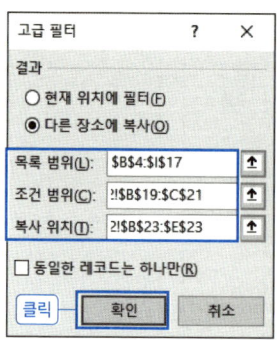

### 정답

| | A | B | C | D | E |
|---|---|---|---|---|---|
| 19 | | 나이 | 전년도 | | |
| 20 | | <=25 | | | |
| 21 | | | >=500 | | |
| 22 | | | | | |
| 23 | | 이름 | 나이 | 성별 | 전년도 |
| 24 | | 이주희 | 20 | 여 | 501 |
| 25 | | 홍길동 | 22 | 남 | 489 |
| 26 | | 이순신 | 24 | 남 | 499 |
| 27 | | 허준 | 38 | 남 | 500 |
| 28 | | 성춘향 | 44 | 여 | 522 |

### 주희쌤Tip

| 이름 | 나이 | 성별 | 전년도 |
|---|---|---|---|
| 이주희 | 20 | 여 | 501 |
| 홍길동 | 22 | 남 | 489 |
| 이순신 | 24 | 남 | 499 |
| 허준 | 38 | 남 | 500 |
| 성춘향 | 44 | 여 | 522 |

이름, 나이, 성별, 전년도 : 필드(열)
이주희, 20, 여, 501 : 첫 번째 레코드(행)
홍길동, 22, 남, 489 : 두 번째 레코드(행)

### 문제 유형 4  '고급필터3' 워크시트에서 작업하시오.

④ '이번년도 상반기 판매량' 표에 대하여 '1분기'에서 '전년도'를 뺀 값이 500 이상인 데이터의 '이름', '나이', '성별'만을 고급 필터를 사용하여 검색하시오.
▶ 고급 필터 조건은 [B19:D21] 범위 내에 알맞게 입력하시오.
▶ 고급 필터 결과 복사 위치는 동일 시트의 [B22] 셀에서 시작하시오.

### 주희쌤Tip

고급 필터 특징

1. 조건부터 입력
   - 조건의 필드명은 같은 행
   - And 조건은 같은 행
   - Or 조건은 다른 행

2. 결과에 특정한 필드만 추출하는 경우
   - 추출하고자 하는 필드명을 먼저 입력

3. 조건에 수식('='으로 시작되는 식)이 입력되는 경우
   - 조건의 필드명은 원본 데이터의 필드명과 다른 필드명
   - 수식의 결과는 TRUE 혹은 FALSE

### 따라하기 ④

① [B19] 셀에 원본 데이터([B4:I17])의 필드명과 다른 필드명을 입력합니다.

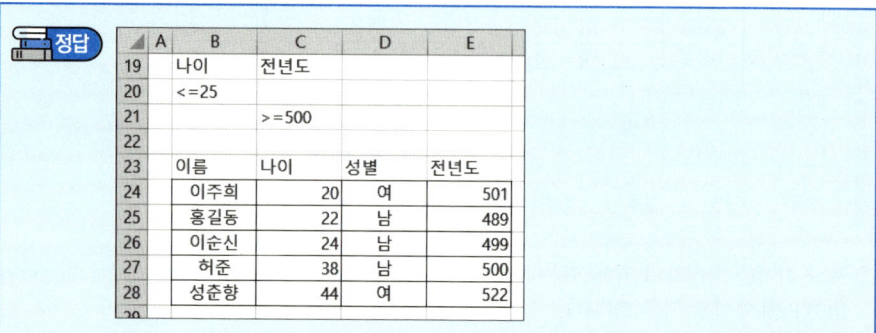

② 수식을 입력할 [B20] 셀을 선택한 후 [수식 입력줄]로 커서를 이동하여 '='을 입력합니다.

③ [H5] 셀을 선택, '-' 입력, [G5] 셀을 선택, '>=500'을 입력합니다.

④ [수식 입력줄]에 '=H5-G5>=500'이 입력되면 Enter 를 누릅니다.

**주희쌤 Tip**

수식은 '='로 시작하는 식을 의미합니다.

Q 셀에 바로 입력하는 것과 [수식 입력줄]에 입력하는 것의 차이점이 있나요?
A 셀에 글자를 바로 입력하게 되면 셀 바깥으로 글자가 벗어나게 됩니다. ↓

수식 입력줄에 글자를 입력하게 되면 셀 바깥으로 글자가 벗어나지 않습니다. ↓

**주희쌤 Tip**

Q '=H4-G4>=500' 이건 왜 안 돼요?
A 필드명은 데이터가 아닙니다. 데이터가 시작되는 첫 셀을 지정하세요.

Q '=H5:H17-G5:G17>=500' 이건 왜 안 돼요?
A 배열수식이 아니라면 범위와 범위를 바로 연산(더하기, 빼기, 곱하기, 나누기 등) 할 수 없습니다. 데이터가 시작되는 첫 셀을 지정하세요.
(배열수식은 컴활2급의 출제 범위가 아닙니다.)

### 주희쌤Tip

조건에 수식이 입력되는 경우 조건의 필드명이 원본 데이터의 필드명과 일치한다면 성별 필드에서 '여'가 아닌 'TRUE'라는 글자를 찾게 되는 것입니다. 그러므로 조건에 수식이 입력되는 경우 조건의 필드명은 원본 데이터의 필드명과 다른 필드명을 입력해야 합니다.

데이터가 시작되는 첫 셀을 지정하면 데이터가 있는 마지막 셀까지 스스로 셀이 내려오며 TRUE가 되는 것만 추출합니다. 반대로 FALSE인 것은 추출되지 않겠죠. 그러므로 조건에 수식이 입력되는 경우 수식의 결과는 TRUE 혹은 FALSE가 되도록 작성해야 합니다.

예) 수식으로 '성별'이 '여'를 찾을 때

| | E | F | G |
|---|---|---|---|
| 4 | 성별 | | 성별 |
| 5 | 여 | | TRUE |
| 6 | 남 | | |
| 7 | 남 | | '성별'에서 'TRUE'라는 |
| 8 | 남 | | 글자를 검색 |
| 9 | 여 | | |
| 10 | 여 | | |
| 11 | 남 | | 조건 |
| 12 | 남 | | TRUE |
| 13 | 남 | | |
| 14 | 남 | | 수식의 결과가 'TRUE'인 |
| 15 | 여 | | 데이터를 검색 |
| 16 | 여 | | |
| 17 | 여 | | |

예) 수식으로 '성별'이 '여'를 찾을 때

| | E | F | G |
|---|---|---|---|
| 4 | 성별 | | |
| 5 | 여 | =E5="여" | 결과가 |
| 6 | 남 | FALSE | 'TRUE'인 |
| 7 | 남 | FALSE | 데이터만 추출 |
| 8 | 남 | FALSE | |
| 9 | 여 | TRUE | |
| 10 | 여 | TRUE | |
| 11 | 남 | FALSE | |
| 12 | 남 | FALSE | |
| 13 | 남 | FALSE | |
| 14 | 남 | FALSE | |
| 15 | 여 | TRUE | |
| 16 | 여 | TRUE | |
| 17 | 여 | TRUE | |

### 주희쌤Tip

'True'가 의미하는 것은 '1'이고, 'False'가 의미하는 것은 '0'이기 때문에 TRUE, FALSE가 아닌 1, 0이 나와도 됩니다.
예를 들어, =TRUE+2를 계산하면 3이 나오게 됩니다.

⑤ 수식의 결과가 TRUE 또는 FALSE인 것을 확인한 후 결과에 특정한 필드를 추출하기 위해 [B22] 셀에 '이름', [C22] 셀에 '나이', [D22] 셀에 '성별'을 입력합니다.

| | A | B | C | D |
|---|---|---|---|---|
| 19 | | 조건 | | |
| 20 | | TRUE | | |
| 21 | | | | |
| 22 | | 이름 | 나이 | 성별 | ← 입력
| 23 | | | | |

⑥ 모두 입력이 되었다면 [B4:I17] 영역의 임의의 셀을 선택합니다.

⑦ 목록 범위 안에 셀 포인터가 있으면 [데이터] 탭-[정렬 및 필터] 그룹-[고급]을 클릭합니다.

⑧ [고급 필터] 대화상자가 나타나면 [목록 범위]에 [B4:I17] 영역이 이미 지정되어 있는 것을 확인하고 [조건 범위]에 커서를 이동합니다.

⑨ [조건 범위]에 커서가 나타나면 [B19:B20] 영역을 드래그합니다.

⑩ 복사 위치를 지정하기 위해 '다른 장소에 복사'를 선택한 후 [복사 위치]에 커서를 이동하여
[B22:D22] 영역을 드래그합니다.

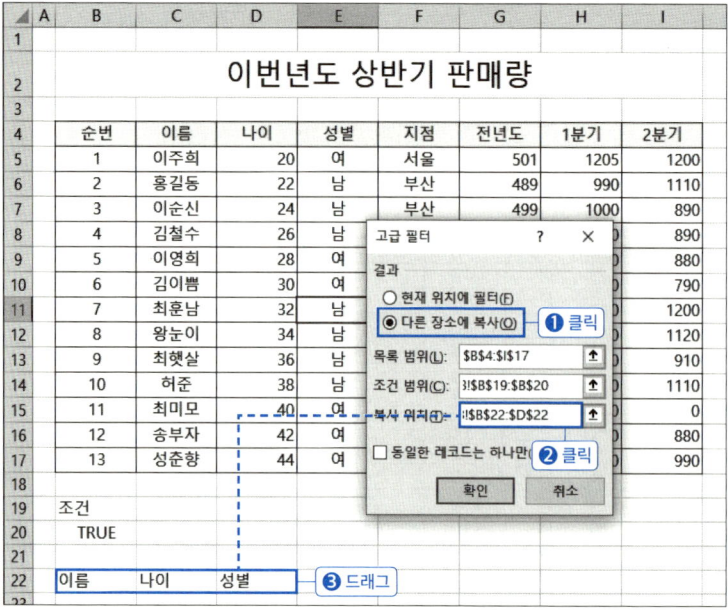

⑪ 각 항목에 셀 주소가 지정되었다면 [확인] 단추를 클릭합니다.

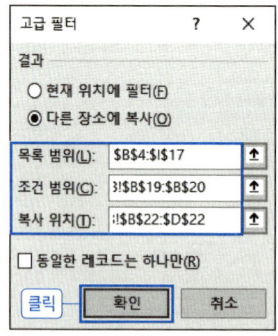

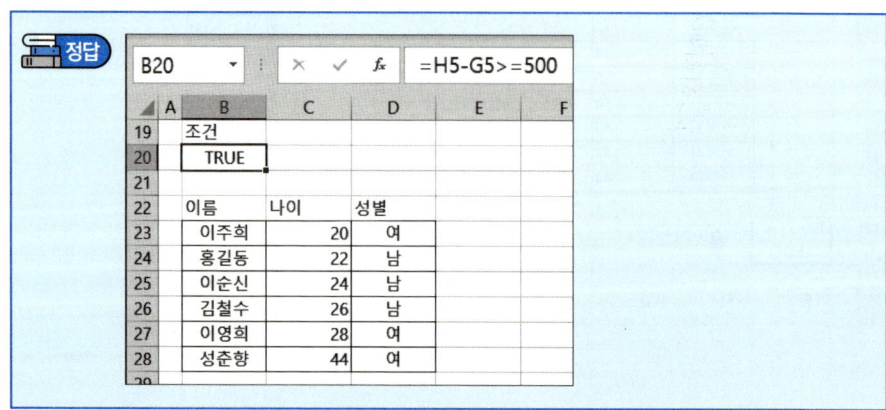

| 문제 유형 5 | '고급필터4' 워크시트에서 작업하시오. |

⑤ '이번년도 상반기 판매량' 표에서 '상반기'가 '전년도' 미만 또는 '업무성취율'이 97% 이상인 데이터 값을 고급 필터를 사용하여 검색하시오.
  ▶ 고급 필터 조건은 [B19:D21] 범위 내에 알맞게 입력하시오.
  ▶ 고급 필터 결과 복사 위치는 동일 시트의 [B23] 셀에서 시작하시오.

 따라하기 ⑤

① [B19] 셀에 원본 데이터([B4:I17])의 필드명과 다른 필드명을 입력합니다.

|   | A | B | C | D | E | F | G | H | I |
|---|---|---|---|---|---|---|---|---|---|
| 1 |   |   |   |   |   |   |   |   |   |
| 2 |   |   | 이번년도 상반기 판매량 | | | | | | |
| 3 |   |   |   |   |   |   |   |   |   |
| 4 |   | 순번 | 이름 | 나이 | 성별 | 지점 | 전년도 | 상반기 | 업무성취율 |
| 5 |   | 1 | 이주희 | 20 | 여 | 서울 | 501 | 1205 | 98% |
| 6 |   | 2 | 홍길동 | 22 | 남 | 부산 | 489 | 480 | 95% |
| 7 |   | 3 | 이순신 | 24 | 남 | 부산 | 499 | 490 | 96% |
| 8 |   | 4 | 김철수 | 26 | 남 | 서울 | 498 | 500 | 89% |
| 9 |   | 5 | 이영희 | 28 | 여 | 서울 | 488 | 700 | 78% |
| 10 |   | 6 | 김이쁨 | 30 | 여 | 서울 | 491 | 720 | 86% |
| 11 |   | 7 | 최훈남 | 32 | 남 | 대구 | 492 | 900 | 87% |
| 12 |   | 8 | 왕눈이 | 34 | 남 | 대구 | 489 | 488 | 90% |
| 13 |   | 9 | 최햇살 | 36 | 남 | 부산 | 499 | 490 | 91% |
| 14 |   | 10 | 허준 | 38 | 남 | 제주도 | 500 | 499 | 92% |
| 15 |   | 11 | 최미모 | 40 | 여 | 제주도 | 479 | 480 | 78% |
| 16 |   | 12 | 송부자 | 42 | 여 | 제주도 | 499 | 500 | 79% |
| 17 |   | 13 | 성춘향 | 44 | 여 | 제주도 | 522 | 510 | 80% |
| 18 |   |   |   |   |   |   |   |   |   |
| 19 |   | 조건 | ← 목록의 필드명과 다른 필드명을 입력 | | | | | | |

② 수식을 입력할 [B20] 셀을 선택한 후 [수식 입력줄]로 커서를 이동하여 '='을 입력합니다.

| REPT | ▼ | : | × | ✓ | fx | = | ❷ 입력 |
|---|---|---|---|---|---|---|---|

|   | A | B | C | D | E | F | G | H | I |
|---|---|---|---|---|---|---|---|---|---|
| 1 |   |   |   |   |   |   |   |   |   |
| 2 |   |   | 이번년도 상반기 판매량 | | | | | | |
| 3 |   |   |   |   |   |   |   |   |   |
| 4 |   | 순번 | 이름 | 나이 | 성별 | 지점 | 전년도 | 상반기 | 업무성취율 |
| 5 |   | 1 | 이주희 | 20 | 여 | 서울 | 501 | 1205 | 98% |
| 6 |   | 2 | 홍길동 | 22 | 남 | 부산 | 489 | 480 | 95% |
| 7 |   | 3 | 이순신 | 24 | 남 | 부산 | 499 | 490 | 96% |
| 8 |   | 4 | 김철수 | 26 | 남 | 서울 | 498 | 500 | 89% |
| 9 |   | 5 | 이영희 | 28 | 여 | 서울 | 488 | 700 | 78% |
| 10 |   | 6 | 김이쁨 | 30 | 여 | 서울 | 491 | 720 | 86% |
| 11 |   | 7 | 최훈남 | 32 | 남 | 대구 | 492 | 900 | 87% |
| 12 |   | 8 | 왕눈이 | 34 | 남 | 대구 | 489 | 488 | 90% |
| 13 |   | 9 | 최햇살 | 36 | 남 | 부산 | 499 | 490 | 91% |
| 14 |   | 10 | 허준 | 38 | 남 | 제주도 | 500 | 499 | 92% |
| 15 |   | 11 | 최미모 | 40 | 여 | 제주도 | 479 | 480 | 78% |
| 16 |   | 12 | 송부자 | 42 | 여 | 제주도 | 499 | 500 | 79% |
| 17 |   | 13 | 성춘향 | 44 | 여 | 제주도 | 522 | 510 | 80% |
| 18 |   |   |   |   |   |   |   |   |   |
| 19 |   | 조건 |   |   |   |   |   |   |   |
| 20 |   | = | ← ❶ 클릭 | | | | | | |

③ [H5] 셀을 선택, '<' 입력, [G5] 셀을 선택합니다.

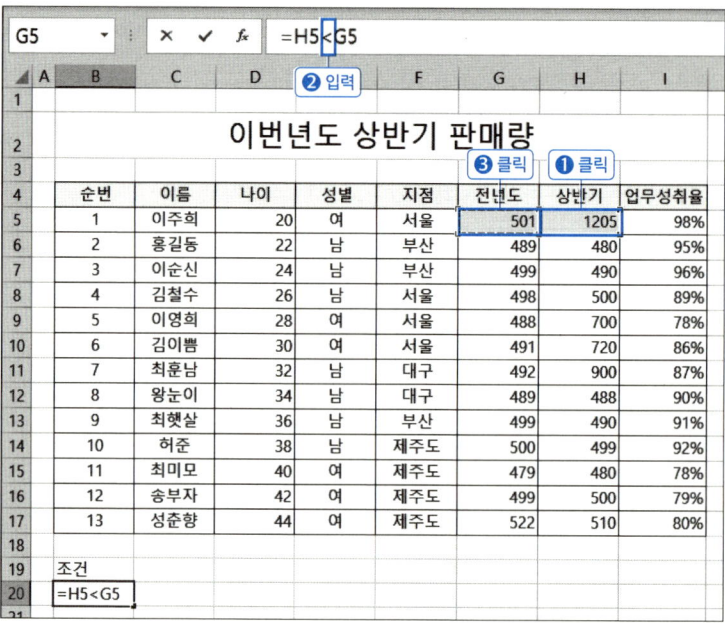

④ [수식 입력줄]에 '=H5<G5'가 입력되면 Enter 를 누릅니다.

⑤ 수식의 결과가 TRUE 또는 FALSE인 것을 확인한 후 [C19] 셀에 '업무성취율', [C21] 셀에 '>=97%'를 입력합니다.

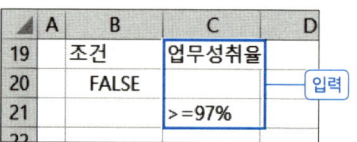

⑥ 모두 입력이 되었다면 [B4:I17] 영역의 임의의 셀을 선택합니다.

⑦ 목록 범위 안에 셀 포인터가 있으면 [데이터] 탭-[정렬 및 필터] 그룹-[고급]을 클릭합니다.

⑧ [고급 필터] 대화상자가 나타나면 [목록 범위]에 [B4:I17] 영역이 이미 지정되어 있는 것을 확인하고 [조건 범위]에 커서를 이동합니다.

⑨ [조건 범위]에 커서가 나타나면 [B19:C21] 영역을 드래그합니다.

⑩ 복사 위치를 지정하기 위해 '다른 장소에 복사'를 선택한 후 [복사 위치]에 커서를 이동하여 [B23] 셀을 선택합니다.

⑪ 각 항목에 셀 주소가 지정되었다면 [확인] 단추를 클릭합니다.

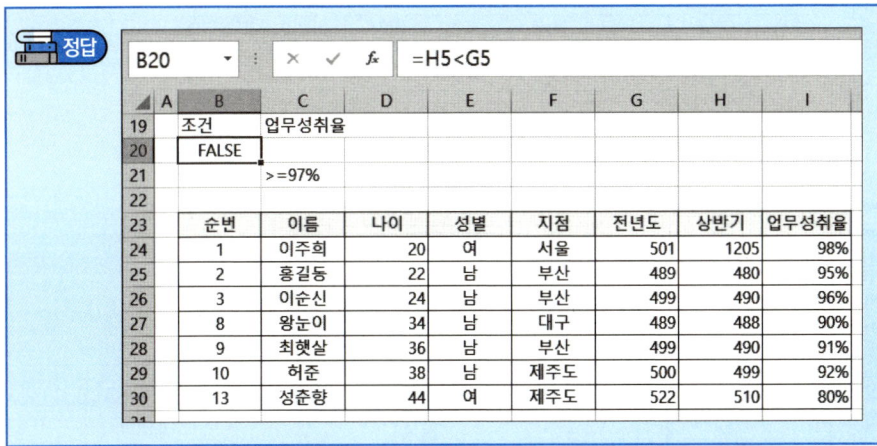

## 정답

| | A | B | C | D | E | F | G | H | I |
|---|---|---|---|---|---|---|---|---|---|
| 19 | | 조건 | 업무성취율 | | | | | | |
| 20 | | FALSE | | | | | | | |
| 21 | | | >=97% | | | | | | |
| 22 | | | | | | | | | |
| 23 | | 순번 | 이름 | 나이 | 성별 | 지점 | 전년도 | 상반기 | 업무성취율 |
| 24 | | 1 | 이주희 | 20 | 여 | 서울 | 501 | 1205 | 98% |
| 25 | | 2 | 홍길동 | 22 | 남 | 부산 | 489 | 480 | 95% |
| 26 | | 3 | 이순신 | 24 | 남 | 부산 | 499 | 490 | 96% |
| 27 | | 8 | 왕눈이 | 34 | 남 | 대구 | 489 | 488 | 90% |
| 28 | | 9 | 최햇살 | 36 | 남 | 부산 | 499 | 490 | 91% |
| 29 | | 10 | 허준 | 38 | 남 | 제주도 | 500 | 499 | 92% |
| 30 | | 13 | 성준향 | 44 | 여 | 제주도 | 522 | 510 | 80% |

B20 셀: =H5<G5

## 문제 유형 6 '고급필터5' 워크시트에서 작업하시오.

**6** '이름'이 희로 끝나거나 '지점'이 부산인 데이터를 고급 필터를 사용하여 검색하시오.
▶ 조건은 [B19:E23] 영역 내에 입력하시오.
▶ 결과는 [B23] 셀부터 표시하시오.

① 조건을 지정하기 위해 [B19] 셀에 '이름', [B20] 셀에 '*희', [C19] 셀에 '지점', [C21] 셀에 '부산'을 입력합니다.

### 주희쌤 Tip

**와일드카드 문자**
별표(*)는 임의의 수의 문자들을 나타내고, 물음표(?)는 임의의 단일 문자를 나타냅니다.

예)
- 김* : '김'으로 시작하는 모든 글자 (김치, 김가루)
- 김?? : '김'으로 시작하는 세 글자 (김치통, 김가루)

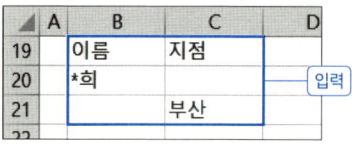

② 모두 입력이 되었다면 [B4:I17] 영역의 임의의 셀을 선택합니다.

③ 목록 범위 안에 셀 포인터가 있으면 [데이터] 탭-[정렬 및 필터] 그룹-[고급]을 클릭합니다.

④ [고급 필터] 대화상자가 나타나면 [목록 범위]에 [B4:I17] 영역이 이미 지정되어 있는 것을 확인하고 [조건 범위]에 커서를 이동합니다.

⑤ [조건 범위]에 커서가 나타나면 [B19:C21] 영역을 드래그합니다.

⑥ 복사 위치를 지정하기 위해 '다른 장소에 복사'를 선택한 후 [복사 위치]에 커서를 이동하여 [B23] 셀을 선택합니다.

⑦ 각 항목에 셀 주소가 지정되었다면 [확인] 단추를 클릭합니다.

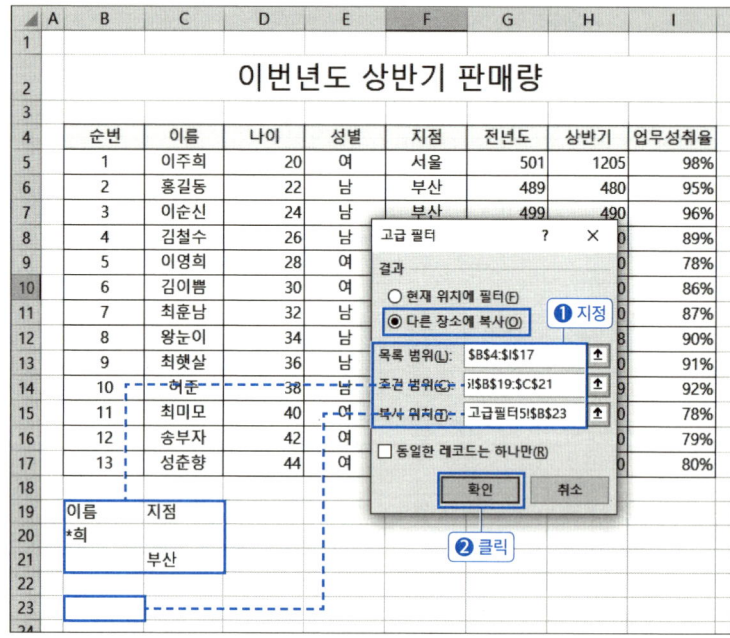

74 Chapter 01. 기본작업

### 15개만 외우면 함수가 쉬워진다!! 함수에서 자주 보이는 인수

| | |
|---|---|
| number | 숫자 |
| text | 문자 |
| value | 숫자 혹은 문자 (값) |
| array, range, ref, database, vector | 범위 |
| (number, number, ...) (value, value, ...) | 범위도 상관없음 |
| serial_number, date | 날짜 |
| logical | 논리 (TRUE 혹은 FALSE) |
| num_chars | 문자의 개수 |
| divisor, denominator | 나누는 수 |
| row | 행 |
| column | 열 |
| lookup | 찾을 |
| criteria | 조건 |
| reference | 참조 셀 |
| digits | 자릿수 <table><tr><td>백</td><td>십</td><td>일</td><td>소수 첫째</td><td>소수 둘째</td></tr><tr><td>-2</td><td>-1</td><td>0</td><td>1</td><td>2</td></tr></table> |

> **주희쌤 Tip**
> '함수에서 자주 보이는 인수'를 꼭 외우고, 다음 진도를 진행해 주세요.

> **주희쌤 Tip**
> '범위도 상관없음'은 'number, number, ...' 혹은 'value, value, ...'를 인수로 가지고 있는 함수들은 인수에 셀을 하나씩 지정해도 되고, 셀 여러 개를 드래그하여 범위로 지정해도 상관이 없다는 의미입니다.

### 문제 유형 7 　'고급필터6' 워크시트에서 작업하시오.

❼ '입사일'의 연도가 2016인 데이터를 고급 필터를 사용하여 추출하시오. (YEAR 함수 사용)
▶ 조건은 [B19:E23] 영역 내에 입력하시오.
▶ 결과는 [B23] 셀부터 표시하시오.

 따라하기 ❼

① 조건을 지정하기 위해 [B19] 셀에 원본 데이터([B4:I17])의 필드명과 다른 필드명을 입력합니다.

② 수식을 입력할 [B20] 셀을 선택한 후 [수식 입력줄]로 커서를 이동하여 '=y'를 입력합니다.

③ 이어서 아래에 함수 목록이 나타나면 키보드의 방향키 ↓ 를 이용해 'YEAR'를 선택하고 Tab 을 누릅니다.

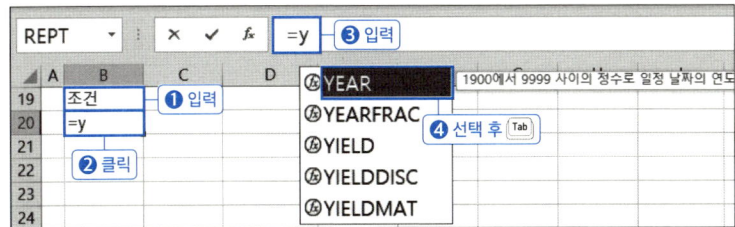

> **주희쌤 Tip**
> ⓠ 문제에 어떤 함수를 사용하라는 지시가 없다면요?
> ⓐ 사용하고 싶은 함수를 사용하든 아예 함수를 사용하지 않든 결과만 나오게 하면 됩니다.
>
> ⓠ 문제에 어떤 함수를 사용하라는 지시가 있다면요?
> ⓐ 문제에 제시된 함수만 사용하여 결과가 나오게 하면 됩니다.

> **주희쌤 Tip**
> 함수 이름은 대/소문자 구분을 하지 않아도 됩니다.

## 주희쌤 Tip

**YEAR(serial_number)**

serial_number의 연도

예)

| | A | B |
|---|---|---|
| 1 | 데이터 | 2025-07-24 |
| 2 | | |
| 3 | 수식 | =YEAR(B1) |
| 4 | 결과 | 2025 |

↑ [B1] 셀 값의 연도

**MONTH(serial_number)**

serial_number의 월

예)

| | A | B |
|---|---|---|
| 1 | 데이터 | 2025-07-24 |
| 2 | | |
| 3 | 수식 | =MONTH(B1) |
| 4 | 결과 | 7 |

↑ [B1] 셀 값의 월

**DAY(serial_number)**

serial_number의 일

예)

| | A | B |
|---|---|---|
| 1 | 데이터 | 2025-07-24 |
| 2 | | |
| 3 | 수식 | =DAY(B1) |
| 4 | 결과 | 24 |

↑ [B1] 셀 값의 일

## 주희쌤 Tip

'serial_number'가 날짜인 이유

| | A |
|---|---|
| 1 | 문자 ←왼쪽 정렬 |
| 2 | 오른쪽 정렬→ 1 |
| 3 | 오른쪽 정렬→ 1900-01-01 |

↑ 날짜가 숫자처럼 오른쪽으로 정렬되어 있는 것을 볼 수 있죠? 엑셀은 날짜를 숫자처럼 취급하기 때문인데요.
[셀 서식]을 이용하여 숫자로 변경하였을 때 '1900-1-1'은 '1', '1900-1-31'은 '31', '1900-2-1'은 '32'가 됩니다. 오늘의 날짜도 '1900-1-1'을 기준으로 숫자로 변경이 가능하겠죠.
이러한 이유 때문에 날짜는 '1900-1-1'을 기준으로 만들어진 숫자라고 하여 'serial_number'라고 하는 것입니다.

---

④ '=YEAR('가 입력되면 [D5] 셀을 선택하고 ')=2016'을 입력합니다.

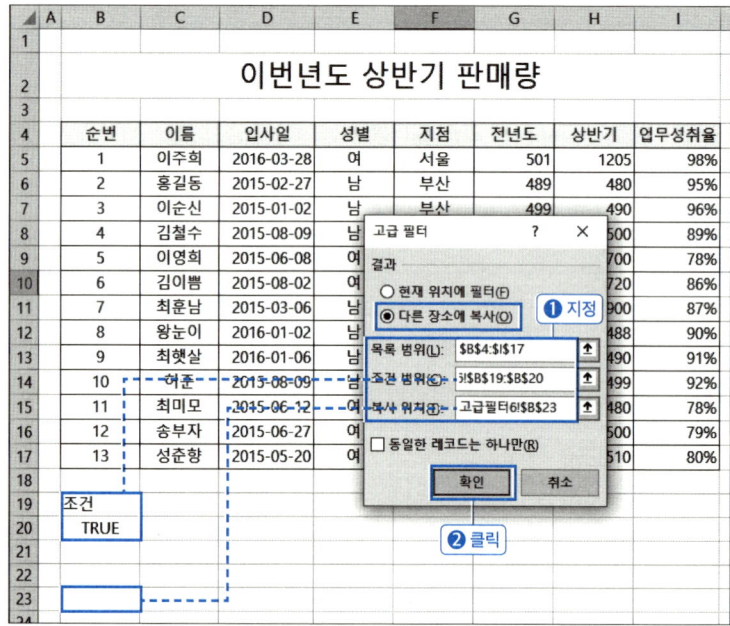

⑤ [수식 입력줄]에 '=YEAR(D5)=2016'이 입력되면 Enter 를 누릅니다.

⑥ 수식의 결과가 TRUE 또는 FALSE인 것을 확인한 후 [B4:I17] 영역의 임의의 셀을 선택합니다.

⑦ 목록 범위 안에 셀 포인터가 있으면 [데이터] 탭-[정렬 및 필터] 그룹-[고급]을 클릭합니다.

⑧ [고급 필터] 대화상자가 나타나면 [목록 범위]에 [B4:I17] 영역이 이미 지정되어 있는 것을 확인하고 [조건 범위]에 커서를 이동합니다.

⑨ [조건 범위]에 커서가 나타나면 [B19:B20] 영역을 드래그합니다.

⑩ 복사 위치를 지정하기 위해 '다른 장소에 복사'를 선택한 후 [복사 위치]에 커서를 이동하여 [B23] 셀을 선택합니다.

⑪ 각 항목에 셀 주소가 지정되었다면 [확인] 단추를 클릭합니다.

### 정답

| | A | B | C | D | E | F | G | H | I |
|---|---|---|---|---|---|---|---|---|---|
| | B20 | | × ✓ fx | =YEAR(D5)=2016 | | | | | |
| 19 | | 조건 | | | | | | | |
| 20 | | TRUE | | | | | | | |
| 21 | | | | | | | | | |
| 22 | | | | | | | | | |
| 23 | | 순번 | 이름 | 입사일 | 성별 | 지점 | 전년도 | 상반기 | 업무성취율 |
| 24 | | 1 | 이주희 | 2016-03-28 | 여 | 서울 | 501 | 1205 | 98% |
| 25 | | 8 | 왕눈이 | 2016-01-02 | 남 | 대구 | 489 | 488 | 90% |
| 26 | | 9 | 최햇살 | 2016-01-06 | 남 | 부산 | 499 | 490 | 91% |

## 문제 유형 8 '고급필터7' 워크시트에서 작업하시오.

⑧ '이번년도 상반기 판매량' 표에서 지점이 "서울"이거나 전년도가 490 이상, 500 이하인 데이터의 '이름', '지점', '전년도'만을 고급 필터를 사용하여 검색하시오.
▶ 조건은 [B19:E23] 영역 내에 입력하시오.
▶ 결과는 [B23] 셀부터 표시하시오.

### 따라하기 ⑧

① 조건을 지정하기 위해 [B19] 셀에 '지점', [B20] 셀에 '서울', [C19] 셀에 '전년도', [C21] 셀에 '>=490', [D19] 셀에 '전년도', [D21] 셀에 '<=500'를 입력합니다.

② 결과에 특정한 필드를 추출하기 위해 [B23] 셀에 '이름', [C23] 셀에 '지점', [D23] 셀에 '전년도'를 입력합니다.

| | A | B | C | D |
|---|---|---|---|---|
| 19 | | 지점 | 전년도 | 전년도 |
| 20 | | 서울 | | |
| 21 | | | >=490 | <=500 |
| 22 | | | | |
| 23 | | 이름 | 지점 | 전년도 |

❶ 입력
❷ 입력

③ 모두 입력이 되었다면 [B4:I17] 영역의 임의의 셀을 선택합니다.

④ 목록 범위 안에 셀 포인터가 있으면 [데이터] 탭-[정렬 및 필터] 그룹-[고급]을 클릭합니다.

⑤ [고급 필터] 대화상자가 나타나면 [목록 범위]에 [B4:I17] 영역이 이미 지정되어 있는 것을 확인하고 [조건 범위]에 커서를 이동합니다.

⑥ [조건 범위]에 커서가 나타나면 [B19:D21] 영역을 드래그합니다.

⑦ 복사 위치를 지정하기 위해 '다른 장소에 복사'를 선택한 후 [복사 위치]에 커서를 이동하여 [B23:D23] 영역을 드래그합니다.

⑧ 각 항목에 셀 주소가 지정되었다면 [확인] 단추를 클릭합니다.

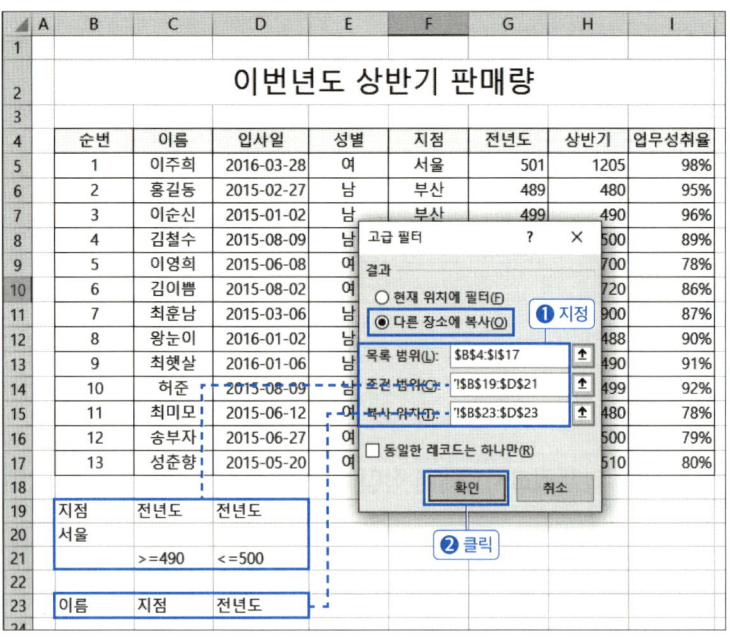

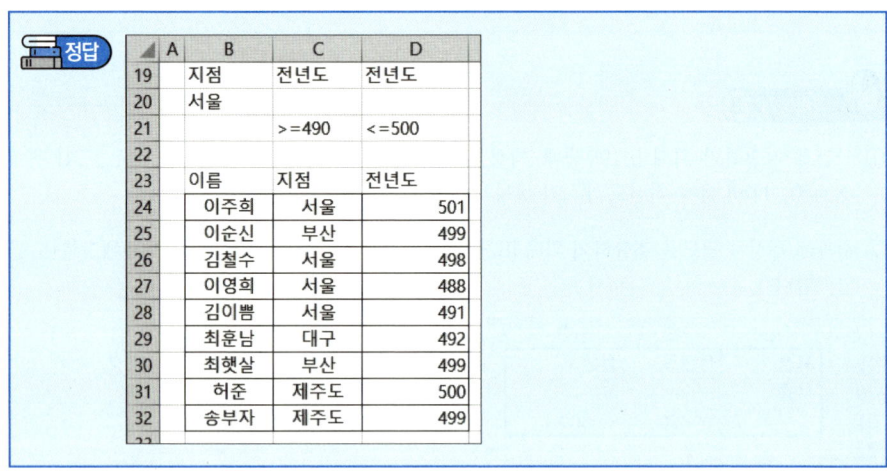

### 문제 유형 9  '고급필터8' 워크시트에서 작업하시오.

9. '이번년도 상반기 판매량' 표에서 등급이 0인 경우를 제외한 데이터를 고급 필터를 사용하여 추출하시오.
   ▶ 조건은 [B19:B20] 영역 내에 입력하시오.
   ▶ 결과는 [B22]셀부터 표시하시오.

① 조건을 지정하기 위해 [B19] 셀에 '등급', [B20] 셀에 '<>0'을 입력합니다.

② 모두 입력이 되었다면 [B4:I17] 영역의 임의의 셀을 선택합니다.

③ 목록 범위 안에 셀 포인터가 있으면 [데이터] 탭-[정렬 및 필터] 그룹-[고급]을 클릭합니다.

④ [고급 필터] 대화상자가 나타나면 [목록 범위]에 [B4:I17] 영역이 이미 지정되어 있는 것을 확인하고 [조건 범위]에 커서를 이동합니다.

⑤ [조건 범위]에 커서가 나타나면 [B19:B20] 영역을 드래그합니다.

⑥ 복사 위치를 지정하기 위해 '다른 장소에 복사'를 선택한 후 [복사 위치]에 커서를 이동하여 [B22] 셀을 선택합니다.

⑦ 각 항목에 셀 주소가 지정되었다면 [확인] 단추를 클릭합니다.

> **주희쌤Tip**
>
> Q 저는 고급필터8 시트가 안 보여요
>
> A ◀ ▶ 시트가 안 보일 때 클릭해 보세요. 왼쪽 아래에 있습니다.

# SECTION 05 조건부 서식

- 필터가 '조건에 해당하면 추출한다.'였다면 조건부 서식은 '조건에 해당하면 꾸미겠다.'라는 의미입니다. 다양하게 조건을 작성해보고 그 조건에 해당하는 셀이나 영역에 서식을 지정해 보도록 하겠습니다.
- **준비파일** : 컴활2급 \ 예제 \ 예제(문제) \ 1장_05. 조건부 서식.xlsx

> **주희쌤 Tip**
> 주희쌤 Tip은 꼼꼼히 모두 보세요.

> **주희쌤 Tip**
> '조건부 서식'은 출제된다면 5점짜리 1문제가 출제됩니다. 목표 점수는 5점으로 계산 작업 문제에 비해 쉽게 출제되니 점수를 확보해 놓아야 합니다.

### 문제를 풀기 위하여 꼭 알아둬야 할 조건부 서식 특징

1. 서식을 지정해 줄 부분만 드래그하여 선택한 후 시작
2. 셀 주소의 열을 고정하면 행에 서식이 적용

## 문제 유형 1 '조건부서식1' 워크시트에서 작업하시오.

① [B5:I17] 영역에 대해 1분기 점수가 2분기 점수 이하인 행 전체의 글꼴 색을 '표준 색-파랑', 글꼴 스타일을 '굵게'로 지정하는 조건부 서식을 작성하시오.
   ▶ 규칙 유형은 '수식을 사용하여 서식을 지정할 셀 결정'을 이용하시오.

### 따라하기

① 조건에 해당하는 행 전체에 서식을 지정하기 위해 문제에 제시된 [B5:I17] 영역을 드래그하여 선택한 후 [홈] 탭-[스타일] 그룹-[조건부 서식]-[새 규칙]을 클릭합니다.

> **주희쌤 Tip**
> Q 왜 영역을 선택하고 해요?
> A 서식은 '꾸민다'인데 꾸며주려면 선택해야만 꾸며줄 수 있습니다.
>
> Q 왜 필드명은 제외해요?
> A 필드명은 데이터가 아니라 열의 이름일 뿐이라서 꾸며줄 필요가 없기 때문입니다.

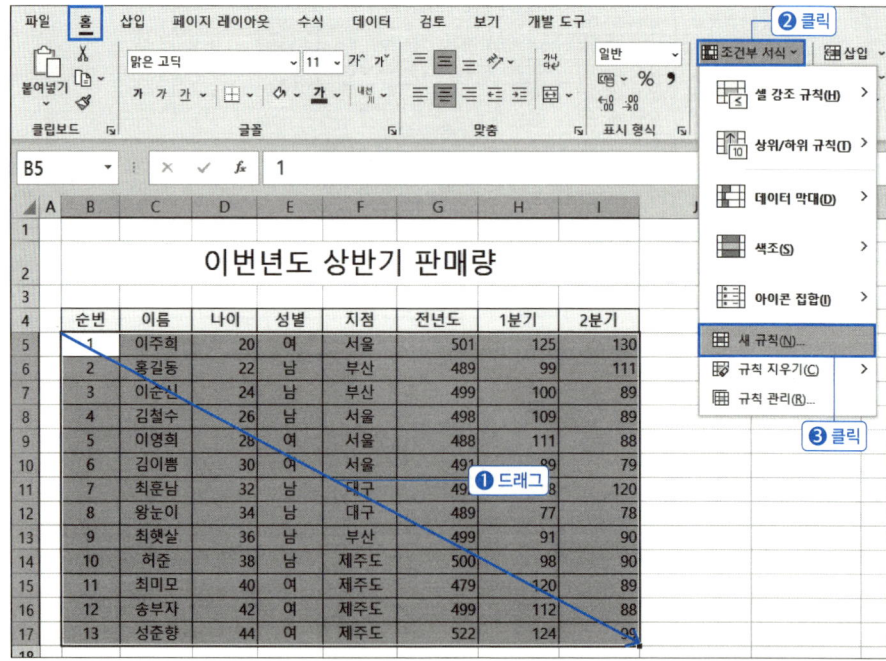

② [새 서식 규칙] 대화상자가 나타나면 [수식을 사용하여 서식을 지정할 셀 결정]을 클릭하고 아래 수식 입력란에 커서를 이동한 후 '='을 입력합니다.

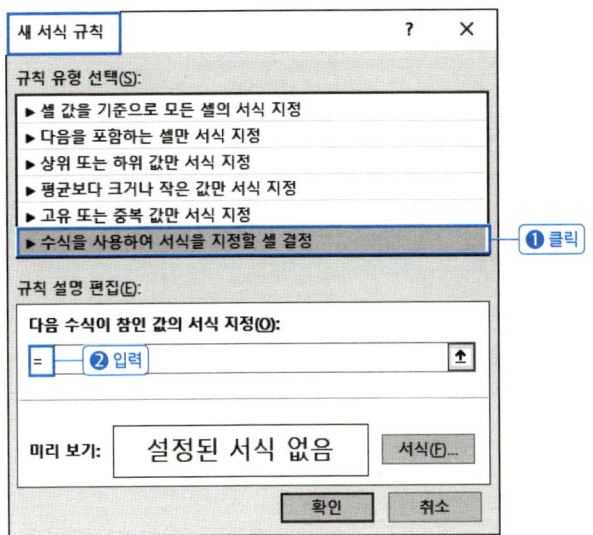

③ 이어서 [H5] 셀을 선택하고 열이 변경되면 안 되므로 F4 를 두 번 눌러서 '$H5'를 만듭니다.

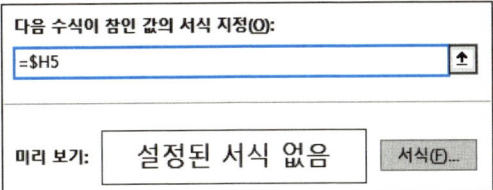

④ '=$H5'에 이어서 '<='을 입력합니다.

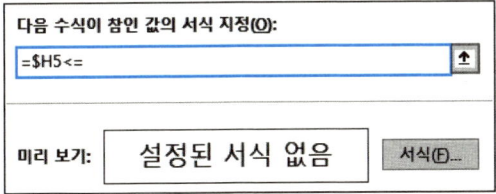

⑤ '=$H5<='에 이어서 [I5] 셀을 선택하고 열이 변경되면 안 되므로 F4 를 두 번 눌러서 '$I5'를 만듭니다.

⑥ '=$H5<=$I5' 수식이 완성되면 [서식] 단추를 클릭합니다.

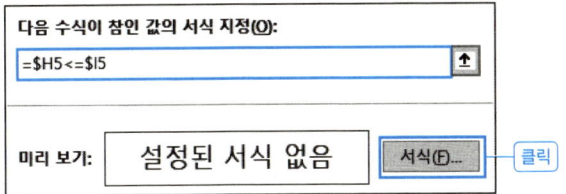

> 주희쌤 Tip
>
> =H5<=I5
> =H6<=I6
> =H7<=I7
> =H8<=I8
>      고정
> ...
> H열과 I열만 절대 참조로 변경하여 열은 고정된 채 행만 달라질 수 있도록 합니다.

> 주희쌤 Tip
>
> Ⓠ 필터도 '영어 앞에 달러'를 표시하면 안 되나요? 즉, '열 고정'을 하면 안 되나요?
> Ⓐ 조건부 서식과 달리 필터의 경우 첫 셀을 지정하면 열이 움직이지 않고(열이 고정된 채) 행만 달라지면서 지정해준 조건을 찾는데요. 열 고정을 해도 상관은 없습니다.
> 결과가 동일하게 나오니까요.

⑦ [셀 서식] 대화상자가 나타나면 [글꼴] 탭에서 [색]은 '파랑', [글꼴 스타일]은 '굵게'로 선택하고 [확인] 단추를 클릭합니다.

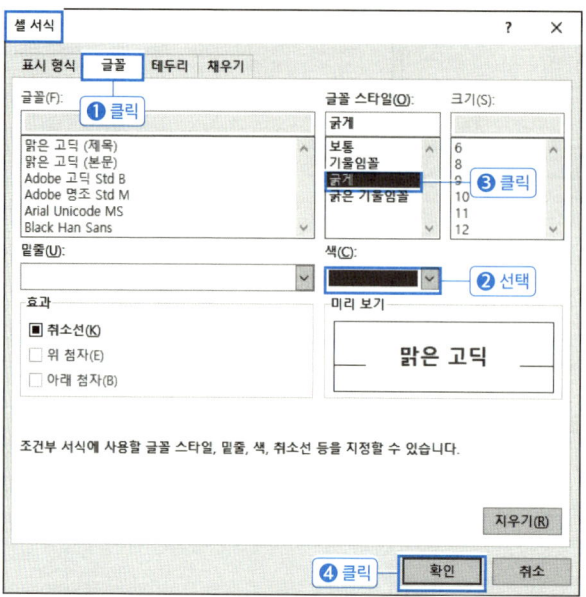

> **주희쌤 Tip**
> 수식의 결과가 참(TRUE)인 행 전체에 서식이 적용됩니다.

⑧ [새 서식 규칙] 대화상자가 나타나면 [확인] 단추를 클릭합니다.

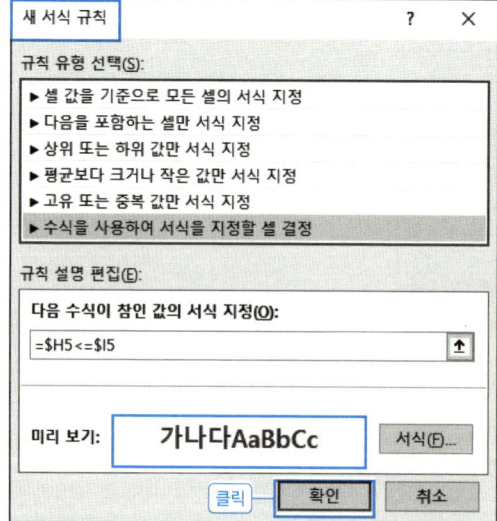

정답 =$H5<=$I5

| | A | B | C | D | E | F | G | H | I |
|---|---|---|---|---|---|---|---|---|---|
| 1 | | | | | 이번년도 상반기 판매량 | | | | |
| 2 | | | | | | | | | |
| 3 | | | | | | | | | |
| 4 | | 순번 | 이름 | 나이 | 성별 | 지점 | 전년도 | 1분기 | 2분기 |
| 5 | | 1 | 이주희 | 20 | 여 | 서울 | 501 | 125 | 130 |
| 6 | | 2 | 홍길동 | 22 | 남 | 부산 | 489 | 99 | 111 |
| 7 | | 3 | 이순신 | 24 | 남 | 부산 | 499 | 100 | 89 |
| 8 | | 4 | 김철수 | 26 | 남 | 서울 | 498 | 109 | 89 |
| 9 | | 5 | 이영희 | 28 | 여 | 서울 | 488 | 111 | 88 |
| 10 | | 6 | 김이쁨 | 30 | 여 | 서울 | 491 | 89 | 79 |
| 11 | | 7 | 최훈남 | 32 | 남 | 대구 | 492 | 88 | 120 |
| 12 | | 8 | 왕눈이 | 34 | 남 | 대구 | 489 | 77 | 78 |
| 13 | | 9 | 최햇살 | 36 | 남 | 부산 | 499 | 91 | 90 |
| 14 | | 10 | 허준 | 38 | 남 | 제주도 | 500 | 98 | 90 |
| 15 | | 11 | 최미모 | 40 | 여 | 제주도 | 479 | 120 | 89 |
| 16 | | 12 | 송부자 | 42 | 여 | 제주도 | 499 | 112 | 88 |
| 17 | | 13 | 성춘향 | 44 | 여 | 제주도 | 522 | 124 | 99 |

## 15개만 외우면 함수가 쉬워진다!! 함수에서 자주 보이는 인수

| number | 숫자 |
|---|---|
| text | 문자 |
| value | 숫자 혹은 문자 (값) |
| array, range, ref, database, vector | 범위 |
| (number, number, ...) (value, value, ...) | 범위도 상관없음 |
| serial_number, date | 날짜 |
| logical | 논리 (TRUE 혹은 FALSE) |
| num_chars | 문자의 개수 |
| divisor, denominator | 나누는 수 |
| row | 행 |
| column | 열 |
| lookup | 찾을 |
| criteria | 조건 |
| reference | 참조 셀 |
| digits | 자릿수 <table><tr><td>백</td><td>십</td><td>일</td><td>소수 첫째</td><td>소수 둘째</td></tr><tr><td>-2</td><td>-1</td><td>0</td><td>1</td><td>2</td></tr></table> |

### 문제 유형 2 '조건부서식2' 워크시트에서 작업하시오.

❷ [B5:I17] 영역에 대해 성별이 '여'이면서 1분기가 1,000 이상인 행 전체의 글꼴 색을 '표준 색-주황', 글꼴 스타일을 '굵게'로 지정하는 조건부 서식을 작성하시오.
▶ 규칙 유형은 '수식을 사용하여 서식을 지정할 셀 결정'을 이용하시오.

 **따라하기 ❷**

① 조건에 해당하는 행 전체에 서식을 지정하기 위해 문제에 제시된 [B5:I17] 영역을 드래그하여 선택한 후 [홈] 탭-[스타일] 그룹-[조건부 서식]-[새 규칙]을 클릭합니다.

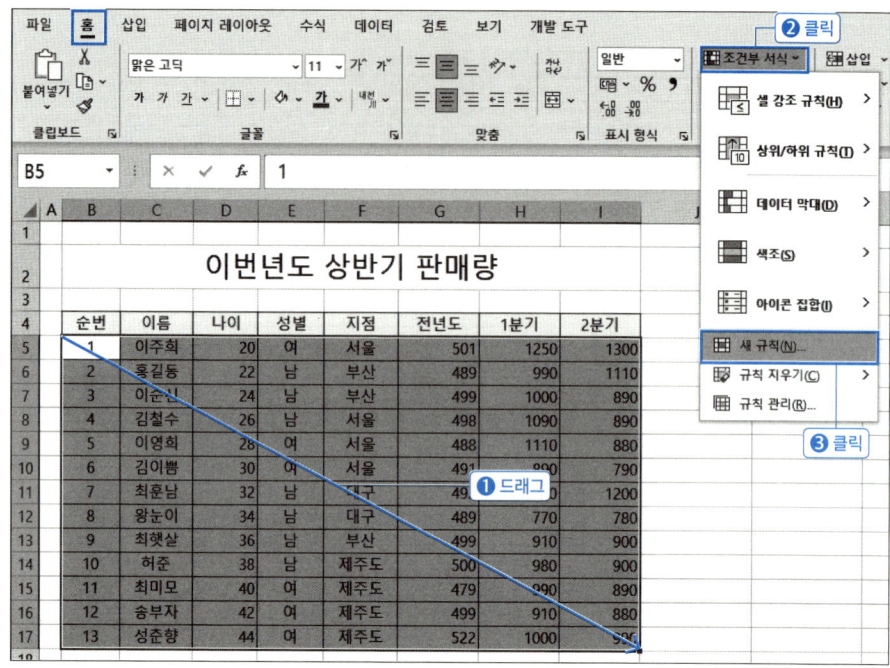

② [새 서식 규칙] 대화상자가 나타나면 [수식을 사용하여 서식을 지정할 셀 결정]을 클릭하고 아래 수식 입력란에 커서를 이동한 후 '='을 입력합니다.

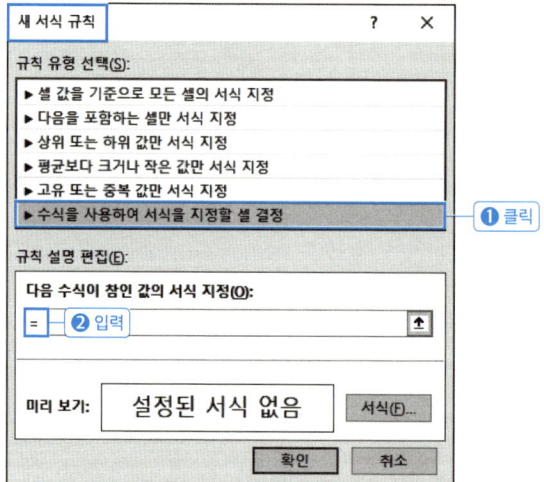

③ 이어서 'and('을 입력하고 [E5] 셀을 선택한 다음 열이 변경되면 안 되므로 F4 를 두 번 눌러서 '$E5'를 만듭니다.

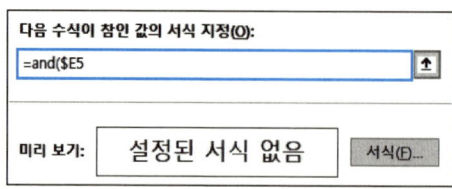

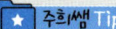 **주희쌤 Tip**

'고급필터1' 시트에서 배웠던 부분입니다.

'And'는 조건 모두가 만족해야 만족하는 것으로 '이고', '인 중에서', '이면서', '모두', '에서 까지', '부터', '그리고', '이며', '이상 이하' 등이 'And'를 의미합니다.

'Or'는 조건 중 하나만 만족해도 만족하는 것으로 '이거나', '또는', '한 항목이라도' 등이 'Or'를 의미합니다.

**주희쌤 Tip**

logical은 'TRUE(참)' 혹은 FALSE(거짓)'를 의미합니다.

'=1+1'은 logical이 아닙니다. '맞다'라고 할 수도 없고 '아니다'라고 할 수도 없기 때문이죠.
'=1+1=500'은 logical입니다. '맞다' 혹은 '아니다'라고 할 수 있으니까요.

**AND**(logical1, [logical2], ...)
AND 함수는 logical 모두가 TRUE이면 TRUE

**OR**(logical1, [logical2], ...)
OR 함수는 logical 하나라도 TRUE이면 TRUE

④ '=and($E5'에 이어서 '="여",'을 입력합니다.

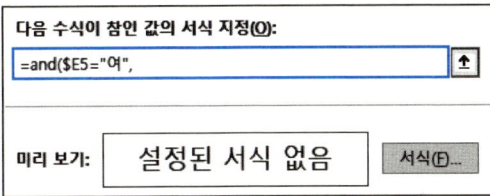

> **주희쌤 Tip**
> 함수 이름은 대/소문자 구분을 하지 않아도 됩니다.

> **주희쌤 Tip**
> 'And'를 의미하는 단어인 '이면서'까지 AND 함수의 첫 번째 인수를 지정하세요.
> =AND('성별'이 여이면서, '1분기'가 1000 이상인)

⑤ AND 함수의 두 번째 인수를 지정하기 위하여 [H5] 셀을 선택한 다음 열이 변경되면 안 되므로 F4를 두 번 눌러서 '$H5'를 만듭니다.

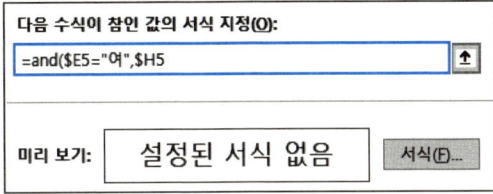

> **주희쌤 Tip**
> 수식에서 문자(텍스트)는 큰 따옴표("")로 묶어 입력해야 합니다.
>
> '여자'라고 입력할 경우 목록 범위에 '여자' 데이터가 없기 때문에 결과가 추출되지 않습니다.

⑥ '=and($E5="여",$H5'에 이어서 '>=1000)'을 입력합니다.

⑦ '=and($E5="여",$H5>=1000)' 수식이 완성되면 [서식] 단추를 클릭합니다.

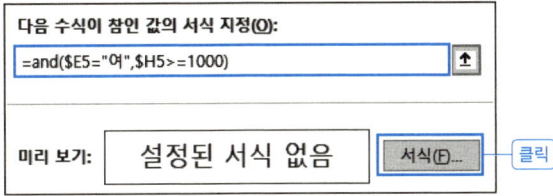

⑧ [셀 서식] 대화상자가 나타나면 [글꼴] 탭에서 [색]은 '주황', [글꼴 스타일]은 '굵게'로 선택하고 [확인] 단추를 클릭합니다.

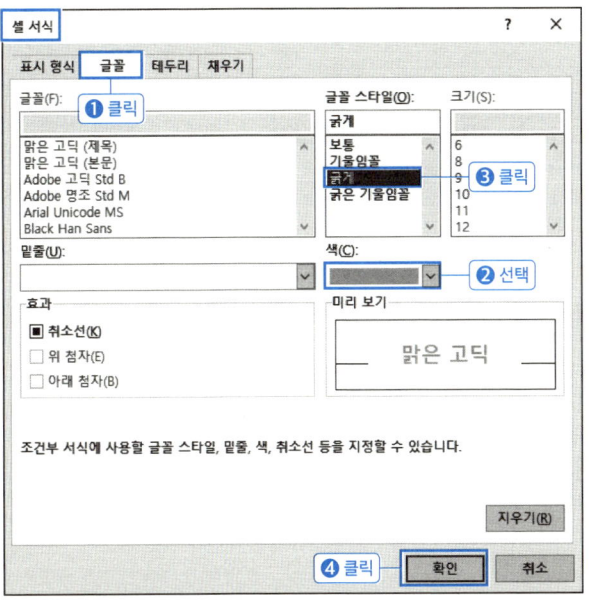

> **주희쌤 Tip**
>
> 조건부 서식의 규칙을 수정할 때엔 영역이 선택되어 있는 상태에서 [홈] 탭-[스타일] 그룹-[조건부 서식]-[규칙 관리]를 이용하세요.

⑨ [새 서식 규칙] 대화상자가 나타나면 [확인] 단추를 클릭합니다.

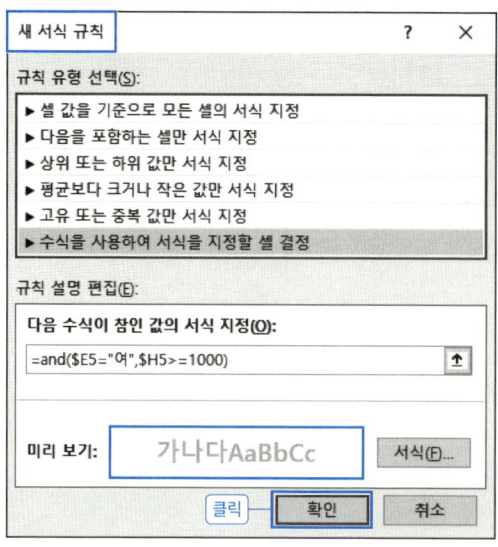

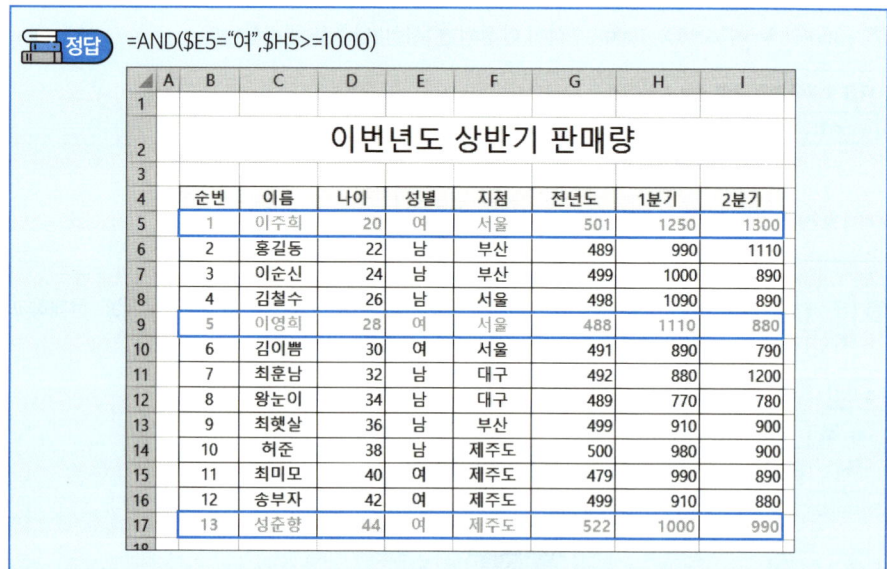

=AND($E5="여",$H5>=1000)

## 문제 유형 3 '조건부서식3' 워크시트에서 작업하시오.

❸ [B5:I17] 영역에 대해 '지점'이 '서울'이거나 '전년도'가 500 이상인 전체 행에 대해 채우기 색을 '표준 색-연한 녹색'으로 지정하는 조건부 서식을 작성하시오.
  ▶ 규칙 유형은 '수식을 사용하여 서식을 지정할 셀 결정'을 이용하시오.

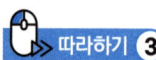

① 조건에 해당하는 행 전체에 서식을 지정하기 위해 문제에 제시된 [B5:I17] 영역을 드래그하여 선택한 후 [홈] 탭-[스타일] 그룹-[조건부 서식]-[새 규칙]을 클릭합니다.

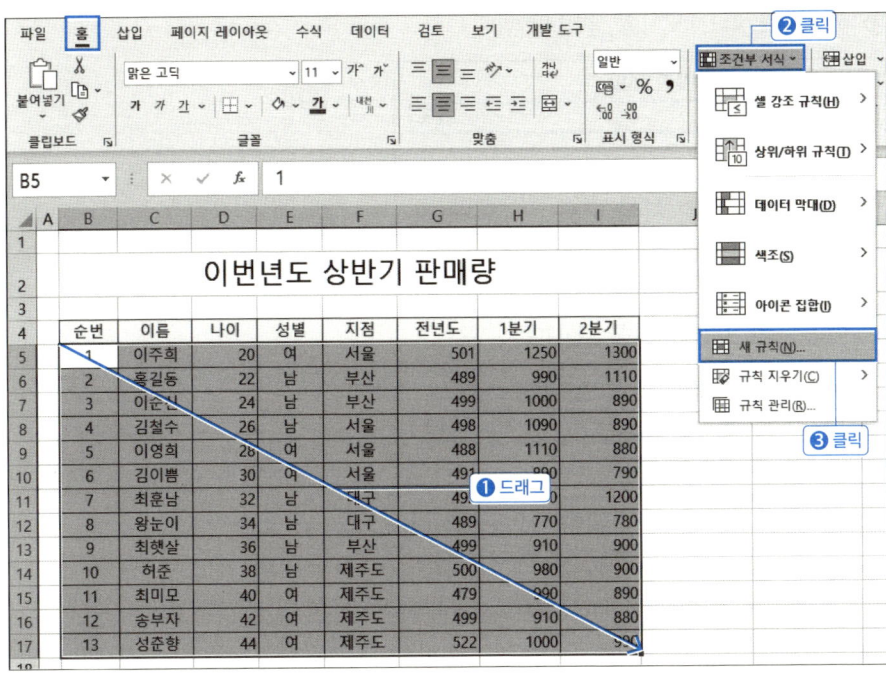

② [새 서식 규칙] 대화상자가 나타나면 [수식을 사용하여 서식을 지정할 셀 결정]을 클릭하고 아래 수식 입력란에 커서를 이동한 후 '='을 입력합니다.

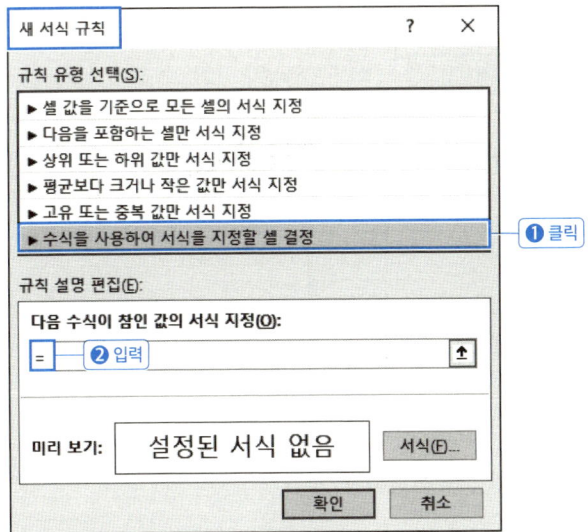

③ 이어서 'or('을 입력하고 [F5] 셀을 선택한 다음 열이 변경되면 안 되므로 F4 를 두 번 눌러서 '$F5'를 만듭니다.

> **주희쌤Tip**
>
> 'Or'를 의미하는 단어인 '이거나' 까지 OR 함수의 첫 번째 인수를 지정하세요.
> =OR('지점'이 서울이거나, '전년도'가 500 이상인)

④ '=or($F5'에 이어서 '="서울",'을 입력합니다.

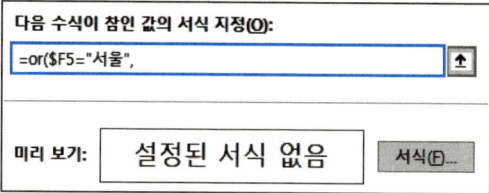

⑤ OR 함수의 두 번째 인수를 지정하기 위하여 [G5] 셀을 선택한 다음 열이 변경되면 안 되므로 F4를 두 번 눌러서 '$G5'를 만듭니다.

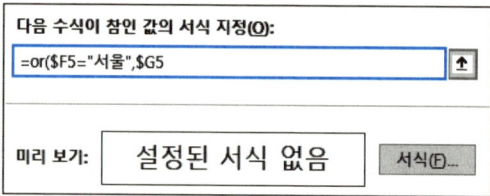

⑥ '=or($F5="서울",$G5'에 이어서 '>=500)'을 입력합니다.

⑦ '=or($F5="서울",$G5>=500)' 수식이 완성되면 [서식] 단추를 클릭합니다.

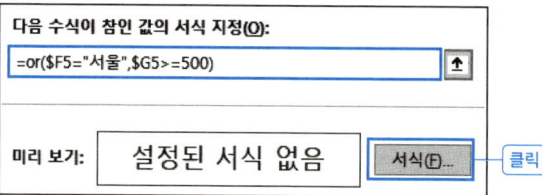

⑧ [셀 서식] 대화상자가 나타나면 [채우기] 탭에서 [배경색]을 '연한 녹색'으로 선택하고 [확인] 단추를 클릭합니다.

> **주희쌤Tip**
>
> '연한 녹색'이 무엇인지 알기 힘들 경우 [채우기] 탭의 [무늬 색]에서 색상을 확인 후 [배경색]을 지정하면 쉽습니다.
>
>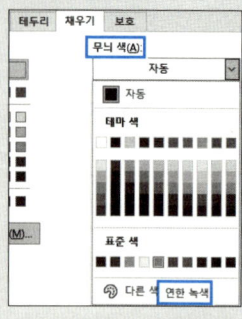

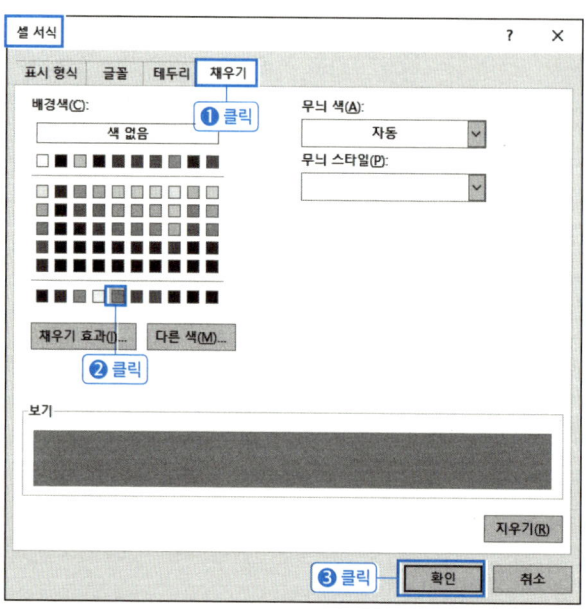

⑨ [새 서식 규칙] 대화상자가 나타나면 [확인] 단추를 클릭합니다.

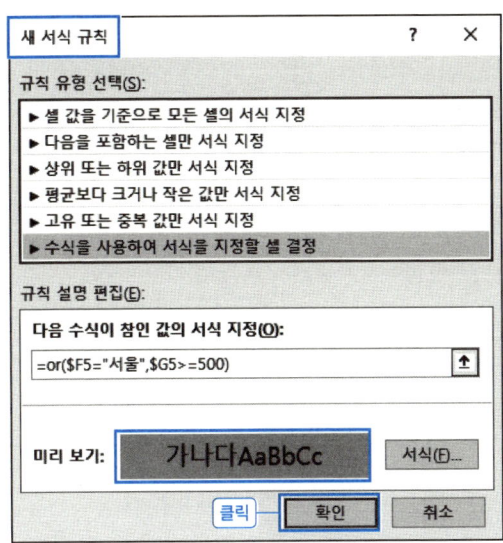

**정답** =OR($F5="서울",$G5>=500)

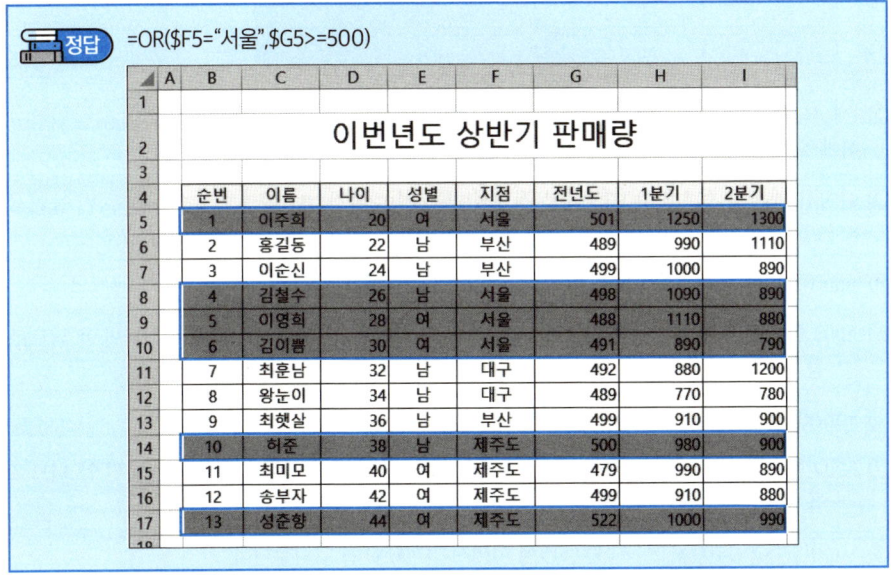

### 문제 유형 4  '조건부서식4' 워크시트에서 작업하시오.

④ [B5:I17] 영역에 대해 상반기가 '1100' 이상 '1300' 이하이고 업무성취율이 '90%' 이상인 전체 행의 글꼴 스타일을 '굵은 기울임꼴'로 지정하는 조건부 서식을 작성하시오.
  ▶ 규칙 유형은 '수식을 사용하여 서식을 지정할 셀 결정'을 이용하시오.

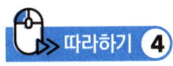

① 조건에 해당하는 행 전체에 서식을 지정하기 위해 문제에 제시된 [B5:I17] 영역을 드래그하여 선택한 후 [홈] 탭-[스타일] 그룹-[조건부 서식]-[새 규칙]을 클릭합니다.

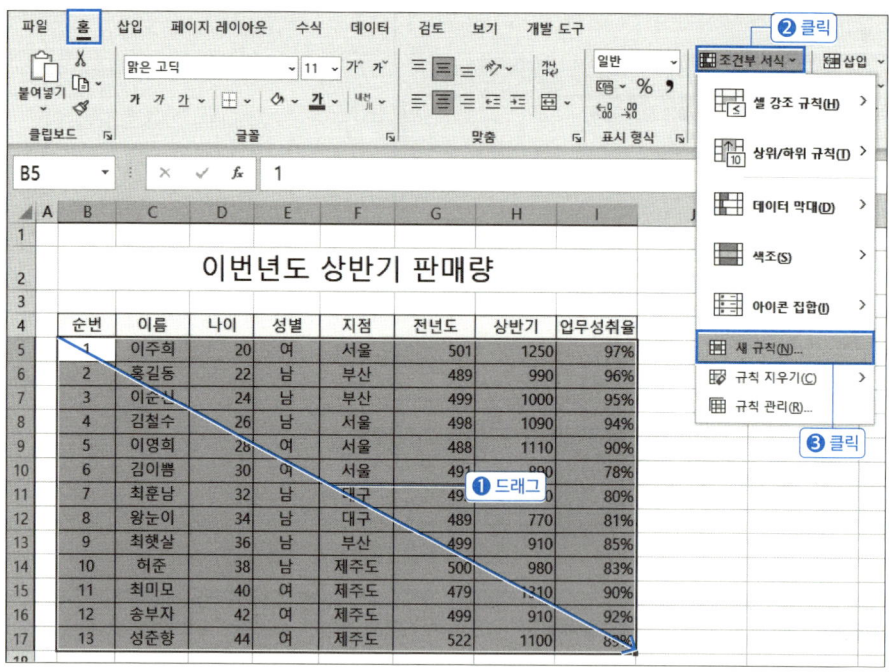

② [새 서식 규칙] 대화상자가 나타나면 [수식을 사용하여 서식을 지정할 셀 결정]을 클릭하고 아래 수식 입력란에 커서를 이동한 후 '='을 입력합니다.

③ 이어서 'and('을 입력하고 [H5] 셀을 선택한 다음 열이 변경되면 안 되므로 F4 를 두 번 눌러서 '$H5'를 만듭니다.

④ '=and($H5'에 이어서 '>=1100,'을 입력합니다.

⑤ AND 함수의 두 번째 인수를 지정하기 위하여 [H5] 셀을 선택한 다음 열이 변경되면 안 되므로 F4 를 두 번 눌러서 '$H5'를 만듭니다.

⑥ '=and($H5>=1100,$H5'에 이어서 '<=1300,'을 입력합니다.

⑦ AND 함수의 세 번째 인수를 지정하기 위하여 [I5] 셀을 선택한 다음 열이 변경되면 안 되므로 F4 를 두 번 눌러서 '$I5'를 만듭니다.

⑧ '=and($H5>=1100,$H5<=1300,$I5'에 이어서 '>=90%)'을 입력합니다.

⑨ '=and($H5>=1100,$H5<=1300,$I5>=90%)' 수식이 완성되면 [서식] 단추를 클릭합니다.

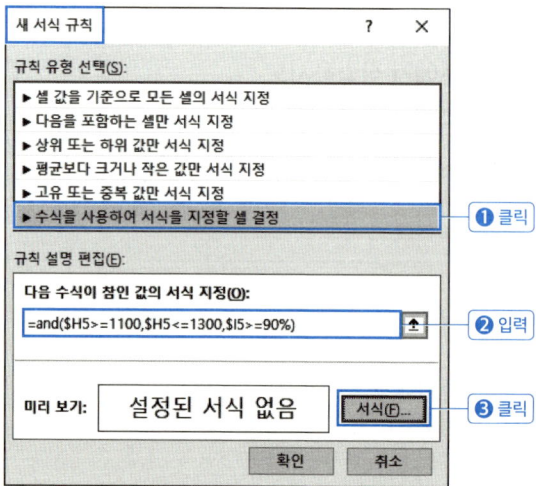

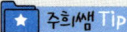 주희쌤 Tip

=AND('상반기'가 1100 이상, 1300 이하이고, '업무성취율'이 90% 이상인)

⑩ [셀 서식] 대화상자가 나타나면 [글꼴] 탭에서 [글꼴 스타일]은 '굵은 기울임꼴'로 선택하고 [확인] 단추를 클릭합니다.

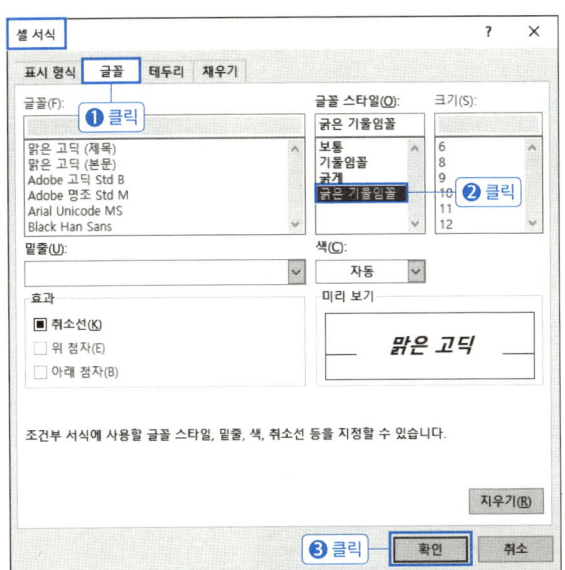

⑪ [새 서식 규칙] 대화상자가 나타나면 [확인] 단추를 클릭합니다.

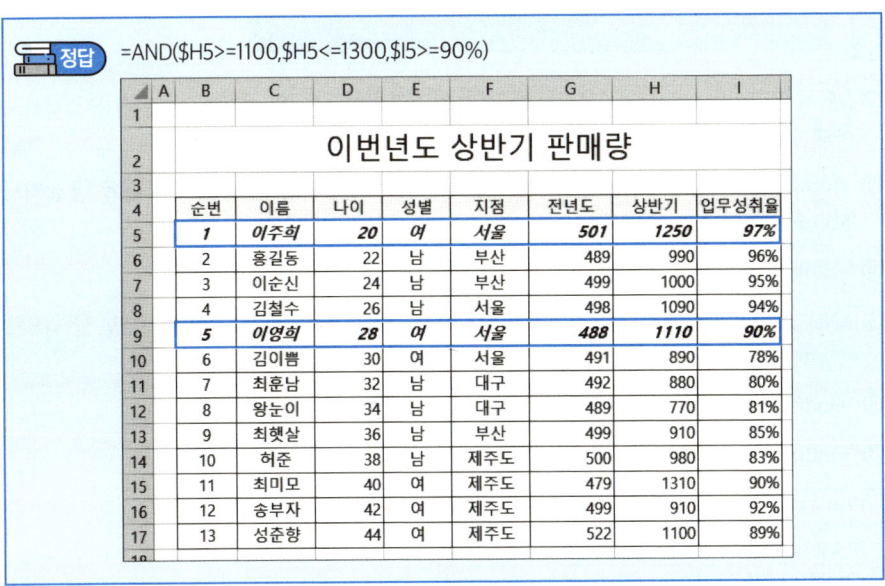

📁 **문제 유형 5** '조건부서식5' 워크시트에서 작업하시오.

⑤ [B5:I17] 영역에 대해 '1분기'와 '2분기' 모두 우수인 경우 전체 행의 글꼴 색을 '표준 색-녹색', 글꼴 스타일 '굵게'로 지정하는 조건부 서식을 작성하시오.
▶ '우수'인 경우란 해당 셀들의 값이 1000보다 큰 경우를 말함.
▶ 조건은 수식으로 작성하시오.

 따라하기 ⑤

① 조건에 해당하는 행 전체에 서식을 지정하기 위해 문제에 제시된 [B5:I17] 영역을 드래그하여 선택한 후 [홈] 탭-[스타일] 그룹-[조건부 서식]-[새 규칙]을 클릭합니다.

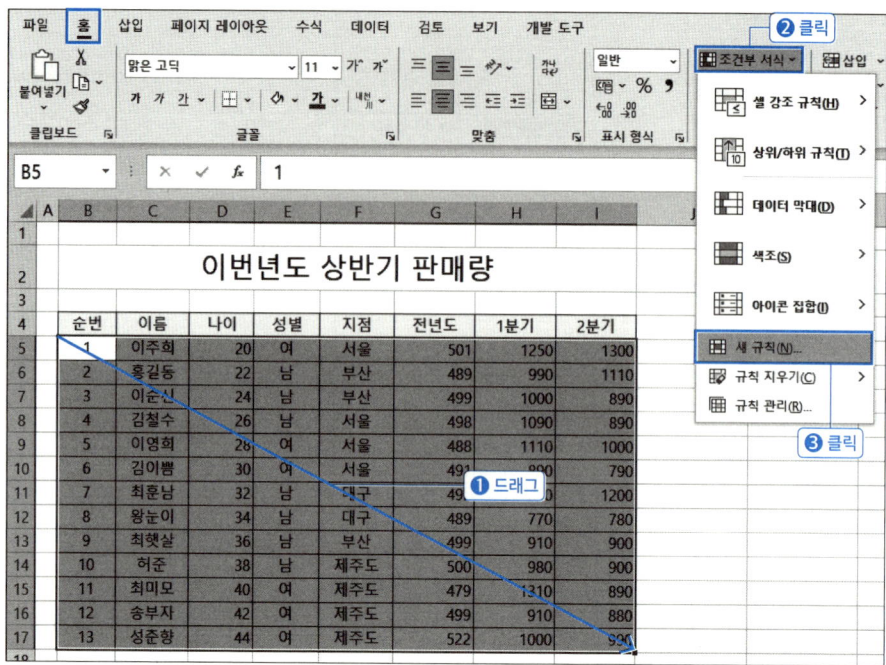

② [새 서식 규칙] 대화상자가 나타나면 [수식을 사용하여 서식을 지정할 셀 결정]을 클릭하고 아래 수식 입력란에 커서를 이동한 후 '='을 입력합니다.

③ 이어서 'and('을 입력하고 [H5] 셀을 선택한 다음 열이 변경되면 안 되므로 [F4]를 두 번 눌러서 '$H5'를 만듭니다.

④ '=and($H5'에 이어서 '>1000,'을 입력합니다.

⑤ AND 함수의 두 번째 인수를 지정하기 위하여 [I5] 셀을 선택한 다음 열이 변경되면 안 되므로 [F4]를 두 번 눌러서 '$I5'를 만듭니다.

⑥ '=and($H5>1000,$I5'에 이어서 '>1000)'을 입력합니다.

⑦ '=and($H5>1000,$I5>1000)' 수식이 완성되면 [서식] 단추를 클릭합니다.

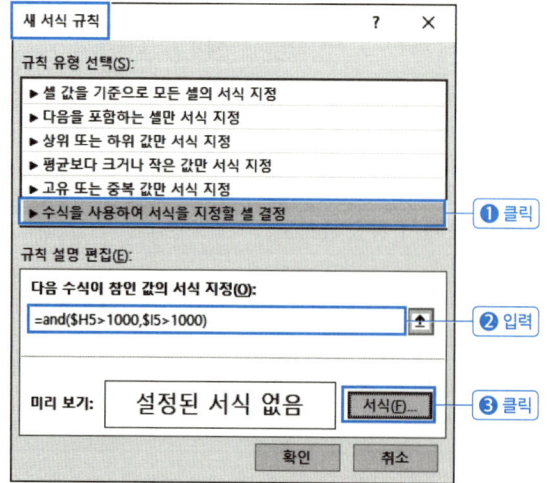

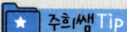 주희쌤Tip

ⓠ '=H5:I5>1000'은 안 되나요?
ⓐ 배열수식이 아니라면 범위와 숫자는 바로 비교할 수 없습니다. (배열수식은 컴활1급의 내용이므로 2급에서는 다루지 않습니다.)

ⓠ '=AND(H5, I5> 1000)'는 안 되나요?
ⓐ 인수의 형식을 지키지 않았네요.
AND 함수의 인수는 logical인데 'I5> 1000'은 logical이 맞지만 'H5'는 logical이 아닙니다.

⑧ [셀 서식] 대화상자가 나타나면 [글꼴] 탭에서 [색]은 '녹색', [글꼴 스타일]은 '굵게'로 선택하고 [확인] 단추를 클릭합니다.

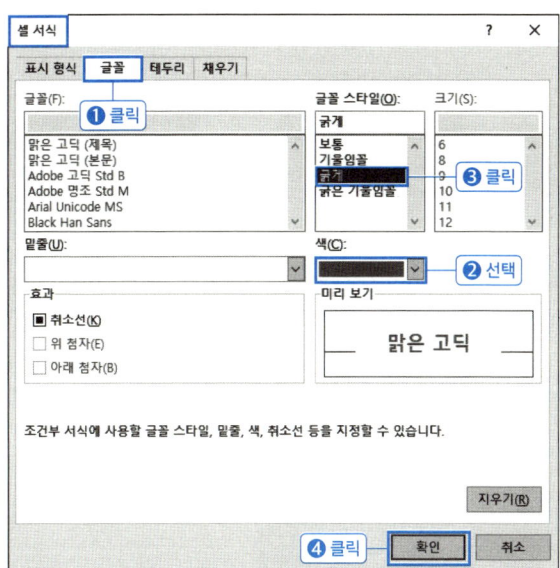

⑨ [새 서식 규칙] 대화상자가 나타나면 [확인] 단추를 클릭합니다.

정답 =AND($H5>1000,$I5>1000)

| 순번 | 이름 | 나이 | 성별 | 지점 | 전년도 | 1분기 | 2분기 |
|---|---|---|---|---|---|---|---|
| 1 | 이주희 | 20 | 여 | 서울 | 501 | 1250 | 1300 |
| 2 | 홍길동 | 22 | 남 | 부산 | 489 | 990 | 1110 |
| 3 | 이순신 | 24 | 남 | 부산 | 499 | 1000 | 890 |
| 4 | 김철수 | 26 | 남 | 서울 | 498 | 1090 | 890 |
| 5 | 이영희 | 28 | 여 | 서울 | 488 | 1110 | 1000 |
| 6 | 김이쁨 | 30 | 여 | 서울 | 491 | 890 | 790 |
| 7 | 최훈남 | 32 | 남 | 대구 | 492 | 880 | 1200 |
| 8 | 왕눈이 | 34 | 남 | 대구 | 489 | 770 | 780 |
| 9 | 최햇살 | 36 | 남 | 부산 | 499 | 910 | 900 |
| 10 | 허준 | 38 | 남 | 제주도 | 500 | 980 | 900 |
| 11 | 최미모 | 40 | 여 | 제주도 | 479 | 1310 | 890 |
| 12 | 송부자 | 42 | 여 | 제주도 | 499 | 910 | 880 |
| 13 | 성춘향 | 44 | 여 | 제주도 | 522 | 1000 | 990 |

**문제 유형 6** '조건부서식6' 워크시트에서 작업하시오.

⑥ [B5:I17] 영역에 대해 '이름'의 성이 '이'씨인 행 전체의 글꼴 색을 '표준 색-진한 파랑', 글꼴 스타일을 '굵은 기울임꼴'로 지정하는 조건부 서식을 작성하시오.
▶ 규칙 유형은 '수식을 사용하여 서식을 지정할 셀 결정'을 이용하시오. (LEFT 함수 사용)

**주희쌤Tip**

Q 문제에 어떤 함수를 사용하라는 지시가 없다면요?
A 사용하고 싶은 함수를 사용하든 아예 함수를 사용하지 않든 결과만 나오게 하면 됩니다.

Q 문제에 어떤 함수를 사용하라는 지시가 있다면요?
A 문제에 제시된 함수만 사용하여 결과가 나오게 하면 됩니다.

## 주희쌤 Tip

Q. LEFT 함수가 문제에 제시되지 않았다면 와일드카드 문자를 이용해도 되지 않을까요?

[수식]─[셀 값과 바로 비교]
=$C5="이*"

A. 와일드카드 문자는 수식에서 셀 값과 바로 비교가 불가능합니다.

예)

| | A | B | C |
|---|---|---|---|
| 1 | 데이터 | 이주희 | 이* |
| 2 | | | |
| 3 | 수식 | =B1="이*" | =C1="이*" |
| 4 | 결과 | FALSE | TRUE |

↑ [B1] 셀은 '이'로 시작하는 글자임에도 FALSE가 반환되는 것을 확인할 수 있습니다.

## 주희쌤 Tip

83페이지에 있는 '함수에서 자주 보이는 인수'를 꼭 외우고 오세요!
text와 num_chars의 의미가 있습니다.

**LEFT**(text, [num_chars])

text의 왼쪽부터 num_chars만큼 문자를 반환

예)

| | A | B |
|---|---|---|
| 1 | 데이터 | 대한민국 |
| 2 | | |
| 3 | 수식 | =LEFT(B1, 2) |
| 4 | 결과 | 대한 |

↑ [B1] 셀 값의 왼쪽 문자 2개

Q. =LEFT("대한민국", 두 개) 하면 안돼요?

A. 안 됩니다. 'num_chars'에서 'num'이라는 단어는 숫자 형태로 입력하라는 의미입니다.

---

 따라하기 ❻

① 조건에 해당하는 행 전체에 서식을 지정하기 위해 문제에 제시된 [B5:I17] 영역을 드래그하여 선택한 후 [홈] 탭-[스타일] 그룹-[조건부 서식]-[새 규칙]을 클릭합니다.

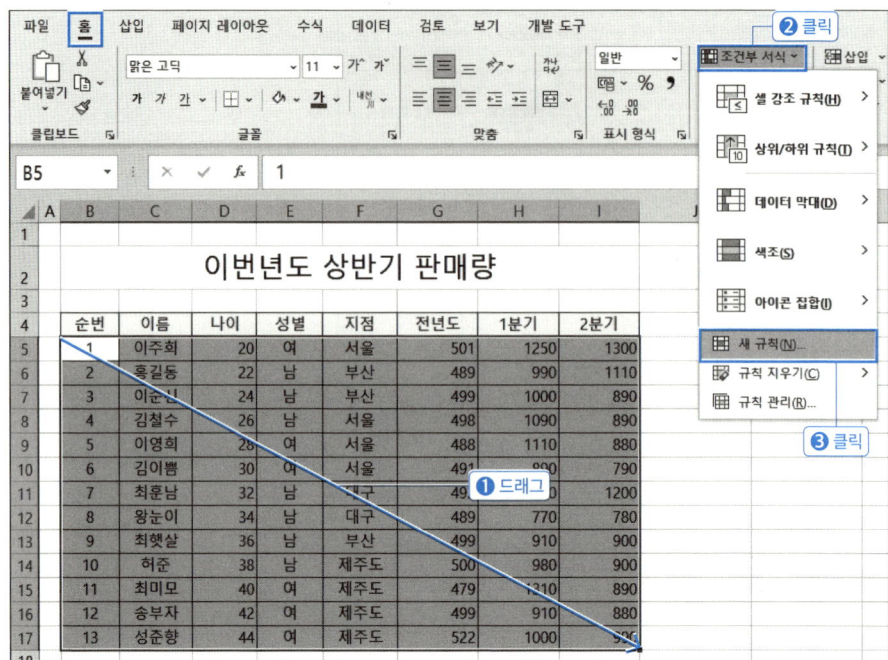

② [새 서식 규칙] 대화상자가 나타나면 [수식을 사용하여 서식을 지정할 셀 결정]을 클릭하고 아래 수식 입력란에 커서를 이동한 후 '='을 입력합니다.

③ 이어서 'left('을 입력하고 [C5] 셀을 선택한 다음 열이 변경되면 안 되므로 F4 를 두 번 눌러서 '$C5'를 만듭니다.

④ '=left($C5'에 이어서 ',1)="이"'를 입력합니다.

⑤ '=left($C5,1)="이"' 수식이 완성되면 [서식] 단추를 클릭합니다.

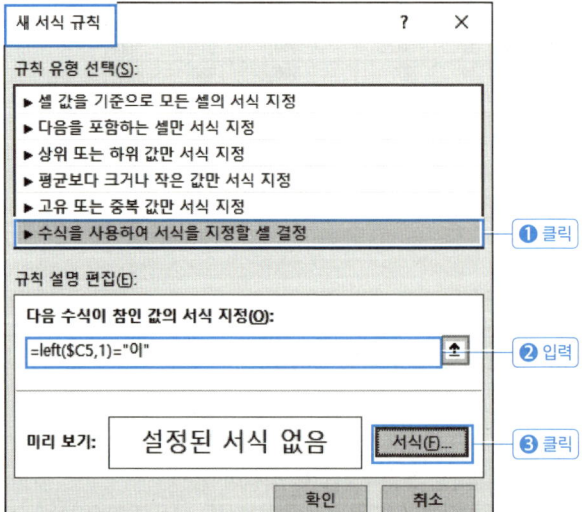

94 Chapter 01. 기본작업

⑥ [셀 서식] 대화상자가 나타나면 [글꼴] 탭에서 [색]은 '진한 파랑', [글꼴 스타일]은 '굵은 기울임꼴'로 선택하고 [확인] 단추를 클릭합니다.

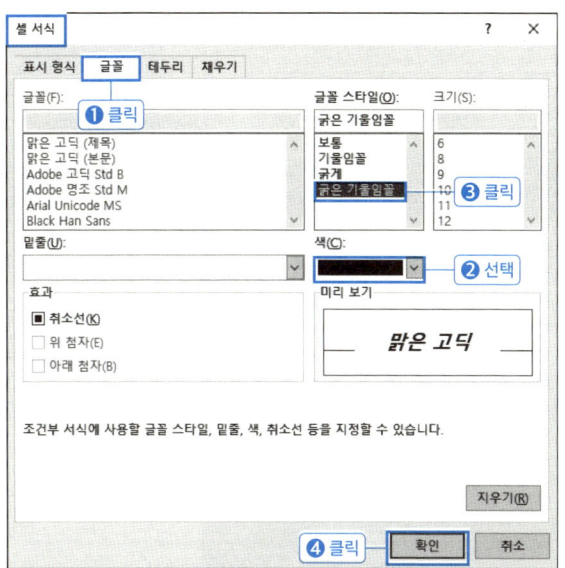

⑦ [새 서식 규칙] 대화상자가 나타나면 [확인] 단추를 클릭합니다.

정답  =LEFT($C5,1)="이"

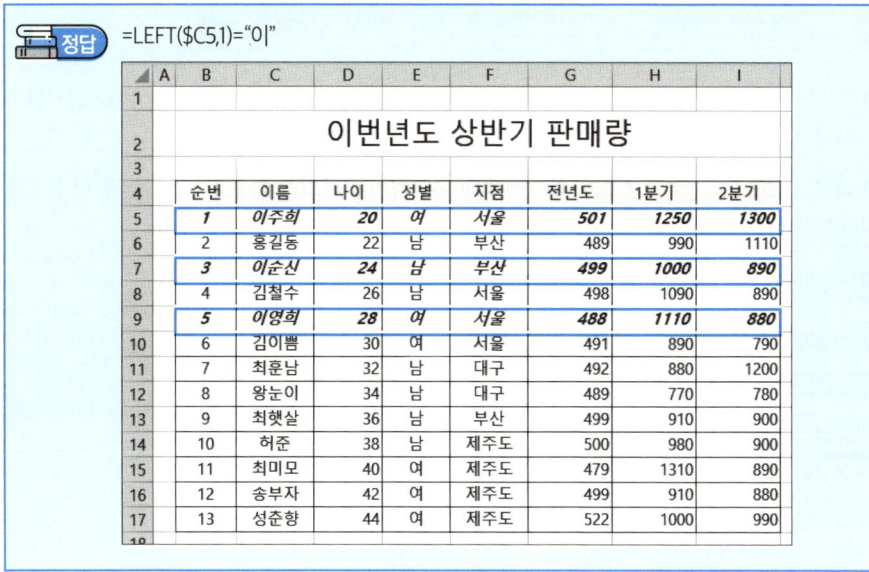

### 주희쌤 Tip

**RIGHT(text, [num_chars])**
text의 오른쪽부터 num_chars 만큼 문자를 반환

예)

| | A | B |
|---|---|---|
| 1 | 데이터 | 대한민국 |
| 2 | | |
| 3 | 수식 | =RIGHT(B1, 2) |
| 4 | 결과 | 민국 |

↑ [B1] 셀 값의 오른쪽 문자 2개

**MID(text, start_num, num_chars)**
text의 start_num(시작 위치)부터 num_chars만큼 문자를 반환

예)

| | A | B |
|---|---|---|
| 1 | 데이터 | 대한민국 |
| 2 | | |
| 3 | 수식 | =MID(B1, 2, 2) |
| 4 | 결과 | 한민 |

↑ [B1] 셀 값의 2번째부터 문자 2개

Q =MID("대한민국", 두 번째, 2) 하면 안돼요?
A 안 됩니다. 'start_num'에서 'num'이라는 단어는 숫자의 형태로 입력하라는 의미입니다.

### 주희쌤 Tip

Q 저는 LEFT 함수를 이용하여 다른 방식으로 수식을 작성했는데 결과가 같아요. 틀린 건가요?
A 수식은 작성하는 방법이 다양하기 때문에 문제에 제시된 함수만을 사용하여 결과가 일치하게 나왔다면 수식이 달라도 정답으로 채점됩니다.

---

**문제 유형 7** '조건부서식7' 워크시트에서 작업하시오.

⑦ [B5:B17] 영역에서 '팀'으로 끝나는 경우 행 전체의 채우기 색을 '주황'으로, [C5:C17] 영역에서 '합계'로 끝나는 경우 행 전체의 채우기 색을 '노랑'으로 지정하시오. (RIGHT 함수 사용)
▶ 규칙 유형은 '수식을 사용하여 서식을 지정할 셀 결정'을 이용하시오.

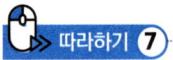 따라하기 7

① 조건에 해당하는 행 전체에 서식을 지정하기 위해 문제에 제시된 [B5:I17] 영역을 드래그하여 선택한 후 [홈] 탭-[스타일] 그룹-[조건부 서식]-[새 규칙]을 클릭합니다.

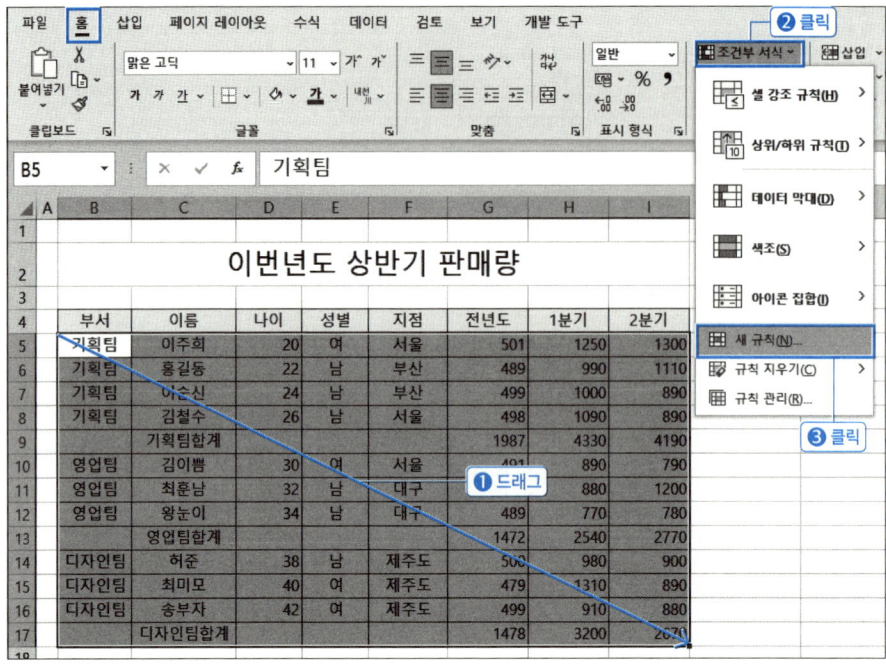

② [새 서식 규칙] 대화상자가 나타나면 [수식을 사용하여 서식을 지정할 셀 결정]을 클릭하고 아래 수식 입력란에 커서를 이동한 후 '='을 입력합니다.

③ 이어서 'right('을 입력하고 [B5] 셀을 선택한 다음 열이 변경되면 안 되므로 F4 를 두 번 눌러서 '$B5'를 만듭니다.

④ '=right($B5'에 이어서 ',1)="팀"'를 입력합니다.

⑤ '=right($B5,1)="팀"' 수식이 완성되면 [서식] 단추를 클릭합니다.

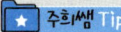 주희쌤 Tip

LEFT 함수는 시작(왼쪽, 첫) 글자를 찾을 때, RIGHT 함수는 마지막(오른쪽, 끝) 글자를 찾을 때, MID 함수는 중간부터 글자를 찾을 때 주로 사용합니다.

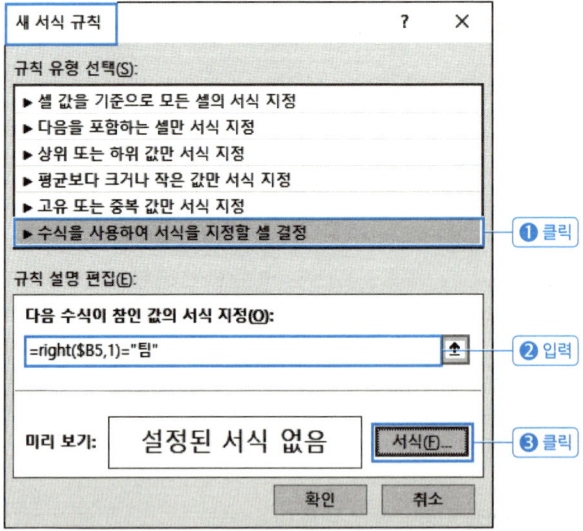

⑥ [셀 서식] 대화상자가 나타나면 [채우기] 탭에서 [배경색]은 '주황'을 선택하고 [확인] 단추를 클릭합니다.

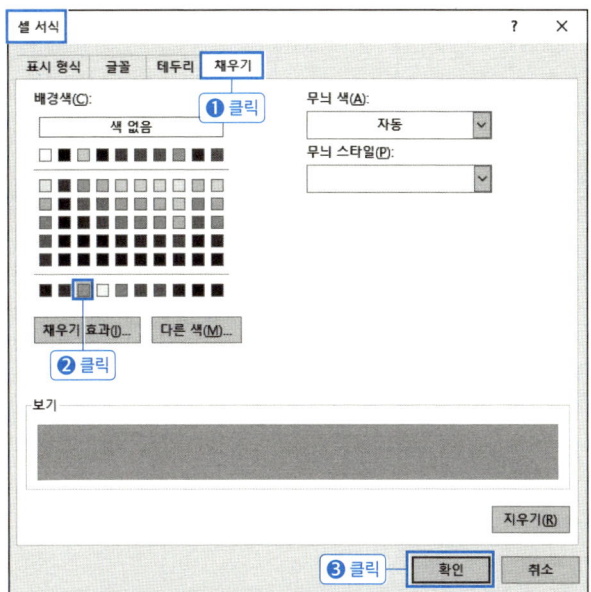

⑦ [새 서식 규칙] 대화상자가 나타나면 [확인] 단추를 클릭합니다.

⑧ 두 번째 규칙을 적용하기 위해 [B5:I17] 영역이 선택되어 있는 상태에서 [홈] 탭-[스타일] 그룹-[조건부 서식]-[새 규칙]을 클릭합니다.

> **주희쌤Tip**
>
> 두 개의 규칙에 따른 서식이 다르므로 규칙을 두 번 작성해야 합니다.

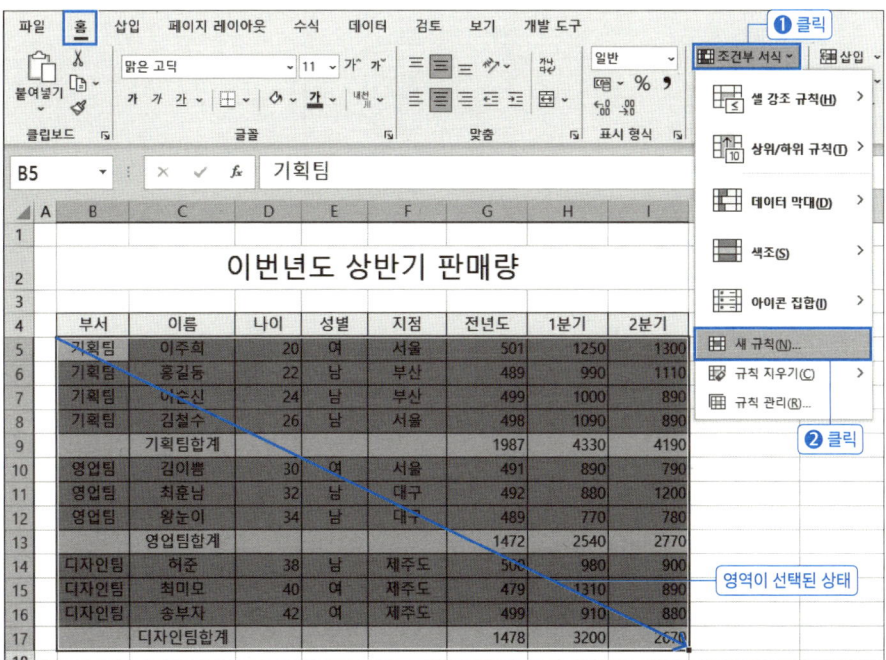

⑨ [새 서식 규칙] 대화상자가 나타나면 [수식을 사용하여 서식을 지정할 셀 결정]을 클릭하고 아래 수식 입력란에 커서를 이동한 후 '='을 입력합니다.

⑩ 이어서 'right('을 입력하고 [C5] 셀을 선택한 다음 열이 변경되면 안 되므로 F4를 두 번 눌러서 '$C5'를 만듭니다.

⑪ '=right($C5'에 이어서 ',2)="합계"'를 입력합니다.

⑫ '=right($C5,2)="합계"' 수식이 완성되면 [서식] 단추를 클릭합니다.

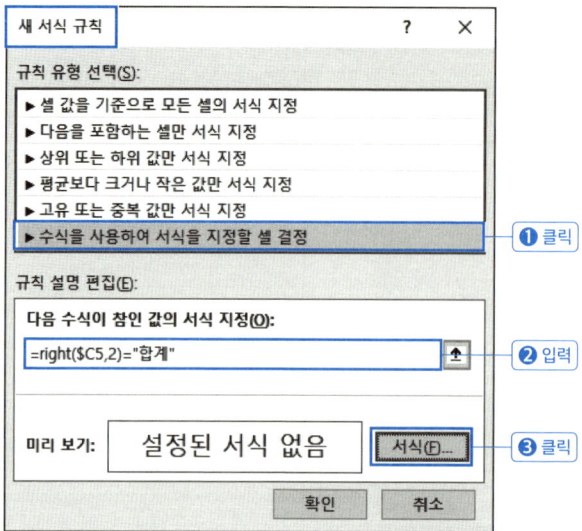

⑬ [셀 서식] 대화상자가 나타나면 [채우기] 탭에서 [배경색]을 '노랑'으로 선택하고 [확인] 단추를 클릭합니다.

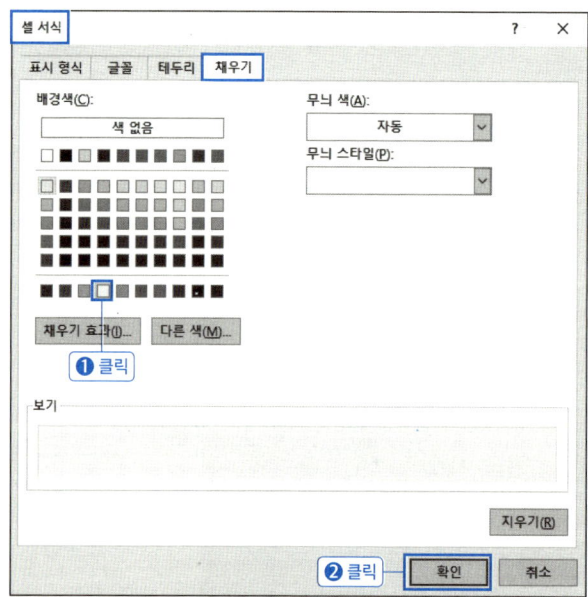

⑭ [새 서식 규칙] 대화상자가 나타나면 [확인] 단추를 클릭합니다.

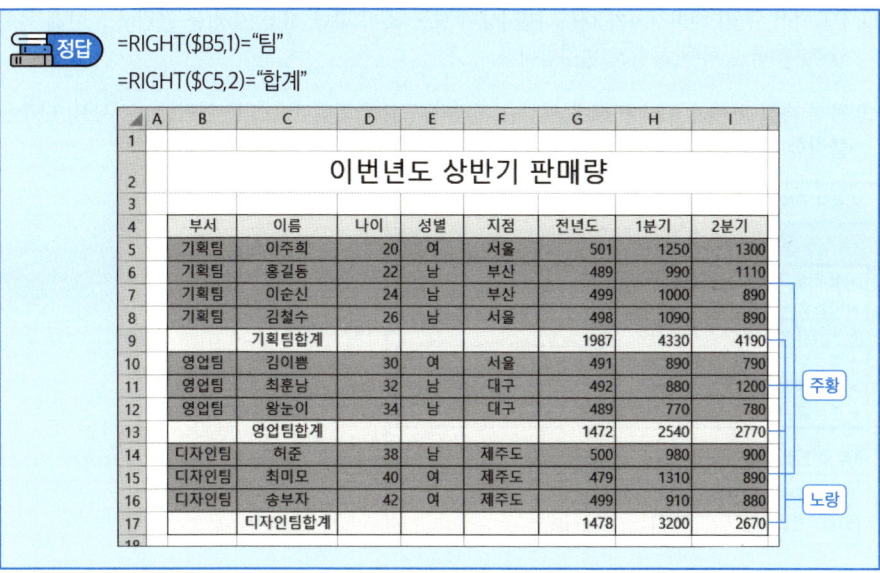

## 문제 유형 8 '조건부서식8' 워크시트에서 작업하시오.

⑧ [I5:I17] 영역에서 '2분기'가 하위 다섯 번째까지 낮은 값에 대해 글꼴 색 '빨강', 글꼴 스타일을 '굵게'로 지정하는 조건부 서식을 작성하시오.
▶ 규칙 유형은 '상위 또는 하위 값만 서식 지정'을 이용하시오.

 따라하기 ⑧

① 문제에 제시된 [I5:I17] 영역을 드래그하여 선택한 후 [홈] 탭-[스타일] 그룹-[조건부 서식]-[새 규칙]을 클릭합니다.

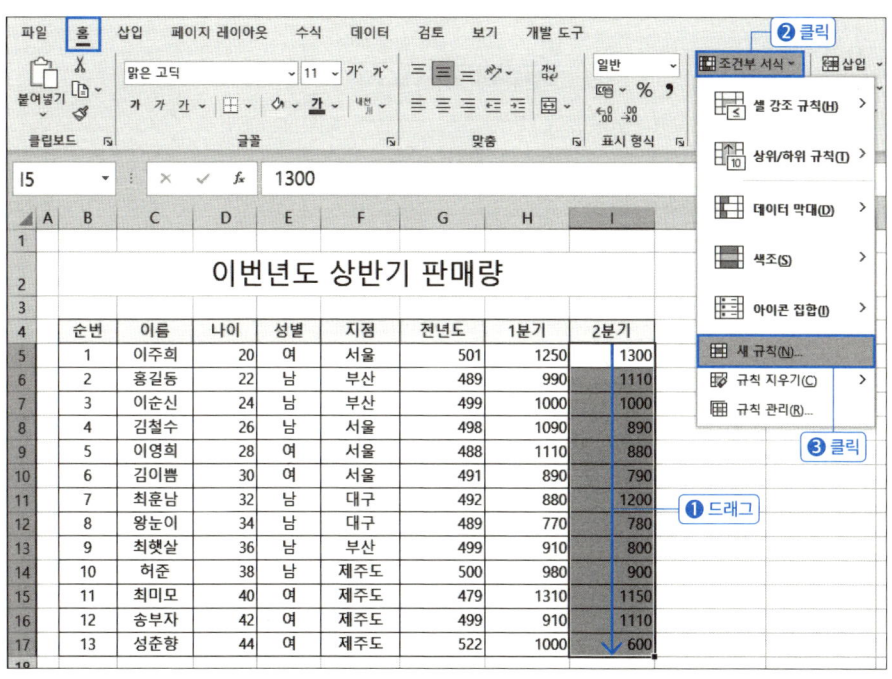

**주희쌤 Tip**
문제에 '전체 행' 혹은 '행 전체'가 없다면 문제에 제시된 영역만 선택하고 시작하세요.

② [새 서식 규칙] 대화상자가 나타나면 [상위 또는 하위 값만 서식 지정]을 클릭하고 아래 목록 단추(⌄)를 클릭해 '하위'로 변경합니다.

③ 하위 다섯 번째까지 낮은 값에 서식을 지정하기 위해 입력란에 '5'를 입력한 후 [서식] 단추를 클릭합니다.

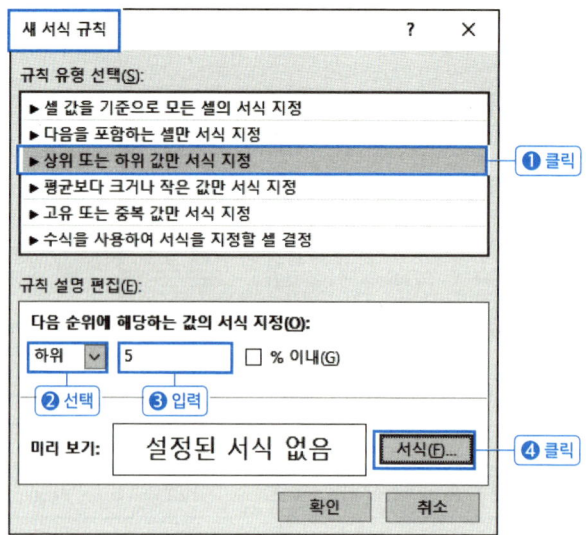

④ [셀 서식] 대화상자가 나타나면 [글꼴] 탭에서 [색]은 '빨강', [글꼴 스타일]은 '굵게'로 선택하고 [확인] 단추를 클릭합니다.

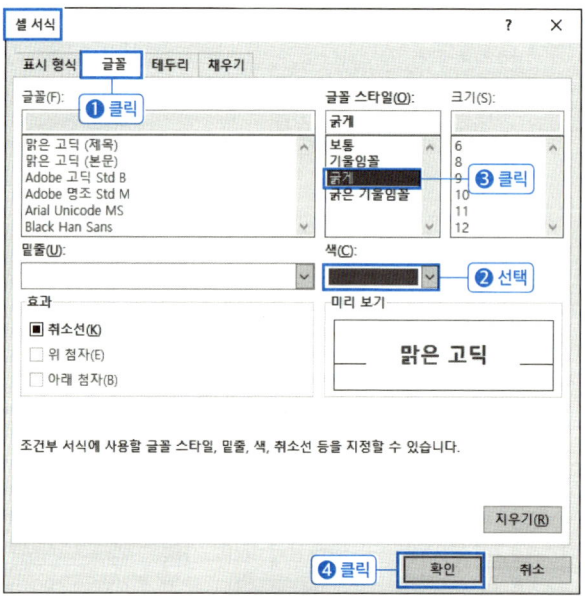

⑤ [새 서식 규칙] 대화상자가 나타나면 [확인] 단추를 클릭합니다.

**정답**

**문제 유형 9** '조건부서식9' 워크시트에서 작업하시오.

⑨ [G5:H17] 영역의 각 셀에 대해 500 이상인 경우에는 밑줄 '이중 실선', 500 미만인 경우에는 글꼴 색 '빨강'으로 표시하시오.
▶ 규칙 유형은 '다음을 포함하는 셀만 서식 지정'을 이용하시오.

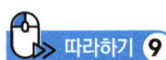 따라하기 ⑨

① 문제에 제시된 [G5:H17] 영역을 드래그하여 선택한 후 [홈] 탭-[스타일] 그룹-[조건부 서식]-[새 규칙]을 클릭합니다.

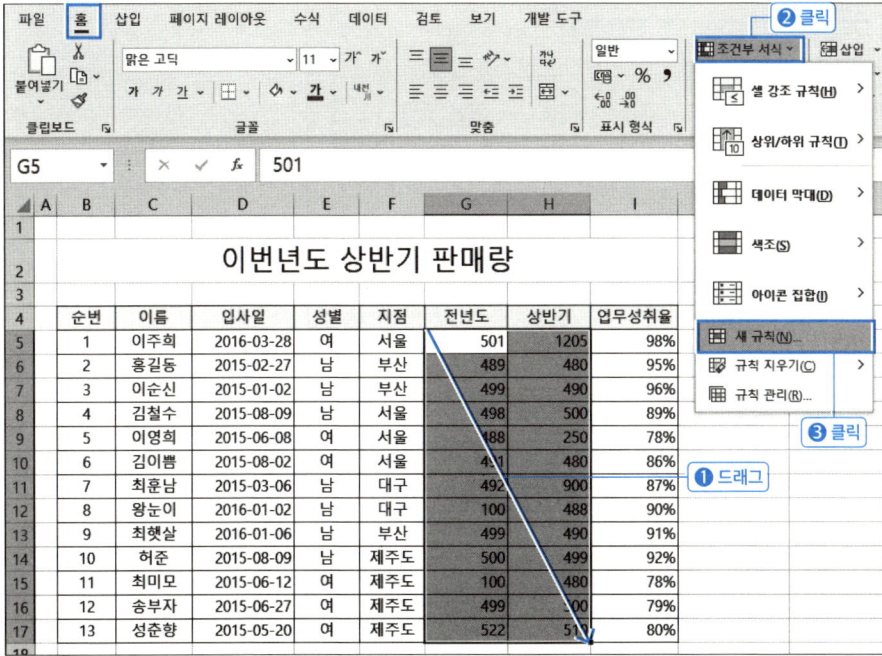

② [새 서식 규칙] 대화상자가 나타나면 [다음을 포함하는 셀만 서식 지정]을 클릭하고 아래 두 번째 목록 단추(▽)를 클릭해 '>='로 변경합니다.

③ 500 이상인 경우 서식을 지정하기 위해 입력란에 '500'을 입력한 후 [서식] 단추를 클릭합니다.

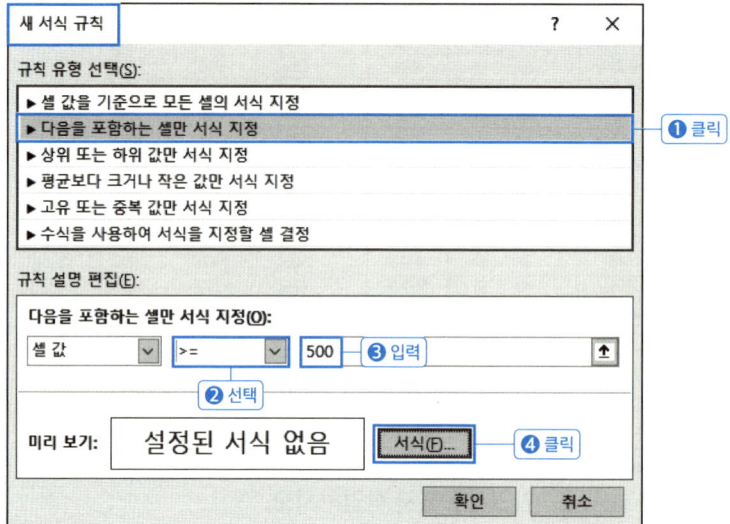

④ [셀 서식] 대화상자가 나타나면 [글꼴] 탭에서 [밑줄]을 '이중 실선'으로 선택하고 [확인] 단추를 클릭합니다.

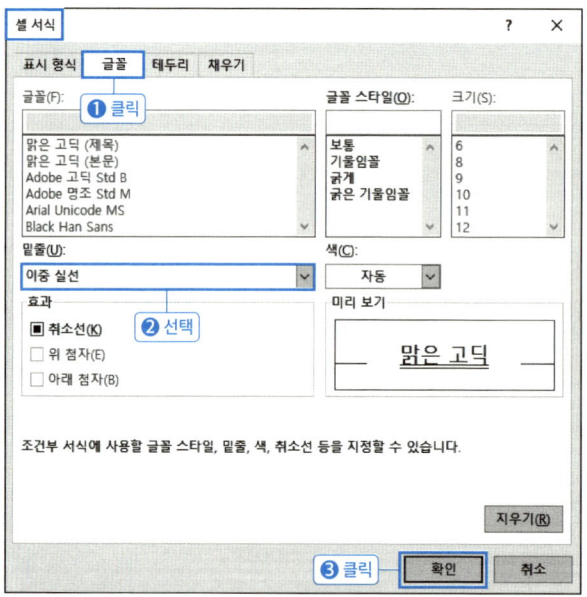

⑤ [새 서식 규칙] 대화상자가 나타나면 [확인] 단추를 클릭합니다.

⑥ 두 번째 규칙을 적용하기 위해 [G5:H17] 영역이 선택되어 있는 상태에서 [홈] 탭-[스타일] 그룹-[조건부 서식]-[새 규칙]을 클릭합니다.

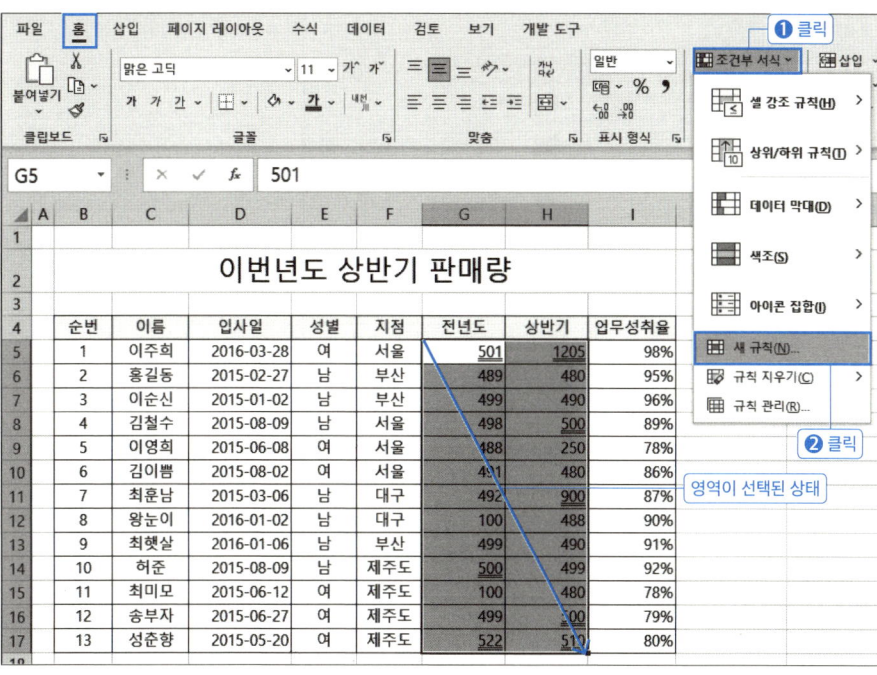

⑦ [새 서식 규칙] 대화상자가 나타나면 [다음을 포함하는 셀만 서식 지정]을 클릭하고 아래 두 번째 목록 단추(⌄)를 클릭해 '<'로 변경합니다.

⑧ 500 미만인 경우 서식을 지정하기 위해 입력란에 '500'을 입력한 후 [서식] 단추를 클릭합니다.

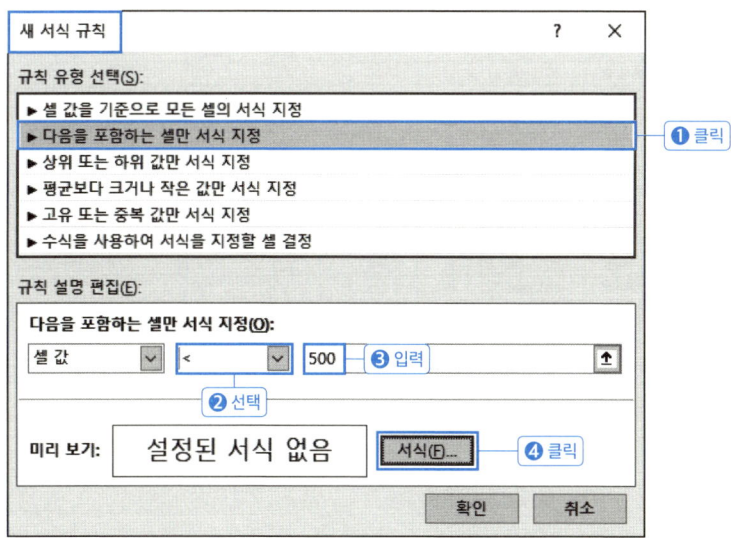

⑨ [셀 서식] 대화상자가 나타나면 [글꼴] 탭에서 [색]을 '빨강'으로 선택하고 [확인] 단추를 클릭합니다.

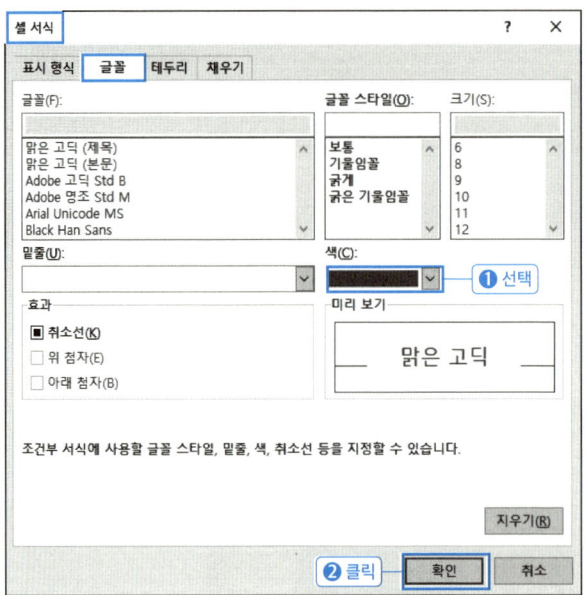

⑩ [새 서식 규칙] 대화상자가 나타나면 [확인] 단추를 클릭합니다.

**주희쌤 Tip**

[홈] 탭-[스타일] 그룹-[조건부 서식]-[규칙 관리] ↓

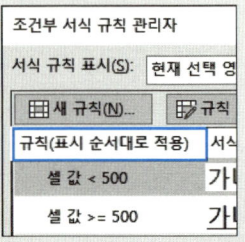

규칙이 표시된 순서대로 적용됩니다.

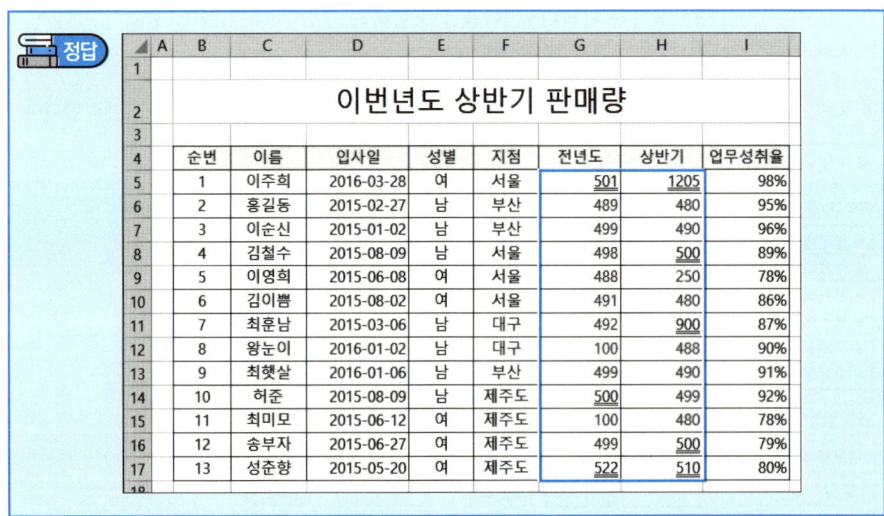

### 문제 유형 10   '조건부서식10' 워크시트에서 작업하시오.

⑩ '이번년도 상반기 판매량' 표에서 '입사일(D5:D17)'이 3월이면 해당하는 행 전체를 글꼴 색 '표준 색-진한 빨강', 밑줄 '실선'으로 지정하는 조건부 서식을 작성하시오.
 ▶ 규칙 유형은 '수식을 사용하여 서식을 지정할 셀 결정'을 이용하시오.

 따라하기 10

① 조건에 해당하는 행 전체에 서식을 지정하기 위해 문제에 제시된 [B5:I17] 영역을 드래그하여 선택한 후 [홈] 탭-[스타일] 그룹-[조건부 서식]-[새 규칙]을 클릭합니다.

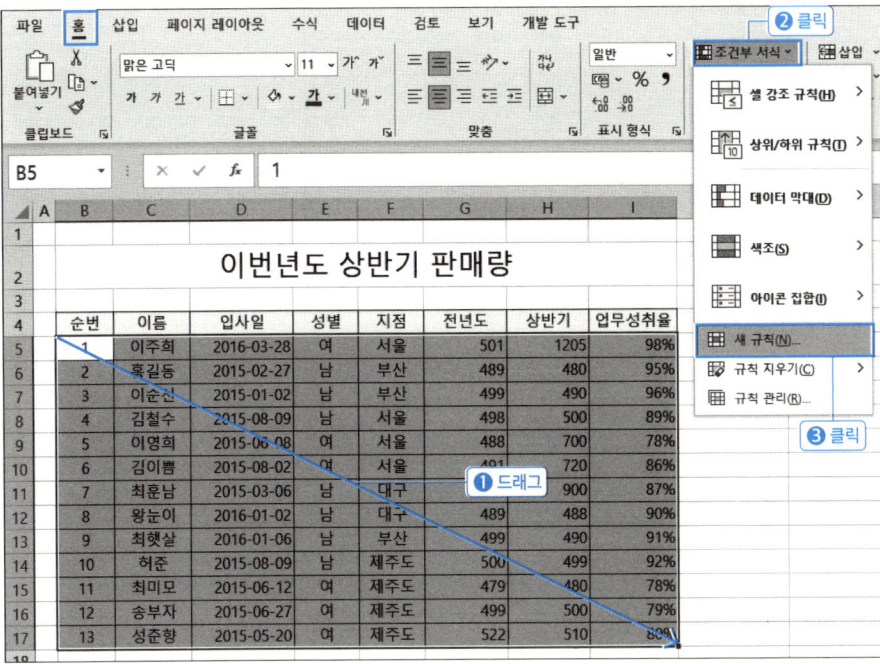

② [새 서식 규칙] 대화상자가 나타나면 [수식을 사용하여 서식을 지정할 셀 결정]을 클릭하고 아래 수식 입력란에 커서를 이동한 후 '='를 입력합니다.

③ 이어서 'month('을 입력하고 [D5] 셀을 선택한 다음 열이 변경되면 안 되므로 F4를 두 번 눌러서 '$D5'를 만듭니다.

④ '=month($D5'에 이어서 ')=3'을 입력합니다.

⑤ '=month($D5)=3' 수식이 완성되면 [서식] 단추를 클릭합니다.

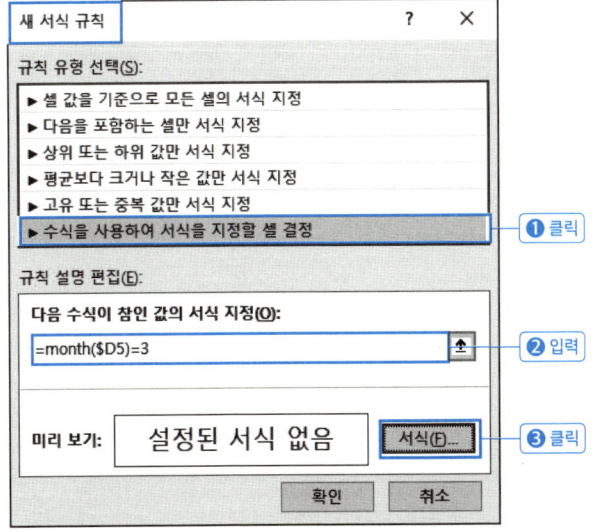

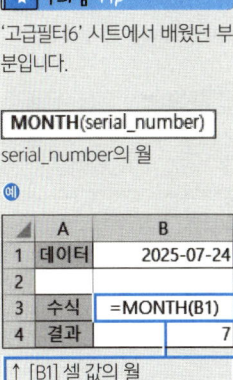

주희쌤 Tip

'고급필터6' 시트에서 배웠던 부분입니다.

**MONTH**(serial_number)
serial_number의 월

Section 05. 조건부 서식

⑥ [셀 서식] 대화상자가 나타나면 [글꼴] 탭에서 [색]은 '진한 빨강', [밑줄]은 '실선'으로 선택하고 [확인] 단추를 클릭합니다.

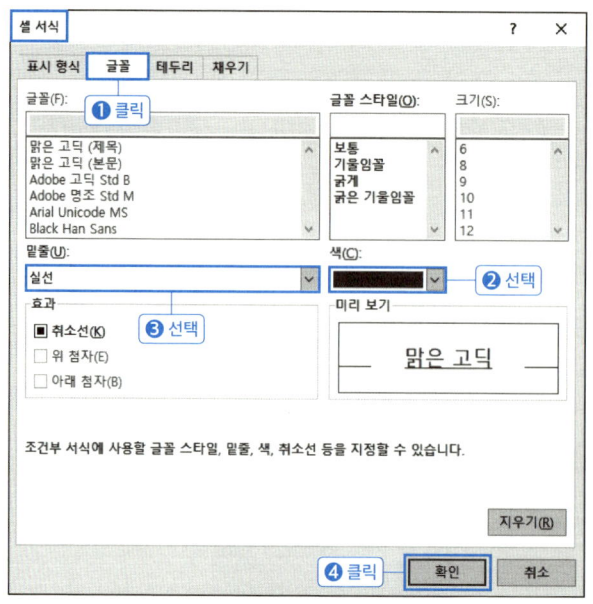

⑦ [새 서식 규칙] 대화상자가 나타나면 [확인] 단추를 클릭합니다.

정답 =MONTH($D5)=3

| | A | B | C | D | E | F | G | H | I |
|---|---|---|---|---|---|---|---|---|---|
| 1 | | | | | | | | | |
| 2 | | | | 이번년도 상반기 판매량 | | | | | |
| 3 | | | | | | | | | |
| 4 | | 순번 | 이름 | 입사일 | 성별 | 지점 | 전년도 | 상반기 | 업무성취율 |
| 5 | | 1 | 이주희 | 2016-03-28 | 여 | 서울 | 501 | 1205 | 98% |
| 6 | | 2 | 홍길동 | 2015-02-27 | 남 | 부산 | 489 | 480 | 95% |
| 7 | | 3 | 이순신 | 2015-01-02 | 남 | 부산 | 499 | 490 | 96% |
| 8 | | 4 | 김철수 | 2015-08-09 | 남 | 서울 | 498 | 500 | 89% |
| 9 | | 5 | 이영희 | 2015-06-08 | 여 | 서울 | 488 | 700 | 78% |
| 10 | | 6 | 김이쁨 | 2015-08-02 | 여 | 서울 | 491 | 720 | 86% |
| 11 | | 7 | 최훈남 | 2015-03-06 | 남 | 대구 | 492 | 900 | 87% |
| 12 | | 8 | 왕눈이 | 2016-01-02 | 남 | 대구 | 489 | 488 | 90% |
| 13 | | 9 | 최햇살 | 2016-01-06 | 남 | 부산 | 499 | 490 | 91% |
| 14 | | 10 | 허준 | 2015-08-09 | 남 | 제주도 | 500 | 499 | 92% |
| 15 | | 11 | 최미모 | 2015-06-12 | 여 | 제주도 | 479 | 480 | 78% |
| 16 | | 12 | 송부자 | 2015-06-27 | 여 | 제주도 | 499 | 500 | 79% |
| 17 | | 13 | 성준향 | 2015-05-20 | 여 | 제주도 | 522 | 510 | 80% |

**주희쌤 Tip**

Q 똑같이 했는데 '#####'이 나와요!
A 열 너비가 부족했을 경우입니다.

열과 열 사이에 마우스 포인터를 올려놓고 더블클릭이나 드래그로 열 너비를 늘려보세요.

**주희쌤 Tip**

조급해 하지 마세요. 이 모든 것은 복습과 시간이 해결해 줍니다. 절대 조급해 하지 마세요.
지금은 알 것 같기도 하고, 모를 것 같기도 한 것이 정상입니다! 섹션 하나가 넘어가기 전에 복습은 필수입니다.

# CHAPTER 02

계산작업

Section 01 함수

# SECTION 01 함수

- 시험 출제 범위 안의 함수 중 출제 빈도가 높은 함수를 사용하여 수식을 작성해 보도록 하겠습니다.

- **준비파일** : 컴활2급\예제\예제(문제)\2장_01. 함수.xlsx

## 주희쌤 Tip

주희쌤 Tip은 꼼꼼히 모두 보세요.

## 주희쌤 Tip

'함수'는 8점씩 5문제가 출제됩니다. 목표 점수는 24~32점으로 책 안의 문제만큼은 완벽하게 내 것으로 만들도록 많은 반복을 해야 합니다.
실제 시험에서 계산 작업 문제는 다른 문제에 비해 시간이 많이 할애되므로 마지막에 푸는 것이 좋습니다.

## 주희쌤 Tip

우선 숫자도 다르지 않은 똑같은 문제가 나왔을 때 술술 풀 수 있을 정도로 반복해주세요. 이해 위주의 반복 연습이 중요합니다. 한 문제가 끝날 때마다, 혹은 시트가 끝날 때마다 복습해주세요.

## 주희쌤 Tip

Ⓠ '범위도 상관없음'은 어떤 의미인가요?

Ⓐ 'number, number, …' 혹은 'value, value, …'를 인수로 가지고 있는 함수들은 인수에 셀을 하나씩 지정해도 되고, 셀 여러 개를 드래그하여 범위로 지정해도 상관이 없다는 의미입니다.

### 시험 출제 범위 안의 함수

| 분류 | 함수 |
|---|---|
| 날짜와 시간 함수 | DATE, DAY, DAYS, EDATE, EOMONTH, HOUR, MINUTE, MONTH, NOW, SECOND, TIME, TODAY, WEEKDAY, WORKDAY, YEAR |
| 논리 함수 | AND, FALSE, IF, IFS, IFERROR, NOT, OR, TRUE, SWITCH |
| 데이터베이스 함수 | DAVERAGE, DCOUNT, DCOUNTA, DMAX, DMIN, DSUM |
| 문자열 함수 | FIND, LEFT, LEN, LOWER, MID, PROPER, RIGHT, SEARCH, TRIM, UPPER |
| 수학과 삼각 함수 | ABS, INT, MOD, POWER, RAND, RANDBETWEEN, ROUND, ROUNDDOWN, ROUNDUP, SUM, SUMIF, SUMIFS, TRUNC |
| 찾기와 참조 함수 | CHOOSE, COLUMN, COLUMNS, HLOOKUP, INDEX, MATCH, ROW, ROWS, VLOOKUP |
| 통계 함수 | AVERAGE, AVERAGEA, AVERAGEIF, AVERAGEIFS, COUNT, COUNTA, COUNTBLANK, COUNTIF, COUNTIFS, LARGE, MAX, MAXA, MEDIAN, MIN, MINA, MODE.SNGL, RANK, RANK.EQ, SMALL, STDEV.S, VAR.S |

### 15개만 외우면 함수가 쉬워진다!! 함수에서 자주 보이는 인수

|  |  |
|---|---|
| number | 숫자 |
| text | 문자 |
| value | 숫자 혹은 문자 (값) |
| array, range, ref, database, vector | 범위 |
| (number, number, …) (value, value, …) | 범위도 상관없음 |
| serial_number, date | 날짜 |
| logical | 논리 (TRUE 혹은 FALSE) |
| num_chars | 문자의 개수 |
| divisor, denominator | 나누는 수 |
| row | 행 |
| column | 열 |
| lookup | 찾을 |
| criteria | 조건 |
| reference | 참조 셀 |
| digits | 자릿수 |

| | 백 | 십 | 일 | 소수 첫째 | 소수 둘째 |
|---|---|---|---|---|---|
| digits | -2 | -1 | 0 | 1 | 2 |

**문제 유형 1**  '함수1' 워크시트에서 작업하시오.

① [표1]에서 성별[D3:D11]이 "여"인 학생의 수학[G3:G11] 합계를 [D13] 셀에 계산하시오.
  ▶ SUMIF, COUNTIF, AVERAGEIF 중 알맞은 함수를 선택하여 사용

② [표1]에서 이주희 학교 학생들[A3:B11] 중 3학년 1반 학생들의 인원수를 [D14] 셀에 표시하시오.
  ▶ & 연산자를 사용하여 숫자 뒤에 "명"을 표시(예 : 2명)
  ▶ SUMIFS, COUNTIFS, AVERAGEIFS 중 알맞은 함수를 선택하여 사용

③ [표1]에서 거주[E3:E11]가 "서울"이면서 수학[G3:G11]이 80 이상인 학생수를 [D15] 셀에 표시하시오.
  ▶ SUMIF, SUMIFS, COUNTIF, COUNTIFS 중 알맞은 함수 사용

④ [표1]에서 수학[G3:G11]이 80 이상이고, 영어[H3:H11]가 90 이상인 학생수를 계산하여 우수 학생[D16]에 표시하시오.
  ▶ COUNTIF, COUNTIFS, SUMIF, SUMIFS 중 알맞은 함수를 선택하여 사용

⑤ [표1]에서 수학[G3:G11], 영어[H3:H11] 각각에 대해 점수가 80점대인 학생수를 구하여 [G12:H12] 영역에 표시하시오.
  ▶ COUNTIFS, SUMIFS, AVERAGEIFS 중 알맞은 함수를 선택하여 사용

⑥ [표1]에서 수학[G3:G11]이 80점대인 학생수를 구하여 [I14] 셀에 표시하시오.
  ▶ 학생 수 뒤에 "명"을 포함하여 표시하시오. (표시 예 : 2명)
  ▶ SUMIF, SUMIFS, COUNTIF 중 알맞은 함수와 & 연산자 사용

⑦ [표1]에서 컴활[I3:I11] 자격증을 보유(★)한 학생의 영어의 평균[I15]을 구하시오.
  ▶ ★은 엑셀의 특수기호임
  ▶ SUMIF와 COUNTIF 함수 사용

⑧ [표1]에서 거주[E3:E11]가 서울인 학생의 영어[H3:H11]의 평균(I16)을 구하시오.
  ▶ 서울 영어 평균은 소수 둘째 자리에서 올림하여 표시(예 : 85.66 → 85.7)
  ▶ ROUND, ROUNDDOWN, ROUNDUP, AVERAGEIF 중 알맞은 함수를 선택하여 사용

⑨ [표1]에서 성별[D3:D11]을 이용하여 여학생의 영어[H3:H11] 평균을 여학생 점수[I17]에 표시하시오.
  ▶ 평균 점수는 반올림 없이 정수로 표시
  ▶ 숫자 뒤에 "점"을 표시(예 : 96점)
  ▶ TRUNC, SUMIF, COUNTIF 함수와 & 연산자 사용

⑩ [표1]에서 서울과 제주도의 총 수학 점수 차이를 계산하여 절대 값으로 [I18] 셀에 표시하시오.
  ▶ SUMIF, AVERAGEIF, COUNTIF, ABS 중 알맞은 함수를 선택하여 사용

⑪ [표1]에서 취미[F3:F11]의 마지막 문자열이 '감상'인 수학의 합계를 계산하여 [I19] 셀에 표시하시오.
  ▶ SUMIF 함수 사용

### 주희쌤 Tip

=SUMIF(
　　SUMIF(**range**, criteria, [sum_range])

쉼표(,)를 입력했을 때 팁의 두 번째 인수인 'criteria'가 굵게 변하지 않았다면 앞에 잘못된 점을 먼저 해결해야 합니다.

### 따라하기 ❶

① [D13] 셀을 선택한 후 [수식 입력줄]에 커서를 이동합니다.

② 수식을 작성한 후 Enter 를 누릅니다.

수식: =SUMIF(D3:D11,"여",G3:G11)

| | A | B | C | D | E | F | G | H | I | J | K |
|---|---|---|---|---|---|---|---|---|---|---|---|
| 1 | [표1] | | 이주희학교 학생 | | | | | ❷ 입력 후 Enter | | | |
| 2 | 학년 | 반 | 성명 | 성별 | 거주 | 취미 | 수학 | 영어 | 컴활 | | |
| 3 | 3 | 1 | 이주희 | 여 | 서울 | 독서 | 99 | 99.9 | ★ | | |
| 4 | 2 | 1 | 홍길동 | 남 | 서울 | 피아노연주 | 89 | 80.7 | | | |
| 5 | 1 | 2 | 이순신 | 남 | 제주도 | 독서 | 70 | 62 | ★ | | |
| 6 | 2 | 2 | 김철수 | 남 | 제주도 | 영화감상 | 75 | 80.6 | ★ | | |
| 7 | 3 | 1 | 이영희 | 여 | 부산 | 영화감상 | 80 | 85 | | | |
| 8 | 2 | 3 | 김이쁨 | 여 | 제주도 | 독서 | 65 | 97.8 | | | |
| 9 | 1 | 1 | 최훈남 | 남 | 서울 | 독서 | 77 | 70.4 | ★ | | |
| 10 | 3 | 2 | 왕눈이 | 남 | 부산 | 피아노연주 | 80 | 70.4 | | | |
| 11 | 1 | 1 | 최햇살 | 남 | 제주도 | 영화감상 | 60 | 89.1 | ★ | | |
| 12 | | | | | | 5. 80점대 수 | | | | | |
| 13 | 1. 성별이 여자인 학생의 수학 합계 | | | G11) | ❶ 클릭 | | | | | | |

| =SUMIF( | D3:D11, | "여", | G3:G11) |
|---|---|---|---|
| '성별'이 여인 '수학'의 합계를 구하는 문제로 조건에 해당하는 합계를 구하는 SUMIF 함수를 입력합니다. | 조건(criteria)을 찾아줄 범위(range)를 지정합니다. | 범위(range)에서 어떤 조건(criteria)을 찾을지 지정합니다. | sum은 합계이고, range는 범위이기 때문에 합계 구할 범위를 지정합니다. |

### 주희쌤 Tip

**SUMIF(range, criteria, [sum_range])**

range에서 criteria를 찾고 sum_range에서 같은 행에 있는 숫자의 합계

예)

| | A | B | C |
|---|---|---|---|
| 1 | 데이터 | 사과 | 10 |
| 2 | | 딸기 | 7 |
| 3 | | 사과 | 20 |
| 4 | | 딸기 | 8 |
| 5 | | | |
| 6 | 수식 | =SUMIF(B1:B4, "사과", C1:C4) | |
| 7 | 결과 | 30 | |

↑ [B1:B4]에서 '사과'를 찾고 [C1:C4]에서 '사과'와 같은 행에 있는 숫자의 합계

### 주희쌤 Tip

- SUM : 합계
- SUMIF : 조건에 맞는 합계
- SUMIFS : 조건이 여러 개일 때 합계

- AVERAGE : 평균
- AVERAGEIF : 조건에 맞는 평균
- AVERAGEIFS : 조건이 여러 개일 때 평균

- COUNTIF : 조건에 맞는 개수
- COUNTIFS : 조건이 여러 개일 때 개수

**AVERAGEIF(range, criteria, [average_range])**

range에서 criteria를 찾고 average_range에서 같은 행에 있는 숫자의 평균

예)

| | A | B | C |
|---|---|---|---|
| 1 | 데이터 | 사과 | 10 |
| 2 | | 딸기 | 7 |
| 3 | | 사과 | 20 |
| 4 | | 딸기 | 8 |
| 5 | | | |
| 6 | 수식 | =AVERAGEIF(B1:B4, "사과", C1:C4) | |
| 7 | 결과 | 15 | |

↑ [B1:B4]에서 '사과'를 찾고 [C1:C4]에서 '사과'와 같은 행에 있는 숫자의 평균

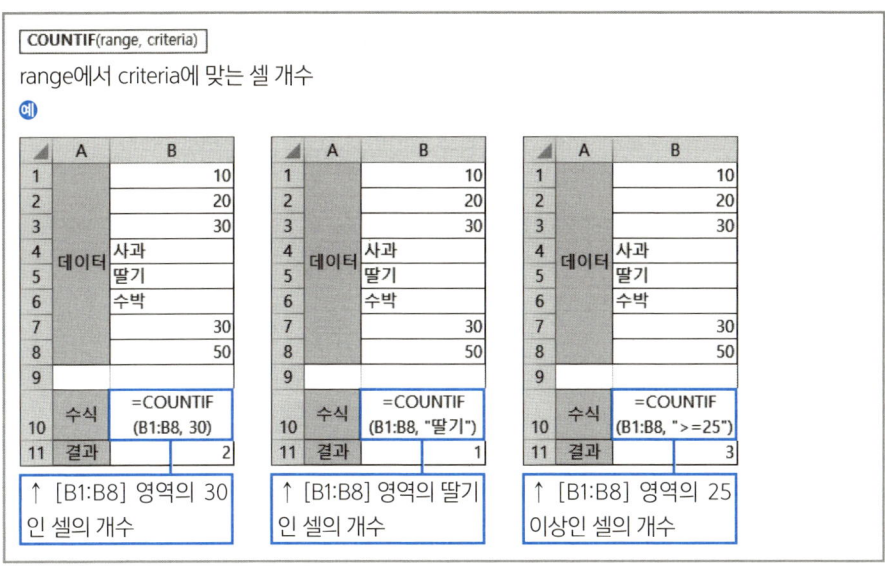

## 따라하기 2

① [D14] 셀을 선택한 후 [수식 입력줄]에 커서를 이동합니다.

② 수식을 작성한 후 Enter 를 누릅니다.

**주희쌤Tip**

=SUM(0, 2) & "급"
=2 & LEFT("급수", 1)
=SUM(0, 2) & LEFT("급수", 1)

↑ '&'(연결 연산자)를 이용해야 연결됩니다.

Ⓠ '&'가 문제에 없어도 써도 되나요?

Ⓐ 필요한 경우라면 사용해도 됩니다.

| =COUNTIFS( | A3:A11,3, | B3:B11,1) | & "명" |
|---|---|---|---|
| 조건이 두 개(3학년, 1반)인 인원수를 구하는 문제로 조건이 여러 개일 때 개수를 구하는 COUNTIFS 함수를 입력합니다. | 학년 범위(A3:A11)에서 '3'을 찾습니다. | 반(B3:B11) 범위에서 '1'을 찾습니다. | 계산한 인원수에 '명'을 함께 표시합니다. |

## 따라하기 3

① [D15] 셀을 선택한 후 [수식 입력줄]에 커서를 이동합니다.

② 수식을 작성한 후 Enter 를 누릅니다.

### 주희쌤 Tip

Q. ">=80"에서 왜 큰 따옴표를 묶어줬죠?
A. criteria에 입력하는 글자가 문자(텍스트)이기 때문입니다.

셀에 숫자를 입력하면 오른쪽 정렬, 셀에 문자를 입력하면 왼쪽 정렬됩니다. ↓

| | A |
|---|---|
| 1 | 이주희 ← 문자이므로 왼쪽 정렬 |
| 2 | 숫자이므로 오른쪽 정렬 → 80 |
| 3 | >=80 ← 문자이므로 왼쪽 정렬 |

Q. 그러면 '조건부서식3' 시트에서는 'G5>=500'에 왜 큰 따옴표를 하지 않았죠?
A. 숫자>=500 (501>=500) 이것은 logical이 되지만, 숫자"문자" (501">="500) 이것은 logical이 되지 않으니까요.

| =501>=500 | =501">="500 |
|---|---|
| ↓ | ↓ |
| =숫자>=숫자 | =숫자문자 |
| (logical O) | (logical X) |

인수의 형식을 지켜주기 위함이었습니다.

---

`=COUNTIFS(E3:E11,"서울",G3:G11,">=80")`

❷ 입력 후 Enter

 ❶ 클릭

| =COUNTIFS( | E3:E11,"서울", | G3:G11,">=80") |
|---|---|---|
| 조건이 두 개('거주'가 서울이면서 '수학'이 80 이상)인 학생 수를 구하는 문제로 조건이 여러 개일 때 개수를 구하는 함수인 COUNTIFS 함수를 입력합니다. | 거주 범위(E3:E11)에서 '서울'을 찾습니다. | 수학 범위(G3:G11)에서 80 이상을 찾습니다. |

① [D16] 셀을 선택한 후 [수식 입력줄]에 커서를 이동합니다.

② 수식을 작성한 후 Enter 를 누릅니다.

`=COUNTIFS(G3:G11,">=80",H3:H11,">=90")`

❷ 입력 후 Enter

❶ 클릭

| =COUNTIFS( | G3:G11,">=80", | H3:H11,">=90") |
|---|---|---|
| 조건이 두 개('수학'이 80 이상이고, '영어'가 90 이상)인 학생 수를 구하는 문제로 조건이 여러 개일 때 개수를 구하는 함수인 COUNTIFS 함수를 입력합니다. | 수학 범위(G3:G11)에서 80 이상을 찾습니다. | 영어 범위(H3:H11)에서 90 이상을 찾습니다. |

### 따라하기 ❺

① [G12] 셀을 선택한 후 [수식 입력줄]에 커서를 이동합니다.

② 수식을 작성한 후 Enter 를 누릅니다.

### 문제 유형 1    '함수1' 워크시트에서 작업하시오.

① [표1]에서 성별[D3:D11]이 "여"인 학생의 수학[G3:G11] 합계를 [D13] 셀에 계산하시오.
- ▶ SUMIF, COUNTIF, AVERAGEIF 중 알맞은 함수를 선택하여 사용

② [표1]에서 이주희 학교 학생들[A3:B11] 중 3학년 1반 학생들의 인원수를 [D14] 셀에 표시하시오.
- ▶ & 연산자를 사용하여 숫자 뒤에 "명"을 표시(예 : 2명)
- ▶ SUMIFS, COUNTIFS, AVERAGEIFS 중 알맞은 함수를 선택하여 사용

③ [표1]에서 거주[E3:E11]가 "서울"이면서 수학[G3:G11]이 80 이상인 학생수를 [D15] 셀에 표시하시오.
- ▶ SUMIF, SUMIFS, COUNTIF, COUNTIFS 중 알맞은 함수 사용

④ [표1]에서 수학[G3:G11]이 80 이상이고, 영어[H3:H11]가 90 이상인 학생수를 계산하여 우수 학생[D16]에 표시하시오.
- ▶ COUNTIF, COUNTIFS, SUMIF, SUMIFS 중 알맞은 함수를 선택하여 사용

⑤ [표1]에서 수학[G3:G11], 영어[H3:H11] 각각에 대해 점수가 80점대인 학생수를 구하여 [G12:H12] 영역에 표시하시오.
- ▶ COUNTIFS, SUMIFS, AVERAGEIFS 중 알맞은 함수를 선택하여 사용

⑥ [표1]에서 수학[G3:G11]이 80점대인 학생수를 구하여 [I14] 셀에 표시하시오.
- ▶ 학생 수 뒤에 "명"을 포함하여 표시하시오. (표시 예 : 2명)
- ▶ SUMIF, SUMIFS, COUNTIF 중 알맞은 함수와 & 연산자 사용

⑦ [표1]에서 컴활[I3:I11] 자격증을 보유(★)한 학생의 영어의 평균[I15]을 구하시오.
- ▶ ★은 엑셀의 특수기호임
- ▶ SUMIF와 COUNTIF 함수 사용

⑧ [표1]에서 거주[E3:E11]가 서울인 학생의 영어[H3:H11]의 평균(I16)을 구하시오.
- ▶ 서울 영어 평균은 소수 둘째 자리에서 올림하여 표시(예 : 85.66 → 85.7)
- ▶ ROUND, ROUNDDOWN, ROUNDUP, AVERAGEIF 중 알맞은 함수를 선택하여 사용

⑨ [표1]에서 성별[D3:D11]을 이용하여 여학생의 영어[H3:H11] 평균을 여학생 점수[I17]에 표시하시오.
- ▶ 평균 점수는 반올림 없이 정수로 표시
- ▶ 숫자 뒤에 "점"을 표시(예 : 96점)
- ▶ TRUNC, SUMIF, COUNTIF 함수와 & 연산자 사용

⑩ [표1]에서 서울과 제주도의 총 수학 점수 차이를 계산하여 절대 값으로 [I18] 셀에 표시하시오.
- ▶ SUMIF, AVERAGEIF, COUNTIF, ABS 중 알맞은 함수를 선택하여 사용

⑪ [표1]에서 취미[F3:F11]의 마지막 문자열이 '감상'인 수학의 합계를 계산하여 [I19] 셀에 표시하시오.
- ▶ SUMIF 함수 사용

## 주희쌤 Tip

=SUMIF(
SUMIF(**range**, criteria, [sum_range])

쉼표(,)를 입력했을 때 팁의 두 번째 인수인 'criteria'가 굵게 변하지 않았다면 앞에 잘못된 점을 먼저 해결해야 합니다.

### 따라하기

① [D13] 셀을 선택한 후 [수식 입력줄]에 커서를 이동합니다.

② 수식을 작성한 후 Enter 를 누릅니다.

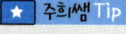

| =SUMIF( | D3:D11, | "여", | G3:G11) |
|---|---|---|---|
| '성별'이 여인 '수학'의 합계를 구하는 문제로 조건에 해당하는 합계를 구하는 SUMIF 함수를 입력합니다. | 조건(criteria)을 찾아줄 범위(range)를 지정합니다. | 범위(range)에서 어떤 조건(criteria)을 찾을지 지정합니다. | sum은 합계이고, range는 범위이기 때문에 합계 구할 범위를 지정합니다. |

## 주희쌤 Tip

- SUM : 합계
- SUMIF : 조건에 맞는 합계
- SUMIFS : 조건이 여러 개일 때 합계

- AVERAGE : 평균
- AVERAGEIF : 조건에 맞는 평균
- AVERAGEIFS : 조건이 여러 개일 때 평균

- COUNTIF : 조건에 맞는 개수
- COUNTIFS : 조건이 여러 개일 때 개수

## 주희쌤 Tip

**SUMIF(range, criteria, [sum_range])**

range에서 criteria를 찾고 sum_range에서 같은 행에 있는 숫자의 합계

예)

| | A | B | C |
|---|---|---|---|
| 1 | 데이터 | 사과 | 10 |
| 2 | | 딸기 | 7 |
| 3 | | 사과 | 20 |
| 4 | | 딸기 | 8 |
| 5 | | | |
| 6 | 수식 | =SUMIF(B1:B4, "사과", C1:C4) | |
| 7 | 결과 | 30 | |

↑ [B1:B4]에서 '사과'를 찾고 [C1:C4]에서 '사과'와 같은 행에 있는 숫자의 합계

**AVERAGEIF(range, criteria, [average_range])**

range에서 criteria를 찾고 average_range에서 같은 행에 있는 숫자의 평균

예)

| | A | B | C |
|---|---|---|---|
| 1 | 데이터 | 사과 | 10 |
| 2 | | 딸기 | 7 |
| 3 | | 사과 | 20 |
| 4 | | 딸기 | 8 |
| 5 | | | |
| 6 | 수식 | =AVERAGEIF(B1:B4, "사과", C1:C4) | |
| 7 | 결과 | 15 | |

↑ [B1:B4]에서 '사과'를 찾고 [C1:C4]에서 '사과'와 같은 행에 있는 숫자의 평균

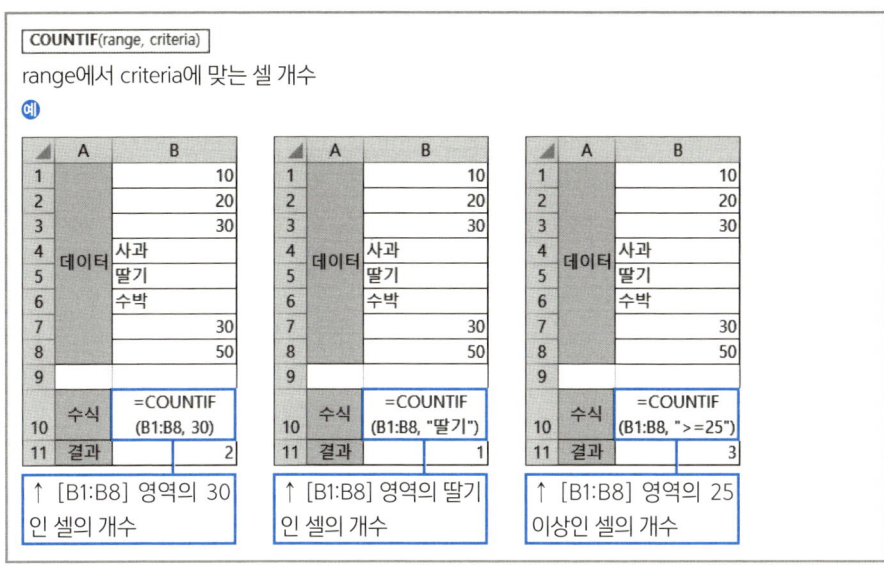

① [D14] 셀을 선택한 후 [수식 입력줄]에 커서를 이동합니다.

② 수식을 작성한 후 Enter 를 누릅니다.

> 주희쌤Tip
>
> =SUM(0, 2) & "급"
> =2 & LEFT("급수", 1)
> =SUM(0, 2) & LEFT("급수", 1)
> ↑ '&'(연결 연산자)를 이용해야 연결됩니다.
>
> Q '&'가 문제에 없어도 써도 되나요?
> A 필요한 경우라면 사용해도 됩니다.

| =COUNTIFS( | A3:A11,3, | B3:B11,1) | & "명" |
|---|---|---|---|
| 조건이 두 개(3학년, 1반)인 인원수를 구하는 문제로 조건이 여러 개일 때 개수를 구하는 COUNTIFS 함수를 입력합니다. | 학년 범위(A3:A11)에서 '3'을 찾습니다. | 반(B3:B11) 범위에서 '1'을 찾습니다. | 계산한 인원수에 '명'을 함께 표시합니다. |

① [D15] 셀을 선택한 후 [수식 입력줄]에 커서를 이동합니다.

② 수식을 작성한 후 Enter 를 누릅니다.

### 주희쌤 Tip

**Q** ">=80"에서 왜 큰 따옴표를 묶어줬죠?
**A** criteria에 입력하는 글자가 문자(텍스트)이기 때문입니다.

셀에 숫자를 입력하면 오른쪽 정렬, 셀에 문자를 입력하면 왼쪽 정렬됩니다. ↓

| | A | |
|---|---|---|
| 1 | 이주희 | ← 문자이므로 왼쪽 정렬 |
| 2 | 숫자이므로 오른쪽 정렬 → 80 | |
| 3 | >=80 | ← 문자이므로 왼쪽 정렬 |

**Q** 그러면 '조건부서식3' 시트에서는 'G5>=500'에 왜 큰 따옴표를 하지 않았죠?
**A** 숫자>=500 (501)>=500) 이것은 logical이 되지만, 숫자"문자" (501")>=500) 이것은 logical이 되지 않으니까요.

| =501>=500 | ="501">="500" |
|---|---|
| ↓ | ↓ |
| =숫자>=숫자 | =숫자문자 |
| (logical O) | (logical X) |

인수의 형식을 지켜주기 위함이었습니다.

---

`=COUNTIFS(E3:E11,"서울",G3:G11,">=80")`

❷ 입력 후 Enter

| | A | B | C | D | E | F | G | H | I | J | K |
|---|---|---|---|---|---|---|---|---|---|---|---|
| 1 | [표1] | | 이주희학교 학생 | | | | | | | | |
| 2 | 학년 | 반 | 성명 | 성별 | 거주 | 취미 | 수학 | 영어 | 컴활 | | |
| 3 | 3 | 1 | 이주희 | 여 | 서울 | 독서 | 99 | 99.9 | ★ | | |
| 4 | 2 | 1 | 홍길동 | 남 | 서울 | 피아노연주 | 89 | 80.7 | | | |
| 5 | 1 | 2 | 이순신 | 남 | 제주도 | 독서 | 70 | 62 | ★ | | |
| 6 | 2 | 2 | 김철수 | 남 | 제주도 | 영화감상 | 75 | 80.6 | ★ | | |
| 7 | 3 | 1 | 이영희 | 여 | 부산 | 영화감상 | 80 | 85 | | | |
| 8 | 2 | 3 | 김이쁨 | 여 | 제주도 | 독서 | 65 | 97.8 | | | |
| 9 | 1 | 1 | 최훈남 | 남 | 서울 | 독서 | 77 | 70.4 | ★ | | |
| 10 | 3 | 2 | 왕눈이 | 남 | 부산 | 피아노연주 | 80 | 70.4 | | | |
| 11 | 1 | 1 | 최햇살 | 남 | 제주도 | 영화감상 | 60 | 89.1 | ★ | | |
| 12 | | | | | | 5. 80점대 수 | | | | | |
| 13 | 1. 성별이 여자인 학생의 수학 합계 | | | 244 | | | | | | | |
| 14 | 2. 3학년 1반 학생 수 | | | 2명 | | 6. 수학이 80점대인 학생 수 | | | | | |
| 15 | 3. 서울 지역의 수학 우수 학생 | | | ">=80") | ❶ 클릭 | 7. 컴활 자격증 보유한 영어 평균 | | | | | |

| =COUNTIFS( | E3:E11,"서울", | G3:G11,">=80") |
|---|---|---|
| 조건이 두 개('거주'가 서울이면서 '수학'이 80 이상)인 학생 수를 구하는 문제로 조건이 여러 개일 때 개수를 구하는 함수인 COUNTIFS 함수를 입력합니다. | 거주 범위(E3:E11)에서 '서울'을 찾습니다. | 수학 범위(G3:G11)에서 80 이상을 찾습니다. |

 따라하기 ❹

① [D16] 셀을 선택한 후 [수식 입력줄]에 커서를 이동합니다.

② 수식을 작성한 후 Enter 를 누릅니다.

`=COUNTIFS(G3:G11,">=80",H3:H11,">=90")`

❷ 입력 후 Enter

| | A | B | C | D | E | F | G | H | I | J | K |
|---|---|---|---|---|---|---|---|---|---|---|---|
| 1 | [표1] | | 이주희학교 학생 | | | | | | | | |
| 2 | 학년 | 반 | 성명 | 성별 | 거주 | 취미 | 수학 | 영어 | 컴활 | | |
| 3 | 3 | 1 | 이주희 | 여 | 서울 | 독서 | 99 | 99.9 | ★ | | |
| 4 | 2 | 1 | 홍길동 | 남 | 서울 | 피아노연주 | 89 | 80.7 | | | |
| 5 | 1 | 2 | 이순신 | 남 | 제주도 | 독서 | 70 | 62 | ★ | | |
| 6 | 2 | 2 | 김철수 | 남 | 제주도 | 영화감상 | 75 | 80.6 | ★ | | |
| 7 | 3 | 1 | 이영희 | 여 | 부산 | 영화감상 | 80 | 85 | | | |
| 8 | 2 | 3 | 김이쁨 | 여 | 제주도 | 독서 | 65 | 97.8 | | | |
| 9 | 1 | 1 | 최훈남 | 남 | 서울 | 독서 | 77 | 70.4 | ★ | | |
| 10 | 3 | 2 | 왕눈이 | 남 | 부산 | 피아노연주 | 80 | 70.4 | | | |
| 11 | 1 | 1 | 최햇살 | 남 | 제주도 | 영화감상 | 60 | 89.1 | ★ | | |
| 12 | | | | | | 5. 80점대 수 | | | | | |
| 13 | 1. 성별이 여자인 학생의 수학 합계 | | | 244 | | | | | | | |
| 14 | 2. 3학년 1반 학생 수 | | | 2명 | | 6. 수학이 80점대인 학생 수 | | | | | |
| 15 | 3. 서울 지역의 수학 우수 학생 | | | 2 | | 7. 컴활 자격증 보유한 영어 평균 | | | | | |
| 16 | 4. 우수 학생 | | | 90") | ❶ 클릭 | 8. 서울 거주 영어 평균 | | | | | |

| =COUNTIFS( | G3:G11,">=80", | H3:H11,">=90") |
|---|---|---|
| 조건이 두 개('수학'이 80 이상이고, '영어'가 90 이상)인 학생 수를 구하는 문제로 조건이 여러 개일 때 개수를 구하는 함수인 COUNTIFS 함수를 입력합니다. | 수학 범위(G3:G11)에서 80 이상을 찾습니다. | 영어 범위(H3:H11)에서 90 이상을 찾습니다. |

 따라하기 ❺

① [G12] 셀을 선택한 후 [수식 입력줄]에 커서를 이동합니다.

② 수식을 작성한 후 Enter 를 누릅니다.

```
REPT    :  × ✓ fx    =COUNTIFS(G3:G11,">=80",G3:G11,"<90")
```

|   | A | B | C | D | E | F | G | H | I | J | K |
|---|---|---|---|---|---|---|---|---|---|---|---|
| 1 | [표1] | 이주희학교 학생 | | | | | ❷ 입력 후 Enter | | | | |
| 2 | 학년 | 반 | 성명 | 성별 | 거주 | 취미 | 수학 | 영어 | 컴활 | | |
| 3 | 3 | 1 | 이주희 | 여 | 서울 | 독서 | 99 | 99.9 | ★ | | |
| 4 | 2 | 1 | 홍길동 | 남 | 서울 | 피아노연주 | 89 | 80.7 | | | |
| 5 | 1 | 2 | 이순신 | 남 | 제주도 | 독서 | 70 | 62 | ★ | | |
| 6 | 2 | 2 | 김철수 | 남 | 제주도 | 영화감상 | 75 | 80.6 | ★ | | |
| 7 | 3 | 1 | 이영희 | 여 | 부산 | 영화감상 | 80 | 85 | | | |
| 8 | 2 | 3 | 김이쁨 | 여 | 제주도 | 독서 | 65 | 97.8 | | | |
| 9 | 1 | 1 | 최훈남 | 남 | 서울 | 독서 | 77 | 70.4 | ★ | | |
| 10 | 3 | 2 | 왕눈이 | 남 | 부산 | 피아노연주 | 80 | 70.4 | | | |
| 11 | 1 | 1 | 최햇살 | 남 | 제주도 | 영화감상 | 60 | 89.1 | ★ | | |
| 12 | | | | | | 5. 80점대 수 | "<90") | ❶ 클릭 | | | |
| 13 | 1. 성별이 여자인 학생의 수학 합계 | | | 244 | | | | | | | |

### 주희쌤 Tip

수식이 입력된 [G12] 셀을 선택한 후 셀의 오른쪽 아래에 마우스를 올려놓으면 포인터가 '+'로 변경됩니다.

이것을 '채우기 핸들'이라고 하며 드래그하면 수식이 복사됩니다.

③ [G12] 셀의 채우기 핸들을 [H12] 셀까지 드래그하여 수식을 복사합니다.

```
G12    :  × ✓ fx    =COUNTIFS(G3:G11,">=80",G3:G11,"<90")
```

|   | A | B | C | D | E | F | G | H | I | J | K |
|---|---|---|---|---|---|---|---|---|---|---|---|
| 1 | [표1] | 이주희학교 학생 | | | | | | | | | |
| 2 | 학년 | 반 | 성명 | 성별 | 거주 | 취미 | 수학 | 영어 | 컴활 | | |
| 3 | 3 | 1 | 이주희 | 여 | 서울 | 독서 | 99 | 99.9 | ★ | | |
| 4 | 2 | 1 | 홍길동 | 남 | 서울 | 피아노연주 | 89 | 80.7 | | | |
| 5 | 1 | 2 | 이순신 | 남 | 제주도 | 독서 | 70 | 62 | ★ | | |
| 6 | 2 | 2 | 김철수 | 남 | 제주도 | 영화감상 | 75 | 80.6 | ★ | | |
| 7 | 3 | 1 | 이영희 | 여 | 부산 | 영화감상 | 80 | 85 | | | |
| 8 | 2 | 3 | 김이쁨 | 여 | 제주도 | 독서 | 65 | 97.8 | | | |
| 9 | 1 | 1 | 최훈남 | 남 | 서울 | 독서 | 77 | 70.4 | ★ | | |
| 10 | 3 | 2 | 왕눈이 | 남 | 부산 | 피아노연주 | 80 | 70.4 | | | |
| 11 | 1 | 1 | 최햇살 | 남 | 제주도 | 영화감상 | 60 | 89.1 | ★ | | |
| 12 | | | | | | 5. 80점대 수 | ❶ 클릭 3 | ❷ 드래그 | | | |
| 13 | 1. 성별이 여자인 학생의 수학 합계 | | | 244 | | | | | | | |

| =COUNTIFS( | G3:G11,">=80",G3:G11,"<90") |
|---|---|
| 조건이 두 개(80 이상, 90 미만)인 학생 수를 구하는 문제로 조건이 여러 개일 때 개수를 구하는 함수인 COUNTIFS 함수를 입력합니다. | 80점대란 80 이상 90 미만인 80~89.999를 의미합니다. |

### 주희쌤 Tip

- 상대 참조 : 수식을 복사하였을 때 참조되는 셀이 같이 움직입니다.
- 절대 참조 : 수식을 복사하여도 참조되는 셀은 움직이지 않습니다. 상대 참조 주소에서 F4를 누르면 절대 참조($A$1)로, 혼합 참조(A$1,$A1)로 변경됩니다.

|   | A | B |
|---|---|---|
| 1 | 10% | 절대 참조 |
| 2 | 상대 참조 | |
| 3 | 10 | =A3 * $A$1 |
| 4 | 20 | =A4 * $A$1 |
| 5 | 30 | =A5 * $A$1 |
| 6 | 40 | =A6 * $A$1 |
| 7 | 50 | =A7 * $A$1 |

## 따라하기 ⑥

① [I14] 셀을 선택한 후 [수식 입력줄]에 커서를 이동합니다.

② 수식을 작성한 후 Enter를 누릅니다.

```
REPT   :  × ✓ fx   =COUNTIF(G3:G11,">=80")
                  -COUNTIF(G3:G11,">=90")&"명"
```

|   | A | B | C | D | E | F | G | H | I | J | K |
|---|---|---|---|---|---|---|---|---|---|---|---|
| 1 | [표1] | 이주희학교 학생 | | | | | ❷ 입력 후 Enter | | | | |
| 2 | 학년 | 반 | 성명 | 성별 | 거주 | 취미 | 수학 | 영어 | 컴활 | | |
| 3 | 3 | 1 | 이주희 | 여 | 서울 | 독서 | 99 | 99.9 | ★ | | |
| 4 | 2 | 1 | 홍길동 | 남 | 서울 | 피아노연주 | 89 | 80.7 | | | |
| 5 | 1 | 2 | 이순신 | 남 | 제주도 | 독서 | 70 | 62 | ★ | | |
| 6 | 2 | 2 | 김철수 | 남 | 제주도 | 영화감상 | 75 | 80.6 | ★ | | |
| 7 | 3 | 1 | 이영희 | 여 | 부산 | 영화감상 | 80 | 85 | | | |
| 8 | 2 | 3 | 김이쁨 | 여 | 제주도 | 독서 | 65 | 97.8 | | | |
| 9 | 1 | 1 | 최훈남 | 남 | 서울 | 독서 | 77 | 70.4 | ★ | | |
| 10 | 3 | 2 | 왕눈이 | 남 | 부산 | 피아노연주 | 80 | 70.4 | | | |
| 11 | 1 | 1 | 최햇살 | 남 | 제주도 | 영화감상 | 60 | 89.1 | ★ | | |
| 12 | | | | | | 5. 80점대 수 | 3 | 4 | | | |
| 13 | 1. 성별이 여자인 학생의 수학 합계 | | | 244 | | | | | | | |
| 14 | 2. 3학년 1반 학생 수 | | | 2명 | | 6. 수학이 80점대인 학생 수 | | | "명" ❶ 클릭 | | |

### 주희쌤 Tip

- Enter를 누르지 않고 Ctrl + Enter를 누르면 셀 포인터가 밑으로 내려가지 않고 입력이 완성됩니다.
- 채우기 핸들을 드래그해도 수식 복사가 되지만 채우기 핸들을 더블클릭하거나, 데이터가 입력될 영역을 선택한 후 Ctrl + D나 Ctrl + R을 눌러도 됩니다.

| =COUNTIF(G3:G11,">=80") | -COUNTIF(G3:G11,">=90") | & "명" |
|---|---|---|
| 문제에 제시된 함수를 사용해야 하므로 조건에 맞는 개수를 구하는 함수인 COUNTIF 함수를 입력합니다. COUNTIF 함수는 조건(criteria)을 1개 지정할 수 있습니다. | ① 80 이상에서 ② 90 이상을 빼면 ③ 80~89.999가 남게 됩니다. | 계산한 인원수에 '명'을 함께 표시합니다. |

### 주희쌤 Tip

Q '중 알맞은 함수'와 '함수 사용'의 차이점은 뭔가요?

A '중 알맞은 함수'는 문제에 제시된 함수 중 선택하여 사용할 수 있고, '함수 사용'은 문제에 제시된 함수를 모두 사용해야 합니다.

### 주희쌤 Tip

83페이지에 있는 '함수에서 자주 보이는 인수'를 꼭 외우고 오세요!
number와 digits의 의미가 있습니다.

**ROUND**(number, num_digits)
number를 digits까지 반올림하여 표시

**ROUNDUP**(number, num_digits)
number를 digits까지 올림하여 표시

**ROUNDDOWN**(number, num_digits)
number를 digits까지 내림하여 표시

예

| 수식 | 결과 |
|---|---|
| ① =ROUND(346.78, 1) | 346.8 |
| ② =ROUND(346.74, 1) | 346.7 |
| ③ =ROUND(346.74, -1) | 350 |
| ④ =ROUNDUP(346.74, 1) | 346.8 |
| ⑤ =ROUNDDOWN(346.74, 1) | 346.7 |

① '346.78'을 반올림하여 소수 첫째 자리까지 표시
② '346.74'를 반올림하여 소수 첫째 자리까지 표시
③ digits에 음수를 지정할 경우 지정한 자릿수로 반올림하여 소수점 위까지 표시
④ '346.74'를 올림하여 소수 첫째 자리까지 표시
⑤ '346.74'를 내림하여 소수 첫째 자리까지 표시

### 주희쌤 Tip

'~에서'와 '~까지'는 다른 의미이니 문제를 잘 읽어보세요.

## 따라하기 ⑦

① [I15] 셀을 선택한 후 [수식 입력줄]에 커서를 이동합니다.

② 수식을 작성한 후 Enter 를 누릅니다.

=SUMIF(I3:I11,"★",H3:H11)/COUNTIF(I3:I11,"★")

| =SUMIF(I3:I11,"★",H3:H11) | / COUNTIF(I3:I11,"★") |
|---|---|
| '컴활'이 ★인 '영어'의 평균을 구하는 문제인데 AVERAGEIF 함수는 문제에 제시되어 있지 않으므로 사용할 수 없습니다. | ★인 영어 합계 / ★인 개수 = ★인 영어 평균 |

## 따라하기 ⑧

① [I16] 셀을 선택한 후 [수식 입력줄]에 커서를 이동합니다.

② 수식을 작성한 후 Enter 를 누릅니다.

=ROUNDUP(AVERAGEIF(E3:E11,"서울",H3:H11),1)

| =ROUNDUP( | AVERAGEIF(E3:E11,"서울",H3:H11) | ,1) |
|---|---|---|
| 최종적으로 계산해야 하는 함수를 먼저 입력합니다.<br>최종적으로 올림하여 표시해야 하므로 ROUNDUP 함수를 먼저 입력합니다. | range(범위)에서 criteria(조건) '서울'을 찾고 average_range(평균 범위)에서 같은 행에 있는 숫자의 평균을 계산합니다. | 소수 첫째 자리까지 표시하기 위해 digits에 '1'을 입력합니다. |

 따라하기 ⑨

① [I17] 셀을 선택한 후 [수식 입력줄]에 커서를 이동합니다.

② 수식을 작성한 후 Enter 를 누릅니다.

`=TRUNC(SUMIF(D3:D11,"여",H3:H11)/COUNTIF(D3:D11,"여"),0)&"점"`

| =TRUNC( | SUMIF(D3:D11,"여",H3:H11)/COUNTIF(D3:D11,"여") | ,0) | & "점" |
|---|---|---|---|
| 최종적으로 계산해야 하는 함수를 먼저 입력합니다.<br>최종적으로 반올림 없이 정수로 표시해야 하므로 TRUNC 함수를 먼저 입력합니다. | 성별이 여인 영어 합계 / 성별이 여인 개수 = 성별이 여인 영어 평균 | 정수까지 표시하기 위해 digits에 '0'을 입력합니다. | 함수와 문자는 바로 연결할 수 없으므로 '&'를 사용해야 합니다. |

### 주희쌤 Tip

**TRUNC**(number, [num_digits])
지정한 자릿수까지 남기고 나머지를 버림

예)

|  | A | B | C |
|---|---|---|---|
| 1 | [B4] 셀 수식 | =TRUNC(A4, 0) |  |
| 2 |  |  |  |
| 3 | 데이터 | 결과 |  |
| 4 | 1.5 | 1 |  |
| 5 | -1.5 | -1 |  |

↑ [A4] 셀 값을 일의 자리까지 남기고 나머지를 버림

**INT**(number)
number보다 크지 않은 정수로 반환

예)

|  | A | B | C |
|---|---|---|---|
| 1 | [B4] 셀 수식 | =INT(A4) |  |
| 2 |  |  |  |
| 3 | 데이터 | 결과 |  |
| 4 | 1.5 | 1 |  |
| 5 | -1.5 | -2 |  |

↑ [A4] 셀 값보다 크지 않은 정수

### 주희쌤 Tip

=ABS
↑ 함수에 대한 설명이 팁으로 나오므로 어려울 것이 없습니다.

=ABS(
ABS(number)
↑ 어떤 인수를 사용해야 하는지 팁으로 나오므로 어려울 것이 없습니다.

**ABS**(number)
number를 절대 값으로 표시

|  | A | B | C |
|---|---|---|---|
| 1 | [B4] 셀 수식 | =ABS(A4) |  |
| 2 |  |  |  |
| 3 | 데이터 | 결과 |  |
| 4 | -1.5 | 1.5 |  |

↑ [A4] 셀 값의 절대 값

 따라하기 ⑩

① [I18] 셀을 선택한 후 [수식 입력줄]에 커서를 이동합니다.

② 수식을 작성한 후 Enter 를 누릅니다.

## 주희쌤 Tip

'고급필터5' 시트에서 배웠던 부분입니다.

**와일드카드 문자**
별표(*)는 임의의 수의 문자들을 나타내고, 물음표(?)는 임의의 단일 문자를 나타냅니다.

예
- 김* : '김'으로 시작하는 모든 글자 (김치, 김가루)
- 김?? : '김'으로 시작하는 세 글자 (김치통, 김가루)

## 주희쌤 Tip

Q 교재처럼 실제 시험에서도 문제에 어떤 함수를 사용하라고 제시되나요?
A 네. 그렇습니다.

Q 문제에 제시된 함수 말고 다른 함수를 사용해도 되나요?
A 안됩니다. 문제에 제시된 함수만 사용해야 합니다.

Q 문제에 제시된 함수만 사용하되 다른 식으로 썼는데 결과는 똑같아요. 괜찮을까요?
A 괜찮습니다. 수식은 작성하는 방법이 다양하여 문제에 주어진 함수만 사용하고 결과가 같다면 식은 상관이 없습니다.

## 주희쌤 Tip

Q 2번을 하다 보니 1번을 잊어버렸어요.
Q 답안지를 안 보고 혼자 풀 수 없어요.
Q 왜 이 함수를 사용해야 하는지 모르겠어요.
Q 이 함수를 왜 먼저 사용해야 하는지 모르겠어요.
Q 함수에서 범위가 왜 이렇게 지정되어야 하는지 모르겠어요.
Q 알 것 같기도 하면서, 모를 것 같기도 해요.
A 함수는 '반복'만이 답입니다. 반복하면 쉬워집니다. 쉬워지면 응용하게 됩니다. 응용하면 심지어 재미있어지는 놀라운 경험을 하게 됩니다. '함수1' 시트의 문제를 다시 한 번 풀어보세요!

---

| =ABS( | SUMIF(E3:E11,"서울",G3:G11)-SUMIF(E3:E11,"제주도",G3:G11) | ) |
|---|---|---|
| 최종적으로 절대 값으로 표시해야 하므로 ABS 함수를 먼저 입력합니다. | '거주'가 서울인 '수학' 합계에서 '거주'가 제주도인 '수학' 합계를 빼면 차이를 계산할 수 있습니다. | 괄호의 개수는 짝수이므로 마지막 괄호는 검정색이어야 합니다. |

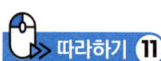 따라하기 11

① [I19] 셀을 선택한 후 [수식 입력줄]에 커서를 이동합니다.

② 수식을 작성한 후 Enter 를 누릅니다.

| =SUMIF(F3:F11, | "*감상", | G3:G11) |
|---|---|---|
| 조건(취미 마지막 문자열이 '감상')에 맞는 수학 합계를 구하는 문제입니다. | criteria에 와일드카드 문자 사용이 가능합니다. | sum은 합계이고, range는 범위이므로 sum_range는 합계를 구할 범위를 의미합니다. |

정답

| | A | B | C | D | E | F | G | H | I |
|---|---|---|---|---|---|---|---|---|---|
| 1 | [표1] | | 이주희학교 학생 | | | | | | |
| 2 | 학년 | 반 | 성명 | 성별 | 거주 | 취미 | 수학 | 영어 | 컴활 |
| 3 | 3 | 1 | 이주희 | 여 | 서울 | 독서 | 99 | 99.9 | ★ |
| 4 | 2 | 1 | 홍길동 | 남 | 서울 | 피아노연주 | 89 | 80.7 | |
| 5 | 1 | 2 | 이순신 | 남 | 제주도 | 독서 | 70 | 62 | ★ |
| 6 | 2 | 2 | 김철수 | 남 | 제주도 | 영화감상 | 75 | 80.6 | ★ |
| 7 | 3 | 1 | 이영희 | 여 | 부산 | 영화감상 | 80 | 85 | |
| 8 | 2 | 3 | 김이쁨 | 여 | 제주도 | 독서 | 65 | 97.8 | |
| 9 | 1 | 1 | 최훈남 | 남 | 서울 | 독서 | 77 | 70.4 | ★ |
| 10 | 3 | 2 | 왕눈이 | 남 | 부산 | 피아노연주 | 80 | 70.4 | |
| 11 | 1 | 1 | 최햇살 | 남 | 제주도 | 영화감상 | 60 | 89.1 | ★ |
| 12 | | | | | | 5. 80점대 수 | 3 | 4 | |
| 13 | 1. 성별이 여자인 학생의 수학 합계 | | | 244 | | | | | |
| 14 | 2. 3학년 1반 학생 수 | | | 2명 | | 6. 수학이 80점대인 학생 수 | | | 3명 |
| 15 | 3. 서울 지역의 수학 우수 학생 | | | 2 | | 7. 컴활 자격증 보유한 영어 평균 | | | 80.4 |
| 16 | 4. 우수 학생 | | | 1 | | 8. 서울 거주 영어 평균 | | | 83.7 |
| 17 | | | | | | 9. 여학생 점수 | | | 94점 |
| 18 | | | | | | 10. 서울과 제주도의 수학점수 차이 | | | 5 |
| 19 | | | | | | 11. 취미가 감상인 수학 합계 | | | 215 |

1. =SUMIF(D3:D11,"여",G3:G11)

2. =COUNTIFS(A3:A11,3,B3:B11,1) & "명"

3. =COUNTIFS(E3:E11,"서울",G3:G11,">=80")

4. =COUNTIFS(G3:G11,">=80",H3:H11,">=90")

5. =COUNTIFS(G3:G11,">=80",G3:G11,"<90")

6. =COUNTIF(G3:G11,">=80")-COUNTIF(G3:G11,">=90") & "명"

7. =SUMIF(I3:I11,"★",H3:H11)/COUNTIF(I3:I11,"★")

8. =ROUNDUP(AVERAGEIF(E3:E11,"서울",H3:H11),1)

9. =TRUNC(SUMIF(D3:D11,"여",H3:H11)/COUNTIF(D3:D11,"여"),0) & "점"

10. =ABS(SUMIF(E3:E11,"서울",G3:G11)-SUMIF(E3:E11,"제주도",G3:G11))

11. =SUMIF(F3:F11,"*감상",G3:G11)

| 데이터베이스 함수 ||||
|---|---|---|---|
| =D~~<br>조건에 맞는~~ | (database,<br>필드명이 포함된<br>전체 범위 | field,<br>계산해 줄 필드명 | criteria)<br>필드명이 포함된 조건 |
| field에는 필드명 대신 database의 열 번호를 입력해도 됩니다. ||||
| 조건을 따로 입력한다면 조건을 입력하는 방식은 고급 필터와 동일합니다. ||||

### 문제 유형 2 '함수2' 워크시트에서 작업하시오.

⑫ [표2]에서 성별[B3:B11]이 "여"인 사원의 판매금액[H3:H11] 합계를 계산하여 [D13] 셀에 표시하시오.
  ▶ DSUM 함수 사용

⑬ [표2]에서 판매일[E3:E11]이 '2025년 3월 29일'인 사원의 판매금액[H3:H11] 평균을 구하여 [D14] 셀에 표시하시오.
  ▶ 결과 값은 반올림하여 천의 단위까지 표시 (예 : 12,345 → 12,000)
  ▶ DSUM, DAVERAGE, DCOUNT, ROUND, ROUNDDOWN 중 알맞은 함수를 선택하여 사용

⑭ [표2]에서 성별[B3:B11]을 이용하여 여직원과 남직원의 가장 큰 판매량[F3:F11]을 구해 두 판매량의 차이를 [D15] 셀에 표시하시오.
  ▶ 차이값([D15])은 항상 양수로 표시
  ▶ [F13:F14] 영역에 조건 입력
  ▶ ABS, DMAX 함수 사용

⑮ [표2]에서 지역[D3:D11]이 '이태원'이면서 판매량[F3:F11]이 80 이상이거나 지역이 '잠실'이면서 판매량이 80 이상인 직원의 평균 판매량[D16]을 구하시오.
  ▶ [H13:I15] 영역에 조건 입력
  ▶ 결과값은 내림하여 소수 둘째 자리까지 표시 (예 : 12.123 → 12.12)
  ▶ DCOUNTA, DSUM, DAVERAGE, ROUNDUP, ROUNDDOWN 중 알맞은 함수 사용

⑯ [표2]에서 제품명[C3:C11]이 '사과'이면서 단가(원)[G3:G11]가 2000 이상인 직원 수를 계산하여 [D17] 셀에 표시하시오.
  ▶ 조건은 [F17:G19] 영역 내에 입력
  ▶ DSUM, DAVERAGE, DCOUNT 중 알맞은 함수 사용

⑰ [표2]에서 성별[B3:B11]이 '여'인 우수 평가를 받은 인원 수를 구하여 [D18] 셀에 표시하시오.
  ▶ 숫자 뒤에 '명'을 표시
  ▶ DCOUNT, DCOUNTA 중 알맞은 함수를 선택하여 사용

 따라하기 ⑫

① [D13] 셀을 선택한 후 [수식 입력줄]에 커서를 이동합니다.

② 수식을 작성한 후 Enter 를 누릅니다.

| =DSUM(A2:I11,H2,B2:B3) |
| --- |

| | A | B | C | D | E | F | G | H | I |
|---|---|---|---|---|---|---|---|---|---|
| 1 | [표2] | 이주희회사 직원 | | | | | | | |
| 2 | 성명 | 성별 | 제품명 | 지역 | 판매일 | 판매량 | 단가(원) | 판매금액 | 평가 |
| 3 | 이주희 | 여 | 사과 | 이태원 | 2025-03-29 | 85 | 2,900 | 246,500 | 우수 |
| 4 | 홍길동 | 남 | 딸기 | 이태원 | 2025-03-29 | 79 | 1,250 | 98,750 | |
| 5 | 이순신 | 남 | 수박 | 종로 | 2025-03-29 | 81 | 1,500 | 121,500 | |
| 6 | 김철수 | 남 | 바나나 | 종로 | 2025-03-30 | 56 | 1,650 | 92,400 | |
| 7 | 이영희 | 여 | 사과 | 잠실 | 2025-03-30 | 70 | 1,480 | 103,600 | 우수 |
| 8 | 김이쁨 | 여 | 딸기 | 종로 | 2025-03-31 | 67 | 1,240 | 83,080 | |
| 9 | 최훈남 | 남 | 수박 | 잠실 | 2025-03-31 | 80 | 2,170 | 173,600 | 우수 |
| 10 | 왕눈이 | 남 | 바나나 | 이태원 | 2025-03-31 | 58 | 1,180 | 68,440 | |
| 11 | 최햇살 | 남 | 사과 | 잠실 | 2025-03-31 | 92 | 2,000 | 184,000 | 우수 |
| 12 | | | | | | | | | |
| 13 | 12. 여사원의 판매금액 합계 | | | B2:B3 | | | | | |

❷ 입력 후 Enter
❶ 클릭

| =DSUM(A2:I11,H2,B2:B3) |
| --- |

• database : 필드명이 포함된 전체 범위
SUMIF 함수의 경우 범위를 의미하는 인수가 두 개(range, sum_range)이기 때문에 조건을 찾을 범위(range)와 계산을 해줄 범위(sum_range)를 각각 지정하지만, D로 시작하는 데이터베이스 함수는 범위를 의미하는 인수(database)가 한 개이기 때문에 조건을 찾을 범위와 계산을 해 줄 범위가 모두 database 안에 있어야 합니다.
그래서 표 전체 범위를 선택하여 그 안에 조건을 찾아줄 필드(열)와 계산을 해줄 필드(열)가 모두 포함되도록 하는 것입니다.
단, D로 시작하는 데이터베이스 함수는 인수에 모두 필드명이 포함되어 있어야 하므로 필드명을 포함하여 영역을 선택합니다.

• field : 계산해 줄 필드명
만약 DAVERAGE 함수라면 field는 평균을 구해줄 필드명이 됩니다. 만약 DMAX 함수라면 field는 최대값을 구해줄 필드명이 됩니다. 이 문제는 DSUM 함수로 작성하기 때문에 합계를 구해줄 필드를 지정해야 합니다.
필드명을 클릭해도 되고, 범위(database)에서 필드의 순서를 세어 숫자로 입력해도 됩니다. 예를 들어, '판매금액' 필드가 있는 [H2] 셀을 지정해도 되고, '판매금액' 필드가 [A2:I11] 영역의 여덟 번째 열에 있으니 '8'을 field에 입력해도 됩니다.

• criteria : 필드명이 포함된 조건
모든 합계를 계산하는 것이 아니라 조건에 맞는 합계를 계산해야 하는데 역시 D로 시작하는 데이터베이스 함수는 인수 모두에 필드명이 포함되어야 합니다. 조건을 따로 입력해야 하는 경우가 생긴다면 조건을 입력하는 방식은 고급 필터와 동일합니다.

 따라하기 ⑬

① [D14] 셀을 선택한 후 [수식 입력줄]에 커서를 이동합니다.

② 수식을 작성한 후 Enter 를 누릅니다.

### 주희쌤 Tip

13번 문제 함수 마법사 이용방법
① [수식 입력줄]의 [함수 삽입] ($f_x$)을 클릭합니다.
② ROUND 함수를 검색하고 선택한 후 [확인] 단추를 클릭합니다.
③ Number에 'daverage()'를 입력합니다.

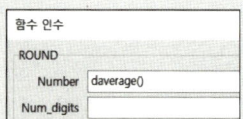

④ [수식 입력줄]에 입력된 'daverage' 부분을 클릭합니다.
⑤ DAVERAGE [함수 인수] 대화상자로 변경되면 Database에 [A2:I11] 영역 드래그, Field에 [H2] 셀 클릭, Criteria에 [E2:E3] 영역을 드래그합니다.

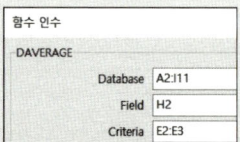

⑥ [수식 입력줄]에 입력된 'ROUND' 부분을 클릭합니다.
⑦ Num_digits에 '-3'을 입력합니다.

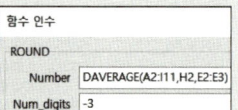

⑧ [확인] 단추를 클릭합니다.

함수 마법사는 수식 입력줄에 바로 입력하는 것에 비해 불편하므로 모르는 함수가 나왔을 경우만 이용하는 것을 권장합니다.

### 주희쌤 Tip

'성별'이 남인 조건은 범위에서 드래그가 불가능하므로 문제에 제시된 영역에 따로 먼저 입력해야 합니다.
이렇게 범위에서 바로 드래그가 불가능할 경우 조건을 입력할 영역이 문제에 제시됩니다.

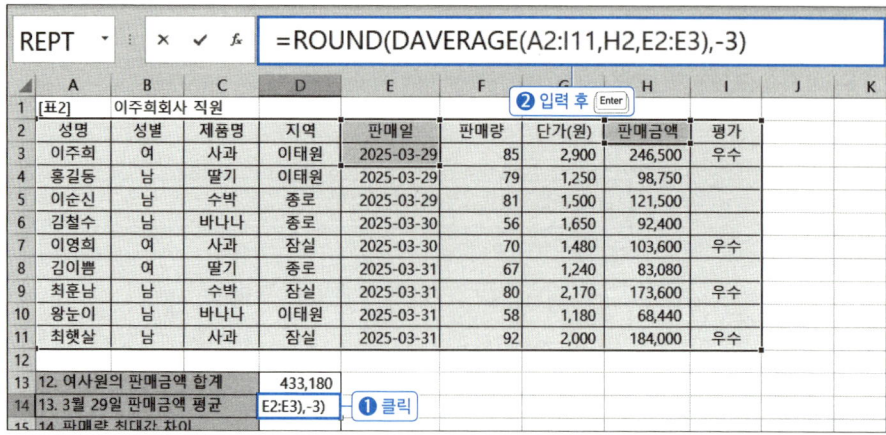

| =ROUND( | DAVERAGE(A2:I11,H2,E2:E3), | -3) |
|---|---|---|
| 최종적으로 반올림하여 표시해야 하므로 ROUND 함수를 먼저 입력합니다. (ROUND 함수는 함수 8번에서 배웠습니다.) | 조건('판매일'이 2025년 3월 29일)에 맞는 판매금액 평균을 계산합니다. | 천의 단위까지 표시해야 하므로 digits에 '-3'을 입력합니다. |

### 따라하기 ⑭

① [F13:F14] 영역에 고급 필터에서 입력했던 방식으로 조건을 입력합니다.

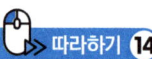

② [D15] 셀을 선택한 후 [수식 입력줄]에 커서를 이동합니다.

② 수식을 작성한 후 Enter 를 누릅니다.

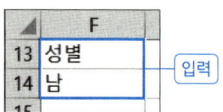

| =ABS( | DMAX(A2:I11,F2,B2:B3)<br>-DMAX(A2:I11,F2,F13:F14) | ) |
|---|---|---|
| 최종적으로 양수로 표시해야 하므로 ABS 함수를 먼저 입력합니다. | '성별'이 여인 최대 판매량에서 '성별'이 남인 최대 판매량을 빼면 차이가 구해집니다. | ABS 함수의 괄호입니다. 괄호의 개수는 짝수이기 때문에 마지막 괄호는 검정색이어야 합니다. |

 따라하기 15

① [H13:I15] 영역에 고급 필터에서 입력했던 방식으로 조건을 입력합니다.

| | H | I |
|---|---|---|
| 13 | 지역 | 판매량 |
| 14 | 이태원 | >=80 |
| 15 | 잠실 | >=80 |

② [D16] 셀을 선택한 후 [수식 입력줄]에 커서를 이동합니다.

③ 수식을 작성한 후 Enter 를 누릅니다.

수식: `=ROUNDDOWN(DAVERAGE(A2:I11,F2,H13:I15),2)`

| =ROUNDDOWN( | DAVERAGE(A2:I11,F2,H13:I15), | 2) |
|---|---|---|
| 최종적으로 내림하여 표시해야 하므로 ROUNDDOWN 함수를 먼저 입력합니다. (ROUNDDOWN 함수는 함수 8번에서 배웠습니다.) | 조건('지역'이 이태원이면서 '판매량'이 80 이상이거나 '지역'이 잠실이면서 '판매량'이 80 이상)에 맞는 판매량 평균을 계산합니다. | 소수 둘째 자리까지 표시해야 하므로 digits에 '2'를 입력합니다. |

**주희쌤 Tip**

'고급필터1' 시트에서 배웠던 부분입니다.

- 조건의 필드명은 같은 행
- And 조건은 같은 행
- Or 조건은 다른 행
- 조건에 수식이 입력되는 경우 조건의 필드명은 원본의 필드명과 다른 필드명을 입력하고, 수식의 결과는 TRUE 혹은 FALSE

 따라하기 16

① [F17:G18] 영역에 고급 필터에서 입력했던 방식으로 조건을 입력합니다.

| | F | G |
|---|---|---|
| 17 | 제품명 | 단가(원) |
| 18 | 사과 | >=2000 |

② [D17] 셀을 선택한 후 [수식 입력줄]에 커서를 이동합니다.

③ 수식을 작성한 후 Enter 를 누릅니다.

**주희쌤 Tip**

'고급필터1' 시트에서 배웠던 부분입니다.

'이고', '인 중에서', '이면서', '모두', '에서 까지', '부터', '그리고', '이며', '이상 이하', '이상 미만' 등이 'And'를 의미합니다.

'이거나', '또는', '한 항목이라도' 등이 'Or'를 의미합니다.

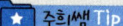

83페이지에 있는 '함수에서 자주 보이는 인수'를 꼭 외우고 오세요!

value와 value, value, ...와 range의 의미가 있습니다.

**COUNT**(value1, [value2], ...)

숫자의 개수

**COUNTA**(value1, [value2], ...)

비어 있지 않은 개수

**COUNTBLANK**(range)

범위에서 빈 셀의 개수

예

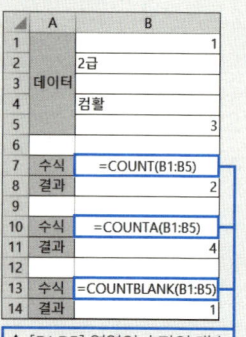

↑ [B1:B5] 영역의 숫자의 개수
↑ [B1:B5] 영역의 비어 있지 않은 셀의 개수
↑ [B1:B5] 영역의 빈 셀의 개수

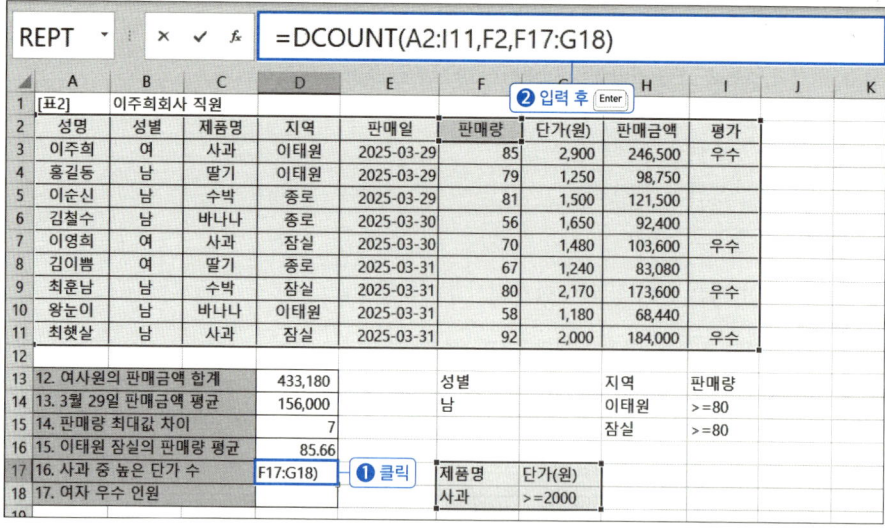

| =DCOUNT( | A2:I11, | F2, | F17:G18) |
|---|---|---|---|
| DCOUNT 함수는 조건에 맞는 숫자의 개수를 구하는 함수입니다. | 필드명이 포함된 전체 범위를 지정합니다. 이 범위에는 계산해줄(개수를 세어줄) 필드와 조건을 찾아줄 필드가 모두 포함되어야 합니다. | COUNT는 숫자만 셀 수 있기 때문에 숫자를 세어줄 필드를 지정합니다. | 조건에 맞는 개수만 셀 수 있도록 먼저 입력한 조건 영역을 드래그합니다. |

① [D18] 셀을 선택한 후 [수식 입력줄]에 커서를 이동합니다.

② 수식을 작성한 후 Enter 를 누릅니다.

| =DCOUNTA(A2:I11, | I2, | B2:B3) | & "명" |
|---|---|---|---|
| 이 문제는 '평가'에서 개수를 세고, '성별'에서 조건을 찾아야 하므로 '평가'와 '성별'이 모두 database 안에 포함되어 있어야 합니다. | DCOUNTA 함수이기 때문에 filed는 개수를 세어줄 필드명이 됩니다. 조건에 맞는 우수 평가 개수를 세어야 하므로 filed에 '평가' 필드명을 지정합니다. 필드명을 클릭해도 되고, 범위(database)에서 필드의 순서를 세어 숫자로 입력해도 됩니다. 즉, '평가' 필드가 있는 [I2] 셀을 지정해도 되고, '평가' 필드가 [A2:I11] 영역의 아홉 번째 열에 있으니 '9'를 field에 입력해도 됩니다. | '평가' 필드의 '우수' 개수는 '4'이지만 조건('성별'이 여)에 맞는 개수는 '2'입니다. | 계산한 인원수에 '명'을 함께 표시합니다. |

### 정답

| | A | B | C | D | E | F | G | H | I |
|---|---|---|---|---|---|---|---|---|---|
| 1 | [표2] | 이주희회사 직원 | | | | | | | |
| 2 | 성명 | 성별 | 제품명 | 지역 | 판매일 | 판매량 | 단가(원) | 판매금액 | 평가 |
| 3 | 이주희 | 여 | 사과 | 이태원 | 2025-03-29 | 85 | 2,900 | 246,500 | 우수 |
| 4 | 홍길동 | 남 | 딸기 | 이태원 | 2025-03-29 | 79 | 1,250 | 98,750 | |
| 5 | 이순신 | 남 | 수박 | 종로 | 2025-03-29 | 81 | 1,500 | 121,500 | |
| 6 | 김철수 | 남 | 바나나 | 잠실 | 2025-03-30 | 56 | 1,650 | 92,400 | |
| 7 | 이영희 | 여 | 사과 | 잠실 | 2025-03-30 | 70 | 1,480 | 103,600 | 우수 |
| 8 | 김이쁨 | 여 | 딸기 | 종로 | 2025-03-31 | 67 | 1,240 | 83,080 | |
| 9 | 최훈남 | 남 | 수박 | 잠실 | 2025-03-31 | 80 | 2,170 | 173,600 | 우수 |
| 10 | 왕눈이 | 남 | 바나나 | 이태원 | 2025-03-31 | 58 | 1,180 | 68,440 | |
| 11 | 최햇살 | 남 | 사과 | 잠실 | 2025-03-31 | 92 | 2,000 | 184,000 | 우수 |
| 12 | | | | | | | | | |
| 13 | 12. 여사원의 판매금액 합계 | | | 433,180 | | 성별 | | 지역 | 판매량 |
| 14 | 13. 3월 29일 판매금액 평균 | | | 156,000 | | 남 | | 이태원 | >=80 |
| 15 | 14. 판매량 최대값 차이 | | | 7 | | | | 잠실 | >=80 |
| 16 | 15. 이태원 잠실의 판매량 평균 | | | 85.66 | | | | | |
| 17 | 16. 사과 중 높은 단가 수 | | | 2 | | 제품명 | 단가(원) | | |
| 18 | 17. 여자 우수 인원 | | | 2명 | | 사과 | >=2000 | | |

12. =DSUM(A2:I11,H2,B2:B3)

13. =ROUND(DAVERAGE(A2:I11,H2,E2:E3),-3)

14. =ABS(DMAX(A2:I11,F2,B2:B3)-DMAX(A2:I11,F2,F13:F14))

15. =ROUNDDOWN(DAVERAGE(A2:I11,F2,H13:I15),2)

16. =DCOUNT(A2:I11,F2,F17:G18)

17. =DCOUNTA(A2:I11,I2,B2:B3) & "명"

## 문제 유형 3  '함수3' 워크시트에서 작업하시오.

⑱ [표3]에서 주민등록번호[B3:B11]를 이용하여 생년월일[C3:C11]을 구하시오.
- ▶ 생년월일의 '연도'는 1900+주민등록번호 1~2번째 자리, '월'은 주민등록번호 3~4번째 자리, '일'은 주민등록번호 5~6번째 자리
- ▶ DATE, AND, OR, MID 중 알맞은 함수 사용

⑲ [표3]에서 주민등록번호[B3:B11]를 이용하여 직원들의 나이[D3:D11]를 계산하시오.
- ▶ 나이 = 현재년도 – 출생년도 – 1900
- ▶ TODAY, YEAR, LEFT 함수 사용

⑳ [표3]에서 휴가출발일[E3:E11]과 휴가일수[F3:F11]를 이용하여 출근일[G3:G11]을 표시하시오.
- ▶ 출근일은 휴가출발일에서 주말, 휴일을 제외한 휴가일수 후의 날짜임
- ▶ EDATE, DAYS, WORKDAY 중 알맞은 함수를 선택하여 사용

㉑ [표3]에서 휴가출발일[E3:E11], 출근일[G3:G11], 일일보너스[A14]를 이용하여 총보너스[H3:H11]를 계산하시오.
- 총보너스 = (출근일 – 휴가출발일) × 일일보너스
- DATE, DAYS, TODAY 중 알맞은 함수를 선택하여 사용

㉒ [표4]의 시작시간[B18:B23]과 놀이기구수[C18:C23], 기구당(분)[D18:D23]을 이용하여 종료예정시간[E18:E23]을 계산하시오.
- 종료예정시간 = 시작시간 + 놀이기구수 × 기구당(분)
- 초 단위는 0으로 계산
- TIME, HOUR, MINUTE 함수 사용

㉓ [표4]에서 시작시간[B18:B23]과 종료예정시간[E18:E23]을 이용하여 사용시간[F18:F23]을 계산하시오.
- 사용시간 : 종료예정시간 – 시작시간

㉔ [표4]에서 시작시간[B18:B23]과 종료예정시간[E18:E23]을 이용하여 이용요금[G18:G23]을 계산하시오.
- 가격은 10분당 1000원임
- HOUR, MINUTE 함수 사용

㉕ [표4]에서 사용시간[F18:F23]을 이용하여 추가요금[H18:H23]을 계산하시오.
- 추가요금은 30분당 500원임
  (단, 30분 미만은 없는 것으로 계산)
- HOUR, MINUTE, INT 함수 사용

### 주희쌤 Tip

**DATE(year, month, day)**

year, month, day를 날짜로 반환

예

| | A | B |
|---|---|---|
| 1 | 수식 | =DATE(2025, 1, 2) |
| 2 | 결과 | 2025-01-02 |

↑ '2025'를 연도, '1'을 월, '2'를 일로 변환하여 셀의 표시 형식에 맞춰 날짜로 표시

**TIME(hour, minute, second)**

hour, minute, second를 시간으로 반환

예

| | A | B |
|---|---|---|
| 1 | 수식 | =TIME(16, 29, 30) |
| 2 | 결과 | 오후 4:29:30 |

↑ '16'을 시, '29'를 분, '30'을 초로 변환하여 셀의 표시 형식에 맞춰 시간으로 표시

### 따라하기 ⑱

① [C3] 셀을 선택한 후 [수식 입력줄]에 커서를 이동합니다.

② 수식을 작성한 후 를 누릅니다.

=DATE(1900+MID(B3,1,2),MID(B3,3,2),MID(B3,5,2))

| | A | B | C | D | E | F | G | H |
|---|---|---|---|---|---|---|---|---|
| 1 | [표3] | 이주희 회사 | | | | | | |
| 2 | 성명 | 주민등록번호 | 18. 생년월일 | 19. 나이 | 휴가출발일 | 휴가일수 | 20. 출근일 | 21. 총보너스 |
| 3 | 이주희 | 900216-2234567 | MID(B3,5,2) | | 2025-08-13 | 10 | | |
| 4 | 홍길동 | 890507-2121421 | | | 2025-03-30 | 3 | | |
| 5 | 이순신 | 880705-1212412 | | | 2025-03-30 | 4 | | |
| 6 | 김철수 | 900413-1421459 | | | 2025-03-30 | 5 | | |
| 7 | 이영희 | 980425-2567841 | | | 2025-04-01 | 6 | | |
| 8 | 김이쁨 | 971212-2454710 | | | 2025-04-01 | 7 | | |
| 9 | 최훈남 | 880501-1781420 | | | 2025-04-01 | 5 | | |
| 10 | 왕눈이 | 880701-2447130 | | | 2025-04-01 | 3 | | |
| 11 | 최햇살 | 950302-1810101 | | | 2025-04-01 | 4 | | |

③ [C3] 셀의 채우기 핸들을 [C11] 셀까지 드래그하여 수식을 복사합니다.

## C3 =DATE(1900+MID(B3,1,2),MID(B3,3,2),MID(B3,5,2))

| | A | B | C | D | E | F | G | H |
|---|---|---|---|---|---|---|---|---|
| 1 | [표3] | 이주희 회사 | | | | | | |
| 2 | 성명 | 주민등록번호 | 18. 생년월일 | 19. 나이 | 휴가출발일 | 휴가일수 | 20. 출근일 | 21. 총보너스 |
| 3 | 이주희 | 900216-2234567 | 1990-02-16 | | 2025-08-13 | 10 | | |
| 4 | 홍길동 | 890507-2121421 | | | 2025-03-30 | 3 | | |
| 5 | 이순신 | 880705-1212412 | | ❶ 클릭 | 2025-03-30 | 4 | | |
| 6 | 김철수 | 900413-1421459 | | | 2025-03-30 | 5 | | |
| 7 | 이영희 | 980425-2567841 | | ❷ 드래그 | 2025-04-01 | 6 | | |
| 8 | 김이쁨 | 971212-2454710 | | | 2025-04-01 | 7 | | |
| 9 | 최훈남 | 880501-1781420 | | | 2025-04-01 | 5 | | |
| 10 | 왕눈이 | 880701-2447130 | | | 2025-04-01 | 3 | | |
| 11 | 최햇살 | 950302-1810101 | | | 2025-04-01 | 4 | | |

| =DATE( | 1900+MID(B3,1,2), | MID(B3,3,2), | MID(B3,5,2)) |
|---|---|---|---|
| DATE 함수는 year, month, day의 값을 날짜로 반환하는 함수입니다. | year는 1900+주민등록번호의 1번째부터 2개의 문자입니다. | month는 주민등록번호의 3번째부터 2개의 문자입니다. | day는 주민등록번호의 5번째부터 2개의 문자입니다. |

### ★ 주희쌤 Tip

'조건부서식6' 시트에서 배웠던 부분입니다.

**LEFT**(text, [num_chars])
text의 왼쪽부터 num_chars만큼 문자를 반환

**RIGHT**(text, [num_chars])
text의 오른쪽부터 num_chars만큼 문자를 반환

**MID**(text, start_num, num_chars)
text의 start_num(시작 위치)부터 num_chars만큼 문자를 반환

예
=LEFT("컴퓨터활용능력", 3)
→ 컴퓨
=RIGHT("컴퓨터활용능력", 2)
→ 능력
=MID("컴퓨터활용능력", 4, 2)
→ 활용

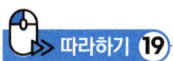 따라하기 19

① [D3] 셀을 선택한 후 [수식 입력줄]에 커서를 이동합니다.

② 수식을 작성한 후 Enter 를 누릅니다.

## REPT =YEAR(TODAY())-LEFT(B3,2)-1900

| | A | B | C | D | E | F | G | H |
|---|---|---|---|---|---|---|---|---|
| 1 | [표3] | 이주희 회사 | | | ❷ 입력 후 Enter | | | |
| 2 | 성명 | 주민등록번호 | 18. 생년월일 | 19. 나이 | 휴가출발일 | 휴가일수 | 20. 출근일 | 21. 총보너스 |
| 3 | 이주희 | 900216-2234567 | 1990-02-16 | 1900 | 2025-08-13 | 10 | | |
| 4 | 홍길동 | 890507-2121421 | 1989-05-07 | | 2025-03-30 | 3 | | |
| 5 | 이순신 | 880705-1212412 | 1988-07-05 | ❶ 클릭 | 2025-03-30 | 4 | | |
| 6 | 김철수 | 900413-1421459 | 1990-04-13 | | 2025-03-30 | 5 | | |
| 7 | 이영희 | 980425-2567841 | 1998-04-25 | | 2025-04-01 | 6 | | |
| 8 | 김이쁨 | 971212-2454710 | 1997-12-12 | | 2025-04-01 | 7 | | |
| 9 | 최훈남 | 880501-1781420 | 1988-05-01 | | 2025-04-01 | 5 | | |
| 10 | 왕눈이 | 880701-2447130 | 1988-07-01 | | 2025-04-01 | 3 | | |
| 11 | 최햇살 | 950302-1810101 | 1995-03-02 | | 2025-04-01 | 4 | | |

### ★ 주희쌤 Tip

**TODAY()**
인수가 없는 함수로 현재 날짜를 셀의 표시 형식에 맞춰 반환

| | A | B |
|---|---|---|
| 1 | 수식 | =TODAY() |
| 2 | 결과 | 2025-03-12 |

↑ 현재 시스템 날짜가 2025년 3월 12일인 경우

**NOW()**
인수가 없는 함수로 현재 날짜와 시간을 반환

| | A | B |
|---|---|---|
| 1 | 수식 | =NOW() |
| 2 | 결과 | 2025-03-12 9:35 |

↑ 현재 시스템 날짜와 시간이 2025년 3월 12일 9시 35분인 경우

③ [D3] 셀의 채우기 핸들을 [D11] 셀까지 드래그하여 수식을 복사합니다.

## D3 =YEAR(TODAY())-LEFT(B3,2)-1900

| | A | B | C | D | E | F | G | H |
|---|---|---|---|---|---|---|---|---|
| 1 | [표3] | 이주희 회사 | | | | | | |
| 2 | 성명 | 주민등록번호 | 18. 생년월일 | 19. 나이 | 휴가출발일 | 휴가일수 | 20. 출근일 | 21. 총보너스 |
| 3 | 이주희 | 900216-2234567 | 1990-02-16 | 33 | 2025-08-13 | 10 | | |
| 4 | 홍길동 | 890507-2121421 | 1989-05-07 | | 2025-03-30 | 3 | | |
| 5 | 이순신 | 880705-1212412 | 1988-07-05 | ❶ 클릭 | 2025-03-30 | 4 | | |
| 6 | 김철수 | 900413-1421459 | 1990-04-13 | | 2025-03-30 | 5 | | |
| 7 | 이영희 | 980425-2567841 | 1998-04-25 | ❷ 드래그 | 2025-04-01 | 6 | | |
| 8 | 김이쁨 | 971212-2454710 | 1997-12-12 | | 2025-04-01 | 7 | | |
| 9 | 최훈남 | 880501-1781420 | 1988-05-01 | | 2025-04-01 | 5 | | |
| 10 | 왕눈이 | 880701-2447130 | 1988-07-01 | | 2025-04-01 | 3 | | |
| 11 | 최햇살 | 950302-1810101 | 1995-03-02 | | 2025-04-01 | 4 | | |

Ⓠ 19번에서 저는 숫자가 아닌 날짜로 반환돼요.
Ⓐ [셀 서식] 대화상자에서 [표시 형식] 탭의 범주를 '숫자'로 변경해주세요.

| =YEAR(TODAY())-LEFT(B3,2)-1900 |
|---|
| '나이'는 현재 날짜(TODAY)의 연도(YEAR) - 출생년도(주민등록번호 왼쪽 2개의 문자) - 1900입니다. (YEAR 함수는 고급필터6 시트에서 배웠습니다.) |

## 주희쌤 Tip

'함수에서 자주 보이는 인수'를 꼭 외우고 오세요!
date의 의미가 있습니다.

**WORKDAY(start_date, days, [holidays])**

start_date에서 주말이나 휴일을 제외한 days(일 수)가 지난 날짜
(holidays : 정해진 주말이나 휴일이 아닌 직접 지정하는 휴일)

| | A | B |
|---|---|---|
| 1 | 데이터 | 2025-03-07 금 |
| 2 | | |
| 3 | 수식 | =WORKDAY(B1, 3) |
| 4 | 결과 | 2025-03-12 수 |

↑ [B1] 셀 값에서 주말이나 휴일을 제외하고 '3'일이 지난 날짜

| | A | B |
|---|---|---|
| 1 | 데이터 | 2025-03-07 금 |
| 2 | | 2025-03-10 월 |
| 3 | | |
| 4 | 수식 | =WORKDAY(B1, 3, B2) |
| 5 | 결과 | 2025-03-13 목 |

↑ [B1] 셀 값에서 주말이나 휴일, [B2] 셀 값을 제외하고 '3'일이 지난 날짜

**EDATE(start_date, months)**

start_date에서 months(개월 수)를 더한 날짜

| | A | B |
|---|---|---|
| 1 | 데이터 | 2025-07-29 |
| 2 | | |
| 3 | 수식 | =EDATE(B1, 3) |
| 4 | 결과 | 2025-10-29 |
| 5 | | |
| 6 | 수식 | =EDATE(B1, -3) |
| 7 | 결과 | 2025-04-29 |

↑ [B1] 셀 값에서 3개월 더한 날짜
↑ [B1] 셀 값에서 3개월 뺀 날짜

**EOMONTH(start_date, months)**

start_date에서 month(개월 수)를 더한 달의 마지막 날짜

| | A | B |
|---|---|---|
| 1 | 데이터 | 2020-07-29 |
| 2 | | |
| 3 | 수식 | =EOMONTH(B1, 3) |
| 4 | 결과 | 2020-10-31 |

↑ [B1] 셀 값에서 3개월을 더한 달의 마지막 날짜

---

① [G3] 셀을 선택한 후 [수식 입력줄]에 커서를 이동합니다.

② 수식을 작성한 후 Enter 를 누릅니다.

③ [G3] 셀의 채우기 핸들을 [G11] 셀까지 드래그하여 수식을 복사합니다.

ⓐ 20번에서 저는 날짜가 아닌 숫자로 반환돼요.
ⓐ [셀 서식] 대화상자에서 [표시 형식] 탭의 범주를 '날짜'로 변경해주세요.

=WORKDAY(E3,F3)

'출근일'은 휴가출발일에서 주말이나 휴일을 제외한 휴가일수가 지난 날짜이므로 WORKDAY 함수를 사용합니다.

 따라하기 21

① [H3] 셀을 선택한 후 [수식 입력줄]에 커서를 이동합니다.

② 수식을 작성한 후 Enter 를 누릅니다.

| | A | B | C | D | E | F | G | H |
|---|---|---|---|---|---|---|---|---|
| 1 | [표3] | 이주희 회사 | | | | | | |
| 2 | 성명 | 주민등록번호 | 18. 생년월일 | 19. 나이 | 휴가출발일 | 휴가일수 | 20. 출근일 | 21. 총보너스 |
| 3 | 이주희 | 900216-2234567 | 1990-02-16 | 33 | 2025-08-13 | 10 | 2025-08-27 | E3)*$A$14 |
| 4 | 홍길동 | 890507-2121421 | 1989-05-07 | 34 | 2025-03-30 | 3 | 2025-04-02 | |
| 5 | 이순신 | 880705-1212412 | 1988-07-05 | 35 | 2025-03-30 | 4 | 2025-04-03 | |
| 6 | 김철수 | 900413-1421459 | 1990-04-13 | 33 | 2025-03-30 | 5 | 2025-04-04 | |
| 7 | 이영희 | 980425-2567841 | 1998-04-25 | 25 | 2025-04-01 | 6 | 2025-04-09 | |
| 8 | 김이쁨 | 971212-2454710 | 1997-12-12 | 26 | 2025-04-01 | 7 | 2025-04-10 | |
| 9 | 최훈남 | 880501-1781420 | 1988-05-01 | 35 | 2025-04-01 | 5 | 2025-04-08 | |
| 10 | 왕눈이 | 880701-2447130 | 1988-07-01 | 35 | 2025-04-01 | 3 | 2025-04-04 | |
| 11 | 최햇살 | 950302-1810101 | 1995-03-02 | 28 | 2025-04-01 | 4 | 2025-04-07 | |
| 12 | | | | | | | | |
| 13 | 일일보너스 | | | | | | | |
| 14 | 100,000 | | | | | | | |

수식 입력줄: =DAYS(G3,E3)*$A$14

**주희쌤 Tip**

**DAYS(end_date, start_date)**
end_date에서 start_date를 빼서 날짜의 차이를 계산

예)

| | A | B |
|---|---|---|
| 1 | 데이터 | 2025-02-06 목 |
| 2 | | 2025-02-10 월 |
| 3 | | |
| 4 | 수식 | =DAYS(B2, B1) |
| 5 | 결과 | 4 |

↑ [B2] 셀 값에서 [B1] 셀 값을 뺀 수

③ [H3] 셀의 채우기 핸들을 [H11] 셀까지 드래그하여 수식을 복사합니다.

수식 입력줄 H3: =DAYS(G3,E3)*$A$14

| | A | B | C | D | E | F | G | H |
|---|---|---|---|---|---|---|---|---|
| 1 | [표3] | 이주희 회사 | | | | | | |
| 2 | 성명 | 주민등록번호 | 18. 생년월일 | 19. 나이 | 휴가출발일 | 휴가일수 | 20. 출근일 | 21. 총보너스 |
| 3 | 이주희 | 900216-2234567 | 1990-02-16 | 33 | 2025-08-13 | 10 | 2025-08-27 | 1,400,000 |
| 4 | 홍길동 | 890507-2121421 | 1989-05-07 | 34 | 2025-03-30 | 3 | 2025-04-02 | |
| 5 | 이순신 | 880705-1212412 | 1988-07-05 | 35 | 2025-03-30 | 4 | 2025-04-03 | |
| 6 | 김철수 | 900413-1421459 | 1990-04-13 | 33 | 2025-03-30 | 5 | 2025-04-04 | |
| 7 | 이영희 | 980425-2567841 | 1998-04-25 | 25 | 2025-04-01 | 6 | 2025-04-09 | |
| 8 | 김이쁨 | 971212-2454710 | 1997-12-12 | 26 | 2025-04-01 | 7 | 2025-04-10 | |
| 9 | 최훈남 | 880501-1781420 | 1988-05-01 | 35 | 2025-04-01 | 5 | 2025-04-08 | |
| 10 | 왕눈이 | 880701-2447130 | 1988-07-01 | 35 | 2025-04-01 | 3 | 2025-04-04 | |
| 11 | 최햇살 | 950302-1810101 | 1995-03-02 | 28 | 2025-04-01 | 4 | 2025-04-07 | |

| =DAYS(G3,E3) | *$A$14 |
|---|---|
| '총보너스'는 출근일과 휴가출발일의 차이(DAYS)를 구하고 일일보너스를 곱하여 계산합니다. | 절대 참조는 수식 복사를 했을 때 참조되는 셀이 같이 움직이는 것을 막아줍니다. |

**주희쌤 Tip**

함수 5번에서 배웠던 부분입니다.
- 상대 참조 : 수식을 복사하였을 때 참조되는 셀이 같이 움직입니다.
- 절대 참조 : 수식을 복사하여도 참조되는 셀은 움직이지 않습니다. 상대 참조 주소에서 를 누르면 절대 참조($A$1)로, 혼합 참조(A$1,$A1)로 변경됩니다.

| | A | B |
|---|---|---|
| 1 | 10% | 절대 참조 |
| 2 | 상대 참조 | |
| 3 | 10 | =A3 * $A$1 |
| 4 | 20 | =A4 * $A$1 |
| 5 | 30 | =A5 * $A$1 |
| 6 | 40 | =A6 * $A$1 |
| 7 | 50 | =A7 * $A$1 |

 따라하기 22

① [E18] 셀을 선택한 후 [수식 입력줄]에 커서를 이동합니다.

② 수식을 작성한 후 Enter 를 누릅니다.

수식 입력줄: =TIME(HOUR(B18),MINUTE(B18)+(C18*D18),0)

| | A | B | C | D | E |
|---|---|---|---|---|---|
| 16 | [표4] | 시간으로 계산 되는 놀이공원 | | | |
| 17 | 이용자 | 시작시간 | 놀이기구수 | 기구당(분) | 22. 종료예정시간 |
| 18 | 이주희 | 9:30 | 6 | 5 | 0) |
| 19 | 홍길동 | 10:00 | 10 | 7 | |
| 20 | 이순신 | 8:30 | 11 | 3 | |
| 21 | 김철수 | 9:00 | 15 | 2 | |
| 22 | 이영희 | 8:00 | 9 | 10 | |
| 23 | 김이쁨 | 8:30 | 7 | 4 | |

Q 22번에서 저는 시간으로 표시가 안돼요.
A [셀 서식] 대화상자에서 표시 형식을 'hh:mm'으로 사용자 지정해주세요.

## 주희쌤 Tip

YEAR, MONTH, DAY 함수에서 serial_number는 날짜이지만 HOUR, MINUTE, SECOND 함수에서 serial_number는 시간입니다.

**HOUR(serial_number)**
serial_number의 시

**MINUTE(serial_number)**
serial_number의 분

**SECOND(serial_number)**
serial_number의 초

예

| | A | B |
|---|---|---|
| 1 | 데이터 | 5:28:30 PM |
| 2 | | |
| 3 | 수식 | 결과 |
| 4 | =HOUR(B1) | 17 |
| 5 | =MINUTE(B1) | 28 |
| 6 | =SECOND(B1) | 30 |

↑ [B1] 셀 값의 시, 분, 초

③ [E18] 셀의 채우기 핸들을 [E23] 셀까지 드래그하여 수식을 복사합니다.

| =TIME( | HOUR(B18),MINUTE(B18)+(C18*D18),0) |
|---|---|
| '종료예정시간'은 시작시간(TIME(HOUR(B18), MINUTE(B18),0))에서 놀이기구를 모두 타고(놀이기구수×기구당(분)) 끝나는 시간을 의미합니다. | =TIME(시작시간의 시, 시작시간의 분 + 놀이기구수 × 기구당(분), 초) |

 따라하기 23

① [F18] 셀을 선택한 후 [수식 입력줄]에 커서를 이동합니다.

② 수식을 작성한 후 Enter 를 누릅니다.

수식: =E18-B18

③ [F18] 셀의 채우기 핸들을 [F23] 셀까지 드래그하여 수식을 복사합니다.

| =E18-B18 |
|---|
| '사용시간'은 '종료예정시간'-'시작시간'입니다. |

## 주희쌤 Tip

교재 안의 모든 문제 중 너무 어려워서 못 풀겠다! 하는 문제는 한 두 문제 빼셔도 됩니다.
한 두 문제 차이로 합격할 사람이 불합격하지 않기 때문이죠.

 따라하기 24

① [G18] 셀을 선택한 후 [수식 입력줄]에 커서를 이동합니다.

② 수식을 작성한 후 Enter 를 누릅니다.

수식: =(HOUR(E18-B18)*60+MINUTE(E18-B18))/10*1000

③ [G18] 셀의 채우기 핸들을 [G23] 셀까지 드래그하여 수식을 복사합니다.

| =(HOUR(E18-B18)*60+MINUTE(E18-B18)) | /10*1000 |
|---|---|
| 분 단위로 계산하기 위해 '(종료시간의 시-시작시간의 시) × 60 + 종료시간의 분 - 시작시간의 분'을 먼저 계산합니다. 예를 들어, 시작시간이 9시 30분이고 종료시간이 10시 40분이면 (10-9)×60 + (40-30) = 70 | 10분당 1000원이므로 (계산한 값)/10×1000을 합니다. |

 따라하기 25

① [H18] 셀을 선택한 후 [수식 입력줄]에 커서를 이동합니다.

② 수식을 작성한 후 Enter 를 누릅니다.

| REPT | | | =HOUR(F18)*1000+INT(MINUTE(F18)/30)*500 | | | | | |
|---|---|---|---|---|---|---|---|---|
| | A | B | C | D | E | F | G | H |
| 16 | [표4] | 시간으로 계산 되는 놀이공원 | | | ❷ 입력 후 Enter | | | |
| 17 | 이용자 | 시작시간 | 놀이기구수 | 기구당(분) | 22. 종료예정시간 | 23. 사용시간 | 24. 이용요금 | 25. 추가요금 |
| 18 | 이주희 | 9:30 | 6 | 5 | 10:00 | 00:30 | 3,000 | /30)*500 |
| 19 | 홍길동 | 10:00 | 10 | 7 | 11:10 | 01:10 | 7,000 | ❶ 클릭 |
| 20 | 이순신 | 8:30 | 11 | 3 | 09:03 | 00:33 | 3,300 | |
| 21 | 김철수 | 9:00 | 15 | 2 | 09:30 | 00:30 | 3,000 | |
| 22 | 이영희 | 8:00 | 9 | 10 | 09:30 | 01:30 | 9,000 | |
| 23 | 김이쁨 | 8:30 | 7 | 4 | 08:58 | 00:28 | 2,800 | |

③ [H18] 셀의 채우기 핸들을 [H23] 셀까지 드래그하여 수식을 복사합니다.

| =HOUR(F18)*1000 | +INT(MINUTE(F18)/30)*500 |
|---|---|
| 30분당 500원이니까 1시간이면 1000원입니다. | 30분당 500원이니까 'MINUTE(F18)/30*500'인데 30분 미만은 추가요금이 없으므로 INT 함수를 사용해야 합니다.<br>예를 들어, 사용시간이 45분이면 INT(45/30)*500 = INT(1.5)*500 = 1*500 = 500<br>(INT 함수는 함수 9번에서 배웠습니다.) |

정답

| | A | B | C | D | E | F | G | H |
|---|---|---|---|---|---|---|---|---|
| 1 | [표3] | 이주희 회사 | | | | | | |
| 2 | 성명 | 주민등록번호 | 18. 생년월일 | 19. 나이 | 휴가출발일 | 휴가일수 | 20. 출근일 | 21. 총보너스 |
| 3 | 이주희 | 900216-2234567 | 1990-02-16 | 33 | 2025-08-13 | 10 | 2025-08-27 | 1,400,000 |
| 4 | 홍길동 | 890507-2121421 | 1989-05-07 | 34 | 2025-03-30 | 3 | 2025-04-02 | 300,000 |
| 5 | 이순신 | 880705-1212412 | 1988-07-05 | 35 | 2025-03-30 | 4 | 2025-04-03 | 400,000 |
| 6 | 김철수 | 900413-1421459 | 1990-04-13 | 33 | 2025-03-30 | 5 | 2025-04-04 | 500,000 |
| 7 | 이영희 | 980425-2567841 | 1998-04-25 | 25 | 2025-04-01 | 6 | 2025-04-09 | 800,000 |
| 8 | 김이쁨 | 971212-2454710 | 1997-12-12 | 26 | 2025-04-01 | 7 | 2025-04-10 | 900,000 |
| 9 | 최훈남 | 880501-1781420 | 1988-05-01 | 35 | 2025-04-01 | 5 | 2025-04-08 | 700,000 |
| 10 | 왕눈이 | 880701-2447130 | 1988-07-01 | 35 | 2025-04-01 | 3 | 2025-04-04 | 300,000 |
| 11 | 최햇살 | 950302-1810101 | 1995-03-02 | 28 | 2025-04-01 | 4 | 2025-04-07 | 600,000 |
| 12 | | | | | | | | |
| 13 | 일일보너스 | | | | | | | |
| 14 | 100,000 | | | | | | | |
| 15 | | | | | | | | |
| 16 | [표4] | 시간으로 계산 되는 놀이공원 | | | | | | |
| 17 | 이용자 | 시작시간 | 놀이기구수 | 기구당(분) | 22. 종료예정시간 | 23. 사용시간 | 24. 이용요금 | 25. 추가요금 |
| 18 | 이주희 | 9:30 | 6 | 5 | 10:00 | 00:30 | 3,000 | 500 |
| 19 | 홍길동 | 10:00 | 10 | 7 | 11:10 | 01:10 | 7,000 | 1,000 |
| 20 | 이순신 | 8:30 | 11 | 3 | 09:03 | 00:33 | 3,300 | 500 |
| 21 | 김철수 | 9:00 | 15 | 2 | 09:30 | 00:30 | 3,000 | 500 |
| 22 | 이영희 | 8:00 | 9 | 10 | 09:30 | 01:30 | 9,000 | 1,500 |
| 23 | 김이쁨 | 8:30 | 7 | 4 | 08:58 | 00:28 | 2,800 | 0 |

18. =DATE(1900+MID(B3,1,2),MID(B3,3,2),MID(B3,5,2))

19. =YEAR(TODAY())-LEFT(B3,2)-1900

20. =WORKDAY(E3,F3)

21. =DAYS(G3,E3)*$A$14

22. =TIME(HOUR(B18),MINUTE(B18)+(C18*D18),0)

23. =E18-B18

24. =(HOUR(E18-B18)*60+MINUTE(E18-B18))/10*1000

25. =HOUR(F18)*1000+INT(MINUTE(F18)/30)*500

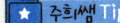 주희쌤 Tip

19번은 TODAY 함수를 이용하기 때문에 현재 시스템의 날짜에 따라 결과 값이 달라 보일 수 있습니다.

## 문제 유형 4 　 '함수4' 워크시트에서 작업하시오.

**26** [표5]에서 A평가이수[B3:B10]와 B평가이수[C3:C10]의 평가 이수자수를 구하여 이수자수[B11:C11]에 표시하시오.
- ▶ 숫자 뒤에 "명"을 표시
- ▶ COUNT, COUNTBLANK, COUNTA 중 알맞은 함수와 & 연산자를 사용

**27** [표5]에서 B평가이수[C3:C10]를 이용하여 전체 인원에 대한 미 이수자의 비율[C12]을 구하시오.
- ▶ B평가이수가 공백일 경우 미 이수자임
- ▶ 숫자 뒤에 "%"를 표시 (표시 예 : 0.5 → 50%)
- ▶ COUNTBLANK, COUNTA 함수와 & 연산자 사용

**28** [표5]에서 근태점수[D3:D10]가 두 번째로 높은 사람과 두 번째로 낮은 사람의 차이를 구하여 [D13]에 표시하시오.
- ▶ 숫자 뒤에 "점"을 표시 (예 : 5점)
- ▶ MAX, LARGE, MIN, SMALL 중 알맞은 함수와 & 연산자 사용

**29** [표5]에서 근태점수[D3:D10]가 가장 많은 사람과 가장 적은 사람의 근태점수 차이[D14]를 계산하시오.
- ▶ MAX와 MIN 함수 사용

**30** [표5]에서 근태점수[D3:D10]의 표준편차를 반올림하여 소수점 이하 첫째 자리까지 계산하여 [D15]에 표시하시오.
- ▶ VAR.S, MODE.SNGL, STDEV.S, ROUND, ROUNDUP, ROUNDDOWN 중 알맞은 함수를 선택하여 사용

**31** [표5]에서 근태점수와 연수점수의 전체 평균[D3:E10]과 개인별 근태점수, 연수점수의 평균차[F3:F10]를 구하시오.
- ▶ AVERAGE, DAVERAGE, SUMIF 중 알맞은 함수를 선택하여 사용

**32** [표5]의 연수점수[E3:E10]를 기준으로 연수순위[G3:G10]를 계산하여 표시하시오.
- ▶ 연수점수가 가장 크면 1로 표시
- ▶ RANK.EQ 함수 사용

**33** [표6]에서 대여할책[F14:F21]을 일일대여개수[G14:G21]로 나눠 몫과 나머지를 구하여 대여기간[H14:H21]에 표시하시오.
- ▶ 표시 예 : 몫이 4.6이고, 나머지가 3이면 → 4(3)
- ▶ INT, MOD 함수와 & 연산자 사용

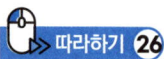 따라하기 26

① [B11] 셀을 선택한 후 [수식 입력줄]에 커서를 이동합니다.

② 수식을 작성한 후 Enter 를 누릅니다.

| =COUNTA(B3:B10) | & "명" |
|---|---|
| 'O'는 문자이므로 문자의 개수를 셀 수 있는 COUNTA 함수를 입력합니다. (COUNTA는 함수 16번에서 배웠습니다.) | 계산한 개수에 '명'을 함께 표시합니다. |

## 따라하기 27

① [C12] 셀을 선택한 후 [수식 입력줄]에 커서를 이동합니다.

② 수식을 작성한 후 Enter 를 누릅니다.

| =COUNTBLANK(C3:C10) | /COUNTA(A3:A10) | *100 & "%" |
|---|---|---|
| 공백의 개수가 미 이수자의 개수입니다. (COUNTBLANK는 함수 16번에서 배웠습니다.) | 미 이수자의 개수를 구하고 전체의 개수로 나눠 미 이수자의 비율이 계산되도록 합니다. | 0.5일 경우 50%로 표시해야 하므로 곱하기 100을 하고 뒤에 '%'를 붙입니다. |

### 주희쌤 Tip

'함수에서 자주 보이는 인수'를 꼭 외우고 오세요!
array와 number, number, ...의 의미가 있습니다.

**LARGE(array, k)**
array에서 k번째로 큰 수

예

| | A | B |
|---|---|---|
| 1 | | 10 |
| 2 | 데이터 | 5 |
| 3 | | 20 |
| 4 | | |
| 5 | 수식 | =LARGE(B1:B3, 2) |
| 6 | 결과 | 10 |

↑ [B1:B3]의 2번째로 큰 수

**SMALL(array, k)**
array에서 k번째로 작은 수

예

| | A | B |
|---|---|---|
| 1 | | 10 |
| 2 | 데이터 | 5 |
| 3 | | 20 |
| 4 | | |
| 5 | 수식 | =SMALL(B1:B3, 2) |
| 6 | 결과 | 10 |

↑ [B1:B3]의 2번째로 작은 수

**MAX(number1, [number2], ...)**
number 중 최대값

예

| | A | B |
|---|---|---|
| 1 | | 10 |
| 2 | 데이터 | 5 |
| 3 | | 20 |
| 4 | | |
| 5 | 수식 | =MAX(B1:B3) |
| 6 | 결과 | 20 |

↑ [B1:B3]의 최대값

**MIN(number1, [number2], ...)**
number 중 최소값

예

| | A | B |
|---|---|---|
| 1 | | 10 |
| 2 | 데이터 | 5 |
| 3 | | 20 |
| 4 | | |
| 5 | 수식 | =MIN(B1:B3) |
| 6 | 결과 | 5 |

↑ [B1:B3]의 최소값

---

 따라하기 28

① [D13] 셀을 선택한 후 [수식 입력줄]에 커서를 이동합니다.

② 수식을 작성한 후 Enter 를 누릅니다.

| =LARGE(D3:D10,2)-SMALL(D3:D10,2) | & "점" |
|---|---|
| 근태점수의 두 번째로 큰 값(LARGE)에서 근태점수의 두 번째로 작은 값(SMALL)을 빼서 차이를 계산합니다. | 함수 2번에서 배웠던 부분입니다.<br>=SUM(0, 2) & "급"<br>=2 & LEFT("급수", 1)<br>=SUM(0, 2) & LEFT("급수", 1)<br>↑ '&'(연결 연산자)를 이용해야 연결됩니다. |

 따라하기 29

① [D14] 셀을 선택한 후 [수식 입력줄]에 커서를 이동합니다.

② 수식을 작성한 후 Enter 를 누릅니다.

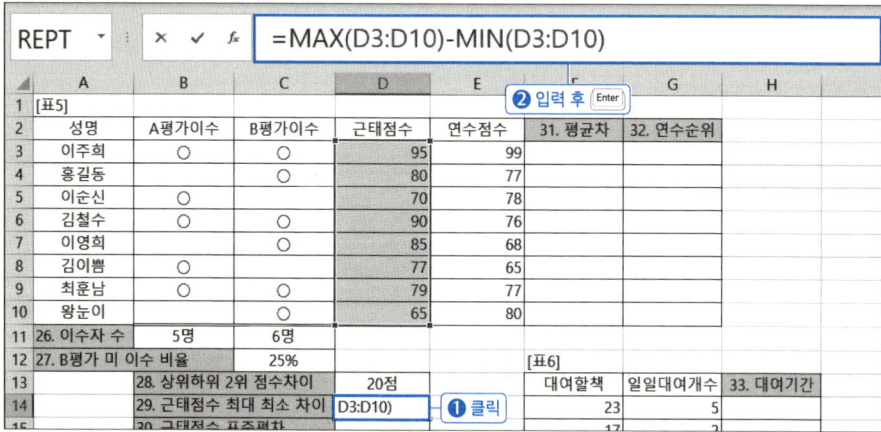

| =MAX(D3:D10)-MIN(D3:D10) |
|---|
| 근태점수의 가장 큰 값(MAX)에서 근태점수의 가장 작은 값(MIN)을 빼서 차이를 계산합니다. |

 따라하기 30

① [D15] 셀을 선택한 후 [수식 입력줄]에 커서를 이동합니다.

② 수식을 작성한 후 Enter 를 누릅니다.

수식: `=ROUND(STDEV.S(D2:D10),1)`

| =ROUND( | STDEV.S(D3:D10), | 1) |
|---|---|---|
| 계산한 표준편차(STDEV.S)를 최종적으로 반올림(ROUND)하여 표시합니다. | 표준편차란 통계집단의 단위의 계량적 특성값에 관한 산포도를 나타내는 도수특성값인데 우리는 수학 공부를 하는 것이 아닙니다.<br><br>함수 입력 시 나타나는 팁의 함수 설명을 읽을 수 있고, 인수는 (number, number, …)이기 때문에 숫자나 범위가 지정된다.라고 알 수 있다면 되는 것입니다. | 소수 첫째 자리까지 표시하기 위해 digits에 '1'을 입력합니다.<br>(ROUND는 함수 8번에서 배웠습니다.) |

 따라하기 31

① [F3] 셀을 선택한 후 [수식 입력줄]에 커서를 이동합니다.

② 수식을 작성한 후 Enter 를 누릅니다.

수식: `=AVERAGE($D$3:$E$10)-AVERAGE(D3:E3)`

③ [F3] 셀의 채우기 핸들을 [F10] 셀까지 드래그하여 수식을 복사합니다.

| =AVERAGE($D$3:$E$10)-AVERAGE(D3:E3) |
|---|
| 근태점수와 연수점수의 전체 평균(D3:E10)과 개인별 근태점수, 연수점수의 평균 차이를 계산합니다. |

## 주희쌤 Tip

'함수에서 자주 보이는 인수'를 꼭 외우고 오세요!
number와 ref의 의미가 있습니다.

**RANK.EQ**(number, ref, [order])

ref에서 number의 순위를 구하되 순위가 같으면 가질 수 있는 순위 중 높은 순위로 반환 (RANK.EQ 함수는 RANK 함수와 같은 결과를 반환합니다.)

order(옵션)

| (…) 0 - 내림차순 |
| (…) 1 - 오름차순 |

0 - 내림차순 : 큰 수가 1등
1 - 오름차순 : 작은 수가 1등
(order에 0을 입력하거나 생략할 경우 내림차순, order에 0이 아닌 값을 입력할 경우 오름차순)

예)

| | A | B | C |
|---|---|---|---|
| 1 | [C4] 셀 수식 | =RANK.EQ (A4, $A$4:$A$10, 0) | |
| 3 | 데이터 | 큰 수가 1등 | 결과 |
| 4 | 6 | 2등 | 2 |
| 5 | 2 | | 5 |
| 6 | 2 | 5등 / 6등 / 7등 | 5 |
| 7 | 2 | | 5 |
| 8 | 13 | 1등 | 1 |
| 9 | 5 | 3등 / 4등 | 3 |
| 10 | 5 | | 3 |

↑ [A4:A10] 영역에서 [A4]의 순위

## 주희쌤 Tip

'함수에서 자주 보이는 인수'를 꼭 외우고 오세요!
number와 divisor의 의미가 있습니다.

**MOD**(number, divisor)

number를 divisor로 나눴을 때 나머지

예)

| | A | B |
|---|---|---|
| 1 | 수식 | =MOD(4, 2) |
| 2 | 결과 | 0 |

↑ 4를 2로 나눴을 때 나머지

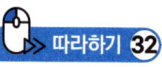 따라하기 32

① [G3] 셀을 선택한 후 [수식 입력줄]에 커서를 이동합니다.

② 수식을 작성한 후 Enter 를 누릅니다.

=RANK.EQ(E3,$E$3:$E$10,0)

| | A | B | C | D | E | F | G |
|---|---|---|---|---|---|---|---|
| 1 | [표5] | | | | | | |
| 2 | 성명 | A평가이수 | B평가이수 | 근태점수 | 연수점수 | 31. 평균차 | 32. 연수순위 |
| 3 | 이주희 | ○ | ○ | 95 | 99 | -18.2 | $E$10,0) |
| 4 | 홍길동 | | ○ | 80 | 77 | 0.3 | |
| 5 | 이순신 | ○ | | 70 | 78 | 4.8 | |
| 6 | 김철수 | ○ | | 90 | 76 | -4.2 | |
| 7 | 이영희 | | ○ | 85 | 68 | 2.3 | |
| 8 | 김이쁨 | ○ | | 77 | 65 | 7.8 | |
| 9 | 최훈남 | | ○ | 79 | 77 | 0.8 | |
| 10 | 왕눈이 | | ○ | 65 | 80 | 6.3 | |

③ [G3] 셀의 채우기 핸들을 [G10] 셀까지 드래그하여 수식을 복사합니다.

=RANK.EQ(E3,$E$3:$E$10,0)

개인별 연수점수가 연수점수 전체 범위(절대 참조로 변경하여 수식을 복사하여도 참조되는 셀은 움직이지 않도록 합니다.)에서의 순위를 계산합니다.

 따라하기 33

① [H14] 셀을 선택한 후 [수식 입력줄]에 커서를 이동합니다.

② 수식을 작성한 후 Enter 를 누릅니다.

=INT(F14/G14) & "(" & MOD(F14,G14) & ")"

| | A | B | C | D | E | F | G | H |
|---|---|---|---|---|---|---|---|---|
| 12 | 27. B평가 미 이수 비율 | | 25% | | | | | |
| 13 | 28. 상위하위 2위 점수차이 | | 20점 | | | 대여할책 | 일일대여개수 | 33. 대여기간 |
| 14 | 29. 근태점수 최대 최소 차이 | | 30 | | | 23 | 5 | G14) & ")" |
| 15 | 30. 근태점수 표준편차 | | 9.9 | | | 17 | 2 | |
| 16 | | | | | | 18 | 4 | |
| 17 | | | | | | 20 | 5 | |
| 18 | | | | | | 19 | 2 | |
| 19 | | | | | | 18 | 4 | |
| 20 | | | | | | 10 | 2 | |
| 21 | | | | | | 20 | 5 | |

③ [H14] 셀의 채우기 핸들을 [H21] 셀까지 드래그하여 수식을 복사합니다.

| =INT(F14/G14) | & "(" & | MOD(F14,G14) & ")" |
|---|---|---|
| 몫이 4.6이면 4만 표시하도록 INT 함수를 입력합니다.<br>(INT는 함수 9번에서 배웠습니다.) | 함수 & 문자 & 함수이므로 '&' 연산자를 사용해야 합니다. | MOD는 나머지를 구하는 함수로 짝수, 홀수를 판단할 때 많이 사용합니다. |

### 정답

| | A | B | C | D | E | F | G | H |
|---|---|---|---|---|---|---|---|---|
| 1 | [표5] | | | | | | | |
| 2 | 성명 | A평가이수 | B평가이수 | 근태점수 | 연수점수 | 31. 평균차 | 32. 연수순위 | |
| 3 | 이주희 | ○ | ○ | 95 | 99 | -18.2 | 1 | |
| 4 | 홍길동 | | ○ | 80 | 77 | 0.3 | 4 | |
| 5 | 이순신 | ○ | | 70 | 78 | 4.8 | 3 | |
| 6 | 김철수 | ○ | ○ | 90 | 76 | -4.2 | 6 | |
| 7 | 이영희 | | ○ | 85 | 68 | 2.3 | 7 | |
| 8 | 김이쁨 | ○ | | 77 | 65 | 7.8 | 8 | |
| 9 | 최훈남 | ○ | ○ | 79 | 77 | 0.8 | 4 | |
| 10 | 왕눈이 | | ○ | 65 | 80 | 6.3 | 2 | |
| 11 | 26. 이수자 수 | 5명 | 6명 | | | | | |
| 12 | 27. B평가 미 이수 비율 | 25% | | | | [표6] | | |
| 13 | | 28. 상위하위 2위 점수차이 | | 20점 | | 대여할책 | 일일대여개수 | 33. 대여기간 |
| 14 | | 29. 근태점수 최대 최소 차이 | | 30 | | 23 | 5 | 4(3) |
| 15 | | 30. 근태점수 표준편차 | | 9.9 | | 17 | 2 | 8(1) |
| 16 | | | | | | 18 | 4 | 4(2) |
| 17 | | | | | | 20 | 5 | 4(0) |
| 18 | | | | | | 19 | 2 | 9(1) |
| 19 | | | | | | 18 | 4 | 4(2) |
| 20 | | | | | | 10 | 2 | 5(0) |
| 21 | | | | | | 20 | 5 | 4(0) |

26. =COUNTA(B3:B10) & "명"

27. =COUNTBLANK(C3:C10)/COUNTA(A3:A10)*100 & "%"

28. =LARGE(D3:D10,2)-SMALL(D3:D10,2) & "점"

29. =MAX(D3:D10)-MIN(D3:D10)

30. =ROUND(STDEV.S(D3:D10),1)

31. =AVERAGE($D$3:$E$10)-AVERAGE(D3:E3)

32. =RANK.EQ(E3,$E$3:$E$10,0)

33. =INT(F14/G14) & "(" & MOD(F14,G14) & ")"

### 주희쌤 Tip

1. 모든 예제와 기출 문제를 술술 풀 수 있어야 합니다.
단, 문제를 읽어보기도 전에 너무 반복하여 술술 푸는 것이 아니라 '이 문제는 이렇게 해서 이렇게 되는 것이었지'라는 '이해 위주의 반복'이 필요합니다.

2. 시험 볼 때 모르는 문제가 나온다면 일단 넘겨야 합니다.
아는 문제를 모두 풀고 모르는 문제를 나중에 풀어야 커트라인 점수를 확보할 수 있습니다.
예를 들어, 함수가 약하다면 함수 문제를 제일 나중에 푸는 것이죠.

실기 시험이 아무리 어렵게 나온다고 하더라도 이때까지의 시험 패턴을 벗어나지 않는 문제가 70% 이상 채워져 있습니다. 처음 보는 문제가 나온다 하더라도 실수하지 않으면 70점은 넘길 수 있습니다.

---

## 문제 유형 5 — '함수5' 워크시트에서 작업하시오.

**34** [표7]에서 사번의 마지막 글자가 '1'이면 '기획팀', '2'이면 '인사팀', '3'이면 '판매팀'으로 부서[C3:C8]에 표시하시오.
▶ CHOOSE와 RIGHT 함수 사용

**35** [표7]에서 이주희회사 직원들의 평가일[B3:B8]을 이용하여 평가요일[D3:D8]을 표시하시오.
▶ 요일의 계산 방식은 일요일부터 시작하는 1번 방식으로 지정
▶ '일'과 같이 문자를 표시
▶ CHOOSE, WEEKDAY 함수 사용

**36** [표7]의 평가이수[E3:F8] 영역에 "○"로 이수를 체크했다. "○"의 개수가 1개이면 "보통", 2개이면 "우수"로 이수결과[G3:G8] 영역에 표시하시오.
▶ CHOOSE, COUNTA 함수 사용

**37** [표8]에서 A점수[B12:B17]가 가장 높은 1명은 "최우수", 다음으로 높은 2명은 "우수", 그 외에는 공백으로 A등급[C12:C17]에 표시하시오.
▶ 순위는 A점수가 가장 높은 사람이 1등
▶ CHOOSE, RANK.EQ 함수 사용

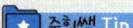

**주희쌤 Tip**

CHOOSE(index_num, value1, [value2], ...)

index_num가 1이면 value1을 반환, index_num가 2이면 value2를 반환

단, index_num에 따라 value를 골라주는데 index_num만큼 value가 채워져 있지 않으면 오류가 반환

예)

| | A | B |
|---|---|---|
| 1 | 수식 | =CHOOSE(1+1, "사과", "딸기", "수박") |
| 2 | 결과 | 딸기 |

↑ '1+1'이 1이면 '사과', 2이면 '딸기', 3이면 '수박'

| | A | B |
|---|---|---|
| 1 | 수식 | =CHOOSE(500, "사과", "딸기", "수박") |
| 2 | 결과 | #VALUE! |

↑ index_num만큼 value가 채워져 있지 않으므로 오류

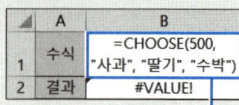

**주희쌤 Tip**

SWITCH(expression, value1, result1, [default_or_value2, result2], ...)

expression(식)을 계산하고, 첫 번째로 일치하는 value(값)에 상응하는 result(결과)를 반환 (일치하는 항목이 없을 경우 default를 반환)

예)

| | A | B |
|---|---|---|
| 1 | 수식 | =SWITCH(3*7, 7, "사과", 3, "딸기", 10, "포도", "수박") |
| 2 | 결과 | 수박 |

↑ '3*7'을 계산한 값이 7, 3, 10이 아니므로 '수박'을 반환

| | A | B |
|---|---|---|
| 1 | 데이터 | B |
| 2 | 수식 | =SWITCH(B1, "A", "A+", "B", "B+", "C") |
| 3 | 결과 | B+ |

↑ [B1] 셀 값이 'B'이므로 'B+'를 반환

---

㊳ [표8]의 B점수[D12:D17]와 [A20:B21] 영역을 이용하여 B점수의 순위에 해당하는 선물내역을 계산하고 B선물[F12:F17] 영역에 표시하시오.
   ▶ 순위는 B점수가 가장 높으면 1위임
   ▶ 순위가 1~2 이면 [B20:B21] 영역의 해당하는 셀의 값이 표시되도록 하고, 나머지는 '다음기회'로 표시
   ▶ RANK.EQ, CHOOSE, IFERROR 함수 사용

㊴ [표8]에서 B결과[E12:E17]의 세 번째 문자가 2 이하일 경우 공백을, 이 외에는 '재시험'을 재시험여부[G12:G17]에 표시하시오.
   ▶ IFERROR, CHOOSE, MID 함수 사용

㊵ [표8]에서 회원번호[A12:A17]를 3으로 나눈 나머지가 0이면 "보통", 1이면 "우수", 2이면 "최우수"를 B등급[H12:H17]에 표시하시오.
   ▶ CHOOSE, MOD 함수 사용

㊶ [표9]의 E-mail([E21:E22])에서 '@' 앞의 문자열만 추출하여 ID[F21:F22]에 표시하시오.
   ▶ 표시 예 : ju90@ju.com → ju90
   ▶ MID, SEARCH 함수 사용

㊷ [A11:H17] 영역에서 회원번호 1001의 B결과를 [표9]의 [G21] 셀에 표시하시오.
   ▶ INDEX, PROPER, UPPER, TRIM 중 알맞은 함수를 선택하여 사용

㊸ [표9]에서 ID[F21]는 전체 문자를 대문자로, B결과[G21]는 앞 뒤에 있는 공백을 제거한 후 첫 문자만 대문자로 변환하여 ID/B결과[H21]에 표시하시오.
   ▶ 표시 예 : ju90, aa12 → JU90/Aa12
   ▶ UPPER, PROPER, TRIM 함수와 연산자 & 사용

### 따라하기 34

① [C3] 셀을 선택한 후 [수식 입력줄]에 커서를 이동합니다.

② 수식을 작성한 후 Enter 를 누릅니다.

| REPT | × ✓ fx | =CHOOSE(RIGHT(A3,1),"기획팀","인사팀","판매팀") |

| | A | B | C | D | E | F | G | H | I |
|---|---|---|---|---|---|---|---|---|---|
| 1 | [표7] | 이주희회사 상반기 평가 | | | | ❷ 입력 후 Enter | | | |
| 2 | 사번 | 평가일 | 34. 부서 | 35. 평가요일 | A평가이수 | B평가이수 | 36. 이수결과 | | |
| 3 | a-12-1 | 2025-08-13 | 팀") | ❶ 클릭 | ○ | ○ | | | |
| 4 | a-21-2 | 2025-03-28 | | | | ○ | | | |
| 5 | a-33-2 | 2025-03-28 | | | ○ | | | | |
| 6 | b-11-1 | 2025-03-28 | | | ○ | ○ | | | |
| 7 | b-22-2 | 2025-04-01 | | | | ○ | | | |
| 8 | b-31-1 | 2025-04-01 | | | | | | | |

③ [C3] 셀의 채우기 핸들을 [C8] 셀까지 드래그하여 수식을 복사합니다.

| =CHOOSE( | RIGHT(A3,1),"기획팀","인사팀","판매팀") |
|---|---|
| '사번'의 마지막 글자(RIGHT)가 1, 2, 3에 따라 결과가 달라지므로 CHOOSE 함수를 먼저 입력합니다. | 사번의 마지막 글자가 '1'이면 '기획팀', '2'이면 '인사팀', '3'이면 '판매팀'을 반환하도록 value1, value2, value3에 각각 입력합니다. |

 따라하기 35

① [D3] 셀을 선택한 후 [수식 입력줄]에 커서를 이동합니다.

② 수식을 작성한 후 Enter 를 누릅니다.

=CHOOSE(WEEKDAY(B3,1),"일","월","화","수","목","금","토")

③ [D3] 셀의 채우기 핸들을 [D8] 셀까지 드래그하여 수식을 복사합니다.

| =CHOOSE( | WEEKDAY(B3,1), | "일","월","화","수","목","금","토") |
|---|---|---|
| 최종적으로 문자로 표시해야 하므로 CHOOSE 함수를 먼저 입력합니다. | 요일 번호에 따른 문자를 표시해야 하므로 WEEKDAY 함수를 CHOOSE 함수의 index_num에 입력합니다. | 요일 번호가 '1'이면 '일', '2'이면 '월', '3'이면 '화', '4'이면 '수', '5'이면 '목', '6'이면 '금', '7'이면 '토'를 반환하도록 value에 차례로 각각 입력합니다. |

 따라하기 36

① [G3] 셀을 선택한 후 [수식 입력줄]에 커서를 이동합니다.

② 수식을 작성한 후 Enter 를 누릅니다.

=CHOOSE(COUNTA(E3:F3),"보통","우수")

③ [G3] 셀의 채우기 핸들을 [G8] 셀까지 드래그하여 수식을 복사합니다.

| =CHOOSE( | COUNTA(E3:F3), | "보통","우수") |
|---|---|---|
| 최종적으로 숫자(index_num)에 따른 문자를 반환해야 하므로 CHOOSE 함수를 먼저 입력합니다. | 'O' 개수에 따른 문자를 반환하도록 'O'의 개수를 셀 수 있는 COUNTA 함수를 입력합니다. (COUNTA는 함수 16번에서 배웠습니다.) | 'O' 개수가 '1'이면 '보통', '2'이면 '우수'를 반환하도록 value에 차례로 각각 입력합니다. |

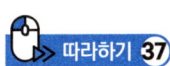 따라하기 37

① [C12] 셀을 선택한 후 [수식 입력줄]에 커서를 이동합니다.

② 수식을 작성한 후 Enter 를 누릅니다.

---

**주희쌤 Tip**

WEEKDAY(serial_number, [return_type])
serial_number의 요일 번호를 반환(return_type이 '1'이면 '일요일'이 '1')

예

| | A | B |
|---|---|---|
| 1 | 데이터 | 2025-07-25 금 |
| 2 | | |
| 3 | 수식 | =WEEKDAY(B1, 1) |
| 4 | 결과 | 6 |

↑ return_type이 '1'이므로 일요일은 '1', 월요일은 '2', 화요일은 '3', 수요일은 '4', 목요일은 '5', 금요일은 '6', 토요일은 '7'을 반환

기억나지 않는다!! 함수 마법사를 이용하여 함수 인수 설명 보기
① [수식 입력줄]에 '=WEEKDAY('를 입력하고 [함수 삽입](fx)을 클릭합니다.
② [함수 인수] 대화상자가 나타나면 각 인수 입력란을 클릭하여 아래에 나타난 설명을 읽습니다.

serial_number는 익숙한 인수이지만 return_type은 익숙하지 않은 인수입니다.
그런데 return_type 인수는 양 옆에 대괄호([ ])가 있으니 생략이 가능하여 생략하면서 함수를 추측하면 됩니다.
혹은 함수 마법사를 이용하여 인수에 대한 설명을 읽으셔도 됩니다.

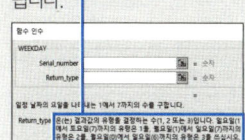

> **주희쌤 Tip**
> 37번 문제를 SWITCH 함수와 RANK.EQ 함수로 풀어보세요.
> =SWITCH(RANK.EQ(B12, $B$12:$B$17,0), 1,"최우수", 2,"우수", 3,"우수", "")

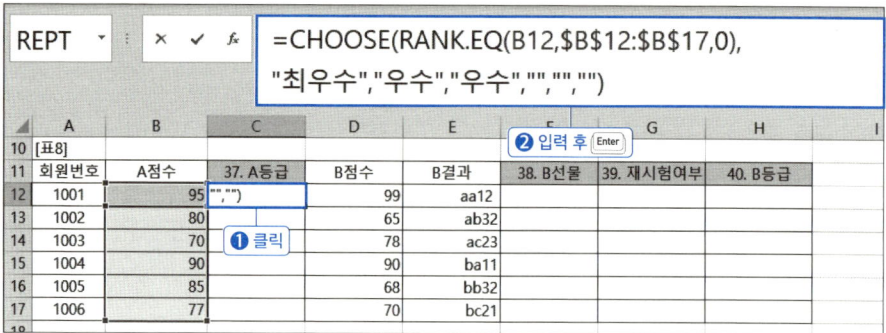

③ [C12] 셀의 채우기 핸들을 [C17] 셀까지 드래그하여 수식을 복사합니다.

| =CHOOSE( | RANK.EQ(B12,$B$12:$B$17,0), | "최우수","우수","우수",",",","" ) |
|---|---|---|
| 최종적으로 순위 숫자에 따른 문자를 반환해야 하므로 CHOOSE 함수를 먼저 입력합니다. | 'A점수'를 기준으로 순위를 구합니다. (RANK.EQ는 함수 32번에서 배웠습니다.) | 순위가 '1'이면 '최우수', '2'이면 '우수', '3'이면 '우수'를 반환하도록 value에 차례로 입력하고 순위가 '6'까지 나올 수 있기 때문에 value6까지 공백("")으로 채워줍니다. |

### 따라하기 38

① [F12] 셀을 선택한 후 [수식 입력줄]에 커서를 이동합니다.

② 수식을 작성한 후 Enter 를 누릅니다.

> **주희쌤 Tip**
> 함수를 입력하면 아래 팁으로 함수에 대한 설명이 나오니 읽어보세요.
>
>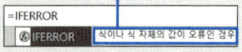
>
> '함수에서 자주 보이는 인수'를 꼭 외우고 오세요!
> value의 의미가 있습니다.
>
> **IFERROR(value, value_if_error)**
> value가 오류일 경우 value_if_error를 반환
>
> 예
>
> | | A | B |
> |---|---|---|
> | 1 | 수식 | =IFERROR(3/0, "오류") |
> | 2 | 결과 | 오류 |
>
> ↑ '3/0'을 계산한 값이 오류이면 '오류' 반환
>
> | | A | B |
> |---|---|---|
> | 1 | 수식 | =IFERROR(1+1, "오류") |
> | 2 | 결과 | 2 |
>
> ↑ '1+1'을 계산한 값이 오류이면 '오류' 반환, 오류가 아닐 경우 value를 그대로 반환

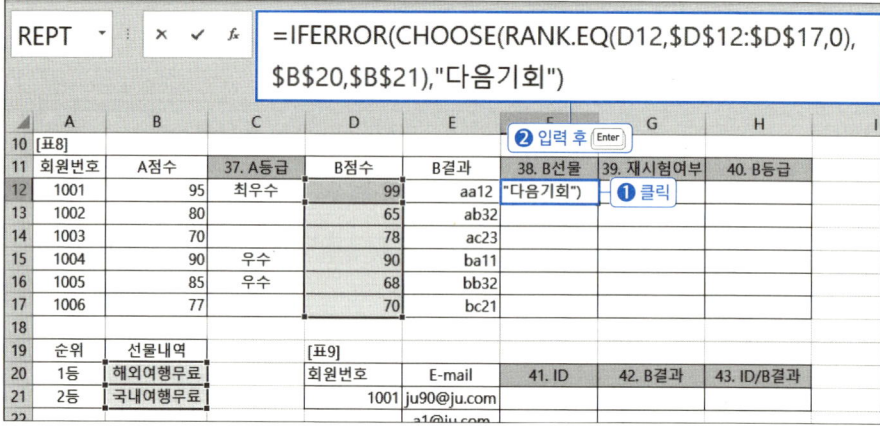

③ [F12] 셀의 채우기 핸들을 [F17] 셀까지 드래그하여 수식을 복사합니다.

| =IFERROR( | CHOOSE( | RANK.EQ(D12,$D$12:$D$17,0),$B$20,$B$21), | "다음기회") |
|---|---|---|---|
| '함수 사용'이라고 제시되었기 때문에 문제에 제시된 함수는 모두 사용해야 합니다. 오류가 나는 것을 대비해 IFERROR 함수를 먼저 입력합니다. | 순위(RANK)에 따라 반환되는 값이 달라지도록 CHOOSE 함수를 입력합니다. | 'B점수'를 기준으로 순위를 구하여 RANK.EQ의 결과가 '1'이 나오면 [B20] 셀 값을, '2'가 나오면 [B21] 셀 값을 반환하도록 지정합니다. | 순위는 1부터 6까지 반환되는데 CHOOSE 함수의 value3, value4, value5, value6은 지정하지 않았으므로 오류가 난다면 '다음기회'를 반환하도록 입력합니다. |

 따라하기 39

① [G12] 셀을 선택한 후 [수식 입력줄]에 커서를 이동합니다.

② 수식을 작성한 후 Enter 를 누릅니다.

=IFERROR(CHOOSE(MID(E12,3,1),"",""),"재시험")

③ [G12] 셀의 채우기 핸들을 [G17] 셀까지 드래그하여 수식을 복사합니다.

| =IFERROR( | CHOOSE( | MID(E12,3,1),"","", | "재시험") |
|---|---|---|---|
| 오류가 나는 것을 대비해 IFERROR 함수를 먼저 입력합니다. | 세 번째 글자에 따라 반환되는 값이 달라지도록 CHOOSE 함수를 입력합니다. | 세 번째 글자가 2 이하(1, 2)인 경우 공백("")이 반환되도록 value1, value2에 각각 차례로 입력합니다. (MID는 조건부서식6 시트에서 배웠습니다.) | CHOOSE의 결과가 오류가 난다면 '재시험'을 반환하도록 입력합니다. |

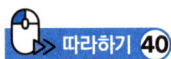 따라하기 40

① [H12] 셀을 선택한 후 [수식 입력줄]에 커서를 이동합니다.

② 수식을 작성한 후 Enter 를 누릅니다.

=CHOOSE(MOD(A12,3)+1,"보통","우수","최우수")

③ [H12] 셀의 채우기 핸들을 [H17] 셀까지 드래그하여 수식을 복사합니다.

| =CHOOSE( | MOD(A12,3) | +1, | "보통","우수","최우수") |
|---|---|---|---|
| 최종적으로 문자로 표시해야 하므로 CHOOSE 함수를 먼저 입력합니다. | 나머지(MOD)에 따른 문자가 반환되도록 MOD 함수를 입력합니다. (MOD는 함수 33번에서 배웠습니다.) | 문제에는 '0이면 보통'라고 나왔지만 CHOOSE 함수는 value가 1부터 시작하므로 +1을 입력합니다. | index_num가 '1'이면 '보통', '2'이면 '우수', '3'이면 '최우수'를 반환하도록 입력합니다. |

## 주희쌤 Tip

**FIND**(find_text, within_text, [start_num])

find_text가 within_text에서의 시작 위치
(못 찾으면 '0'이 아닌 오류 (#VALUE!)를 반환)

[start_num] ← 찾기 시작할 문자의 위치, 생략하면 1로 지정

예)

| | A | B |
|---|---|---|
| 1 | 데이터 | 이주희컴활 |
| 2 | | |
| 3 | 수식 | =FIND("주", B1) |
| 4 | 결과 | 2 |

↑ '주'가 [B1]에서의 시작 위치

| | A | B |
|---|---|---|
| 1 | 데이터 | 이주희컴활주희 |
| 2 | | |
| 3 | 수식 | =FIND("주", B1, 3) |
| 4 | 결과 | 6 |

↑ '3'번째부터 찾기 시작한 '주'가 '이주희컴활주희'에서 '6'번째에 위치

---

**SEARCH**(find_text, within_text, [start_num])

SEARCH 함수가 FIND 함수와 다른 점은 대/소문자를 구분하지 않습니다.

예)

| | A | B |
|---|---|---|
| 1 | 데이터 | Aa |
| 2 | | |
| 3 | 수식 | =SEARCH("a", B1) |
| 4 | 결과 | 1 |

| | A | B |
|---|---|---|
| 1 | 데이터 | Aa |
| 2 | | |
| 3 | 수식 | =FIND("a", B1) |
| 4 | 결과 | 2 |

---

### 따라하기 41

① [F21] 셀을 선택한 후 [수식 입력줄]에 커서를 이동합니다.

② 수식을 작성한 후 Enter 를 누릅니다.

`=MID(E21,1,SEARCH("@",E21)-1)`

③ [F21] 셀의 채우기 핸들을 [F22] 셀까지 드래그하여 수식을 복사합니다.

| =MID(E21,1, | SEARCH("@",E21)-1) |
|---|---|
| 'E-mail'의 글자를 가져오도록 MID 함수를 먼저 입력하고 첫 번째부터 가져오기 위해 start_num에 '1'을 입력합니다. | 가져올 문자의 개수(num_char)는 '@' 위치(SEARCH) 전(-1)까지를 가져오도록 합니다. |

### 따라하기 42

① [G21] 셀을 선택한 후 [수식 입력줄]에 커서를 이동합니다.

② 수식을 작성한 후 Enter 를 누릅니다.

`=INDEX(A11:H17,2,5)`

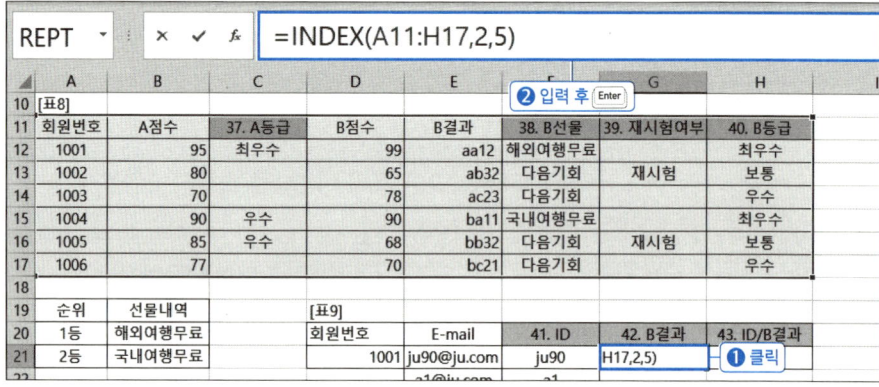

| =INDEX(A11:H17, | 2, | 5) |
|---|---|---|
| 데이터를 가져오는 함수인 INDEX 함수를 입력합니다. | 가져올 데이터가 array(A11:H17)의 몇 번째 행에 있는지 찾아 숫자로 입력합니다. | 가져올 데이터가 array(A11:H17)의 몇 번째 열에 있는지 찾아 숫자로 입력합니다. |

 따라하기 43

① [H21] 셀을 선택한 후 [수식 입력줄]에 커서를 이동합니다.

② 수식을 작성한 후 Enter 를 누릅니다.

**주희쌤 Tip**

INDEX(array, row_num, [column_num])

array에서 row number와 column number가 교차하는 데이터

예)

| | A | B | C | D |
|---|---|---|---|---|
| 1 | | 1 | 50 | 사과 |
| 2 | 데이터 | 2 | 40 | 딸기 |
| 3 | | 3 | 30 | 수박 |
| 4 | | 4 | 20 | 바나나 |
| 5 | | | | |
| 6 | 수식 | =INDEX(B1:D4, 4, 2) | | |
| 7 | 결과 | 20 | | |

↑ [B1:D4] 영역에서 4행, 2열이 교차하는 데이터

| | A | B | C | D |
|---|---|---|---|---|
| 1 | | 1 | 50 | 사과 |
| 2 | 데이터 | 2 | 40 | 딸기 |
| 3 | | 3 | 30 | 수박 |
| 4 | | 4 | 20 | 바나나 |
| 5 | | | | |
| 6 | 수식 | =INDEX(B1:D4, 2, 1) | | |
| 7 | 결과 | 2 | | |

↑ [B1:D4] 영역에서 2행, 1열이 교차하는 데이터

수식 입력:
```
=UPPER(F21)&"/"&PROPER(TRIM(G21))
```
❷ 입력 후 Enter
❶ 클릭

| =UPPER(F21) | & "/" & | PROPER(TRIM(G21)) |
|---|---|---|
| 'ID'를 대문자(UPPER)로 변경하도록 합니다. | 함수 & 문자 & 함수이므로 '&'를 사용해야 합니다. | 공백을 제거한 후(TRIM) 첫 문자만 대문자로 변환(PROPER)하도록 합니다. |

 정답

| | A | B | C | D | E | F | G | H |
|---|---|---|---|---|---|---|---|---|
| 1 | [표7] | 이주희회사 상반기 평가 | | | | | | |
| 2 | 사번 | 평가일 | 34. 부서 | 35. 평가요일 | A평가이수 | B평가이수 | 36. 이수결과 | |
| 3 | a-12-1 | 2025-08-13 | 기획팀 | 수 | ○ | ○ | 우수 | |
| 4 | a-21-2 | 2025-03-28 | 인사팀 | 금 | | | 보통 | |
| 5 | a-33-2 | 2025-03-28 | 인사팀 | 금 | ○ | | 보통 | |
| 6 | b-11-1 | 2025-03-28 | 기획팀 | 금 | ○ | ○ | 우수 | |
| 7 | b-22-2 | 2025-04-01 | 인사팀 | 화 | | ○ | 보통 | |
| 8 | b-31-1 | 2025-04-01 | 기획팀 | 화 | ○ | | 보통 | |
| 9 | | | | | | | | |
| 10 | [표8] | | | | | | | |
| 11 | 회원번호 | A점수 | 37. A등급 | B점수 | B결과 | 38. B선물 | 39. 재시험여부 | 40. B등급 |
| 12 | 1001 | 95 | 최우수 | 99 | aa12 | 해외여행무료 | | 최우수 |
| 13 | 1002 | 80 | | 65 | ab32 | 다음기회 | 재시험 | 보통 |
| 14 | 1003 | 70 | | 78 | ac23 | 다음기회 | | 우수 |
| 15 | 1004 | 90 | 우수 | 90 | ba11 | 국내여행무료 | | 최우수 |
| 16 | 1005 | 85 | 우수 | 68 | bb32 | 다음기회 | 재시험 | 보통 |
| 17 | 1006 | 77 | | 70 | bc21 | 다음기회 | | 우수 |
| 18 | | | | | | | | |
| 19 | 순위 | 선물내역 | | [표9] | | | | |
| 20 | 1등 | 해외여행무료 | | 회원번호 | E-mail | 41. ID | 42. B결과 | 43. ID/B결과 |
| 21 | 2등 | 국내여행무료 | | 1001 | ju90@ju.com | ju90 | aa12 | JU90/Aa12 |
| 22 | | | | | a1@ju.com | a1 | | |

34. =CHOOSE(RIGHT(A3,1),"기획팀","인사팀","판매팀")
35. =CHOOSE(WEEKDAY(B3,1),"일","월","화","수","목","금","토")
36. =CHOOSE(COUNTA(E3:F3),"보통","우수")
37. =CHOOSE(RANK.EQ(B12,$B$12:$B$17,0),"최우수","우수","우수","","","")
38. =IFERROR(CHOOSE(RANK.EQ(D12,$D$12:$D$17,0),$B$20,$B$21),"다음기회")
39. =IFERROR(CHOOSE(MID(E12,3,1),"",""),"재시험")
40. =CHOOSE(MOD(A12,3)+1,"보통","우수","최우수")
41. =MID(E21,1,SEARCH("@",E21)-1)
42. =INDEX(A11:H17,2,5)
43. =UPPER(F21) & "/" & PROPER(TRIM(G21))

**주희쌤 Tip**

UPPER(text)

text를 모두 대문자로 변경

LOWER(text)

text를 모두 소문자로 변경

PROPER(text)

text의 각 단어의 첫째 문자를 대문자로 변경하고 나머지 문자는 소문자로 변경

TRIM(text)

text의 양 끝 공백을 제거

예)

| 수식 | 결과 |
|---|---|
| =UPPER("ju") | JU |
| =LOWER("HEE") | hee |
| =PROPER("ju hee") | Ju Hee |
| =TRIM(" ju hee ") | ju hee |

## VLOOKUP과 HLOOKUP

| VLOOKUP | HLOOKUP |
|---|---|
| **VLOOKUP**(lookup_value, table_array, col_index_num, [range_lookup]) | **HLOOKUP**(lookup_value, table_array, row_index_num, [range_lookup]) |
| lookup_value를 table_array의 첫 열에서 찾고 가져올 땐 같은 행에 있는 다른 열의 데이터를 반환 | lookup_value를 table_array의 첫 행에서 찾고 가져올 땐 같은 열에 있는 다른 행의 데이터를 반환 |
| **VLOOKUP**(lookup_value, 첫 열 찾음( 찾을 값, | **HLOOKUP**(lookup_value, 첫 행 찾음( 찾을 값 |
| table_array, 표 범위, | table_array, 표 범위, |
| col_index_num, 가져올 열 번호, | row_index_num, 가져올 행 번호, |
| [range_lookup]) 옵션) | [range_lookup]) 옵션) |
| range_lookup(옵션)은 lookup_value(찾을 값)가 table_array(표 범위)의 첫 열(VLOOKUP)이나 첫 행(HLOOKUP)에서 정확하게 찾을 수 있냐(FALSE - 정확히 일치) 없냐(TRUE - 유사 일치)에 따라 다르게 선택합니다. | |
| range_lookup을 'TRUE'를 지정할 경우 lookup_value(찾을 값)와 같거나 한 단계 작은 데이터에서 찾을 수 있습니다. | |
| range_lookup을 생략할 경우 'TRUE'로 지정됩니다. | |

### 문제 유형 6 '함수6' 워크시트에서 작업하시오.

㊹ [표10]에서 직급[B3:B9]과 직급표[B12:C15]를 이용하여 급여[C3:C9]를 표시하시오.
▶ VLOOKUP, HLOOKUP 중 알맞은 함수 사용

㊺ [표10]에서 코드표[E12:F15]를 참조하여 제품코드[D3:D9]의 마지막 문자에 따른 제품명[E3:E9]을 표시하시오.
▶ VLOOKUP, HLOOKUP, RIGHT, LEFT 중 알맞은 함수 사용

㊻ [표10]에서 제품코드[D3:D9]와 부서표[H12:K13]를 이용하여 지역[F3:F9]을 표시하시오.
▶ 제품코드의 첫 두 글자와 부서표를 참조하여 계산
▶ 부서표의 의미 : 코드가 'se'이면 지역이 '서울', 'bu'이면 '부산', 'je'이면 '제주'임
▶ VLOOKUP, HLOOKUP, LEFT, RIGHT 중 알맞은 함수 사용

㊼ [표10]에서 판매량[G3:G9]과 판매가격[H3:H9], 할인율표[A18:D19]를 이용하여 판매금액[I3:I9]을 구하시오.
▶ 판매금액 = 판매량 × 판매가격 × (1 - 할인율)
▶ 할인율 : 판매가격이 1000~1999이면 2%, 2000~2999이면 3%, 3000 이상이면 4%를 적용함
▶ VLOOKUP, HLOOKUP, CHOOSE 중 알맞은 함수를 선택하여 사용

㊽ [표10]에서 판매량[G3:G9]과 등급표[F18:G22]를 이용하여 판매등급[J3:J9]을 구하시오. 단, 판매량이 등급표에 존재하지 않는 경우 등급에 "노력"이라고 표시하시오.
▶ 등급표의 의미 : 판매량이 30~39이면 "일반", 40~49이면 "보통", 50~59이면 "우수", 60 이상이면 "최우수"를 적용함
▶ CHOOSE, IFERROR, VLOOKUP, HLOOKUP 중 알맞은 함수 사용

㊾ [표10]에서 판매금액[I3:I9]과 보너스표[I16:J20]를 이용하여 보너스[K3:K9]를 표시하시오.
▶ 보너스표의 의미 : 순위가 1위면 50000, 2위면 40000, 3위~4위면 30000, 외에는 "없음"을 적용함
▶ 순위는 판매금액이 가장 높은 사람이 1위
▶ VLOOKUP, HLOOKUP, RANK.EQ, CHOOSE 중 알맞은 함수를 선택하여 사용

① [C3] 셀을 선택한 후 [수식 입력줄]에 커서를 이동합니다.

② 수식을 작성한 후 Enter 를 누릅니다.

![수식 예시 화면]

③ [C3] 셀의 채우기 핸들을 [C9] 셀까지 드래그하여 수식을 복사합니다.

| =VLOOKUP( | B3, | $B$13:$C$15, | 2, | FALSE) |
|---|---|---|---|---|
| INDEX 함수가 범위의 행과 열이 교차하는 데이터를 가져올 수 있다면 VLOOKUP(Vertical LOOKUP) 함수는 첫 열에서 찾고 다른 열의 데이터를 가져올 수 있습니다. | '직급'을 찾아야 '급여'를 가져올 수 있으므로 lookup_value(찾을 값)는 '직급'입니다. | lookup_value(찾을 값)가 table_array(표 범위)의 첫 열에 있고 가져올 데이터도 포함되어 있어야 합니다. | 첫 열에서 찾았다면 가져올 때엔 같은 행에 있는 다른 열의 데이터를 가져옵니다. 최종적으로 가져올 '급여'는 [B13:C15] 영역의 두 번째 열에 있으니 column_index_num(가져올 열 번호)는 '2'입니다. | lookup_value(찾을 값)가 table_array(표 범위)의 첫 열에서 정확하게 찾을 수 있으므로 range_lookup(옵션)은 'FALSE - 정확히 일치'입니다. |

① [E3] 셀을 선택한 후 [수식 입력줄]에 커서를 이동합니다.

② 수식을 작성한 후 Enter 를 누릅니다.

```
=VLOOKUP(RIGHT(D3,1),$E$13:$F$15,2,FALSE)
```

③ [E3] 셀의 채우기 핸들을 [E9] 셀까지 드래그하여 수식을 복사합니다.

| =VLOOKUP( | RIGHT(D3,1), | $E$13:$F$15, | 2, | FALSE) |
|---|---|---|---|---|
| '제품코드' 마지막 글자에 따른 '제품명'을 가져오도록 VLOOKUP 함수를 먼저 입력합니다. | '제품코드'의 마지막 글자(RIGHT)를 <코드표> 범위의 첫 열에서 검색합니다. (RIGHT는 조건부서식6 시트에서 배웠습니다.) | 찾을 값을 첫 열에서 찾고 가져올 값이 포함되도록 table_array(표 범위)를 지정해야 합니다. | 첫 열에서 찾지만 가져올 때엔 '제품명'을 가져와야 하므로 가져올 열 번호는 '2'입니다. | lookup_value(찾을 값)가 table_array(표 범위)의 첫 열에서 정확하게 찾을 수 있으므로 range_lookup(옵션)은 'FALSE - 정확히 일치'입니다. |

① [F3] 셀을 선택한 후 [수식 입력줄]에 커서를 이동합니다.

② 수식을 작성한 후 Enter 를 누릅니다.

```
=HLOOKUP(LEFT(D3,2),$I$12:$K$13,2,FALSE)
```

③ [F3] 셀의 채우기 핸들을 [F9] 셀까지 드래그하여 수식을 복사합니다.

| =HLOOKUP( | LEFT(D3,2), | $I$12:$K$13, | 2, | FALSE) |
|---|---|---|---|---|
| '제품코드'의 첫 두 글자를 [I12:K13] 영역의 첫 행에서 찾아야하기 때문에 HLOOKUP (Horizontal LOOKUP) 함수를 입력합니다. | '제품코드'의 첫 두 글자를 찾아야 '지역'을 가져올 수 있으므로 lookup_value(찾을 값)는 '제품코드'의 첫 두 글자입니다. (LEFT는 조건부서식6 시트에서 배웠습니다.) | lookup_value(찾을 값)가 table_array(표 범위)의 첫 행에 있고 가져올 데이터도 포함되어 있어야 합니다. | 가져올 때엔 '지역' 데이터를 가져와야 하므로 [I12:K13] 영역의 row_index_num(가져올 행 번호)는 '2'입니다. | lookup_value(찾을 값)를 table_array(표 범위)에서 정확하게 모두 찾을 수 있으므로 range_lookup(옵션)은 'FALSE - 정확히 일치'입니다. |

① [I3] 셀을 선택한 후 [수식 입력줄]에 커서를 이동합니다.

② 수식을 작성한 후 Enter 를 누릅니다.

`=G3*H3*(1-HLOOKUP(H3,$B$18:$D$19,2,TRUE))`

③ [I3] 셀의 채우기 핸들을 [I9] 셀까지 드래그하여 수식을 복사합니다.

| =G3*H3*(1- | HLOOKUP(H3,$B$18:$D$19,2,TRUE) | ) |
|---|---|---|
| '판매금액'은 '판매량× 판매가격×(1-할인율)' 입니다. | '할인율'은 <할인율표>의 첫 행에서 '판매가격'을 찾고 가져올 때엔 같은 열에 있는 두 번째 행의 '할인율' 데이터를 가져옵니다. | 괄호의 개수는 짝수이므로 마지막 괄호는 검정색이어야 합니다. |

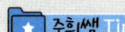

'TRUE'를 지정할 경우 lookup_value(찾을 값)와 같거나 한 단계 작은 데이터를 범위의 첫 행에서 찾을 수 있습니다.

① [J3] 셀을 선택한 후 [수식 입력줄]에 커서를 이동합니다.

② 수식을 작성한 후 Enter 를 누릅니다.

`=IFERROR(VLOOKUP(G3,$F$19:$G$22,2,TRUE),"노력")`

③ [J3] 셀의 채우기 핸들을 [J9] 셀까지 드래그하여 수식을 복사합니다.

| =IFERROR( | VLOOKUP(G3,$F$19:$G$22,2,TRUE), | "노력") |
|---|---|---|
| 찾을 값을 범위의 첫 열에서 찾을 수 없을 경우 오류가 반환되므로 오류를 대비하는 IFERROR 함수를 먼저 입력합니다. (IFERROR는 함수 38번에서 배웠습니다.) | range_lookup을 'TRUE'로 지정할 경우 lookup_value(찾을 값)와 같거나 한 단계 작은 데이터를 범위의 첫 열에서 찾을 수 있습니다. 예를 들어, lookup_value(찾을 값)가 '43'이면 범위의 첫 열에 '43'은 없기 때문에 '40'에서 찾을 수 있는 것이죠. | <등급표>의 판매량은 30부터 시작되므로 찾을 값이 30보다 작다면 오류가 반환됩니다. 오류가 반환될 경우 '노력'을 표시하도록 value_if_error에 입력합니다. |

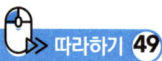

① [K3] 셀을 선택한 후 [수식 입력줄]에 커서를 이동합니다.

② 수식을 작성한 후 Enter 를 누릅니다.

③ [K3] 셀의 채우기 핸들을 [K9] 셀까지 드래그하여 수식을 복사합니다.

| =VLOOKUP( | RANK.EQ (I3,$I$3:$I$9,0), | $I$17:$J$20, | 2, | TRUE) |
|---|---|---|---|---|
| <보너스표>의 첫 열에서 값을 검색하고 같은 행에 있는 다른 열의 데이터를 가져오도록 VLOOKUP 함수를 입력합니다. | '판매금액'을 기준으로 순위를 찾아야 '보너스'를 가져올 수 있으므로 lookup_value(찾을 값)는 순위입니다. (RANK.EQ는 함수 32번에서 배웠습니다.) | looup_value를 첫 열에서 찾고 가져올 데이터가 포함되게끔 table_array(표 범위)를 지정해야 합니다. | [I17:J20] 영역의 '보너스'는 두 번째 열에 있으므로 가져올 열 번호는 '2'입니다. | lookup_value(찾을 값)를 table_array(표 범위)의 첫 열에서 모두 찾을 수 없으므로 range_lookup(옵션)은 TRUE(유사 일치)입니다. |

**정답**

| | A | B | C | D | E | F | G | H | I | J | K |
|---|---|---|---|---|---|---|---|---|---|---|---|
| 1 | [표10] | | | | | | | | | | |
| 2 | 성명 | 직급 | 44. 급여 | 제품코드 | 45. 제품명 | 46. 지역 | 판매량 | 판매가격 | 47. 판매금액 | 48. 판매등급 | 49. 보너스 |
| 3 | 이주희 | 부장 | 3800 | se-12-p | 펜 | 서울 | 60 | 3,200 | 184,320 | 최우수 | 50000 |
| 4 | 홍길동 | 대리 | 2800 | bu-22-k | 칼 | 부산 | 55 | 2,800 | 149,380 | 우수 | 40000 |
| 5 | 이순신 | 사원 | 1800 | je-13-e | 지우개 | 제주 | 70 | 1,500 | 102,900 | 최우수 | 30000 |
| 6 | 김철수 | 부장 | 3800 | se-12-e | 지우개 | 서울 | 32 | 2,900 | 90,016 | 일반 | 없음 |
| 7 | 이영희 | 대리 | 2800 | bu-13-k | 칼 | 부산 | 43 | 3,000 | 123,840 | 보통 | 30000 |
| 8 | 김이쁨 | 사원 | 1800 | je-22-p | 펜 | 제주 | 22 | 1,750 | 37,730 | 노력 | 없음 |
| 9 | 최훈남 | 사원 | 1800 | je-12-p | 펜 | 제주 | 20 | 1,800 | 35,280 | 노력 | 없음 |
| 10 | | | | | | | | | | | |
| 11 | | <직급표> | | | <코드표> | | | <부서표> | | | |
| 12 | | 직급 | 급여 | | 코드 | 제품명 | | 코드 | se | bu | je |
| 13 | | 사원 | 1800 | | p | 펜 | | 지역 | 서울 | 부산 | 제주 |
| 14 | | 대리 | 2800 | | k | 칼 | | | | | |
| 15 | | 부장 | 3800 | | e | 지우개 | | <보너스표> | | | |
| 16 | | | | | | | | | 순위 | 보너스 | |
| 17 | <할인율표> | | | | | <등급표> | | | 1 | 50000 | |
| 18 | 판매가격 | 1,000 | 2,000 | 3,000 | | 판매량 | 등급 | | 2 | 40000 | |
| 19 | 할인율 | 2% | 3% | 4% | | 30 | 일반 | | 3 | 30000 | |
| 20 | | | | | | 40 | 보통 | | 5 | 없음 | |
| 21 | | | | | | 50 | 우수 | | | | |
| 22 | | | | | | 60 | 최우수 | | | | |

44. =VLOOKUP(B3,$B$13:$C$15,2,FALSE)
45. =VLOOKUP(RIGHT(D3,1),$E$13:$F$15,2,FALSE)
46. =HLOOKUP(LEFT(D3,2),$I$12:$K$13,2,FALSE)
47. =G3*H3*(1-HLOOKUP(H3,$B$18:$D$19,2,TRUE))
48. =IFERROR(VLOOKUP(G3,$F$19:$G$22,2,TRUE),"노력")
49. =VLOOKUP(RANK.EQ(I3,$I$3:$I$9,0),$I$17:$J$20,2,TRUE)

## 문제 유형 7 — '함수7' 워크시트에서 작업하시오.

**50** [표11]에서 사원코드[B3:B8]와 직급표[A11:D14]를 이용하여 직급[C3:C8]을 표시하시오.
- ▶ 직급코드는 사원코드의 왼쪽에서 3번째 문자임
- ▶ HLOOKUP, MID 함수 사용

**51** [표11]에서 직급[C3:C8]과 직급표[A11:D14]를 이용하여 직위별 급여[F3:F8]를 구하시오.
- ▶ 급여 : 기본급 + 휴가수당 + 보너스(E3:E8)
- ▶ HLOOKUP, VLOOKUP, INDEX 중 알맞은 함수 사용

**52** [표11]에서 급여[F3:F8]와 야근수당표[A17:B19]를 이용하여 성별별 야근수당[G3:G8]을 구하시오. 단, 야근수당표의 성별에 존재하지 않는 성별이면 야근수당에 "성별확인"으로 표시하시오.
- ▶ 야근수당 = 급여 × 수당
- ▶ 야근수당은 백의 자리에서 올림하여 천 단위까지 표시
- ▶ IFERROR, VLOOKUP, ROUNDUP 함수 사용

**53** [표11]에서 급여[F3:F8], 부서[H3:H8], 부서수당표[F11:G14]를 이용하여 총급여[I3:I8]를 계산하시오.
- ▶ 총급여 = 급여 + 부서수당(단, 부서가 부서수당표에 존재하지 않는 경우 부서수당은 0)
- ▶ IFERROR, VLOOKUP, HLOOKUP 중 알맞은 함수 사용

> 54 [표11]의 총급여[I3:I8]와 세금표[F17:I20]를 이용하여 총급여에 대한 세금[J3:J8]을 계산하시오.
> ▶ 세금 = 총급여 × 세율 − 누진공제
> ▶ 세금은 십의 단위에서 버림하여 백의 단위까지 표시
> ▶ TRUNC, VLOOKUP 함수 사용

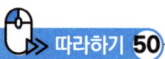 따라하기 50

① [C3] 셀을 선택한 후 [수식 입력줄]에 커서를 이동합니다.

② 수식을 작성한 후 Enter 를 누릅니다.

③ [C3] 셀의 채우기 핸들을 [C8] 셀까지 드래그하여 수식을 복사합니다.

| =HLOOKUP( | MID(B3,3,1), | $B$11:$D$12, | 2, | FALSE) |
|---|---|---|---|---|
| <직급표>의 첫 행에서 값을 검색해야 하므로 HLOOKUP 함수를 입력합니다. | '사원코드'의 왼쪽 세 번째 글자가 table_array의 첫 행에서 찾아져야 합니다. | lookup_value(찾을 값)가 첫 행에 있고 가져올 데이터가 포함되도록 table_array(표 범위)를 지정합니다. | table_array([B11:D12])에서 두 번째 행의 데이터를 가져올 수 있도록 row_index_num에 '2'를 입력합니다. | lookup_value(찾을 값)를 table_array(표 범위)의 첫 행에서 모두 찾을 수 있으므로 range_lookup은 'FALSE'가 됩니다. |

 따라하기 51

① [F3] 셀을 선택한 후 [수식 입력줄]에 커서를 이동합니다.

② 수식을 작성한 후 Enter 를 누릅니다.

```
REPT    :  ×  ✓  fx    =HLOOKUP(C3,$B$12:$D$14,2,FALSE)
                       +HLOOKUP(C3,$B$12:$D$14,3,FALSE)+E3
```

| | A | B | C | D | E | F | G | H | I | J |
|---|---|---|---|---|---|---|---|---|---|---|
| 1 | [표11] | | | | | | ❷ 입력 후 Enter | | | |
| 2 | 성명 | 사원코드 | 50. 직급 | 성별 | 보너스 | 51. 급여 | 52. 야근수당 | 부서 | 53. 총급여 | 54. 세금 |
| 3 | 이주희 | 1-B-12 | 부장 | 여 | 300,000 | FALSE)+E3 | | 기획부 | | |
| 4 | 홍길동 | 1-D-13 | 대리 | 남 | 200,000 | | | 판매부 | | |
| 5 | 이순신 | 2-B-14 | 부장 | 남 | 150,000 | ❶ 클릭 | | 총무부 | | |
| 6 | 김철수 | 2-S-15 | 사원 | 남 | 250,000 | | | 지원부 | | |
| 7 | 이영희 | 3-S-21 | 사원 | 여 | 270,000 | | | 기획부 | | |
| 8 | 김이쁨 | 3-D-22 | 대리 | 여 | 200,000 | | | 판매부 | | |
| 9 | | | | | | | | | | |
| 10 | <직급표> | | | | | <부서수당표> | | | | |
| 11 | 직급코드 | S | D | B | | 부서 | 부서수당 | | | |
| 12 | 직급 | 사원 | 대리 | 부장 | | 기획부 | 100,000 | | | |
| 13 | 기본급 | 1,800,000 | 2,800,000 | 3,000,000 | | 판매부 | 70,000 | | | |
| 14 | 휴가수당 | 200,000 | 250,000 | 300,000 | | 총무부 | 50,000 | | | |
| 15 | | | | | | | | | | |

③ [F3] 셀의 채우기 핸들을 [F8] 셀까지 드래그하여 수식을 복사합니다.

| =HLOOKUP(C3,$B$12:$D$14,2,FALSE) | + HLOOKUP(C3,$B$12:$D$14,3,FALSE) | +E3 |
|---|---|---|
| '직급'을 [B12:D14] 영역의 첫 행에서 찾아 가져올 때엔 두 번째 행에 있는 '기본급'을 가져옵니다. | '직급'을 [B12:D14] 영역의 첫 행에서 찾아 가져올 때엔 세 번째 행에 있는 '휴가수당'을 가져옵니다. | '급여'는 '기본급+휴가수당+보너스'입니다. |

 따라하기 52

① [G3] 셀을 선택한 후 [수식 입력줄]에 커서를 이동합니다.

② 수식을 작성한 후 Enter 를 누릅니다.

```
REPT    :  ×  ✓  fx    =IFERROR(ROUNDUP(
                       F3*VLOOKUP(D3,$A$18:$B$19,2,FALSE),-3),"성별확인")
```

| | A | B | C | D | E | F | G | H | I | J |
|---|---|---|---|---|---|---|---|---|---|---|
| 1 | [표11] | | | | | | ❷ 입력 후 Enter | | | |
| 2 | 성명 | 사원코드 | 50. 직급 | 성별 | 보너스 | 51. 급여 | 52. 야근수당 | 부서 | 53. 총급여 | 54. 세금 |
| 3 | 이주희 | 1-B-12 | 부장 | 여 | 300,000 | 3,600,000 | "성별확인") | 기획부 | | |
| 4 | 홍길동 | 1-D-13 | 대리 | 남 | 200,000 | 3,250,000 | | 판매부 | | |
| 5 | 이순신 | 2-B-14 | 부장 | 남 | 150,000 | 3,450,000 | ❶ 클릭 | 총무부 | | |
| 6 | 김철수 | 2-S-15 | 사원 | 남 | 250,000 | 2,250,000 | | 지원부 | | |
| 7 | 이영희 | 3-S-21 | 사원 | 여 | 270,000 | 2,270,000 | | 기획부 | | |
| 8 | 김이쁨 | 3-D-22 | 대리 | 여 | 200,000 | 3,250,000 | | 판매부 | | |
| 9 | | | | | | | | | | |
| 16 | <야근수당표> | | | | | <세금표> | | | | |
| 17 | 성별 | 수당 | | | | 부터 | 까지 | 세율 | 누진공제 | |
| 18 | 여 | 50% | | | | - | 3,000,000 | 5% | - | |
| 19 | 남 | 37% | | | | 3,000,001 | 4,000,000 | 10% | 50,000 | |
| 20 | | | | | | 4,000,001 | 5,000,000 | 15% | 150,000 | |

③ [G3] 셀의 채우기 핸들을 [G8] 셀까지 드래그하여 수식을 복사합니다.

| =IFERROR( | ROUNDUP(F3*VLOOKUP(D3,$A$18:$B$19,2,FALSE),-3), | "성별확인") |
|---|---|---|
| '성별'을 <야근수당표>에서 정확히 찾지 못했을 경우 오류가 나는 것을 대비해 IFERROR를 먼저 입력합니다. | 급여×성별에 따른 수당을 올림(ROUNDUP)하여 천 단위(digits에 '-3')까지 표시합니다. | 계산한 값이 오류가 났을 경우(value_if_error) '성별확인'이 표시되도록 입력합니다. |

 따라하기 53

① [I3] 셀을 선택한 후 [수식 입력줄]에 커서를 이동합니다.

② 수식을 작성한 후 Enter 를 누릅니다.

`=F3+IFERROR(VLOOKUP(H3,$F$12:$G$14,2,FALSE),0)`

③ [I3] 셀의 채우기 핸들을 [I8] 셀까지 드래그하여 수식을 복사합니다.

| =F3+ | IFERROR( | VLOOKUP(H3,$F$12:$G$14,2,FALSE) | ,0) |
|---|---|---|---|
| '총급여'는 '급여+부서수당'입니다. | IFERROR는 오류를 대비해주기 때문에 바깥쪽에 사용될 확률이 높은 함수입니다. | 부서를 <부서수당표>의 첫 열에서 찾고 가져올 때엔 두 번째 열에 있는 '부서수당' 데이터를 가져옵니다. | '부서'를 <부서수당표>의 첫 열에서 찾지 못하여 오류가 난다면 '급여+0'을 계산하도록 value_if_error에 '0'을 입력합니다. |

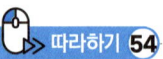 따라하기 54

① [J3] 셀을 선택한 후 [수식 입력줄]에 커서를 이동합니다.

② 수식을 작성한 후 Enter 를 누릅니다.

`=TRUNC(I3*VLOOKUP(I3,$F$18:$I$20,3)-VLOOKUP(I3,$F$18:$I$20,4),-2)`

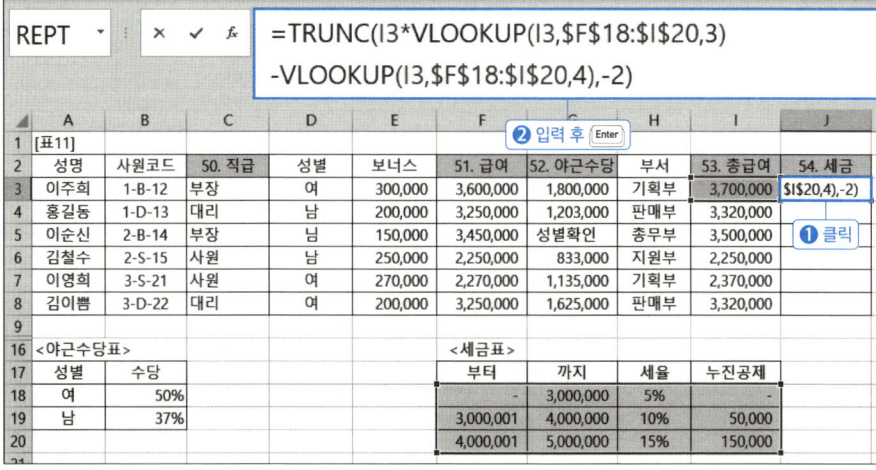

③ [J3] 셀의 채우기 핸들을 [J8] 셀까지 드래그하여 수식을 복사합니다.

| =TRUNC(I3* | VLOOKUP (I3,$F$18:$I$20,3,TRUE) | -VLOOKUP (I3,$F$18:$I$20,4,TRUE) | ,-2) |
|---|---|---|---|
| 세금(총급여×세율-누진공제)은 최종적으로 버림하여 표시해야 하므로 TRUNC 함수를 먼저 입력합니다.<br>(TRUNC는 함수 9번에서 배웠습니다.) | [F18:I20] 영역의 첫 열에서 '총급여'와 같거나 한 단계 작은 값을 찾고 가져올 때엔 '세율'이 있는 세 번째 열의 값을 가져옵니다. | '누진공제'는 <세금표> 네 번째 열(col_index_num에 '4')의 값을 가져오도록 합니다. | 백의 단위까지 표시해야 하므로 digits에 '-2'를 입력합니다. |

### 정답

| | A | B | C | D | E | F | G | H | I | J |
|---|---|---|---|---|---|---|---|---|---|---|
| 1 | [표11] | | | | | | | | | |
| 2 | 성명 | 사원코드 | 50. 직급 | 성별 | 보너스 | 51. 급여 | 52. 야근수당 | 부서 | 53. 총급여 | 54. 세금 |
| 3 | 이주희 | 1-B-12 | 부장 | 여 | 300,000 | 3,600,000 | 1,800,000 | 기획부 | 3,700,000 | 320,000 |
| 4 | 홍길동 | 1-D-13 | 대리 | 남 | 200,000 | 3,250,000 | 1,203,000 | 판매부 | 3,320,000 | 282,000 |
| 5 | 이순신 | 2-B-14 | 부장 | 남 | 150,000 | 3,450,000 | | 성별확인 | 3,500,000 | 300,000 |
| 6 | 김철수 | 2-S-15 | 사원 | 남 | 250,000 | 2,250,000 | 833,000 | 지원부 | 2,250,000 | 112,500 |
| 7 | 이영희 | 3-S-21 | 사원 | 여 | 270,000 | 2,270,000 | 1,135,000 | 기획부 | 2,370,000 | 118,500 |
| 8 | 김이쁨 | 3-D-22 | 대리 | 여 | 200,000 | 3,250,000 | 1,625,000 | 판매부 | 3,320,000 | 282,000 |
| 9 | | | | | | | | | | |
| 10 | <직급표> | | | | | <부서수당표> | | | | |
| 11 | 직급코드 | S | D | B | | 부서 | 부서수당 | | | |
| 12 | 직급 | 사원 | 대리 | 부장 | | 기획부 | 100,000 | | | |
| 13 | 기본급 | 1,800,000 | 2,800,000 | 3,000,000 | | 판매부 | 70,000 | | | |
| 14 | 휴가수당 | 200,000 | 250,000 | 300,000 | | 총무부 | 50,000 | | | |
| 15 | | | | | | | | | | |
| 16 | <야근수당표> | | | | | <세금표> | | | | |
| 17 | 성별 | 수당 | | | | 부터 | 까지 | 세율 | 누진공제 | |
| 18 | 여 | 50% | | | | - | 3,000,000 | 5% | - | |
| 19 | 남 | 37% | | | | 3,000,001 | 4,000,000 | 10% | 50,000 | |
| 20 | | | | | | 4,000,001 | 5,000,000 | 15% | 150,000 | |

50. =HLOOKUP(MID(B3,3,1),$B$11:$D$12,2,FALSE)
51. =HLOOKUP(C3,$B$12:$D$14,2,FALSE)
    +HLOOKUP(C3,$B$12:$D$14,3,FALSE)+E3
52. =IFERROR(ROUNDUP(F3*VLOOKUP(D3,$A$18:$B$19,2,FALSE),-3), "성별확인")
53. =F3+IFERROR(VLOOKUP(H3,$F$12:$G$14,2,FALSE),0)
54. =TRUNC(I3*VLOOKUP(I3,$F$18:$I$20,3,TRUE)
    -VLOOKUP(I3,$F$18:$I$20,4,TRUE),-2)

### 문제 유형 8  '함수8' 워크시트에서 작업하시오.

55. [표12]의 비행기 요금[B3:D5]과 지역코드표[A8:D9]를 이용하여 김포에서 제주까지의 비행기요금[H3]을 구하시오.
    ▶ INDEX와 HLOOKUP 함수 사용

56. 현재 연도와 [표13]의 생일[B13:B20]을 이용하여 연령을 계산하고, 할인율표[G12:H15]에서 연령에 해당하는 할인율을 찾아 할인율[C13:C20]에 표시하시오.
    ▶ 연령 : 현재 연도 – 생일 연도
    ▶ VLOOKUP, YEAR, TODAY 함수 사용

57. [표13]에서 이용횟수와 항공사를 이용하여 이용횟수 순위[G19:G20]에 해당하는 항공사[H19:H20]를 표시하시오.
    ▶ 이용횟수가 가장 큰 값이 1위임
    ▶ VLOOKUP, LARGE 함수 사용

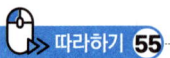

① [H3] 셀을 선택한 후 [수식 입력줄]에 커서를 이동합니다.

② 수식을 작성한 후 Enter 를 누릅니다.

`=INDEX(B3:D5,HLOOKUP(F3,B8:D9,2,FALSE),HLOOKUP(G3,B8:D9,2,FALSE))`

| =INDEX(B3:D5, | HLOOKUP(F3,B8:D9,2,FALSE), | HLOOKUP(G3,B8:D9,2,FALSE)) |
|---|---|---|
| 최종적으로 가져올 데이터가 있는 범위를 array(범위)에 지정합니다. (INDEX는 함수 42번에서 배웠습니다.) | '지역'에 따른 '코드'를 array(범위)의 행 번호로 지정합니다. | '지역'에 따른 '코드'를 array(범위)의 열 번호로 지정합니다. |

① [C13] 셀을 선택한 후 [수식 입력줄]에 커서를 이동합니다.

② 수식을 작성한 후 Enter 를 누릅니다.

`=VLOOKUP(YEAR(TODAY())-YEAR(B13),$G$13:$H$15,2,TRUE)`

③ [C13] 셀의 채우기 핸들을 [C20] 셀까지 드래그하여 수식을 복사합니다.

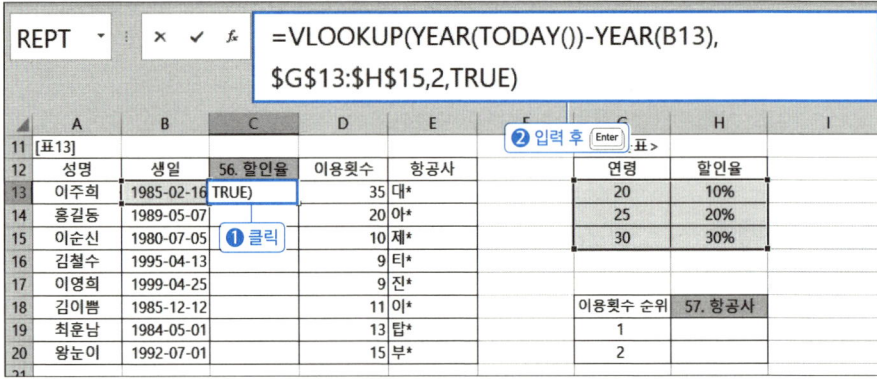

**주희쌤 Tip**
TODAY 함수로 인해 결과가 달라 보일 수 있습니다.

| =VLOOKUP( | YEAR(TODAY())-YEAR(B13), | $G$13:$H$15, | 2, | TRUE) |
|---|---|---|---|---|
| <할인율표>의 첫 열에서 값을 검색하므로 VLOOKUP 함수를 먼저 입력합니다. | lookup_value(찾을 값)인 '연령'은 현재 날짜(TODAY)의 연도(YEAR)에서 생일의 연도(YEAR)를 빼서 계산합니다. (TODAY는 함수 19번, YEAR는 고급필터6 시트에서 배웠습니다.) | lookup_value(찾을 값)가 첫 열에 있고 가져올 데이터도 포함되도록 table_array(표 범위)를 지정합니다. | 가져올 때엔 table_array(표 범위)에서 두 번째 열(col_index_num에 '2')의 값을 가져오도록 합니다. | lookup_value(찾을 값)를 table_array(표 범위)의 첫 열에서 정확하게 모두 찾을 수 없기 때문에 range_lookup(옵션)은 'TRUE'입니다. |

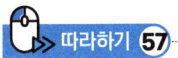

① [H19] 셀을 선택한 후 [수식 입력줄]에 커서를 이동합니다.

② 수식을 작성한 후 Enter 를 누릅니다.

③ [H19] 셀의 채우기 핸들을 [H20] 셀까지 드래그하여 수식을 복사합니다.

| =VLOOKUP( | LARGE($D$13:$D$20,G19), $D$13:$E$20, | 2,FALSE) |
|---|---|---|
| '이용횟수' 숫자에 따른 '항공사'를 가져와야 하므로 VLOOKUP 함수를 먼저 입력합니다. | k번째로 큰 수(LARGE)가 첫 열에 있고 가져올 '항공사'도 포함되도록 table_array(표 범위)를 지정해야 합니다. | lookup_value(찾을 값)를 table_array(표 범위)의 첫 열에서 정확하게 찾았을 때 table_array(표 범위)의 두 번째 열(col_index_num에 '2')의 값을 반환합니다. |

55. =INDEX(B3:D5,HLOOKUP(F3,B8:D9,2,FALSE), HLOOKUP(G3,B8:D9,2,FALSE))

56. =VLOOKUP(YEAR(TODAY())-YEAR(B13),$G$13:$H$15,2,TRUE)

57. =VLOOKUP(LARGE($D$13:$D$20,G19),$D$13:$E$20,2,FALSE)

## 문제 유형 9    '함수9' 워크시트에서 작업하시오.

⑱ [표14]에서 1월판매량[B3:B11]이 90 이상이면 평가1[D3:D11] 영역에 "최우수", 그렇지 않으면 공백으로 표시하시오.
▶ IF 함수 사용

⑲ [표14]에서 1월판매량[B3:B11]이 90 이상이면 "최우수", 80 이상 90 미만이면 "우수", 70 이상 80 미만이면 "보통", 70 미만이면 공란으로 평가2[E3:E11] 영역에 표시하시오.
▶ IF 함수 사용

⑳ [표14]에서 1월판매량[B3:B11], 2월판매량[C3:C11]이 모두 90 이상이면 "최우수"를, 나머지는 공백으로 평가3[F3:F11]에 표시하시오.
▶ IF, AND, OR, CHOOSE 함수 중 알맞은 함수 사용

㉑ [표14]에서 1월판매량[B3:B11]에 대한 순위를 구하여 1~3위는 "1월우수", 그 외에는 공백으로 평가4[G3:G11]에 표시하시오.
▶ 1월판매량이 가장 많은 사람이 1위
▶ IF, RANK.EQ, COUNTIF, SUMIF 함수 중 알맞은 함수 사용

㉒ [표14]에서 2월판매량[C3:C11]을 기준으로 순위를 구하여 1위는 "2월최우수", 2위는 "2월우수", 나머지는 공란으로 평가5[H3:H11]에 표시하시오.
▶ 순위는 2월판매량이 가장 높은 사람이 1위
▶ IF, RANK.EQ, COUNTIF, SUMIF 함수 중 알맞은 함수 사용

㉓ [표15]에서 4월판매량[B15:B23]이 70 미만이고, 5월판매량[C15:C23]이나 6월판매량[D15:D23]이 80 미만이면 "미달", 그렇지 않으면 공백으로 미달여부[E15:E23]에 표시하시오.
▶ AND, OR, IF 함수 사용

㉔ [표15]에서 각 월별 판매량([B15:B23], [C15:C23], [D5:D23])이 월별 목표량([K11], [K12], [K13]) 이상일 경우 "모두달성", 나머지는 공백으로 달성여부[F15:F23] 영역에 계산하시오.
▶ IF, AND 함수 사용

㉕ [표15]에서 4월판매량[B15:B23], 5월판매량[C15:C23], 6월판매량[D15:D23]을 이용하여 포상여부[G15:G23]를 표시하시오.
▶ 4월판매량, 5월판매량, 6월판매량이 각각 85 이상이고, 이 세 값의 평균이 90 이상이면 "포상", 그 외에는 "노력"으로 표시
▶ IF, AND, AVERAGE 함수 사용

㉖ [표15]에서 4월판매량, 5월판매량, 6월판매량이 모두 90 이상이면서, 4월~6월 판매량의 합이 275 이상이면 "진급", 그렇지 않으면 공백으로 진급여부[H15:H23]에 표시하시오.
▶ IF, AND, SUM 함수 사용

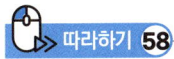 따라하기 58

① [D3] 셀을 선택한 후 [수식 입력줄]에 커서를 이동합니다.

② 수식을 작성한 후 Enter 를 누릅니다.

수식: `=IF(B3>=90,"최우수","")`

③ [D3] 셀의 채우기 핸들을 [D11] 셀까지 드래그하여 수식을 복사합니다.

| =IF(B3>=90, | "최우수", | "") |
|---|---|---|
| '1월판매량'이 90 이상이 맞냐(TRUE), 90 이상이 아니냐(FALSE)에 따라 결과가 달라지므로 IF 함수를 먼저 입력합니다. | 90 이상이 맞다면 '최우수'를 반환하도록 value_if_true에 '최우수'를 입력합니다. | 90 이상이 아닌 경우(FALSE) 나머지는 전부 90 미만이기 때문에 90 미만이 맞는지는 질문하지 않아도 됩니다. 공백, 공란, 빈 칸은 ""로 표시합니다. |

> **주희쌤 Tip**
> IF(logical_test, [value_if_true], [value_if_false])
> logical이 TRUE이면 value_if_true를 반환, FALSE이면 value_if_false를 반환
>
> 예)
> | | A | B |
> |---|---|---|
> | 1 | 수식 | =IF(1+1=5, "컴활", "이주희") |
> | 2 | 결과 | 이주희 |
>
> ↑ '1+1=5'가 TRUE이면 '컴활', FALSE이면 '이주희'를 반환

> **주희쌤 Tip**
> =IF(B3>=90,"최우수")
> 위와 같이 value_if_false를 생략할 경우 조건에 맞지 않으면 공백이 아닌 'FALSE'로 표시됩니다.
>
> 58. 평가1 → 58. 평가1
> 최우수    최우수
>           FALSE
> 최우수    최우수
>           FALSE
> 최우수    최우수
> 최우수    최우수
>           FALSE
>           FALSE
>           FALSE

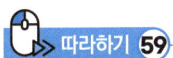 따라하기 59

① [E3] 셀을 선택한 후 [수식 입력줄]에 커서를 이동합니다.

② 수식을 작성한 후 Enter 를 누릅니다.

수식: `=IF(B3>=90,"최우수",IF(B3>=80,"우수",IF(B3>=70,"보통","")))`

> **주희쌤 Tip**
> IFS(logical_test1, value_if_true1, ...)
> logical1이 TRUE이면 value_if_true1, logical2가 TRUE이면 value_if_true2를 반환(앞쪽의 조건이 만족되면 값을 반환하고 뒤에 조건은 무시)
>
> 예)
> | | A | B | C |
> |---|---|---|---|
> | 1 | | [B5] 셀 수식 | |
> | 2 | | =IFS(A5>=90,"A", A5>=80,"B", A5>=70,"C", TRUE,"F") | |
> | 3 | | | |
> | 4 | 데이터 | 결과 | |
> | 5 | 90 | A | |
> | 6 | 79 | C | |
> | 7 | 65 | F | |
>
> ↑ 'A5>=90'이 TRUE이면 'A', 'A5>=80'이 TRUE이면 'B', 'A5>=70'이 TRUE이면 'C', 'TRUE'가 TRUE이면 'F'를 반환

> **주희쌤 Tip**
> 이상<>미만
> 이상(>=)과 미만(<)은 반대(<>)입니다.

## 주희쌤 Tip

59번 문제를 IFS 함수로 풀어보세요.
=IFS(B3>=90,"최우수", B3>=80,"우수", B3>=70,"보통", TRUE,"")

③ [E3] 셀의 채우기 핸들을 [E11] 셀까지 드래그하여 수식을 복사합니다.

| =IF(B3>=90,"최우수", | IF(B3>=80,"우수", | IF(B3>=70,"보통", | ""))) |
|---|---|---|---|
| '1월판매량'이 90 이상이 맞으면(TRUE) '최우수'가 반환되도록 합니다. | 90 이상이 아니라면 80 이상이 맞냐고 한 번 더 질문하기 위해 logical이 또 필요하므로 IF 함수를 입력합니다. | 80 이상이 아니라면 70 이상이 맞냐고 한 번 더 질문하기 위해 logical이 또 필요하므로 IF 함수를 입력합니다. | 90 이상도 아니고 80 이상도 아니고 70 이상도 아닐 경우 나머지는 공란으로 표시하도록 입력합니다. |

### 따라하기 60

① [F3] 셀을 선택한 후 [수식 입력줄]에 커서를 이동합니다.

② 수식을 작성한 후 Enter 를 누릅니다.

## 주희쌤 Tip

'고급필터1' 시트에서 배웠던 부분입니다.

'이고', '인 중에서', '이면서', '모두', '에서 까지', '부터', '그리고', '이며', '이상 이하', '이상 미만' 등이 'And'를 의미합니다.

'이거나', '또는', '한 항목이라도' 등이 'Or'를 의미합니다.

REPT  =IF(AND(B3>=90,C3>=90),"최우수","")

| | A | B | C | D | E | F | G | H | I | J | K |
|---|---|---|---|---|---|---|---|---|---|---|---|
| 1 | [표14] | | | | | | | | | | |
| 2 | 성명 | 1월판매량 | 2월판매량 | 58. 평가1 | 59. 평가2 | 60. 평가3 | 61. 평가4 | 62. 평가5 | | | |
| 3 | 이주희 | 100 | 97 | 최우수 | 최우수 | 우수","") | | | | | |
| 4 | 홍길동 | 86 | 60 | | 우수 | | | | | | |
| 5 | 이순신 | 90 | 94 | 최우수 | 최우수 | | | | | | |
| 6 | 김철수 | 65 | 91 | | | | | | | | |
| 7 | 이영희 | 91 | 91 | 최우수 | 최우수 | | | | | | |
| 8 | 김이쁨 | 92 | 85 | 최우수 | 최우수 | | | | | | |
| 9 | 최훈남 | 69 | 77 | | | | | | | | |
| 10 | 왕눈이 | 75 | 76 | | 보통 | | | | | <목표량표> | |
| 11 | 최햇살 | 69 | 95 | | | | | | | 4월목표량 | 70 |

③ [F3] 셀의 채우기 핸들을 [F11] 셀까지 드래그하여 수식을 복사합니다.

| =IF(AND(B3>=90,C3>=90), | "최우수","") |
|---|---|
| 조건('1월판매량', '2월판매량'이 모두 90 이상)에 맞냐(TRUE), 맞지 않냐(FALSE)에 따라 결과가 달라지므로 IF 함수를 먼저 입력합니다.<br>(AND는 조건부서식2 시트에서 배웠습니다.) | 조건에 맞으면(TRUE) '최우수', 맞지 않으면(FALSE) 공백("")으로 표시되도록 입력합니다. |

### 따라하기 61

① [G3] 셀을 선택한 후 [수식 입력줄]에 커서를 이동합니다.

② 수식을 작성한 후 Enter 를 누릅니다.

## 주희쌤 Tip

RANK.EQ( ) <=3
RANK.EQ의 결과 값이 1, 2, 3 이어야 3 이하를 만족합니다.

## 주희쌤 Tip

수식은 작성하는 방법이 다양하므로 문제에서 제시한 함수를 사용하여 결과가 같다면 정답으로 처리됩니다.
아래와 같이 입력해도 결과는 같습니다.
=IF(RANK.EQ(B3,$B$3:$B$11,0)=1,"1월우수",IF(RANK.EQ(B3,$B$3:$B$11,0)=2,"1월우수",IF(RANK.EQ(B3,$B$3:$B$11,0)=3,"1월우수","")))

REPT  =IF(RANK.EQ(B3,$B$3:$B$11,0)<=3,"1월우수","")

| | A | B | C | D | E | F | G | H | I | J | K |
|---|---|---|---|---|---|---|---|---|---|---|---|
| 1 | [표14] | | | | | | | | | | |
| 2 | 성명 | 1월판매량 | 2월판매량 | 58. 평가1 | 59. 평가2 | 60. 평가3 | 61. 평가4 | 62. 평가5 | | | |
| 3 | 이주희 | 100 | 97 | 최우수 | 최우수 | 최우수 | "") | | | | |
| 4 | 홍길동 | 86 | 60 | | 우수 | | | | | | |
| 5 | 이순신 | 90 | 94 | 최우수 | 최우수 | | | | | | |
| 6 | 김철수 | 65 | 91 | | | | | | | | |
| 7 | 이영희 | 91 | 91 | 최우수 | 최우수 | 최우수 | | | | | |
| 8 | 김이쁨 | 92 | 85 | 최우수 | 최우수 | | | | | | |
| 9 | 최훈남 | 69 | 77 | | | | | | | | |
| 10 | 왕눈이 | 75 | 76 | | 보통 | | | | | <목표량표> | |
| 11 | 최햇살 | 69 | 95 | | | | | | | 4월목표량 | 70 |

③ [G3] 셀의 채우기 핸들을 [G11] 셀까지 드래그하여 수식을 복사합니다.

| =IF(RANK.EQ(B3,$B$3:$B$11,0)<=3, | "1월우수","") |
|---|---|
| IF 함수의 logical_test에 '1월판매량'을 기준으로 순위(RANK.EQ)가 1, 2, 3인지 질문합니다. (RANK.EQ는 함수 32번에서 배웠습니다.) | 조건에 맞으면(TRUE) '1월우수', 맞지 않으면(FALSE) 공백("")으로 표시되도록 입력합니다. |

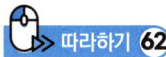 따라하기 62

① [H3] 셀을 선택한 후 [수식 입력줄]에 커서를 이동합니다.

② 수식을 작성한 후 Enter 를 누릅니다.

③ [H3] 셀의 채우기 핸들을 [H11] 셀까지 드래그하여 수식을 복사합니다.

| =IF(RANK.EQ(C3,$C$3:$C$11,0)=1, "2월최우수", | IF(RANK.EQ (C3,$C$3:$C$11,0)=2, | "2월우수","")) |
|---|---|---|
| '2월판매량'을 기준으로 순위를 구하여 '1'이 나오면 '2월최우수'를 반환합니다. | 순위가 '1'이 아닐 경우 한 번 더 질문하기 위해 logical이 또 필요하므로 IF 함수를 입력합니다. | 순위가 '2'일 경우 '2월우수'를 반환하고 나머지는 공란을 반환하도록 입력합니다. |

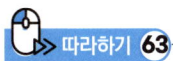 따라하기 63

① [E15] 셀을 선택한 후 [수식 입력줄]에 커서를 이동합니다.

② 수식을 작성한 후 Enter 를 누릅니다.

③ [E15] 셀의 채우기 핸들을 [E23] 셀까지 드래그하여 수식을 복사합니다.

---

**주희쌤 Tip**

쉼표(,)가 있을 경우

예 'A'가 3 이상이고 'B'가 "사과"이거나 "딸기"인 데이터

=AND( A>=3,
  OR(B="사과", B="딸기") )

위의 수식은 아래와 같이 입력했을 때 결과가 동일합니다.

| A | B |
|---|---|
| >=3 | 사과 |
| >=3 | 딸기 |

예 'A'가 3 이상이면서 'B' 또는 'C'가 5 이상인 데이터

=AND( A>=3,
  OR(B>=5, C>=5) )

위의 수식은 아래와 같이 입력했을 때 결과가 동일합니다.

| A | B | C |
|---|---|---|
| >=3 | >=5 | |
| >=3 | | >=5 |

(쉼표가 없을 때) 두 개의 필드에 조건이 하나인 경우

예 'A'나 'B'가 5 이상이면서 'C'가 "사과"인 데이터

=AND( OR(A>=5, B>=5),
  C="사과")

| A | B | C |
|---|---|---|
| >=5 | | 사과 |
| | >=5 | 사과 |

예 'A'가 3 이상이고 'B' 또는 'C'가 5 이상인 데이터

=AND( A>=3,
  OR(B>=5, C>=5) )

| A | B | C |
|---|---|---|
| >=3 | >=5 | |
| >=3 | | >=5 |

| =IF( | AND(B15<70,OR(C15<80,D15<80)), | "미달","" ) |
|---|---|---|
| 조건에 맞냐(TRUE), 맞지 않냐(FALSE)에 따라 결과가 달라지므로 IF 함수를 먼저 입력합니다. | 조건은 'AND('4월판매량'이 70 미만이고, OR('5월판매량'이 80 미만이나 '6월판매량'이 80 미만))'입니다. | 조건에 맞으면(TRUE) '미달', 맞지 않으면(FALSE) 공백("")을 반환하도록 value_if_true, value_if_false에 각각 입력합니다. |

 따라하기 64

① [F15] 셀을 선택한 후 [수식 입력줄]에 커서를 이동합니다.

② 수식을 작성한 후 Enter 를 누릅니다.

수식: `=IF(AND(B15>=$K$11,C15>=$K$12,D15>=$K$13),"모두달성","")`

| | A | B | C | D | E | F | G | H | I | J | K |
|---|---|---|---|---|---|---|---|---|---|---|---|
| 10 | 왕눈이 | 75 | 76 | | 보통 | | | | | <목표량표> | |
| 11 | 최햇살 | 69 | 95 | | | | | 2월우수 | | 4월목표량 | 70 |
| 12 | | | | | | | | | | 5월목표량 | 80 |
| 13 | [표15] | | | | | | | | | 6월목표량 | 90 |
| 14 | 성명 | 4월판매량 | 5월판매량 | 6월판매량 | 63. 미달여부 | 64. 달성여부 | 65. 포상여부 | 66. 진급여부 | | | |
| 15 | 이주희 | 100 | 97 | 96 | | "") | | | | | |
| 16 | 홍길동 | 86 | 60 | 71 | | | | | | | |
| 17 | 이순신 | 90 | 95 | 70 | | | | | | | |
| 18 | 김철수 | 65 | 91 | 65 | 미달 | | | | | | |
| 19 | 이영희 | 90 | 91 | 95 | | | | | | | |
| 20 | 김이쁨 | 92 | 85 | 75 | | | | | | | |
| 21 | 최훈남 | 69 | 77 | 74 | 미달 | | | | | | |
| 22 | 왕눈이 | 75 | 76 | 76 | | | | | | | |
| 23 | 최햇살 | 69 | 95 | 69 | 미달 | | | | | | |

③ [F15] 셀의 채우기 핸들을 [F23] 셀까지 드래그하여 수식을 복사합니다.

| =IF(AND(B15>=$K$11,C15>=$K$12,D15>=$K$13), | "모두달성","") |
|---|---|
| 수식을 복사하여도 참조되는 셀이 움직이지 않아야 할 때 F4를 눌러 절대 참조로 변경합니다. | 조건에 맞으면(TRUE) '모두달성', 맞지 않으면(FALSE) 공백("")을 반환하도록 value_if_true, value_if_false에 각각 입력합니다. |

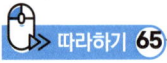 따라하기 65

① [G15] 셀을 선택한 후 [수식 입력줄]에 커서를 이동합니다.

② 수식을 작성한 후 Enter 를 누릅니다.

수식: `=IF(AND(B15>=85,C15>=85,D15>=85,AVERAGE(B15:D15)>=90),"포상","노력")`

| | A | B | C | D | E | F | G | H | I | J | K |
|---|---|---|---|---|---|---|---|---|---|---|---|
| 13 | [표15] | | | | | | | | | 6월목표량 | 90 |
| 14 | 성명 | 4월판매량 | 5월판매량 | 6월판매량 | 63. 미달여부 | 64. 달성여부 | 65. 포상여부 | 66. 진급여부 | | | |
| 15 | 이주희 | 100 | 97 | 96 | | 모두달성 | "노력") | | | | |
| 16 | 홍길동 | 86 | 60 | 71 | | | | | | | |
| 17 | 이순신 | 90 | 95 | 70 | | | | | | | |
| 18 | 김철수 | 65 | 91 | 65 | 미달 | | | | | | |
| 19 | 이영희 | 90 | 91 | 95 | | 모두달성 | | | | | |
| 20 | 김이쁨 | 92 | 85 | 75 | | | | | | | |
| 21 | 최훈남 | 69 | 77 | 74 | 미달 | | | | | | |
| 22 | 왕눈이 | 75 | 76 | 76 | | | | | | | |
| 23 | 최햇살 | 69 | 95 | 69 | 미달 | | | | | | |

③ [G15] 셀의 채우기 핸들을 [G23] 셀까지 드래그하여 수식을 복사합니다.

| =IF(AND(B15>=85,C15>=85,D15>=85,AVERAGE(B15:D15)>=90), | "포상","노력") |
|---|---|
| 조건은 'AND('4월판매량'>=85, '5월판매량'>=85, '6월판매량'>=85, AVERAGE('4월판매량', '5월판매량', '6월판매량')>=90)'입니다. | 조건에 맞으면(TRUE) '포상', 맞지 않으면(FALSE) '노력'으로 표시되도록 입력합니다. |

 따라하기 66

① [H15] 셀을 선택한 후 [수식 입력줄]에 커서를 이동합니다.

② 수식을 작성한 후 Enter 를 누릅니다.

수식: =IF(AND(B15>=90,C15>=90,D15>=90,SUM(B15:D15)>=275),"진급","")

| | A | B | C | D | E | F | G | H | I | J | K |
|---|---|---|---|---|---|---|---|---|---|---|---|
| 13 | [표15] | | | | | | | | | 6월목표량 | 90 |
| 14 | 성명 | 4월판매량 | 5월판매량 | 6월판매량 | 63. 미달여부 | 64. 달성여부 | 65. 포상여부 | 66. 진급여부 | | | |
| 15 | 이주희 | 100 | 97 | 96 | | 모두달성 | 포상 | "진급","" | | | |
| 16 | 홍길동 | 86 | 60 | 71 | | | 노력 | | | | |
| 17 | 이순신 | 90 | 95 | 70 | | | 노력 | | | | |
| 18 | 김철수 | 65 | 91 | 65 | 미달 | | 노력 | | | | |
| 19 | 이영희 | 90 | 91 | 95 | | 모두달성 | 포상 | | | | |
| 20 | 김이쁨 | 92 | 85 | 75 | | | 노력 | | | | |
| 21 | 최훈남 | 69 | 77 | 74 | 미달 | | 노력 | | | | |
| 22 | 왕눈이 | 75 | 76 | 76 | | | 노력 | | | | |
| 23 | 최햇살 | 69 | 95 | 69 | 미달 | | 노력 | | | | |

③ [H15] 셀의 채우기 핸들을 [H23] 셀까지 드래그하여 수식을 복사합니다.

| =IF(AND(B15>=90,C15>=90,D15>=90,SUM(B15:D15)>=275), | "진급","") |
|---|---|
| 조건은 'AND('4월판매량'>=90, '5월판매량'>=90, '6월판매량'>=90, SUM('4월판매량', '5월판매량', '6월판매량')>=275)'입니다. | 조건에 맞으면(TRUE) '진급', 맞지 않으면(FALSE) 공백("")으로 표시되도록 입력합니다. |

**정답**

| | A | B | C | D | E | F | G | H | I | J | K |
|---|---|---|---|---|---|---|---|---|---|---|---|
| 1 | [표14] | | | | | | | | | | |
| 2 | 성명 | 1월판매량 | 2월판매량 | 58. 평가1 | 59. 평가2 | 60. 평가3 | 61. 평가4 | 62. 평가5 | | | |
| 3 | 이주희 | 100 | 97 | 최우수 | 최우수 | 최우수 | 1월우수 | 2월최우수 | | | |
| 4 | 홍길동 | 86 | 60 | | 우수 | | | | | | |
| 5 | 이순신 | 90 | 94 | 최우수 | 최우수 | 최우수 | | | | | |
| 6 | 김철수 | 65 | 91 | | | | | | | | |
| 7 | 이영희 | 91 | 91 | 최우수 | 최우수 | 최우수 | 1월우수 | | | | |
| 8 | 김이쁨 | 92 | 85 | 최우수 | 최우수 | | 1월우수 | | | | |
| 9 | 최훈남 | 69 | 77 | | | | | | | | |
| 10 | 왕눈이 | 75 | 76 | | 보통 | | | | | <목표량표> | |
| 11 | 최햇살 | 69 | 95 | | | | 2월우수 | | | 4월목표량 | 70 |
| 12 | | | | | | | | | | 5월목표량 | 80 |
| 13 | [표15] | | | | | | | | | 6월목표량 | 90 |
| 14 | 성명 | 4월판매량 | 5월판매량 | 6월판매량 | 63. 미달여부 | 64. 달성여부 | 65. 포상여부 | 66. 진급여부 | | | |
| 15 | 이주희 | 100 | 97 | 96 | | 모두달성 | 포상 | 진급 | | | |
| 16 | 홍길동 | 86 | 60 | 71 | | | 노력 | | | | |
| 17 | 이순신 | 90 | 95 | 70 | | | 노력 | | | | |
| 18 | 김철수 | 65 | 91 | 65 | 미달 | | 노력 | | | | |
| 19 | 이영희 | 90 | 91 | 95 | | 모두달성 | 포상 | 진급 | | | |
| 20 | 김이쁨 | 92 | 85 | 75 | | | 노력 | | | | |
| 21 | 최훈남 | 69 | 77 | 74 | 미달 | | 노력 | | | | |
| 22 | 왕눈이 | 75 | 76 | 76 | | | 노력 | | | | |
| 23 | 최햇살 | 69 | 95 | 69 | 미달 | | 노력 | | | | |

58. =IF(B3>=90,"최우수","")

59. =IF(B3>=90,"최우수",IF(B3>=80,"우수",IF(B3>=70,"보통","")))

60. =IF(AND(B3>=90,C3>=90),"최우수","")
61. =IF(RANK.EQ(B3,$B$3:$B$11,0)<=3,"1월우수","")
62. =IF(RANK.EQ(C3,$C$3:$C$11,0)=1,"2월최우수",IF(RANK.EQ(C3,$C$3:$C$11,0)=2, "2월우수",""))
63. =IF(AND(B15<70,OR(C15<80,D15<80)),"미달","")
64. =IF(AND(B15>=$K$11,C15>=$K$12,D15>=$K$13),"모두달성","")
65. =IF(AND(B15>=85,C15>=85,D15>=85,AVERAGE(B15:D15)>=90),"포상","노력")
66. =IF(AND(B15>=90,C15>=90,D15>=90,SUM(B15:D15)>=275),"진급","")

## 문제 유형 10 '함수10' 워크시트에서 작업하시오.

(67) [표16]의 야근횟수[B3:B8]에서 보너스지급기준[A11]을 뺀 값이 5 이상이면 "보너스지급", 5 미만 3 이상이면 "약간부족", 3 미만이면 공백으로 야근보너스[C3:C8]에 표시하시오.
▶ IF, COUNTIF, AVERAGEIF 중 알맞은 함수 사용

(68) [표16]에서 7월[D3:D8], 8월[E3:E8], 9월[F3:F8]의 평균이 80 이상이고, 야근횟수[B3:B8]가 10 이상이면 "포상"을, 그렇지 않으면 공란을 포상여부[G3:G8]에 표시하시오.
▶ IF, AND, AVERAGE 함수 사용

(69) [표16]에서 직원별 7월~9월의 표준편차가 전체 판매량[D3:F8]의 표준편차 보다 크면 "편차큼", 그 외에는 공백을 편차비교[H3:H8]에 표시하시오.
▶ IF, STDEV.S 함수 사용

(70) [표16]에서 입사일[I3:I8]의 연도가 2025년 이거나 2026년이면 "신입"을, 그 외에는 공백을 신입1[J3:J8]에 표시하시오.
▶ IF, OR, YEAR 함수 사용

(71) [표17]에서 사번[A15:A20]을 이용하여 신입2[B15:B20]를 표시하시오.
▶ 사번의 3번째 숫자가 짝수이면 "신입", 홀수이면 "경력"으로 표시
▶ IF, MOD, MID 함수 사용

(72) [표17]에서 10월[C15:C20], 11월[D15:D20], 12월[E15:E20]이 각각 90 이상이면 "우수", 그 외에는 공백으로 평가1[F15:F20]에 표시하시오.
▶ IF, COUNTIF 함수 사용

(73) [표17]에서 10월[C15:C20], 11월[D15:D20], 12월[E15:E20]이 각각 90 이상이면 "우수", 그 외에는 공백으로 평가2[G15:G20]에 표시하시오.
▶ IF, MIN 함수 사용

(74) [표17]에서 10월[C15:C20]이 10월의 중간값 미만이면 "노력", 그렇지 않으면 공백으로 10월평가[H15:H20]에 표시하시오.
▶ IF, MEDIAN 함수 사용

75. [표17]에서 11월[D15:D20]에 대한 순위를 구하여 1위는 "1등", 2위는 "2등", 3위는 "3등", 그 외에는 공백으로 11월평가[I15:I20]에 표시하시오.
   ▶ 11월이 가장 큰 값이 1등
   ▶ IF, RANK.EQ 함수와 연산자 & 사용

76. [표17]에서 12월[E15:E20]을 기준으로 가장 큰 값은 "12월최고", 가장 작은 값은 "12월최저", 그 외에는 공백으로 12월평가[J15:J20]에 표시하시오.
   ▶ IF, MAX, MIN 함수 사용

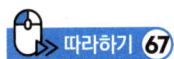 따라하기 67

① [C3] 셀을 선택한 후 [수식 입력줄]에 커서를 이동합니다.

② 수식을 작성한 후 Enter 를 누릅니다.

| | A | B | C | D | E | F | G | H | I | J |
|---|---|---|---|---|---|---|---|---|---|---|
| 1 | [표16] | 이주희회사 직원 판매량 내역 | | | | | | | | |
| 2 | 성명 | 야근횟수 | 67. 야근보너스 | 7월 | 8월 | 9월 | 68. 포상여부 | 69. 편차비교 | 입사일 | 70. 신입1 |
| 3 | 이주희 | 13 | "")) | 100 | 97 | 96 | | | 2025-02-01 | |
| 4 | 홍길동 | 7 | | 86 | 60 | 71 | | | 2024-03-29 | |
| 5 | 이순신 | 10 | | 90 | 95 | 70 | | | 2026-04-03 | |
| 6 | 김철수 | 11 | | 65 | 91 | 65 | | | 2026-01-20 | |
| 7 | 이영희 | 4 | | 90 | 91 | 95 | | | 2024-02-08 | |
| 8 | 김이쁨 | 9 | | 69 | 77 | 74 | | | 2026-02-16 | |
| 9 | | | | | | | | | | |
| 10 | 보너스지급기준 | | | | | | | | | |
| 11 | 5 | | | | | | | | | |

수식: =IF(B3-$A$11>=5,"보너스지급",IF(B3-$A$11>=3,"약간부족",""))

③ [C3] 셀의 채우기 핸들을 [C8] 셀까지 드래그하여 수식을 복사합니다.

| =IF(B3-$A$11>=5,"보너스지급", | IF(B3-$A$11>=3,"약간부족","")) |
|---|---|
| 보너스지급기준(A11)는 수식을 복사했을 때 함께 이동되면 안 되므로 F4 를 눌러 절대 참조로 변경합니다. | 이상(>=)이 아닌 경우(FALSE) 나머지는 미만(<)이기 때문에 미만이 맞는지는 질문하지 않았습니다. |

 따라하기 68

① [G3] 셀을 선택한 후 [수식 입력줄]에 커서를 이동합니다.

② 수식을 작성한 후 Enter 를 누릅니다.

수식: =IF(AND(AVERAGE(D3:F3)>=80,B3>=10),"포상","")

| | A | B | C | D | E | F | G | H | I | J |
|---|---|---|---|---|---|---|---|---|---|---|
| 1 | [표16] | 이주희회사 직원 판매량 내역 | | | | | | | | |
| 2 | 성명 | 야근횟수 | 67. 야근보너스 | 7월 | 8월 | 9월 | 68. 포상여부 | 69. 편차비교 | 입사일 | 70. 신입1 |
| 3 | 이주희 | 13 | 보너스지급 | 100 | 97 | 96 | "포상","") | | 2025-02-01 | |
| 4 | 홍길동 | 7 | | 86 | 60 | 71 | | | 2024-03-29 | |
| 5 | 이순신 | 10 | 보너스지급 | 90 | 95 | 70 | | | 2026-04-03 | |
| 6 | 김철수 | 11 | 보너스지급 | 65 | 91 | 65 | | | 2026-01-20 | |
| 7 | 이영희 | 4 | | 90 | 91 | 95 | | | 2024-02-08 | |
| 8 | 김이쁨 | 9 | 약간부족 | 69 | 77 | 74 | | | 2026-02-16 | |

### 주희쌤 Tip

**상대 참조**
수식을 복사했을 때 참조 셀이 함께 이동됩니다.

| | A | B | C |
|---|---|---|---|
| 1 | 참조 셀 | 결과 | |
| 2 | 10 | 11 | →=A2+1 |
| 3 | 20 | 21 | →=A3+1 |
| 4 | 30 | 31 | →=A4+1 |
| 5 | 40 | 41 | →=A5+1 |

**절대 참조**
수식을 복사했을 때 참조 셀이 함께 이동되지 않습니다.

| | A | B | C |
|---|---|---|---|
| 1 | 참조 셀 | 결과 | |
| 2 | 10 | 11 | →=$A$2+1 |
| 3 | 20 | 11 | →=$A$2+1 |
| 4 | 30 | 11 | →=$A$2+1 |
| 5 | 40 | 11 | →=$A$2+1 |

③ [G3] 셀의 채우기 핸들을 [G8] 셀까지 드래그하여 수식을 복사합니다.

| =IF(AND(AVERAGE(D3:F3)>=80,B3>=10), | "포상","") |
|---|---|
| 조건은 'AND(AVERAGE('7월', '8월', '9월')>=80, '야근횟수'>=10)'입니다. | 조건에 맞으면(TRUE) '포상', 맞지 않으면(FALSE) 공란("")이 반환되도록 value_if_true, value_if_false에 각각 입력합니다. |

 따라하기 69

① [H3] 셀을 선택한 후 [수식 입력줄]에 커서를 이동합니다.

② 수식을 작성한 후 Enter 를 누릅니다.

=IF(STDEV.S(D3:F3)>STDEV.S($D$3:$F$8),"편차큼","")

③ [H3] 셀의 채우기 핸들을 [H8] 셀까지 드래그하여 수식을 복사합니다.

| =IF(STDEV.S(D3:F3)>STDEV.S($D$3:$F$8), | "편차큼","") |
|---|---|
| 조건은 '직원별 7, 8, 9월의 표준편차 > 전체 판매량 (D3:F8)의 표준편차'입니다.<br>(STDEV.S는 함수 30번에서 배웠습니다.) | 조건에 맞으면(TRUE) '편차큼', 맞지 않으면(FALSE) 공백("")이 반환되도록 value_if_true, value_if_false에 각각 입력합니다. |

 따라하기 70

① [J3] 셀을 선택한 후 [수식 입력줄]에 커서를 이동합니다.

② 수식을 작성한 후 Enter 를 누릅니다.

=IF(OR(YEAR(I3)=2025,YEAR(I3)=2026),"신입","")

③ [J3] 셀의 채우기 핸들을 [J8] 셀까지 드래그하여 수식을 복사합니다.

| =IF(OR(YEAR(I3)=2025,YEAR(I3)=2026), | "신입","") |
|---|---|
| 조건은 'OR(YEAR(입사일)=2025, YEAR(입사일)=2026)'입니다. | 조건에 맞으면(TRUE) '신입', 맞지 않으면(FALSE) 공백("")이 반환되도록 value_if_true, value_if_false에 각각 입력합니다. |

 따라하기 71

① [B15] 셀을 선택한 후 [수식 입력줄]에 커서를 이동합니다.

② 수식을 작성한 후 Enter 를 누릅니다.

수식: `=IF(MOD(MID(A15,3,1),2)=0,"신입","경력")`

❷ 입력 후 Enter
❶ 클릭

③ [B15] 셀의 채우기 핸들을 [B20] 셀까지 드래그하여 수식을 복사합니다.

| =IF(MOD(MID(A15,3,1),2)=0, | "신입","경력") |
|---|---|
| 피제수(number)를 제수(divisor) '2'로 나눴을 때 나머지(MOD)가 '0'이면 피제수는 짝수입니다. (MOD는 함수 33번에서 배웠습니다.) | 짝수이면 '신입', 짝수가 아니면(홀수) '경력'이 반환되도록 value_if_true, value_if_false에 각각 입력합니다. |

 따라하기 72

① [F15] 셀을 선택한 후 [수식 입력줄]에 커서를 이동합니다.

② 수식을 작성한 후 Enter 를 누릅니다.

수식: `=IF(COUNTIF(C15:E15,">=90")=3,"우수","")`

❷ 입력 후 Enter
❶ 클릭

> **주희쌤 Tip**
> 10월, 11월, 12월이 각각 90 이상
> = 10월 90 이상, 11월 90 이상, 12월 90 이상
> = 셋 다 90 이상
> = 90 이상이 3개

③ [F15] 셀의 채우기 핸들을 [F20] 셀까지 드래그하여 수식을 복사합니다.

| =IF(COUNTIF(C15:E15,">=90")=3, | "우수","") |
|---|---|
| '10월', '11월', '12월'이 각각 90 이상이라는 것은 90 이상이 3개라는 의미입니다. | 조건에 맞으면(TRUE) '우수', 맞지 않으면(FALSE) 공백("")이 반환되도록 value_if_true, value_if_false에 각각 입력합니다. |

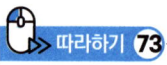

① [G15] 셀을 선택한 후 [수식 입력줄]에 커서를 이동합니다.

② 수식을 작성한 후 Enter 를 누릅니다.

| =IF(MIN(C15:E15)>=90, | "우수", "") |
|---|---|
| 세 값 모두 90 이상('10월'>=90, '11월'>=90, '12월'>=90)은 제일 작아봤자(최소) 90 이상이어야 한다는 것입니다. | 조건에 맞으면(TRUE) '우수', 맞지 않으면(FALSE) 공백("")이 반환되도록 value_if_true, value_if_false에 각각 입력합니다. |

③ [G15] 셀의 채우기 핸들을 [G20] 셀까지 드래그하여 수식을 복사합니다.

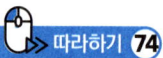

① [H15] 셀을 선택한 후 [수식 입력줄]에 커서를 이동합니다.

② 수식을 작성한 후 Enter 를 누릅니다.

③ [H15] 셀의 채우기 핸들을 [H20] 셀까지 드래그하여 수식을 복사합니다.

| =IF(C15<MEDIAN($C$15:$C$20), | "노력", "") |
|---|---|
| 조건은 '개인별 '10월' 값 < 전체 '10월'(C15:C20) 중간 값'입니다. | 조건에 맞으면(TRUE) '노력', 맞지 않으면(FALSE) 공백("")이 반환되도록 value_if_true, value_if_false에 각각 입력합니다. |

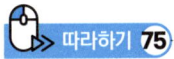 따라하기 75

① [I15] 셀을 선택한 후 [수식 입력줄]에 커서를 이동합니다.

② 수식을 작성한 후 Enter 를 누릅니다.

수식: `=IF(RANK(D15,$D$15:$D$20,0)<=3,RANK(D15,$D$15:$D$20,0)&"등","")`

③ [I15] 셀의 채우기 핸들을 [I20] 셀까지 드래그하여 수식을 복사합니다.

| =IF(RANK.EQ(D15,$D$15:$D$20,0)<=3, RANK.EQ(D15,$D$15:$D$20,0) & "등", | "") |
|---|---|
| 순위(RANK.EQ)가 1, 2, 3이 반환(<=3)되면 순위 1, 2, 3에 '등'을 연결(&)하여 표시합니다. | 순위가 4, 5, 6이면 '<=3'에 만족하지 않으므로 (FALSE) 공백("")이 반환되도록 value_if_false에 입력합니다. |

 따라하기 76

① [J15] 셀을 선택한 후 [수식 입력줄]에 커서를 이동합니다.

② 수식을 작성한 후 Enter 를 누릅니다.

수식: `=IF(MAX($E$15:$E$20)=E15,"12월최고",IF(MIN($E$15:$E$20)=E15,"12월최저",""))`

> **주희쌤 Tip**
> 'MAX($E$15:$E$20)=E15'와 'E15=MAX($E$15:$E$20)'는 같습니다.

③ [J15] 셀의 채우기 핸들을 [J20] 셀까지 드래그하여 수식을 복사합니다.

`=IF(MAX($E$15:$E$20)=E15,"12월최고",IF(MIN($E$15:$E$20)=E15,"12월최저",""))`

개인별 '12월' 값이 전체(E15:E20) '12월' 중 가장 크면(MAX) '12월최고', 가장 작으면(MIN) '12월최저', 나머지는 공백("")이 표시되도록 입력합니다.

정답

| | A | B | C | D | E | F | G | H | I | J |
|---|---|---|---|---|---|---|---|---|---|---|
| 1 | [표16] | 이주희회사 직원 판매량 내역 | | | | | | | | |
| 2 | 성명 | 야근횟수 | 67. 야근보너스 | 7월 | 8월 | 9월 | 68. 포상여부 | 69. 편차비교 | 입사일 | 70. 신입1 |
| 3 | 이주희 | 13 | 보너스지급 | 100 | 97 | 96 | 포상 | | 2025-02-01 | 신입 |
| 4 | 홍길동 | 7 | | 86 | 60 | 71 | | | 2024-03-29 | |
| 5 | 이순신 | 10 | 보너스지급 | 90 | 95 | 70 | 포상 | 편차큼 | 2026-04-03 | 신입 |
| 6 | 김철수 | 11 | 보너스지급 | 65 | 91 | 65 | | 편차큼 | 2026-01-20 | 신입 |
| 7 | 이영희 | 4 | | 90 | 91 | 95 | | | 2024-02-08 | |
| 8 | 김이쁨 | 9 | 약간부족 | 69 | 77 | 74 | | | 2026-02-16 | 신입 |
| 9 | | | | | | | | | | |
| 10 | 보너스지급기준 | | | | | | | | | |
| 11 | 5 | | | | | | | | | |
| 12 | | | | | | | | | | |
| 13 | [표17] | | | | | | | | | |
| 14 | 사번 | 71. 신입2 | 10월 | 11월 | 12월 | 72. 평가1 | 73. 평가2 | 74. 10월평가 | 75. 11월평가 | 76. 12월평가 |
| 15 | a-22-1 | 신입 | 97 | 100 | 96 | 우수 | 우수 | | 1등 | 12월최고 |
| 16 | a-21-2 | 신입 | 60 | 86 | 71 | | | 노력 | | |
| 17 | a-33-2 | 경력 | 95 | 91 | 70 | | | | 2등 | |
| 18 | b-11-1 | 경력 | 91 | 65 | 65 | | | | | 12월최저 |
| 19 | b-22-2 | 신입 | 91 | 90 | 95 | 우수 | 우수 | | 3등 | |
| 20 | b-31-1 | 경력 | 77 | 69 | 74 | | | 노력 | | |

67. =IF(B3-$A$11 > =5,"보너스지급",IF(B3-$A$11 > =3,"약간부족",""))
68. =IF(AND(AVERAGE(D3:F3) > =80,B3 >=10),"포상","")
69. =IF(STDEV.S(D3:F3) > STDEV.S($D$3:$F$8),"편차큼","")
70. =IF(OR(YEAR(I3)=2014,YEAR(I3)=2015),"신입","")
71. =IF(MOD(MID(A15,3,1),2)=0,"신입","경력")
72. =IF(COUNTIF(C15:E15," >=90")=3,"우수","")
73. =IF(MIN(C15:E15) > =90,"우수","")
74. =IF(C15 < MEDIAN($C$15:$C$20),"노력","")
75. =IF(RANK.EQ(D15,$D$15:$D$20,0) < =3,RANK.EQ(D15,$D$15:$D$20,0) & "등","")
76. =IF(MAX($E$15:$E$20)=E15,"12월최고",
    IF(MIN($E$15:$E$20)=E15,"12월최저",""))

## 문제 유형 11 '함수11' 워크시트에서 작업하시오.

⑦ [표18]에서 사번[B3:B9]의 맨 앞의 2개의 글자가 "se"이면 "서울", "bu"이면 "부산", "je"이면 "제주"로 지역[C3:C9]에 표시하시오.
  ▶ IF, LEFT 함수 사용

⑱ [표18]에서 사번[B3:B9]의 끝 문자가 1이면 "부장", 2이면 "대리", 3이면 "사원"으로 직급[D3:D9]에 표시하시오.
  ▶ RIGHT, IF 함수 사용

⑲ [표18]에서 주민등록번호[E3:E9]를 이용하여 성별[F3:F9]을 표시하시오.
  ▶ 주민등록번호의 여덟 번째 숫자가 1 또는 3이면 "남", 2 또는 4이면 "여"로 표시
  ▶ IF, OR, MID 함수 사용

⑳ [표18]에서 주민등록번호[E3:E9]의 앞 6자리를 이용하여 생년월일[G3:G9]을 표시하시오.
  ▶ 주민등록번호의 1~2번째 자리는 연도, 3~4번째 자리는 월, 5~6번째 자리는 일의 의미임
  ▶ 주민등록번호의 8번째 자리가 1 또는 2이면 맨 앞에 "19"를 붙이고, 3 또는 4이면 맨 앞에 "20"을 붙임
  ▶ 표시 예 : 1990년02월16일
  ▶ IF, LEFT, MID 함수와 연산자 & 사용

 따라하기 77

① [C3] 셀을 선택한 후 [수식 입력줄]에 커서를 이동합니다.

② 수식을 작성한 후 Enter 를 누릅니다.

```
=IF(LEFT(B3,2)="se","서울",
IF(LEFT(B3,2)="bu","부산","제주"))
```

③ [C3] 셀의 채우기 핸들을 [C9] 셀까지 드래그하여 수식을 복사합니다.

| =IF(LEFT(B3,2)="se","서울", | IF(LEFT(B3,2)="bu","부산", | "제주")) |
|---|---|---|
| '사번' 맨 앞의 두 개의 글자가 'se'면 '서울'을 반환합니다. | '사번' 맨 앞의 두 개의 글자가 'bu'면 '부산'을 반환합니다. | 'se'도 아니고 'bu'도 아닐 경우 나머지는 전부 'je'이기 때문에 따로 'je'가 맞는지는 질문하지 않았습니다. |

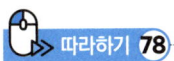 따라하기 78

① [D3] 셀을 선택한 후 [수식 입력줄]에 커서를 이동합니다.

② 수식을 작성한 후 Enter 를 누릅니다.

```
=IF(RIGHT(B3,1)="1","부장",
IF(RIGHT(B3,1)="2","대리","사원"))
```

> **주희쌤 Tip**
> '조건부서식7' 시트에서 배웠던 부분입니다.
>
> LEFT 함수는 시작(왼쪽, 첫) 글자를 찾을 때, RIGHT 함수는 마지막(오른쪽, 끝) 글자를 찾을 때, MID 함수는 중간부터 글자를 찾을 때 주로 이용합니다.

> **주희쌤 Tip**
>
> | | A | B |
> |---|---|---|
> | 1 | 데이터 | 12345678 |
> | 2 | | |
> | 3 | 수식 | =RIGHT(B1, 1) |
> | 4 | 결과 | 8 ← 문자이므로 왼쪽 정렬 |
>
> LEFT, RIGHT, MID로 추출한 결과는 문자이므로 비교를 할 때에는 문자와 비교해야 합니다.

③ [D3] 셀의 채우기 핸들을 [D9] 셀까지 드래그하여 수식을 복사합니다.

| =IF(RIGHT(B3,1)="1","부장", | IF(RIGHT(B3,1)="2","대리", | "사원")) |
|---|---|---|
| '사번'의 끝 글자가 '1'이면 '부장'을 반환합니다. RIGHT 함수로 추출한 결과는 문자이므로 문자("1")와 비교해야 합니다. | '사번'의 끝 글자가 '2'이면 '대리'를 반환합니다. | '1'도 아니고 '2'도 아닐 경우 나머지는 전부 '3'이기 때문에 따로 '3'이 맞는지는 질문하지 않았습니다. |

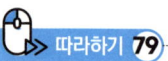 따라하기 79

① [F3] 셀을 선택한 후 [수식 입력줄]에 커서를 이동합니다.

② 수식을 작성한 후 Enter 를 누릅니다.

| | A | B | C | D | E | F | G | H | I | J |
|---|---|---|---|---|---|---|---|---|---|---|
| | | | | | | =IF(OR(MID(E3,8,1)="1",MID(E3,8,1)="3"),"남","여") | | | | |
| 1 | [표18] | | | | | | | | | |
| 2 | 성명 | 사번 | 77. 지역 | 78. 직급 | 주민등록번호 | 79. 성별 | 80. 생년월일 | | | |
| 3 | 이주희 | se-b-1 | 서울 | 부장 | 900216-2234567 | "남","여") | | | | |
| 4 | 홍길동 | bu-d-2 | 부산 | 대리 | 010507-4121421 | | | | | |
| 5 | 이순신 | je-s-3 | 제주 | 사원 | 880705-1212412 | | | | | |
| 6 | 김철수 | se-d-2 | 서울 | 대리 | 000413-3421459 | | | | | |
| 7 | 이영희 | bu-s-3 | 부산 | 사원 | 900425-2567841 | | | | | |
| 8 | 김이쁨 | je-b-1 | 제주 | 부장 | 001212-4454710 | | | | | |
| 9 | 최훈남 | je-s-3 | 제주 | 사원 | 880501-1781420 | | | | | |

③ [F3] 셀의 채우기 핸들을 [F9] 셀까지 드래그하여 수식을 복사합니다.

| =IF(OR(MID(E3,8,1)="1",MID(E3,8,1)="3"), | "남","여") |
|---|---|
| 조건은 'OR('주민등록번호'의 여덟 번째 글자가 '1', '주민등록번호'의 여덟 번째 글자가 '3')'입니다. | '1' 또는 '3'이 아닐 경우 나머지는 전부 '2' 또는 '4'이기 때문에 따로 '2' 또는 '4'가 맞는지는 질문하지 않았습니다. |

 따라하기 80

① [G3] 셀을 선택한 후 [수식 입력줄]에 커서를 이동합니다.

② 수식을 작성한 후 Enter 를 누릅니다.

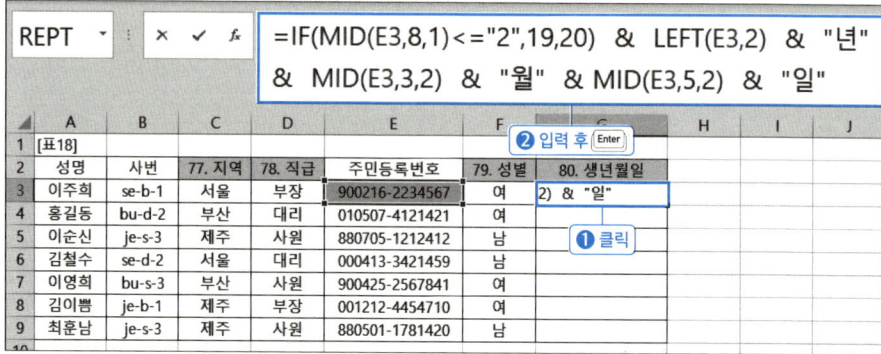

③ [G3] 셀의 채우기 핸들을 [G9] 셀까지 드래그하여 수식을 복사합니다.

| =IF(MID(E3,8,1)<="2",19,20) | & LEFT(E3,2) & "년" & MID(E3,3,2) & "월" & MID(E3,5,2) & "일" |
|---|---|
| '주민등록번호'의 여덟 번째 글자가 '1', '2'이면(<=2) '19', 아니면 '20'을 표시합니다. | 앞에서 정해진 '19'나 '20'에 '주민등록번호'의 왼쪽 두 개 글자, '주민등록번호'의 세 번째부터 두 개 글자, '주민등록번호'의 다섯 번째부터 두 개 글자를 연결하여 표시합니다. |

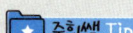 주희쌤 Tip

배운 함수의 인수는 최대한 채워주고, 안 배운 함수의 인수에 대괄호([ ])가 있다면 그 인수는 생략하면서 함수를 추측하면 됩니다.

예를 들어,
SUBSTITUTE(text, old_text, new_text, [instance_num])
'SUBSTITUTE(text, old_text, new_text, [instance_num])' 함수는 old_text를 new_text로 변경해주는 함수인데 instance_num는 익숙하지 않은 인수입니다.
그런데 instance_num 인수는 양옆에 대괄호([ ])가 있으니 생략이 가능하여 생략하면서 함수를 추측하면 됩니다.
혹은 함수 마법사를 이용하여 인수에 대한 설명을 읽으셔도 됩니다.

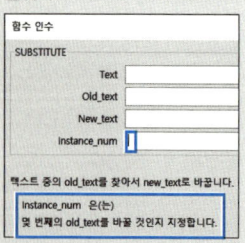

| | A | B | C | D | E | F | G |
|---|---|---|---|---|---|---|---|
| 1 | [표18] | | | | | | |
| 2 | 성명 | 사번 | 77. 지역 | 78. 직급 | 주민등록번호 | 79. 성별 | 80. 생년월일 |
| 3 | 이주희 | se-b-1 | 서울 | 부장 | 900216-2234567 | 여 | 1990년02월16일 |
| 4 | 홍길동 | bu-d-2 | 부산 | 대리 | 010507-4121421 | 여 | 2001년05월07일 |
| 5 | 이순신 | je-s-3 | 제주 | 사원 | 880705-1212412 | 남 | 1988년07월05일 |
| 6 | 김철수 | se-d-2 | 서울 | 대리 | 000413-3421459 | 남 | 2000년04월13일 |
| 7 | 이영희 | bu-s-3 | 부산 | 사원 | 900425-2567841 | 여 | 1990년04월25일 |
| 8 | 김이쁨 | je-b-1 | 제주 | 부장 | 001212-4454710 | 여 | 2000년12월12일 |
| 9 | 최훈남 | je-s-3 | 제주 | 사원 | 880501-1781420 | 남 | 1988년05월01일 |

77. =IF(LEFT(B3,2)="se","서울",IF(LEFT(B3,2)="bu","부산","제주"))

78. =IF(RIGHT(B3,1)="1","부장",IF(RIGHT(B3,1)="2","대리","사원"))

79. =IF(OR(MID(E3,8,1)="1",MID(E3,8,1)="3"),"남","여")

80. =IF(MID(E3,8,1)<="2",19,20) & LEFT(E3,2) & "년" & MID(E3,3,2) & "월" & MID(E3,5,2) & "일"

컴퓨터활용능력 2급 실기 1권 스프레드시트

# CHAPTER 03

## 분석작업

- Section 01  정렬 및 부분합
- Section 02  데이터 통합
- Section 03  피벗 테이블
- Section 04  데이터 표
- Section 05  시나리오
- Section 06  목표값 찾기

# SECTION 01 정렬 및 부분합

- 부분합은 '부분적으로 계산한다.'라는 의미로 특정 필드의 같은 글자를 그룹화하여 계산합니다. 부분합을 작성하기 전에 정렬을 선행하여 그룹화 할 항목이 묶여져 표시되도록 하겠습니다.
- 준비파일 : 컴활2급 \ 예제 \ 예제(문제) \ 3장_01. 정렬 및 부분합.xlsx

> **주희쌤 Tip**
> 주희쌤 Tip은 꼼꼼히 모두 보세요.

> **주희쌤 Tip**
> '부분합'은 출제된다면 10점짜리 1문제로 출제됩니다.
> 배점이 높고 어렵지 않으니 맞히는 것을 목표로 합니다.

### 문제를 풀기 위하여 꼭 알아둬야 할 부분합 특징

1. 묶어서 계산하려면 묶여져 있어야 한다! 제일 먼저 해야 하는 '정렬'
2. 목록 범위 안에 셀 포인터가 위치한 상태에서 [데이터] 탭-[개요] 그룹-[부분합]
3. 문제에서 '~별'을 찾아 [그룹화할 항목]으로 지정
4. 문제에서 '~의'를 찾아 [부분합 계산 항목]으로 지정
5. 문제에서 '의~'를 찾아 [사용할 함수]로 지정
6. 두 번째 부분합 작성 시 '새로운 값으로 대치'의 선택을 취소

### 문제 유형 1  '부분합1' 워크시트에서 작업하시오.

① <우리회사 실적현황> 표에서 '성별'별 '1분기', '2분기'의 합계와 '전년도'의 평균을 계산하는 부분합을 작성하시오.
  ▶ '성별'에 대한 정렬 기준은 오름차순으로 하시오.
  ▶ '성별'별 '전년도'의 평균은 소수점 이하 1자리로 하시오.
  ▶ "XX 요약"의 형태를 "XX 합계"로 표시하시오.
  ▶ 합계와 평균의 결과 값은 각각 하나의 행에 표시하시오.
  ▶ 합계와 평균은 표시되는 순서에 상관없이 처리하시오.

### 따라하기 ①

① 부분합 작성 전에 정렬하기 위해 [A3:H16] 영역의 임의의 셀을 선택한 후 [데이터] 탭-[정렬 및 필터] 그룹-[정렬]을 클릭합니다.

> **주희쌤 Tip**
> 필드명을 포함한 [A3:H16] 영역을 드래그하여 선택한 후 정렬해도 됩니다.
> '내 데이터에 머리글 표시'가 선택되어 있으므로 정렬 기준에 필드명이 표시되어 있습니다.

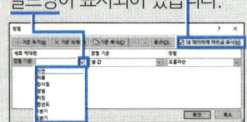

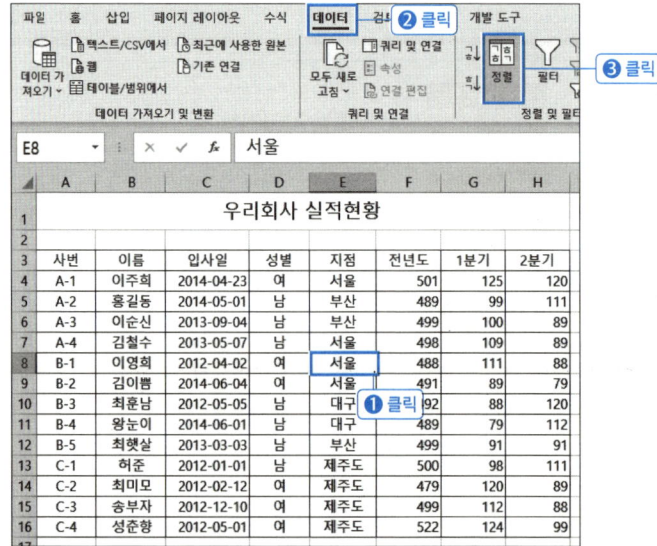

② [정렬] 대화상자가 나타나면 [세로 막대형](열)의 정렬 기준에서 '성별'을 선택하고 [정렬]을 '오름차순'으로 선택한 후 [확인] 단추를 클릭합니다.

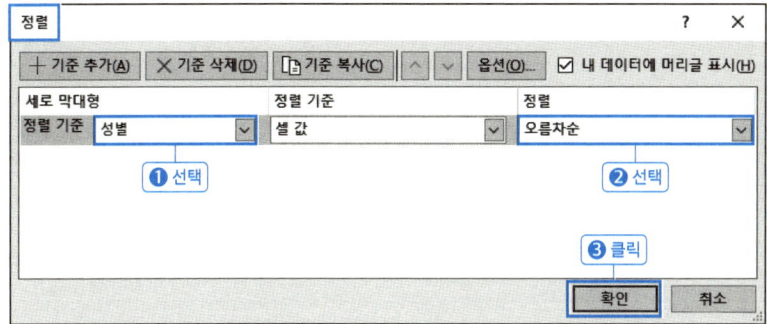

③ 성별을 기준으로 정렬이 된 것을 확인하고 [A3:H16] 영역의 임의의 셀에 셀 포인터가 위치한 상태에서 [데이터] 탭-[개요] 그룹-[부분합]을 클릭합니다.

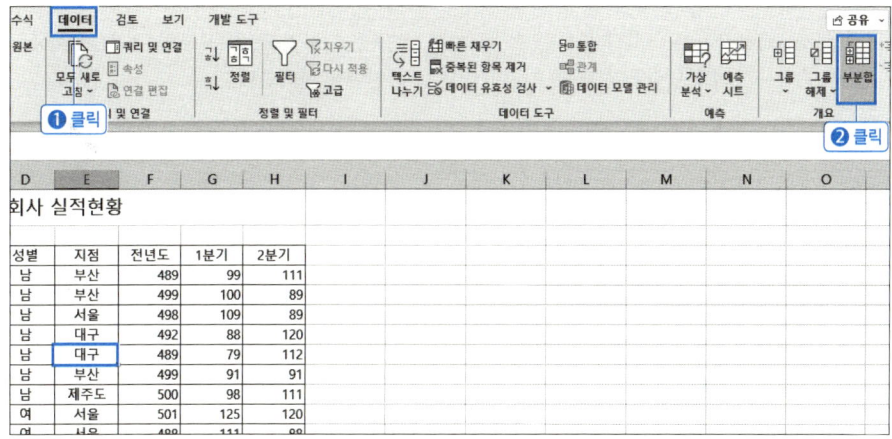

> **주희쌤 Tip**
> [A3:H16] 영역을 드래그하여 선택한 후 부분합을 작성해도 됩니다.

> **주희쌤 Tip**
> 정렬 기준이었던 것이 그룹화할 항목이 됩니다.

> **주희쌤 Tip**
> 정렬을 하지 않고 부분합을 작성하면 전혀 다른 결과가 나타납니다.
>

④ [부분합] 대화상자가 나타나면 [그룹화할 항목]에 '성별', [사용할 함수]에 '합계'를 선택하고, [부분합 계산 항목]에서 '1분기', '2분기'의 확인란을 선택한 후 [확인] 단추를 클릭합니다.

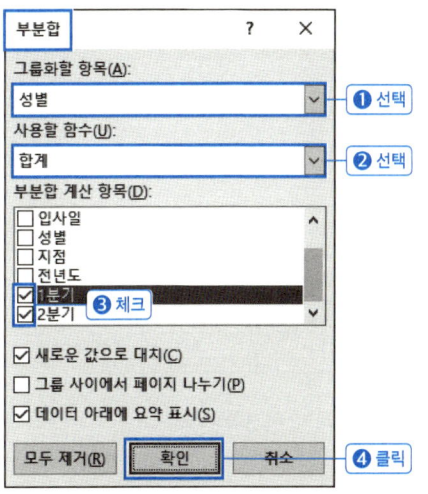

> **주희쌤 Tip**
> 부분합을 제거하고자 할 때에는 [부분합] 대화상자에서 [모두 제거] 단추를 클릭합니다.
>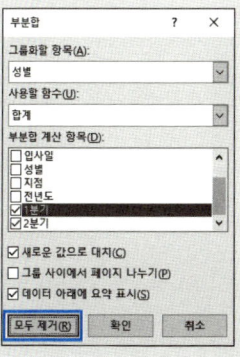

⑤ 평균을 계산하는 부분합을 추가하기 위해 데이터가 있는 임의의 셀에 셀 포인터가 위치한 상태에서 [데이터] 탭-[개요] 그룹-[부분합]을 클릭합니다.

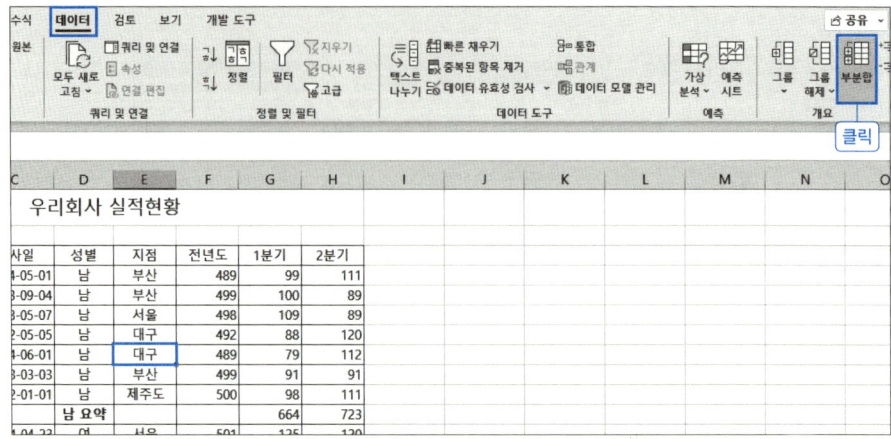

⑥ [부분합] 대화상자가 나타나면 [사용할 함수]를 '평균'으로 변경한 후 [부분합 계산 항목]에서 '1분기', '2분기'의 확인란을 선택 취소하고 '전년도' 확인란을 선택합니다.

⑦ 이어서 '새로운 값으로 대치'의 확인란을 선택 취소한 후 [확인] 단추를 클릭합니다.

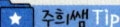
**주희쌤 Tip**

두 번째 부분합 작성 시 '새로운 값으로 대치'의 선택을 취소하지 않으면 처음에 작성한 부분합이 제거됩니다.

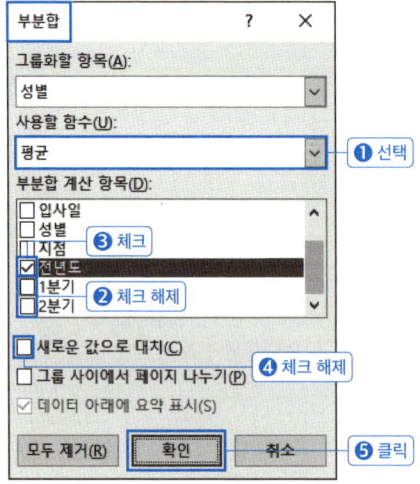

⑧ 부분합이 모두 작성되면 [D12] 셀을 선택한 후 [수식 입력줄]에서 '남 요약'을 '남 합계'로 변경합니다.

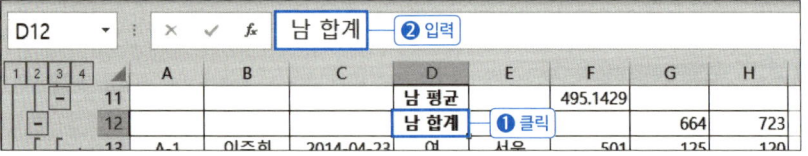

⑨ [D20] 셀을 선택한 후 [수식 입력줄]에서 '여 요약'을 '여 합계'로 변경합니다.

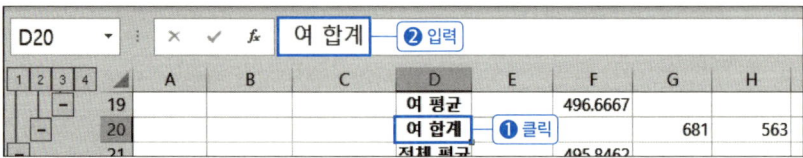

⑩ 평균 값을 소수 첫째 자리까지 표시하기 위해 [F11] 셀, [F19] 셀, [F21] 셀을 Ctrl을 이용해 동시에 선택하고 [홈] 탭-[표시 형식] 그룹-[자릿수 줄임]( )을 3번 클릭합니다.

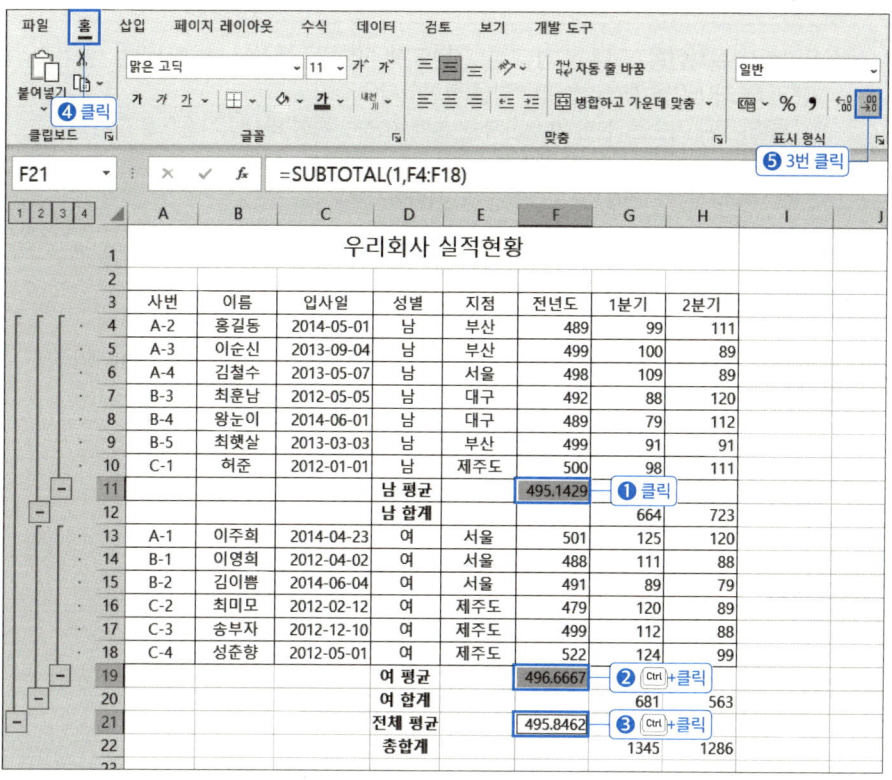

> **주희쌤 Tip**
> Ctrl은 비연속적인 영역을 동시에 선택할 수 있는데 두 번째 영역부터 누르면 됩니다.
> [F11] 셀 클릭 → Ctrl 누른 채 [F19] 셀 클릭 → Ctrl 누른 채 [F21] 셀 클릭

> **주희쌤 Tip**
> [셀 서식] 대화상자에서 소수 자릿수를 지정해도 됩니다.

> **주희쌤 Tip**
> '합계와 평균의 결과 값은 각각 하나의 행에 표시하시오.'는 합계와 평균을 따로 처리해 각각의 행에 표시하라는 의미입니다.
>
> | 남 평균 | | 495.1 | |
> |---|---|---|---|
> | 남 합계 | | 664 | 723 |
>
> '합계와 평균은 표시되는 순서에 상관없이 처리하시오.'는 합계를 먼저 작성해도 되고, 평균을 먼저 작성해도 된다는 의미입니다.

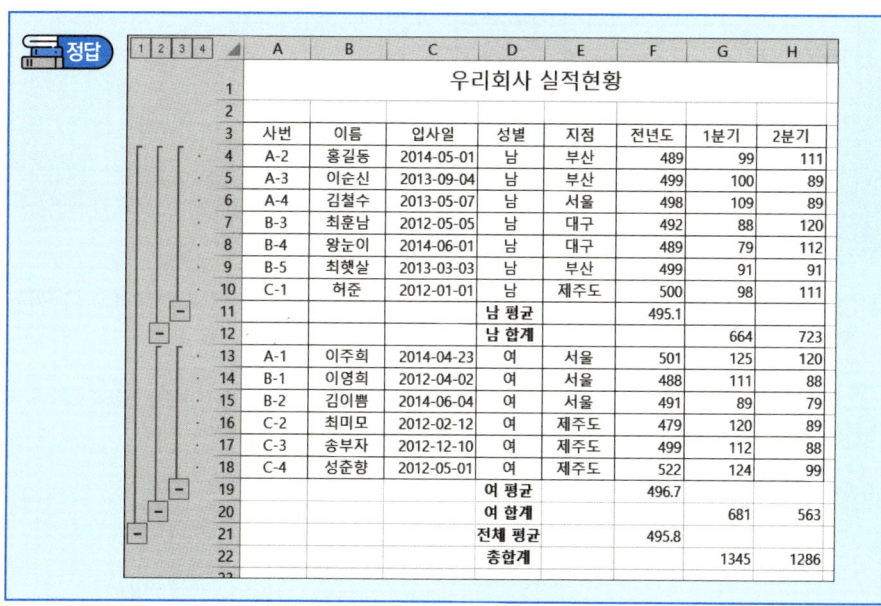

## 문제 유형 2 · '부분합2' 워크시트에서 작업하시오.

❷ '우리회사 실적현황' 표에서 '성별'별 '전년도'의 '평균'을 계산한 후 '지점'별 '1분기'와 '2분기'의 최대값을 계산하는 부분합을 작성하시오.
▶ 정렬의 첫째 기준은 '성별'의 오름차순, 둘째 기준은 '지점'의 내림차순으로 하시오.
▶ 부분합에 '연한 주황, 표 스타일 밝게 3'을 적용하시오.
▶ 평균과 최대값은 위에 명시된 순서대로 처리하시오.

### 따라하기

① 부분합 작성 전에 정렬하기 위해 [A3:H16] 영역의 임의의 셀을 선택한 후 [데이터] 탭-[정렬 및 필터] 그룹-[정렬]을 클릭합니다.

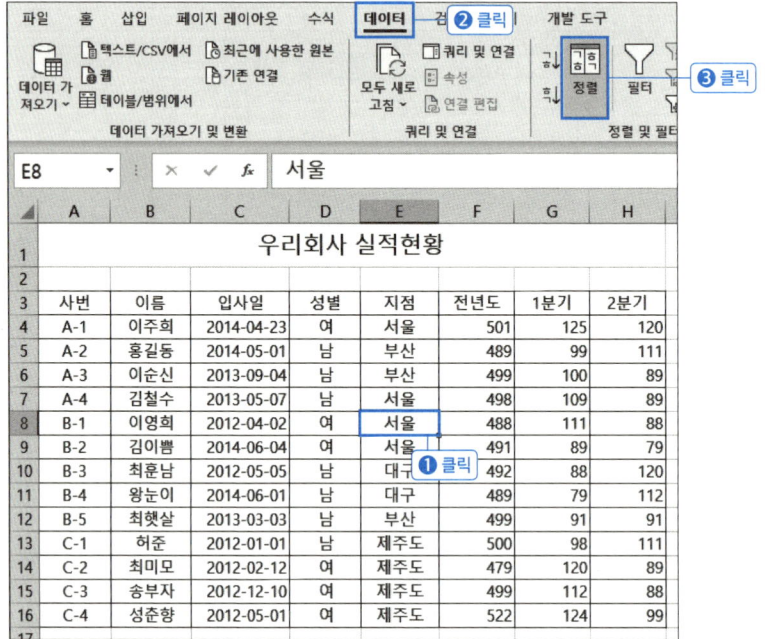

② [정렬] 대화상자가 나타나면 [세로 막대형](열)의 정렬 기준에서 '성별'을 선택하고 [정렬]을 '오름차순'으로 선택합니다.

③ 성별이 같을 경우 한 번 더 정렬하기 위해 [기준 추가] 단추를 클릭합니다.

④ 두 번째 정렬 지정 행이 나타나면 [세로 막대형](열)의 정렬 기준에서 '지점'을 선택하고 [정렬]을 '내림차순'으로 선택한 후 [확인] 단추를 클릭합니다.

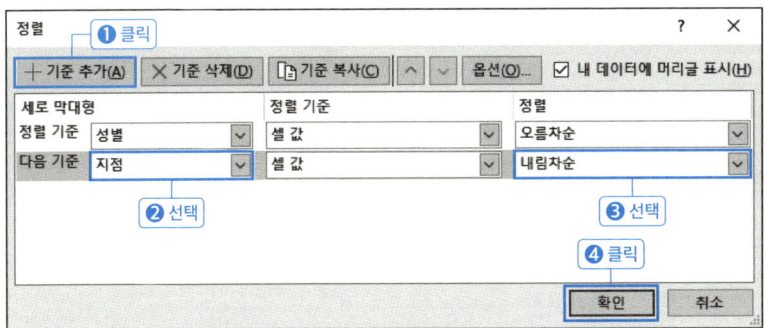

⑤ 성별과 지점으로 정렬이 된 것을 확인하고 [A3:H16] 영역의 임의의 셀에 셀 포인터가 위치한 상태에서 [데이터] 탭-[개요] 그룹-[부분합]을 클릭합니다.

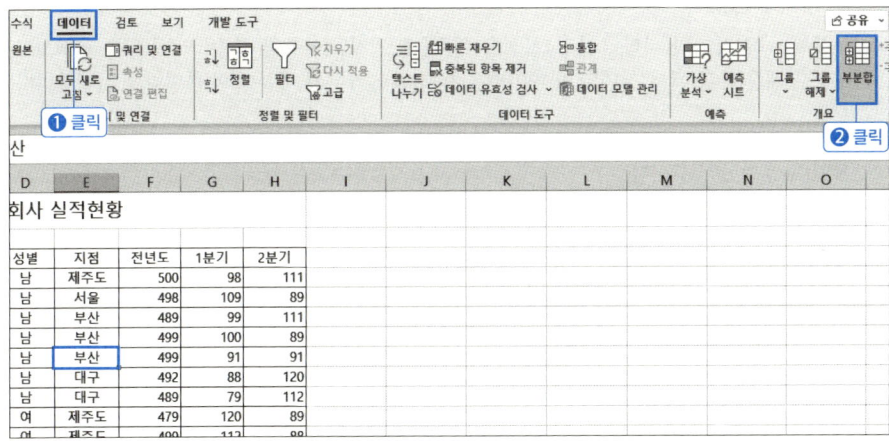

⑥ [부분합] 대화상자가 나타나면 [그룹화할 항목]에 '성별', [사용할 함수]에 '평균'을 선택하고, [부분합 계산 항목]에서 '2분기'의 확인란을 선택 취소, '전년도'의 확인란을 선택한 후 [확인] 단추를 클릭합니다.

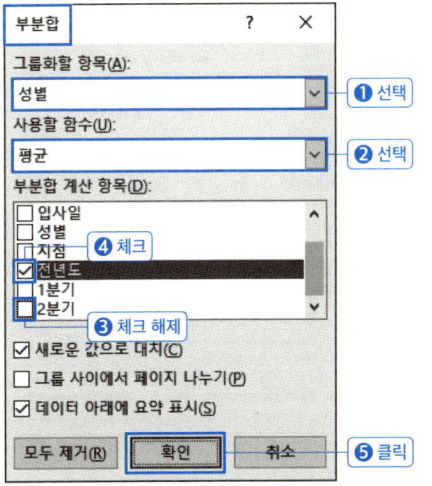

> **주희쌤 Tip**
> [부분합 계산 항목]에서 '2분기' 확인란이 이미 선택되어 있다면 선택을 취소하세요.

> **주희쌤 Tip**
> 문제에 명시된 순서대로 처리하라고 했으므로 평균 먼저 작성해야 합니다.

⑦ 최대값을 계산하는 부분합을 추가하기 위해 데이터가 있는 임의의 셀에 셀 포인터가 위치한 상태에서 [데이터] 탭-[개요] 그룹-[부분합]을 클릭합니다.

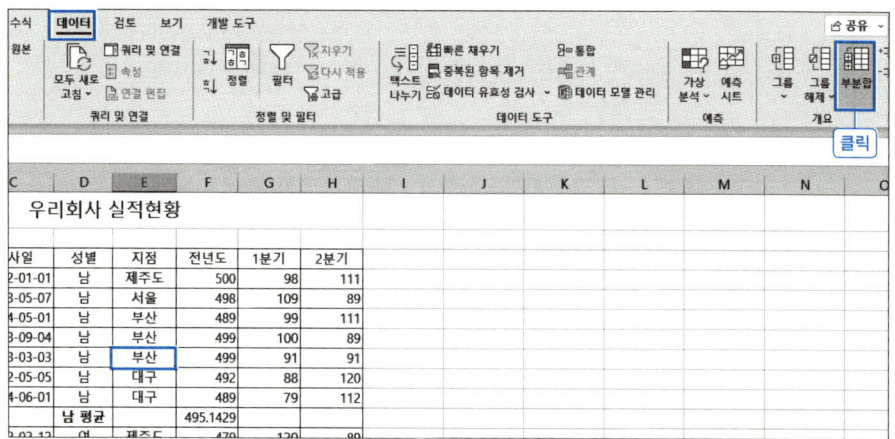

> **주희쌤Tip**
> [부분합 계산 항목]에서 '전년도' 확인란이 이미 선택되어 있다면 선택을 취소하세요.

⑧ [부분합] 대화상자가 나타나면 [그룹화할 항목]에 '지점', [사용할 함수]에 '최대'를 선택하고, [부분합 계산 항목]에서 '전년도'의 확인란을 선택 취소, '1분기', '2분기'의 확인란을 선택합니다.

⑨ 처음에 작성한 부분합이 제거되지 않도록 '새로운 값으로 대치'의 확인란을 선택 취소한 후 [확인] 단추를 클릭합니다.

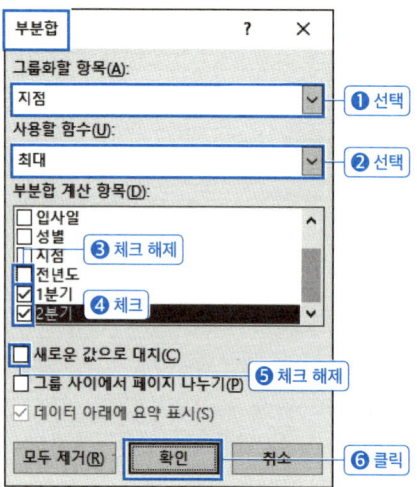

⑩ 부분합이 모두 작성되면 [홈] 탭-[스타일] 그룹-[표 서식]-[연한 주황, 표 스타일 밝게 3]을 클릭합니다.

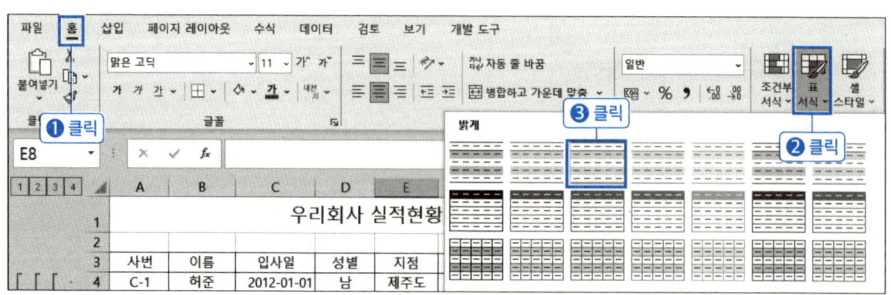

⑪ [표 만들기] 대화상자가 나타나면 [A3:H26] 영역을 드래그하여 지정한 후 [확인] 단추를 클릭합니다.

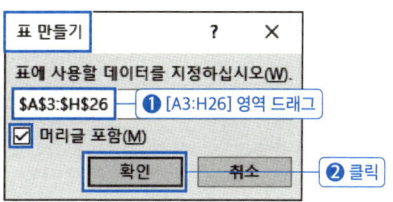

> **주희쌤Tip**
>
> 위와 같이 표시되는 이유는 [표 서식] 대화상자에서 '머리글 포함' 확인란이 선택되어 있지 않았기 때문입니다.

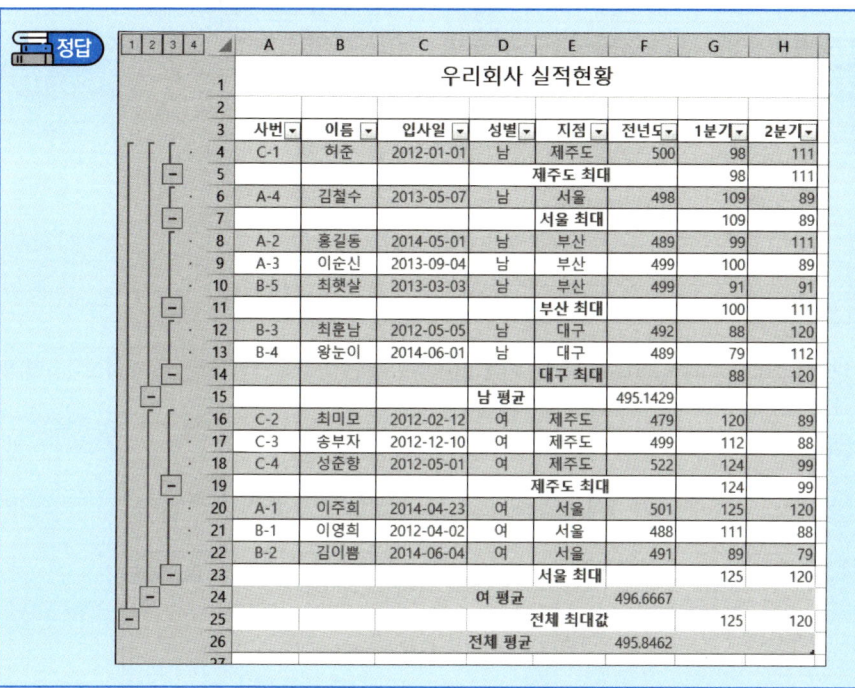

### 문제 유형 3  '부분합3' 워크시트에서 작업하시오.

❸ '우리회사 실적현황' 표에서 '지점'별 '전년도', '1분기'의 최대값과 최소값을 계산하는 부분합을 작성하시오.
  ▶ '지점'에 대한 정렬 기준은 오름차순으로 하시오.
  ▶ 최대값과 최소값은 위에 명시된 순서대로 처리하시오.

① 부분합 작성 전에 정렬하기 위해 [A3:H16] 영역의 임의의 셀을 선택한 후 [데이터] 탭-[정렬 및 필터] 그룹-[정렬]을 클릭합니다.

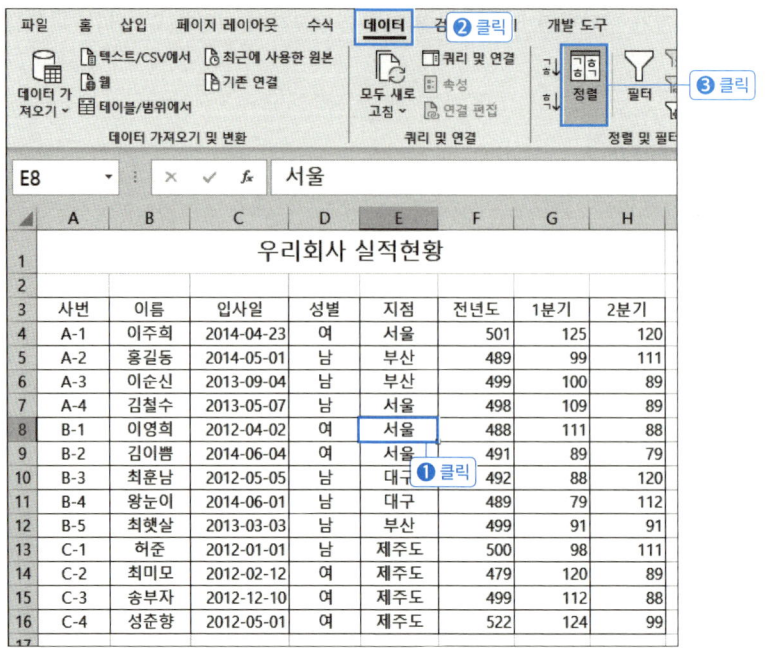

② [정렬] 대화상자가 나타나면 [세로 막대형](열)의 정렬 기준에서 '지점'을 선택하고 [정렬]을 '오름차순'으로 선택한 후 [확인] 단추를 클릭합니다.

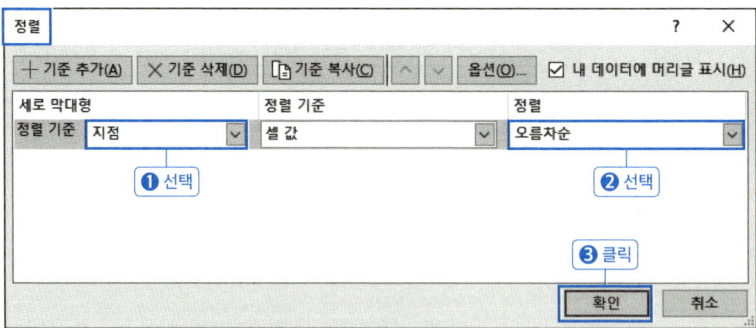

③ 지점을 기준으로 정렬이 된 것을 확인하고 [A3:H16] 영역의 임의의 셀에 셀 포인터가 위치한 상태에서 [데이터] 탭-[개요] 그룹-[부분합]을 클릭합니다.

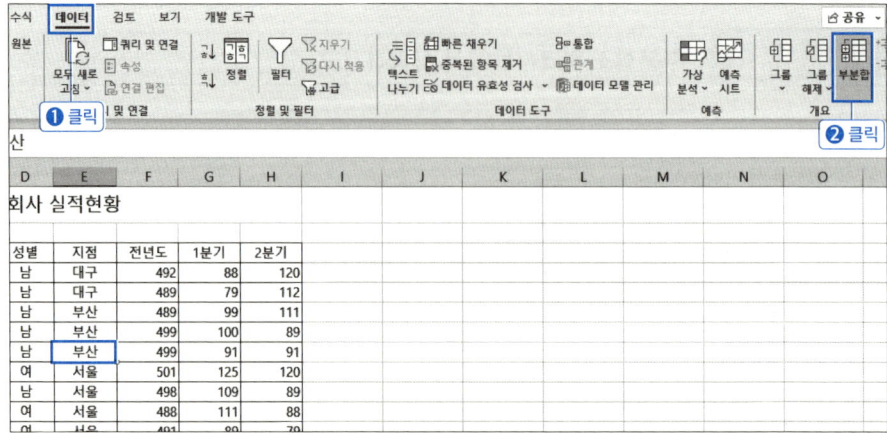

④ [부분합] 대화상자가 나타나면 [그룹화할 항목]에 '지점', [사용할 함수]에 '최대'를 선택하고, [부분합 계산 항목]에서 '2분기'의 확인란을 선택 취소, '전년도', '1분기'의 확인란을 선택한 후 [확인] 단추를 클릭합니다.

> **주희쌤 Tip**
> [부분합 계산 항목]에서 '2분기' 확인란이 이미 선택되어 있다면 선택을 취소하세요.

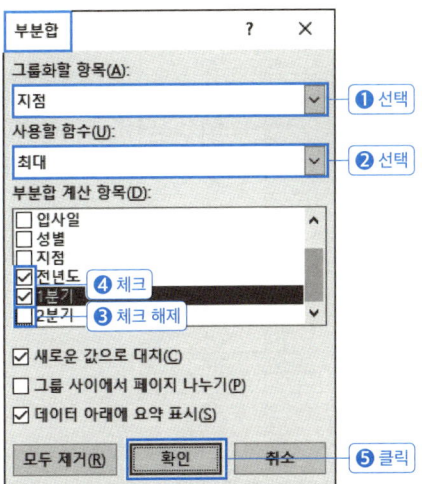

⑤ 최소값을 계산하는 부분합을 추가하기 위해 데이터가 있는 임의의 셀에 셀 포인터가 위치한 상태에서 [데이터] 탭-[개요] 그룹-[부분합]을 클릭합니다.

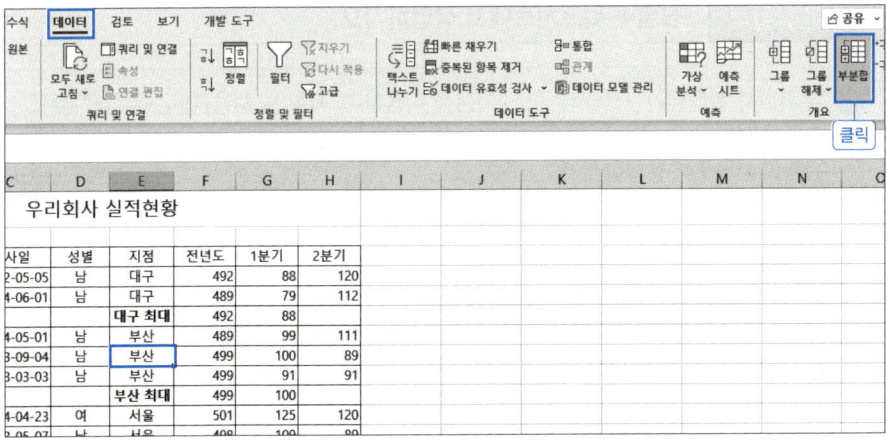

⑥ [부분합] 대화상자가 나타나면 [사용할 함수]를 '최소'로 변경하고 '새로운 값으로 대치'의 확인란을 선택 취소한 후 [확인] 단추를 클릭합니다.

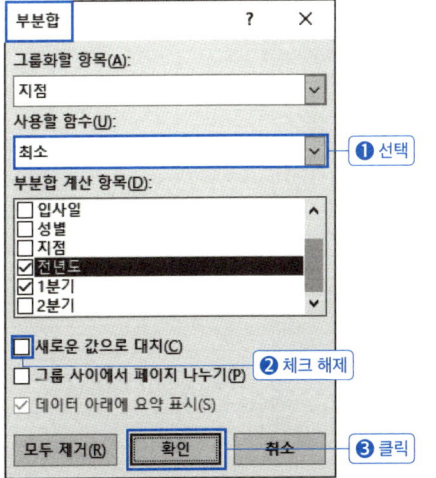

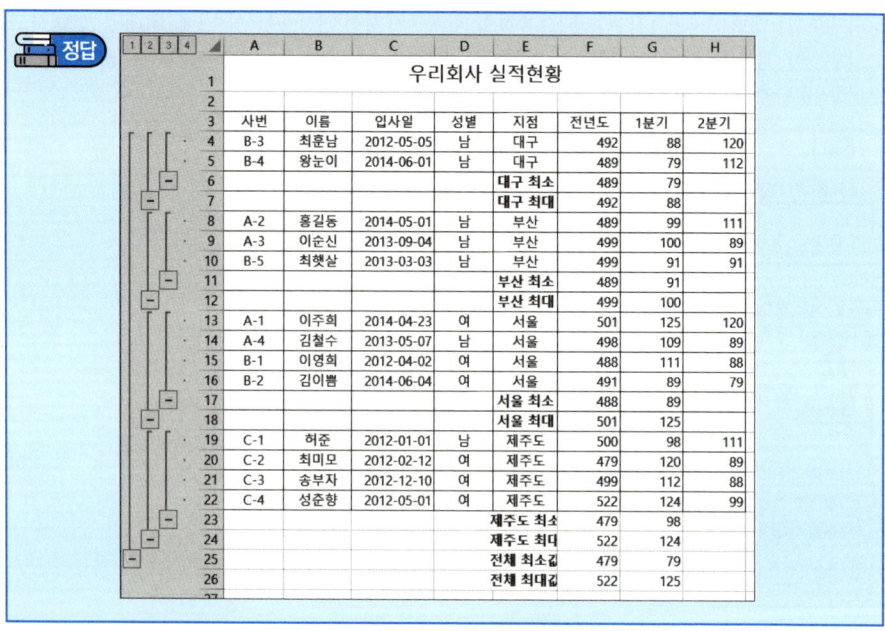

## 문제 유형 4  '정렬4' 워크시트에서 작업하시오.

④ '우리회사 실적현황' 표에서 [정렬] 기능을 이용하여 '지점'을 서울-대구-부산-제주도 순으로 정렬하고, 동일한 지점인 경우 '전년도'의 셀 색이 'RGB(255, 153, 51)'인 값이 위에 표시되도록 정렬하시오.

① 정렬하기 위해 [A3:H16] 영역의 임의의 셀을 선택한 후 [데이터] 탭-[정렬 및 필터] 그룹-[정렬]을 클릭합니다.

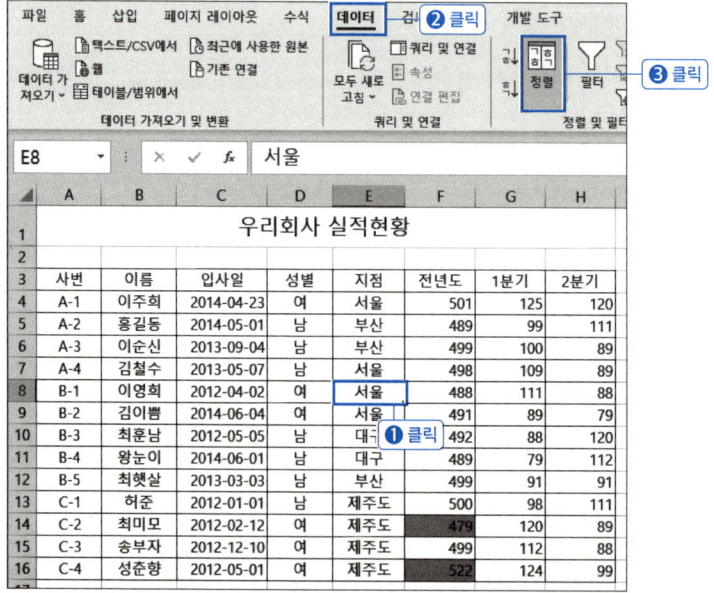

② [정렬] 대화상자가 나타나면 [세로 막대형](열)의 정렬 기준에서 '지점'을 선택하고 [정렬]을 '사용자 지정 목록'으로 선택합니다.

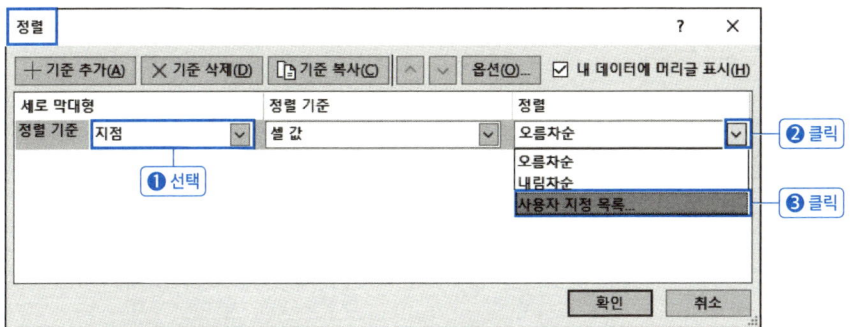

> **주희쌤 Tip**
> '서울-대구-부산-제주도'는 오름차순도 아니고 내림차순도 아니기 때문에 사용자 지정 목록으로 정렬해야 합니다.

③ [사용자 지정 목록] 대화상자가 나타나면 [목록 항목]에 커서를 두고 '서울' 입력 후 Enter, '대구' 입력 후 Enter, '부산' 입력 후 Enter, '제주도'를 마지막으로 입력한 후 [추가] 단추를 클릭합니다.

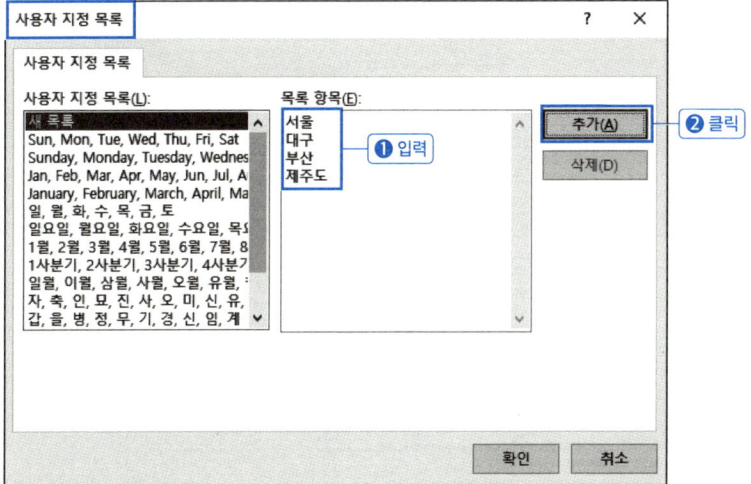

> **주희쌤 Tip**
> '서울,대구,부산,제주도'와 같이 쉼표(,)로 구분하여 입력해도 됩니다.

④ 왼쪽 [사용자 지정 목록]에서 '서울, 대구, 부산, 제주도'를 선택하고 [확인] 단추를 클릭합니다.

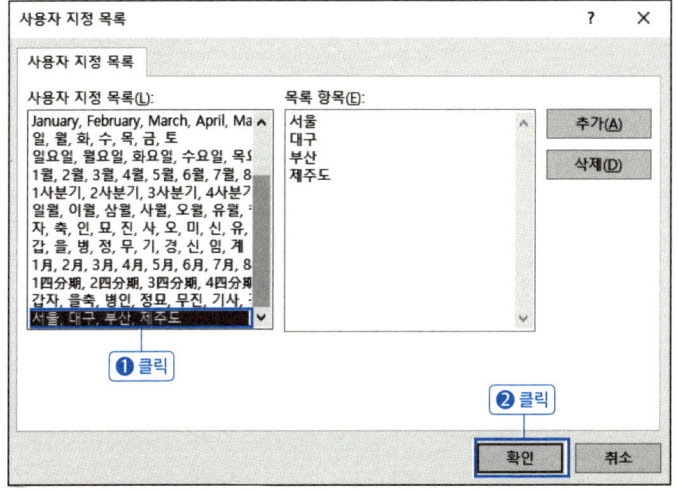

Section 01. 정렬 및 부분합  183

⑤ [정렬] 대화상자가 나타나면 동일한 지점 안에서 한 번 더 정렬하기 위해 [기준 추가] 단추를 클릭합니다.

⑥ 두 번째 정렬 지정 행이 나타나면 [세로 막대형](열)의 다음 기준에서 '전년도'를 선택하고 아래와 같이 지정합니다.

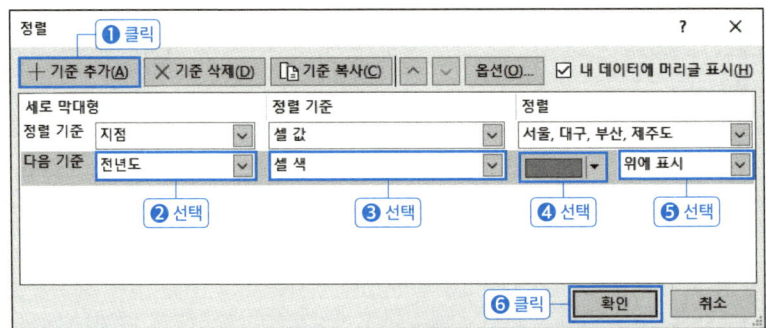

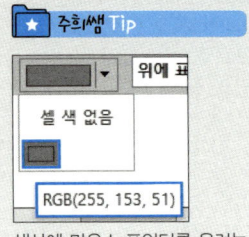

색상에 마우스 포인터를 올려놓으면 색상 번호가 표시됩니다.

# SECTION 02 데이터 통합

- 데이터 통합은 여러 데이터의 결과를 하나의 표로 통합하여 요약하는 도구입니다. 첫 행과 왼쪽 열의 레이블을 참조하여 통합해 보도록 하겠습니다.
- **준비파일**: 컴활2급 \ 예제 \ 예제(문제) \ 3장_02. 데이터 통합.xlsx

> 주희쌤 Tip은 꼼꼼히 모두 보세요.

### 문제를 풀기 위하여 꼭 알아둬야 할 데이터 통합 특징

1. 영역을 선택한 후 [데이터] 탭-[데이터 도구] 그룹-[통합]
2. 첫 행과 왼쪽 열의 레이블을 참조한다면 '☑ 첫 행', '☑ 왼쪽 열'

> '데이터 통합'은 출제된다면 10점짜리 1문제로 출제됩니다. 배점이 높고 어렵지 않으니 맞히는 것을 목표로 합니다.

### 문제 유형 1 '데이터통합1' 워크시트에서 작업하시오.

① 데이터 통합 기능을 이용하여 '1분기 실적[A2:D7]' 표와 '2분기 실적[F2:I7]' 표의 이름별 근태점수, 연수점수의 평균을 실적평균 표의 [B11:C15] 영역에 계산하시오.

② 데이터 통합 기능을 이용하여 '1분기 실적' 표와 '2분기 실적' 표에 대한 사원번호별 '근태점수'와 '연수점수'의 합계를 실적합계 표의 [G11:H15] 영역에 계산하시오.

### 따라하기 ①

① [A10:C15] 영역을 드래그하여 선택한 후 [데이터] 탭-[데이터 도구] 그룹-[통합]을 클릭합니다.

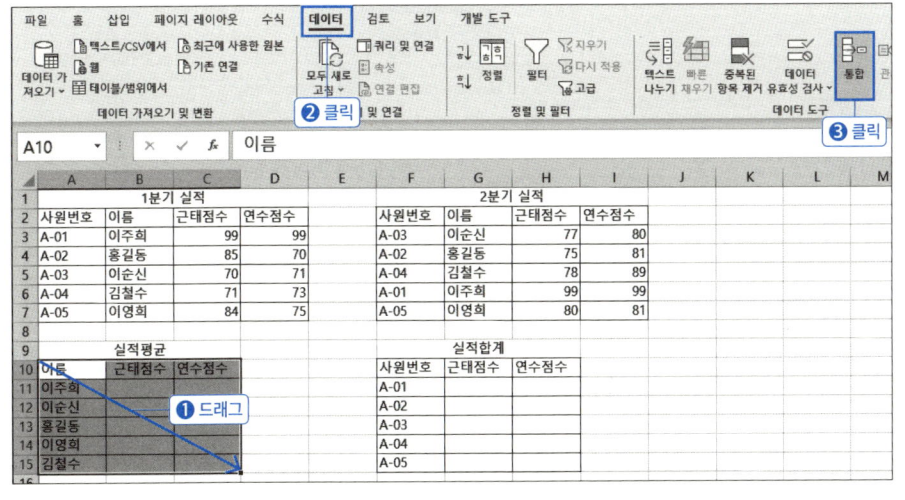

> 첫 행, 왼쪽 열을 포함해 결과가 표시될 영역을 먼저 선택하고 시작합니다.

> **주희쌤 Tip**
> 왼쪽 열에는 '이름' 데이터가, 첫 행에는 '근태점수', '연수점수'가 포함되게끔 영역을 선택해야 합니다.

② [통합] 대화상자가 나타나면 [함수]를 '평균'으로 선택, [참조]로 커서를 이동하여 <1분기 실적>표의 [B2:D7] 영역을 드래그하여 선택하고 [추가] 단추를 클릭해 [모든 참조 영역] 목록에 표시되게 합니다.

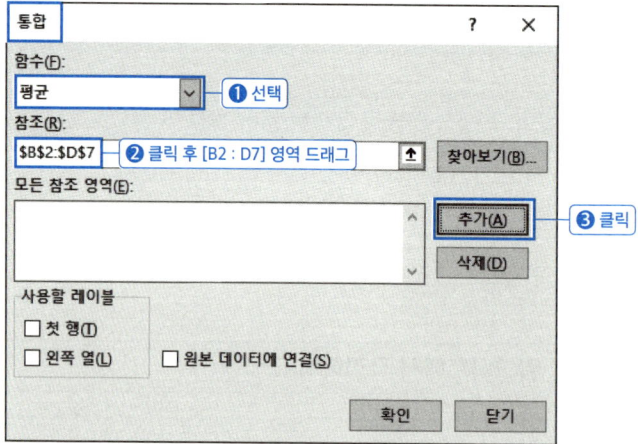

③ 이어서 <2분기 실적>표의 [G2:I7] 영역을 드래그하여 선택한 후 [추가] 단추를 클릭해 [모든 참조 영역] 목록에 표시되게 합니다.

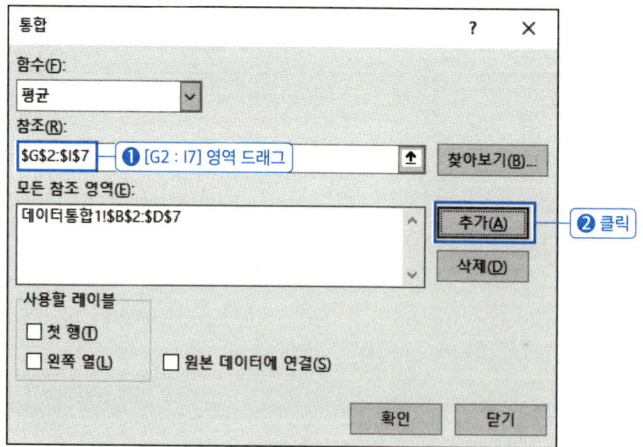

> **주희쌤 Tip**
>
>
>
> 첫 행, 왼쪽 열의 글자와 위치가 모두 같다면 첫 행, 왼쪽 열의 레이블을 이용하지 않아도 됩니다.
> ① [B11]을 선택 후 통합
> ② 참조 영역 [C3:D7], [H3:I7]
> ③ 첫 행, 왼쪽 열의 체크 해제

④ [사용할 레이블]의 '첫 행'과 '왼쪽 열' 확인란을 선택한 후 [확인] 단추를 클릭합니다.

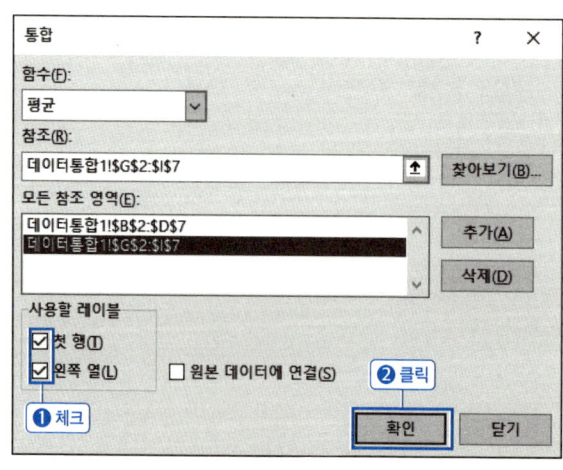

 따라하기 ②

① [F10:H15] 영역을 드래그하여 선택한 후 [데이터] 탭-[데이터 도구] 그룹-[통합]을 클릭합니다.

> **주희쌤 Tip**
> 첫 행, 왼쪽 열을 포함해 결과가 표시될 영역을 먼저 선택하고 시작합니다.

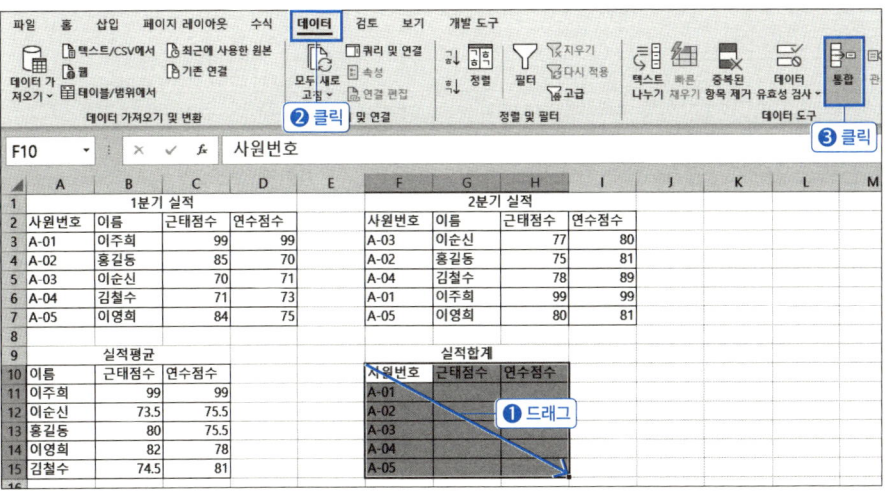

② [통합] 대화상자가 나타나면 [함수]를 '합계'로 변경합니다.

③ [모든 참조 영역]에 '데이터통합1!$B$2:$D$7'을 선택한 후 [삭제] 단추를 클릭하고, '데이터통합1!$G$2:$I$7'을 선택한 후 [삭제] 단추를 클릭합니다.

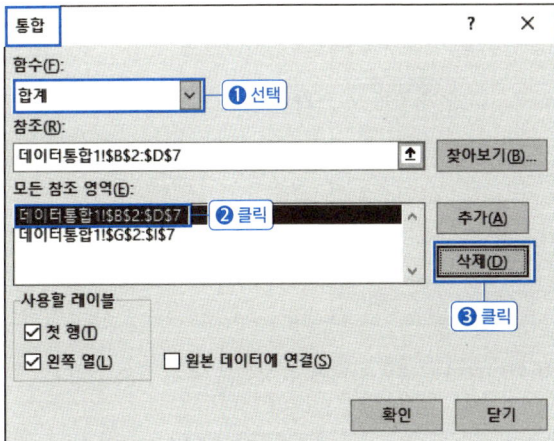

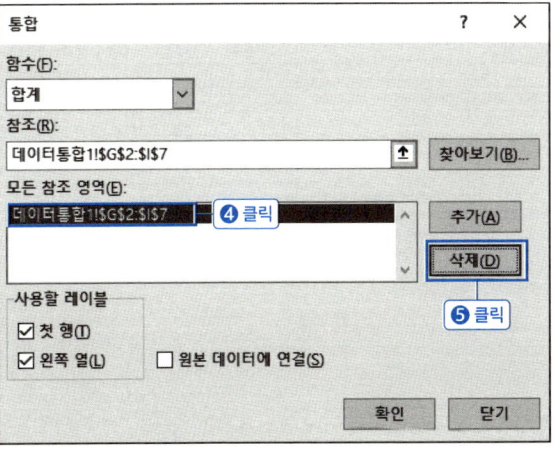

> **주희쌤 Tip**
> 왼쪽 열에는 '사원번호' 데이터가, 첫 행에는 '근태점수', '연수점수'가 포함되게끔 영역을 선택해야 합니다.

④ [참조]로 커서를 이동하여 <1분기 실적>표의 [A2:D7] 영역을 드래그하여 선택하고 [추가] 단추를 클릭해 [모든 참조 영역] 목록에 표시되게 합니다.

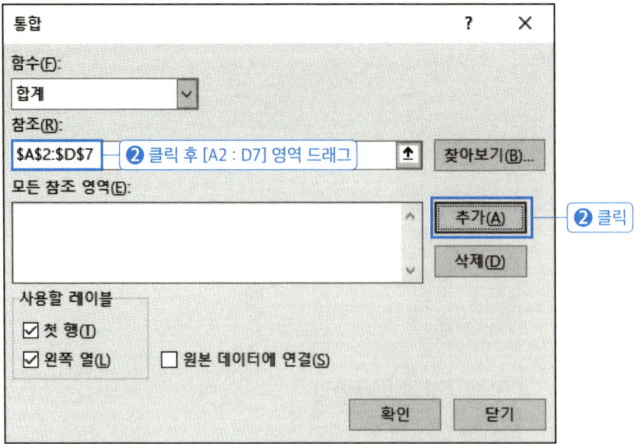

⑤ 이어서 <2분기 실적>표의 [F2:I7] 영역을 드래그하여 선택한 후 [추가] 단추를 클릭해 [모든 참조 영역] 목록에 표시되게 합니다.

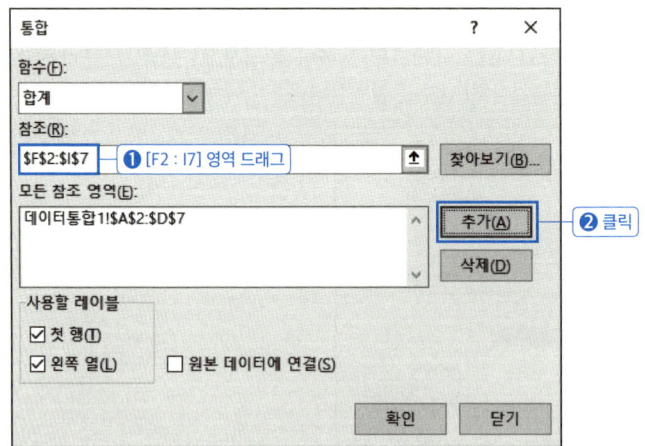

⑥ [사용할 레이블]의 '첫 행'과 '왼쪽 열' 확인란이 선택된 상태에서 [확인] 단추를 클릭합니다.

**문제 유형 2**  '데이터통합2' 워크시트에서 작업하시오.

❸ 데이터 통합 기능을 이용하여 [표1]에 대한 판매자별 '수량'의 평균을 [F3:F4] 영역에 계산하시오.
▶ 평균을 구할 판매자는 '이주희'와 '이순신'임

### 따라하기 ❸

① '이주희'와 '이순신'의 데이터만 평균을 구하기 위해 [E3] 셀에 '이주희', [E4] 셀에 '이순신'을 입력합니다.

② [E2:F4] 영역을 드래그하여 선택한 후 [데이터] 탭-[데이터 도구] 그룹-[통합]을 클릭합니다.

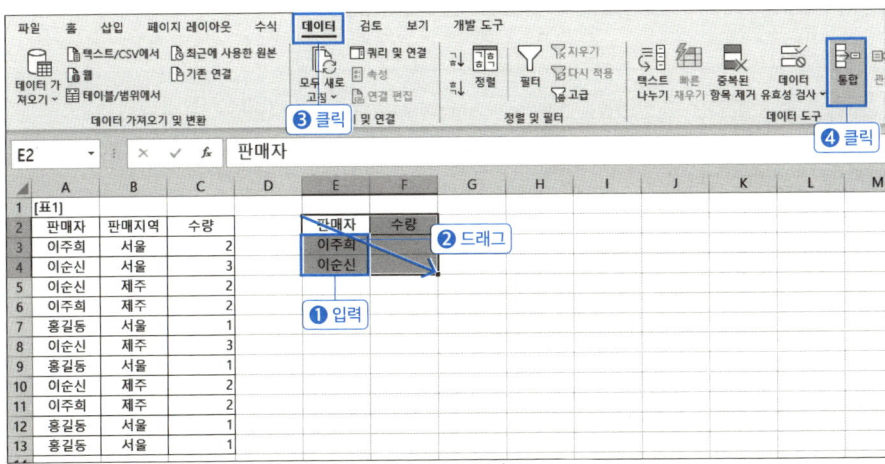

③ [통합] 대화상자가 나타나면 [함수]를 '평균'으로 선택, [참조]에 [A2:C13] 영역을 드래그하여 선택한 후 [추가] 단추를 클릭해 [모든 참조 영역] 목록에 표시되게 합니다.

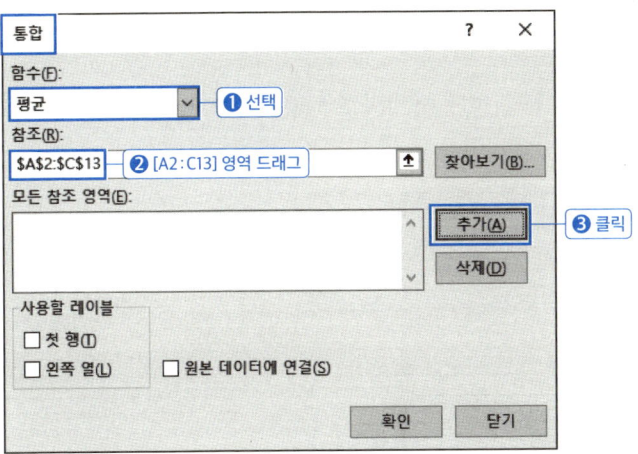

**주희쌤 Tip**
왼쪽 열에는 '판매자' 데이터가, 첫 행에는 '수량'이 포함되게끔 영역을 선택해야 합니다.

### 주희쌤 Tip

| | D | E | F |
|---|---|---|---|
| 1 | | | |
| 2 | | 판매자 | 수량 |
| 3 | | | |

위와 같이 [E2:F2] 영역을 선택한 후 통합을 하면 아래와 같이 표시됩니다.

| | D | E | F |
|---|---|---|---|
| 1 | | | |
| 2 | | 판매자 | 수량 |
| 3 | | 이주희 | 2 |
| 4 | | 이순신 | 2.5 |
| 5 | | 홍길동 | 1 |

판매자는 중복된 항목을 제거하여 표시됩니다.

④ [사용할 레이블]의 '첫 행'과 '왼쪽 열' 확인란을 선택한 후 [확인] 단추를 클릭합니다.

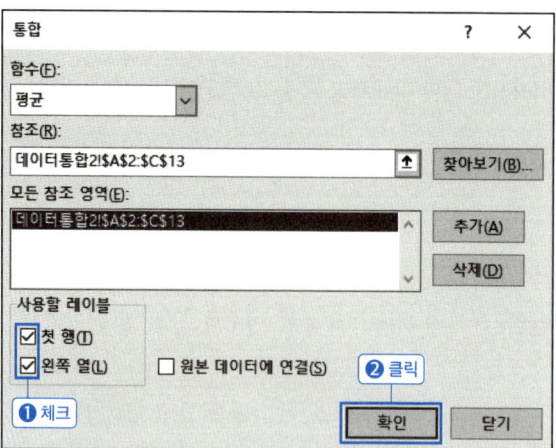

**정답**

| | E | F |
|---|---|---|
| 1 | | |
| 2 | 판매자 | 수량 |
| 3 | 이주희 | 2 |
| 4 | 이순신 | 2.5 |

### 문제 유형 3   '데이터통합3' 워크시트에서 작업하시오.

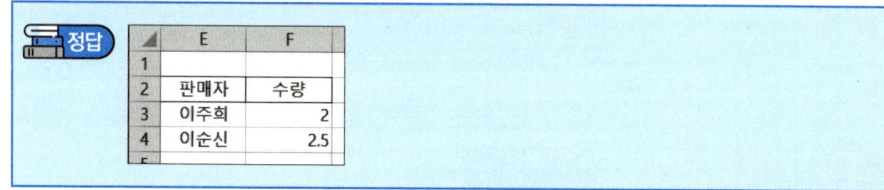

### 주희쌤 Tip

'고급필터5' 시트에서 배웠던 부분입니다.

• 와일드카드 문자
김* : '김'으로 시작하는 모든 글자

### 주희쌤 Tip

첫 행, 왼쪽 열을 포함해 결과가 표시될 영역을 먼저 선택하고 시작합니다.

#### 따라하기

① 〈표1〉의 첫 글자를 이용하기 위해 [E3] 셀에 'A*', [E4] 셀에 'B*', [E5] 셀에 'C*'를 입력합니다.

② [E2:G5] 영역을 드래그하여 선택한 후 [데이터] 탭-[데이터 도구] 그룹-[통합]을 클릭합니다.

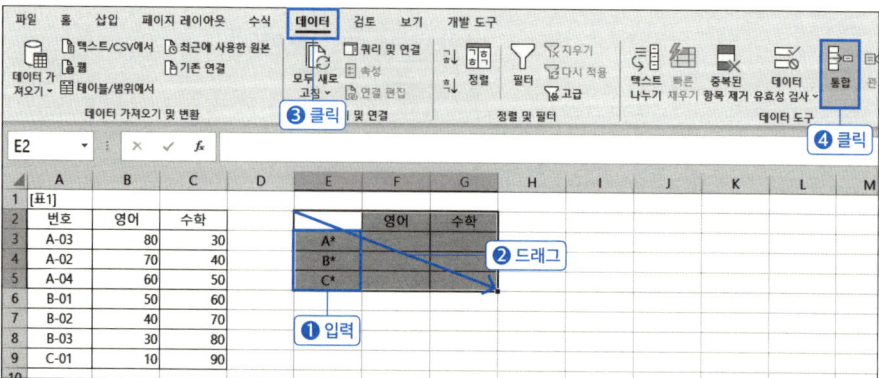

③ [통합] 대화상자가 나타나면 [함수]를 '합계'로 선택, [참조]에 [A2:C9] 영역을 드래그하여 선택하고 [추가] 단추를 클릭해 [모든 참조 영역] 목록에 표시되게 합니다.

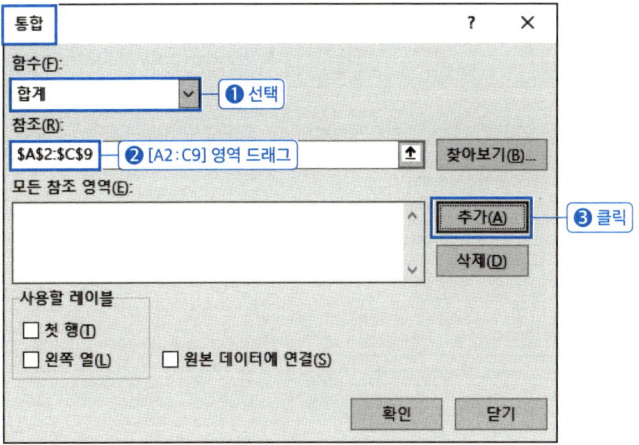

④ [사용할 레이블]의 '첫 행'과 '왼쪽 열' 확인란을 선택한 후 [확인] 단추를 클릭합니다.

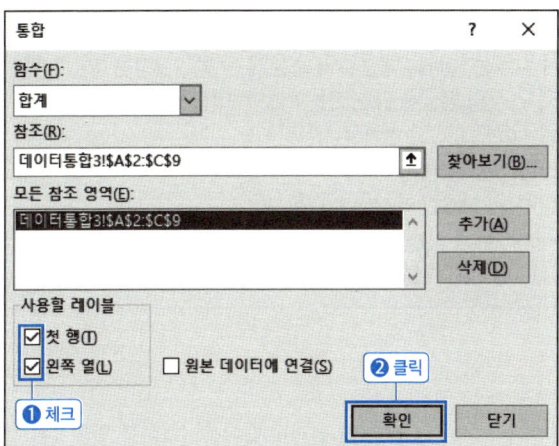

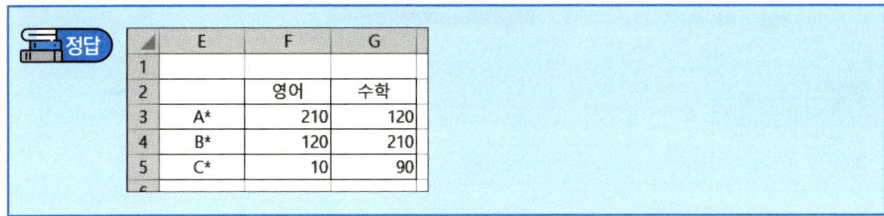

# SECTION 03 피벗 테이블

- 피벗 테이블은 '요약된 표'를 만드는 것으로 복잡한 데이터를 분석하고 탐색하기 쉽게 정렬 및 요약해 보도록 하겠습니다.
- 준비파일 : 컴활2급 \ 예제 \ 예제(문제) \ 3장_03. 피벗 테이블.xlsx

**주희쌤Tip**
주희쌤 Tip은 꼼꼼히 모두 보세요.

**주희쌤Tip**
'피벗 테이블'은 출제된다면 10점짜리 1문제로 출제됩니다. 배점이 높고 어렵지 않으니 맞히는 것을 목표로 합니다.

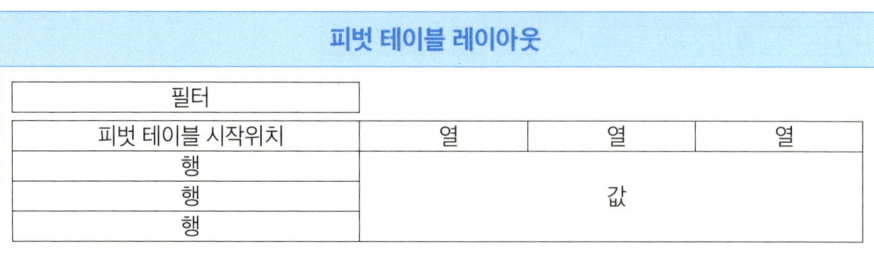

## 문제 유형 1   '피벗테이블1' 워크시트에서 작업하시오.

① '이주희 세탁소' 표를 이용하여 지역은 '필터', 대분류와 소분류는 '행', 성별은 '열'로 처리하고, '값'에는 수량의 합계와 가격의 평균을 계산하는 피벗 테이블을 작성하시오.
  ▶ 피벗 테이블의 보고서는 동일 시트의 [A23] 셀에서 시작하시오.
  ▶ 보고서 레이아웃은 '개요 형식'으로 지정하시오.
  ▶ 피벗 테이블에는 지역이 "6단지"인 자료만 표시되도록 하시오.
  ▶ 피벗 테이블에 '연한 주황, 피벗 스타일 보통 3' 서식을 적용하시오.
  ▶ 숫자 값에는 값 필드 설정의 '1000 단위 구분 기호'를 지정하시오.

 따라하기 ①

① [A3:I19] 영역의 임의의 셀을 선택한 후 [삽입] 탭-[표] 그룹-[피벗 테이블]-[테이블/범위에서]를 클릭합니다.

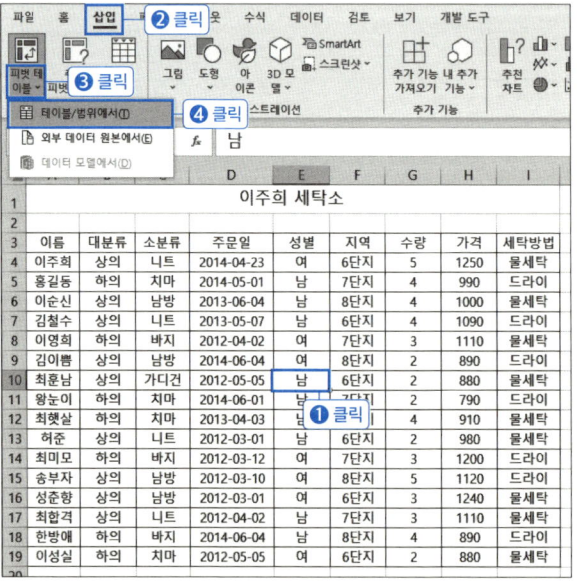

② [표 또는 범위의 피벗 테이블] 대화상자가 나타나면 '표/범위'에 입력된 [A3:I19] 영역을 확인하고, 피벗 테이블을 배치할 위치에 '기존 워크시트'의 [A23] 셀을 선택한 후 [확인] 단추를 클릭합니다.

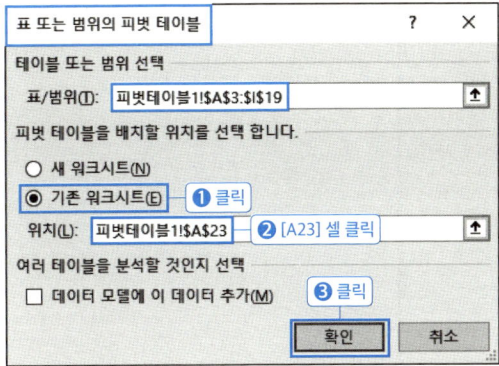

> **주희쌤 Tip**
> 피벗 테이블의 위치를 잘못 지정 했을 경우 [피벗 테이블 분석] 탭-[동작] 그룹-[피벗 테이블 이동]을 이용하여 위치를 다시 설정하세요.

③ [피벗 테이블 필드] 작업창에서 '지역'을 [필터] 영역으로 드래그, '대분류'를 [행] 영역으로 드래그, '소분류'를 대분류 밑에 [행] 영역으로 드래그, '성별'을 [열] 영역으로 드래그, '수량'을 [값] 영역으로 드래그, '가격'을 수량 밑에 [값] 영역으로 드래그합니다.

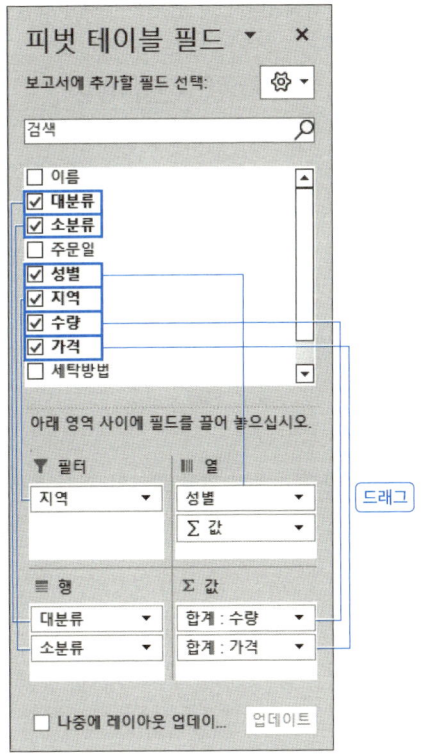

> **주희쌤 Tip**
> 피벗 테이블 레이아웃 안쪽에 셀 포인터가 있어야 오른쪽에 [피벗 테이블 필드] 작업창이 나타납니다. 수동으로 닫았을 경우 [피벗 테이블 분석] 탭-[표시] 그룹-[필드 목록]을 클릭하세요.

> **주희쌤 Tip**
> 레이아웃을 잘못 지정했을 경우 필드를 워크시트로 드래그하여 빼면 됩니다.
>
>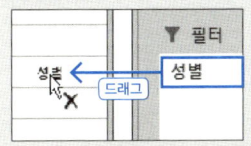

④ '가격'을 평균으로 변경하기 위해 [피벗 테이블 필드] 작업창의 [값] 영역에서 '합계 : 가격'을 클릭하여 [값 필드 설정]을 선택합니다.

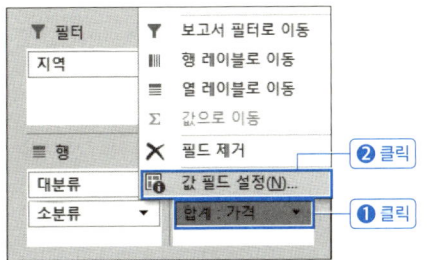

> **주희쌤 Tip**
> 합계, 평균, 최대, 개수 등을 지정할 때에는 [값 필드 설정]을 이용합니다.

Section 03. 피벗 테이블

⑤ [값 필드 설정] 대화상자가 나타나면 [값 요약 기준] 탭에서 '평균'을 선택하고 [확인] 단추를 클릭합니다.

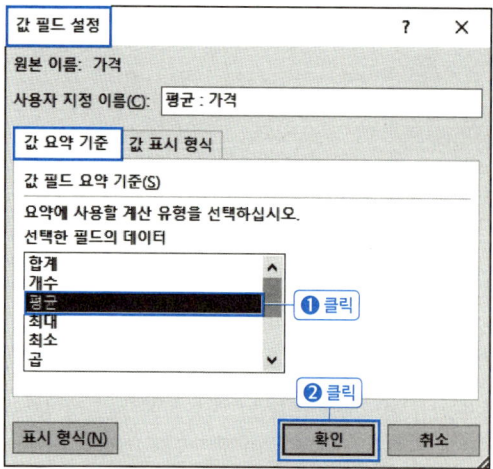

> 주희쌤 Tip
> 보고서 레이아웃, 총합계, 부분합, 피벗 테이블 스타일 등은 [디자인] 탭에 있습니다.

⑥ 가격이 평균으로 변경되면 보고서 레이아웃을 변경하기 위해 [디자인] 탭-[레이아웃] 그룹-[보고서 레이아웃]-[개요 형식으로 표시]를 클릭합니다.

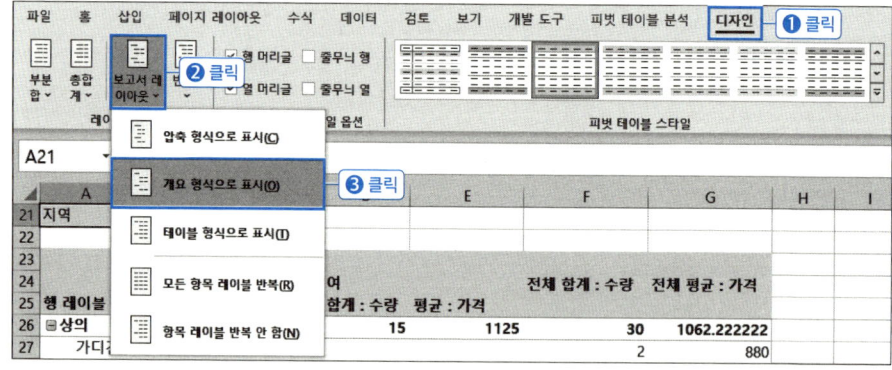

⑦ 대분류와 소분류가 각각의 열로 분리되면 지역에 6단지만 표시하기 위해 지역의 '필터 목록 단추(▼)'를 클릭합니다.

⑧ '6단지'를 선택하고 [확인] 단추를 클릭합니다.

> 주희쌤 Tip
> '여러 항목 선택'의 확인란을 선택하면 여러 항목을 선택할 수 있습니다.

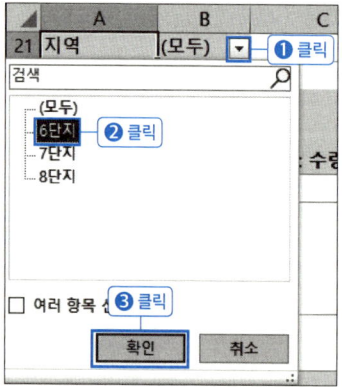

⑨ 지역에 6단지만 표시되면 피벗 테이블 스타일을 지정하기 위해 [디자인] 탭-[피벗 테이블 스타일] 그룹-자세히(▼)를 클릭하여 '연한 주황, 피벗 스타일 보통 3'을 선택합니다.

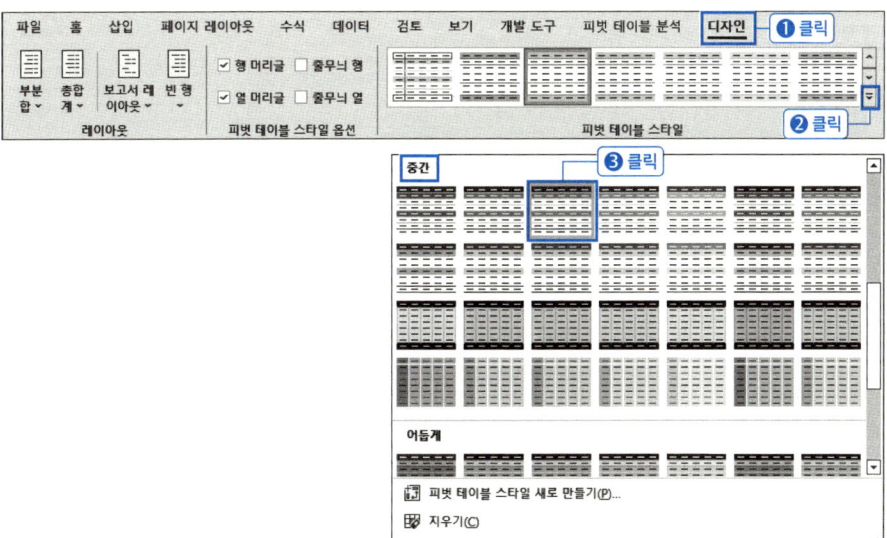

⑩ 값의 표시 형식을 변경하기 위해 [피벗 테이블 필드] 작업창의 [값] 영역에서 '합계 : 수량'을 클릭하여 [값 필드 설정]을 선택합니다.

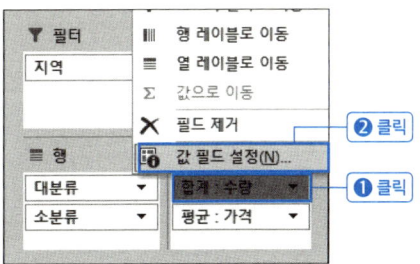

⑪ [값 필드 설정] 대화상자가 나타나면 [표시 형식] 단추를 클릭합니다.

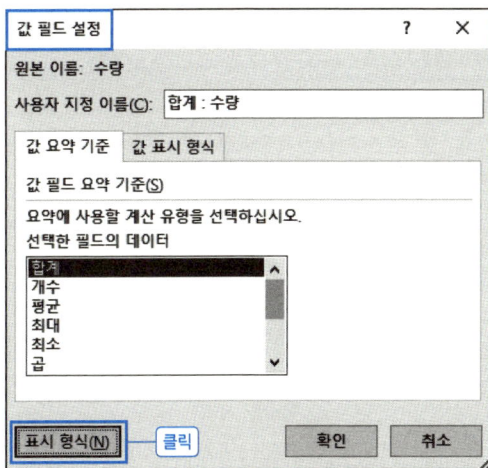

⑫ [셀 서식] 대화상자가 나타나면 [범주]에 '숫자'를 클릭하고 '1000 단위 구분 기호(,) 사용' 확인란을 선택한 후 [확인] 단추를 두 번 클릭하여 대화상자를 모두 닫습니다.

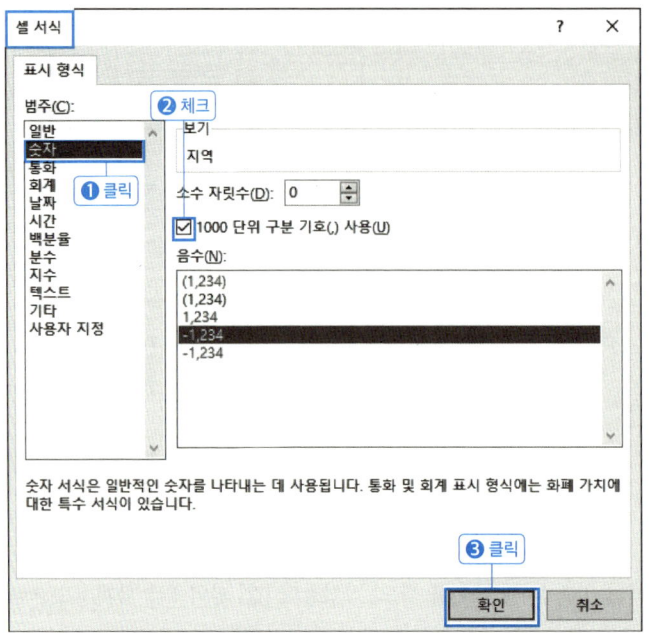

⑬ '평균 : 가격'도 같은 방법으로 천 단위 구분 기호 표시 형식을 지정합니다.

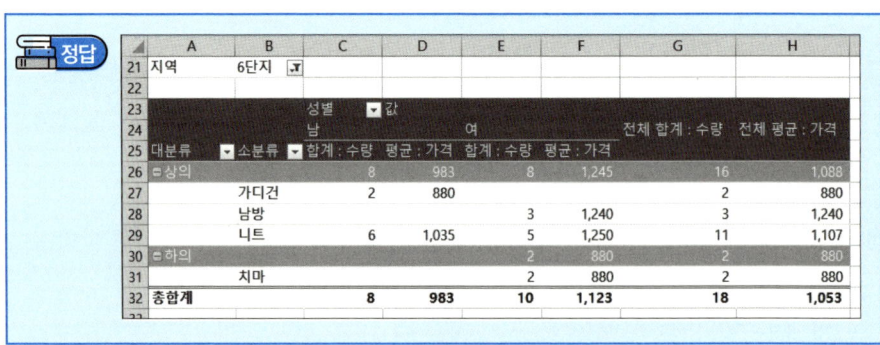

## 보고서 레이아웃

| | A | B | C |
|---|---|---|---|
| 1 | | | |
| 2 | 행 레이블 | 합계 : 근태점수 | 합계 : 연수점수 |
| 3 | ⊟기획부 | 904 | 914 |
| 4 | 서울 | 371 | 384 |
| 5 | 대구 | 268 | 270 |
| 6 | 부산 | 265 | 260 |
| 7 | ⊟인사부 | 512 | 492 |
| 8 | 서울 | 91 | 90 |
| 9 | 대구 | 255 | 241 |
| 10 | 부산 | 166 | 161 |
| 11 | 총합계 | 1416 | 1406 |

→ **압축 형식으로 표시(C)**

: 하나의 열에 행 영역 필드의 항목을 표시

| | A | B | C | D |
|---|---|---|---|---|
| 1 | | | | |
| 2 | 부서 | 거주지역 | 합계 : 근태점수 | 합계 : 연수점수 |
| 3 | ⊟기획부 | | 904 | 914 |
| 4 | | 서울 | 371 | 384 |
| 5 | | 대구 | 268 | 270 |
| 6 | | 부산 | 265 | 260 |
| 7 | ⊟인사부 | | 512 | 492 |
| 8 | | 서울 | 91 | 90 |
| 9 | | 대구 | 255 | 241 |
| 10 | | 부산 | 166 | 161 |
| 11 | 총합계 | | 1416 | 1406 |

→ **개요 형식으로 표시(O)**

: 열을 분리하여 행 영역 필드의 항목을 표시하고 각각의 레이블이 표시

| | A | B | C | D |
|---|---|---|---|---|
| 1 | | | | |
| 2 | 부서 | 거주지역 | 합계 : 근태점수 | 합계 : 연수점수 |
| 3 | ⊟기획부 | 서울 | 371 | 384 |
| 4 | | 대구 | 268 | 270 |
| 5 | | 부산 | 265 | 260 |
| 6 | 기획부 요약 | | 904 | 914 |
| 7 | ⊟인사부 | 서울 | 91 | 90 |
| 8 | | 대구 | 255 | 241 |
| 9 | | 부산 | 166 | 161 |
| 10 | 인사부 요약 | | 512 | 492 |
| 11 | 총합계 | | 1416 | 1406 |

→ **테이블 형식으로 표시(T)**

: 열을 분리하여 행 영역 필드의 항목을 표시하되 다음 열의 항목이 현재 항목과 같은 행에서 시작

---

**문제 유형 2** '피벗테이블2' 워크시트에서 작업하시오.

❷ '이주희 세탁소' 표를 이용하여 세탁방법은 보고서의 '필터', 주문일은 '행', 소분류는 '열', '값'에는 수량, 가격의 합계를 계산한 후 'Σ 값'을 '행'으로 설정하는 피벗 테이블을 작성하시오.
  ▶ 피벗 테이블 보고서는 동일 시트의 [A23] 셀에서 시작하시오.
  ▶ 주문일은 '월' 단위로 그룹을 지정하시오.
  ▶ 빈 셀은 "*" 기호로 표시하시오.
  ▶ 행의 총합계는 표시하지 마시오.
  ▶ 수량과 가격의 합계는 값 필드 설정의 회계 형식을 지정하되, 소수 자릿수는 0, 화폐 기호는 표시되지 않도록 지정하시오.
  ▶ 현재 시트에 "드라이"는 제외하고 표시하시오.

 따라하기 ❷

① [A3:I19] 영역의 임의의 셀을 선택한 후 [삽입] 탭-[표] 그룹-[피벗 테이블]-[테이블/범위에서]를 클릭합니다.

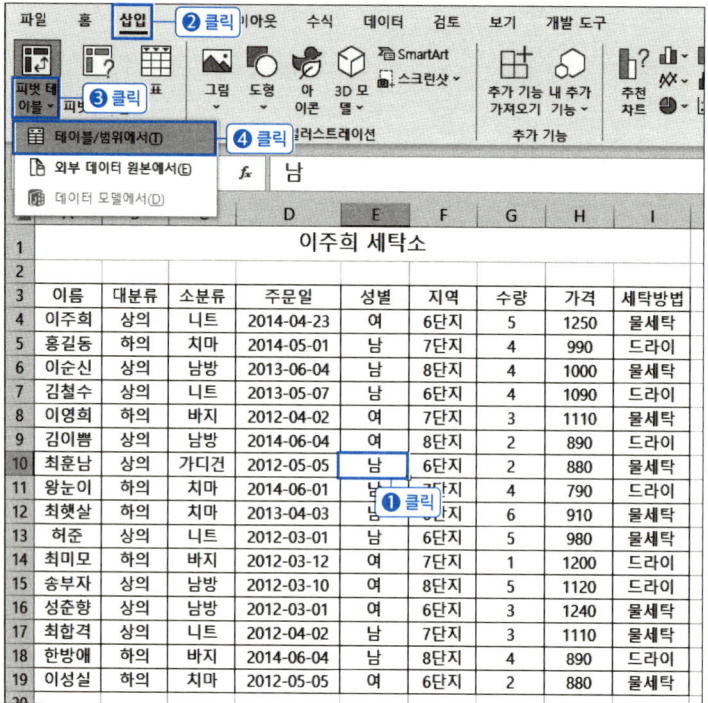

② [표 또는 범위의 피벗 테이블] 대화상자가 나타나면 '표/범위'에 입력된 [A3:I19] 영역을 확인하고, 피벗 테이블을 배치할 위치에 '기존 워크시트'의 [A23] 셀을 선택한 후 [확인] 단추를 클릭합니다.

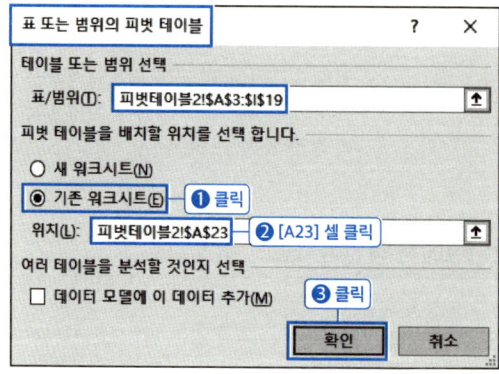

③ '세탁방법'을 [필터] 영역으로 드래그, '주문일'을 [행] 영역으로 드래그, '소분류'를 [열] 영역으로 드래그, '수량'을 [값] 영역으로 드래그, '가격'을 수량 밑에 [값] 영역으로 드래그합니다.

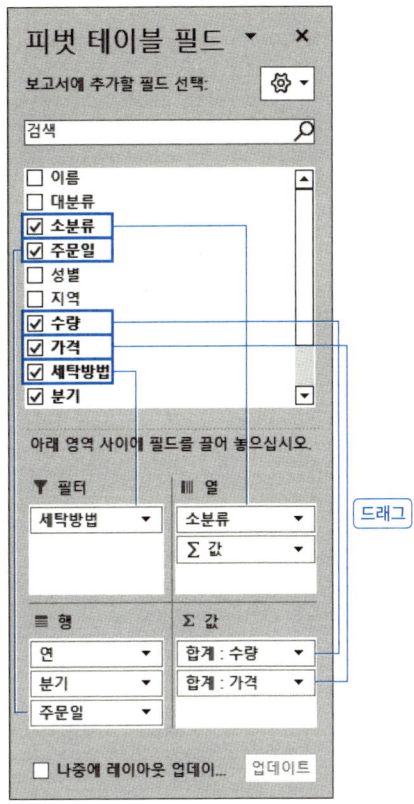

④ 이어서 [열 레이블]의 'Σ 값'을 [행 레이블]의 '주문일' 아래로 드래그합니다.

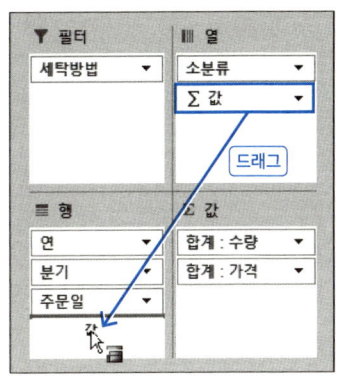

⑤ 주문일을 월 단위로만 그룹으로 지정하기 위해 연도가 표시되어 있는 임의의 셀을 선택하고 선택한 셀 위에서 마우스 오른쪽 버튼을 눌러 [그룹] 명령을 클릭합니다.

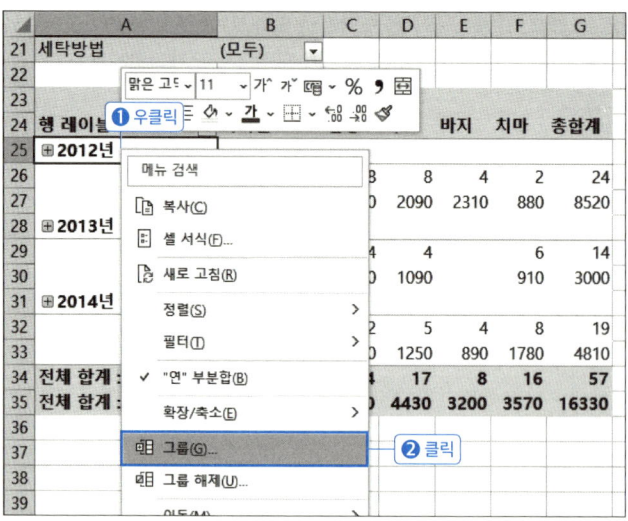

> **주희쌤 Tip**
>
> 연도가 표시되어 있는 임의의 셀에서 마우스 오른쪽 버튼을 눌러 [그룹 해제] 명령을 클릭한 후 월 단위로 [그룹]을 지정해도 됩니다.

⑥ [그룹화] 대화상자가 나타나면 [단위]에 선택되어 있는 '연'과 '분기'를 각각 클릭하여 선택을 해제하고 '월'만 선택된 상태에서 [확인] 단추를 클릭합니다.

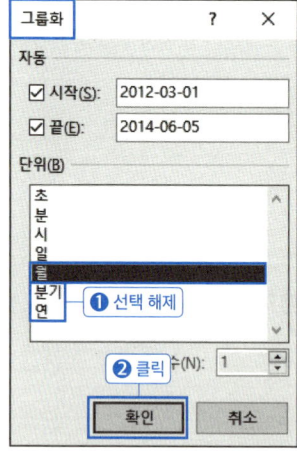

> **주희쌤 Tip**
>
> [피벗 테이블 옵션]을 호출하는 다른 방법
> [피벗 테이블 분석] 탭-[피벗 테이블] 그룹-[옵션]

⑦ 빈 셀에 '*'을 표시하기 위해 피벗 테이블 임의의 셀 위에서 마우스 오른쪽 버튼을 눌러 [피벗 테이블 옵션] 명령을 클릭합니다.

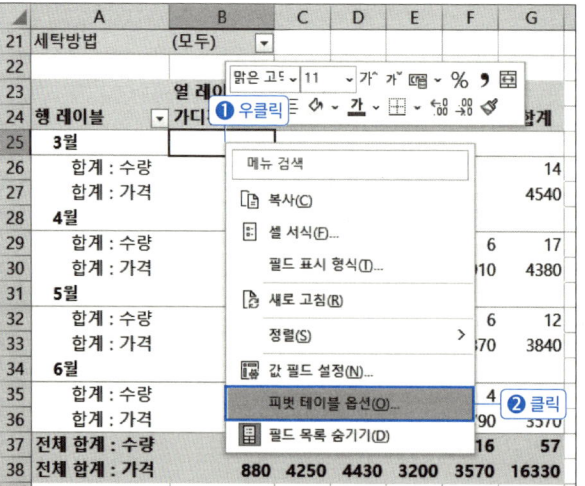

⑧ [피벗 테이블 옵션] 대화상자가 나타나면 [레이아웃 및 서식] 탭의 [빈 셀 표시] 란에 '*'을 입력한 후 [확인] 단추를 클릭합니다.

> **주희쌤 Tip**
> [피벗 테이블 옵션]에서는 '레이블이 있는 셀 병합 및 가운데 맞춤', '오류 값 표시', '빈 셀 표시', '확장/축소 단추 표시' 등을 설정할 수 있습니다.

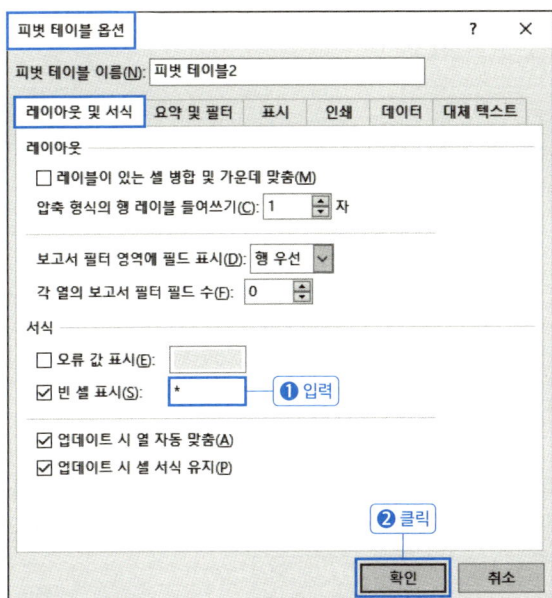

⑨ 행의 총합계를 지우기 위해 [디자인] 탭-[레이아웃] 그룹-[총합계]-[열의 총합계만 설정]을 클릭합니다.

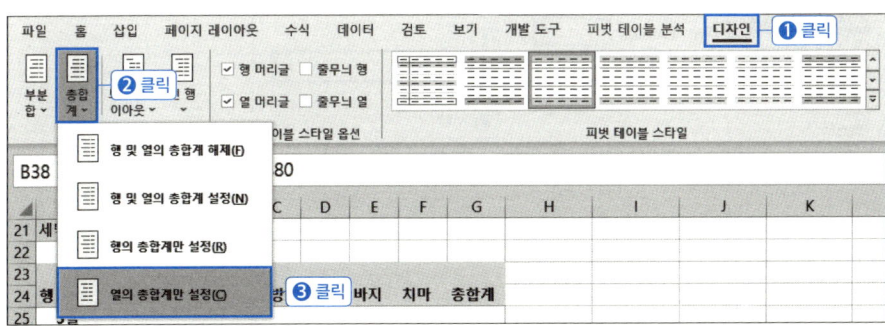

⑩ 값의 표시 형식을 지정하기 위해 [피벗 테이블 필드] 작업창의 [값] 영역에서 '합계 : 수량'을 클릭하여 [값 필드 설정]을 선택합니다.

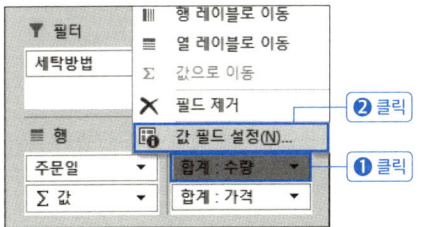

⑪ [값 필드 설정] 대화상자가 나타나면 [표시 형식] 단추를 클릭합니다.

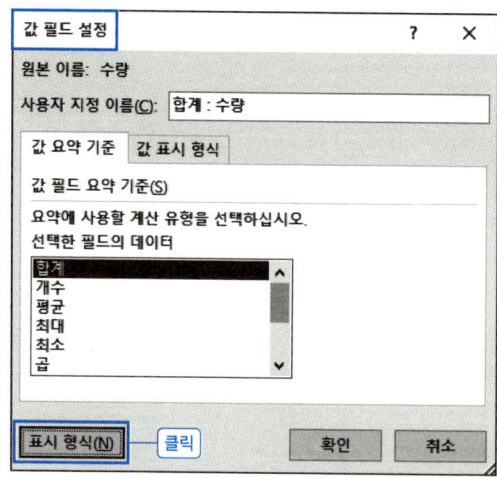

⑫ [셀 서식] 대화상자가 나타나면 [회계] 범주를 클릭하고 '소수 자릿수'에 '0', '기호'에 '없음'을 선택한 후 [확인] 단추를 두 번 클릭하여 대화상자를 모두 닫습니다.

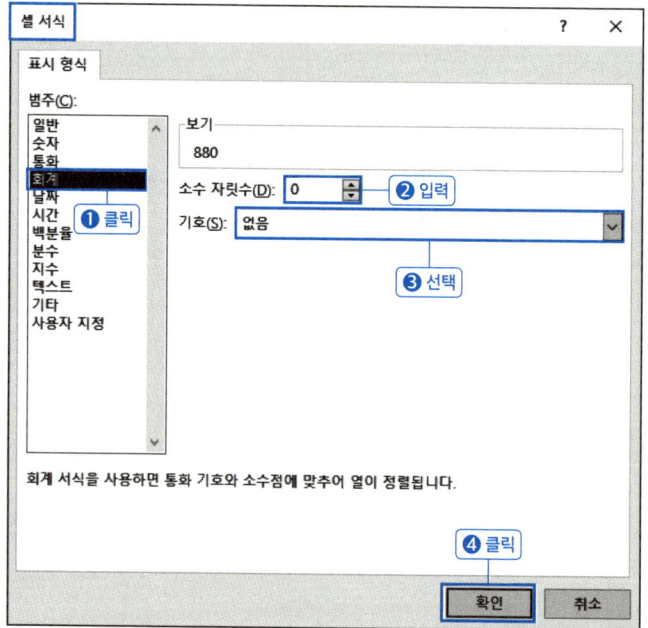

⑬ '합계 : 가격'도 같은 방법으로 기호 없는 회계 표시 형식을 지정합니다.

⑭ 표시 형식이 지정되면 세탁방법에 드라이를 제외하고 표시하기 위해 세탁방법의 '필터 목록 단추(▼)'를 클릭한 후 '물세탁'을 선택하고 [확인] 단추를 클릭합니다.

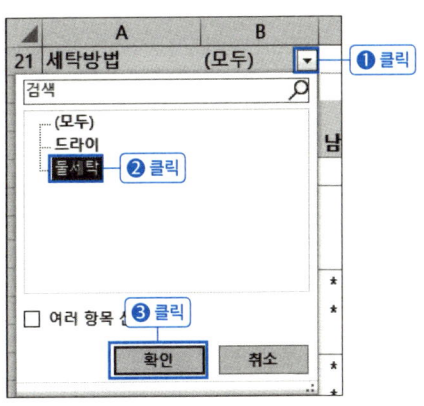

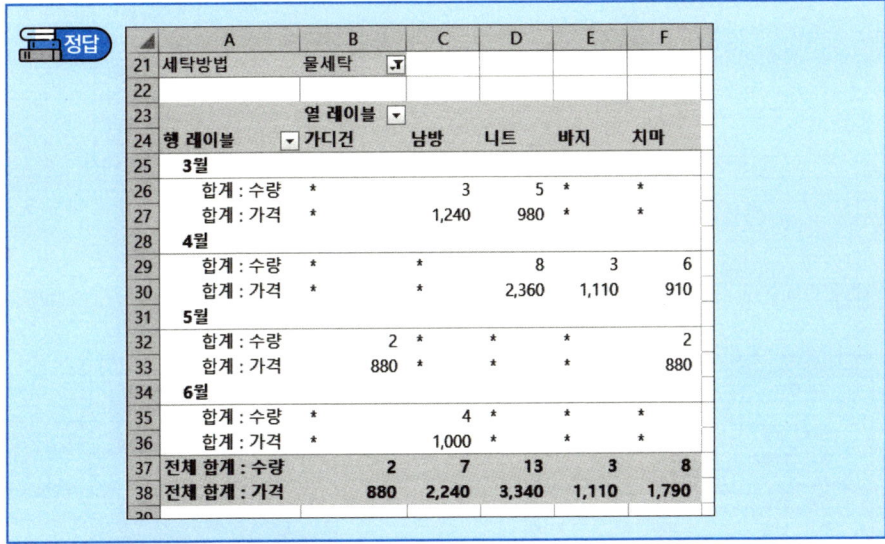

## 피벗 테이블 레이아웃

| | A | B | C |
|---|---|---|---|
| 1 | | | |
| 2 | 거주지역 | 합계 : 근태점수 | 합계 : 연수점수 |
| 3 | 서울 | 880 | 862 |
| 4 | 대구 | 610 | 582 |
| 5 | 부산 | 833 | 818 |
| 6 | 경기 | 234 | 270 |
| 7 | 총합계 | 2557 | 2532 |

[행] 거주지역
[열] Σ 값
[값] 합계 : 근태점수, 합계 : 연수점수

[값] 영역에 두 개 이상 필드가 지정될 경우
[열] 영역에는 'Σ 값'이 자동 생성됩니다.

| | A | B | C |
|---|---|---|---|
| 1 | | | |
| 2 | 거주지역 | 값 | |
| 3 | 서울 | | |
| 4 | | 합계 : 근태점수 | 880 |
| 5 | | 합계 : 연수점수 | 862 |
| 6 | 대구 | | |
| 7 | | 합계 : 근태점수 | 610 |
| 8 | | 합계 : 연수점수 | 582 |
| 9 | 부산 | | |
| 10 | | 합계 : 근태점수 | 833 |
| 11 | | 합계 : 연수점수 | 818 |
| 12 | 경기 | | |
| 13 | | 합계 : 근태점수 | 234 |
| 14 | | 합계 : 연수점수 | 270 |
| 15 | 전체 합계 : 근태점수 | | 2557 |
| 16 | 전체 합계 : 연수점수 | | 2532 |

[행] 거주지역, Σ 값
[값] 합계 : 근태점수, 합계 : 연수점수

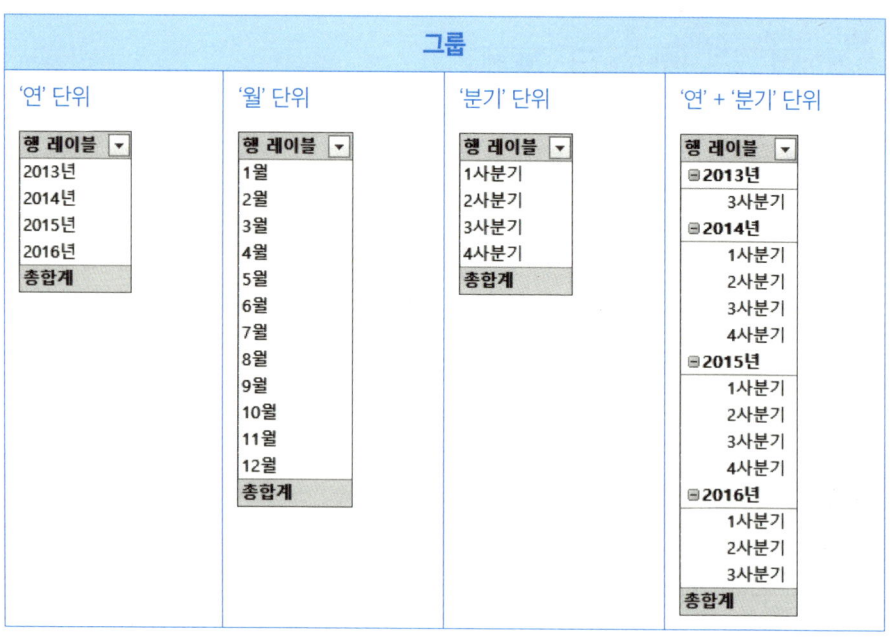

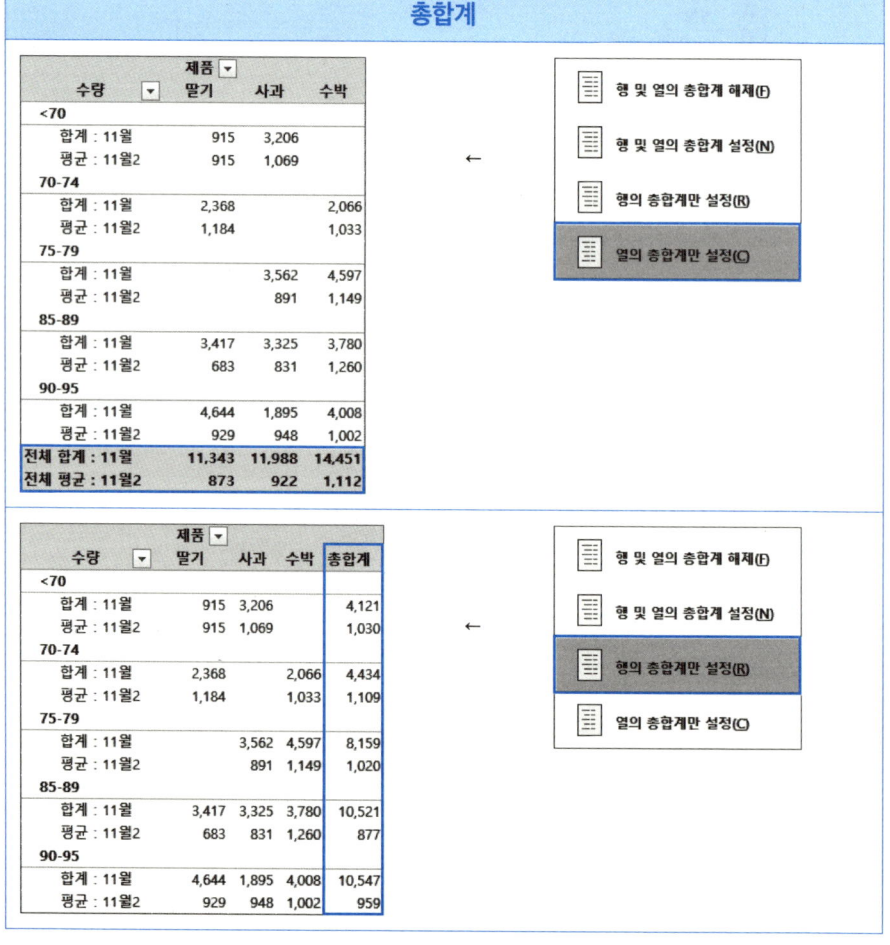

> **문제 유형 3**  '피벗테이블3' 워크시트에서 작업하시오.

❸ '이주희 세탁소' 표를 이용하여 세탁방법은 '축 필드', 지역은 '범례 필드', '값'에 수량의 합계를 계산하는 피벗 차트를 작성하시오.
  ▶ 피벗 테이블의 보고서는 동일 시트의 [A23] 셀에서 시작하고, 피벗 차트 보고서는 새로운 시트에 표시하시오.

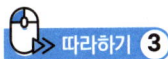 따라하기 ❸

① [A3:I19] 영역의 임의의 셀을 선택한 후 [삽입] 탭-[차트] 그룹-[피벗 차트]-[피벗 차트 및 피벗 테이블]을 클릭합니다.

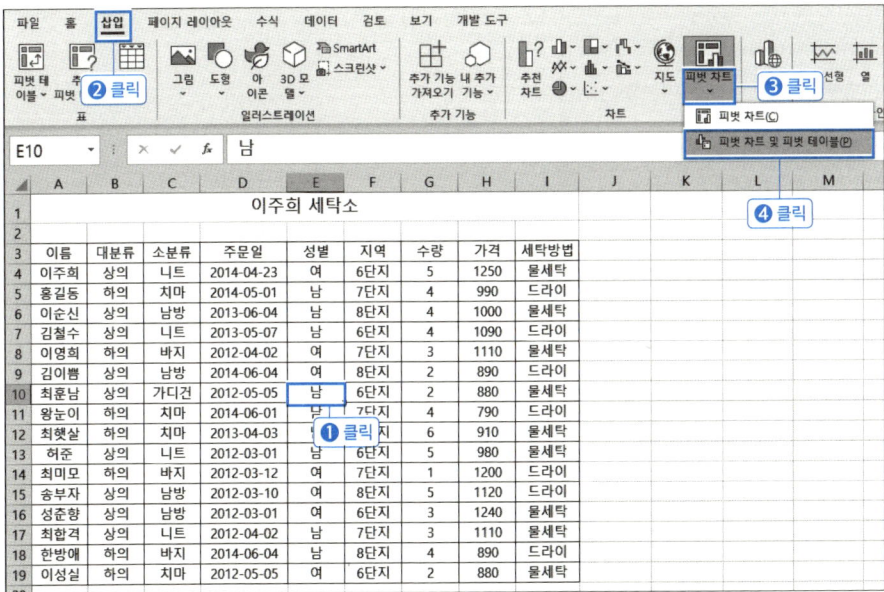

② [피벗 테이블 만들기] 대화상자가 나타나면 '표/범위'에 입력된 [A3:I19] 영역을 확인하고, 피벗 테이블을 배치할 위치에 '기존 워크시트'의 [A23] 셀을 선택한 후 [확인] 단추를 클릭합니다.

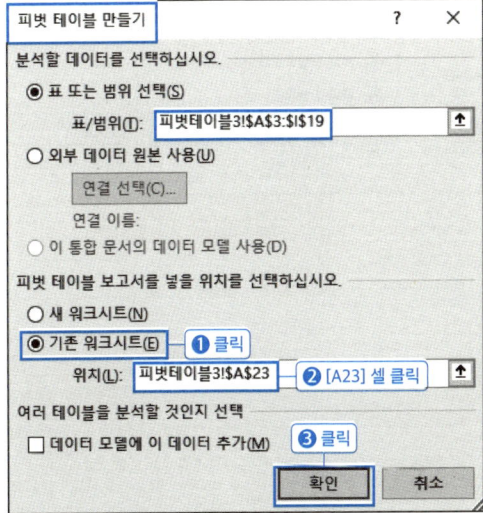

③ '세탁방법'을 [축(범주)] 영역으로 드래그, '지역'을 [범례(계열)] 영역으로 드래그, '수량'을 [값] 영역으로 드래그합니다.

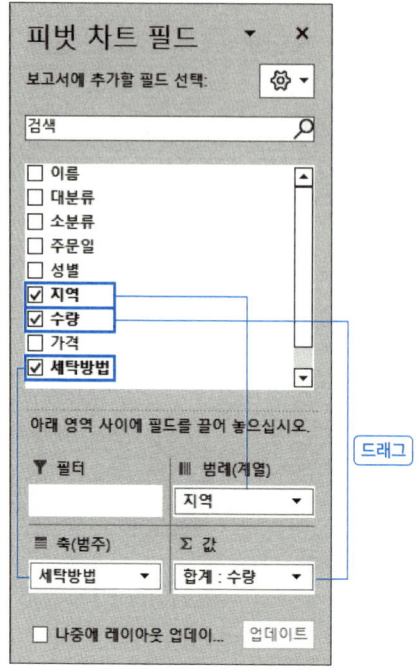

④ 피벗 차트 보고서를 새로운 시트에 표시하기 위해 차트의 빈 공간에서 마우스 오른쪽 버튼을 눌러 바로 가기 메뉴가 나타나면 [차트 이동] 명령을 클릭합니다.

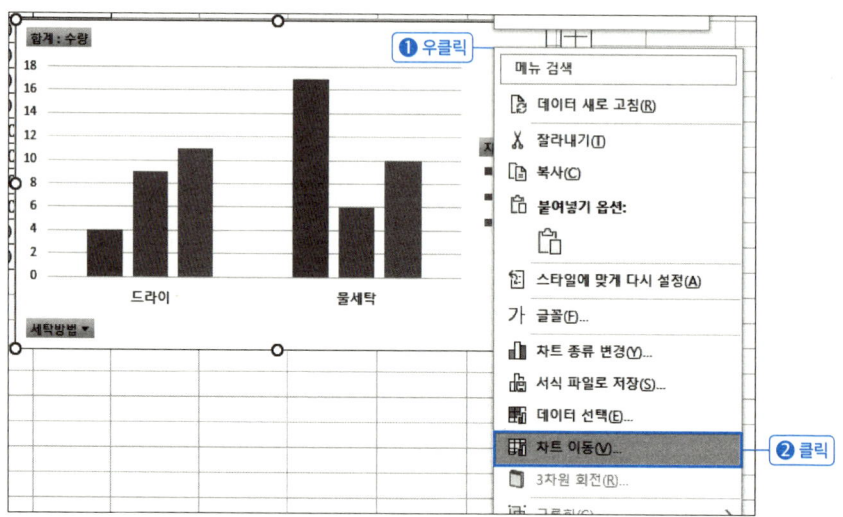

⑤ [차트 이동] 대화상자가 나타나면 '새 시트'를 선택하고 [확인] 단추를 클릭합니다.

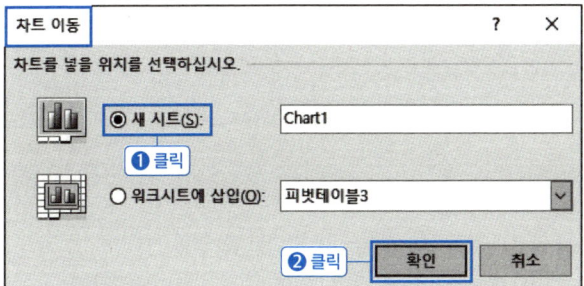

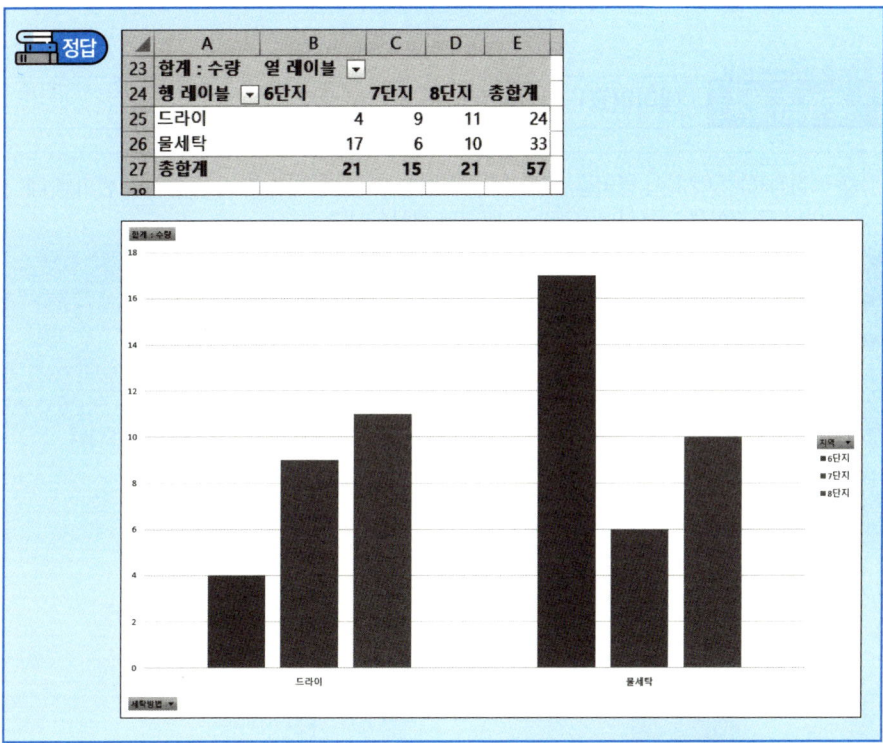

# SECTION 04

## 데이터 표

- 데이터 표는 가상 분석 도구 중 하나입니다. 변수에 따른 결과 값의 변화를 표로 표시해 보도록 하겠습니다.

- 준비파일 : 컴활2급 \ 예제 \ 예제(문제) \ 3장_04. 데이터 표.xlsx

**주희쌤 Tip**
주희쌤 Tip은 꼼꼼히 모두 보세요.

**주희쌤 Tip**
'데이터 표'는 출제된다면 10점 짜리 1문제로 출제됩니다. 배점이 높고 어렵지 않으니 맞히는 것을 목표로 합니다.

### 문제를 풀기 위하여 꼭 알아둬야 할 데이터 표 특징
1. 변수와 변수가 만나는 셀에 변화를 알고자 하는 결과 셀(수식이 입력된 셀) 값을 연결
2. 변수를 포함하여 표 전체 영역을 선택한 후 [데이터] 탭-[예측] 그룹-[가상 분석]-[데이터 표]

### 문제 유형 1  '데이터표1' 워크시트에서 작업하시오.

❶ <성적표> [A2:B4] 영역을 참조하여, 국어와 영어점수 변동에 따른 합계의 변화를 데이터 표 기능을 이용하여 [C8:E9] 영역에 계산하시오.

**주희쌤 Tip**
연결할 셀이 없다면 변수와 변수가 만나는 셀에 직접 수식을 입력해야 합니다.

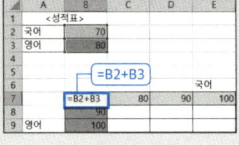

### 따라하기 ❶

① 변수와 변수가 만나는 지점인 [B7] 셀을 선택한 후 '='을 입력합니다.

② 수식이 입력되어 있는 [B4] 셀과 연결하기 위하여 [B4] 셀을 선택하고 Enter 를 누릅니다.

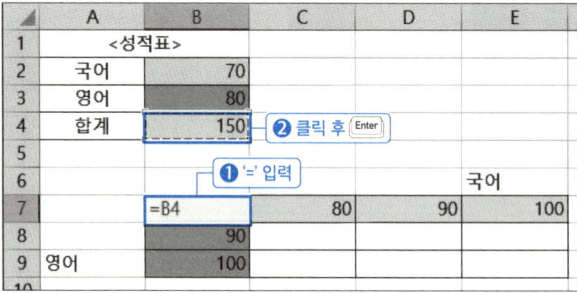

③ [B7:E9] 영역을 드래그하여 선택한 후 [데이터] 탭-[예측] 그룹-[가상 분석]-[데이터 표]를 클릭합니다.

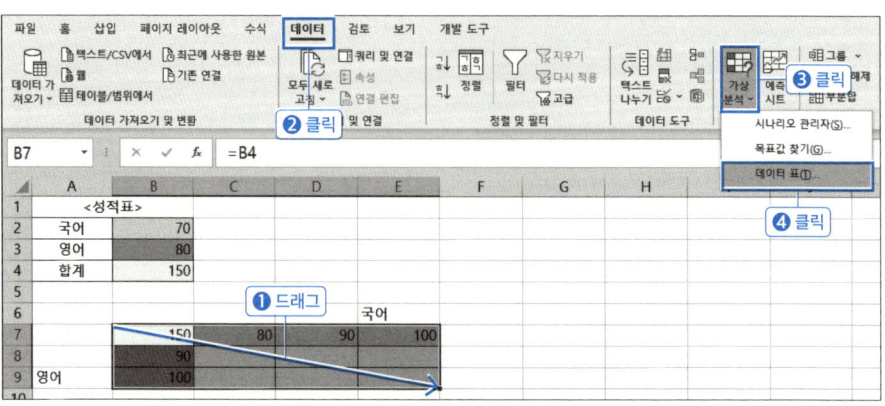

④ [데이터 테이블] 대화상자가 나타나면 [행 입력 셀]에 [B2] 셀을 선택하고, [열 입력 셀]에 커서를 이동해 [B3] 셀을 선택한 후 [확인] 단추를 클릭합니다.

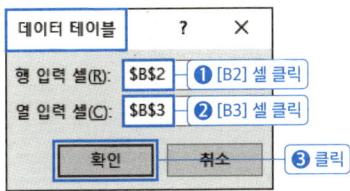

> **주희쌤 Tip**
> • 행 입력 셀 : 행 방향으로 나열된 변수가 입력될 셀
> • 열 입력 셀 : 열 방향으로 나열된 변수가 입력될 셀

> **주희쌤 Tip**
> 행 방향으로 나열된 [C7:E7] 값이 [B2] 셀에 입력될 경우, 열 방향으로 나열된 [B8:B9] 값이 [B3] 셀에 입력될 경우 수식의 결과 변화를 표의 형식으로 표시할 수 있습니다.

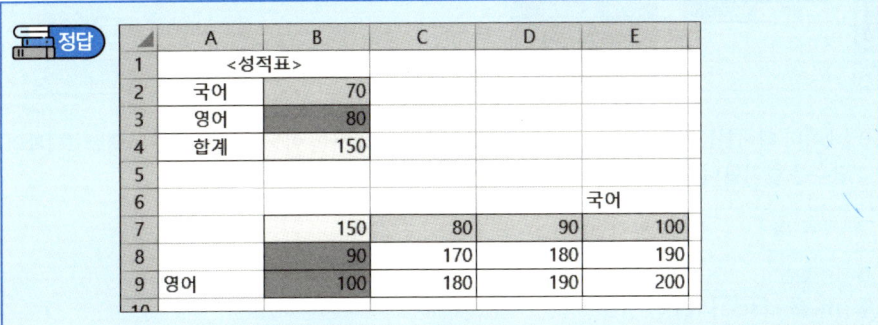

> **주희쌤 Tip**
> • 변수가 하나인 데이터 표
> ① 데이터 표가 열 방향인 경우 첫 번째 행 오른쪽 빈 셀에, 데이터 표가 행 방향인 경우 첫 번째 열 아래쪽 빈 셀에 수식을 입력 (연결)
>
> ② 변수 값이 행 방향으로 나열되므로 행 입력 셀에 셀 참조를 입력
>
> ③ 변수에 따른 결과를 표로 가상 분석

---

**문제 유형 2**  '데이터표2' 워크시트에서 작업하시오.

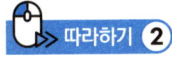 [표1]은 시간당[C2]과 근무시간[C3]을 이용하여 급여[C4]를 계산한 것이다. '데이터 표' 기능을 이용하여 시간당의 변동에 따른 급여의 변화를 [F4:F7] 영역에 계산하시오.

### 따라하기 ②

① 데이터 표의 첫 번째 행, 오른쪽 빈 셀인 [F3] 셀을 선택한 후 '='을 입력합니다.

② 수식이 입력되어 있는 [C4] 셀과 연결하기 위하여 [C4] 셀을 선택하고 Enter를 누릅니다.

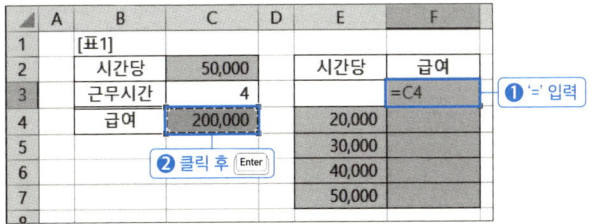

③ [E3:F7] 영역을 드래그하여 선택한 후 [데이터] 탭-[예측] 그룹-[가상 분석]-[데이터 표]를 클릭합니다.

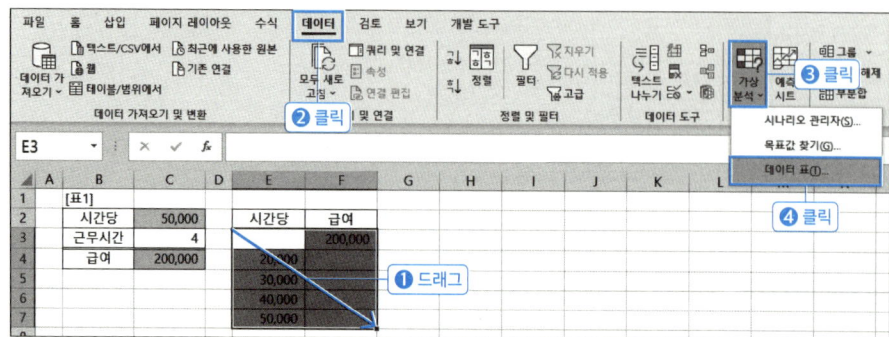

> 주희쌤Tip
> 행 방향으로 나열되어 있는 변수가 없기 때문에 '행 입력 셀'은 없습니다.

④ [데이터 테이블] 대화상자가 나타나면 [열 입력 셀]에 커서를 이동해 [C2] 셀을 선택한 후 [확인] 단추를 클릭합니다.

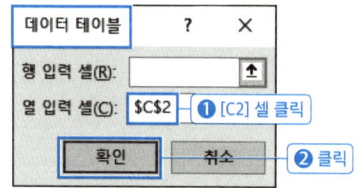

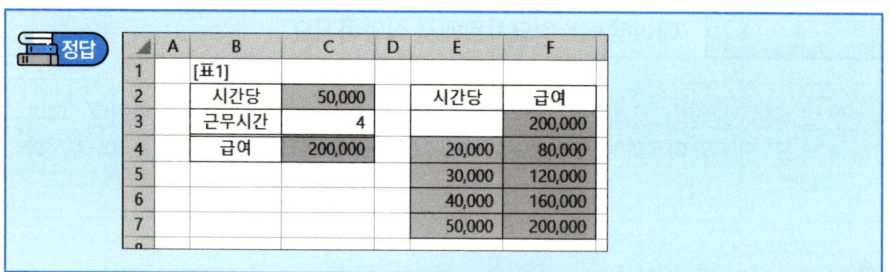

# SECTION 05 시나리오

- 시나리오는 데이터 표와 마찬가지로 가상 분석 도구 중 하나입니다. 참조되는 셀 값의 변화에 따른 수식의 결과를 시트에 표시해 보도록 하겠습니다.
- 준비파일 : 컴활2급 \ 예제 \ 예제(문제) \ 3장_05. 시나리오.xlsx

## 문제를 풀기 위하여 꼭 알아둬야 할 시나리오 특징

1. 변경해야 될 이름이 있다면 먼저 지정
2. 셀 포인터의 위치와 상관없이 [데이터] 탭-[예측] 그룹-[가상 분석]-[시나리오 관리자]
3. 문제에서 '~이 변동하는 경우'를 찾아 [변경 셀]로 지정
4. 문제에서 '~의 변동 시나리오를 작성'을 찾아 [결과 셀]로 지정

> 주희쌤Tip
> 주희쌤 Tip은 꼼꼼히 모두 보세요.

> 주희쌤Tip
> '시나리오'는 출제된다면 10점짜리 1문제로 출제됩니다.
> 배점이 높고 어렵지 않으니 맞히는 것을 목표로 합니다.

### 문제 유형 1  '시나리오1' 워크시트에서 작업하시오.

① 국어점수 [B2] 셀이 다음과 같이 변동하는 경우 합계 [B4] 셀의 변동 시나리오를 작성하시오.
  ▶ 시나리오1 : 시나리오 이름은 '오름', 기존의 '국어' 점수에서 10점을 올린 값을 설정
  ▶ 시나리오2 : 시나리오 이름은 '내림', 기존의 '국어' 점수에서 10점을 내린 값을 설정

 따라하기 ①

① 셀 포인터의 위치와 상관없이 [데이터] 탭-[예측] 그룹-[가상 분석]-[시나리오 관리자]를 클릭합니다.

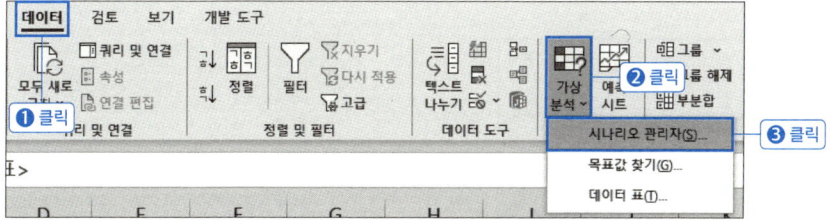

② [시나리오 관리자] 대화상자가 나타나면 [추가] 단추를 클릭합니다.

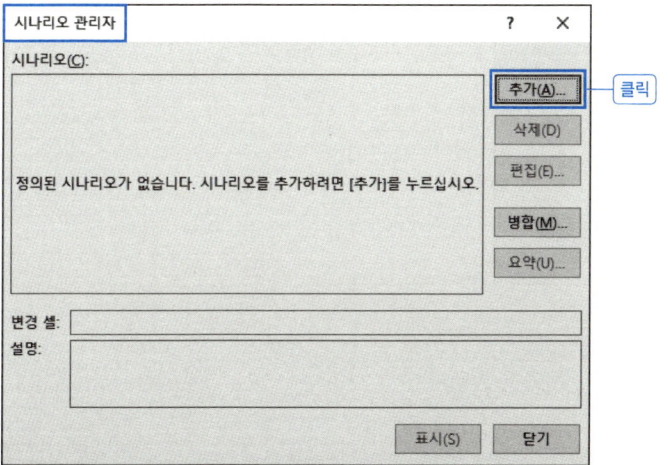

> **주희쌤Tip**
>
> 변경 셀은 최대 32개까지 설정이 가능하며 비연속적인 셀도 Ctrl을 이용하여 지정이 가능합니다.

> **주희쌤Tip**
>
> 시나리오는 수식을 복사하는 것이 아니므로 [변경 셀], [결과 셀]이 상대 참조 주소여도, 절대 참조 주소여도 상관이 없습니다.

③ [시나리오 추가] 대화상자가 나타나면 [시나리오 이름]에 '오름'을 입력, Tab 을 눌러 [변경 셀]로 커서를 이동한 다음 [B2] 셀을 선택하고 [확인] 단추를 클릭합니다.

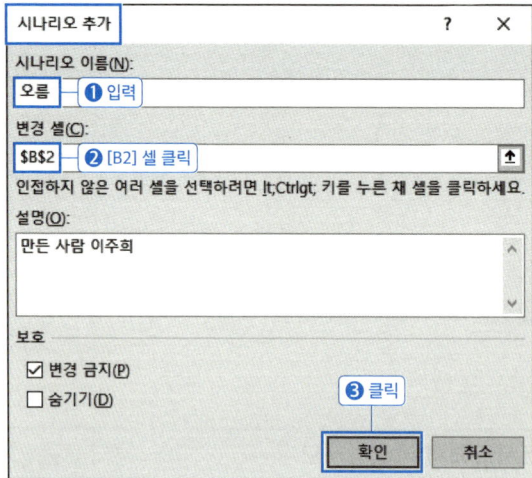

④ [시나리오 값] 대화상자가 나타나면 [B2] 셀의 값을 '80'으로 입력하고 [확인] 단추를 클릭합니다.

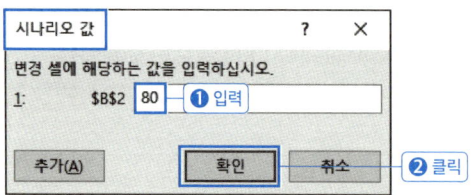

⑤ 다시 [시나리오 관리자] 대화상자가 나타나면 두 번째 시나리오를 추가하기 위해 [추가] 단추를 클릭합니다.

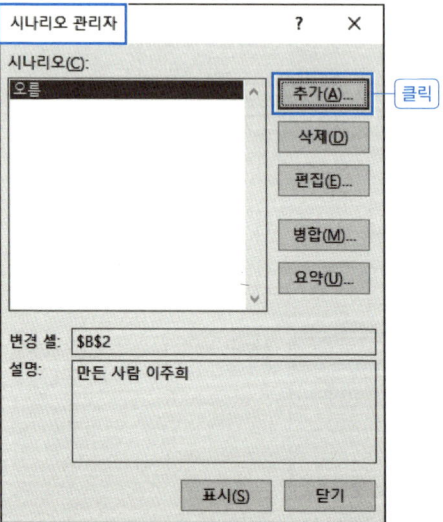

⑥ [시나리오 추가] 대화상자가 나타나면 [시나리오 이름]에 '내림'을 입력, [변경 셀]에 [B2] 셀이 지정된 것을 확인한 후 [확인] 단추를 클릭합니다.

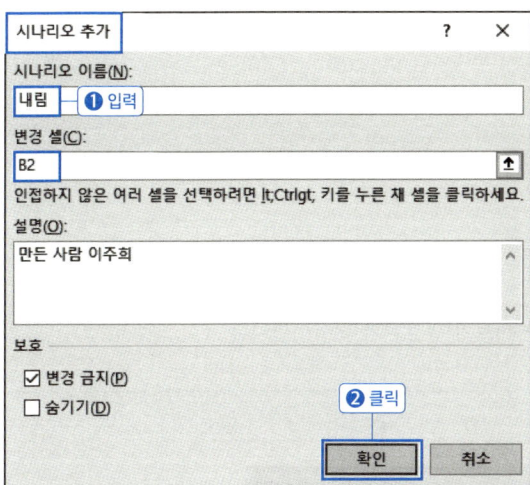

⑦ [시나리오 값] 대화상자가 나타나면 [B2] 셀의 값을 '60'으로 입력하고 [확인] 단추를 클릭합니다.

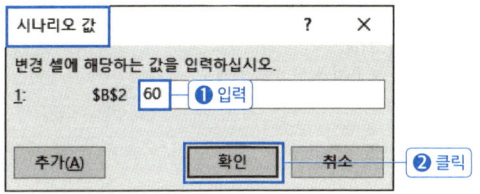

⑧ [시나리오 관리자] 대화상자의 [시나리오] 목록에 생성된 '오름'과 '내림' 시나리오를 확인한 후 [요약] 단추를 클릭합니다.

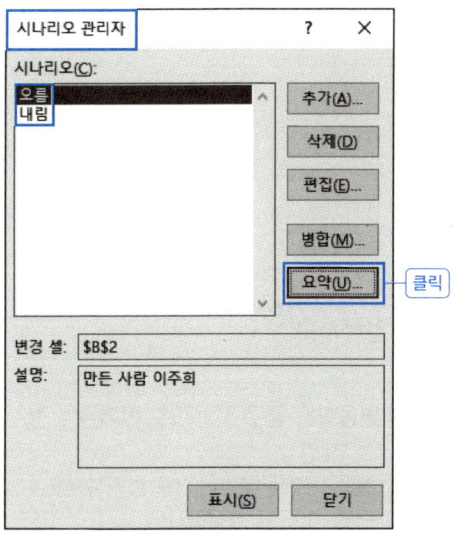

> **주희쌤 Tip**
> - [삭제] 단추를 클릭하면 선택한 시나리오가 삭제됩니다. 단, 시나리오 요약 시트의 보고서를 삭제하는 것은 아닙니다.
> - [편집] 단추를 클릭하면 선택한 시나리오를 수정합니다.
> - [병합] 단추를 클릭하면 다른 워크시트의 시나리오를 통합하여 요약합니다.
> - [표시] 단추를 클릭하면 선택한 시나리오가 현재 시트의 원본 데이터에 표시됩니다.

> **주희쌤 Tip**
>
> 시나리오는 수식을 복사하는 것이 아니므로 [변경 셀], [결과 셀]이 상대 참조 주소여도, 절대 참조 주소여도 상관이 없습니다.

> **주희쌤 Tip**
>
> 수식에 참조되는 [B2] 셀을 80, 60으로 변경하였을 때 수식이 작성되어 있는 [B4] 셀의 변화를 시트에 표시할 수 있습니다.

> **주희쌤 Tip**
>
> 시트를 삭제하려면 시트 이름 위에서 마우스 오른쪽 버튼을 눌러 [삭제] 명령을 클릭한 다음 [확인] 단추를 클릭합니다. 되돌릴 수 없으니 주의하세요.

⑨ [시나리오 요약] 대화상자가 나타나면 [보고서 종류]에서 '시나리오 요약'을 선택, [결과 셀]로 커서를 이동하여 [B4] 셀을 선택한 후 [확인] 단추를 클릭합니다.

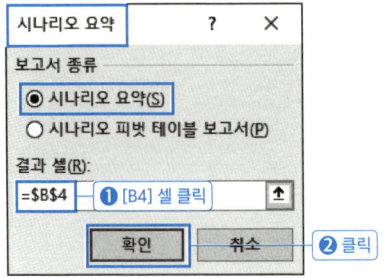

⑩ '시나리오1' 시트 앞에 '시나리오 요약' 시트가 생성된 것을 확인합니다.

**정답**

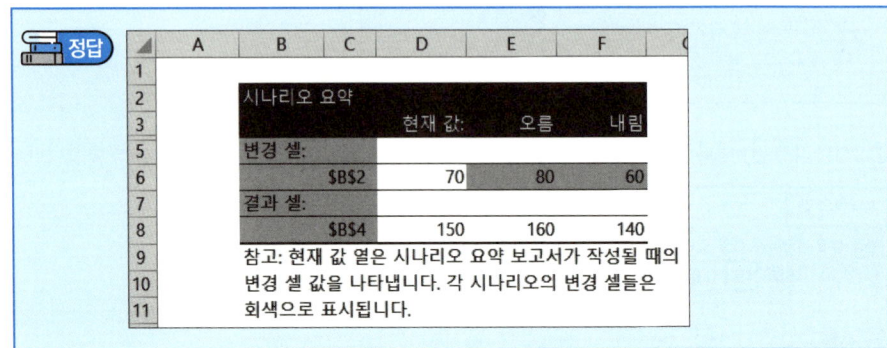

---

### 문제 유형 2  '시나리오2' 워크시트에서 작업하시오.

❷ [표1]에서 이주희의 판매량[F3]이 다음과 같이 변동하는 경우 3월 29일 판매금액 평균[D13]의 변동 시나리오를 작성하시오.
  ▶ 셀 이름 정의 : [F3] 셀은 '이주희판매량', [D13] 셀은 '판매금액평균'으로 정의하시오.
  ▶ 시나리오1 : 시나리오 이름은 '증가', 이주희판매량을 100으로 설정하시오.
  ▶ 시나리오2 : 시나리오 이름은 '감소', 이주희판매량을 60으로 설정하시오.
  ▶ 위 시나리오에 의한 '시나리오 요약' 보고서는 '시나리오2' 시트 바로 뒤에 위치시키시오.
  ▶ 시나리오 요약 보고서 작성 시 정답과 일치하여야 하며, 오자로 인한 부분점수는 인정하지 않음

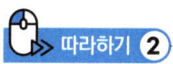 따라하기 ❷

① [F3] 셀의 이름을 정의하기 위해 [F3] 셀을 선택하고 이름 상자에 '이주희판매량'을 입력한 후 Enter를 누릅니다.

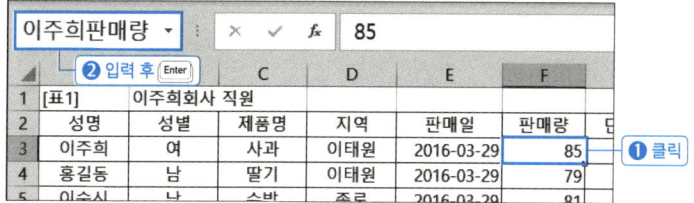

② 같은 방법으로 [D13] 셀의 이름을 '판매금액평균'으로 정의합니다.

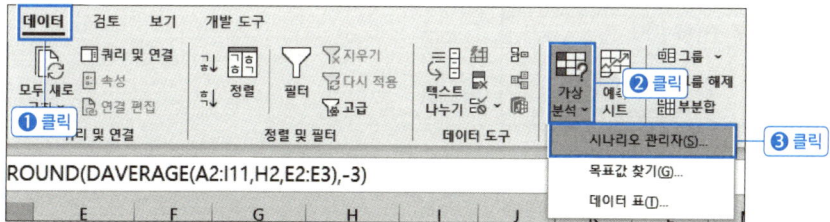

③ 셀 포인터의 위치와 상관없이 [데이터] 탭-[예측] 그룹-[가상 분석]-[시나리오 관리자]를 클릭합니다.

④ [시나리오 관리자] 대화상자가 나타나면 [추가] 단추를 클릭합니다.

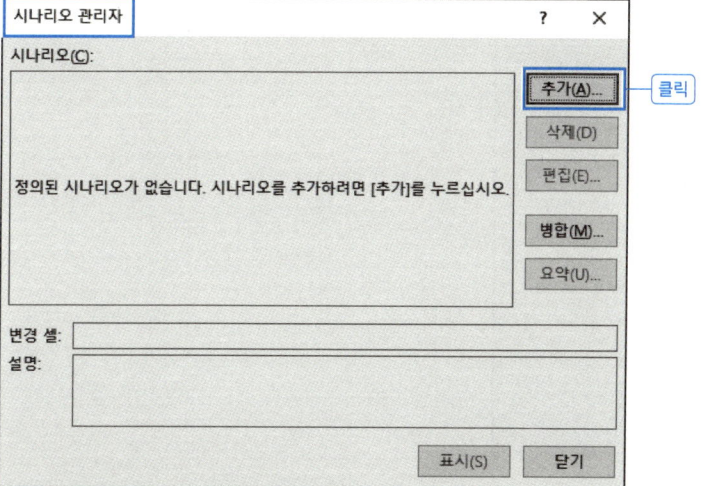

> ★ 주희쌤 Tip
>
> 문제에 셀 이름 정의에 대한 지시사항이 있다면 이름 정의를 먼저 해야 합니다.
>
> 이름 정의를 하지 않을 경우
>
>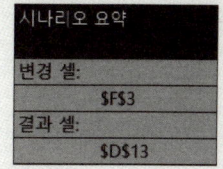
>
> 이름 정의를 먼저 할 경우
>
>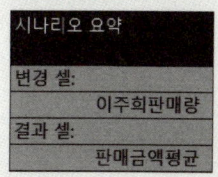

⑤ [시나리오 추가] 대화상자가 나타나면 [시나리오 이름]에 '증가'를 입력, Tab 을 눌러 [변경 셀]로 커서를 이동한 다음 [F3] 셀을 선택하고 [확인] 단추를 클릭합니다.

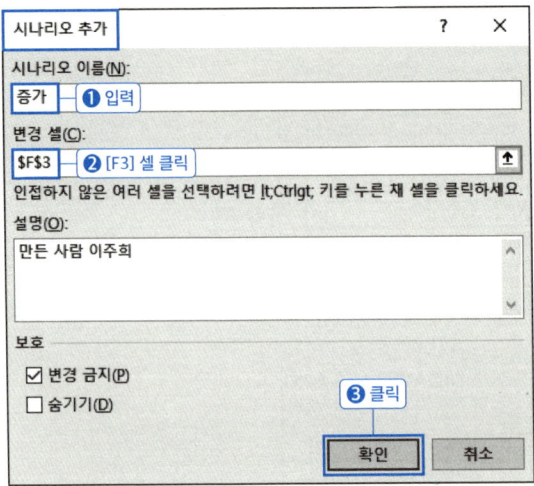

⑥ [시나리오 값] 대화상자가 나타나면 [F3] 셀(이주희판매량)의 값을 '100'으로 입력하고 [확인] 단추를 클릭합니다.

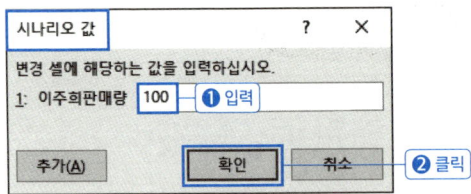

⑦ 다시 [시나리오 관리자] 대화상자가 나타나면 두 번째 시나리오를 추가하기 위해 [추가] 단추를 클릭합니다.

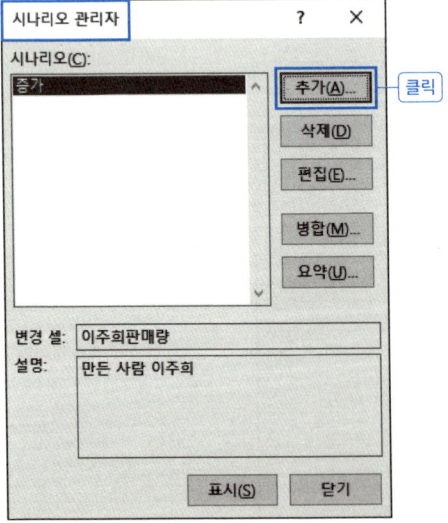

⑧ [시나리오 추가] 대화상자가 나타나면 [시나리오 이름]에 '감소'를 입력, [변경 셀]에 [F3] 셀이 지정된 것을 확인한 후 [확인] 단추를 클릭합니다.

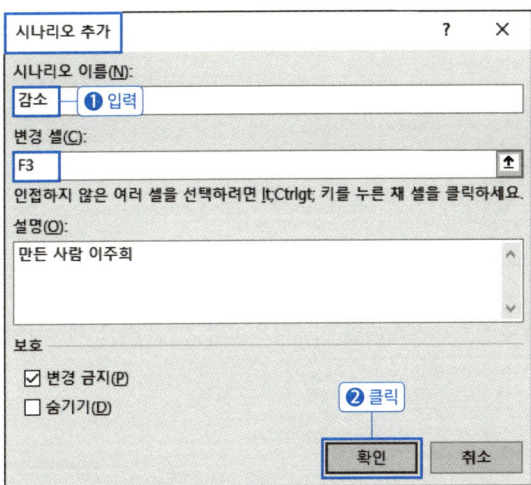

⑨ [시나리오 값] 대화상자가 나타나면 [F3] 셀(이주희판매량)의 값을 '60'으로 입력하고 [확인] 단추를 클릭합니다.

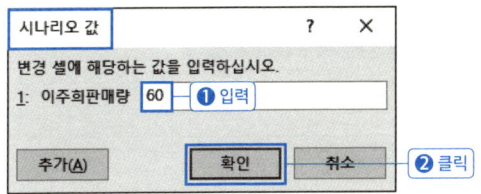

⑩ [시나리오 관리자] 대화상자의 [시나리오] 목록에 생성된 '증가'와 '감소' 시나리오를 확인한 후 [요약] 단추를 클릭합니다.

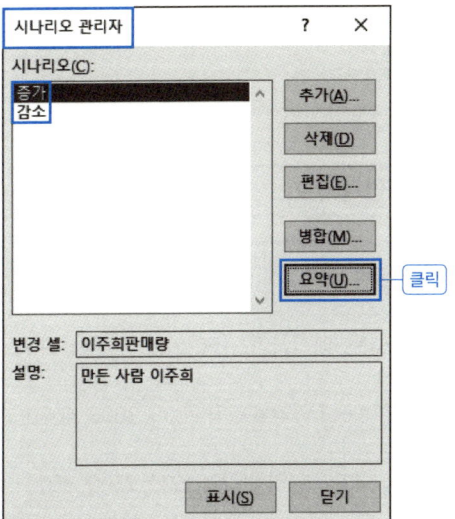

⑪ [시나리오 요약] 대화상자가 나타나면 [보고서 종류]에서 '시나리오 요약'을 선택, [결과 셀]로 커서를 이동하여 [D13] 셀(판매금액평균)을 선택한 후 [확인] 단추를 클릭합니다.

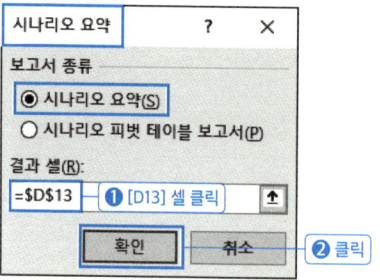

> **주희쌤 Tip**
> 시나리오 요약 시트는 선택된 시트 앞에 생성되는데 드래그하여 이동할 수 있습니다.
> 문제에 별도의 지시사항이 없다면 기본 설정 그대로 두면 됩니다.
> 시나리오 요약 보고서가 현재 시트 앞에 위치할지 뒤에 위치할지 문제를 끝까지 읽어주세요.

⑫ '시나리오2' 시트 앞에 '시나리오 요약 2' 시트가 생성되면 '시나리오 요약 2' 시트를 드래그하여 '시나리오2' 시트 뒤에 위치시킵니다.

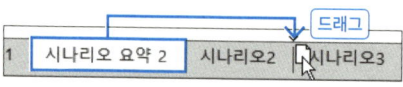

**정답**

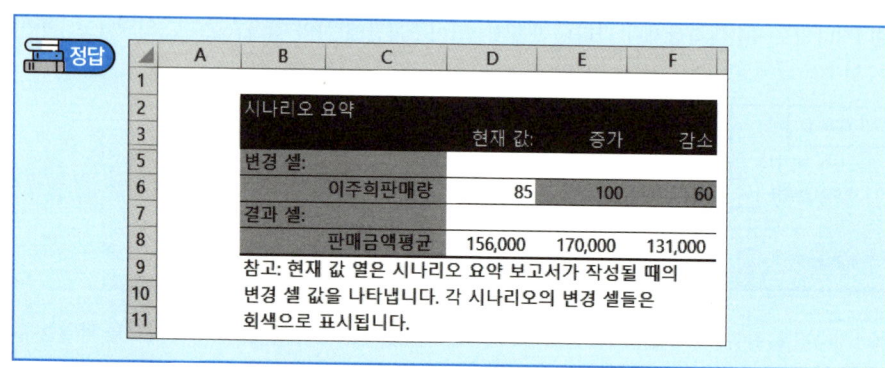

---

### 문제 유형 3 　'시나리오3' 워크시트에서 작업하시오.

❸ [표1]에서 급여[F4:F6]가 다음과 같이 변하는 경우 급여합계[C10]의 변동 시나리오를 작성하시오.
  ▶ 셀 이름 정의 : [F4] 셀은 '사원급여', [F5] 셀은 '대리급여', [F6] 셀은 '부장급여', [C10] 셀은 '급여합계'로 정의하시오.
  ▶ 시나리오1 : 시나리오 이름은 '급여인상', 급여[F4:F6] 영역을 각각 2000, 3000, 4000으로 설정하시오.
  ▶ 시나리오2 : 시나리오 이름은 '급여인하', 급여[F4:F6] 영역을 각각 1500, 2500, 3500으로 설정하시오.
  ▶ 위 시나리오에 의한 '시나리오 요약' 보고서는 '시나리오3' 시트 바로 앞에 위치시키시오.
  ▶ 시나리오 요약 보고서 작성 시 정답과 일치하여야 하며, 오자로 인한 부분점수는 인정하지 않음

따라하기 3

① [F4] 셀의 이름을 정의하기 위해 [F4] 셀을 선택하고 이름 상자에 '사원급여'를 입력한 후 Enter 를 누릅니다.

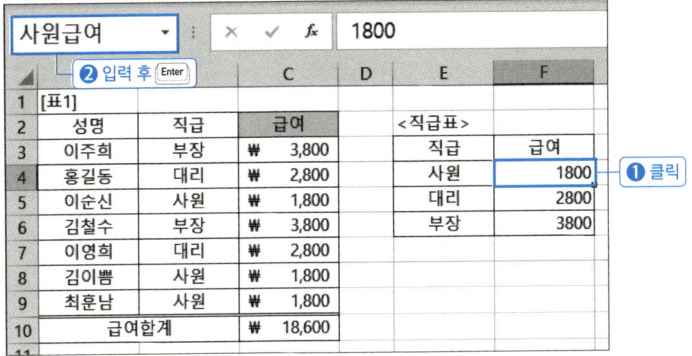

② 같은 방법으로 [F5] 셀의 이름을 '대리급여', [F6] 셀의 이름을 '부장급여', [C10] 셀의 이름을 '급여합계'로 정의합니다.

③ 셀 포인터의 위치와 상관없이 [데이터] 탭-[예측] 그룹-[가상 분석]-[시나리오 관리자]를 클릭합니다.

④ [시나리오 관리자] 대화상자가 나타나면 [추가] 단추를 클릭합니다.

⑤ [시나리오 편집] 대화상자가 나타나면 [시나리오 이름]에 '급여인상'을 입력, Tab 을 눌러 [변경 셀]로 커서를 이동한 다음 [F4:F6] 영역을 드래그하고 [확인] 단추를 클릭합니다.

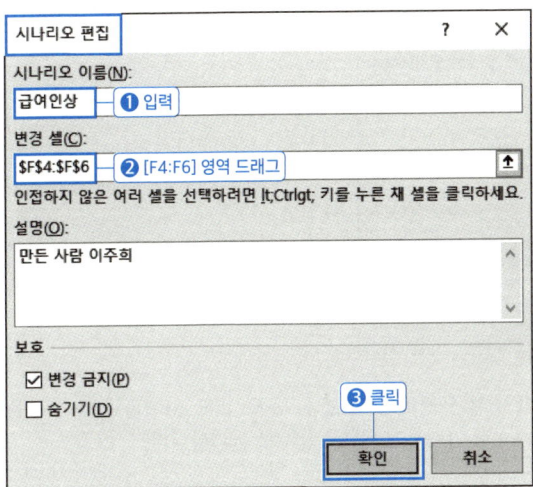

⑥ [시나리오 값] 대화상자가 나타나면 [F4] 셀(사원급여)의 값을 '2000', [F5] 셀(대리급여)의 값을 '3000', [F6] 셀(부장급여)의 값을 '4000'으로 입력하고 [확인] 단추를 클릭합니다.

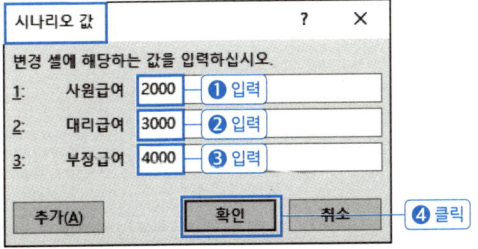

⑦ 다시 [시나리오 관리자] 대화상자가 나타나면 두 번째 시나리오를 추가하기 위해 [추가] 단추를 클릭합니다.

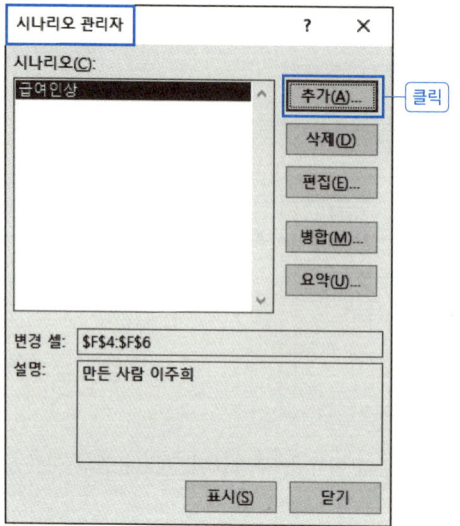

⑧ [시나리오 추가] 대화상자가 나타나면 [시나리오 이름]에 '급여인하'를 입력, [변경 셀]에 [F4:F6] 영역이 지정된 것을 확인한 후 [확인] 단추를 클릭합니다.

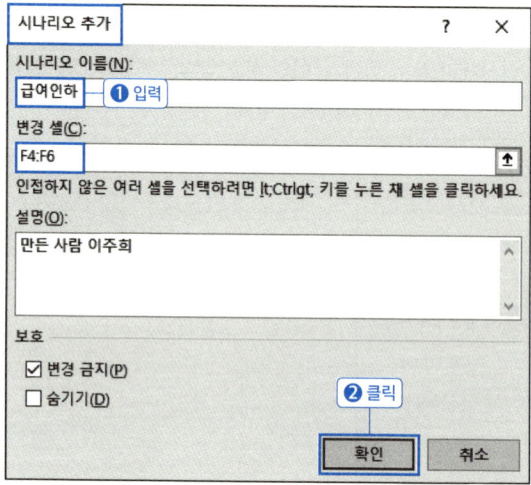

⑨ [시나리오 값] 대화상자가 나타나면 [F4] 셀(사원급여)의 값을 '1500', [F5] 셀(대리급여)의 값을 '2500', [F6] 셀(부장급여)의 값을 '3500'으로 입력하고 [확인] 단추를 클릭합니다.

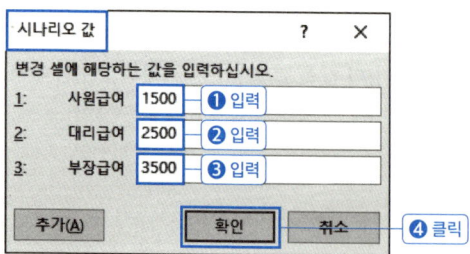

⑩ [시나리오 관리자] 대화상자의 [시나리오] 목록에 생성된 '급여인상'과 '급여인하' 시나리오를
확인한 후 [요약] 단추를 클릭합니다.

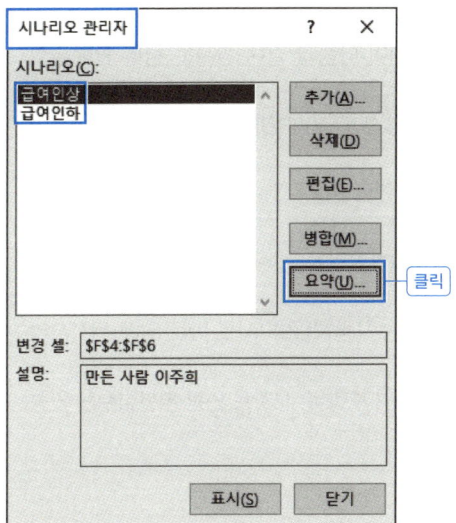

⑪ [시나리오 요약] 대화상자가 나타나면 [보고서 종류]에서 '시나리오 요약'을 선택, [결과 셀]로
커서를 이동하여 [C10] 셀(급여합계)을 선택한 후 [확인] 단추를 클릭합니다.

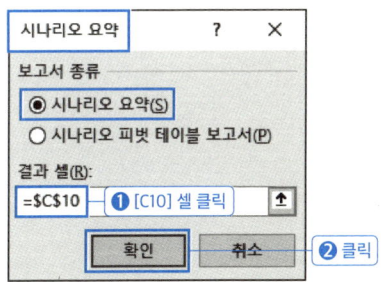

⑫ '시나리오3' 시트 앞에 '시나리오 요약 3' 시트가 생성된 것을 확인합니다.

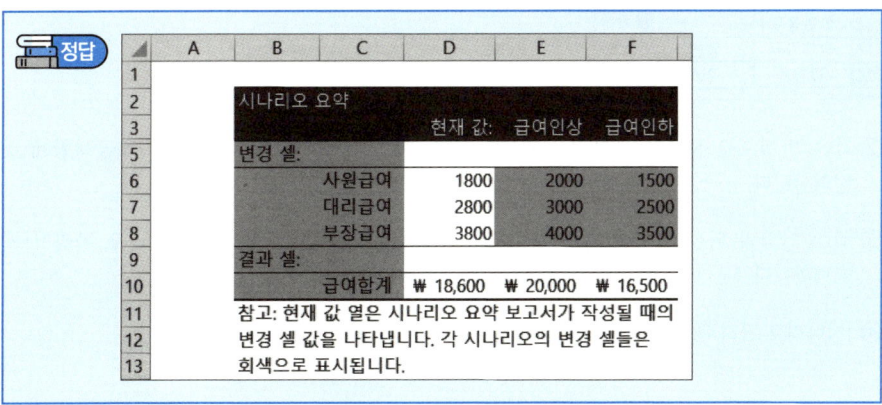

## 문제 유형 4 — '시나리오4' 워크시트에서 작업하시오.

④ [표1]에서 일반할인율[B14], VVIP할인율[D14]이 다음과 같이 변하는 경우 판매금액합계[E10]의 변동 시나리오를 작성하시오.

- ▶ 셀 이름 정의 : [B14] 셀은 '일반할인율', [D14] 셀은 'VVIP할인율', [E10] 셀은 '판매금액합계'로 정의하시오.
- ▶ 시나리오1 : 시나리오 이름은 '할인율증가', 일반할인율은 3%, VVIP할인율은 5%로 설정하시오.
- ▶ 시나리오2 : 시나리오 이름은 '할인율감소', 일반할인율은 1%, VVIP할인율은 3%로 설정하시오.
- ▶ 위 시나리오에 의한 '시나리오 요약' 보고서는 '시나리오4' 시트 바로 앞에 위치시키시오.
- ▶ 시나리오 요약 보고서 작성 시 정답과 일치하여야 하며, 오자로 인한 부분점수는 인정하지 않음

### 따라하기 ④

① [B14] 셀의 이름을 정의하기 위해 [B14] 셀을 선택하고 이름 상자에 '일반할인율'을 입력한 후 를 누릅니다.

② 같은 방법으로 [D14] 셀의 이름을 'VVIP할인율', [E10] 셀의 이름을 '판매금액합계'로 정의합니다.

③ 셀 포인터의 위치와 상관없이 [데이터] 탭-[예측] 그룹-[가상 분석]-[시나리오 관리자]를 클릭합니다.

④ [시나리오 관리자] 대화상자가 나타나면 [추가] 단추를 클릭합니다.

⑤ [시나리오 추가] 대화상자가 나타나면 [시나리오 이름]에 '할인율증가'를 입력, [Tab]을 눌러 [변경 셀]로 커서를 이동한 다음 [B14] 셀과 [D14] 셀을 [Ctrl]을 이용해 선택하고 [확인] 단추를 클릭합니다.

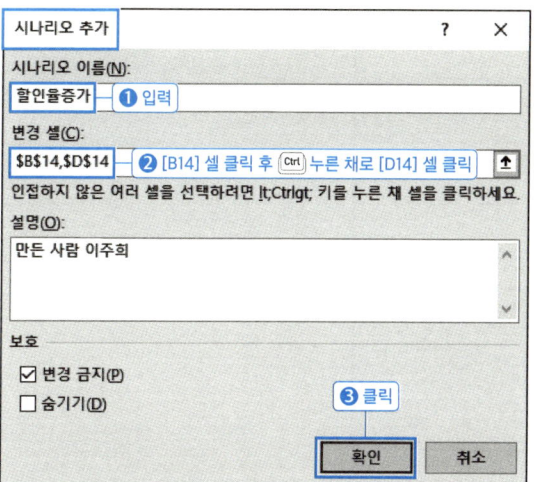

> **주희쌤Tip**
>
> '부분합1' 시트에서 배웠던 부분입니다.
>
> [Ctrl]은 비연속적인 영역을 동시에 선택할 수 있는데 두 번째 영역부터 누르면 됩니다.

⑥ [시나리오 값] 대화상자가 나타나면 [B14] 셀(일반할인율)의 값을 '0.03', [D14] 셀(VVIP할인율)의 값을 '0.05'로 입력하고 [확인] 단추를 클릭합니다.

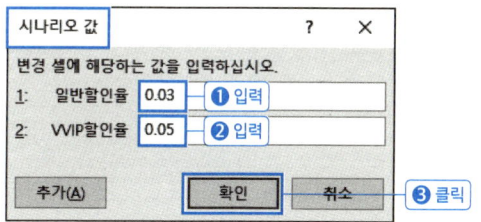

⑦ 다시 [시나리오 관리자] 대화상자가 나타나면 두 번째 시나리오를 추가하기 위해 [추가] 단추를 클릭합니다.

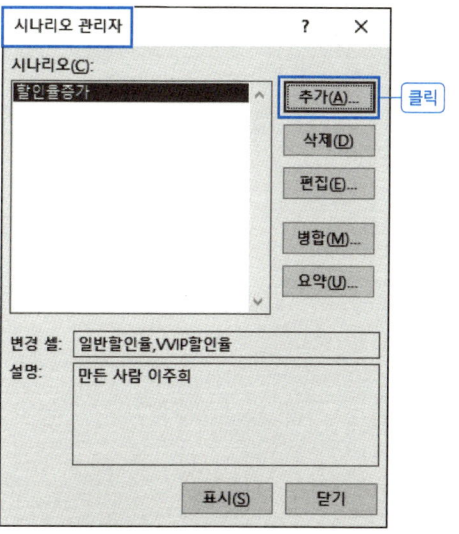

⑧ [시나리오 추가] 대화상자가 나타나면 [시나리오 이름]에 '할인율감소'를 입력, [변경 셀]에
　 [B14] 셀과 [D14] 셀이 지정된 것을 확인 후 [확인] 단추를 클릭합니다.

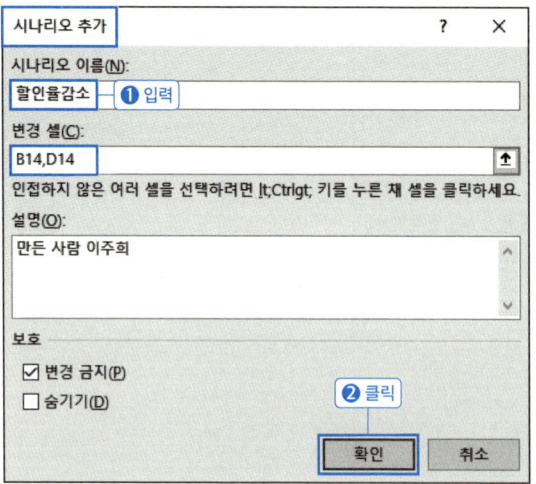

📁 주희쌤 Tip

0.03, 0.05가 아닌 3%, 5%로 입력해도 됩니다.
0.01, 0.03이 아닌 1%, 3%로 입력해도 됩니다.

⑨ [시나리오 값] 대화상자가 나타나면 [B14] 셀(일반할인율)의 값을 '0.01', [D14]
　 셀(VVIP할인율)의 값을 '0.03'으로 입력하고 [확인] 단추를 클릭합니다.

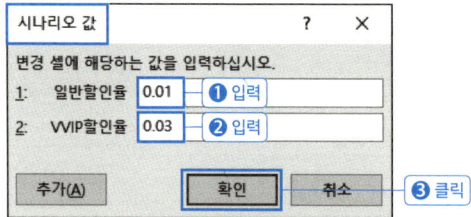

⑩ [시나리오 관리자] 대화상자의 [시나리오] 목록에 생성된 '할인율증가'와 '할인율감소'
　 시나리오를 확인한 후 [요약] 단추를 클릭합니다.

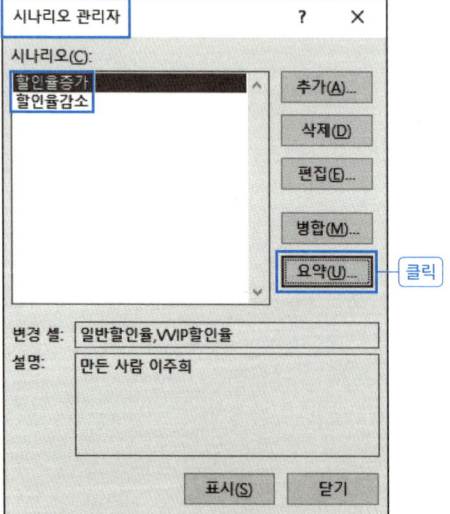

⑪ [시나리오 요약] 대화상자가 나타나면 [보고서 종류]에서 '시나리오 요약'을 선택, [결과 셀]로 커서를 이동하여 [E10] 셀(판매금액합계)을 선택한 후 [확인] 단추를 클릭합니다.

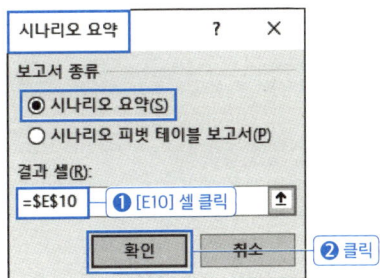

⑫ '시나리오4' 시트 앞에 '시나리오 요약 4' 시트가 생성된 것을 확인합니다.

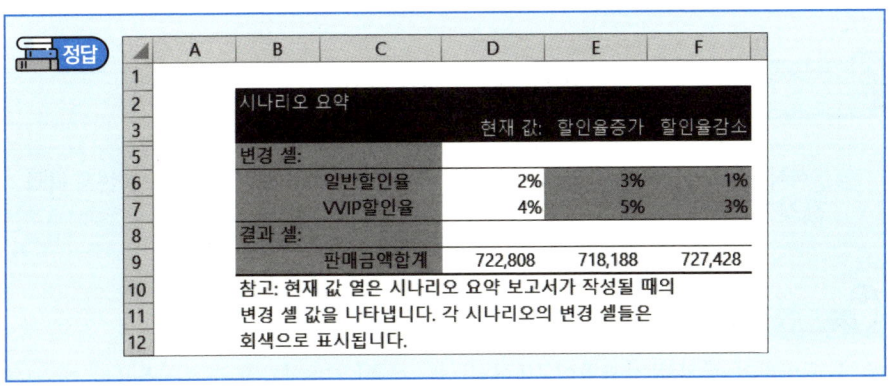

# SECTION 06 목표값 찾기

- 목표값 찾기는 시나리오와 반대인 가상 분석 도구 중 하나입니다. 수식의 결과를 정해놓고 수식에 참조되는 셀 값의 변화를 표시해 보도록 하겠습니다.
- **준비파일** : 컴활2급 \ 예제 \ 예제(문제) \ 1장_06. 목표값 찾기.xlsx

### 주희쌤 Tip
주희쌤 Tip은 꼼꼼히 모두 보세요.

### 주희쌤 Tip
'목표값 찾기'는 출제된다면 10점짜리 1문제로 출제됩니다. 배점이 높고 어렵지 않으니 맞히는 것을 목표로 합니다.

#### 문제를 풀기 위하여 꼭 알아둬야 할 목표값 찾기 특징

1. 셀 포인터의 위치와 상관없이 [데이터] 탭-[예측] 그룹-[가상 분석]-[목표값 찾기]
2. 문제에서 '~이(가,을)'를 찾아 [수식 셀]로 지정
3. 문제에서 '~이 되려면(찾으려면, 조정하려면)'을 찾아 [찾는 값]으로 지정
4. 문제에서 '~이 얼마'를 찾아 [값을 바꿀 셀]로 지정

### 문제 유형 1 '목표값찾기1' 워크시트에서 작업하시오.

 <성적표>에서 합계(B4)가 180이 되려면 국어점수(B2)가 얼마가 되어야 하는지 목표값 찾기 기능을 이용하여 계산하시오.

#### 따라하기 ①

① 셀 포인터의 위치와 상관없이 [데이터] 탭-[예측] 그룹-[가상 분석]-[목표값 찾기]를 클릭합니다.

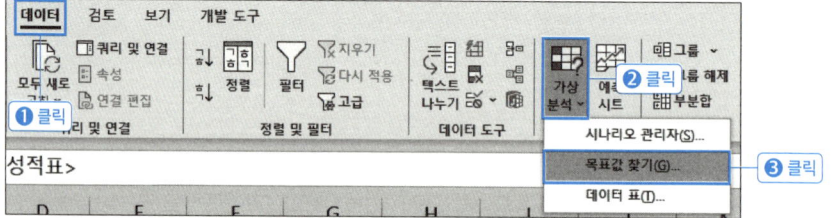

### 주희쌤 Tip
[수식 셀], [값을 바꿀 셀]이 상대 참조 주소여도, 절대 참조 주소여도 상관이 없습니다.

② [목표값 찾기] 대화상자가 나타나면 [수식 셀]에 [B4] 셀을 선택, [찾는 값]으로 커서를 이동하여 '180'을 입력, [값을 바꿀 셀]로 커서를 이동하여 [B2] 셀을 선택한 후 [확인] 단추를 클릭합니다.

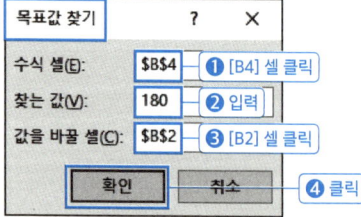

③ [목표값 찾기 상태] 대화상자가 나타나면 [확인] 단추를 클릭합니다.

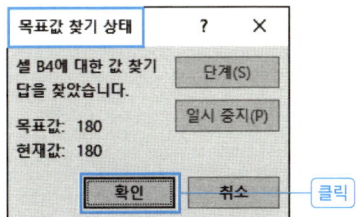

> **주희쌤 Tip**
> [B4] 셀에 작성된 수식의 결과를 180으로 정해놓고 수식에 참조되고 있는 [B2] 셀의 변화를 표시할 수 있습니다.

**정답**

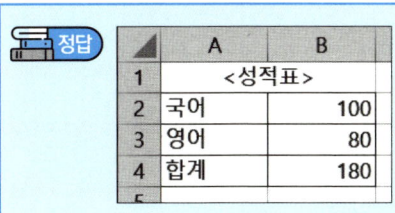

---

**문제 유형 2** '목표값찾기2' 워크시트에서 작업하시오.

② [표1]에서 '김이쁨'의 달성률[E8]이 90%가 되려면 판매액[D8]이 얼마가 되어야 하는지 목표값 찾기 기능을 이용하여 계산하시오.

 따라하기 ②

① 셀 포인터의 위치와 상관없이 [데이터] 탭-[예측] 그룹-[가상 분석]-[목표값 찾기]를 클릭합니다.

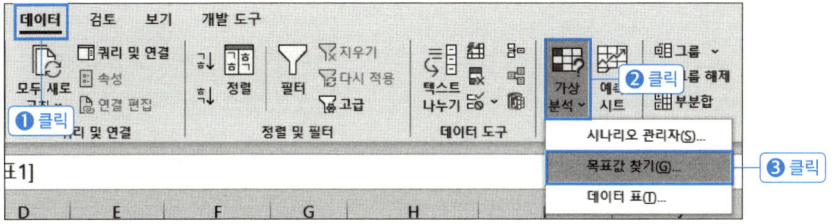

② [목표값 찾기] 대화상자가 나타나면 [수식 셀]에 [E8] 셀을 선택, [찾는 값]으로 커서를 이동하여 '0.9'를 입력, [값을 바꿀 셀]로 커서를 이동하여 [D8] 셀을 선택한 후 [확인] 단추를 클릭합니다.

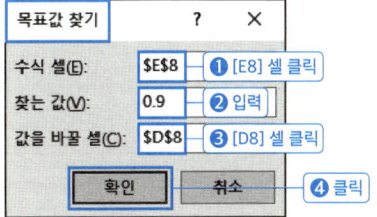

> **주희쌤 Tip**
> [찾는 값]에 '0.9'가 아닌 '90%'를 입력해도 됩니다.

③ [목표값 찾기 상태] 대화상자가 나타나면 [확인] 단추를 클릭합니다.

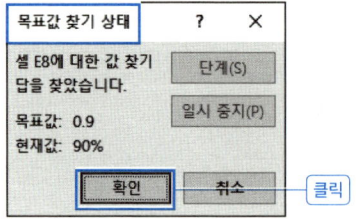

| | A | B | C | D | E |
|---|---|---|---|---|---|
| 1 | [표1] | | | | |
| 2 | 성명 | 직급 | 목표액 | 판매액 | 달성률 |
| 3 | 이주희 | 부장 | 2,900 | 2900 | 100% |
| 4 | 홍길동 | 대리 | 1,250 | 1000 | 80% |
| 5 | 이순신 | 사원 | 1,500 | 1350 | 90% |
| 6 | 김철수 | 부장 | 1,650 | 1500 | 91% |
| 7 | 이영희 | 대리 | 1,480 | 1400 | 95% |
| 8 | 김이쁨 | 사원 | 1,240 | 1116 | 90% |
| 9 | 최훈남 | 사원 | 2,170 | 2000 | 92% |

# CHAPTER 04

기타작업

- Section 01  매크로
- Section 02  차트

# SECTION 01 매크로

- 매크로는 한 번의 명령으로 여러 명령이 한꺼번에 이루어지는 것으로 반복되는 일련의 작업을 매크로로 기록해 두어 나중에 빠르게 실행할 수 있습니다. 도형이나 양식 컨트롤을 클릭했을 때 기록 했던 명령이 실행되도록 하겠습니다.

- 준비파일 : 컴활2급 \ 예제 \ 예제(문제) \ 4장_01. 매크로.xlsm

### 주희쌤 Tip
주희쌤 Tip은 꼼꼼히 모두 보세요.

### 주희쌤 Tip
'매크로'는 5점씩 2문제, 총 10점이 출제됩니다. 목표 점수는 10점으로 간단한 수식 작성, 서식 지정 등이 매크로 안에 포함되어 출제될 수 있습니다.

### 주희쌤 Tip
[수식 입력줄] 위에 '보안 경고'가 표시되면 '콘텐츠 사용'을 클릭하세요.

### 주희쌤 Tip
매크로 작업을 위해서는 개발 도구 탭이 필요합니다. [개발 도구] 탭이 안 보이는 경우 [파일] 탭-[옵션]-[리본 사용자 지정] 탭-'개발 도구'를 선택-[확인]을 클릭하세요.

---

### 매크로 기록하는 순서
1. 개체(도형, 양식 컨트롤) 생성하고 매크로 지정
2. [매크로 이름]-[매크로 위치]-[기록]-[확인]을 차례로 입력 및 선택
3. 문제에서 '~ 매크로 생성'을 찾아 기록
4. [개발 도구] 탭-[코드] 그룹-[기록 중지]
5. 개체(도형, 양식 컨트롤)의 텍스트 변경

### 문제 유형 1
'매크로1' 워크시트에서 다음과 같은 기능을 수행하는 매크로를 현재 통합 문서에 작성하고 실행하시오.

※ 모든 매크로는 셀 포인터의 위치와 상관없이 현재 통합 문서에서 매크로가 실행되어야 정답으로 인정됨

① [E3:E9] 영역에 2분기의 총판매량을 계산하는 '총판매량' 매크로를 생성하시오.
  ▶ [도형]-[사각형]의 '둥근 모서리(☐)'를 동일 시트의 [G2:H3] 영역에 생성한 후 텍스트를 "총판매량"으로 입력하고, 도형을 클릭할 때 '총판매량' 매크로가 실행되도록 설정하시오.
  ▶ 도형 안의 텍스트는 가로 '가운데 맞춤', 세로 '가운데 맞춤'으로 설정

② [A2:E2] 영역에 셀 스타일을 '강조색6'으로 지정하는 '서식' 매크로를 생성하시오.
  ▶ [개발 도구]-[삽입]-[양식 컨트롤]의 '단추(☐)'를 동일 시트의 [G5:H6] 영역에 생성한 후 텍스트를 '셀스타일'로 입력하고, 도형을 클릭할 때 '서식' 매크로가 실행되도록 설정하시오.

③ [A2:E9] 영역에 '모든 테두리'를 지정하는 '테두리' 매크로를 생성하시오.
  ▶ [도형]-[기본 도형]의 '육각형(⬡)'을 동일 시트의 [G8:H9] 영역에 생성한 후 텍스트를 "테두리"로 입력하고, 도형을 클릭할 때 '테두리' 매크로가 실행되도록 설정하시오.
  ▶ 도형 안의 텍스트는 가로 '가운데 맞춤', 세로 '가운데 맞춤'으로 설정

④ [B20:D20] 영역에 대하여 월별 총 합계를 자동 계산하는 매크로를 생성하고 매크로 이름은 '합계'로 정의하시오.
  ▶ '합계' 매크로는 [도형]-[기본 도형]의 '십자형(✚)'으로 지정한 후 실행되도록 하고, 도형의 텍스트를 '월별합계'로 입력한 후 동일 시트의 [G12:H13] 영역에 위치시키시오.
  ▶ 도형 안의 텍스트는 가로 '가운데 맞춤', 세로 '가운데 맞춤'으로 설정

⑤ [E13:E19] 영역에 대하여 평균을 계산한 후 소수 둘째 자리까지 나타내는 '평균' 매크로를 생성하시오.
  ▶ 평균=(4월+5월+6월)/3
  ▶ '평균' 매크로는 '양식' 컨트롤의 '단추(☐)'에 지정한 후 텍스트를 '평균'으로 입력하여 실행되도록 하며 동일 시트의 [G15:H16] 영역에 위치시키시오.

⑥ [A12:E12] 영역에 글꼴 색 '표준 색-파랑', 채우기 색 '표준 색-노랑'을 적용하는 '제목서식' 매크로를 생성하시오.
   ▶ [도형]-[사각형]의 '직사각형(□)'을 동일 시트의 [G18:H19] 영역에 생성한 후 텍스트를 '제목서식'으로 설정하시오.
   ▶ 도형 안의 텍스트는 가로 '가운데 맞춤', 세로 '가운데 맞춤'으로 설정

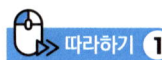 따라하기 ❶

① [삽입] 탭-[일러스트레이션] 그룹-[도형]-[사각형]의 '사각형: 둥근 모서리'를 클릭합니다.

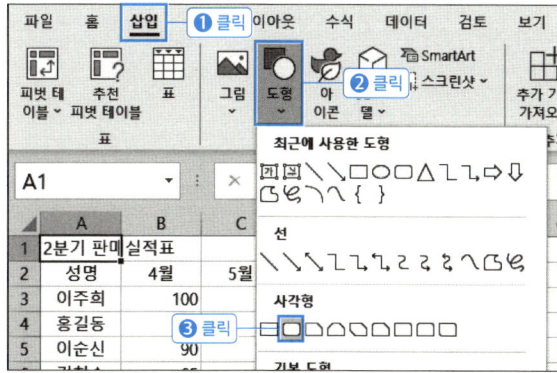

② 이어서 [G2:H3] 영역에 드래그하여 '사각형: 둥근 모서리' 도형을 생성합니다.

> 주희쌤Tip
> Alt를 이용하면 위치를 맞추거나 크기를 바꿀 때 편리합니다.

③ 매크로를 지정하기 위해 생성한 도형 위에서 마우스 오른쪽 버튼을 눌러 [매크로 지정] 명령을 클릭합니다.

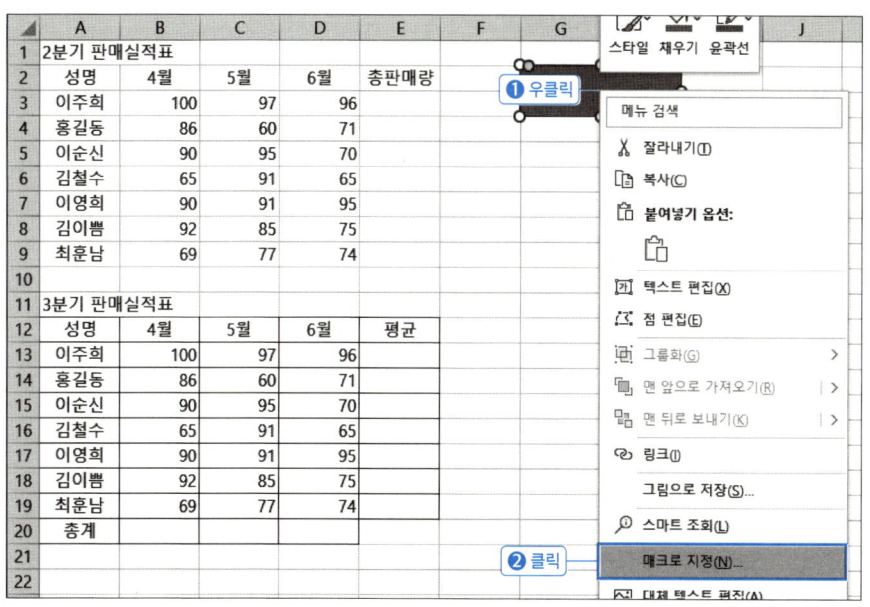

> 주희쌤Tip
> 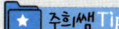 여기로 이동(M)
> 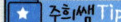 여기에 복사(C)
> 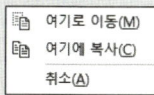 취소(A)
>
> 마우스를 움직이면서 오른쪽 버튼을 누르면 위와 같은 메뉴가 표시됩니다.

**주희쌤Tip**

매크로 이름은 공백과 기호를 사용할 수 없고 첫 글자는 반드시 문자여야 하며, 두 번째부터는 문자, 숫자, 밑줄(_)이 가능합니다.

④ [매크로 지정] 대화상자가 나타나면 [매크로 이름]에 '총판매량'을 입력하고 [매크로 위치]에서 '현재 통합 문서'를 선택한 후 [기록] 단추를 클릭합니다.

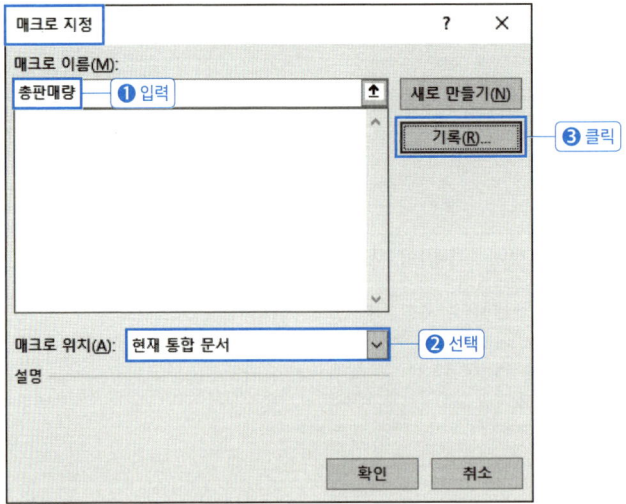

⑤ [매크로 기록] 대화상자가 나타나면 [확인] 단추를 클릭합니다.

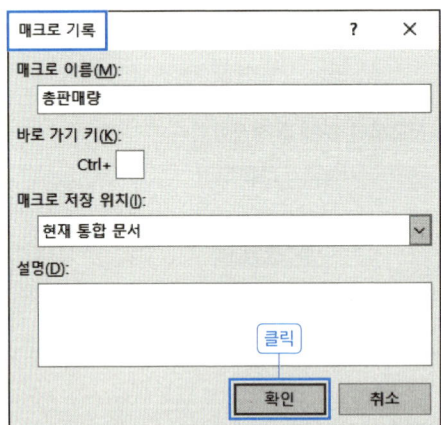

**주희쌤Tip**

기록이 시작되면 '[E3:E9] 영역에 2분기의 총판매량을 계산하는' 기록을 하고 기록을 중지한 다음 개체(도형, 양식 컨트롤)의 텍스트를 변경합니다.

⑥ 매크로 기록이 시작되면 [E3] 셀에 '=SUM(B3:D3)'을 입력한 후 Enter 를 누릅니다.

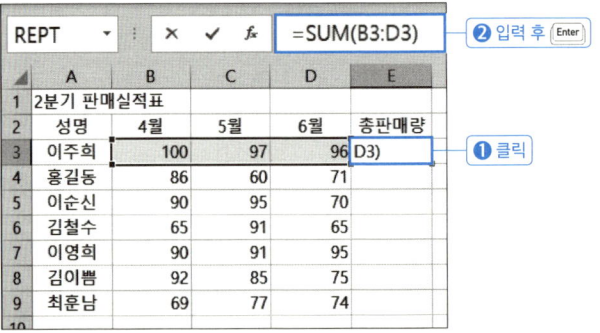

⑦ [E3] 셀을 선택하고 [E9] 셀까지 수식을 복사한 후 임의의 셀을 선택하여 블록을 해제합니다.

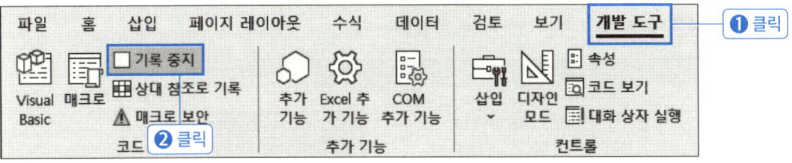

⑧ 매크로 기록을 중지하기 위해 [개발 도구] 탭-[코드] 그룹-[기록 중지]를 클릭합니다.

⑨ 생성한 도형 위에서 마우스 오른쪽 버튼을 눌러 [텍스트 편집] 명령을 클릭합니다.

⑩ 커서가 나타나면 '총판매량'을 입력하고 [홈] 탭-[맞춤] 그룹-가로 '가운데 맞춤(≡)', 세로 '가운데 맞춤(≡)'을 각각 클릭한 후 임의의 셀을 선택하여 완료합니다.

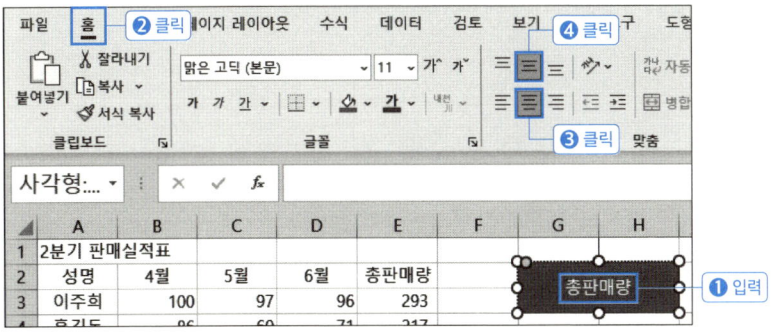

**주희쌤 Tip**

블록 해제는 기록 안에 포함되어 있지 않아도 됩니다.

**주희쌤 Tip**

'기록 중'일 때에는 개체를 건드리지 마세요.

**주희쌤 Tip**

매크로 실행이 원활하게 되는지 확인하려면 데이터를 원래대로 되돌려 놓아야 합니다.
[E3:E9] 영역을 선택한 후 Delete 를 눌러 기록한 내용을 지우고 도형을 클릭하여 실행해보세요.

**주희쌤 Tip**

• 매크로를 삭제하는 방법
[개발 도구] 탭-[코드] 그룹-[매크로]-지우고자 하는 매크로를 선택한 후 [삭제]

 따라하기 ❷

① [개발 도구] 탭-[컨트롤] 그룹-[삽입]-[양식 컨트롤]의 '단추(양식 컨트롤)'를 클릭합니다.

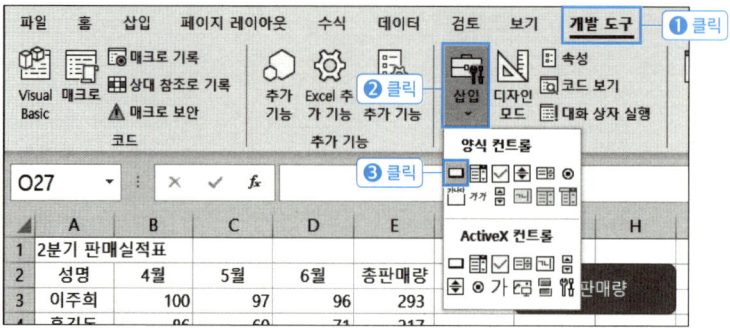

② 이어서 [G5:H6] 영역에 드래그하여 '단추'를 생성합니다.

③ [매크로 지정] 대화상자가 나타나면 [매크로 이름]에 '서식'을 입력하고 [매크로 위치]에서 '현재 통합 문서'를 선택한 후 [기록] 단추를 클릭합니다.

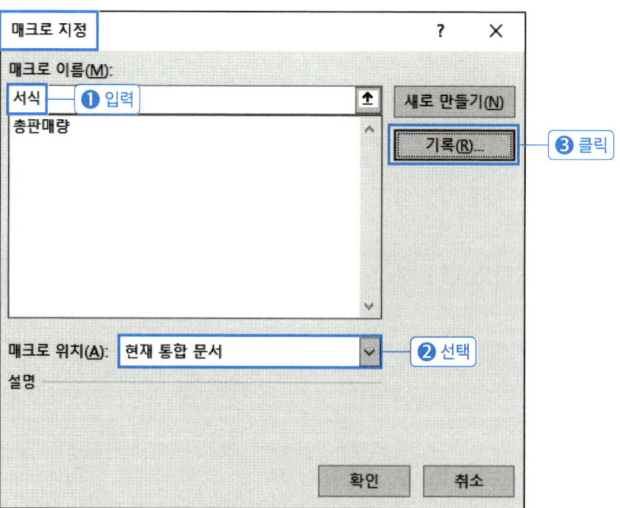

④ [매크로 기록] 대화상자가 나타나면 [확인] 단추를 클릭합니다.

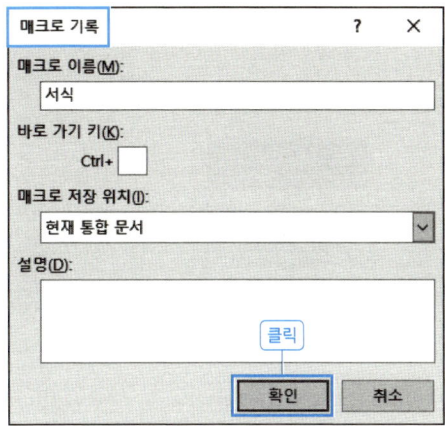

⑤ 매크로 기록이 시작되면 [A2:E2] 영역을 드래그하여 선택합니다.

⑥ 셀 스타일을 지정하기 위해 [홈] 탭-[스타일] 그룹-[셀 스타일]을 클릭하고 [테마 셀 스타일] 범주의 '강조색6'을 선택한 후 임의의 셀을 선택하여 블록을 해제합니다.

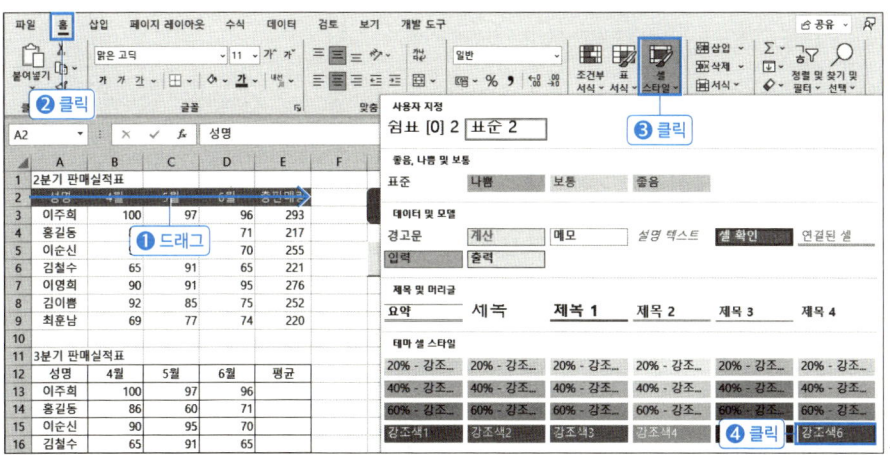

> ★ 주희쌤 Tip
>
> '셀서식1' 시트에서 배웠던 부분입니다.
> '셀 스타일'을 변경했을 때 글꼴 크기가 바뀌어도, 안 바뀌어도 상관없습니다.

⑦ 매크로 기록을 중지하기 위해 [개발 도구] 탭-[코드] 그룹-[기록 중지]를 클릭합니다.

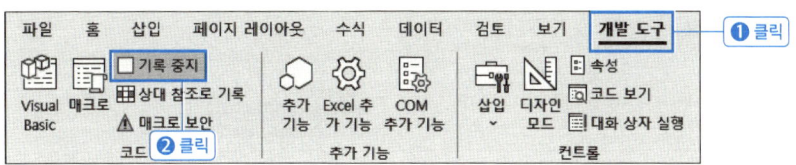

⑧ 생성한 단추 위에서 마우스 오른쪽 버튼을 눌러 [텍스트 편집] 명령을 클릭합니다.

> ★ 주희쌤 Tip
>
> 매크로 실행이 원활하게 되는지 확인하려면 데이터를 원래대로 되돌려 놓아야 합니다.
> [A2:E2] 영역의 채우기 색을 '채우기 없음', 글꼴 색을 '자동'으로 변경하고 단추를 클릭하여 실행해보세요.

> **주희쌤 Tip**
> 매크로 실행 전 상태로 두어도 되고, 실행 후 상태로 두어도 됩니다.

> **주희쌤 Tip**
> 매크로 이름과 개체의 텍스트가 다를 수 있으니 문제를 확인해 주세요.

⑨ 커서가 나타나면 단추에 입력된 글자를 '셀스타일'로 변경하고 임의의 셀을 선택하여 완료합니다.

## 따라하기 ③

① [삽입] 탭-[일러스트레이션] 그룹-[도형]-[기본 도형]의 '육각형'을 클릭합니다.

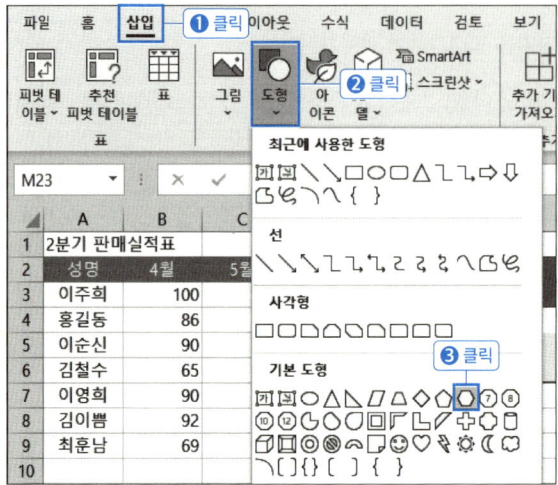

② 이어서 [G8:H9] 영역에 드래그하여 '육각형' 도형을 생성합니다.

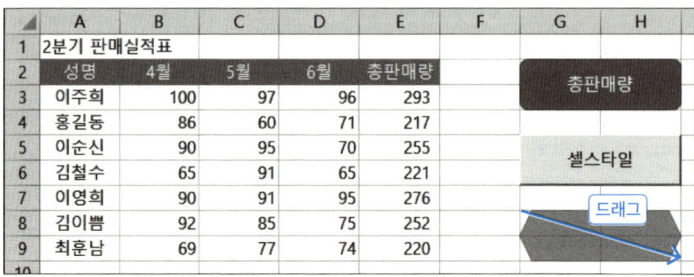

③ 매크로를 지정하기 위해 생성한 도형 위에서 마우스 오른쪽 버튼을 눌러 [매크로 지정] 명령을 클릭합니다.

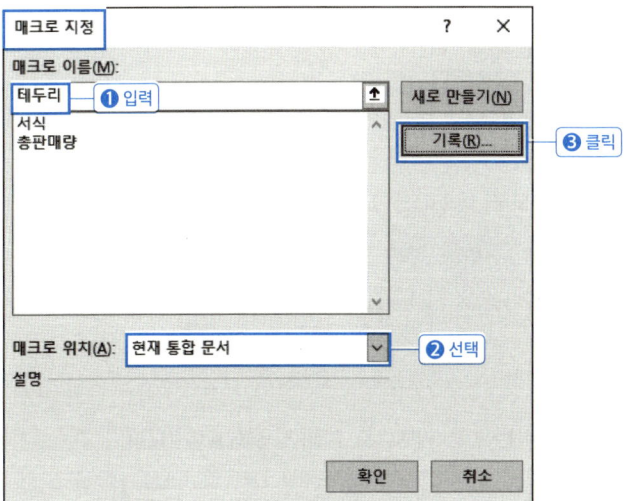

④ [매크로 지정] 대화상자가 나타나면 [매크로 이름]에 '테두리'를 입력하고 [매크로 위치]에서 '현재 통합 문서'를 선택한 후 [기록] 단추를 클릭합니다.

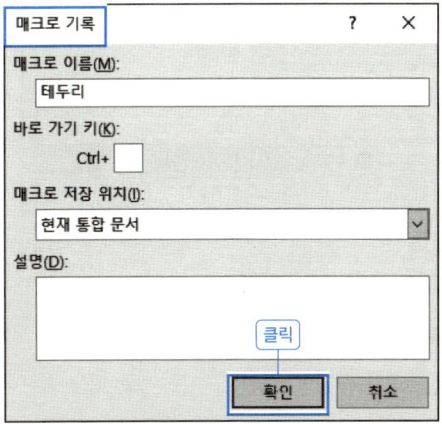

⑤ [매크로 기록] 대화상자가 나타나면 [확인] 단추를 클릭합니다.

⑥ 매크로 기록이 시작되면 [A2:E9] 영역을 드래그하여 선택합니다.

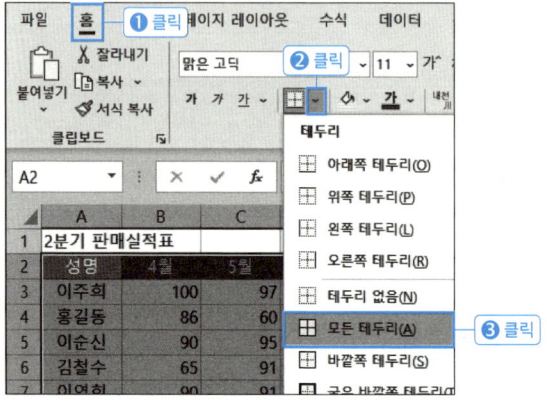

⑦ 모든 테두리를 지정하기 위해 [홈] 탭-[글꼴] 그룹-[테두리]의 목록 단추(▼)를 클릭하고 '모든 테두리'(⊞)를 선택한 후 임의의 셀을 선택하여 블록을 해제합니다.

⑧ 매크로 기록을 중지하기 위해 [개발 도구] 탭-[코드] 그룹-[기록 중지]를 클릭합니다.

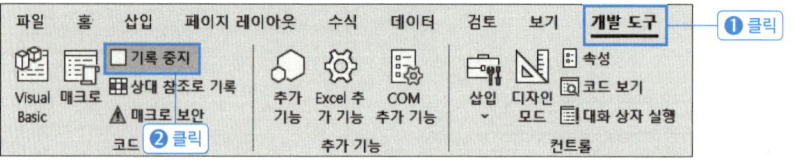

⑨ 생성한 도형 위에서 마우스 오른쪽 버튼을 눌러 [텍스트 편집] 명령을 클릭합니다.

⑩ 커서가 나타나면 '테두리'를 입력하고 [홈] 탭-[맞춤] 그룹-가로 '가운데 맞춤(≡)', 세로 '가운데 맞춤(≡)'을 각각 클릭한 후 임의의 셀을 선택하여 완료합니다.

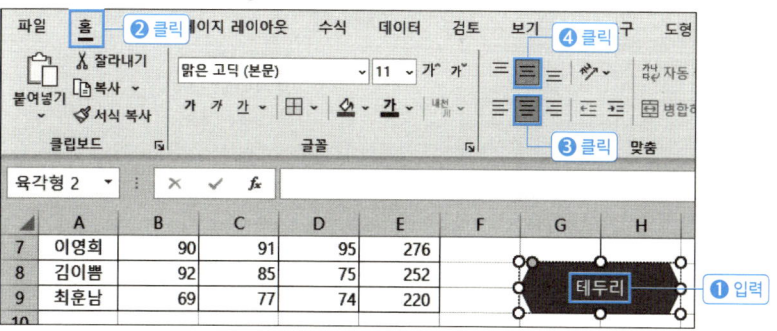

> **주희쌤 Tip**
>
> 매크로 실행이 원활하게 되는지 확인하려면 데이터를 원래대로 되돌려 놓아야 합니다.
> [A2:E9] 영역을 '테두리 없음'으로 변경하고 도형을 클릭하여 실행해보세요.

① [삽입] 탭-[일러스트레이션] 그룹-[도형]-[기본 도형]의 '십자형'을 클릭합니다.

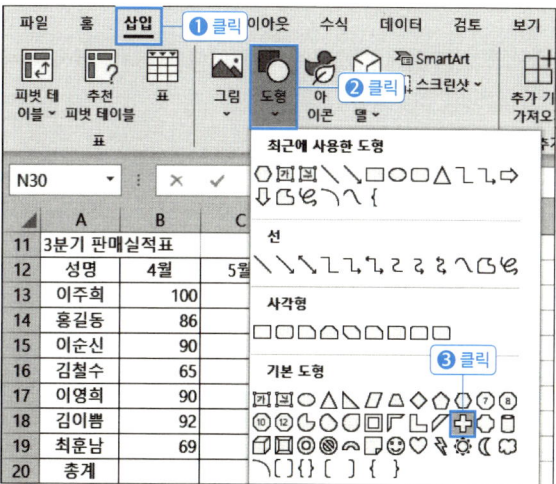

② 이어서 [G12:H13] 영역에 드래그하여 '십자형' 도형을 생성합니다.

| | A | B | C | D | E | F | G | H |
|---|---|---|---|---|---|---|---|---|
| 11 | 3분기 판매실적표 | | | | | | | |
| 12 | 성명 | 4월 | 5월 | 6월 | 평균 | | | |
| 13 | 이주희 | 100 | 97 | 96 | | | | |
| 14 | 홍길동 | 86 | 60 | 71 | | | 드래그 | |
| 15 | 이순신 | 90 | 95 | 70 | | | | |
| 16 | 김철수 | 65 | 91 | 65 | | | | |
| 17 | 이영희 | 90 | 91 | 95 | | | | |
| 18 | 김이쁨 | 92 | 85 | 75 | | | | |
| 19 | 최훈남 | 69 | 77 | 74 | | | | |
| 20 | 총계 | | | | | | | |

③ 매크로를 지정하기 위해 생성한 도형 위에서 마우스 오른쪽 버튼을 눌러 [매크로 지정] 명령을 클릭합니다.

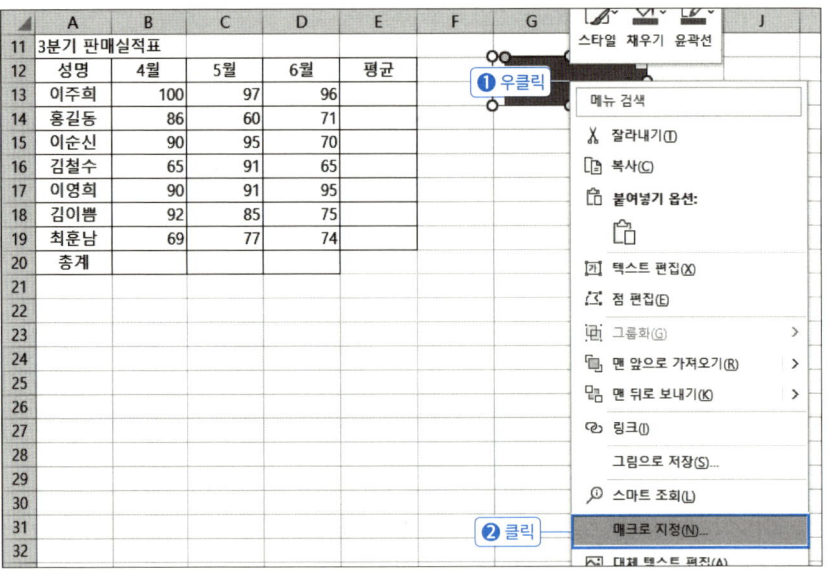

④ [매크로 지정] 대화상자가 나타나면 [매크로 이름]에 '합계'를 입력하고 [매크로 위치]에서 '현재 통합 문서'를 선택한 후 [기록] 단추를 클릭합니다.

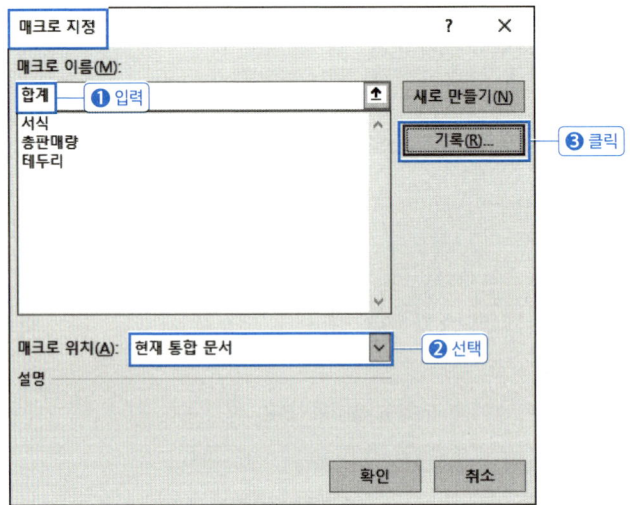

⑤ [매크로 기록] 대화상자가 나타나면 [확인] 단추를 클릭합니다.

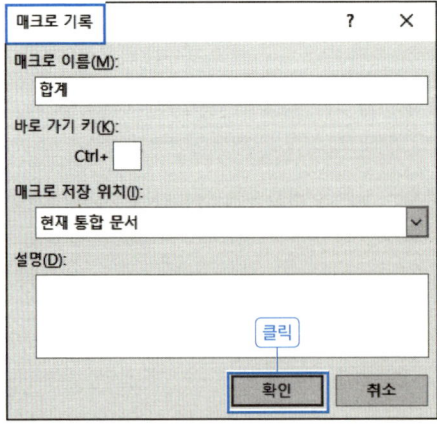

⑥ 매크로 기록이 시작되면 [B20] 셀에 '=SUM(B13:B19)'를 입력한 후 Enter 를 누릅니다.

⑦ [D20] 셀까지 수식을 복사한 후 임의의 셀을 선택하여 블록을 해제합니다.

⑧ 매크로 기록을 중지하기 위해 [개발 도구] 탭-[코드] 그룹-[기록 중지]를 클릭합니다.

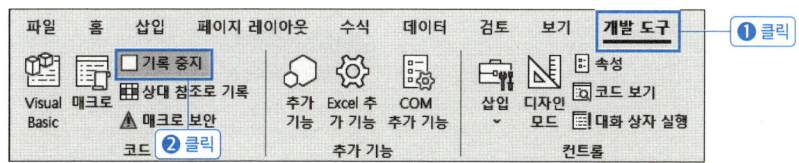

⑨ 생성한 도형 위에서 마우스 오른쪽 버튼을 눌러 [텍스트 편집] 명령을 클릭합니다.

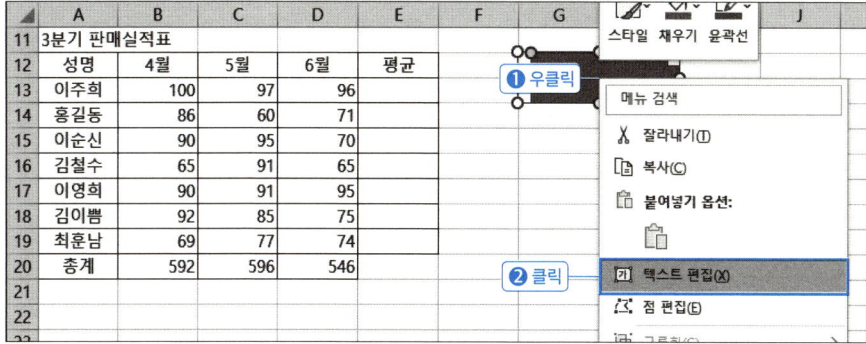

⑩ 커서가 나타나면 '월별합계'를 입력하고 [홈] 탭-[맞춤] 그룹-가로 '가운데 맞춤(≡)', 세로 '가운데 맞춤(≡)'을 각각 클릭한 후 임의의 셀을 선택하여 완료합니다.

> **주희쌤 Tip**
> 매크로 실행이 원활하게 되는지 확인하려면 데이터를 원래대로 되돌려 놓아야 합니다.
> [B20:D20] 영역을 선택한 후 Delete를 눌러 기록한 내용을 지우고 도형을 클릭하여 실행해보세요.

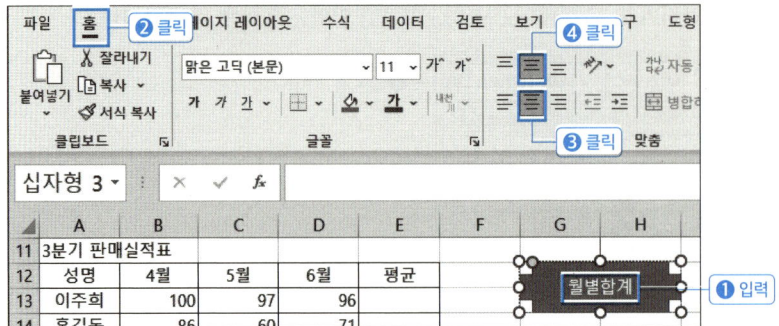

① [개발 도구] 탭-[컨트롤] 그룹-[삽입]-[양식 컨트롤]의 '단추(양식 컨트롤)'를 클릭합니다.

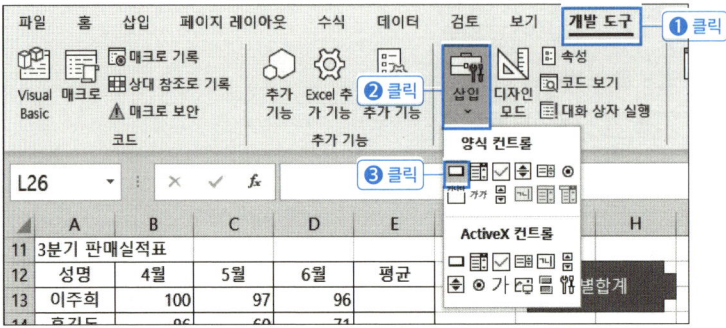

② 이어서 [G15:H16] 영역에 드래그하여 '단추'를 생성합니다.

| | A | B | C | D | E | F | G | H |
|---|---|---|---|---|---|---|---|---|
| 11 | 3분기 판매실적표 | | | | | | | |
| 12 | 성명 | 4월 | 5월 | 6월 | 평균 | | | |
| 13 | 이주희 | 100 | 97 | 96 | | | 월별합계 | |
| 14 | 홍길동 | 86 | 60 | 71 | | | | |
| 15 | 이순신 | 90 | 95 | 70 | | | | |
| 16 | 김철수 | 65 | 91 | 65 | | | 드래그 | |
| 17 | 이영희 | 90 | 91 | 95 | | | | |

③ [매크로 지정] 대화상자가 나타나면 [매크로 이름]에 '평균'을 입력하고 [매크로 위치]에서 '현재 통합 문서'를 선택한 후 [기록] 단추를 클릭합니다.

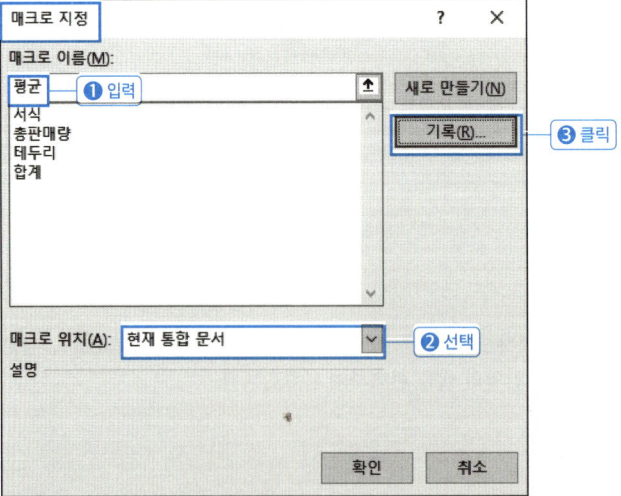

④ [매크로 기록] 대화상자가 나타나면 [확인] 단추를 클릭합니다.

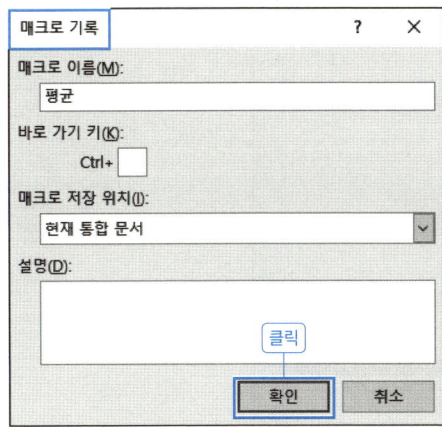

⑤ 매크로 기록이 시작되면 [E13] 셀에 '=(B13+C13+D13)/3'을 입력한 후 Enter 를 누릅니다.

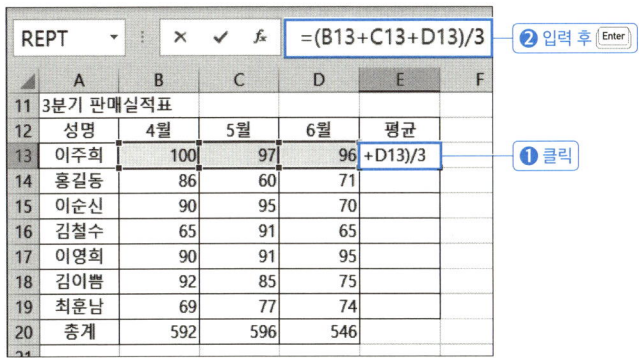

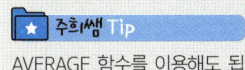

주희쌤Tip

AVERAGE 함수를 이용해도 됩니다.

⑥ [E19] 셀까지 수식을 복사한 후 소수 자릿수를 지정하기 위해 Ctrl + 1 을 누릅니다.

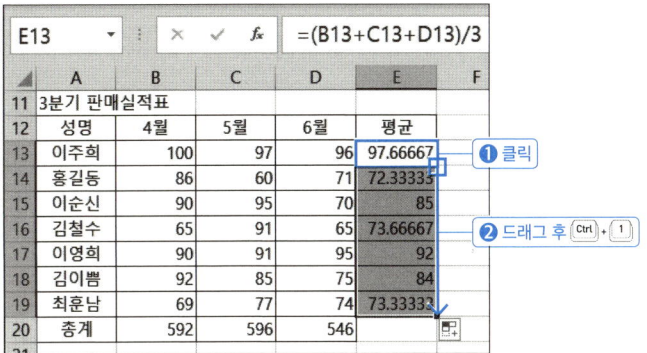

⑦ [셀 서식] 대화상자가 나타나면 [표시 형식] 탭-[범주]를 '숫자'로 선택하고 '소수 자릿수'에 '2'를 입력한 후 [확인] 단추를 클릭합니다.

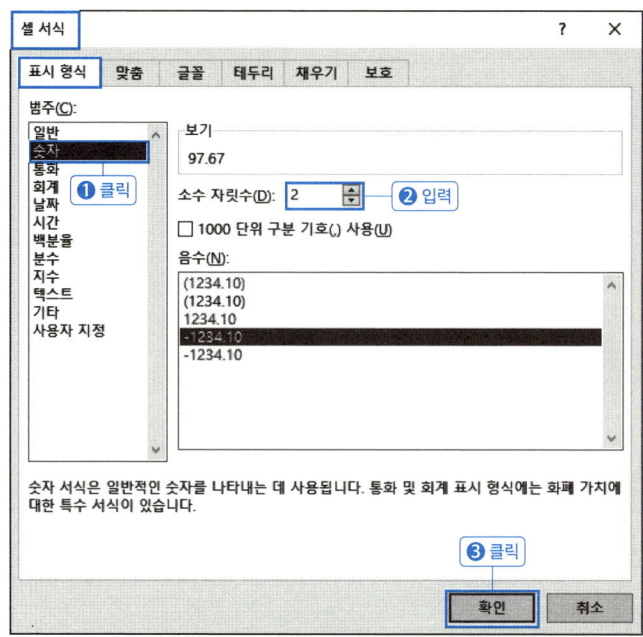

⑧ 임의의 셀을 선택하여 블록을 해제한 후 매크로 기록을 중지하기 위해 [개발 도구] 탭-[코드] 그룹-[기록 중지]를 클릭합니다.

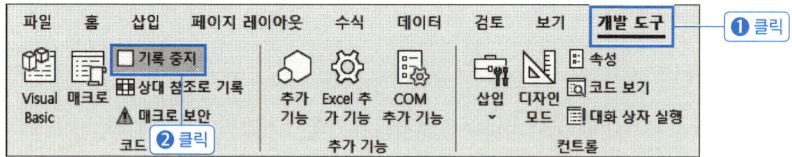

⑨ 생성한 단추 위에서 마우스 오른쪽 버튼을 눌러 [텍스트 편집] 명령을 클릭합니다.

⑩ 커서가 나타나면 단추에 입력된 글자를 '평균'으로 변경하고 임의의 셀을 선택하여 완료합니다.

**주희쌤Tip**

매크로 실행이 원활하게 되는지 확인하려면 데이터를 원래대로 되돌려 놓아야 합니다.
[E13:E19] 영역을 선택한 후 Delete를 눌러 기록한 내용을 지우고 단추를 클릭하여 실행해보세요.

① [삽입] 탭-[일러스트레이션] 그룹-[도형]-[사각형]의 '직사각형'을 클릭합니다.

② 이어서 [G18:H19] 영역에 드래그하여 '직사각형' 도형을 생성합니다.

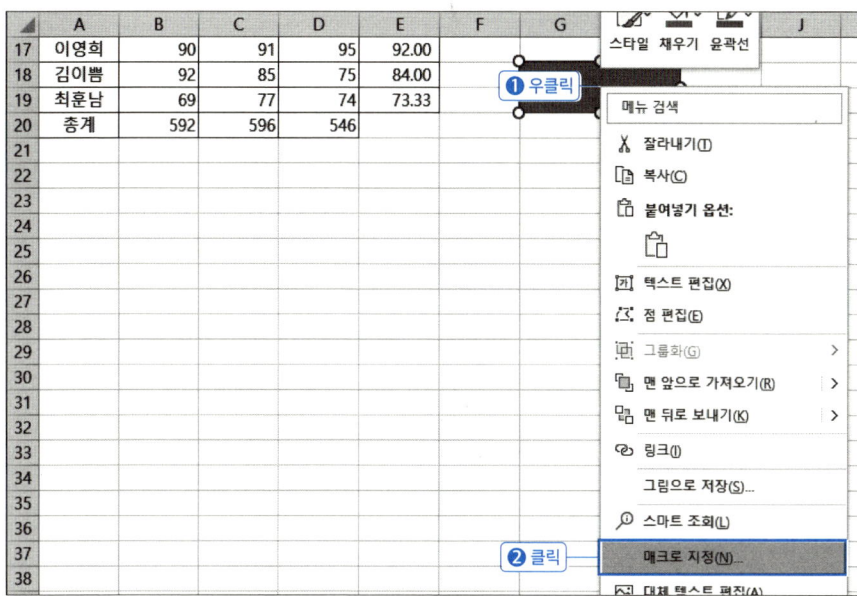

③ 매크로를 지정하기 위해 생성한 도형 위에서 마우스 오른쪽 버튼을 눌러 [매크로 지정] 명령을 클릭합니다.

④ [매크로 지정] 대화상자가 나타나면 [매크로 이름]에 '제목서식'을 입력하고 [매크로 위치]에서 '현재 통합 문서'를 선택한 후 [기록] 단추를 클릭합니다.

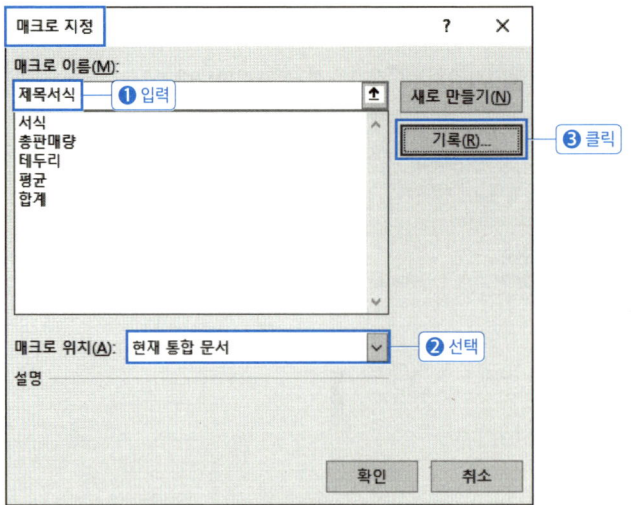

⑤ [매크로 기록] 대화상자가 나타나면 [확인] 단추를 클릭합니다.

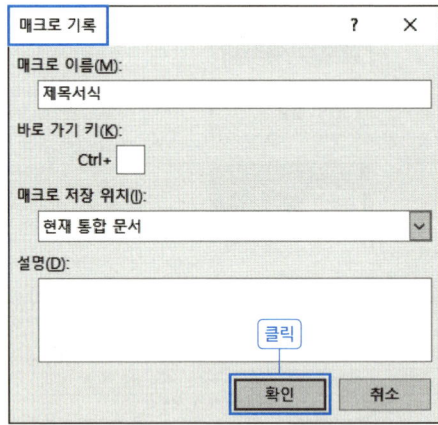

⑥ 매크로 기록이 시작되면 [A12:E12] 영역을 드래그하여 선택합니다.

⑦ 글꼴 색을 변경하기 위해 [홈] 탭-[글꼴] 그룹-[글꼴 색]의 목록 단추(▼)를 클릭해 '파랑'을 선택합니다.

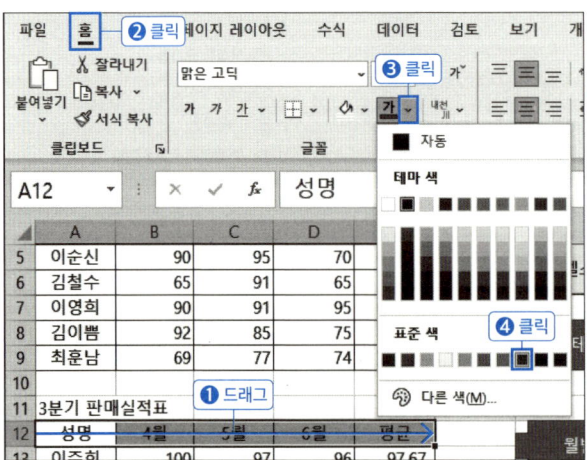

⑧ 채우기 색을 변경하기 위해 [홈] 탭-[글꼴] 그룹-[채우기 색]의 목록 단추(⌄)를 클릭해 '노랑'을 선택한 후 임의의 셀을 선택하여 블록을 해제합니다.

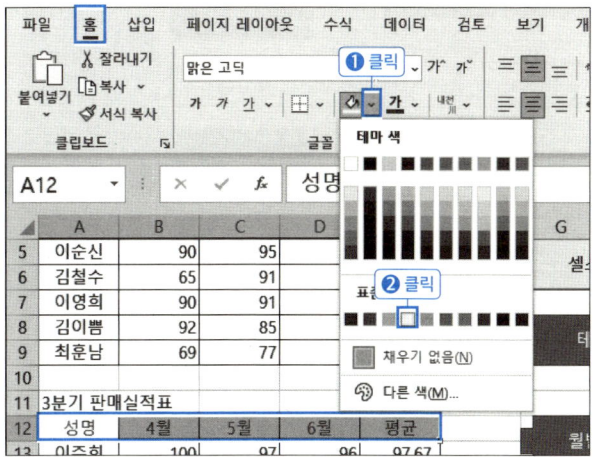

⑨ 매크로 기록을 중지하기 위해 [개발 도구] 탭-[코드] 그룹-[기록 중지]를 클릭합니다.

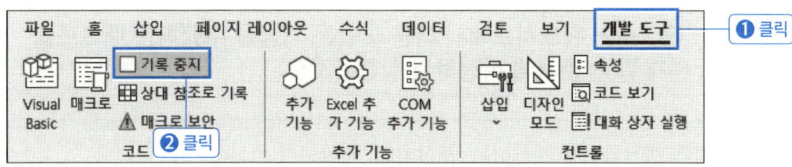

⑩ 생성한 도형 위에서 마우스 오른쪽 버튼을 눌러 [텍스트 편집] 명령을 클릭합니다.

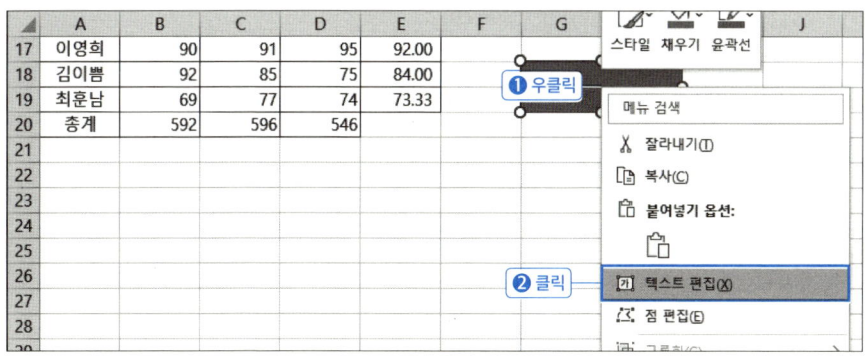

⑪ 커서가 나타나면 '제목서식'을 입력하고 [홈] 탭-[맞춤] 그룹-가로 '가운데 맞춤(≡)', 세로 '가운데 맞춤(≡)'을 각각 클릭한 후 임의의 셀을 선택하여 완료합니다.

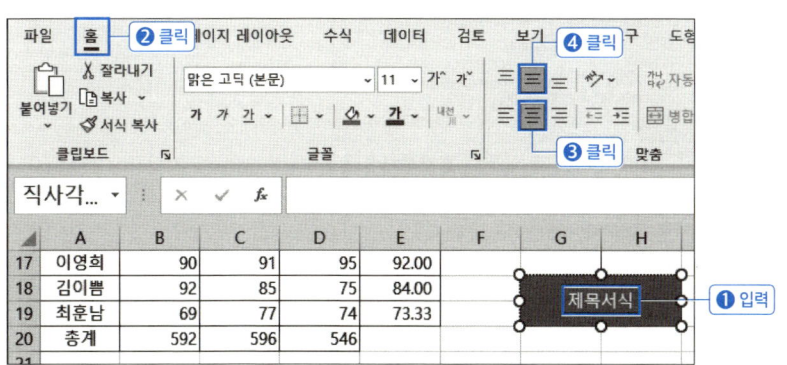

**주희쌤 Tip**

매크로 실행이 원활하게 되는지 확인하려면 데이터를 원래대로 되돌려 놓아야 합니다.
[A12:E12] 영역의 채우기 색을 '채우기 없음', 글꼴 색을 '자동'으로 변경하고 도형을 클릭하여 실행해보세요.

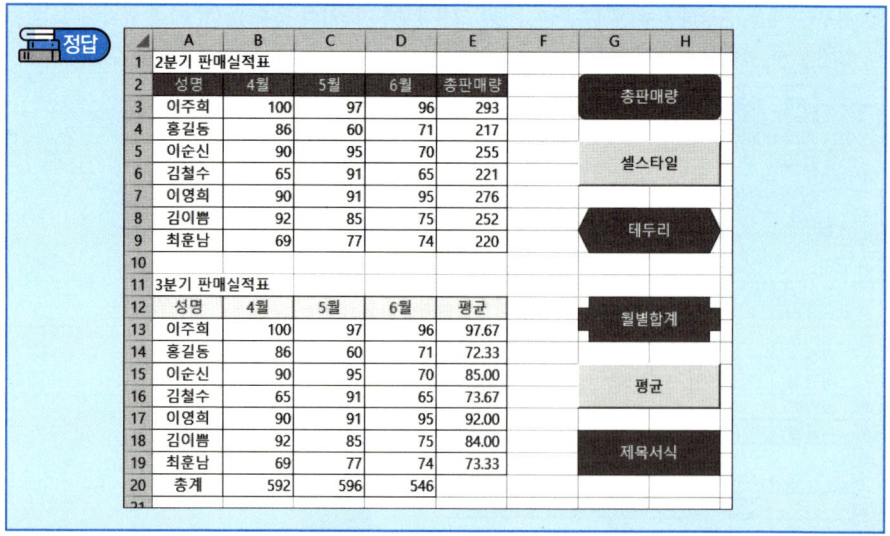

> **문제 유형 2**  '매크로2' 워크시트에서 다음과 같은 기능을 수행하는 매크로를 현재 통합 문서에 작성하고 실행하시오.

❼ [D5:D11] 영역에 계산금액을 계산하는 '계산금액' 매크로를 생성하시오.
  ▶ 계산금액 = 가격 + (가격 × 부가세)
  ▶ '계산금액' 매크로는 [도형]-[기본 도형]의 '하트(♡)'로 지정한 후 실행되도록 하며 동일 시트의 [G3:G4] 영역에 위치시키시오.

❽ [C5:C11] 영역에 '쉼표 스타일'을 적용하는 '쉼표' 매크로를 생성하시오.
  ▶ [도형]-[기본 도형]의 '웃는 얼굴(☺)'로 지정한 후 실행되도록 하며 동일 시트의 [G6:G7] 영역에 위치시키시오.

 따라하기 ❼

① [삽입] 탭-[일러스트레이션] 그룹-[도형]-[기본 도형]의 '하트'를 클릭합니다.

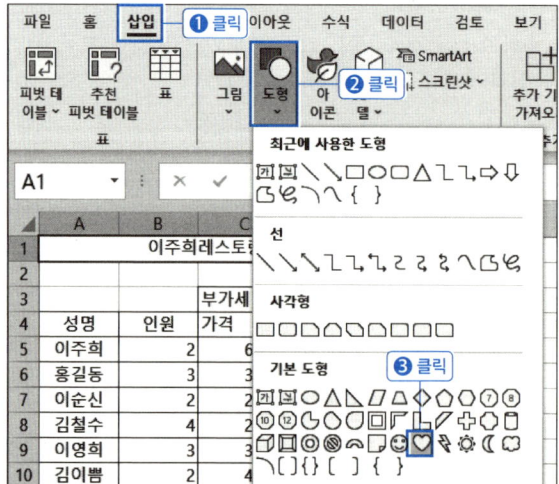

② 이어서 [G3:G4] 영역에 드래그하여 '하트' 도형을 생성합니다.

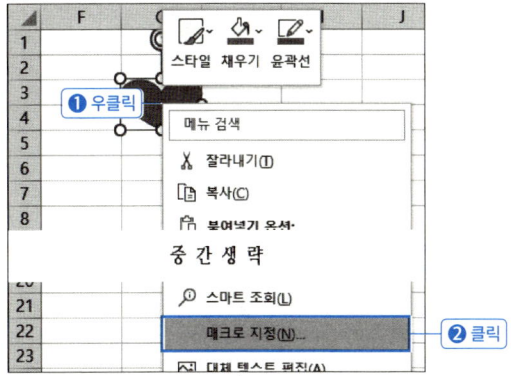

③ 매크로를 지정하기 위해 생성한 도형 위에서 마우스 오른쪽 버튼을 눌러 [매크로 지정] 명령을 클릭합니다.

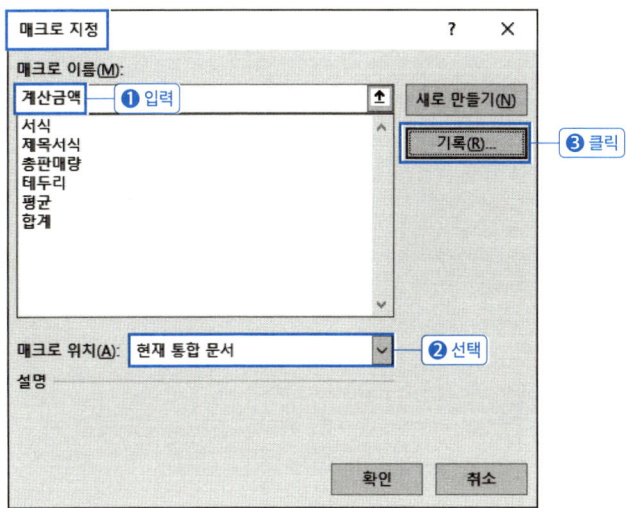

④ [매크로 지정] 대화상자가 나타나면 [매크로 이름]에 '계산금액'을 입력하고 [매크로 위치]에서 '현재 통합 문서'를 선택한 후 [기록] 단추를 클릭합니다.

⑤ [매크로 기록] 대화상자가 나타나면 [확인] 단추를 클릭합니다.

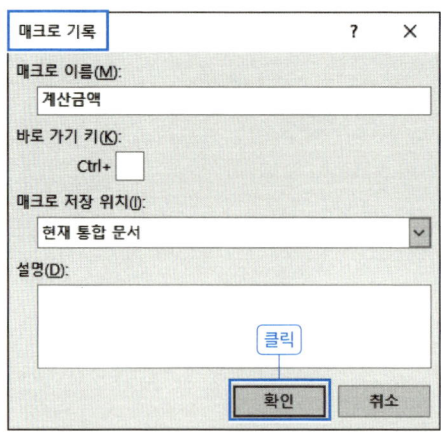

⑥ 매크로 기록이 시작되면 [D5] 셀에 '=C5+(C5*$D$3)'를 입력한 후 Enter 를 누릅니다.

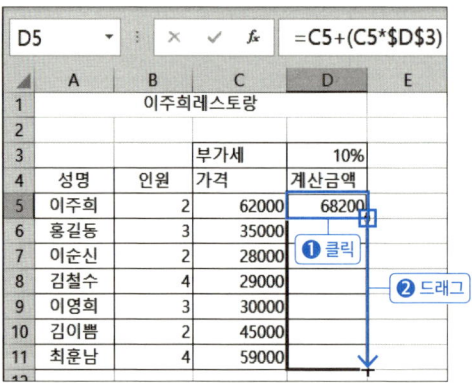

⑦ [D11] 셀까지 수식을 복사한 후 임의의 셀을 선택하여 블록을 해제합니다.

⑧ 매크로 기록을 중지하기 위해 [개발 도구] 탭-[코드] 그룹-[기록 중지]를 클릭합니다.

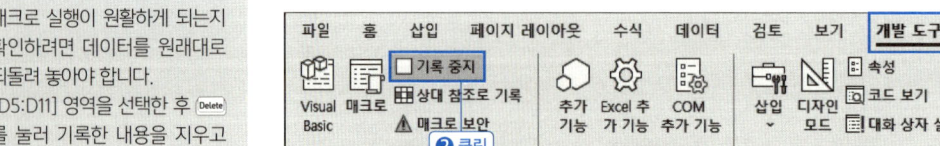

### 주희쌤 Tip

매크로 실행이 원활하게 되는지 확인하려면 데이터를 원래대로 되돌려 놓아야 합니다.
[D5:D11] 영역을 선택한 후 Delete 를 눌러 기록한 내용을 지우고 단추를 클릭하여 실행해보세요.

 **따라하기 8**

① [삽입] 탭-[일러스트레이션] 그룹-[도형]-[기본 도형]의 '웃는 얼굴'을 클릭합니다.

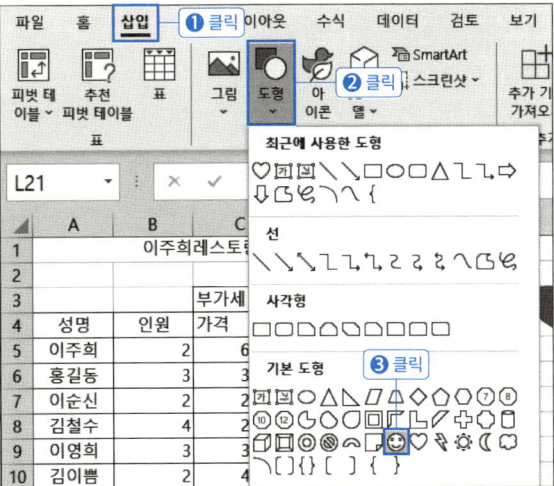

② 이어서 [G6:G7] 영역에 드래그하여 '웃는 얼굴' 도형을 생성합니다.

③ 매크로를 지정하기 위해 생성한 도형 위에서 마우스 오른쪽 버튼을 눌러 [매크로 지정] 명령을 클릭합니다.

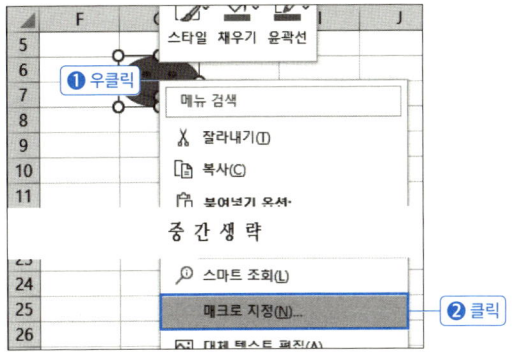

④ [매크로 지정] 대화상자가 나타나면 [매크로 이름]에 '쉼표'를 입력하고 [매크로 위치]에서 '현재 통합 문서'를 선택한 후 [기록] 단추를 클릭합니다.

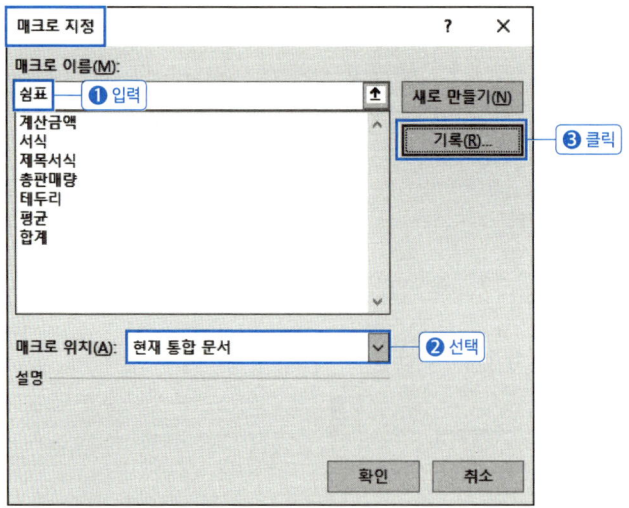

⑤ [매크로 기록] 대화상자가 나타나면 [확인] 단추를 클릭합니다.

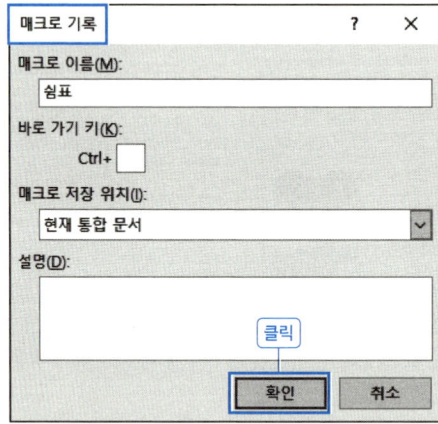

⑥ 매크로 기록이 시작되면 [C5:C11] 영역을 드래그하여 선택합니다.

⑦ 천 단위 구분 기호를 지정하기 위해 [홈] 탭-[표시 형식] 그룹-[쉼표 스타일]( , )을 클릭한 후 임의의 셀을 선택하여 블록을 해제합니다.

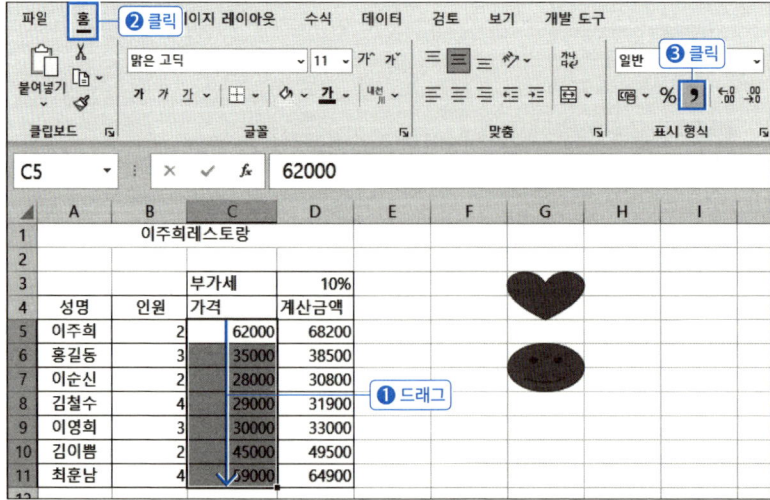

⑧ 매크로 기록을 중지하기 위해 [개발 도구] 탭-[코드] 그룹-[기록 중지]를 클릭합니다.

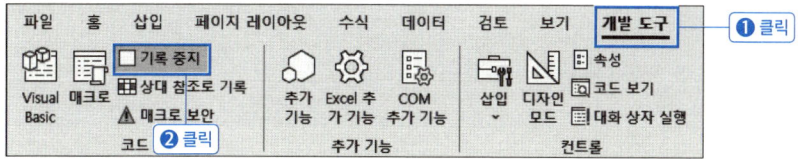

### 주희쌤 Tip

매크로 실행이 원활하게 되는지 확인하려면 데이터를 원래대로 되돌려 놓아야 합니다.
[C5:C11] 영역의 표시 형식을 '일반'으로 변경하고 도형을 클릭하여 실행해보세요.

**정답**

| | A | B | C | D | E | F | G |
|---|---|---|---|---|---|---|---|
| 1 | | | 이주희레스토랑 | | | | |
| 2 | | | | | | | |
| 3 | | | 부가세 | 10% | | | |
| 4 | 성명 | 인원 | 가격 | 계산금액 | | | |
| 5 | 이주희 | 2 | 62,000 | 68200 | | | |
| 6 | 홍길동 | 3 | 35,000 | 38500 | | | |
| 7 | 이순신 | 2 | 28,000 | 30800 | | | |
| 8 | 김철수 | 4 | 29,000 | 31900 | | | |
| 9 | 이영희 | 3 | 30,000 | 33000 | | | |
| 10 | 김이쁨 | 2 | 45,000 | 49500 | | | |
| 11 | 최훈남 | 4 | 59,000 | 64900 | | | |

# SECTION 02

## 차트

- 차트는 워크시트에 입력되어 있는 내용을 알기 쉽게 시각화한 것으로, 데이터의 내용에 맞춰 차트의 구성 요소나 서식 등을 변경해 보도록 하겠습니다.
- 준비파일 : 컴활2급 \ 예제 \ 예제(문제) \ 4장_02. 차트.xlsx

> **주희쌤 Tip**
> 주희쌤 Tip은 꼼꼼히 모두 보세요.

> **주희쌤 Tip**
> 차트는 2점씩 5문제. 총 10점이 출제됩니다. 목표 점수는 10점으로 차트와 관련된 기능을 전반적으로 알고 있어야 합니다.

### 문제를 풀기 위하여 꼭 알아둬야 할 차트 요소의 명칭

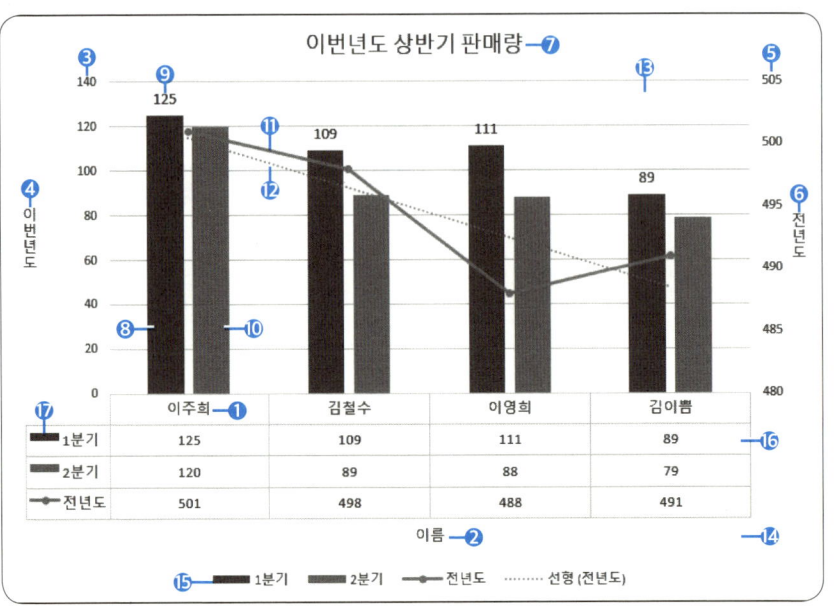

① 가로 (항목) 축
② 가로 (항목) 축 제목
③ 세로 (값) 축
④ 세로 (값) 축 제목
⑤ 보조 세로 (값) 축
⑥ 보조 세로 (값) 축 제목
⑦ 차트 제목
⑧ 계열 '1분기'
⑨ 계열 '1분기' 데이터 레이블
⑩ 계열 '2분기'
⑪ 계열 '전년도'
⑫ 계열 '전년도' 추세선
⑬ 그림 영역
⑭ 차트 영역
⑮ 범례
⑯ 데이터 표
⑰ 범례 표지

**문제 유형 1** '차트1' 워크시트에서 다음 지시사항에 따라 <그림>과 같이 차트를 수정하시오.

① '전년도'와 '1월' 계열만 차트에 표시되도록 데이터 범위를 변경하시오.

② '김이쁨' 계열이 차트에 표시되도록 설정하시오.

③ '1월' 계열의 차트 종류를 '표식이 있는 꺾은선형'으로 변경하고, '보조 축'으로 지정하시오.

④ 기본 세로(값) 축과 보조 세로(값) 축의 최소값, 최대값, 주단위를 <그림>과 같이 지정하시오.

⑤ 범례는 아래쪽에 배치하고, 글꼴 '굴림체', 크기 11, 글꼴 스타일 '굵게'로 지정하시오.

⑥ 차트 제목은 그림과 같이 표시되도록 하고, 글꼴 색은 '표준 색-노랑', 채우기 색은 '표준 색-파랑'으로 지정하시오.

⑦ '1월' 계열만 데이터 레이블을 '값(위쪽)'으로 표시되도록 지정하시오.

⑧ 차트 영역의 테두리 스타일을 '너비' 2pt와 '둥근 모서리', 그림자 '바깥쪽 오프셋: 오른쪽 위'로 지정하시오.

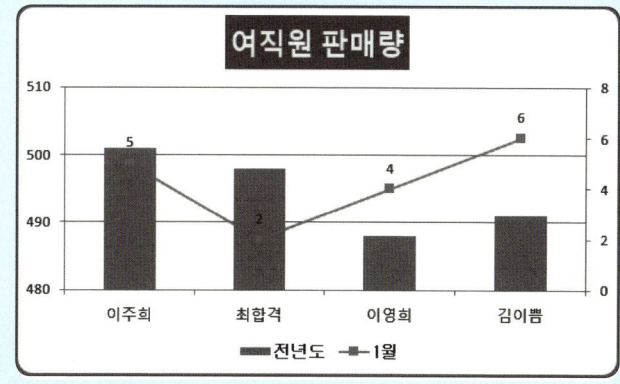

① '2월' 계열을 선택한 후 Delete 를 눌러 삭제합니다.

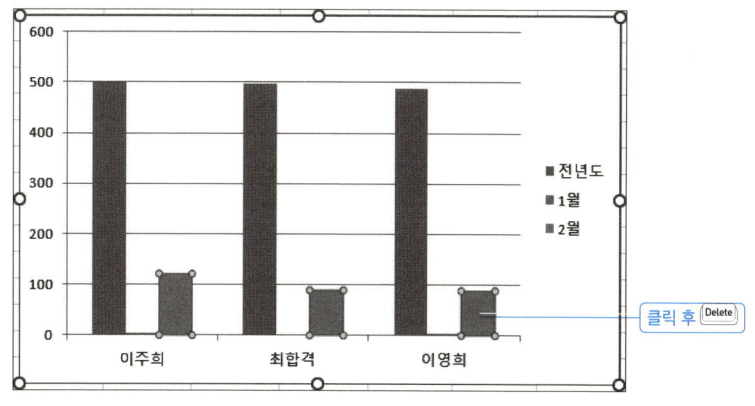

> **주희쌤 Tip**
> 차트의 요소를 제거 혹은 삭제해야 할 때엔 선택한 후에 Delete 를 누르면 됩니다.
> 차트 자체가 없어지면 Ctrl + Z 를 누르고 다시 시도해보세요.

> **주희쌤 Tip**
> 계열의 삭제는 [데이터 원본 선택] 대화상자에서 제거하고자 하는 계열을 선택한 후 [제거] 단추를 클릭해도 됩니다.

 따라하기 ❷

① [B6:D6] 영역을 드래그하여 선택한 후 Ctrl + C 를 눌러 복사합니다.

② '차트 영역'을 선택한 후 Ctrl + V 를 눌러 붙여넣기를 합니다.

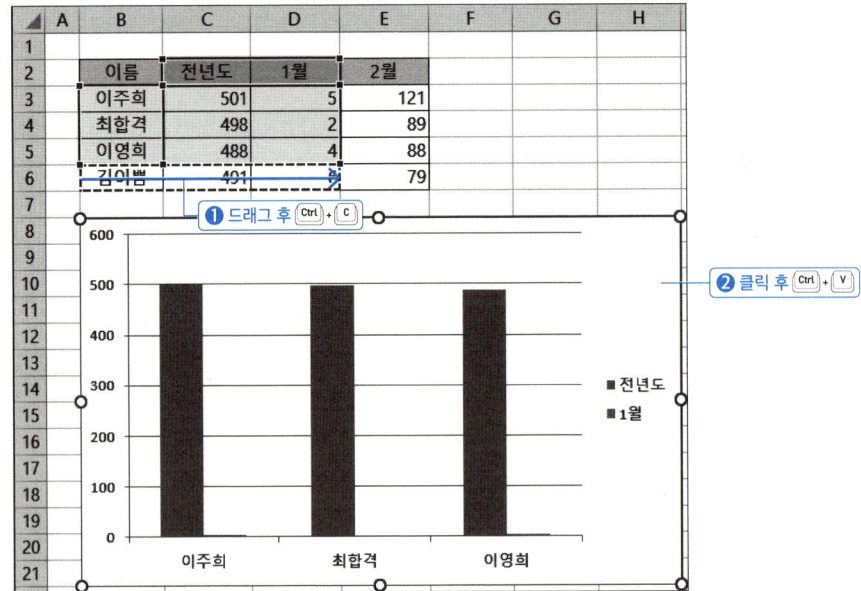

**주희쌤 Tip**

차트에 데이터를 추가할 때엔 Ctrl + C , Ctrl + V 를 이용하는 것이 편하지만 안 될 경우 다른 방법을 이용해야 하므로 다른 방법도 숙지해 두세요.

### 차트의 데이터 범위를 추가/수정/제거하는 다른 방법

1. 데이터 영역의 조절점을 드래그

| 이름 | 전년도 | 1월 | 2월 |
|---|---|---|---|
| 이주희 | 501 | 5 | 121 |
| 최합격 | 498 | 2 | 89 |
| 이영희 | 488 | | 88 |
| 김이쁨 | 491 | | 79 |

→

| 이름 | 전년도 | 1월 | 2월 |
|---|---|---|---|
| 이주희 | 501 | 5 | 121 |
| 최합격 | 498 | 2 | 89 |
| 이영희 | 488 | 4 | 88 |
| 김이쁨 | 491 | | 79 |

2. [데이터 선택] 명령을 이용
① '차트 영역'의 바로 가기 메뉴에서 [데이터 선택] 명령을 클릭합니다.
② [데이터 원본 선택] 대화상자가 나타나면 [차트 데이터 범위]의 기존 참조 주소를 삭제합니다.
③ [B2:D6] 영역을 드래그하여 선택합니다.
④ [차트 데이터 범위] 주소가 재지정되면 [확인] 단추를 클릭하여 대화상자를 닫습니다.

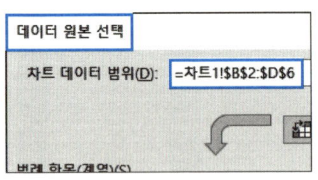

3. [데이터 선택] 명령을 이용
(계열의 일부 요소를 제거할 때에도 쓰이는 방법이므로 반드시 따라 해보세요.)

① '차트 영역'에서 마우스 오른쪽 버튼을 눌러 바로 가기 메뉴가 나타나면 [데이터 선택] 명령을 클릭합니다.
② [데이터 원본 선택] 대화상자가 나타나면 [범례 항목(계열)]의 '전년도'를 선택 후 [편집] 단추를 클릭합니다.

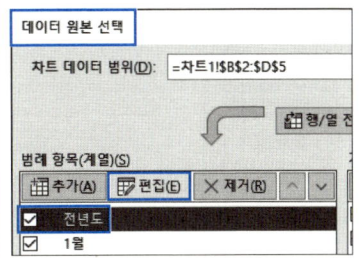

③ [계열 편집] 대화상자가 나타나면 [계열 값]에 기존 데이터를 삭제한 후 [C3:C6] 영역을 드래그하여 선택하고 [확인] 단추를 클릭합니다.

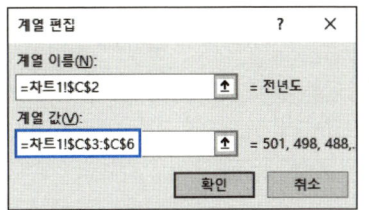

④ [범례 항목(계열)]의 '1월'을 선택 후 [편집] 단추를 클릭하여 아래와 같이 수정하고 [확인] 단추를 클릭합니다.

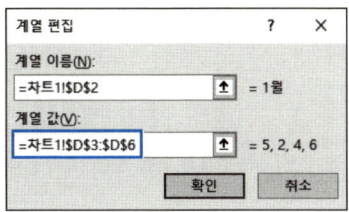

⑤ [데이터 원본 선택] 대화상자가 나타나면 [가로(항목) 축 레이블]의 [편집] 단추를 클릭합니다.

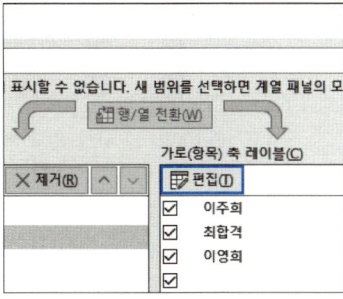

⑥ [축 레이블] 대화상자가 나타나면 [축 레이블 범위]에 기존 데이터를 삭제한 후 [B3:B6] 영역을 드래그하여 선택하고 [확인] 단추를 클릭합니다.

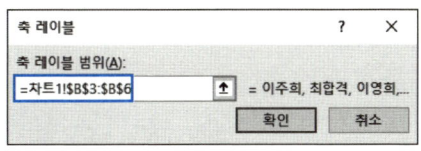

⑦ [데이터 원본 선택] 대화상자가 나타나면 [확인] 단추를 클릭합니다.

 따라하기 ③

① 임의의 계열에서 마우스 오른쪽 버튼을 눌러 바로 가기 메뉴가 나타나면 [계열 차트 종류 변경] 명령을 클릭합니다.

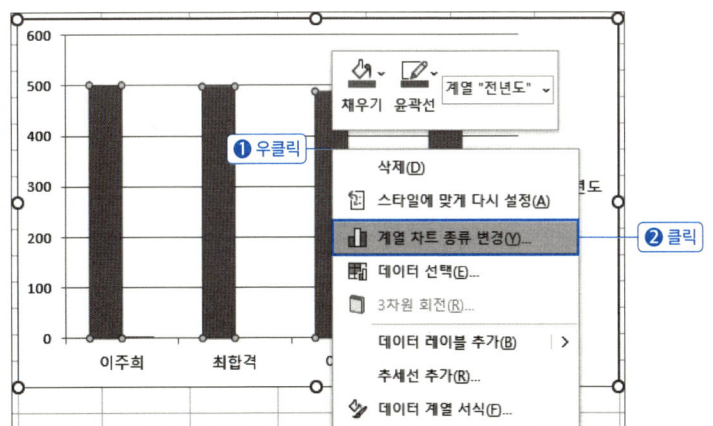

> **주희쌤 Tip**
> '차트 종류 변경'은 [차트 디자인] 탭-[종류] 그룹에도 있습니다.
> '차트 영역'을 선택한 후 차트 종류를 변경하면 모든 계열의 차트 종류가 변경됩니다.

Section 02. 차트 257

② [차트 종류 변경] 대화상자가 나타나면 '1월' 계열의 [차트 종류] 목록 단추(▼)를 클릭해 [꺾은선형] 범주의 '표식이 있는 꺾은선형'을 선택합니다.

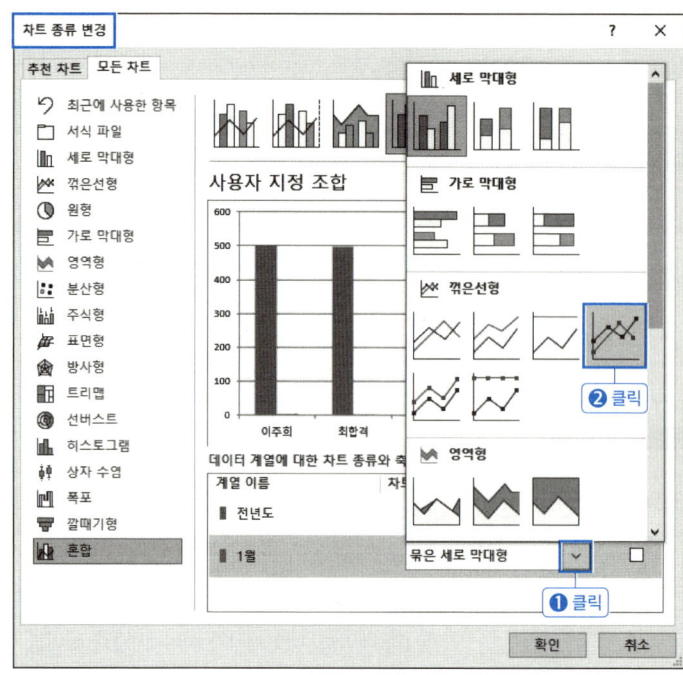

③ [미리 보기]에 1월 계열의 차트 종류가 변경된 것을 확인한 후 보조 축을 표시하기 위해 '1월' 계열의 [보조 축] 확인란을 선택하고 [확인] 단추를 클릭합니다.

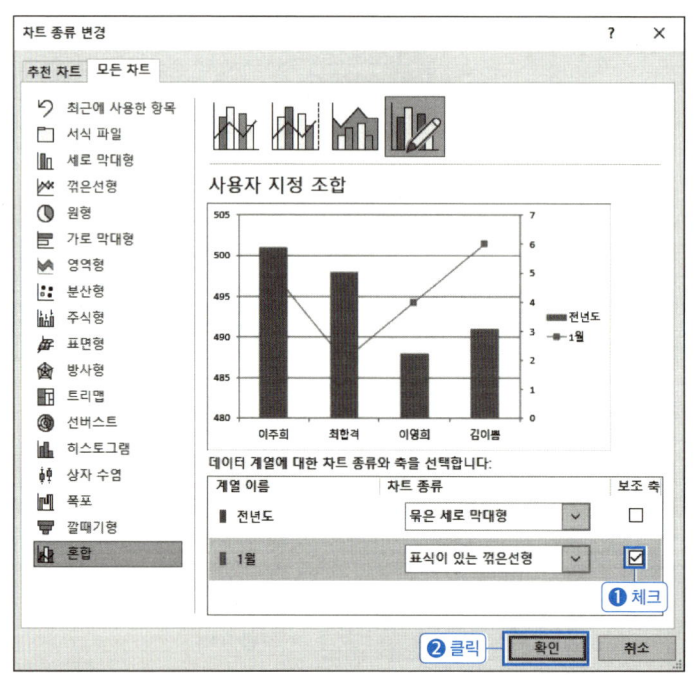

**주희쌤Tip**

차트의 요소를 차트에서 바로 찾는 것이(선택하는 것이) 힘들 경우 [서식] 탭-[현재 선택 영역] 그룹-[차트 요소]의 목록 단추(▼)를 클릭해서 선택하면 편리합니다.
혹은 차트 요소의 서식 창에서 옵션 내림 단추(▼)를 클릭해 차트 요소를 선택할 수도 있습니다.

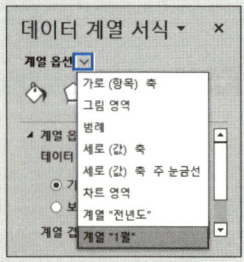

**주희쌤Tip**

'보조 축'을 두는 이유가 뭘까요? '전년도'와 '1월'은 값 차이가 많으므로 1월을 '보조 축'으로 두어 서로 다른 축을 보게끔 하면 보기가 편하기 때문입니다.
왼쪽이 '기본 축', 오른쪽이 '보조 축'입니다.

 따라하기 ④

① '세로 (값) 축'에서 마우스 오른쪽 버튼을 눌러 바로 가기 메뉴가 나타나면 [축 서식] 명령을 클릭합니다.

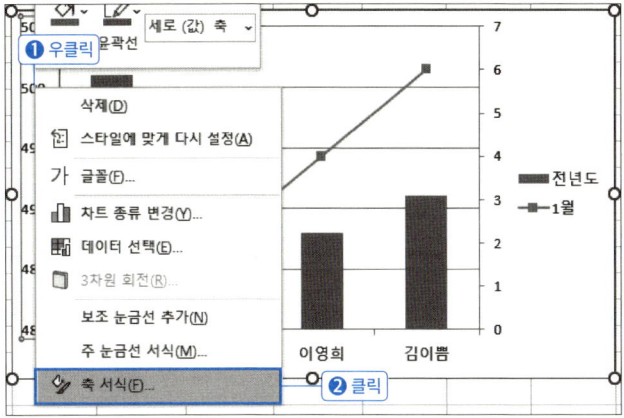

② [축 서식] 창이 나타나면 [축 옵션]-[축 옵션](📊)-[축 옵션]의 [최소값] 입력란에 '480', [최대값] 입력란에 '510', [기본] 입력란에 '10'을 입력하고 [닫기](✖) 단추를 클릭합니다.

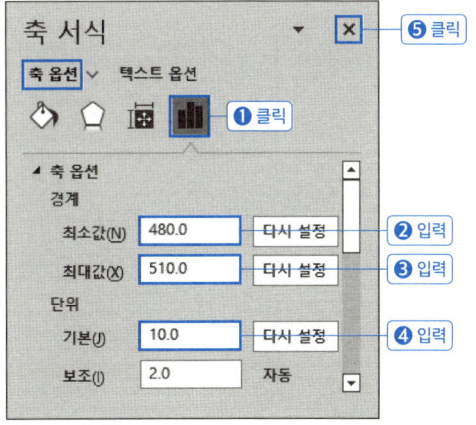

**주희쌤Tip**
- 최소값 : 축에서 가장 작은 값
- 최대값 : 축에서 가장 큰 값
- 기본 단위 : 축 값의 차이

**주희쌤Tip**
[닫기] 단추를 클릭하지 않고 다른 차트 요소를 선택하면 선택한 차트 요소 서식 창으로 변경됩니다.
예를 들어, '1월' 계열의 [데이터 계열 서식] 창이 열린 상태에서 '세로 (값) 축'을 클릭하면 세로 축을 변경할 수 있는 [축 서식] 창으로 바뀌게 됩니다.

③ '보조 세로 (값) 축'에서 마우스 오른쪽 버튼을 눌러 바로 가기 메뉴가 나타나면 [축 서식] 명령을 클릭합니다.

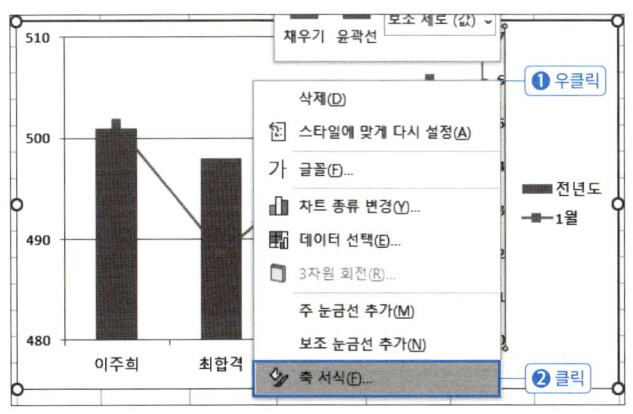

④ [축 서식] 창이 나타나면 [축 옵션]-[축 옵션](📊)-[축 옵션]의 [최소값] 입력란에 '0', [최대값] 입력란에 '8', [기본] 입력란에 '2'를 입력하고 [닫기](✖) 단추를 클릭합니다.

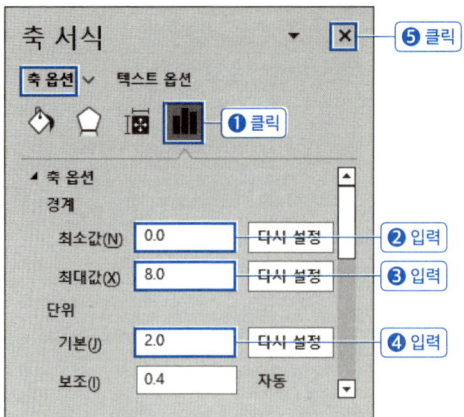

### 따라하기 5

① '범례'에서 마우스 오른쪽 버튼을 눌러 바로 가기 메뉴가 나타나면 [범례 서식] 명령을 클릭합니다.

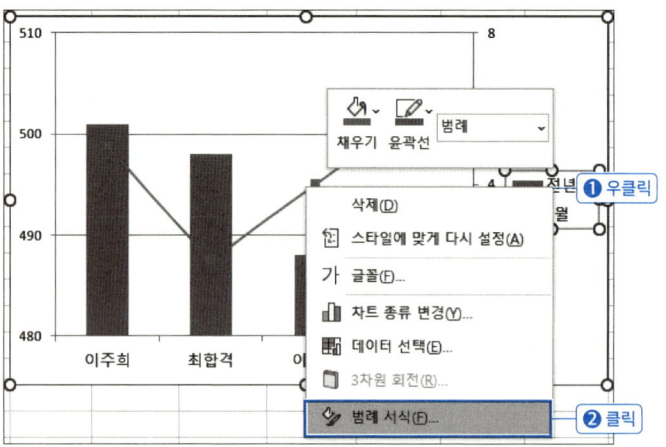

② [범례 서식] 창이 나타나면 [범례 옵션]-[범례 옵션](📊)-[범례 옵션]의 [범례 위치]를 '아래쪽'으로 선택한 후 [닫기](✖) 단추를 클릭합니다.

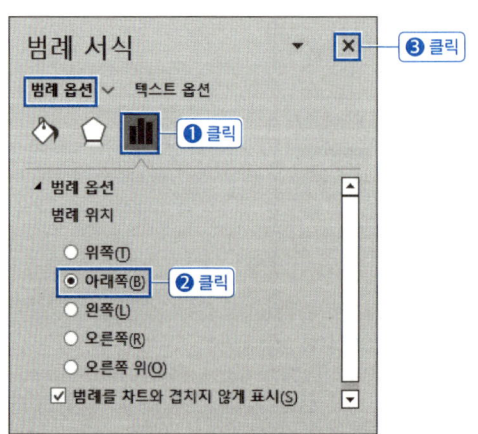

> **주희쌤 Tip**
>
> 차트에 이미 있는 차트 요소를 수정할 때엔 수정하고자 하는 곳에서 마우스 오른쪽 버튼을 먼저 눌러 보세요.
> 예를 들어, 범례를 수정하고자 한다면 범례에서 마우스 오른쪽 버튼을 눌러 보세요. 바로 가기 메뉴에 [범례 서식]이 있습니다. [범례 서식] 창에 들어가면 범례를 수정할 수 있는 항목들이 있어요.
>
> 차트 요소를 더블클릭해도 해당 차트 요소의 서식 창이 표시됩니다.

③ '범례'가 선택된 상태에서 [홈] 탭-[글꼴] 그룹의 '글꼴'을 '굴림체'로 변경하고, '글꼴 크기'를 '11', '글꼴 스타일'에 '굵게'를 선택합니다.

> **주희쌤 Tip**
>
> '굴림'과 '굴림체'는 다르니 잘 보고 선택하세요.

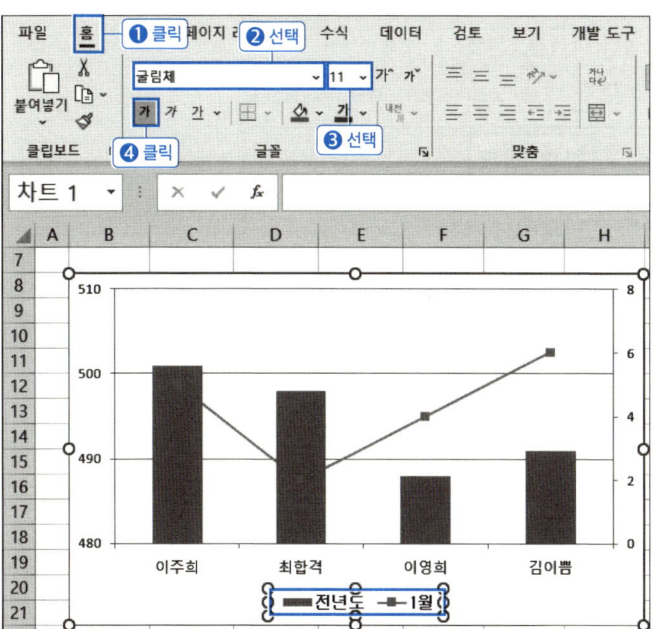

① [차트 디자인] 탭-[차트 레이아웃] 그룹-[차트 요소 추가]-[차트 제목]-[차트 위]를 클릭합니다.

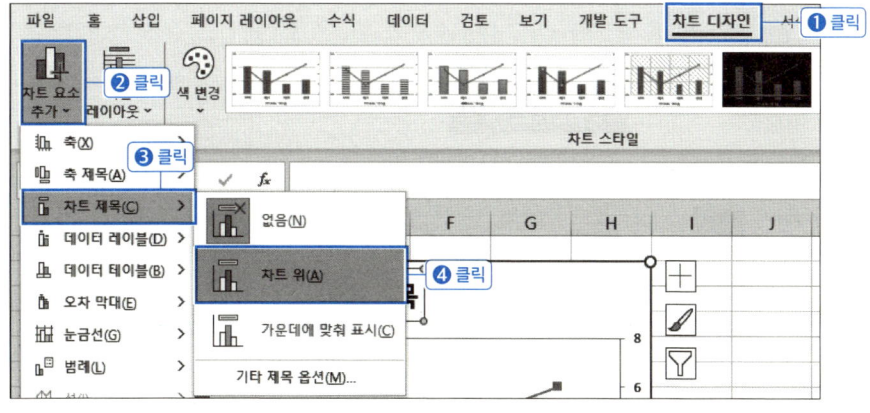

> **주희쌤 Tip**
>
> [차트 디자인], [서식] 탭은 차트가 선택되어 있지 않으면 나타나지 않습니다.

> **주희쌤 Tip**
>
> 차트에 이미 있는 차트 요소를 수정할 때엔 해당 차트 요소의 서식 창을 먼저 보면 되죠? 차트에 없는 차트 요소를 추가해줘야 할 때엔 [차트 디자인] 탭의 [차트 요소 추가]를 먼저 클릭해 보세요.

② '차트 제목'이 차트에 표시되면 [수식 입력줄]을 클릭하고 '여직원 판매량'을 입력한 후 Enter 를 누릅니다.

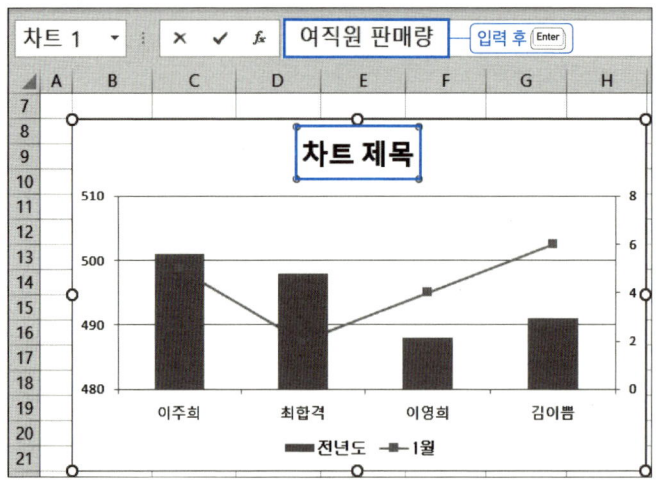

③ '차트 제목'이 선택된 상태에서 [홈] 탭-[글꼴] 그룹의 '글꼴 색'을 '노랑'으로 변경하고, '도형 채우기'를 '파랑'으로 변경합니다.

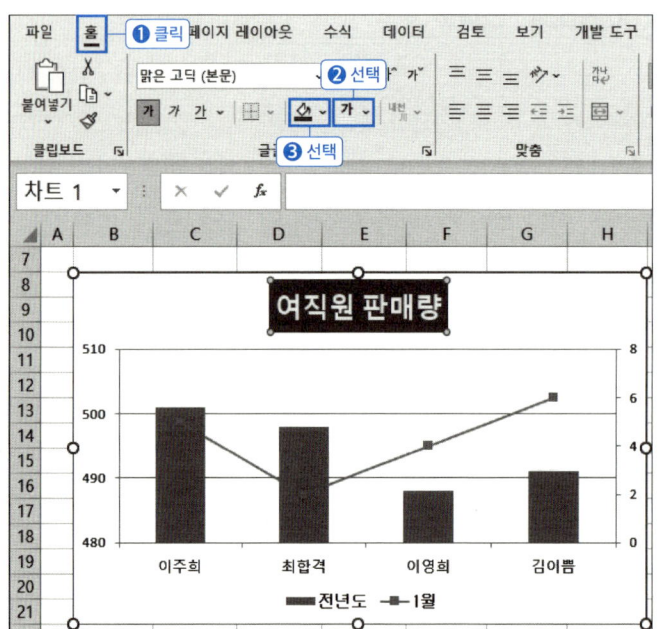

 따라하기 7

① '1월' 계열을 선택하고 [차트 디자인] 탭-[차트 레이아웃] 그룹-[차트 요소 추가]-[데이터 레이블]-[위쪽]을 클릭합니다.

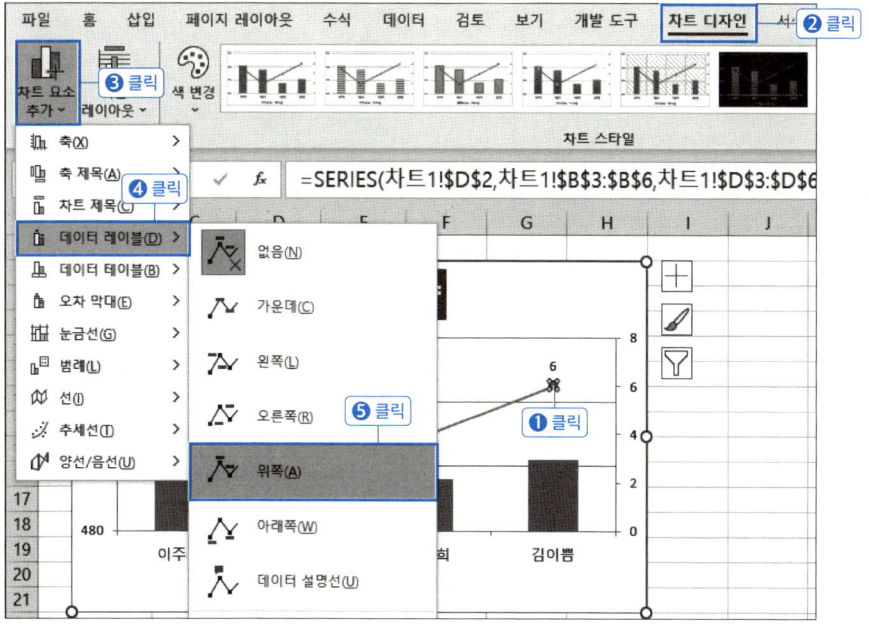

 따라하기 8

① '차트 영역'에서 마우스 오른쪽 버튼을 눌러 바로 가기 메뉴가 나타나면 [차트 영역 서식] 명령을 클릭합니다.

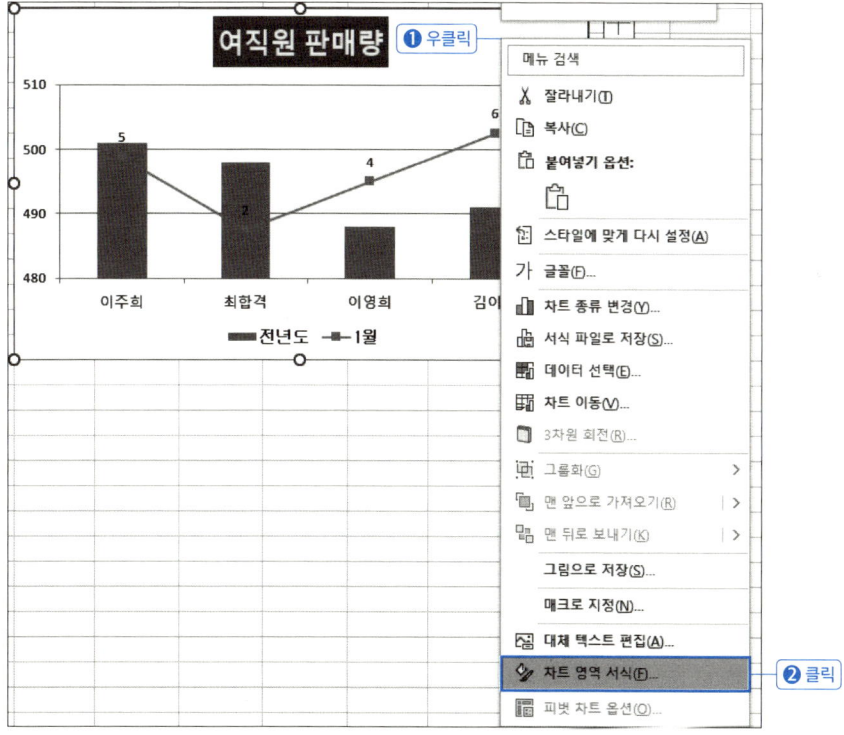

② [차트 영역 서식] 창이 나타나면 [차트 옵션]-[채우기 및 선](⬧)-[테두리]의 [너비]에 '2'를 입력하고, '둥근 모서리' 확인란을 선택합니다.

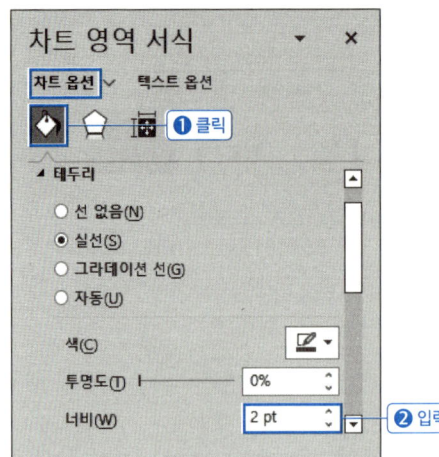
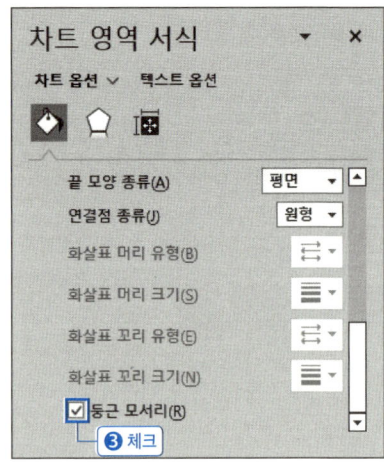

> **주희쌤 Tip**
> 차트는 그림이 주어지고 그 그림과 일치하게 만들게끔 출제됩니다.

> **주희쌤 Tip**
> 차트에 이미 있는 차트 요소를 수정할 때엔 해당 차트 요소의 서식 창에서, 차트에 없는 차트 요소를 생성해줘야 할 때엔 [차트 디자인] 탭의 [차트 요소 추가]에서, 그 외에 '색 변경', '차트 스타일'은 [차트 디자인] 탭에, '도형 스타일'은 [서식] 탭에 있습니다.

③ 이어서 [차트 옵션]-[효과](○)-[그림자]의 [미리 설정]을 '오프셋: 오른쪽 위'로 선택하고 [닫기](✕) 단추를 클릭합니다.

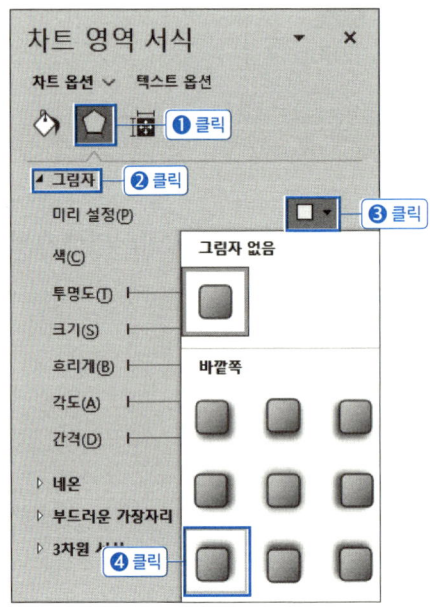

**문제 유형 2** '차트2' 워크시트에서 다음 지시사항에 따라 <그림>과 같이 차트를 수정하시오.

⑨ '성별'이 '여'인 직원의 '이름'과 '판매금액'이 표시되도록 <그림>과 같이 데이터 범위를 지정하고, '세로 축'을 변경하시오.

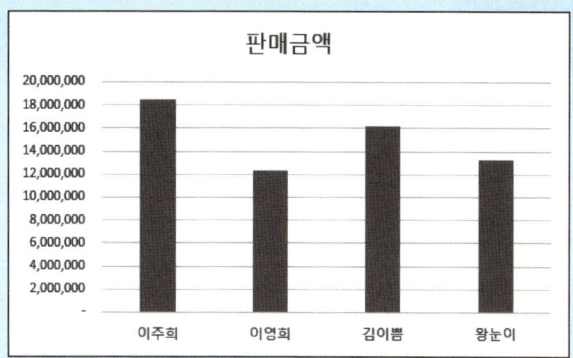

⑩ 차트 종류는 '3차원 원형'으로 변경하고, 동일 시트의 [B13:H25] 영역에 위치시키시오.

⑪ 데이터 레이블 '항목 이름'과 '백분율'을 '안쪽 끝에' 표시하시오.

⑫ 범례를 오른쪽에 표시하고, 도형 스타일을 '색 윤곽선 – 주황, 강조 2'로 지정하시오.

⑬ 데이터 계열의 '첫째 조각의 각'을 15도로 지정하시오.

⑭ 차트 제목은 <그림>과 같이 입력한 후 밑줄 '실선'으로 지정하시오.

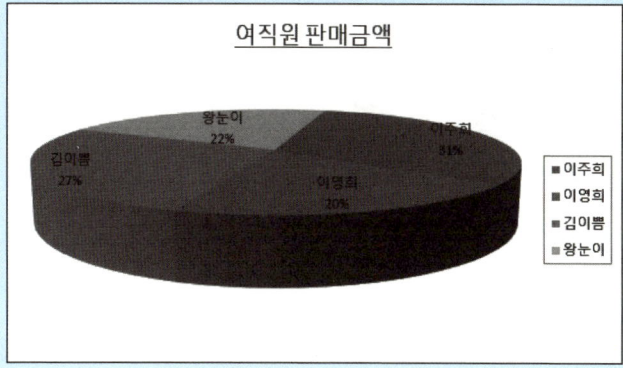

### 주희쌤 Tip

조건(성별이 여)에 맞는 '이름'과 '판매금액'을 차트 범위로 지정해야 합니다.
차트 그림에 '가로 (항목) 축'에는 이주희, 이영희, 김이쁨, 왕눈이가 있고 '범례'에는 판매금액이 있습니다. 그 데이터를 차트 범위로 지정하세요.
'가로 (항목) 축'에 무엇이 있는지를 보고 '범례'에 무엇이 있는지를 보면 차트에 지정될 범위를 쉽게 알 수 있습니다.

### 주희쌤 Tip

Q 제대로 지정한 것 같은데 차트가 이상해요.

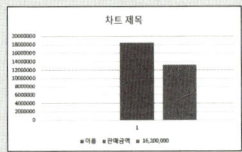

A 차트의 범위를 지정할 때에 아래의 내용을 최대한 지켜주면 버그(오류)가 생기지 않습니다.
1. 필드명을 포함하여 영역 지정
2. 연속되어 있는 셀 범위는 드래그
3. 왼쪽에서 오른쪽으로 드래그
4. 오른쪽에 더 이상 영역 지정할 것이 없다면 위쪽에서 아래쪽으로 드래그

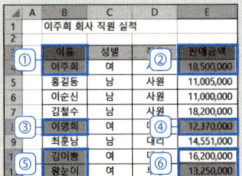

### 따라하기 ⑨

① [B3:B4] 영역을 드래그하여 선택한 후, Ctrl 을 누른 채 [E3:E4], [B8], [E8], [B10:B11], [E10:E11] 영역을 순서대로 선택합니다.

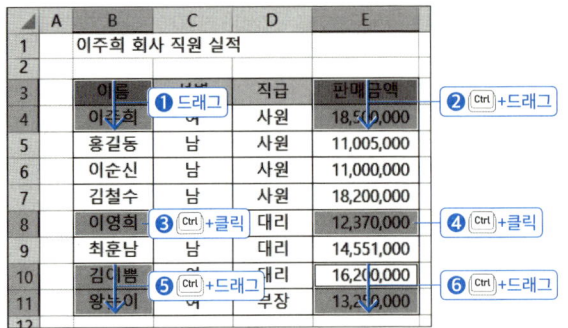

비연속적인 셀을 선택할 때엔 Ctrl 을 이용하세요. Ctrl 은 두 번째 영역을 지정할 때부터 누르면 됩니다.

② [삽입] 탭-[차트] 그룹-[세로 또는 가로 막대형 차트 삽입](📊)-[2차원 세로 막대형] 범주-[묶은 세로 막대형]을 차례로 클릭합니다.

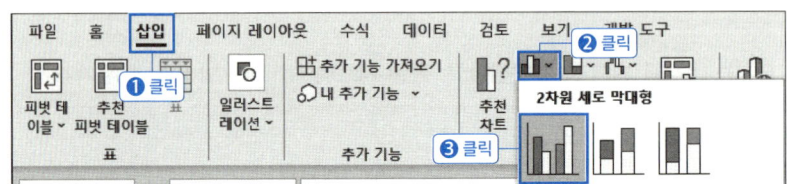

③ 차트가 생성되면 '세로 (값) 축'에서 마우스 오른쪽 버튼을 눌러 바로 가기 메뉴가 나타나면 [축 서식] 명령을 클릭합니다.

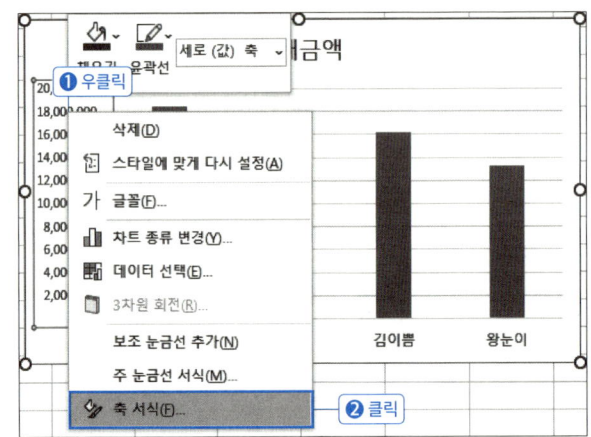

④ [축 서식] 창이 나타나면 [축 옵션]-[축 옵션](📊)-[축 옵션]의 [최소값] 입력란에 '0', [최대값] 입력란에 '20000000', [기본] 입력란에 '5000000'을 입력하고 [닫기](✖) 단추를 클릭합니다.

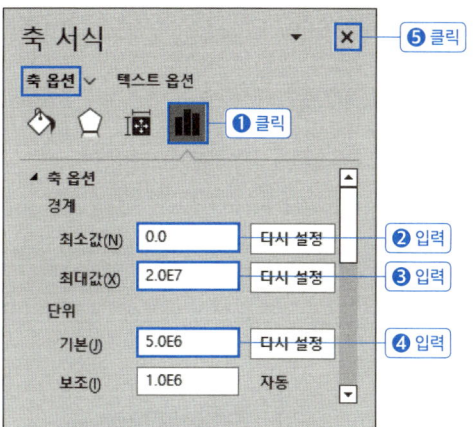

※ 입력한 숫자의 자리가 길어져 모두 표시할 수 없을 때엔 지수 표기법으로 바뀌어 표시됩니다.
2.0E7은 2.0×10^7, 5.0E6은 5.0×10^6을 의미합니다.

### 따라하기 ⑩

① 차트 영역을 선택하고 마우스 오른쪽 버튼을 눌러 바로 가기 메뉴의 [차트 종류 변경] 명령을 클릭합니다.

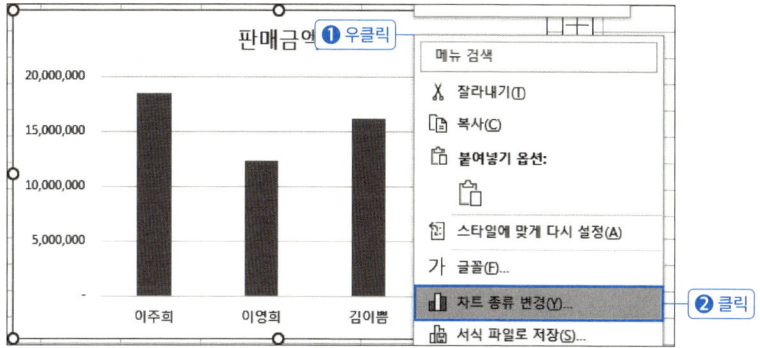

② [차트 종류 변경] 대화상자가 나타나면 [원형] 범주의 '3차원 원형'을 선택하고 [확인] 단추를 클릭합니다.

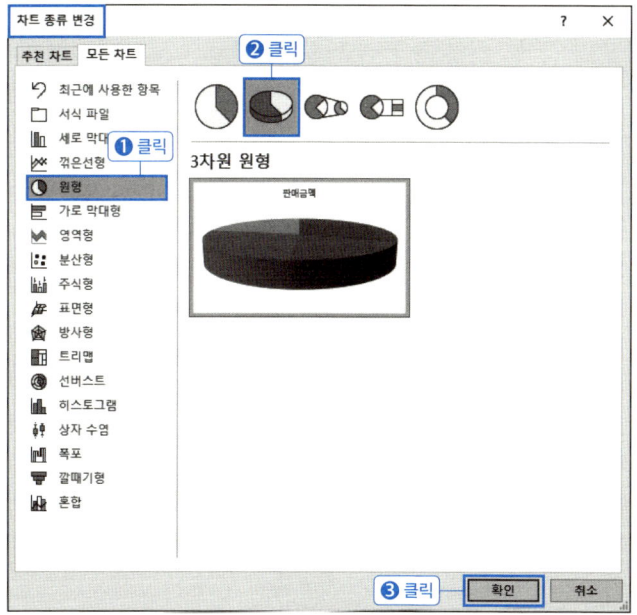

> **주희쌤 Tip**
>
> 차트를 이동할 때에는 '그림 영역'을 건드리지 않도록 조심하세요. 나중에 차트 요소를 추가하거나 변경, 제거할 때 그림 영역의 크기가 자동 조정되지 않아 불편함이 생길 수 있습니다.

> **주희쌤 Tip**
>
> ⓠ 예전에는 리본 메뉴 명령들이 바로 보였었는데 이제 [차트 디자인] 탭 글자를 클릭해야만 명령이 보여요.
> ⓐ 아무 탭이나 더블클릭하면 됩니다. 즉, [홈] 탭이든 [차트 디자인] 탭이든 더블클릭하세요.

③ 차트 종류가 변경되면 차트의 왼쪽 모서리가 [B13] 셀에 위치하도록 차트 영역을 드래그하여 이동합니다.

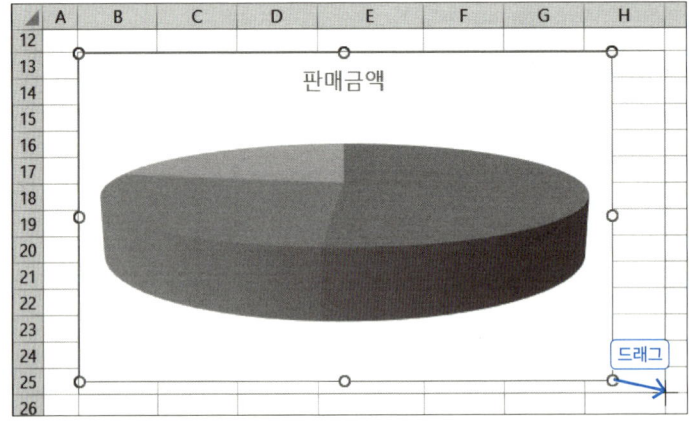

> **주희쌤 Tip**
>
> '매크로1' 시트에서 배웠던 부분입니다.
>
> Alt 를 이용하면 위치를 맞추거나 크기를 바꿀 때 편리합니다.

④ 차트가 이동되면 차트의 오른쪽 아래에 있는 크기 조절점을 [H25] 셀까지 드래그하여 크기를 조절합니다.

**따라하기 ⑪**

① 차트 영역이 선택된 상태에서 [차트 디자인] 탭-[차트 레이아웃] 그룹-[차트 요소 추가]-[데이터 레이블]-[기타 데이터 레이블 옵션]을 클릭합니다.

> **주희쌤 Tip**
>
> 계열을 선택하고 데이터 레이블을 지정하면 선택한 계열만 표시되고, 차트 영역을 선택하고 데이터 레이블을 지정하면 차트 전체 계열에 표시됩니다.

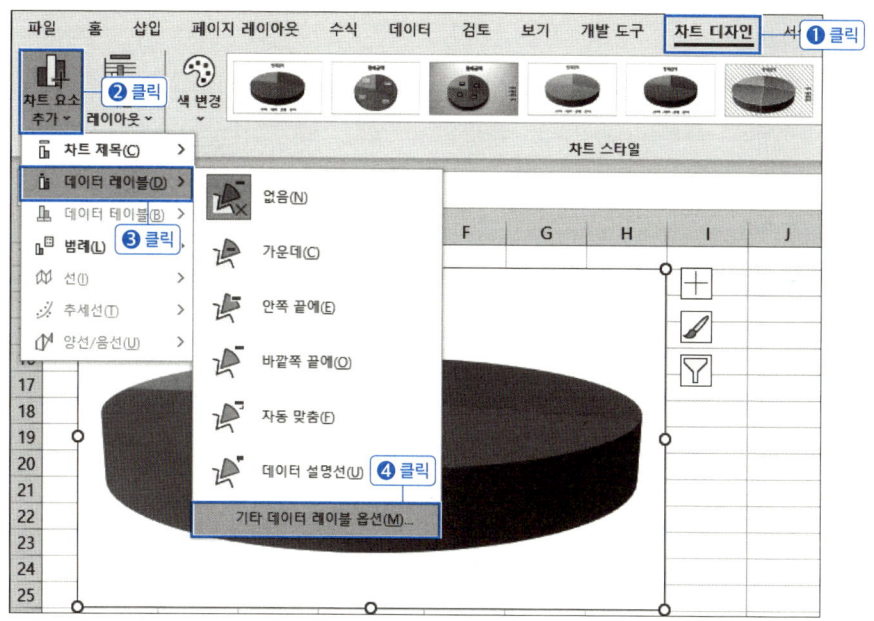

② [데이터 레이블 서식] 창이 나타나면 [레이블 옵션]-[레이블 옵션](📊)-[레이블 옵션]의 [레이블 내용]에 '항목 이름'과 '백분율'을 선택하고 '값'의 선택은 취소합니다.

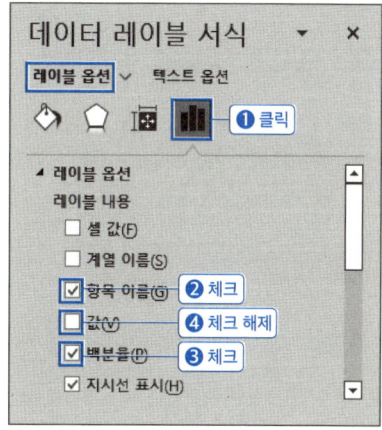

주희쌤 Tip

다양한 레이블을 표시할 때엔 [기타 데이터 레이블 옵션]을 이용하세요.

③ 이어서 [레이블 옵션]-[레이블 옵션](📊)-[레이블 옵션]의 [레이블 위치]를 '안쪽 끝에'로 선택하고 [닫기](✖) 단추를 클릭합니다.

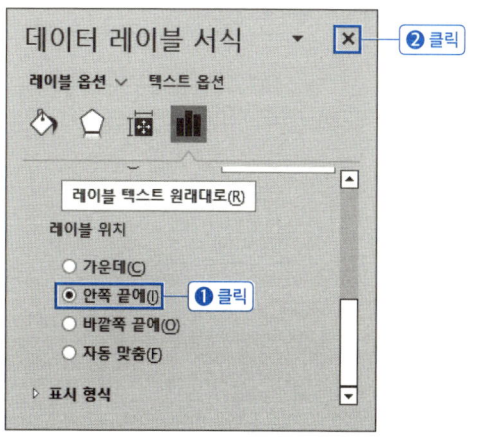

주희쌤 Tip

[데이터 레이블 서식] 창에서 쉼표가 아닌 다른 구분 기호를 이용해 레이블 내용을 구분할 수도 있습니다.

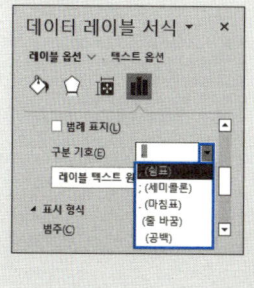

## 주희쌤 Tip

**잊지 않으셨죠?**
차트에 이미 있는 차트 요소를 수정할 때엔 해당 차트 요소의 서식 창에서, 차트에 없는 차트 요소를 생성해줘야 할 때엔 [차트 디자인] 탭의 [차트 요소 추가]에서, 그 외에 '색 변경', '차트 스타일'은 [차트 디자인] 탭에, '도형 스타일'은 [서식] 탭에 있습니다.

### 따라하기 12

① [차트 디자인] 탭-[차트 레이아웃] 그룹-[차트 요소 추가]-[범례]-[오른쪽]을 클릭합니다.

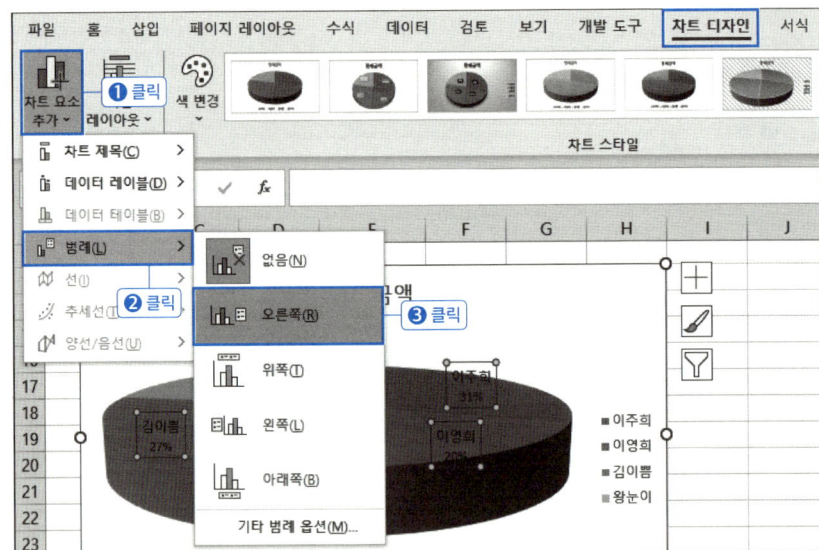

② 범례가 차트의 오른쪽에 표시되면 범례를 선택한 후 [서식] 탭-[도형 스타일] 그룹-[자세히](▼)를 클릭하고 [색 윤곽선 - 주황, 강조 2]를 선택합니다.

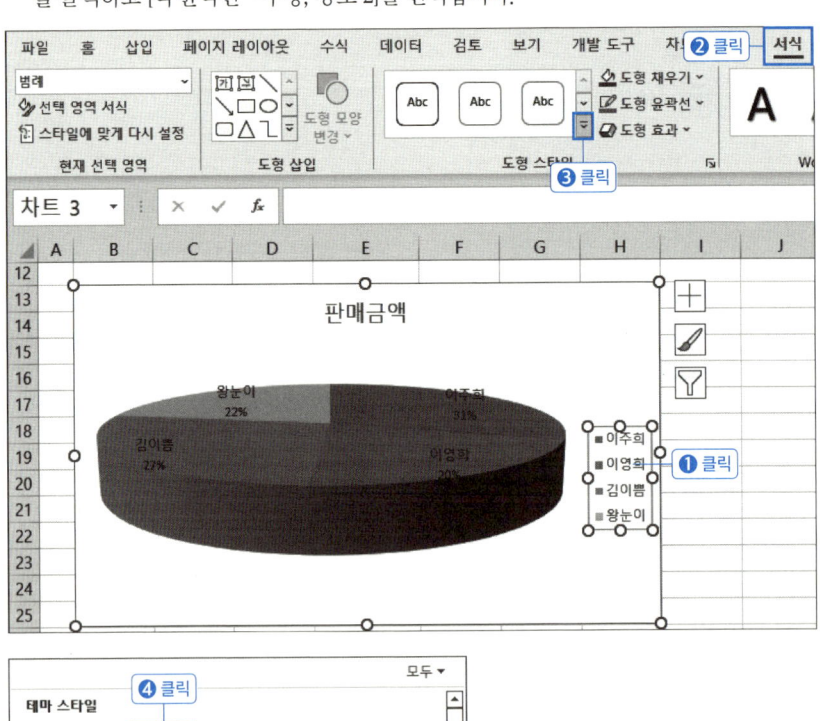

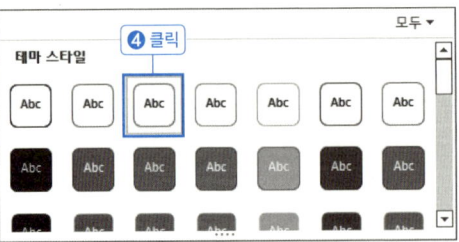

 따라하기 13

① 임의의 계열에서 마우스 오른쪽 버튼을 눌러 바로 가기 메뉴가 나타나면 [데이터 계열 서식] 명령을 클릭합니다.

② [데이터 계열 서식] 창이 나타나면 [계열 옵션]-[계열 옵션](▮▮)-[계열 옵션]의 [첫째 조각의 각]을 '15'로 입력하고 [닫기](✖) 단추를 클릭합니다.

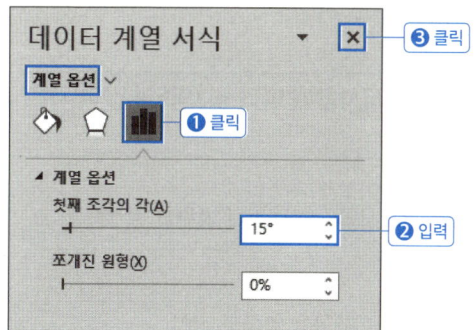

 따라하기 14

① '차트 제목'인 '판매금액'을 선택한 후 [수식 입력줄]을 클릭하고 '여직원 판매금액'을 입력한 후 Enter 를 누릅니다.

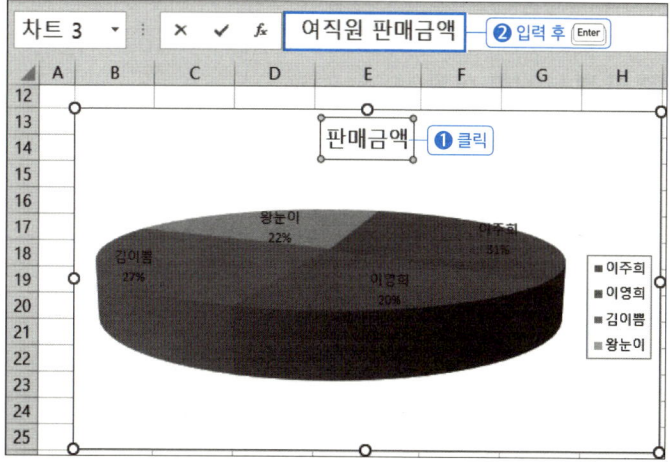

② 밑줄을 표시하기 위해 [홈] 탭-[글꼴] 그룹의 '밑줄' 목록 단추(▼)를 클릭해 '밑줄'을 선택합니다.

> **주희쌤 Tip**
> 차트는 작성 방법이 다양하고 방법에 따라 다른 결과가 나올 수 있어 항상 그림이 함께 주어집니다.
> 따라서 방법이 달라도 최종 그림과 같다면 정답 처리됩니다.

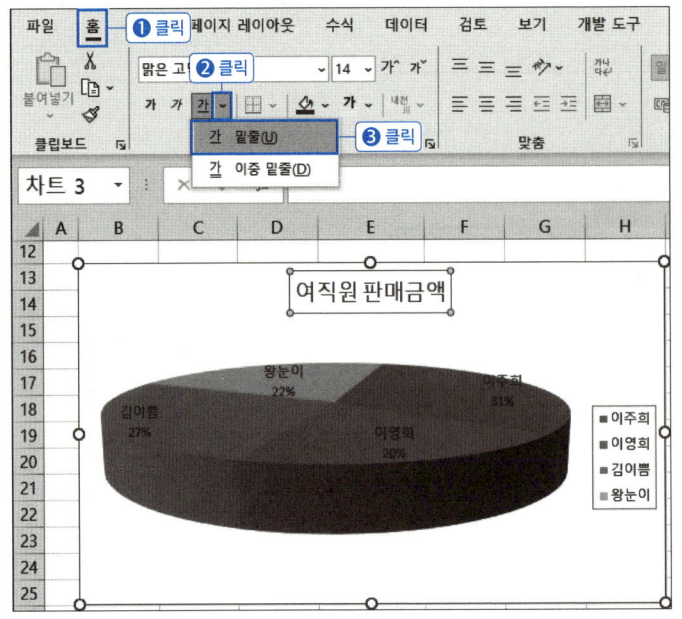

### 문제 유형 3
'차트3' 워크시트에서 다음 지시사항에 따라 <그림>과 같이 차트를 수정하시오.

⑮ '직급'이 '사원'인 '판매량'의 데이터가 차트에 표시되도록 데이터 범위를 추가하고 '보조 축'으로 지정하시오.

⑯ 차트 제목을 [B1] 셀과 연결시키고, 그림과 같이 축 제목을 입력하시오.

⑰ 범례를 제거하고 '판매금액' 계열은 선 너비 4pt, '완만한 선', 선 색 '연한 녹색'을 지정하시오.

⑱ 세로(값) 축은 눈금 표시 단위를 '천'으로 지정하고 <그림>과 같이 단위 레이블을 '가로'로 표시하시오.

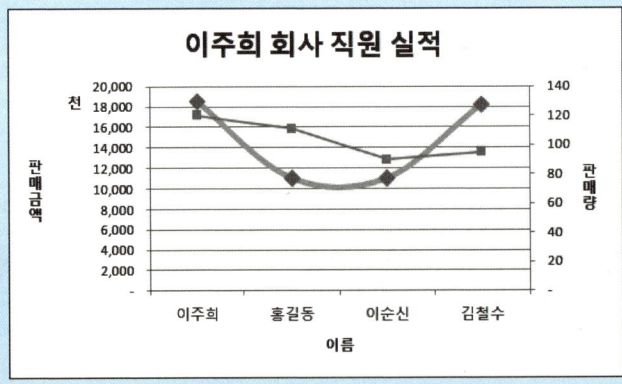

① '직급'이 '사원'인 '판매량'의 데이터를 추가하기 위해 [E3:E7] 영역을 드래그하여 선택한 후 Ctrl + C 를 눌러 복사합니다.

② '차트 영역'을 선택한 후 Ctrl + V 를 눌러 붙여넣기를 합니다.

> **주희쌤Tip**
> 조건('직급'이 '사원')에 맞는 '판매량'을 차트 범위로 추가해야 합니다.
>
> 아래의 방법도 천천히 따라해 보세요.
> ① '차트 영역'에서 마우스 오른쪽 버튼을 눌러 바로 가기 메뉴의 [데이터 선택] 명령을 클릭합니다.
> (차트의 범위 추가/변경/제거, 행/열 전환, 계열 순서 조정 등은 [데이터 선택] 명령을 이용하세요.)
> ② [데이터 원본 선택] 대화상자가 나타나면 [범례 항목(계열)]의 [추가] 단추를 클릭합니다.
> ③ [계열 편집] 대화상자가 나타나면 '계열 이름'에 [E3] 셀을 클릭, '계열 값'에 기존 데이터 (={1})를 삭제한 후 [E4:E7] 영역을 드래그하여 선택하고 [확인] 단추를 클릭합니다.
> ④ [데이터 원본 선택] 대화상자가 나타나면 [확인] 단추를 클릭합니다.

③ '판매량' 계열이 추가되고 보조 축을 표시하기 위해 '판매량' 계열에서 마우스 오른쪽 버튼을 눌러 바로 가기 메뉴가 나타나면 [데이터 계열 서식] 명령을 클릭합니다.

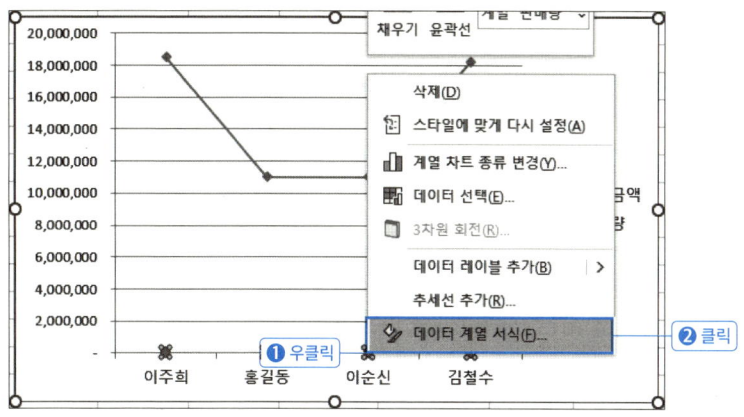

④ [데이터 계열 서식] 창이 나타나면 [계열 옵션]-[계열 옵션](📊)-[계열 옵션]의 [데이터 계열 지정]에 '보조 축'을 선택하고 [닫기](✖) 단추를 클릭합니다.

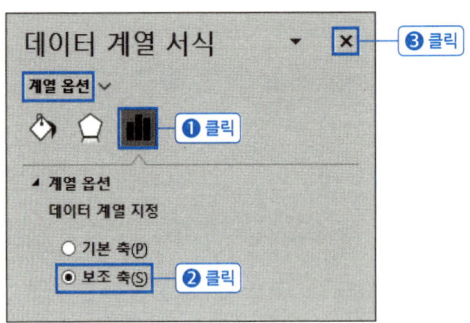

 따라하기 16

① 차트가 선택되어 있는 상태에서 [차트 디자인] 탭-[차트 레이아웃] 그룹-[차트 요소 추가]-[차트 제목]-[차트 위]를 클릭합니다.

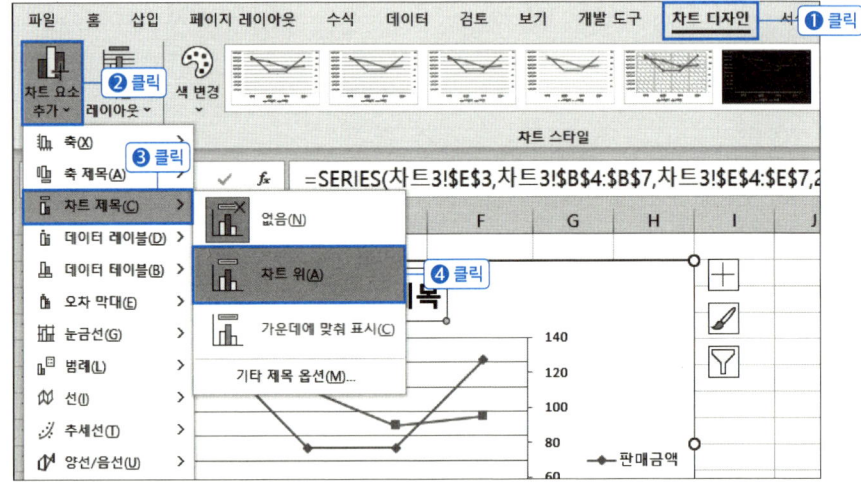

② '차트 제목'이 차트에 표시되면 차트 제목을 [B1] 셀과 연결시키기 위해 [수식 입력줄]을 클릭하고 '='을 입력한 후 [B1] 셀을 선택합니다.

③ [수식 입력줄]에 '=차트3!$B$1'가 나타나면 Enter 를 누릅니다.

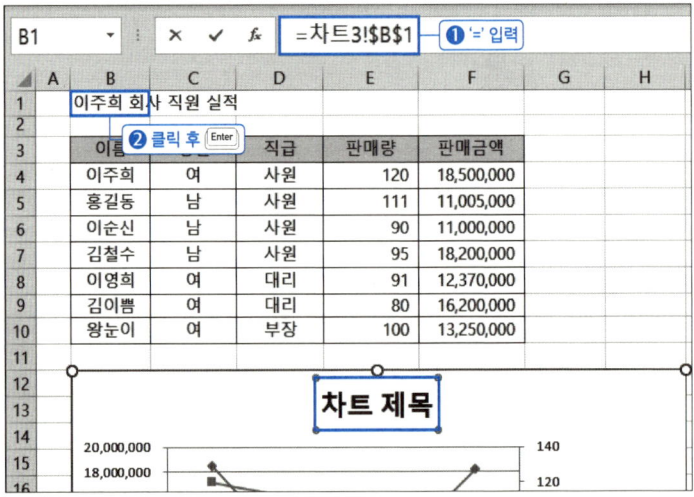

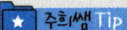 Tip

연결(연동)시킨다는 것은 원본이 수정될 때 같이 수정된다는 것입니다.

④ '이주희 회사 직원 실적'이 차트 제목에 표시되면 가로 (항목) 축 제목을 표시하기 위해 [차트 디자인] 탭-[차트 레이아웃] 그룹-[차트 요소 추가]-[축 제목]-[기본 가로]를 클릭합니다.

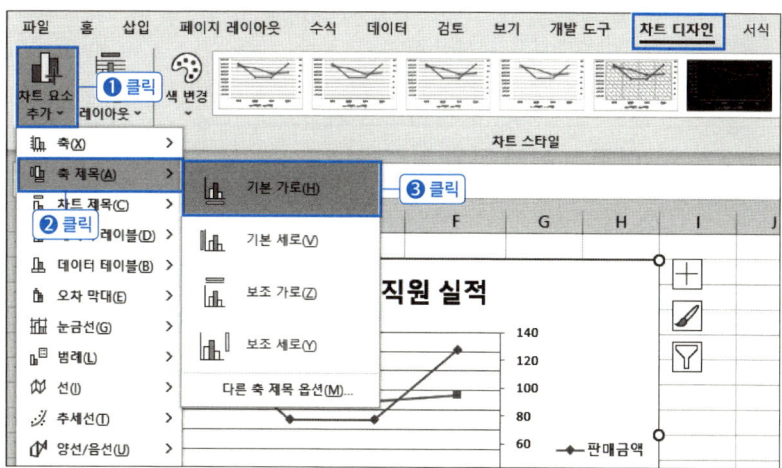

⑤ '축 제목'이 차트에 표시되면 [수식 입력줄]을 클릭하고 '이름'을 입력한 후 Enter 를 누릅니다.

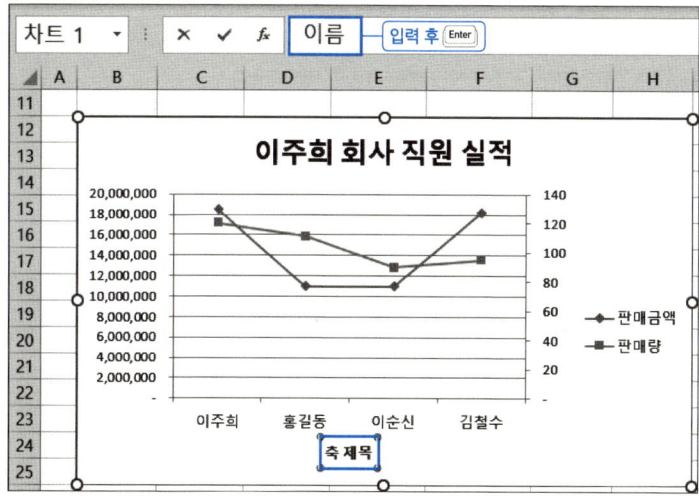

⑥ 세로 (값) 축 제목을 표시하기 위해 [차트 디자인] 탭-[차트 레이아웃] 그룹-[차트 요소 추가]-[축 제목]-[기본 세로]를 클릭합니다.

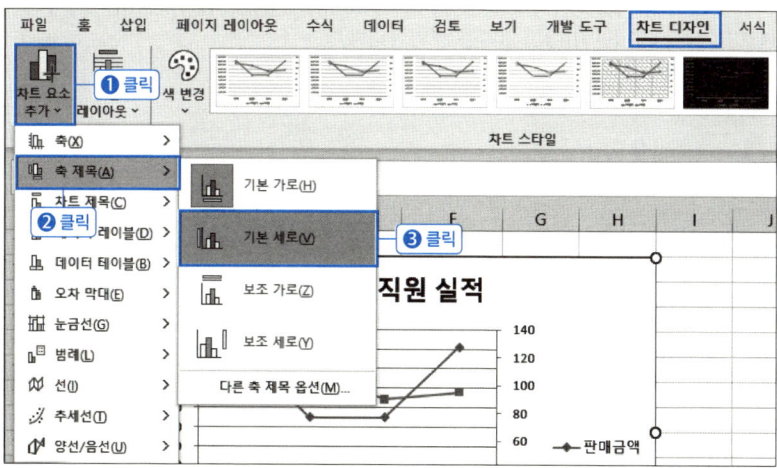

⑦ '축 제목'이 차트에 표시되면 [수식 입력줄]을 클릭하고 '판매금액'을 입력한 후 Enter 를 누릅니다.

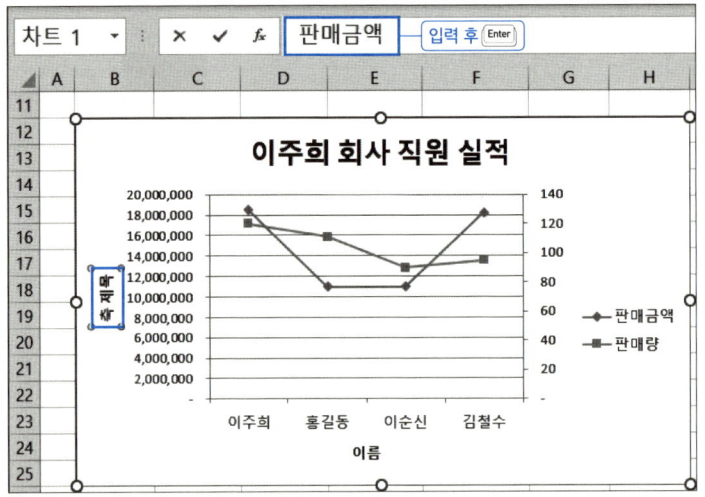

⑧ '판매금액'이 차트에 표시되면 텍스트 방향이 세로로 표시되도록 '세로 (값) 축 제목'에서 마우스 오른쪽 버튼을 눌러 바로 가기 메뉴가 나타나면 [축 제목 서식] 명령을 클릭합니다.

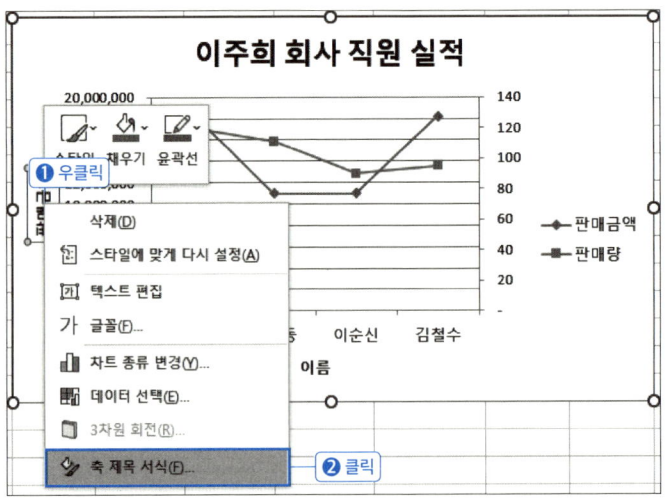

⑨ [축 제목 서식] 창이 나타나면 [텍스트 옵션]-[텍스트 상자]( )-[텍스트 상자]의 [텍스트 방향]을 '세로'로 선택하고 [닫기]( ) 단추를 클릭합니다.

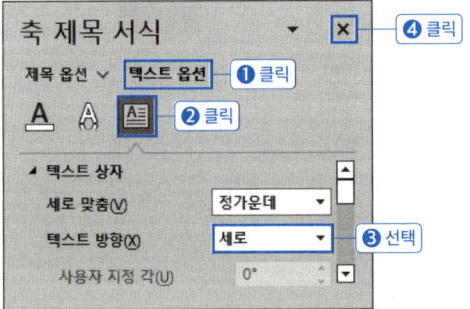

276 Chapter 04. 기타작업

⑩ 보조 세로 (값) 축 제목을 표시하기 위해 [차트 디자인] 탭-[차트 레이아웃] 그룹-[차트 요소 추가]-[축 제목]-[보조 세로]를 클릭합니다.

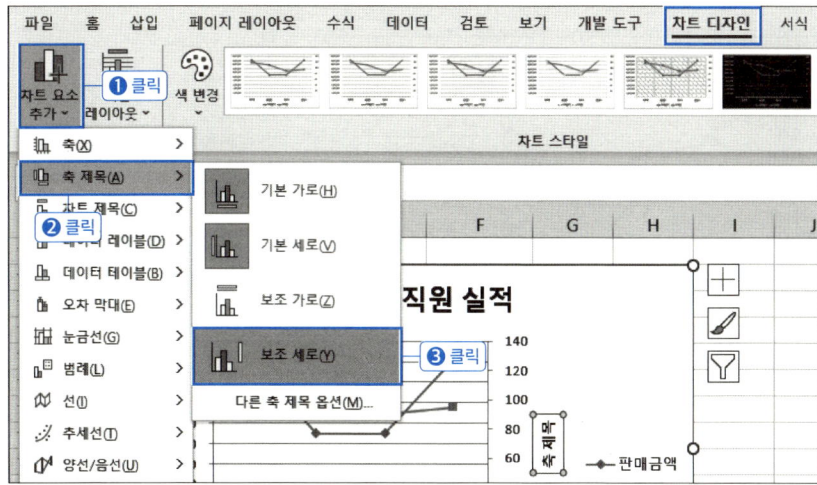

⑪ '축 제목'이 차트에 표시되면 [수식 입력줄]을 클릭하고 '판매량'을 입력한 후 Enter 를 누릅니다.

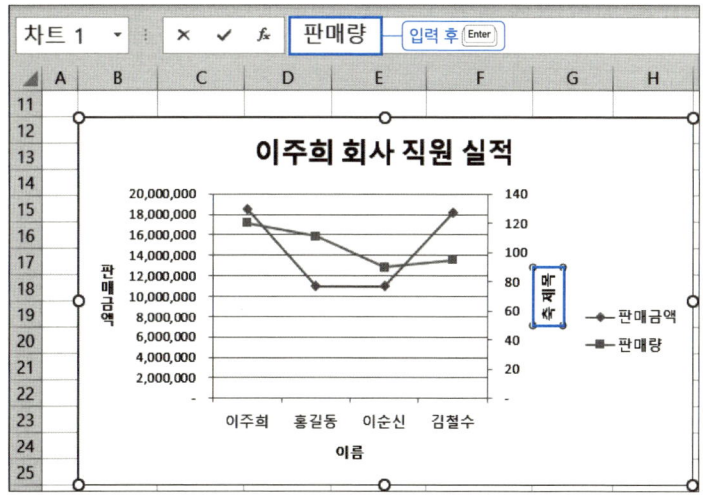

⑫ '판매량'이 차트에 표시되면 '판매금액'과 같이 텍스트 방향이 세로로 표시되도록 변경합니다.

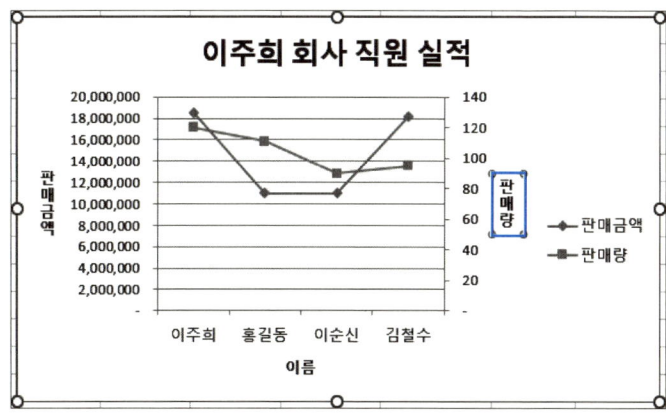

**따라하기 17**

① 차트에서 '범례'를 선택한 후 Delete 를 눌러 삭제합니다.

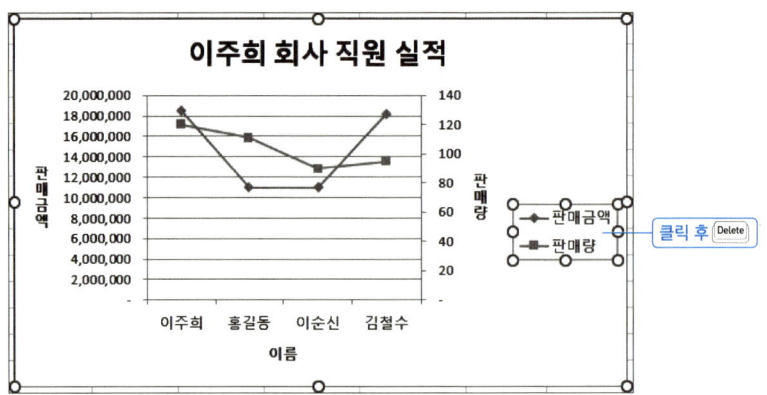

② '판매금액' 계열에서 마우스 오른쪽 버튼을 눌러 바로 가기 메뉴가 나타나면 [데이터 계열 서식] 명령을 클릭합니다.

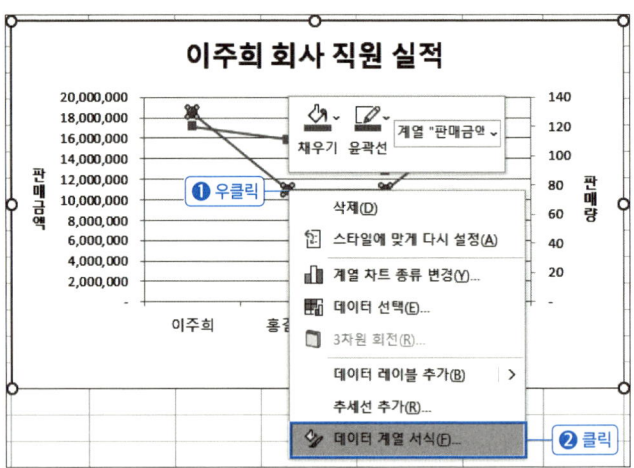

③ [데이터 계열 서식] 창이 나타나면 [계열 옵션]-[채우기 및 선](🪣)-[선]의 [너비] 입력란에 '4'를 입력하고, '완만한 선' 확인란을 선택합니다.

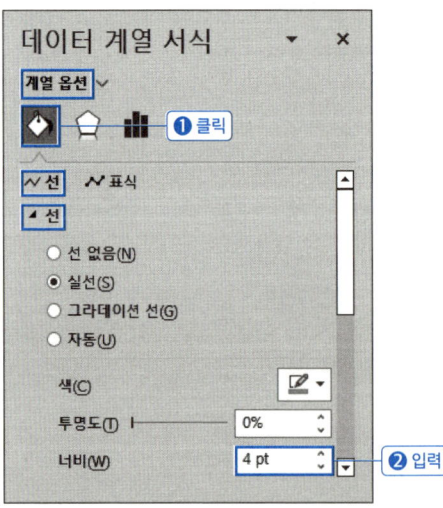
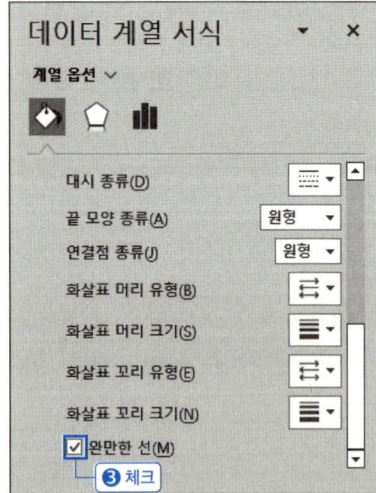

④ 이어서 [계열 옵션]-[채우기 및 선](🪣)-[선]의 [색]을 '연한 녹색'으로 선택하고 [닫기](✖) 단추를 클릭합니다.

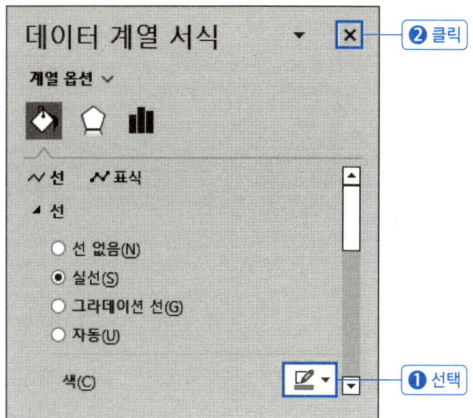

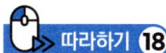

① '세로 (값) 축'에서 마우스 오른쪽 버튼을 눌러 바로 가기 메뉴가 나타나면 [축 서식] 명령을 클릭합니다.

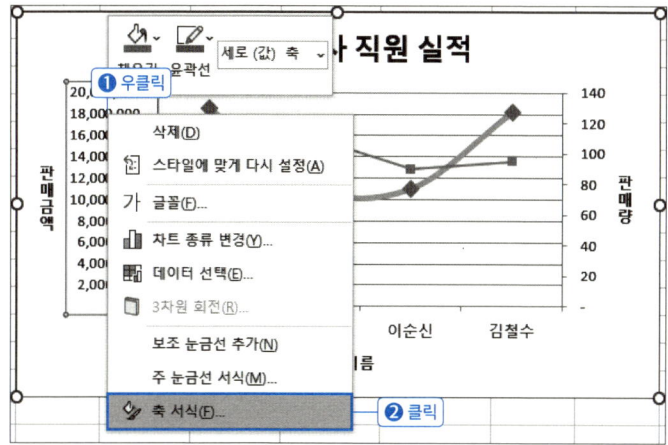

② [축 서식] 창이 나타나면 [축 옵션]-[축 옵션](📊)-[축 옵션]의 [표시 단위]를 '천'으로 선택하고 '차트에 단위 레이블 표시' 확인란이 선택되었는지 확인한 후 [닫기](✖) 단추를 클릭합니다.

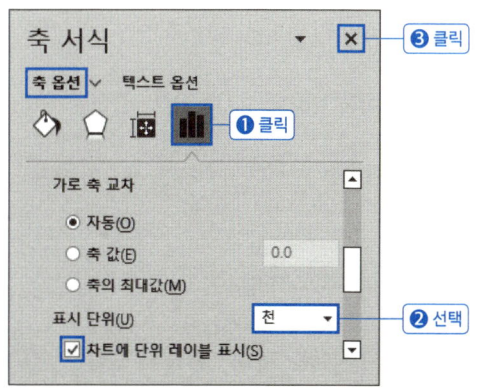

> **주희쌤 Tip**
>
> [닫기] 단추를 클릭하지 않고 다른 차트 요소를 선택하면 선택한 차트 요소 서식 창으로 변경됩니다.
> 예를 들어, [축 서식] 창이 열린 상태에서 '세로 (값) 축 표시 단위 레이블'을 클릭하면 [표시 단위 레이블 서식] 창으로 바뀌게 됩니다.

③ '세로 (값) 축 표시 단위 레이블'에서 마우스 오른쪽 버튼을 눌러 바로 가기 메뉴가 나타나면 [표시 단위 서식] 명령을 클릭합니다.

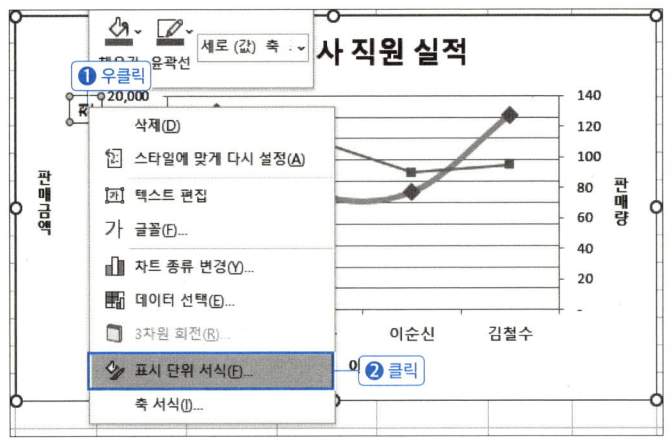

④ [표시 단위 레이블 서식] 창이 나타나면 [텍스트 옵션]-[텍스트 상자](🔲)-[텍스트 상자]의 [텍스트 방향]을 '가로'로 선택하고 [닫기](❌) 단추를 클릭합니다.

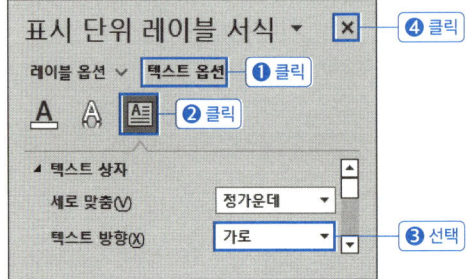

> **주희쌤Tip**
> 워크시트에 있는 차트와 문제지의 차트 그림을 비교해보면 변경해야 할 사항을 쉽게 알 수 있습니다.

**문제 유형 4**    '차트4' 워크시트에서 다음 지시사항에 따라 <그림>과 같이 차트를 수정하시오.

⑲ '성명'이 '김이쁨'인 데이터가 차트에 표시되도록 데이터 범위를 추가하시오.

⑳ '홍길동'의 'B과목' 계열에 데이터 레이블 '값'을 '안쪽 끝에'로 표시하시오.

㉑ 'C과목' 계열의 최저값에 데이터 레이블 '값'을 '바깥쪽 끝'으로 표시하고, 채우기 색을 '표준 색-노랑'으로 지정하시오.

㉒ 세로 (값) 축의 최소값, 최대값, 주 단위, 가로 축 교차를 지정하시오.

㉓ '세로 축 주 눈금선'이 보이지 않게 하고 그림 영역 서식을 '채우기 효과'의 '질감-파랑 박엽지'로 지정하시오.

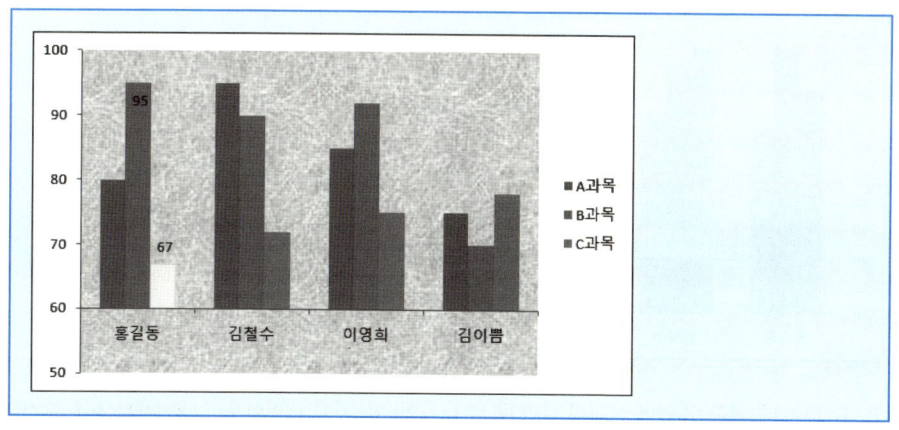

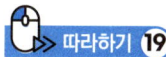

① [B8] 셀을 선택한 후, Ctrl 을 누른 채 [D8:F8] 영역을 드래그하여 선택합니다.

② 영역이 지정되면 Ctrl + C 를 눌러 복사한 후 '차트 영역'을 선택하고 Ctrl + V 를 눌러 붙여넣기를 합니다.

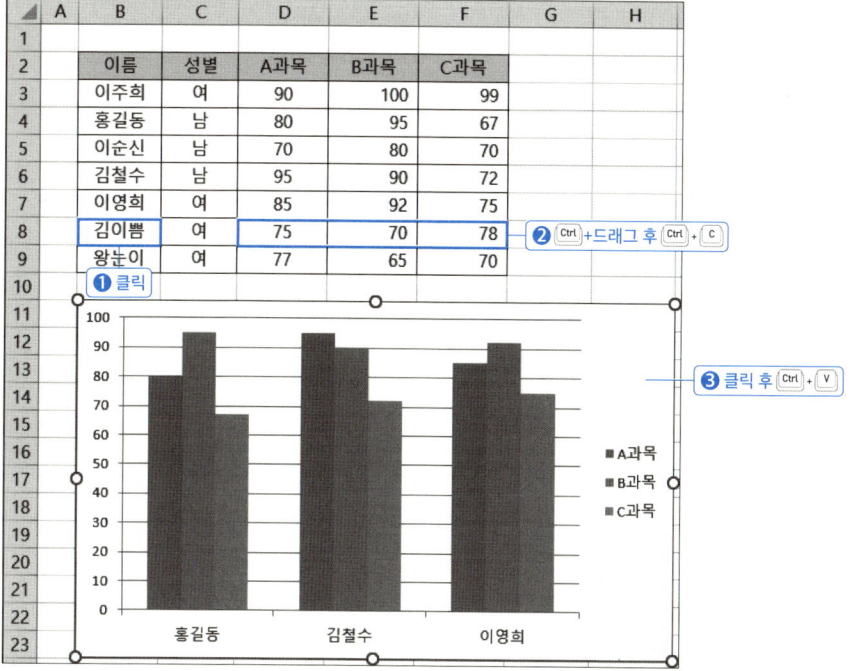

> **주희쌤 Tip**
>
> 차트 그림에 '가로 (항목) 축'에는 홍길동, 김철수, 이영희, 김이쁨이 있고 '범례'에는 A과목, B과목, C과목이 있습니다.
> 그 데이터를 차트 범위로 지정하세요.
> '가로 (항목) 축'에 무엇이 있는지를 보고 '범례'에 무엇이 있는지를 보면 차트에 지정될 범위를 쉽게 알 수 있습니다.

① 'B과목' 계열을 클릭하여 선택한 상태에서 '홍길동' 데이터 요소만 한 번 더 클릭합니다.

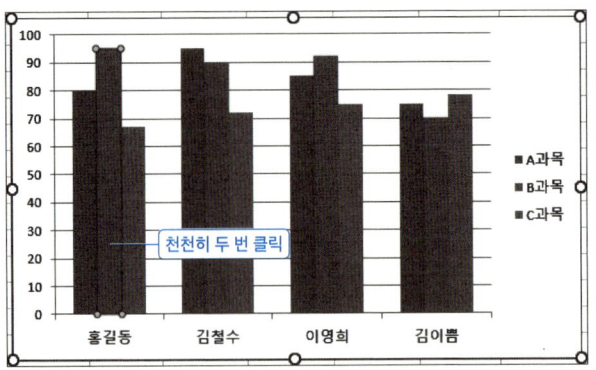

> **주희쌤 Tip**
> 데이터 레이블의 위치를 지정하면 기본적으로 '값'이 표시됩니다.

② '홍길동'의 'B과목' 계열만 선택이 되면 [차트 디자인] 탭-[차트 레이아웃] 그룹-[차트 요소 추가]-[데이터 레이블]-[안쪽 끝에]를 클릭합니다.

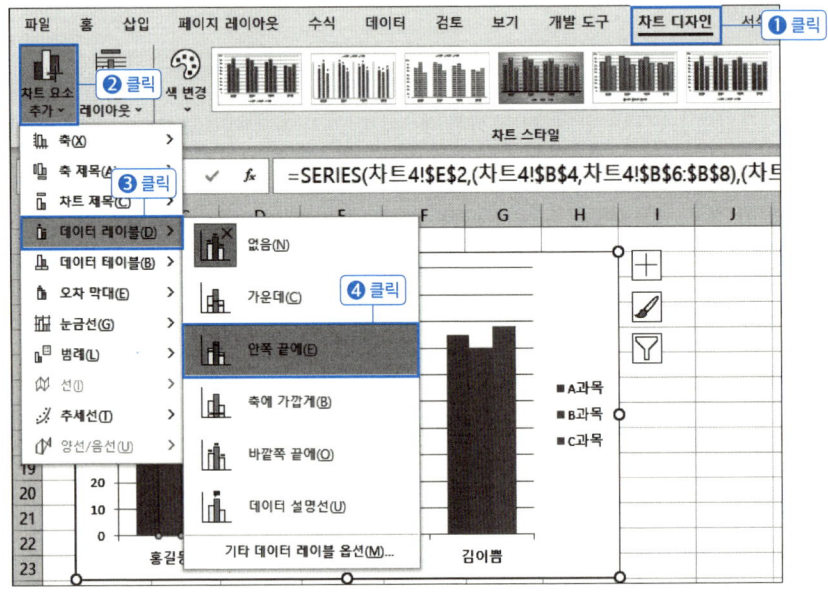

### 따라하기 21

① 'C과목' 계열을 클릭하여 선택한 상태에서 '홍길동' 데이터 요소만 한 번 더 클릭합니다.

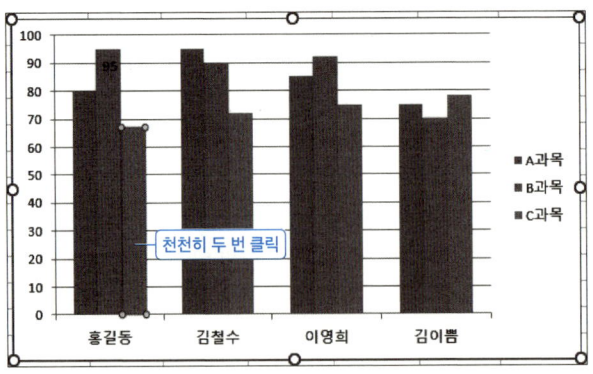

> **주희쌤 Tip**
> 차트에 표시된 C과목 계열의 값 (67, 72, 75, 78) 중 제일 작은 값은 '67'입니다.

② '홍길동'의 'C과목' 계열만 선택이 되면 [차트 디자인] 탭-[차트 레이아웃] 그룹-[차트 요소 추가]-[데이터 레이블]-[바깥쪽 끝에]를 클릭합니다.

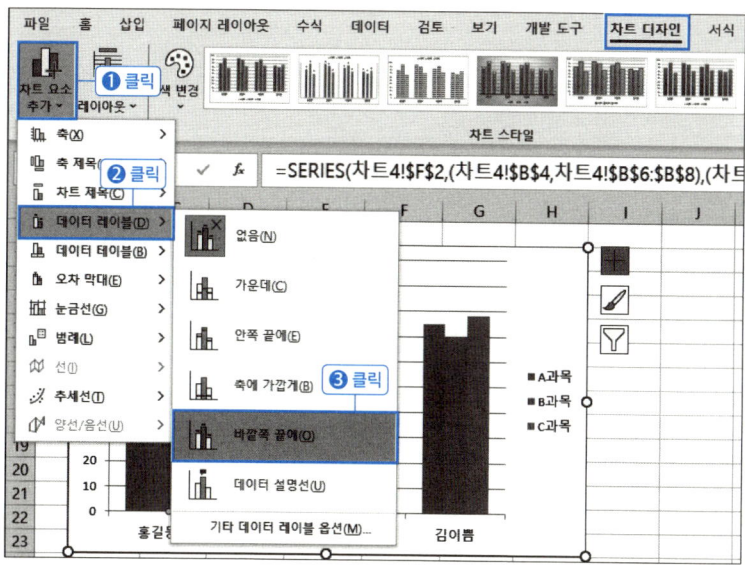

③ '홍길동'의 'C과목' 계열에서 마우스 오른쪽 버튼을 눌러 바로 가기 메뉴가 나타나면 [데이터 요소 서식] 명령을 클릭합니다.

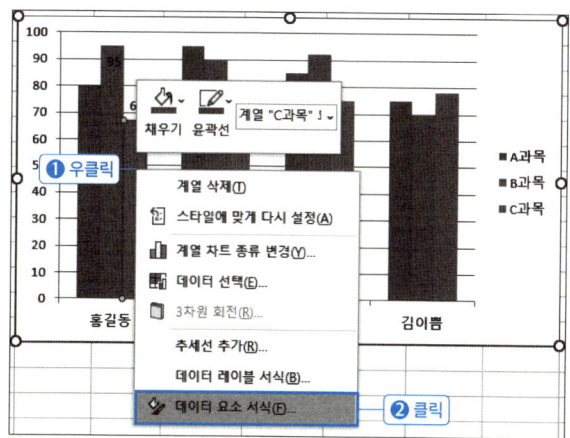

④ [데이터 요소 서식] 창이 나타나면 [계열 옵션]-[채우기 및 선](◇)-[채우기]의 '단색 채우기'를 선택한 후 [색]을 '노랑'으로 변경하고 [닫기](✕) 단추를 클릭합니다.

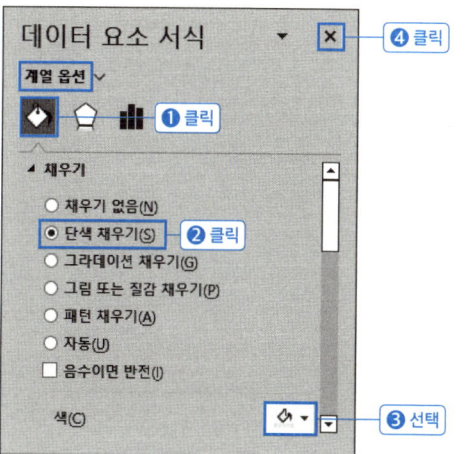

## 따라하기 22

① '세로 (값) 축'에서 마우스 오른쪽 버튼을 눌러 바로 가기 메뉴가 나타나면 [축 서식] 명령을 클릭합니다.

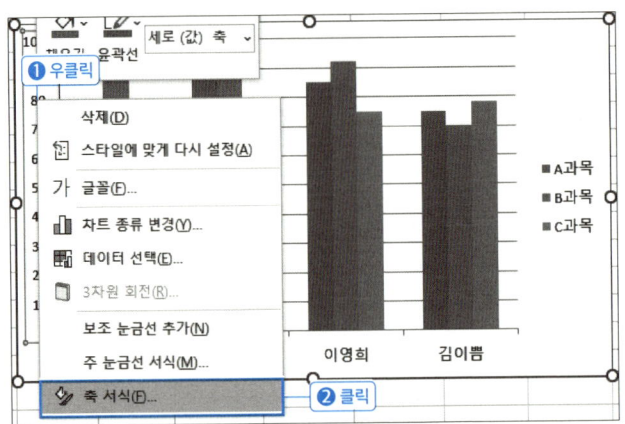

② [축 서식] 창이 나타나면 [축 옵션]-[축 옵션](   )-[축 옵션]의 [최소값] 입력란에 '50', [최대값] 입력란에 '100', [기본] 입력란에 '10'을 입력합니다.

③ 이어서 [가로 축 교차]를 '축 값'으로 선택한 후 커서를 이동하여 '60'을 입력하고 [닫기](✖) 단추를 클릭합니다.

### 주희쌤 Tip

'가로 축 교차'는 '가로 축'과 '세로 축'이 만나는 지점을 의미합니다.
예를 들어, '가로 축'의 사과, 딸기, 수박이 '세로 축'의 15에서 시작되므로 '가로 축 교차'는 15가 됩니다.

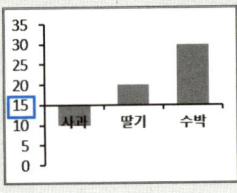

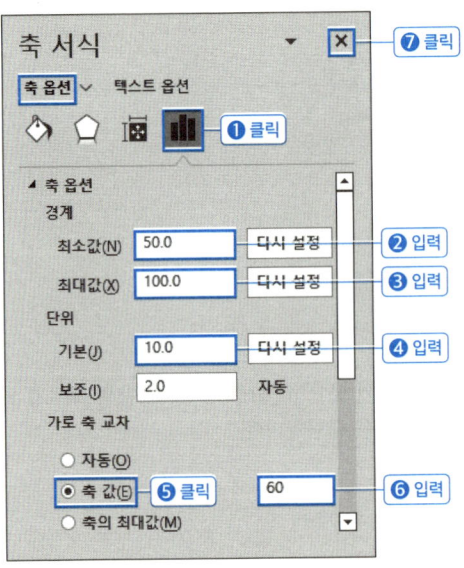

 **따라하기 23**

① 차트에서 '세로 (값) 축 주 눈금선'을 선택한 후 Delete 를 눌러 삭제합니다.

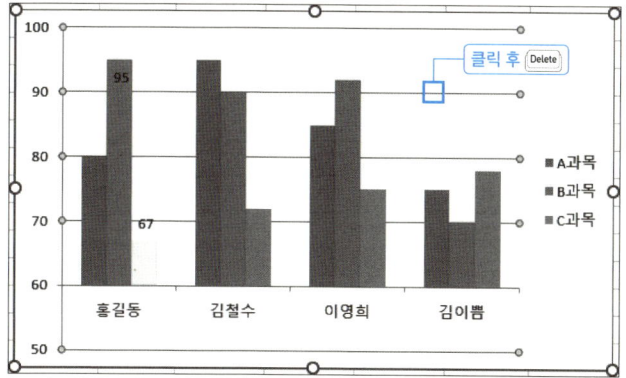

② 차트에서 '그림 영역'을 선택한 후 마우스 오른쪽 버튼을 눌러 바로 가기 메뉴가 나타나면 [그림 영역 서식] 명령을 클릭합니다.

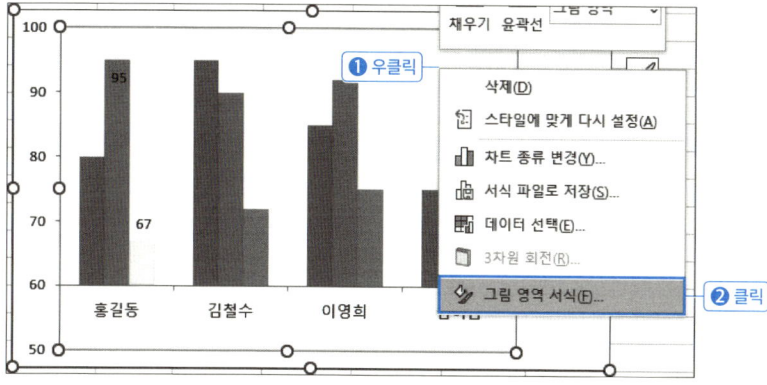

③ [그림 영역 서식] 창이 나타나면 [그림 영역 옵션]-[채우기 및 선]( )-[채우기]의 '그림 또는 질감 채우기'를 선택한 후 [질감]을 '파랑 박엽지'로 선택하고 [닫기]( ) 단추를 클릭합니다.

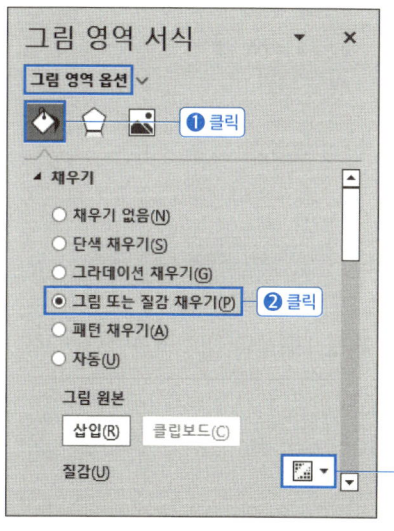
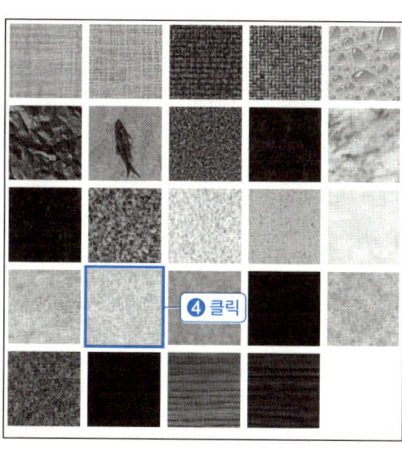

| 문제 유형 5 | '차트5' 워크시트에서 다음 지시사항에 따라 <그림>과 같이 차트를 수정하시오. |

㉔ 가로(항목) 축을 <그림>과 같이 지정하시오.

㉕ 차트에 '레이아웃 10'을 지정하시오.

㉖ 'A과목'의 '계열 겹치기'를 50%, '간격 너비'를 100%로 지정하시오.

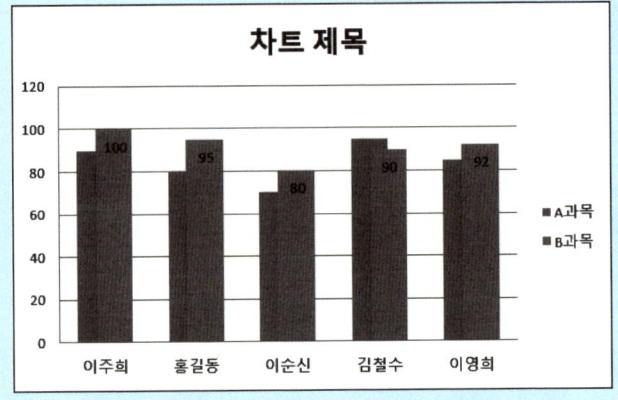

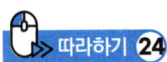

① 가로 (항목) 축 레이블을 변경하기 위해 '차트 영역'에서 마우스 오른쪽 버튼을 눌러 바로 가기 메뉴가 나타나면 [데이터 선택] 명령을 클릭합니다.

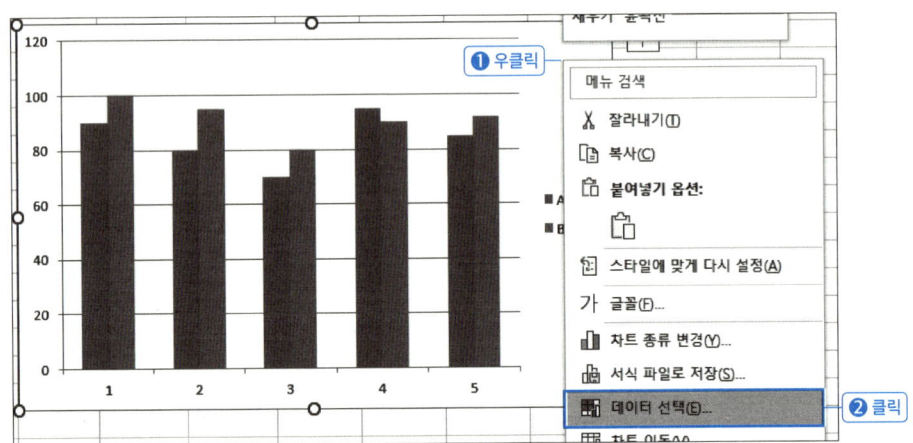

② [데이터 원본 선택] 대화상자가 나타나면 [가로(항목) 축 레이블]의 [편집] 단추를 클릭합니다.

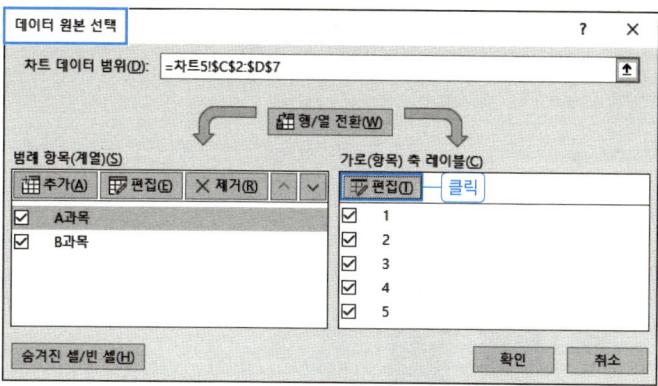

③ [축 레이블] 대화상자가 나타나면 '축 레이블 범위'에 [B3:B7] 영역을 지정한 후 [확인] 단추를 클릭합니다.

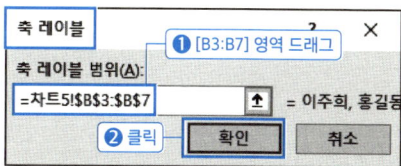

④ [데이터 원본 선택] 대화상자가 나타나면 [확인] 단추를 클릭합니다.

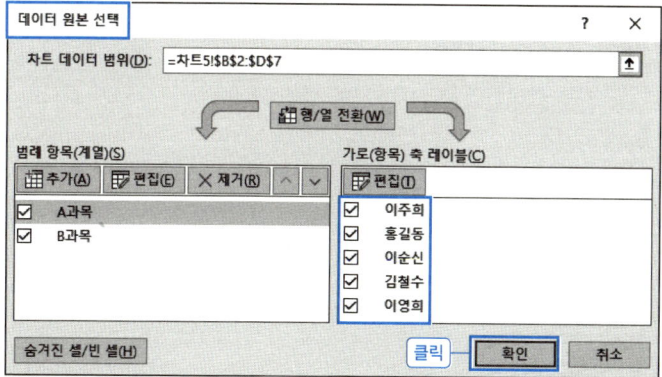

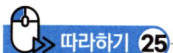

① [차트 디자인] 탭-[차트 레이아웃] 그룹-[빠른 레이아웃]을 클릭한 후 [레이아웃 10]을 선택합니다.

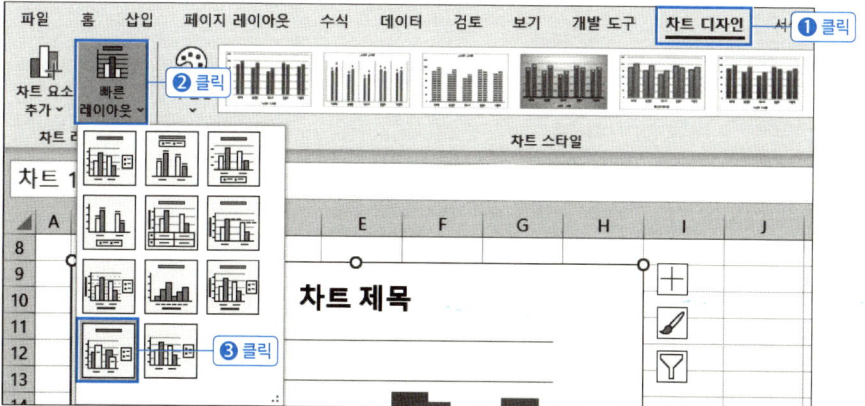

 **따라하기 26**

① 'A과목' 계열에서 마우스 오른쪽 버튼을 눌러 바로 가기 메뉴가 나타나면 [데이터 계열 서식] 명령을 클릭합니다.

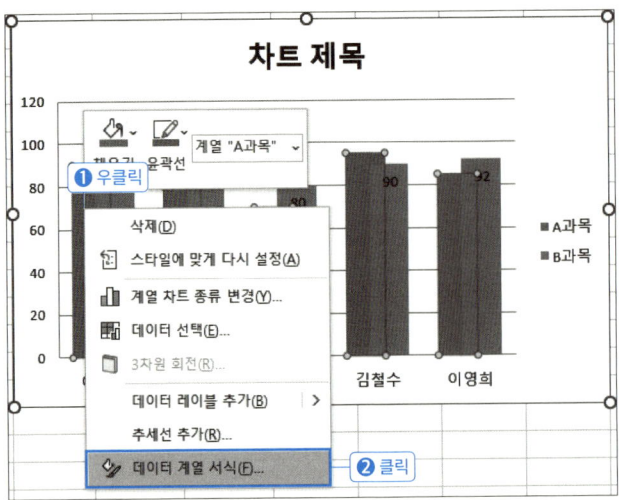

**주희쌤 Tip**

'계열 겹치기'에 음수를 지정하면 계열이 떨어져 표시되고, 양수를 지정하면 계열이 겹쳐져 표시됩니다.

② [데이터 계열 서식] 창이 나타나면 [계열 옵션]-[계열 옵션](▮▮)-[계열 옵션의 [계열 겹치기]에 '50'을 입력하고 [간격 너비]에 '100'을 입력한 후 [닫기](✖) 단추를 클릭합니다.

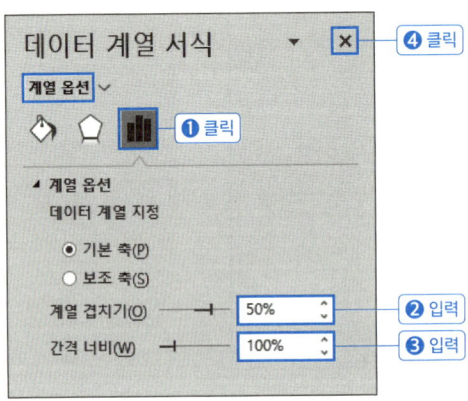

# MEMO

# MEMO

# MEMO

# MEMO

# MEMO

**주희쌤의 컴퓨터활용능력 2급 실기 1권**

ISBN : 979-11-93234-79-2(1권)
979-11-93234-78-5(세트)

발행일 · 2018年  3月  16日  초판  1쇄
         2019年  5月  10日  2판  1쇄
                12月  20日  3판  1쇄
         2021年  4月  10日  4판  1쇄
         2023年 12月  20日  5판  1쇄

저 자 · 이주희 | 발행인 · 이용중
발행처 · 도서출판 배움 | 주소 · 서울시 영등포구 영등포로 400 신성빌딩 2층 (신길동)
주문 및 배본처 | Tel · 02) 813-5334 | Fax · 02) 814-5334

본서는 저작권법 보호대상으로 무단복제(복사, 스캔), 배포, 2차 저작물 작성에 의한 저작권 침해를 금합니다.
또한 저작권법 제136조에 따라 5년 이하의 징역 또는 5천만 원 이하의 벌금에 처하거나 이를 병과할 수 있으며,
저작권법 제125조에 따라 1억 원 이상의 손해배상책임이 발생할 수 있습니다.

저작권 침해 제보: 이메일 baeoom1@hanmail.net, 전화 02) 813-5334

정가 22,000원(전 2권)

**2권** 최신기출유형+모의고사

# 주희 쌤의 컴퓨터활용능력

기본서와 기출문제집을 하나로

Office 2021

✓ 시험에 자주 나오는 **핵심을 엄선**하여 정리

✓ **쉽게 따라** 할 수 있는 친절한 문제 풀이

단기 합격을 ⚡ 위한
## 주희 쌤만의 비밀 팁
대공개!

**2급 실기**

✓ 개념 이해 문제부터 **상시 복원 문제**까지 모두 수록

✓ 실전 완벽 대비 기출유형 및 모의고사 **13회분 수록**

컴퓨터활용능력 2급 실기

# CONTENTS _ □ ×

**Part 1 스프레드시트 최신기출유형**

| | |
|---|---|
| 01회 최신기출유형 | 6 |
| 02회 최신기출유형 | 17 |
| 03회 최신기출유형 | 28 |
| 04회 최신기출유형 | 38 |
| 05회 최신기출유형 | 50 |
| 06회 최신기출유형 | 62 |
| 07회 최신기출유형 | 72 |
| 08회 최신기출유형 | 84 |
| 09회 최신기출유형 | 94 |
| 10회 최신기출유형 | 105 |

**Part 2 스프레드시트 실전모의고사**

| | |
|---|---|
| 01회 실전모의고사 | 119 |
| 02회 실전모의고사 | 130 |
| 03회 실전모의고사 | 140 |

컴퓨터활용능력 2급 실기 2권 최신기출유형+실전모의고사

컴퓨터활용능력 2급 실기 2권 최신기출유형+실전모의고사

# PART 1

스프레드시트 최신기출유형

- 1회 최신기출유형
- 2회 최신기출유형
- 3회 최신기출유형
- 4회 최신기출유형
- 5회 최신기출유형
- 6회 최신기출유형
- 7회 최신기출유형
- 8회 최신기출유형
- 9회 최신기출유형
- 10회 최신기출유형

# 제1회 최신기출유형

| 프로그램명 | 제한시간 |
|---|---|
| EXCEL | 40분 |

수험번호 : 

성　　명 : 

| 2급 | C형 |

## 유 의 사 항

★ 펜은 꺼내실 수 없으며 시험지는 유출이 불가능합니다.

■ 인적 사항 누락 및 잘못 작성으로 인한 불이익은 수험자 책임으로 합니다.

■ 화면에 암호 입력창이 나타나면 아래의 암호를 입력하여야 합니다.
  - 암호 :

★ 암호를 입력할 수도 있으니 이렇게 첫 장을 확인하시면 됩니다.

■ 작성된 답안은 주어진 경로 및 파일명을 변경하지 마시고 그대로 저장해야 합니다. 이를 준수하지 않으면 실격 처리됩니다.

★ 디스켓 모양을 눌러 저장하시면 됩니다. 예외가 있을 수도 있으니 감독관이 설명할 때 잘 들어주세요. 제한시간(40분) 안에 디스켓 모양을 눌러 저장을 하고 그 이후에는 화면이 바뀌며 [답안 제출]을 하게 됩니다.

■ 외부 데이터 위치 : C:\OA\파일명

■ 별도의 지시사항이 없는 경우, 다음과 같이 처리 시 실격 처리됩니다.
  - 제시된 시트 및 개체의 순서나 이름을 임의로 변경한 경우
  - 제시된 시트 및 개체를 임의로 추가 또는 삭제한 경우
  - 외부 데이터를 시험 시작 전에 열어 본 경우

■ 답안은 반드시 문제에서 지시 또는 요구한 셀에 입력하여야 하며 다음과 같이 처리 시 채점 대상에서 제외됩니다.
  - 수험자가 임의로 지시하지 않은 셀의 이동, 수정, 삭제, 변경 등으로 인해 셀의 위치 및 내용이 변경된 경우 해당 작업에 영향을 미치는 관련문제 모두 채점 대상에서 제외
  - 도형 및 차트의 개체가 중첩되어 있거나 동일한 계산결과 시트가 복수로 존재할 경우 해당 개체나 시트는 채점 대상에서 제외

■ 수식 작성 시 제시된 문제 파일의 데이터는 변경 가능한(가변적) 데이터임을 감안하여 문제 풀이를 하시오.

■ 별도의 지시사항이 없는 경우, 주어진 각 시트 및 개체의 설정값 또는 기본 설정값(Default)으로 처리하시오.

■ 저장 시간은 별도로 주어지지 않으므로 제한된 시간 내에 저장을 완료해야 하며, 제한시간 내에 저장이 되지 않은 경우에는 실격 처리됩니다.

■ 출제된 문제의 용어는 Microsoft Office Excel 2021 기준으로 작성되어 있습니다.

국 가 기 술 자 격 검 정

## 문제 1 기본작업(20점) 주어진 시트에서 다음의 과정을 수행하고 저장하시오.

**01** '기본작업-1' 시트에 다음의 자료를 주어진 대로 입력하시오. (5점)

| | A | B | C | D | E | F | G |
|---|---|---|---|---|---|---|---|
| 1 | 한국학원 학생명단 | | | | | | |
| 2 | | | | | | | |
| 3 | 학생이름 | 성별 | 나이 | 코드 | 구분) 강의실 | 수강료 | 출석수 |
| 4 | 김민준 | 남 | 21 | Ap-1 | 일반) 301호 | 450,000 | 7 |
| 5 | 이지훈 | 남 | 20 | Ai-2 | 직장인) 302호 | 300,000 | 9 |
| 6 | 최준서 | 남 | 22 | Cu-3 | 실업자) 403호 | 260,000 | 11 |
| 7 | 박우진 | 남 | 23 | Ap-4 | 일반) 301호 | 500,000 | 10 |
| 8 | 김서윤 | 여 | 22 | Ai-5 | 직장인) 302호 | 325,000 | 12 |
| 9 | 김민재 | 여 | 23 | Cu-6 | 실업자) 403호 | 260,000 | 12 |
| 10 | 진승현 | 남 | 21 | Ap-7 | 일반) 301호 | 500,000 | 12 |

**02** '기본작업-2' 시트에 대하여 다음의 지시사항을 처리하시오. (각 2점)

① [A3:A4], [B3:B4], [C3:E3], [F3:H3], [I3:K3], [L3:N3], [O3:O4], [P3:P4] 영역은 '병합하고 가운데 맞춤'을 지정하고, [C4:N4] 영역은 가로 '가운데 맞춤'을 지정하시오.
② [O5:P14] 영역은 사용자 지정 표시 형식을 이용하여 숫자 뒤에 '/12' 문자를 표시 예와 같이 표시하시오.
 [표시 예 : 7 → 7/12, 0 → 0/12]
③ [A3:P14] 영역에 '모든 테두리(⊞)'를 적용한 후 '굵은 바깥쪽 테두리(⊡)'를 적용하여 표시하시오.
④ [A5:A14] 영역의 이름을 '구분'으로 정의하시오.
⑤ [B14] 셀에 '환불'이라는 메모를 삽입한 후 항상 표시되도록 지정하고, 메모 서식에서 맞춤 '자동 크기'를 설정하시오.

**03** '기본작업-3' 시트에서 다음의 지시사항을 처리하시오. (5점)

▶ [A4:J15] 영역에 대하여 코드가 'AP'이면서 수강료가 550,000 미만인 행 전체에 대하여 글꼴 스타일은 '굵게', 글꼴 색을 '표준 색-빨강'으로 지정하는 조건부 서식을 작성하시오.
▶ AND 함수 사용
▶ 단, 규칙 유형은 '수식을 사용하여 서식을 지정할 셀 결정'을 사용하고, 한 개의 규칙으로만 작성하시오.


## 문제 2 계산작업(40점) '계산작업' 시트에서 다음의 과정을 수행하고 저장하시오.

**01** [표1]에서 성별[B3:B12]이 남인 수강료[D3:D12]의 합계를 [D15] 셀에 계산하시오. (8점)

▶ 수강료 합계는 천의 자리에서 반올림하여 만의 자리까지 표시
 [표시 예: 1,234,567 → 1,230,000]
▶ 조건은 [C14:C15] 영역을 이용하시오.
▶ DSUM, DMAX, ROUND, ROUNDUP, ROUNDDOWN 함수 중 알맞은 함수들을 선택하여 사용

**02** [표2]에서 수강료[G3:G12]가 300,000 이상이고 출석수가 출석수의 평균 미만인 학생 수를 [F15] 셀에 표시하시오. (8점)

▶ 계산된 학생 수 뒤에 '명'을 포함하여 표시 [표시 예 : 1명]
▶ AVERAGE, COUNTIFS 함수와 & 연산자 사용

03  [표3]에서 중간고사[C19:C27]가 가장 높은 3명은 '최우수상', '우수상', '장려상'을, 그 외에는 공백을 평가 [D19:D27]에 표시하시오. (8점)
   ▶ IF와 RANK.EQ 함수 사용

04  [표4]에서 강사코드[F19:F27]의 네 번째 문자가 '1'이면 '대리', '2'이면 '사원', '3'이면 '인턴'을 직위[I19:I27]에 표시하시오. (8점)
   ▶ CHOOSE와 MID 함수 사용

05  [표5]에서 코드[C31:C38]의 마지막 문자와 [A40:D41] 영역을 참조하여 구분[D31:D38]을 표시하시오. (8점)
   ▶ 단, 오류 발생 시 구분에 '코드확인'을 표시
   ▶ RIGHT, IFERROR, HLOOKUP 함수 사용

## 문제 3  분석작업(20점)  주어진 시트에서 다음의 과정을 수행하고 저장하시오.

01  '분석작업-1' 시트에서 다음의 지시사항을 처리하시오. (10점)
   ▶ [부분합] 기능을 이용하여 <그림>과 같이 코드별로 '출석수', '결석수', '지각수'의 합계를 계산한 후 '출석수'의 최소값을 계산하시오.
   ▶ 정렬은 '코드'를 기준으로 오름차순으로 처리하시오.
   ▶ 합계와 최소값은 위에 명시된 순서대로 처리하시오.

| | A | B | C | D | E | F | G | H |
|---|---|---|---|---|---|---|---|---|
| 1 | | 한국학원 출석 현황 | | | | | | |
| 2 | | | | | | | | |
| 3 | | 학생이름 | 성별 | 코드 | 출석수 | 결석수 | 지각수 | 비고 |
| 4 | | 이지훈 | 남 | AI | 9 | 3 | 0 | 미수료 |
| 5 | | 이건우 | 남 | AI | 12 | 0 | 0 | 개근 |
| 6 | | 최진우 | 남 | AI | 12 | 0 | 1 | 개근 |
| 7 | | 최서현 | 여 | AI | 11 | 1 | 0 | 1일 결석 |
| 8 | | 김윤서 | 여 | AI | 12 | 0 | 0 | 개근 |
| 9 | | | | AI 최소 | 9 | | | |
| 10 | | | | AI 요약 | 56 | 4 | 1 | |
| 11 | | 김민준 | 남 | AP | 7 | 5 | 1 | 미수료 |
| 12 | | 박우진 | 남 | AP | 10 | 2 | 2 | 2일 결석 |
| 13 | | 진승현 | 남 | AP | 12 | 0 | 1 | 개근 |
| 14 | | 김서윤 | 여 | AP | 6 | 6 | 0 | 환불 |
| 15 | | 이수민 | 여 | AP | 12 | 0 | 0 | 개근 |
| 16 | | | | AP 최소 | 6 | | | |
| 17 | | | | AP 요약 | 47 | 13 | 4 | |
| 18 | | 최준서 | 남 | CU | 11 | 1 | 1 | 1일 결석 |
| 19 | | 김민재 | 남 | CU | 12 | 0 | 3 | 개근 |
| 20 | | 유현우 | 남 | CU | 12 | 0 | 1 | 개근 |
| 21 | | 박예은 | 여 | CU | 11 | 1 | 0 | 1일 결석 |
| 22 | | 김수빈 | 여 | CU | 12 | 0 | 0 | 개근 |
| 23 | | 최지영 | 여 | CU | 9 | 3 | 0 | 미수료 |
| 24 | | | | CU 최소 | 9 | | | |
| 25 | | | | CU 요약 | 67 | 5 | 5 | |
| 26 | | | | 전체 최소값 | 6 | | | |
| 27 | | | | 총합계 | 170 | 22 | 10 | |

## 02 '분석작업-2' 시트에서 다음의 지시사항을 처리하시오. (10점)

▶ [목표값 찾기] 기능을 이용하여 [표1]에서 출석수 합계(D7)가 30이 되려면 김민준의 결석수(E4)가 얼마가 되어야 하는지를 계산하시오.

## 문제 4  기타작업(20점)  주어진 시트에서 다음의 과정을 수행하고 저장하시오.

### 01 '매크로작업' 시트에서 다음과 같은 기능을 수행하는 매크로를 현재 통합 문서에 작성하고 실행하시오. (각 5점)

① [D3:D16] 영역에 평균을 계산하는 매크로를 생성하고, 매크로 이름을 '평균'으로 지정하시오.
  ▶ 평균은 중간고사, 기말고사 성적의 평균임
  ▶ [도형]-[사각형]의 '사각형: 둥근 모서리(◻)'를 동일 시트의 [F2:G3] 영역에 생성하고, 텍스트를 '평균'으로 입력한 후 도형을 클릭할 때 '평균' 매크로가 실행되도록 설정하시오.
  ▶ 도형 안의 텍스트는 가로 '가운데 맞춤', 세로 '가운데 맞춤'으로 지정

② [B8], [C9] 셀에 글꼴 스타일 '굵게', 글꼴 색 '표준 색-빨강'을 적용하는 매크로를 생성하고, 매크로 이름을 '최대값'으로 지정하시오.
  ▶ [개발 도구]-[삽입]-[양식 컨트롤]의 '단추(◻)'를 동일 시트의 [F5:G6] 영역에 생성하고, 텍스트를 '최대값'으로 입력한 후 단추를 클릭할 때 '최대값' 매크로가 실행되도록 설정하시오.

※ 셀 포인터의 위치에 관계없이 매크로가 실행되어야 정답으로 인정됨

### 02 '차트작업' 시트에서 다음의 지시사항에 따라 차트를 수정하시오. (각 2점)

※ 차트는 반드시 문제에서 제공한 차트를 사용하여야 하며, 신규로 차트 작성 시 0점 처리됨

① '실기' 계열이 제거되도록 데이터 범위를 수정하시오.
② 세로 (값) 축의 제목은 '세로 제목'으로 지정한 후 <그림>과 같이 [B2] 셀과 연동되도록 설정하시오.
③ '필기' 계열의 선 스타일은 '완만한 선'으로 설정하시오.
④ 세로 축의 가로 축 교차를 '축의 최대값'으로 설정하시오.
⑤ '필기' 계열의 '2회차' 요소에만 데이터 레이블 '값'을 표시하고, 레이블의 위치를 '아래쪽'으로 설정하시오.

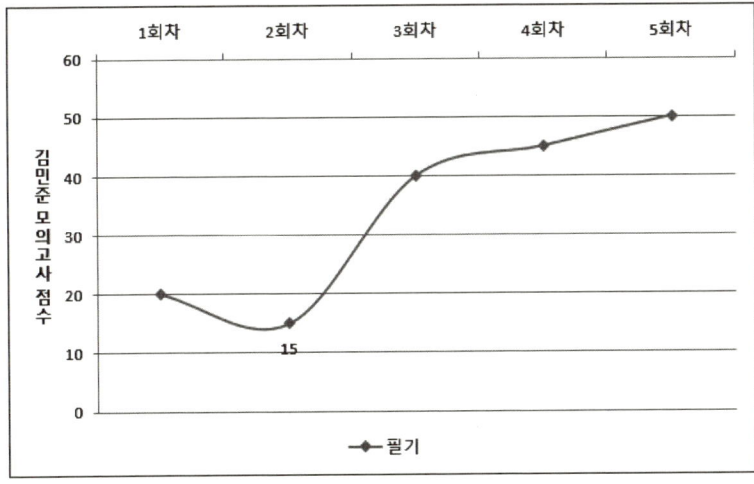

# 정답 및 해설

## 문제 1 기본작업

파일을 열었을 때 '보안 경고'가 표시되면 '콘텐츠 사용'을 클릭하세요.

### 01 '기본작업-1' 시트 (자료 입력)

① 주어진 자료를 각각의 셀에 입력합니다.
  - ✓ [D4:D10] 영역은 대/소문자를 구분해서 입력해야 합니다.
  - ✓ [E3:E10] 영역은 띄어쓰기에 주의하세요.
  - ✓ [F4] 셀은 '450000'을 입력한 후 '쉼표 스타일'을 지정해도 되지만 문제는 자료를 주어진 대로 입력하는 것이기 때문에 셀에 '450,000'라고 입력하는 것을 권장합니다.

### 02 '기본작업-2' 시트 (셀 서식)

▶ 결과

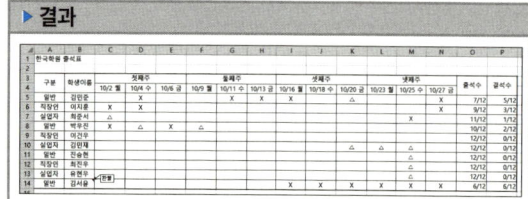

**1**

① [A3:A4] 영역을 선택한 후 Ctrl 을 누른 채로 [B3:B4], [C3:E3], [F3:H3], [I3:K3], [L3:N3], [O3:O4], [P3:P4] 영역을 선택합니다.
② 영역이 모두 선택되면 [홈] 탭-[맞춤] 그룹-[병합하고 가운데 맞춤]을 클릭합니다.
③ [C4:N4] 영역을 선택한 후 [가로 가운데 맞춤](≡)을 클릭합니다.

**2**

① 사용자 지정 표시 형식을 지정하기 위해 [O5:P14] 영역을 선택한 후 Ctrl + 1 을 누릅니다.
② [셀 서식] 대화상자가 나타나면 [표시 형식] 탭-[범주]를 '사용자 지정'으로 선택하고 '형식'에 이미 입력되어 있는 내용을 지운 뒤 '0"/12"'를 입력합니다.
③ [보기]에 '7/12'가 표시되면 [확인] 단추를 클릭합니다.

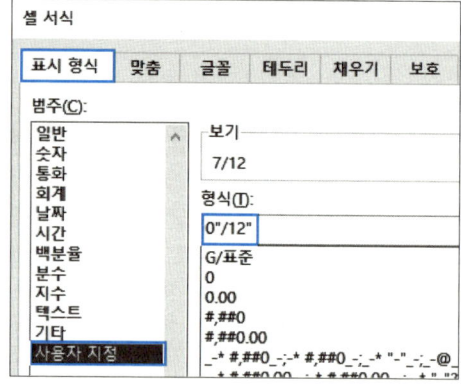

**3**

① 테두리를 표시하기 위해 [A3:P14] 영역을 선택한 후 [홈] 탭-[글꼴] 그룹-[테두리]의 목록 단추(▾)를 클릭하고 '모든 테두리'(⊞)를 선택합니다.
② 이어서 굵은 바깥쪽 테두리를 지정하기 위해 [홈] 탭-[글꼴] 그룹-[테두리]의 목록 단추(▾)를 클릭하고 '굵은 바깥쪽 테두리'(⊡)를 선택합니다.

**4**

① 이름을 정의하기 위해 [A5:A14] 영역을 드래그하여 선택한 후 [이름 상자]를 클릭합니다.
② '구분'을 입력한 후 오타 여부를 확인하고 Enter 를 누릅니다.

**5**

① 메모를 삽입하기 위해 [B14] 셀을 선택한 후 마우스 오른쪽 버튼을 눌러 바로 가기 메뉴가 나타나면 [메모 삽입] 명령을 클릭합니다.
② 메모 입력 창이 나타나면 사용자 이름 맨 앞에 커서를 두고 Delete 를 길게 눌러 메모 안의 모든 내용을 지웁니다.
③ 사용자 이름이 지워지면 '환불'을 입력합니다.
④ 자동 크기를 지정하기 위해 메모의 틀에서 마우스 오른쪽 버튼을 눌러 바로 가기 메뉴가 나타나면 [메모 서식] 명령을 클릭합니다.
⑤ [메모 서식] 대화상자가 나타나면 [맞춤] 탭의 '자동 크기' 확인란을 선택한 후 [확인] 단추를 클릭합니다.
⑥ 메모가 항상 표시되도록 [B14] 셀을 선택한 후 마우스 오른쪽 버튼을 눌러 바로 가기 메뉴가 나타나면 [메모 표시/숨기기]를 클릭합니다.
(메모가 이미 항상 표시된 상태라면 ⑥번 풀이를 생략해도 됩니다.)

## 03 '기본작업-3' 시트 (조건부 서식)

▶ 결과

| 학생이름 | 성별 | 나이 | 코드 | 구분-강의실 | 수강료 | 출석수 | 결석수 | 지각수 | 비고 |
|---|---|---|---|---|---|---|---|---|---|
| 한국학원 학생 비교표 | | | | | | | | | |
| | | | | | | | | | |
| 학생이름 | 성별 | 나이 | 코드 | 구분-강의실 | 수강료 | 출석수 | 결석수 | 지각수 | 비고 |
| 김민준 | 남 | 18 | AP | 일반-301호 | 450,000 | 7 | 5 | 1 | 미수료 |
| 이지훈 | 남 | 19 | AI | 직장인-302호 | 300,000 | 9 | 3 | 0 | 미수료 |
| 최준서 | 남 | 20 | CU | 실업자-403호 | 260,000 | 11 | 1 | 0 | 1월 결석 |
| 박승진 | 남 | 21 | AP | 일반-301호 | 500,000 | 10 | 2 | 2 | 2월 결석 |
| 이건우 | 남 | 22 | AI | 직장인-302호 | 325,000 | 12 | 0 | 0 | 개근 |
| 김민재 | 남 | 29 | CU | 실업자-403호 | 260,000 | 12 | 0 | 3 | 개근 |
| 진승현 | 남 | 30 | AP | 일반-301호 | 550,000 | 12 | 0 | 0 | 개근 |
| 최진우 | 남 | 32 | AI | 직장인-302호 | 350,000 | 12 | 0 | 1 | 개근 |
| 유현우 | 남 | 41 | CU | 실업자-403호 | 300,000 | 12 | 0 | 0 | 개근 |
| 김서윤 | 여 | 45 | AP | 일반-301호 | 600,000 | 6 | 6 | 0 | 환불 |
| 최セ현 | 여 | 50 | AI | 직장인-302호 | 380,000 | 11 | 1 | 0 | 1월 결석 |
| 박예은 | 여 | 51 | CU | 실업자-403호 | 360,000 | 11 | 1 | 0 | 1월 결석 |

① 문제에 제시된 영역인 [A4:J15] 영역을 드래그하여 선택한 후 [홈] 탭-[스타일] 그룹-[조건부 서식]-[새 규칙]을 클릭합니다.

② [새 서식 규칙] 대화상자가 나타나면 [수식을 사용하여 서식을 지정할 셀 결정]을 클릭하고 아래 수식 입력란에 커서를 이동한 후 '='을 입력합니다.

③ 이어서 'and('을 입력하고 [D4] 셀을 선택한 다음 열이 변경되면 안 되므로 F4를 두 번 눌러서 '$D4'를 만듭니다.

④ '=and($D4'에 이어서 '="AP",'을 입력합니다.

⑤ AND 함수의 두 번째 인수를 지정하기 위하여 [F4] 셀을 선택한 다음 열이 변경되면 안 되므로 F4를 두 번 눌러서 '$F4'를 만듭니다.

⑥ '=and($D4="AP",$F4'에 이어서 '<550000)'을 입력합니다.

⑦ '=and($D4="AP",$F4<550000)' 수식이 완성되면 [서식] 단추를 클릭합니다.

⑧ [셀 서식] 대화상자가 나타나면 [글꼴] 탭에서 [색]은 '빨강', [글꼴 스타일]은 '굵게'로 선택하고 [확인] 단추를 클릭합니다.

⑨ [새 서식 규칙] 대화상자가 나타나면 [확인] 단추를 클릭합니다.

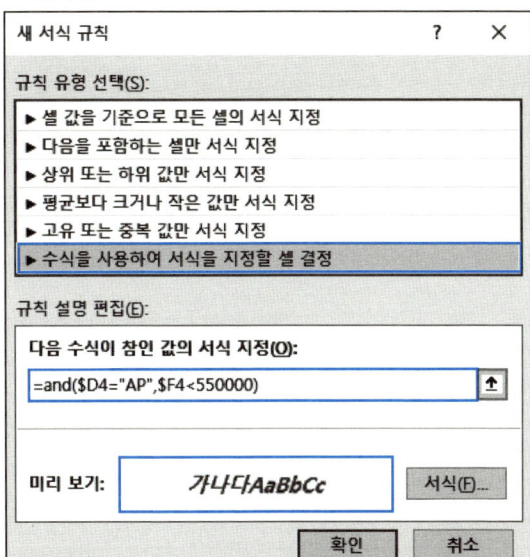

## 문제 2 계산작업

▶ 결과

| | A | B | C | D | E | F | G | H | I |
|---|---|---|---|---|---|---|---|---|---|
| 1 | [표1] | | | | | [표2] | | | |
| 2 | 학생이름 | 성별 | 코드 | 수강료 | | 학생이름 | 수강료 | 출석수 | 결석수 |
| 3 | 김민준 | 남 | AP | 450,000 | | 최서현 | 380,000 | 11 | 1 |
| 4 | 이지훈 | 남 | AI | 300,000 | | 박예은 | 360,000 | 11 | 1 |
| 5 | 최준서 | 남 | CU | 260,000 | | 김수빈 | 260,000 | 12 | 0 |
| 6 | 박우진 | 남 | AP | 500,000 | | 이수민 | 500,000 | 12 | 0 |
| 7 | 이건우 | 남 | AI | 325,000 | | 김윤서 | 325,000 | 12 | 0 |
| 8 | 김민재 | 남 | CU | 260,000 | | 최지영 | 260,000 | 9 | 3 |
| 9 | 진승현 | 남 | AP | 550,000 | | 김지혜 | 500,000 | 11 | 1 |
| 10 | 최진우 | 남 | AI | 350,000 | | 최민지 | 350,000 | 12 | 0 |
| 11 | 유현우 | 남 | CU | 300,000 | | 이은지 | 270,000 | 12 | 0 |
| 12 | 김서윤 | 여 | AP | 600,000 | | 이예지 | 360,000 | 12 | 0 |
| 13 | | | | | | | | | |
| 14 | | | 성별 | 수강료 합계 | | 수강료가 300,000 이상이고 출석수 평균 미만인 학생 수 | | | |
| 15 | | | 남 | 3,300,000 | | 3명 | | | |
| 16 | | | | | | | | | |
| 17 | [표3] | | | | | [표4] | | | |
| 18 | 코드 | 학생이름 | 중간고사 | 평가 | | 강사코드 | 강사이름 | 나이 | 직위 |
| 19 | AP | 김은영 | 89 | 우수상 | | CA-171 | 박동현 | 31 | 대리 |
| 20 | AI | 김은경 | 70 | | | OA-383 | 유현준 | 32 | 인턴 |
| 21 | CU | 지현정 | 60 | | | IP-161 | 김현민 | 41 | 대리 |
| 22 | AP | 이미영 | 50 | | | IP-272 | 김준서 | 35 | 사원 |
| 23 | AI | 김영미 | 65 | | | OA-272 | 이준호 | 36 | 사원 |
| 24 | CU | 이영자 | 78 | 장려상 | | IP-373 | 이성진 | 38 | 인턴 |
| 25 | AP | 김정자 | 75 | | | CA-282 | 최정훈 | 29 | 사원 |
| 26 | AI | 최현숙 | 51 | | | CA-383 | 김정호 | 30 | 인턴 |
| 27 | CU | 박영미 | 90 | 최우수상 | | OA-171 | 김민준 | 35 | 대리 |
| 28 | | | | | | | | | |
| 29 | [표5] | | | | | | | | |
| 30 | 학생이름 | 성별 | 코드 | 구분 | | | | | |
| 31 | 진승현 | 남 | AP | 일반 | | | | | |
| 32 | 최진우 | 남 | AI | 직장인 | | | | | |
| 33 | 유현우 | 남 | CZ | 코드확인 | | | | | |
| 34 | 김서윤 | 여 | AP | 일반 | | | | | |
| 35 | 최서현 | 여 | AI | 직장인 | | | | | |
| 36 | 박예은 | 여 | CU | 실업자 | | | | | |
| 37 | 김수빈 | 여 | CU | 실업자 | | | | | |
| 38 | 이수민 | 여 | AP | 일반 | | | | | |
| 39 | | | | | | | | | |
| 40 | 코드 | P | I | U | | | | | |
| 41 | 구분 | 일반 | 직장인 | 실업자 | | | | | |

## 01 수강료 합계 (D15)

=ROUND(DSUM(A2:D12,D2,C14:C15),-4)

① [D15] 셀을 선택한 후 [수식 입력줄]에 커서를 이동합니다.
② 수식을 작성한 후 Enter 를 누릅니다.

## 02 수강료가 300,000 이상이고 출석수 평균 미만인 학생 수 (F15)

=COUNTIFS(G3:G12,">=300000",H3:H12,"<"&AVERAGE(H3:H12))&"명"

① [F15] 셀을 선택한 후 [수식 입력줄]에 커서를 이동합니다.
② 수식을 작성한 후 Enter 를 누릅니다.

## 03 평가 (D19:D27)

=IF(RANK.EQ(C19,$C$19:$C$27,0)=1,"최우수상",IF(RANK.EQ(C19,$C$19:$C$27,0)=2,"우수상",IF(RANK.EQ(C19,$C$19:$C$27,0)=3,"장려상","")))

① [D19] 셀을 선택한 후 [수식 입력줄]에 커서를 이동합니다.
② 수식을 작성한 후 Enter 를 누릅니다.
③ [D19] 셀의 채우기 핸들을 [D27] 셀까지 드래그하여 수식을 복사합니다.

## 04 직위 (I19:I27)

=CHOOSE(MID(F19,4,1),"대리","사원","인턴")

① [I19] 셀을 선택한 후 [수식 입력줄]에 커서를 이동합니다.
② 수식을 작성한 후 Enter 를 누릅니다.
③ [I19] 셀의 채우기 핸들을 [I27] 셀까지 드래그하여 수식을 복사합니다.

## 05 구분 (D31:D38)

=IFERROR(HLOOKUP(RIGHT(C31,1),$B$40:$D$41,2,FALSE),"코드확인")

① [D31] 셀을 선택한 후 [수식 입력줄]에 커서를 이동합니다.
② 수식을 작성한 후 Enter 를 누릅니다.
③ [D31] 셀의 채우기 핸들을 [D38] 셀까지 드래그하여 수식을 복사합니다.

## 문제 3 분석작업

### 01 '분석작업-1' 시트 (부분합)

▶ 결과

| | A | B | C | D | E | F | G | H |
|---|---|---|---|---|---|---|---|---|
| 1 | 한국학원 출석 현황 | | | | | | | |
| 2 | | | | | | | | |
| 3 | | 학생이름 | 성별 | 코드 | 출석수 | 결석수 | 지각수 | 비고 |
| 4 | | 이지훈 | 남 | AI | 9 | 3 | 0 | 미수료 |
| 5 | | 이건우 | 남 | AI | 12 | 0 | 0 | 개근 |
| 6 | | 최진우 | 남 | AI | 12 | 0 | 1 | 개근 |
| 7 | | 최서현 | 여 | AI | 11 | 1 | 0 | 1일 결석 |
| 8 | | 김윤서 | 여 | AI | 12 | 0 | 0 | 개근 |
| 9 | | | | AI 최소 | 9 | | | |
| 10 | | | | AI 요약 | 56 | 4 | 1 | |
| 11 | | 김민준 | 남 | AP | 7 | 5 | 1 | 미수료 |
| 12 | | 박우진 | 남 | AP | 10 | 2 | 2 | 2일 결석 |
| 13 | | 전승현 | 남 | AP | 12 | 0 | 1 | 개근 |
| 14 | | 김서윤 | 여 | AP | 6 | 6 | 0 | 환불 |
| 15 | | 이수민 | 여 | AP | 12 | 0 | 0 | 개근 |
| 16 | | | | AP 최소 | 6 | | | |
| 17 | | | | AP 요약 | 47 | 13 | 4 | |
| 18 | | 최준서 | 남 | CU | 11 | 1 | 1 | 1일 결석 |
| 19 | | 김민재 | 남 | CU | 12 | 0 | 3 | 개근 |
| 20 | | 유현우 | 남 | CU | 12 | 0 | 0 | 개근 |
| 21 | | 박예은 | 여 | CU | 11 | 1 | 0 | 1일 결석 |
| 22 | | 김수빈 | 여 | CU | 12 | 0 | 0 | 개근 |
| 23 | | 최지영 | 여 | CU | 9 | 3 | 0 | 미수료 |
| 24 | | | | CU 최소 | 9 | | | |
| 25 | | | | CU 요약 | 67 | 5 | 5 | |
| 26 | | | | 전체 최소값 | 6 | | | |
| 27 | | | | 총합계 | 170 | 22 | 10 | |

① 부분합 작성 전에 정렬하기 위해 [B3:H19] 영역의 임의의 셀을 클릭한 후 [데이터] 탭-[정렬 및 필터] 그룹-[정렬]을 클릭합니다.
② [정렬] 대화상자가 나타나면 [세로 막대형](열)의 정렬 기준에서 '코드'를 선택하고 [정렬]을 '오름차순'으로 선택한 후 [확인] 단추를 클릭합니다.

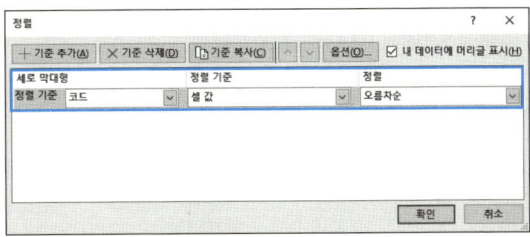

③ 코드를 기준으로 정렬이 된 것을 확인하고 [B3:H19] 영역의 임의의 셀에 셀 포인터가 위치한 상태에서 [데이터] 탭-[개요] 그룹-[부분합]을 클릭합니다.
④ [부분합] 대화상자가 나타나면 [그룹화할 항목]에 '코드', [사용할 함수]에 '합계'를 선택하고, [부분합 계산 항목]에서 '출석수', '결석수', '지각수'의 확인란을 선택한 후 [확인] 단추를 클릭합니다.
('비고' 확인란의 선택은 취소합니다.)

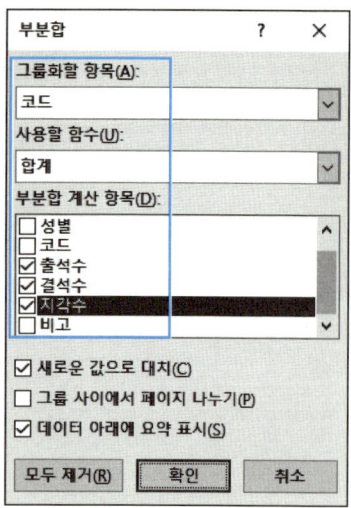

## 02 '분석작업-2' 시트 (목표값 찾기)

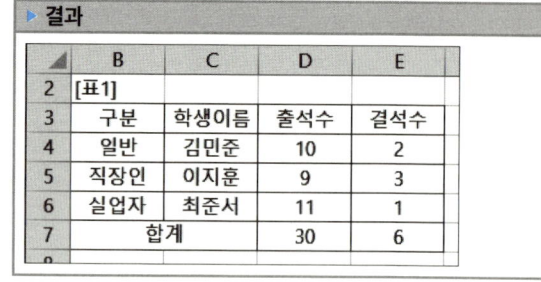

① 셀 포인터의 위치와 상관없이 [데이터] 탭-[예측] 그룹-[가상 분석]-[목표값 찾기]를 클릭합니다.
② [목표값 찾기] 대화상자가 나타나면 [수식 셀]에 [D7] 셀을 선택, [찾는 값]으로 커서를 이동하여 '30'을 입력, [값을 바꿀 셀]로 커서를 이동하여 [E4] 셀을 선택한 후 [확인] 단추를 클릭합니다.

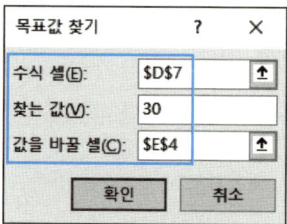

⑤ 최소값을 계산하는 부분합을 추가하기 위해 데이터가 있는 임의의 셀에 셀 포인터가 위치한 상태에서 [데이터] 탭-[개요] 그룹-[부분합]을 클릭합니다.
⑥ [부분합] 대화상자가 나타나면 [사용할 함수]를 '최소'로 변경합니다.
⑦ 이어서 [부분합 계산 항목]에서 '결석수', '지각수'의 확인란을 선택 최소합니다.
⑧ '출석수' 확인란이 선택되어 있는 상태에서 '새로운 값으로 대치'의 확인란을 선택 최소한 후 [확인] 단추를 클릭합니다.

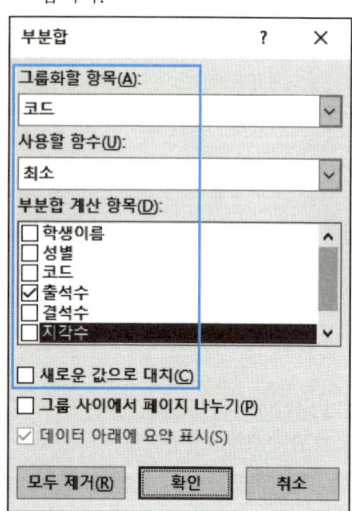

③ [목표값 찾기 상태] 대화상자가 나타나면 [확인] 단추를 클릭합니다.

### 문제 4 | 기타작업

## 01 '매크로작업' 시트 (매크로)

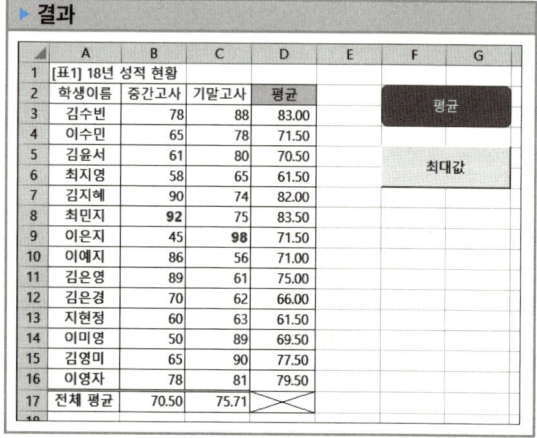

**1**
① [삽입] 탭-[일러스트레이션] 그룹-[도형]-[사각형]의 '사각형: 둥근 모서리'를 클릭합니다.
② 이어서 [F2:G3] 영역에 드래그하여 '사각형: 둥근 모서리' 도형을 생성합니다.

③ 매크로를 지정하기 위해 생성한 도형 위에서 마우스 오른쪽 버튼을 눌러 [매크로 지정] 명령을 클릭합니다.
④ [매크로 지정] 대화상자가 나타나면 [매크로 이름]에 '평균'을 입력하고 [매크로 위치]에서 '현재 통합 문서'를 선택한 후 [기록] 단추를 클릭합니다.

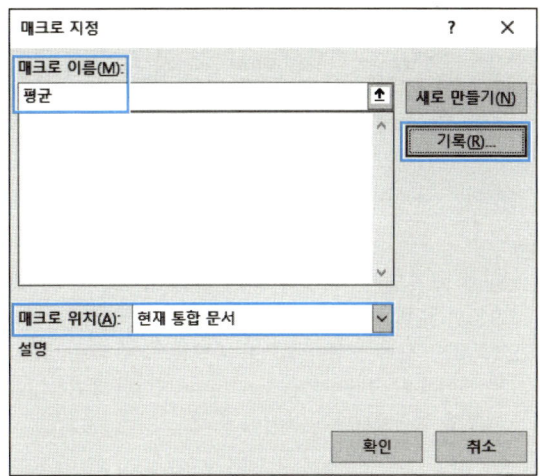

⑤ [매크로 기록] 대화상자가 나타나면 [확인] 단추를 클릭합니다.
⑥ 매크로 기록이 시작되면 [D3] 셀에 '=AVERAGE(B3:C3)'를 입력한 후 Enter 를 누릅니다.
⑦ [D3] 셀을 선택하고 [D16] 셀까지 수식을 복사한 후 임의의 셀을 선택하여 블록을 해제합니다.
⑧ 매크로 기록을 중지하기 위해 [개발 도구] 탭-[코드] 그룹-[기록 중지]를 클릭합니다.
⑨ 생성한 도형 위에서 마우스 오른쪽 버튼을 눌러 [텍스트 편집] 명령을 클릭합니다.
⑩ 커서가 나타나면 '평균'을 입력하고 [홈] 탭-[맞춤] 그룹에서 가로 '가운데 맞춤(≡)', 세로 '가운데 맞춤(≡)'을 각각 클릭한 후 임의의 셀을 선택하여 완료합니다.

**2**
① [개발 도구] 탭-[컨트롤] 그룹-[삽입]-[양식 컨트롤]의 '단추(양식 컨트롤)'를 클릭합니다.
② 이어서 [F5:G6] 영역에 드래그하여 '단추'를 생성합니다.
③ [매크로 지정] 대화상자가 나타나면 [매크로 이름]에 '최대값'을 입력하고 [매크로 위치]에서 '현재 통합 문서'를 선택한 후 [기록] 단추를 클릭합니다.

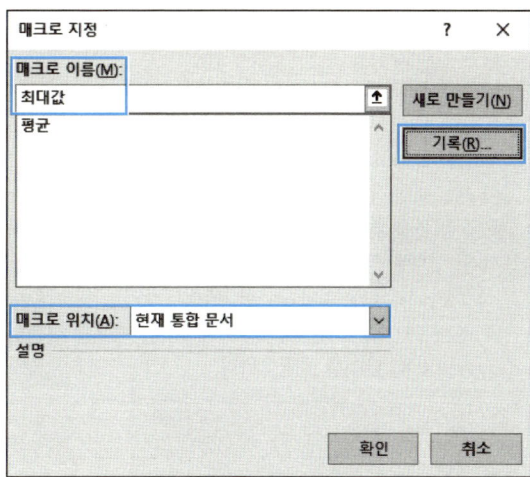

④ [매크로 기록] 대화상자가 나타나면 [확인] 단추를 클릭합니다.
⑤ 매크로 기록이 시작되면 [B8]을 선택한 후 Ctrl 을 누른 채 [C9] 셀을 선택합니다.
⑥ [B8], [C9] 셀이 선택되면 [홈] 탭-[글꼴] 그룹-[굵게](가)를 클릭합니다.
⑦ 이어서 [홈] 탭-[글꼴] 그룹-[글꼴 색]의 목록 단추(▼)를 클릭해 '빨강'을 선택합니다.
⑧ 임의의 셀을 선택하여 블록을 해제한 후 [개발 도구] 탭-[코드] 그룹-[기록 중지]를 클릭합니다.
⑨ 생성한 단추 위에서 마우스 오른쪽 버튼을 눌러 [텍스트 편집] 명령을 클릭합니다.
⑩ 커서가 나타나면 단추에 입력되어 있는 글자를 '최대값'으로 변경하고 임의의 셀을 선택하여 완료합니다.

## 02 '차트작업' 시트 (차트)

**1**
① '실기' 계열을 선택한 후 Delete 를 눌러 삭제합니다.

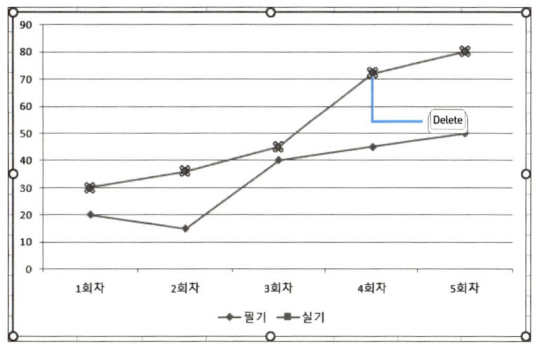

**2**
① 세로 (값) 축 제목을 표시하기 위해 [차트 디자인] 탭-[차트 레이아웃] 그룹-[차트 요소 추가]-[축 제목]-[기본 세로]를 클릭합니다.
② '축 제목'이 차트에 표시되면 축 제목을 [B2] 셀과 연결시

키기 위해 [수식 입력줄]을 클릭하고 '='을 입력한 후 [B2] 셀을 선택합니다.

③ [수식 입력줄]에 '=차트작업!$B$2'가 나타나면 Enter 를 누릅니다.

④ '김민준 모의고사 점수'가 차트에 표시되면 텍스트 방향이 세로로 표시되도록 '세로 (값) 축 제목'에서 마우스 오른쪽 버튼을 눌러 바로 가기 메뉴가 나타나면 [축 제목 서식] 명령을 클릭합니다.

⑤ [축 제목 서식] 창이 나타나면 [텍스트 옵션]-[텍스트 상자](🔠)-[텍스트 상자]의 [텍스트 방향]을 '세로'로 선택하고 [닫기](✖) 단추를 클릭합니다.

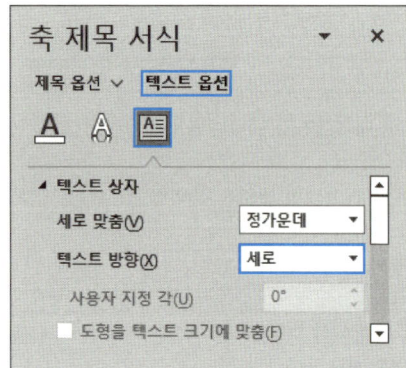

**3**
① '필기' 계열에서 마우스 오른쪽 버튼을 눌러 바로 가기 메뉴가 나타나면 [데이터 계열 서식] 명령을 클릭합니다.
② [데이터 계열 서식] 창이 나타나면 [계열 옵션]-[채우기 및 선](🔵)-[선]의 '완만한 선' 확인란을 선택하고 [닫기](✖) 단추를 클릭합니다.

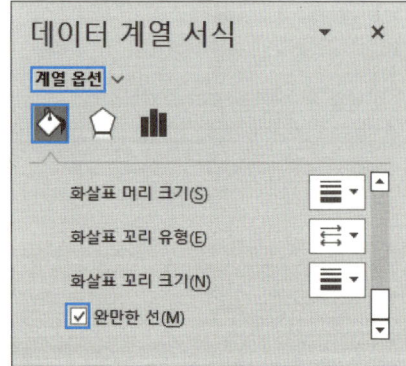

**4**
① '세로 (값) 축'에서 마우스 오른쪽 버튼을 눌러 바로 가기 메뉴가 나타나면 [축 서식] 명령을 클릭합니다.
② [축 서식] 창이 나타나면 [축 옵션]-[축 옵션](📊)-[축 옵션]의 [가로 축 교차]를 '축의 최대값'으로 선택한 후 [닫기](✖) 단추를 클릭합니다.

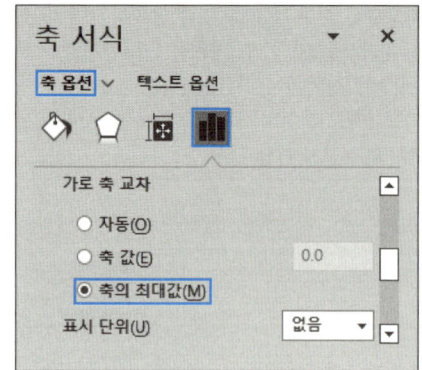

**5**
① '필기' 계열을 클릭하여 선택한 상태에서 '2회차' 데이터 요소만 한 번 더 클릭합니다.
② '2회차'의 '필기' 계열만 선택이 되면 [차트 디자인] 탭-[차트 레이아웃] 그룹-[차트 요소 추가]-[데이터 레이블]-[아래쪽]을 클릭합니다.

# 제2회 최신기출유형

| 프로그램명 | 제한시간 |
|---|---|
| EXCEL | 40분 |

수험번호 : _____

성   명 : _____

## 유 의 사 항

★ 펜은 꺼내실 수 없으며 시험지는 유출이 불가능합니다.

■ 인적 사항 누락 및 잘못 작성으로 인한 불이익은 수험자 책임으로 합니다.

■ 화면에 암호 입력창이 나타나면 아래의 암호를 입력하여야 합니다.

  ● 암호 :

★ 암호를 입력할 수도 있으니 이렇게 첫 장을 확인하시면 됩니다.

■ 작성된 답안은 주어진 경로 및 파일명을 변경하지 마시고 그대로 저장해야 합니다. 이를 준수하지 않으면 실격 처리됩니다.

★ 디스켓 모양을 눌러 저장하시면 됩니다. 예외가 있을 수도 있으니 감독관이 설명할 때 잘 들어주세요. 제한시간(40분) 안에 디스켓 모양을 눌러 저장을 하고 그 이후에는 화면이 바뀌며 [답안 제출]을 하게 됩니다.

■ 외부 데이터 위치 : C:\OA\파일명

■ 별도의 지시사항이 없는 경우, 다음과 같이 처리 시 실격 처리됩니다.
  ● 제시된 시트 및 개체의 순서나 이름을 임의로 변경한 경우
  ● 제시된 시트 및 개체를 임의로 추가 또는 삭제한 경우
  ● 외부 데이터를 시험 시작 전에 열어 본 경우

■ 답안은 반드시 문제에서 지시 또는 요구한 셀에 입력하여야 하며 다음과 같이 처리 시 채점 대상에서 제외됩니다.
  ● 수험자가 임의로 지시하지 않은 셀의 이동, 수정, 삭제, 변경 등으로 인해 셀의 위치 및 내용이 변경된 경우 해당 작업에 영향을 미치는 관련문제 모두 채점 대상에서 제외
  ● 도형 및 차트의 개체가 중첩되어 있거나 동일한 계산결과 시트가 복수로 존재할 경우 해당 개체나 시트는 채점 대상에서 제외

■ 수식 작성 시 제시된 문제 파일의 데이터는 변경 가능한(가변적) 데이터임을 감안하여 문제 풀이를 하시오.

■ 별도의 지시사항이 없는 경우, 주어진 각 시트 및 개체의 설정값 또는 기본 설정값(Default)으로 처리하시오.

■ 저장 시간은 별도로 주어지지 않으므로 제한된 시간 내에 저장을 완료해야 하며, 제한시간 내에 저장이 되지 않은 경우에는 실격 처리됩니다.

■ 출제된 문제의 용어는 Microsoft Office Excel 2021 기준으로 작성되어 있습니다.

### 국 가 기 술 자 격 검 정

## 문제 1  기본작업(20점)  주어진 시트에서 다음의 과정을 수행하고 저장하시오.

**01** '기본작업-1' 시트에 다음의 자료를 주어진 대로 입력하시오. (5점)

| | A | B | C | D | E | F |
|---|---|---|---|---|---|---|
| 1 | 고객 구입 현황 | | | | | |
| 2 | | | | | | |
| 3 | 고객이름 | 연령대 | 일련번호 | 용도 | 구입날짜 | 가격 |
| 4 | 김민준 | 10대 | 1234-****-2301 | 게임용 | 2018-01-17 | 510,000 |
| 5 | 이지훈 | 10대 | 1011-****-5155 | 휴대용 | 2018-01-18 | 760,000 |
| 6 | 최준서 | 20대 | 2311-****-5100 | 사무용 | 2018-01-20 | 1,200,000 |
| 7 | 박우진 | 20대 | | 인강용 | 2018-01-21 | 895,000 |
| 8 | 이건우 | 20대 | 2311-****-5100 | 휴대용 | 2018-01-22 | 550,000 |
| 9 | 김민재 | 20대 | 2611-****-6666 | 사무용 | 2018-01-24 | 658,000 |
| 10 | 진승현 | 30대 | 1234-****-2301 | 사무용 | 2018-01-25 | 781,000 |

**02** '기본작업-2' 시트에 대하여 다음의 지시사항을 처리하시오. (각 2점)

① [A1:E1] 영역은 '병합하고 가운데 맞춤', 글꼴 '굴림', 글꼴 크기 '12', 글꼴 스타일 '굵게', 밑줄 '이중 실선'으로 지정하시오.
② [B5:E8] 영역은 사용자 지정 표시 형식을 이용하여 1000 단위 구분 기호와 숫자 뒤에 '원'을 표시 예와 같이 표시하시오.
  [표시 예 : 1234 → 1,234원, 0 → 0원]
③ [E6] 셀에 이름을 '최대판매가격'으로 정의하고, 셀 스타일 '강조색1'을 적용하시오.
④ [C4] 셀의 '휴대용'을 한자 '携帶用'으로 변환하시오.
⑤ [A4:E8] 영역에 '모든 테두리(⊞)'를 적용한 후 '굵은 바깥쪽 테두리(⊟)'를 적용하여 표시하시오.

**03** '기본작업-3' 시트에서 다음의 지시사항을 처리하시오. (5점)

▶ [A4:G13] 영역에서 나이가 '4'로 시작하는 행 전체에 대하여 글꼴 색을 '표준 색-파랑', 글꼴 스타일을 '굵은 기울임꼴'로 지정하는 조건부 서식을 작성하시오.
▶ LEFT 함수 사용
▶ 단, 규칙 유형은 '수식을 사용하여 서식을 지정할 셀 결정'을 사용하고, 한 개의 규칙으로만 작성하시오.

## 문제 2  계산작업(40점)  '계산작업' 시트에서 다음의 과정을 수행하고 저장하시오.

**01** [표1]에서 구입날짜[C3:C9]가 월요일부터 금요일이면 '평일', 그 외에는 '주말'로 구입요일[D3:D9]에 표시하시오. (8점)

▶ 단, 요일 계산 시 '월요일'이 '1'인 유형으로 지정
▶ IF와 WEEKDAY 함수 사용

**02** [표2]에서 구입코드[G3:G9]와 수량[H3:H9], 코드별단가표[H12:I16]를 이용하여 구입가[I3:I9]를 계산하시오. (8점)

▶ 구입가 = 수량 × 단가
▶ 코드별단가표의 의미 : 구입코드의 마지막 글자가 'A'이면 단가는 250,000, 'B'이면 275,000, 'C'이면 380,000, 'D'이면 410,000임
▶ VLOOKUP과 RIGHT 함수 사용

**03** [표3]에서 1월[B13:B18], 2월[C13:C18], 3월[D13:D18]이 모두 30 이상인 지역 수를 [D20] 셀에 계산하시오.
(8점)
▶ COUNT, COUNTIF, COUNTIFS 함수 중 알맞은 함수 사용

**04** [표4]에서 가격[C25:C31]이 700,000 보다 큰 할인가의 평균을 [B35] 셀에 계산하시오. (8점)
▶ 조건은 [A34:A35] 영역에 입력하시오.
▶ DAVERAGE 함수 사용

**05** [표5]에서 구입포인트[H25:H31]가 첫 번째로 높은 사람은 '100만원', 두 번째로 높은 사람은 '50만원', 그렇지 않은 고객은 공백을 이벤트[I25:I31]에 표시하시오. (8점)
▶ IF와 LARGE 함수 사용

---

## 문제 3 분석작업(20점) 주어진 시트에서 다음의 과정을 수행하고 저장하시오.

**01** '분석작업-1' 시트에서 다음의 지시사항을 처리하시오. (10점)
▶ [정렬] 기능을 이용하여 '용도'를 사무용-인강용-게임용-휴대용 순으로 정렬하고, 동일한 용도인 경우 '무게(kg)'의 셀 색이 'RGB(169, 208, 142)'인 값이 위에 표시되도록 정렬하시오.

**02** '분석작업-2' 시트에서 다음의 지시사항을 처리하시오. (10점)
▶ [통합] 기능을 이용하여 [표1], [표2], [표3]에 대한 무게(kg)별 '게임용', '사무용', '휴대용', '인강용'의 합계를 [표4]의 [H12:K15] 영역에 계산하시오.

---

## 문제 4 기타작업(20점) 주어진 시트에서 다음의 과정을 수행하고 저장하시오.

**01** '매크로작업' 시트에서 다음과 같은 기능을 수행하는 매크로를 현재 통합 문서에 작성하고 실행하시오. (각 5점)
① [O4:O7] 영역에 총판매량을 계산하는 매크로를 생성하고, 매크로 이름을 '총판매량'으로 지정하시오.
  ▶ 총판매량은 무게(kg)별 1월부터 12월까지의 판매량 합계임
  ▶ [개발 도구]-[삽입]-[양식 컨트롤]의 '단추(□)'를 동일 시트의 [B9:D10] 영역에 생성하고, 텍스트를 '총계'로 입력한 후 단추를 클릭할 때 '총판매량' 매크로가 실행되도록 설정하시오.
② [B3:O3], [B4:B7] 영역에 글꼴 스타일 '굵게', 글꼴 색 '표준 색-빨강', 채우기 색 '표준 색-노랑'으로 지정하는 매크로를 생성하고, 매크로 이름을 '서식'으로 지정하시오.
  ▶ [도형]-[기본 도형]의 '사각형: 빗면(□)'을 동일 시트의 [F9:H10] 영역에 생성하고, 텍스트를 '서식'으로 입력한 후 도형을 클릭할 때 '서식' 매크로가 실행되도록 설정하시오.
  ▶ 도형 안의 텍스트는 가로 '가운데 맞춤', 세로 '가운데 맞춤'으로 지정
※ 셀 포인터의 위치에 관계없이 매크로가 실행되어야 정답으로 인정됨

02 '차트작업' 시트에서 다음의 지시사항에 따라 차트를 수정하시오. (각 2점)

※ 차트는 반드시 문제에서 제공한 차트를 사용하여야 하며, 신규로 차트 작성 시 0점 처리됨

① '합계' 계열과 '2015년' 요소가 제거되도록 데이터 범위를 수정하시오.
② 차트 종류를 '누적 세로 막대형'으로 변경하시오.
③ 차트 제목은 '차트 위'로 지정한 후 [B1] 셀과 연동되도록 설정하시오.
④ 차트 영역의 테두리 스타일은 '둥근 모서리'로 설정하시오.
⑤ 계열의 계열 겹치기와 간격 너비를 각각 0%로 설정하시오.

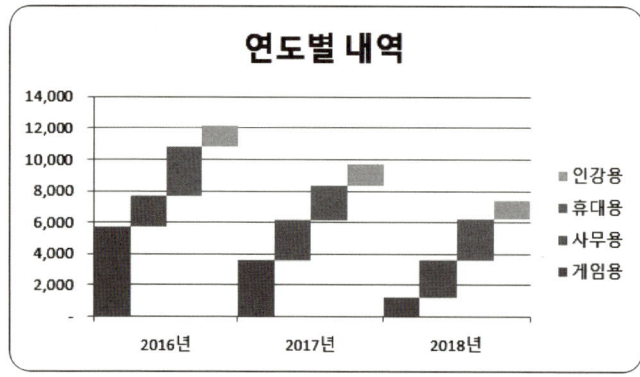

# 정답 및 해설

## 문제1 기본작업

파일을 열었을 때 '보안 경고'가 표시되면 '콘텐츠 사용'을 클릭하세요.

### 01 '기본작업-1' 시트 (자료 입력)

① 주어진 자료를 각각의 셀에 입력합니다.
- ✓ [B4] 셀은 셀의 왼쪽 정렬되어 있으므로 셀에 '10대'를 입력해주세요.
- ✓ [E4] 셀은 셀에 '2018-1-17'을 입력한 후 Enter 를 누르면 '2018-01-17'로 입력됩니다.
- ✓ [F4] 셀은 '510000'을 입력한 후 '쉼표 스타일'을 지정해도 되지만 문제는 자료를 주어진 대로 입력하는 것이기 때문에 셀에 '510,000'라고 입력하는 것을 권장합니다.

### 02 '기본작업-2' 시트 (셀 서식)

**1**

① [A1:E1] 영역을 드래그하여 선택한 후 [홈] 탭-[맞춤] 그룹-[병합하고 가운데 맞춤]을 클릭합니다.
② 글꼴을 변경하기 위해 [홈] 탭-[글꼴] 그룹-[글꼴] 입력란에 '굴림'을 입력한 후 Enter 를 눌러 입력을 완료합니다.
③ 글꼴 크기를 변경하기 위해 [홈] 탭-[글꼴] 그룹-[글꼴 크기] 입력란에 '12'을 입력한 후 Enter 를 눌러 입력을 완료합니다.
④ 글꼴 스타일을 변경하기 위해 [홈] 탭-[글꼴] 그룹-[굵게](가)를 클릭합니다.
⑤ 이중 실선을 지정하기 위해 [홈] 탭-[글꼴] 그룹-[밑줄]의 목록 단추(▾)를 클릭해 '이중 밑줄'을 선택합니다.

**2**

① 사용자 지정 표시 형식을 지정하기 위해 [B5:E8] 영역을 선택한 후 Ctrl + 1 을 누릅니다.
② [셀 서식] 대화상자가 나타나면 [표시 형식] 탭-[범주]를 '사용자 지정'으로 선택하고 '형식'에 이미 입력되어 있는 내용을 지운 뒤 '#,##0"원"'을 입력합니다.
③ [보기]에 '510원'이 표시되면 [확인] 단추를 클릭합니다.

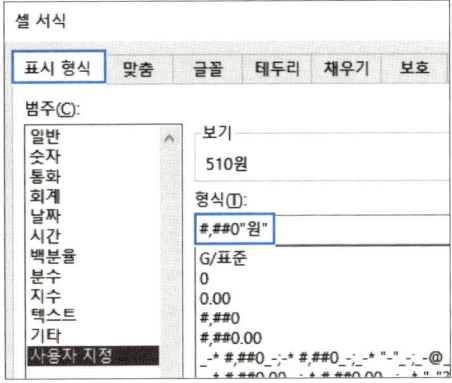

**3**

① 이름을 정의하기 위해 [E6] 셀을 선택한 후 [이름 상자]를 클릭합니다.
② '최대판매가격'을 입력한 후 오타 여부를 확인하고 Enter 를 누릅니다.
③ 이어서 셀 스타일을 지정하기 위해 [홈] 탭-[스타일] 그룹-[셀 스타일]을 클릭하고 [테마 셀 스타일] 범주의 '강조색1'을 선택합니다.

**4**

① [C4] 셀을 선택한 후 [수식 입력줄]에서 '휴대용'을 드래그하여 선택합니다.
② 한자로 변환하기 위해 한자 를 누릅니다.
③ [한글/한자 변환] 대화상자가 나타나면 '한자 선택' 목록에서 '携帶用'을 선택, '입력 형태'를 '漢字'로 선택한 후 [변환] 단추를 클릭합니다.
④ 휴대용이 한자로 변환되면 Enter 를 눌러 완료합니다.

**5**

① 모든 테두리를 지정하기 위해 [A4:E8] 영역을 선택한 후 [홈] 탭-[글꼴] 그룹-[테두리]의 목록 단추(▾)를 클릭하고 '모든 테두리'(⊞)를 선택합니다.
② 이어서 굵은 상자 테두리를 지정하기 위해 [홈] 탭-[글꼴] 그룹-[테두리]의 목록 단추(▾)를 클릭하고 '굵은 바깥쪽 테두리'(□)를 선택합니다.

### 03 '기본작업-3' 시트 (조건부 서식)

▶ 결과

| | A | B | C | D | E | F | G |
|---|---|---|---|---|---|---|---|
| 1 | | | | 노트북 판매 현황 | | | |
| 2 | | | | | | | |
| 3 | 고객이름 | 나이 | 구분 | 일련번호 | 용도 | 가격 | 할인가 |
| 4 | 김민준 | 17 | 구형 | 1234-****-2301 | 게임용 | 510,000 | 408,000 |
| 5 | 진승현 | 31 | 구형 | 1234-****-2301 | 사무용 | 781,000 | 702,900 |
| 6 | 최진우 | 32 | 신형 | | 인강용 | 1,350,000 | 1,350,000 |
| 7 | *유현우* | *41* | *구형* | *2311-****-5100* | *휴대용* | *588,000* | *470,400* |
| 8 | 이건우 | 22 | 구형 | 2311-****-5100 | 휴대용 | 550,000 | 440,000 |
| 9 | 김민재 | 23 | 구형 | 2611-****-6666 | 사무용 | 658,000 | 592,200 |
| 10 | 이지훈 | 16 | 구형 | 1011-****-5155 | 휴대용 | 760,000 | 608,000 |
| 11 | 최준서 | 25 | 구형 | 2311-****-5100 | 사무용 | 1,200,000 | 1,080,000 |
| 12 | 박우진 | 24 | 신형 | | 인강용 | 895,000 | 895,000 |
| 13 | *김서율* | *45* | *구형* | *2311-****-5100* | *사무용* | *690,000* | *621,000* |
| 14 | | | | | | | |

① 문제에 제시된 영역인 [A4:G13] 영역을 드래그하여 선택한 후 [홈] 탭-[스타일] 그룹-[조건부 서식]-[새 규칙]을 클릭합니다.
② [새 서식 규칙] 대화상자가 나타나면 [수식을 사용하여 서식을 지정할 셀 결정]을 클릭하고 아래 수식 입력란에 커서를 이동한 후 '='을 입력합니다.
③ 이어서 'left('을 입력하고 [B4] 셀을 선택한 다음 열이 변경되면 안 되므로 F4 를 두 번 눌러서 '$B4'를 만듭니다.
④ '=left($B4'에 이어서 ',1)="4"'을 입력합니다.
⑤ '=left($B4,1)="4"' 수식이 완성되면 [서식] 단추를 클릭합니다.
⑥ [셀 서식] 대화상자가 나타나면 [글꼴] 탭에서 [색]은 '파랑', [글꼴 스타일]은 '굵은 기울임꼴'로 선택하고 [확인] 단추를 클릭합니다.
⑦ [새 서식 규칙] 대화상자가 나타나면 [확인] 단추를 클릭합니다.

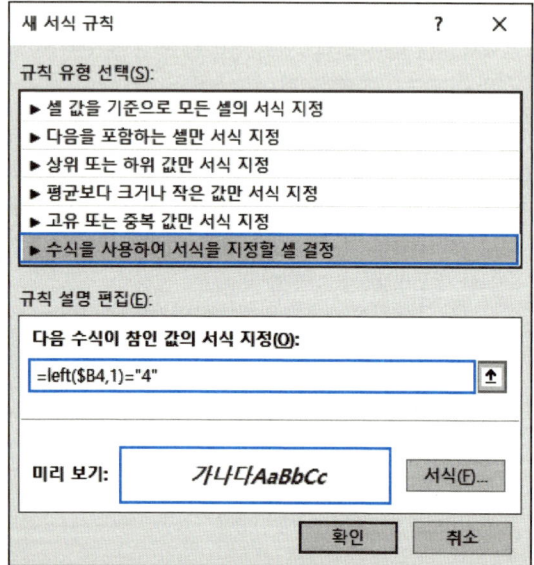

## 문제 2  계산작업

### ▶ 결과

| | A | B | C | D | E | F | G | H | I |
|---|---|---|---|---|---|---|---|---|---|
| 1 | [표1] | | | | | [표2] | | | |
| 2 | 고객이름 | 용도 | 구입날짜 | 구입요일 | | 구입고객 | 구입코드 | 수량 | 구입가 |
| 3 | 김민준 | 게임용 | 2018-01-17 | 평일 | | 유현준 | 1C | 2 | 760,000 |
| 4 | 이지훈 | 휴대용 | 2018-01-18 | 평일 | | 김현민 | 2A | 1 | 250,000 |
| 5 | 최준서 | 사무용 | 2018-01-20 | 주말 | | 김준서 | 3B | 1 | 275,000 |
| 6 | 박우진 | 인강용 | 2018-01-21 | 주말 | | 이준호 | 2B | 3 | 825,000 |
| 7 | 이건우 | 휴대용 | 2018-01-22 | 평일 | | 이성진 | 1A | 1 | 250,000 |
| 8 | 김민재 | 사무용 | 2018-01-24 | 평일 | | 최정훈 | 2C | 2 | 760,000 |
| 9 | 진승현 | 사무용 | 2018-01-25 | 평일 | | 김정호 | 2B | 2 | 550,000 |
| 10 | | | | | | | | | |
| 11 | [표3] | | | | | | | <코드별단가> | |
| 12 | 지역 | 1월 | 2월 | 3월 | | | | 코드 | 단가 |
| 13 | 종로구 | 32 | 40 | 35 | | | | A | 250,000 |
| 14 | 용산구 | 30 | 33 | 32 | | | | B | 275,000 |
| 15 | 성동구 | 32 | 27 | 34 | | | | C | 380,000 |
| 16 | 서대문구 | 33 | 29 | 30 | | | | D | 410,000 |
| 17 | 강남구 | 37 | 24 | 38 | | | | | |
| 18 | 송파구 | 48 | 35 | 42 | | | | | |
| 19 | | | | | | | | | |
| 20 | 1월, 2월, 3월 판매량이 | | | 3 | | | | | |
| 21 | 모두 30 이상인 지역 수 | | | | | | | | |
| 22 | | | | | | | | | |
| 23 | [표4] | | | | | [표5] | | | |
| 24 | 구입고객 | 구입코드 | 가격 | 할인가 | | 고객이름 | 연령대 | 구입포인트 | 이벤트 |
| 25 | 최진우 | 2B | 1,350,000 | 1,350,000 | | 김윤서 | 20대 | 289 | 100만원 |
| 26 | 유현우 | 1A | 588,000 | 470,400 | | 최지영 | 20대 | 91 | |
| 27 | 김서윤 | 2C | 690,000 | 621,000 | | 김지혜 | 20대 | 90 | |
| 28 | 최서현 | 2B | 763,000 | 686,700 | | 최민지 | 30대 | 180 | |
| 29 | 박예은 | 2A | 985,000 | 985,000 | | 이은지 | 30대 | 260 | 50만원 |
| 30 | 김수빈 | 3B | 718,000 | 646,200 | | 이예지 | 50대 | 198 | |
| 31 | 이수민 | 1C | 850,000 | 680,000 | | 김은영 | 40대 | 210 | |
| 32 | | | | | | | | | |
| 33 | 조건 | | | | | | | | |
| 34 | 가격 | 가격이 700,000 보다 큰 할인가의 평균 | | | | | | | |
| 35 | >700000 | | | 869,580 | | | | | |

### 01 구입요일 (D3:D9)

=IF(WEEKDAY(C3,2)<=5,"평일","주말")

① [D3] 셀을 선택한 후 [수식 입력줄]에 커서를 이동합니다.
② 수식을 작성한 후 Enter 를 누릅니다.
③ [D3] 셀의 채우기 핸들을 [D9] 셀까지 드래그하여 수식을 복사합니다.

### 02 구입가 (I3:I9)

=H3*VLOOKUP(RIGHT(G3,1),$H$13:$I$16,2,FALSE)

① [I3] 셀을 선택한 후 [수식 입력줄]에 커서를 이동합니다.
② 수식을 작성한 후 Enter 를 누릅니다.
③ [I3] 셀의 채우기 핸들을 [I9] 셀까지 드래그하여 수식을 복사합니다.

### 03 1월, 2월, 3월 판매량이 모두 30 이상인 지역 수 (D20)

=COUNTIFS(B13:B18,">=30",C13:C18,">=30",D13:D18,">=30")

① [D20] 셀을 선택한 후 [수식 입력줄]에 커서를 이동합니다.
② 수식을 작성한 후 [Enter]를 누릅니다.

### 04 가격이 700,000 보다 큰 할인가의 평균 (B35)

=DAVERAGE(A24:D31,4,A34:A35)

① [A34:A35] 영역에 고급필터에서 입력했던 방식으로 조건을 입력합니다.

|  | A |
|---|---|
| 33 | 조건 |
| 34 | 가격 |
| 35 | >700000 |

② [B35] 셀을 선택한 후 [수식 입력줄]에 커서를 이동합니다.
③ 수식을 작성한 후 [Enter]를 누릅니다.

### 05 이벤트 (I25:I31)

=IF(LARGE($H$25:$H$31,1)=H25,"100만원",IF(LARGE($H$25:$H$31,2)=H25,"50만원",""))

① [I25] 셀을 선택한 후 [수식 입력줄]에 커서를 이동합니다.
② 수식을 작성한 후 [Enter]를 누릅니다.
③ [I25] 셀의 채우기 핸들을 [I31] 셀까지 드래그하여 수식을 복사합니다.

## 문제 3 분석작업

### 01 '분석작업-1' 시트 (정렬)

▶ 결과

| | A | B | C | D | E | F | G | H |
|---|---|---|---|---|---|---|---|---|
| 1 | | | | | | | | |
| 2 | | 고객이름 | 연령대 | 용도 | 일련번호 | 화면크기(인치) | 무게(kg) | 가격 |
| 3 | | 최준서 | 20대 | 사무용 | 2311-****-5100 | 15 | 1.8 | 1,200,000 |
| 4 | | 진승현 | 30대 | 사무용 | 1234-****-2301 | 17 | 1.8 | 781,000 |
| 5 | | 최서현 | 50대 | 사무용 | 2611-****-6666 | 17 | 1.8 | 763,000 |
| 6 | | 최지영 | 20대 | 사무용 | 2311-****-5100 | 15 | 1.8 | 510,000 |
| 7 | | 김민재 | 20대 | 사무용 | 2611-****-6666 | 17 | 1.5 | 658,000 |
| 8 | | 김서윤 | 40대 | 사무용 | 2311-****-5100 | 13 | 1.5 | 690,000 |
| 9 | | 김율서 | 20대 | 사무용 | 1234-****-2301 | 17 | 1.5 | 640,000 |
| 10 | | 박우진 | 20대 | 인강용 | | 17 | 2.3 | 895,000 |
| 11 | | 최진우 | 30대 | 인강용 | | 15 | 2.3 | 1,350,000 |
| 12 | | 박예은 | 50대 | 인강용 | | 15 | 2.3 | 985,000 |
| 13 | | 김수빈 | 20대 | 인강용 | 2311-****-5100 | 11 | 2.3 | 718,000 |
| 14 | | 김지혜 | 20대 | 인강용 | 1234-****-2301 | 17 | 2.3 | 760,000 |
| 15 | | 김민준 | 10대 | 게임용 | 1234-****-2301 | 11 | 1 | 510,000 |
| 16 | | 이지훈 | 10대 | 게임용 | 1011-****-5155 | 13 | 1.5 | 760,000 |
| 17 | | 이건우 | 20대 | 휴대용 | 2311-****-5100 | 15 | 1 | 550,000 |
| 18 | | 유현우 | 40대 | 휴대용 | 2311-****-5100 | 11 | 1 | 588,000 |
| 19 | | 이수민 | 20대 | 휴대용 | 2311-****-5100 | 13 | 1 | 850,000 |

① 정렬하기 위해 [B2:H19] 영역의 임의의 셀을 선택한 후 [데이터] 탭-[정렬 및 필터] 그룹-[정렬]을 클릭합니다.
② [정렬] 대화상자가 나타나면 [세로 막대형](열)의 정렬 기준에서 '용도'를 선택하고 [정렬]을 '사용자 지정 목록'으로 선택합니다.
③ [사용자 지정 목록] 대화상자가 나타나면 [목록 항목]에 커서를 두고 '사무용' 입력 후 [Enter], '인강용' 입력 후 [Enter], '게임용' 입력 후 [Enter], '휴대용'을 마지막으로 입력한 후 [추가] 단추를 클릭합니다.
④ 왼쪽 [사용자 지정 목록]에서 '사무용, 인강용, 게임용, 휴대용'을 선택하고 [확인] 단추를 클릭합니다.

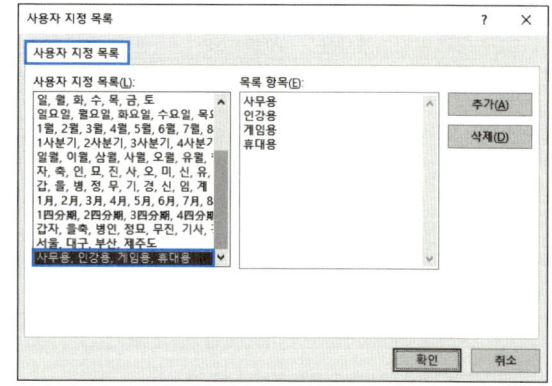

⑤ [정렬] 대화상자가 나타나면 동일한 용도 안에서 한 번 더 정렬하기 위해 [기준 추가] 단추를 클릭합니다.
⑥ 두 번째 정렬 지정 행이 나타나면 [세로 막대형](열)의 다음 기준에서 '무게 (kg)'를 선택하고 아래와 같이 지정한 후 [확인] 단추를 클릭합니다.

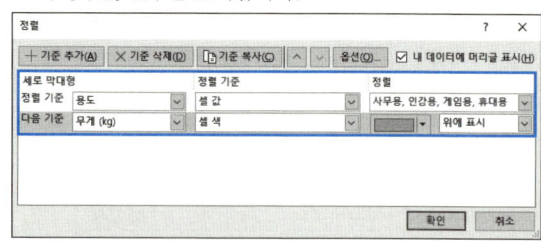

### 02 '분석작업-2' 시트 (통합)

▶ 결과

| | G | H | I | J | K |
|---|---|---|---|---|---|
| 10 | [표4] 1분기 판매 합계 | | | | |
| 11 | 무게(kg) | 게임용 | 사무용 | 휴대용 | 인강용 |
| 12 | 1 | 39 | 56 | 62 | 48 |
| 13 | 1.5 | 55 | 64 | 64 | 46 |
| 14 | 1.8 | 47 | 56 | 79 | 45 |
| 15 | 2.3 | 59 | 43 | 61 | 55 |

① [G11:K15] 영역을 드래그하여 선택한 후 [데이터] 탭-[데이터 도구] 그룹-[통합]을 클릭합니다.
② [통합] 대화상자가 나타나면 [함수]를 '합계'로 선택, [참조]로 커서를 이동하여 [A4:E8] 영역을 드래그하여 선택하고 [추가] 단추를 클릭해 [모든 참조 영역] 목록에 표시되게 합니다.
③ 이어서 [G4:K8] 영역을 드래그하여 선택한 후 [추가] 단

추를 클릭해 [모든 참조 영역] 목록에 표시되게 합니다.
④ 같은 방법으로 [A11:E15] 영역도 [모든 참조 영역] 목록에 표시되게 합니다.
⑤ 영역이 모두 표시되면 [사용할 레이블]의 '첫 행'과 '왼쪽 열' 확인란을 선택한 후 [확인] 단추를 클릭합니다.

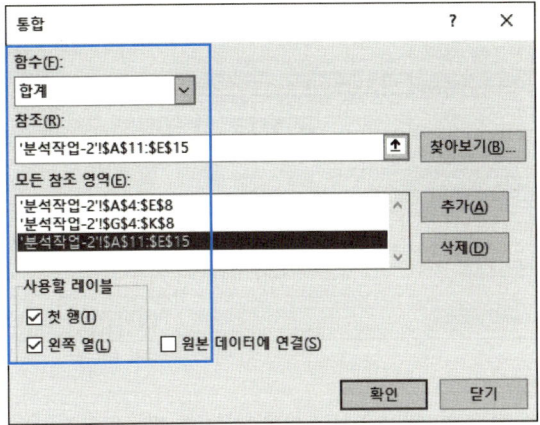

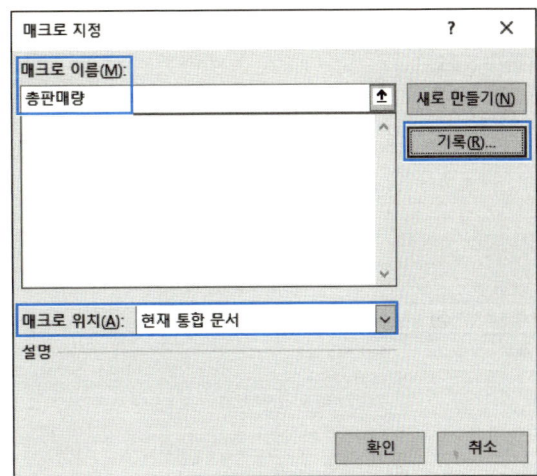

④ [매크로 기록] 대화상자가 나타나면 [확인] 단추를 클릭합니다.
⑤ 매크로 기록이 시작되면 [O4] 셀에 '=SUM(C4:N4)'를 입력한 후 Enter 를 누릅니다.
⑥ [O4] 셀을 선택하고 [O7] 셀까지 수식을 복사한 후 임의의 셀을 선택하여 블록을 해제합니다.
⑦ 매크로 기록을 중지하기 위해 [개발 도구] 탭-[코드] 그룹-[기록 중지]를 클릭합니다.
⑧ 생성한 단추 위에서 마우스 오른쪽 버튼을 눌러 [텍스트 편집] 명령을 클릭합니다.
⑨ 커서가 나타나면 단추에 입력된 글자를 '총계'로 변경하고 임의의 셀을 선택하여 완료합니다.

## 문제 4 기타작업

### 01 '매크로작업' 시트 (매크로)

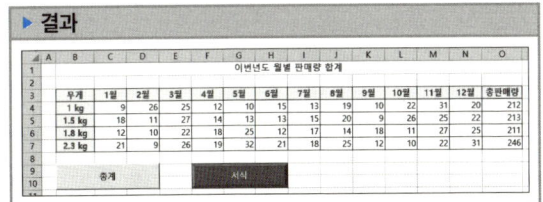

**1**
① [개발 도구] 탭-[컨트롤] 그룹-[삽입]-[양식 컨트롤]의 '단추(양식 컨트롤)'를 클릭합니다.
② 이어서 [B9:D10] 영역에 드래그하여 '단추'를 생성합니다.
③ [매크로 지정] 대화상자가 나타나면 [매크로 이름]에 '총판매량'을 입력하고 [매크로 위치]에서 '현재 통합 문서'를 선택한 후 [기록] 단추를 클릭합니다.

**2**
① [삽입] 탭-[일러스트레이션] 그룹-[도형]-[기본 도형]의 '사각형: 빗면'을 클릭합니다.
② 이어서 [F9:H10] 영역에 드래그하여 '사각형: 빗면' 도형을 생성합니다.
③ 매크로를 지정하기 위해 생성한 도형 위에서 마우스 오른쪽 버튼을 눌러 [매크로 지정] 명령을 클릭합니다.
④ [매크로 지정] 대화상자가 나타나면 [매크로 이름]에 '서식'을 입력하고 [매크로 위치]에서 '현재 통합 문서'를 선택한 후 [기록] 단추를 클릭합니다.

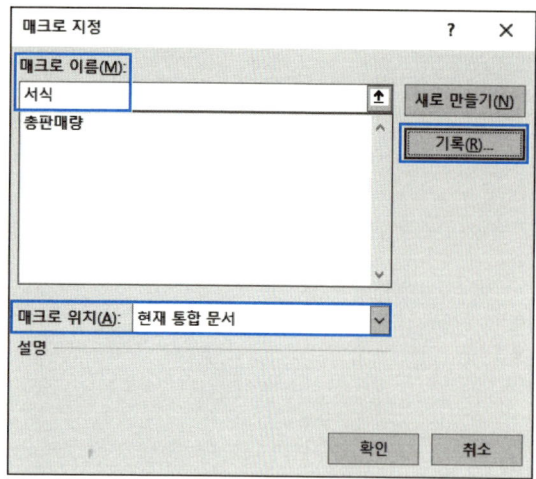

⑤ [매크로 기록] 대화상자가 나타나면 [확인] 단추를 클릭합니다.
⑥ 매크로 기록이 시작되면 [B3:O3] 영역을 선택한 후 Ctrl을 누른 채 [B4:B7] 영역을 선택합니다.
⑦ 영역이 모두 선택되면 [홈] 탭-[글꼴] 그룹-[굵게](가)를 클릭합니다.
⑧ 이어서 [홈] 탭-[글꼴] 그룹-[글꼴 색]의 목록 단추(∨)를 클릭해 '빨강'을 선택합니다.
⑨ 이어서 채우기 색을 변경하기 위해 [홈] 탭-[글꼴] 그룹-[채우기 색]의 목록 단추(∨)를 클릭해 '노랑'을 선택한 후 임의의 셀을 선택하여 블록을 해제합니다.
⑩ 매크로 기록을 중지하기 위해 [개발 도구] 탭-[코드] 그룹-[기록 중지]를 클릭합니다.
⑪ 생성한 도형 위에서 마우스 오른쪽 버튼을 눌러 [텍스트 편집] 명령을 클릭합니다.
⑫ 커서가 나타나면 '서식'을 입력하고 [홈] 탭-[맞춤] 그룹에서 가로 '가운데 맞춤(≡)', 세로 '가운데 맞춤(≡)'을 각각 클릭한 후 임의의 셀을 선택하여 완료합니다.

## 02 '차트작업' 시트 (차트)

**1**

① '합계' 계열을 선택한 후 Delete 를 눌러 삭제합니다.

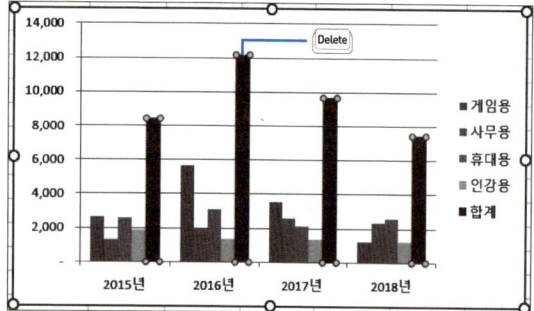

② 2015년 요소를 제거하기 위해 '차트 영역'에서 마우스 오른쪽 버튼을 눌러 [데이터 선택] 명령을 클릭합니다.

③ [데이터 원본 선택] 대화상자가 나타나면 [차트 데이터 범위]의 기존 참조 주소를 삭제합니다.
④ [B3:B7] 영역을 선택한 후 Ctrl 을 누른 채 [D3:F7] 영역을 드래그합니다.
⑤ [차트 데이터 범위] 주소가 재지정되면 [확인] 단추를 클릭하여 대화상자를 닫습니다.

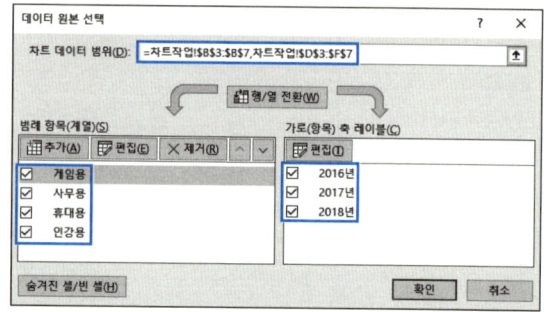

**2**

① 차트 영역을 선택하고 마우스 오른쪽 버튼을 눌러 바로 가기 메뉴의 [차트 종류 변경] 명령을 클릭합니다.
② [차트 종류 변경] 대화상자가 나타나면 [세로 막대형] 범주의 '누적 세로 막대형'을 선택하고 [확인] 단추를 클릭합니다.

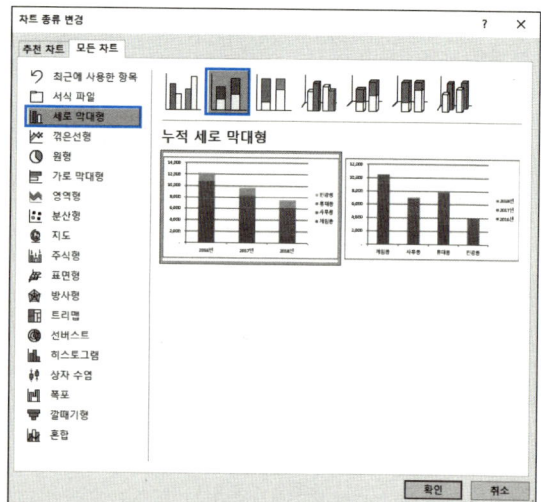

**3**

① [차트 디자인] 탭-[차트 레이아웃] 그룹-[차트 요소 추가]-[차트 제목]-[차트 위]를 클릭합니다.
② '차트 제목'이 차트에 표시되면 차트 제목을 [B1] 셀과 연결시키기 위해 [수식 입력줄]을 클릭하고 '='을 입력한 후 [B1] 셀을 선택합니다.
③ [수식 입력줄]에 '=차트작업!$B$1'이 나타나면 Enter 를 누릅니다.

**4**

① '차트 영역'에서 마우스 오른쪽 버튼을 눌러 바로 가기 메뉴가 나타나면 [차트 영역 서식] 명령을 클릭합니다.

② [차트 영역 서식] 창이 나타나면 [차트 옵션]-[채우기 및 선]( )-[테두리]의 '둥근 모서리' 확인란을 선택하고 [닫기]( ) 단추를 클릭합니다.

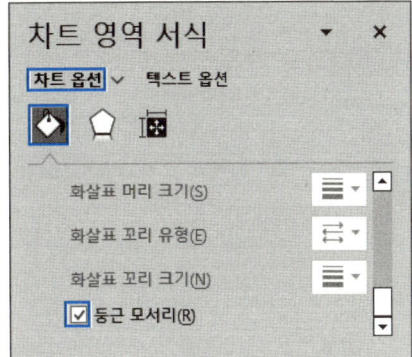

**5**

① 임의의 계열에서 마우스 오른쪽 버튼을 눌러 바로 가기 메뉴가 나타나면 [데이터 계열 서식] 명령을 클릭합니다.

② [데이터 계열 서식] 창이 나타나면 [계열 옵션]-[계열 옵션]( )-[계열 옵션]의 [계열 겹치기]에 '0'을 입력하고 [간격 너비]에 '0'을 입력한 후 [닫기]( ) 단추를 클릭합니다.

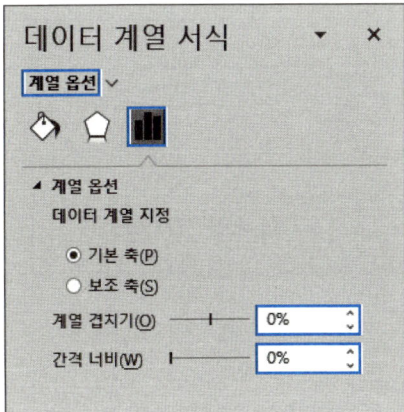

# 제3회 최신기출유형

| 프로그램명 | 제한시간 |
|---|---|
| EXCEL | 40분 |

수험번호 : _____

성    명 : _____

| 2급 | C형 |

### 유 의 사 항

- ★ 펜은 꺼내실 수 없으며 시험지는 유출이 불가능합니다.
- ■ 인적 사항 누락 및 잘못 작성으로 인한 불이익은 수험자 책임으로 합니다.
- ■ 화면에 암호 입력창이 나타나면 아래의 암호를 입력하여야 합니다.
  - 암호 :
- ★ 암호를 입력할 수도 있으니 이렇게 첫 장을 확인하시면 됩니다.
- ■ 작성된 답안은 주어진 경로 및 파일명을 변경하지 마시고 그대로 저장해야 합니다. 이를 준수하지 않으면 실격 처리됩니다.
- ★ 디스켓 모양을 눌러 저장하시면 됩니다. 예외가 있을 수도 있으니 감독관이 설명할 때 잘 들어주세요. 제한시간(40분) 안에 디스켓 모양을 눌러 저장을 하고 그 이후에는 화면이 바뀌며 [답안 제출]을 하게 됩니다.
- ■ 외부 데이터 위치 : C:\OA\파일명
- ■ 별도의 지시사항이 없는 경우, 다음과 같이 처리 시 실격 처리됩니다.
  - 제시된 시트 및 개체의 순서나 이름을 임의로 변경한 경우
  - 제시된 시트 및 개체를 임의로 추가 또는 삭제한 경우
  - 외부 데이터를 시험 시작 전에 열어 본 경우
- ■ 답안은 반드시 문제에서 지시 또는 요구한 셀에 입력하여야 하며 다음과 같이 처리 시 채점 대상에서 제외됩니다.
  - 수험자가 임의로 지시하지 않은 셀의 이동, 수정, 삭제, 변경 등으로 인해 셀의 위치 및 내용이 변경된 경우 해당 작업에 영향을 미치는 관련문제 모두 채점 대상에서 제외
  - 도형 및 차트의 개체가 중첩되어 있거나 동일한 계산결과 시트가 복수로 존재할 경우 해당 개체나 시트는 채점 대상에서 제외
- ■ 수식 작성 시 제시된 문제 파일의 데이터는 변경 가능한(가변적) 데이터임을 감안하여 문제 풀이를 하시오.
- ■ 별도의 지시사항이 없는 경우, 주어진 각 시트 및 개체의 설정값 또는 기본 설정값(Default)으로 처리하시오.
- ■ 저장 시간은 별도로 주어지지 않으므로 제한된 시간 내에 저장을 완료해야 하며, 제한시간 내에 저장이 되지 않은 경우에는 실격 처리됩니다.
- ■ 출제된 문제의 용어는 Microsoft Office Excel 2021 기준으로 작성되어 있습니다.

국 가 기 술 자 격 검 정

## 문제 1  기본작업(20점)  주어진 시트에서 다음의 과정을 수행하고 저장하시오.

**01** '기본작업-1' 시트에 다음의 자료를 주어진 대로 입력하시오. (5점)

| | A | B | C | D | E | F | G |
|---|---|---|---|---|---|---|---|
| 1 | 청약 가입 현황 | | | | | | |
| 2 | | | | | | | |
| 3 | 순번-코드 | 지역 | 전용면적비율 | 부양가족수 | 무주택기간 | 청약가입기간 | 가점 |
| 4 | 1-SB | 서울/부산 | 44.44% | 0명 | 7 | 9 | 51 |
| 5 | 2-KK | 기타광역시 | 18.52% | 1명 | 11 | 11 | 79 |
| 6 | 3-KJ | 기타지역 | 37.04% | 3명 | 5 | 5 | 41 |
| 7 | 4-SB | 서울/부산 | 44.44% | 0명 | 9 | 1 | 가입 기간미달 |
| 8 | 5-KK | 기타광역시 | 44.44% | 2명 | 4 | 10 | 38 |
| 9 | 6-SB | 서울/부산 | 18.52% | 1명 | 5 | 1 | 가입 기간미달 |
| 10 | 7-KJ | 기타지역 | 37.04% | 6명 | 5 | 1 | 가입 기간미달 |
| 11 | 8-SB | 서울/부산 | 37.04% | 3명 | 7 | 4 | 52 |
| 12 | 9-KK | 기타광역시 | 44.44% | 1명 | 8 | 5 | 55 |
| 13 | 10-KK | 기타광역시 | 44.44% | 2명 | 10 | 10 | 74 |

**02** '기본작업-2' 시트에 대하여 다음의 지시사항을 처리하시오. (각 2점)

① [A1:G1], [A4:A6], [A7:A9], [A10:A12] 영역은 '병합하고 가운데 맞춤'을 지정하고, [A1:G1] 영역은 글꼴 'HY견고딕', 크기 '15', 행의 높이를 '32'로 지정하시오.
② [C4:C12] 영역은 사용자 지정 표시 형식을 이용하여 문자 뒤에 '%'를 [표시 예]와 같이 표시하시오.
 [표시 예 : 0~20 → 0~20%]
③ [A3:G3] 영역은 '가로 가운데 맞춤'을 지정하고 셀 스타일 '강조색4'를 적용하시오.
④ [G4:G12] 영역의 이름을 '가점'으로 정의하시오.
⑤ [A3:G12] 영역에 '모든 테두리(⊞)'를 적용한 후 '굵은 바깥쪽 테두리(▣)'를 적용하여 표시하시오.

**03** '기본작업-3' 시트에서 다음의 지시사항을 처리하시오. (5점)

▶ '기타광역시 가입 현황' 표에서 청약가입기간이 8 이상, 13 미만이면서 순번-코드가 'KK'로 끝나는 데이터를 사용자 지정 필터를 사용하여 검색하시오.
▶ 사용자 지정 필터의 결과는 [B4:I30] 영역의 데이터를 이용하여 추출하시오.

## 문제 2  계산작업(40점)  '계산작업' 시트에서 다음의 과정을 수행하고 저장하시오.

**01** [표1]에서 부양가족수[B3:B10], 무주택기간[C3:C10], 청약가입기간[D3:D10]과 가점코드표[B13:F15]를 참조하여 가점코드[E3:E10]를 계산하시오. (8점)
 ▶ 가점 = 부양가족수 + 무주택기간 + 청약가입기간
 ▶ SUM, HLOOKUP 함수 사용

**02** [표2]에서 주민등록번호[I3:I7]의 왼쪽에서 8번째 문자가 '1' 또는 '3'이면 '남', '2' 또는 '4'이면 '여'를 성별[J3:J7]에 표시하시오. (8점)
 ▶ CHOOSE, MID 함수 사용

**03** [표3]에서 순번[A19:A26], 지역[C19:C26]의 앞 두 문자, 청약가입일자[D19:D26]의 연도를 이용하여 가입코드[E19:E26]를 표시하시오. (8점)
- ▶ 지역은 첫 글자만 대문자로 표시
  [표시 예 : 순번이 '9', 지역이 'SEOUL', 청약가입일자가 '2015-01-02' → 9Se2015]
- ▶ YEAR, PROPER, LEFT 함수와 & 연산자 사용

**04** [표4]에서 청약가입기간[H19:H26]이 청약가입기간 평균보다 크면서 예치금액[I19:I26]이 예치금액 평균보다 크면 '평균보다큼'을, 그렇지 않으면 공백을 결과[J19:J26]에 표시하시오. (8점)
- ▶ IF, AND, AVERAGE 함수 사용

**05** [표5]에서 '서울'이거나 '부산'인 지역[B30:B36]의 청약가입인원[C30:C36]에 대한 평균을 계산하여 [E34] 셀에 표시하시오. (8점)
- ▶ [E29:E31] 영역에 조건 입력
- ▶ 결과값은 소수 첫째 자리에서 내림하여 정수까지 표시
  [표시 예 : 1234.5 → 1234]
- ▶ ROUNDDOWN, DAVERAGE 함수 사용

## 문제 3 분석작업(20점) 주어진 시트에서 다음의 과정을 수행하고 저장하시오.

**01** '분석작업-1' 시트에서 다음의 지시사항을 처리하시오. (10점)
- ▶ '청약 예치금 미입금 명단' 표를 이용하여 전용면적(m²)은 '필터', 연령은 '행', 지역은 '열'로 처리하고, '값'에 부양가족수의 합계, 무주택기간의 합계, 청약가입기간의 최대값을 계산한 후 'Σ 값'을 '행'으로 설정하는 피벗 테이블을 작성하시오.
- ▶ 피벗 테이블 보고서는 동일 시트의 [B21] 셀에서 시작하시오.
- ▶ 피벗 테이블 보고서는 행의 총합계만 설정하시오.

**02** '분석작업-2' 시트에서 다음의 지시사항을 처리하시오. (10점)
- ▶ [데이터 표] 기능을 이용하여 청약가입기간과 부양가족수별 가점을 [C10:H14] 영역에 계산하시오.

## 문제 4 기타작업(20점) 주어진 시트에서 다음의 과정을 수행하고 저장하시오.

**01** '매크로작업' 시트에서 다음과 같은 기능을 수행하는 매크로를 현재 통합 문서에 작성하고 실행하시오. (각 5점)
① [F11] 셀에 가점의 총 합계를 계산하는 '가점총합' 매크로를 생성하시오.
  - ▶ [도형]-[기본 도형]의 '사각형: 빗면(□)'을 동일 시트의 [H3:I5] 영역에 생성하고, 텍스트를 '가점총합'으로 입력한 후 도형을 클릭할 때 '가점총합' 매크로가 실행되도록 설정하시오.
  - ▶ 도형 안의 텍스트는 가로 '가운데 맞춤', 세로 '가운데 맞춤'으로 지정
② [B4:B10] 영역을 '통화 형식(₩)' 기호로 표시하는 '통화' 매크로를 생성하시오.
  - ▶ [개발 도구]-[삽입]-[양식 컨트롤]의 '단추(□)'를 동일 시트의 [H7:I9] 영역에 생성하고, 텍스트를 '통화'로 입력한 후 단추를 클릭할 때 '통화' 매크로가 실행되도록 설정하시오.
※ 셀 포인터의 위치에 관계없이 매크로가 실행되어야 정답으로 인정됨

**02** '차트작업' 시트에서 다음의 지시사항에 따라 차트를 수정하시오. (각 2점)

※ 차트는 반드시 문제에서 제공한 차트를 사용하여야 하며, 신규로 차트 작성 시 0점 처리됨

① 지역별로 '2014년', '2015년', '2016년' 계열만 차트에 표시되도록 데이터 범위를 지정하시오.
② '2014년' 계열의 차트 종류를 '영역형'으로 변경하시오.
③ '가로 (항목) 축'의 세로 축 교차의 축 위치를 '눈금'으로 지정하시오.
④ 기본 세로 주 눈금선을 표시하시오.
⑤ 차트 영역은 '미세 효과 - 황금색, 강조 4' 도형 스타일을 지정하시오.

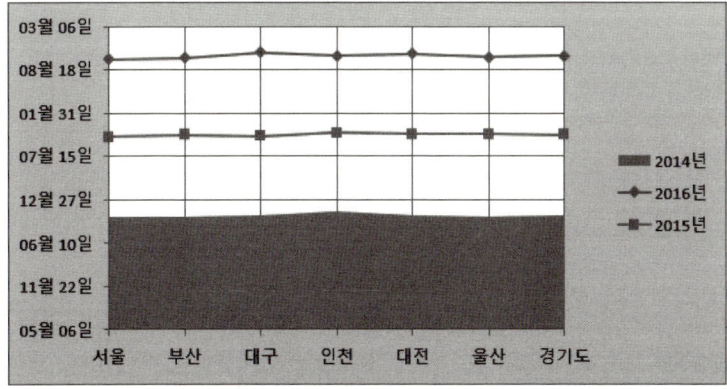

# 정답 및 해설

### 문제1  기본작업

파일을 열었을 때 '보안 경고'가 표시되면 '콘텐츠 사용'을 클릭하세요.

#### 01 '기본작업-1' 시트 (자료 입력)

① 주어진 자료를 각각의 셀에 입력합니다.
  √ [A4:A13] 영역은 대/소문자를 구분해서 입력해야 합니다.
  √ [C4] 셀은 '0.4444'를 입력한 후 '백분율 스타일'과 소수 둘째 자리까지 자릿수를 지정해도 되지만 문제는 자료를 주어진 대로 입력하는 것이기 때문에 셀에 '44.44%'라고 입력하는 것을 권장합니다.
  √ [D4] 셀은 셀의 왼쪽 정렬되어 있으므로 셀에 '0명'을 입력해주세요.
  √ [G7], [G9], [G10] 셀은 띄어쓰기에 주의하세요.

#### 02 '기본작업-2' 시트 (셀 서식)

**1**

① [A1:G1] 영역을 선택한 후 Ctrl 을 누른 채 [A4:A6], [A7:A9], [A10:A12] 영역을 선택합니다.
② 영역이 모두 선택되면 [홈] 탭-[맞춤] 그룹-[병합하고 가운데 맞춤]을 클릭합니다.
③ 글꼴을 변경하기 위해 [A1:G1] 영역을 선택한 후 [홈] 탭-[글꼴] 그룹-[글꼴] 입력란에 'HY견고딕'을 입력한 후 Enter 를 눌러 입력을 완료합니다.
④ 이어서 글꼴 크기를 변경하기 위해 [홈] 탭-[글꼴] 그룹-[글꼴 크기] 입력란에 '15'를 입력한 후 Enter 를 눌러 입력을 완료합니다.
⑤ 이어서 행 높이를 변경하기 위해 [홈] 탭-[셀] 그룹-[서식]-[행 높이]를 클릭합니다.
⑥ [행 높이] 대화상자가 나타나면 '행 높이' 입력란에 '32'를 입력한 후 [확인] 단추를 클릭합니다.

**2**

① [C4:C12] 영역을 드래그하여 선택한 후 Ctrl + 1 을 누릅니다.
② [셀 서식] 대화상자가 나타나면 [표시 형식] 탭-[범주]를 '사용자 지정'으로 선택하고 '형식'에 이미 입력되어 있는 내용을 지운 뒤 '@"%"'을 입력합니다.
③ [보기]에 '0~20%'가 표시되면 [확인] 단추를 클릭합니다.

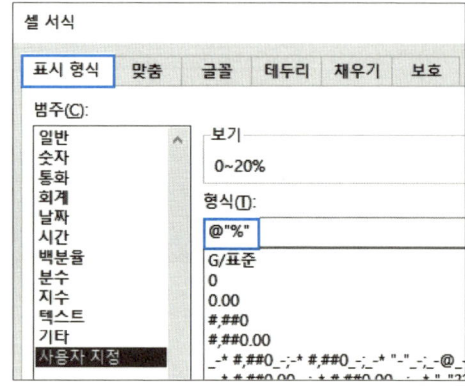

**3**

① [A3:G3] 영역을 선택한 후 [가로 가운데 맞춤](≡)을 클릭합니다.
② 셀 스타일을 지정하기 위해 [홈] 탭-[스타일] 그룹-[셀 스타일]을 클릭하고 [테마 셀 스타일] 범주의 '강조색4'를 선택합니다.

**4**

① 이름을 정의하기 위해 [G4:G12] 영역을 드래그하여 선택한 후 [이름 상자]를 클릭합니다.
② '가점'을 입력한 후 오타 여부를 확인하고 Enter 를 누릅니다.

**5**

① 모든 테두리를 지정하기 위해 [A3:G12] 영역을 선택한 후 [홈] 탭-[글꼴] 그룹-[테두리]의 목록 단추(▼)를 클릭하고 '모든 테두리'(⊞)를 선택합니다.
② 이어서 굵은 바깥쪽 테두리를 지정하기 위해 [홈] 탭-[글꼴] 그룹-[테두리]의 목록 단추(▼)를 클릭하고 '굵은 바깥쪽 테두리'(⊞)를 선택합니다.

## 03 '기본작업-3' 시트 (필터)

▶ 결과

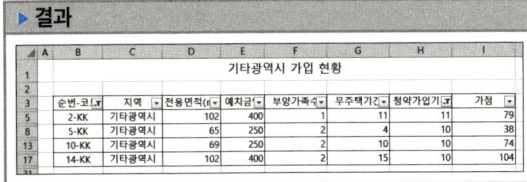

① 목록 범위인 [B3:I30] 영역의 임의의 셀을 선택합니다.
② 목록 범위 안에 셀 포인터가 있으면 [데이터] 탭-[정렬 및 필터] 그룹-[필터]를 클릭합니다.
③ 각 필드명의 오른쪽에 '필터 목록 단추(▼)'가 나타나면 '청약가입기간' 필드의 '필터 목록 단추(▼)'를 클릭하여 [숫자 필터]-[해당 범위]를 클릭합니다.
④ [사용자 지정 자동 필터] 대화상자가 나타나면 아래와 같이 지정한 후 [확인] 단추를 클릭합니다.

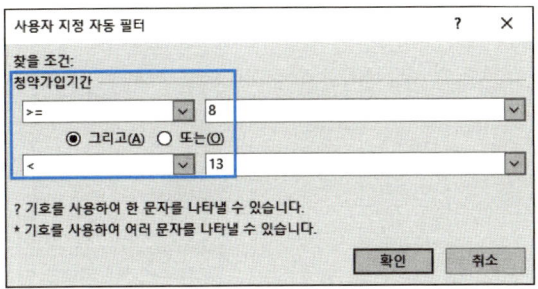

⑤ 이어서 '순번-코드' 필드의 '필터 목록 단추(▼)'를 클릭하여 [텍스트 필터]-[끝 문자]를 클릭합니다.
⑥ [사용자 지정 자동 필터] 대화상자가 나타나면 아래와 같이 지정한 후 [확인] 단추를 클릭합니다.

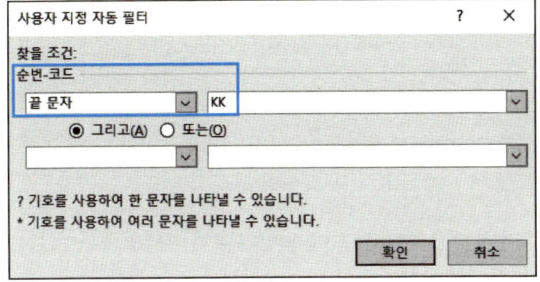

## 문제 2  계산작업

### ▶ 결과

| | A | B | C | D | E | F | G | H | I | J |
|---|---|---|---|---|---|---|---|---|---|---|
| 1 | [표1] | | | | | | [표2] | | | |
| 2 | 가입자 | 부양가족수 | 무주택기간 | 청약가입기간 | 가점코드 | | 부양가족 | 성명 | 주민등록번호 | 성별 |
| 3 | 홍진석 | 0 | 42 | 9 | C | | 부 | 안준희 | 531011-1242131 | 남 |
| 4 | 이해원 | 2 | 66 | 11 | A | | 모 | 윤미경 | 600121-2310101 | 여 |
| 5 | 신명진 | 6 | 30 | 5 | D | | 처 | 박혜영 | 790322-2123411 | 여 |
| 6 | 이준희 | 0 | 54 | 1 | C | | 자 | 안준영 | 000501-3011234 | 남 |
| 7 | 김혜영 | 4 | 24 | 10 | E | | 녀 | 안유정 | 000501-4513330 | 여 |
| 8 | 안준영 | 2 | 30 | 1 | E | | | | | |
| 9 | 박유정 | 12 | 30 | 1 | D | | | | | |
| 10 | 윤미경 | 6 | 42 | 4 | C | | | | | |
| 11 | | | | | | | | | | |
| 12 | <가점코드표> | | | | | | | | | |
| 13 | 가점 | 0 이상 | 40 이상 | 50 이상 | 60 이상 | 70 이상 | | | | |
| 14 | | 40 미만 | 50 미만 | 60 미만 | 70 미만 | | | | | |
| 15 | 가점코드 | E | D | C | B | A | | | | |
| 16 | | | | | | | | | | |
| 17 | [표3] | | | | | | [표4] | | | |
| 18 | 순번 | 가입자 | 지역 | 청약가입일자 | 가입코드 | | 성명 | 청약가입기간 | 예치금액 | 결과 |
| 19 | 1 | 장서영 | SEOUL | 2017-01-02 | 1Se2017 | | 김정현 | 10 | 10,000,000 | 평균보다큼 |
| 20 | 2 | 곽상우 | BUSAN | 2018-03-02 | 2Bu2018 | | 강혜정 | 5 | 6,000,000 | |
| 21 | 3 | 박경록 | INCHEON | 2017-02-01 | 3In2017 | | 신행수 | 7 | 3,000,000 | |
| 22 | 4 | 이병옥 | SEOUL | 2018-04-01 | 4Se2018 | | 이주희 | 5 | 7,000,000 | |
| 23 | 5 | 방성욱 | SEOUL | 2017-01-20 | 5Se2017 | | 김형준 | 6 | 2,500,000 | |
| 24 | 6 | 김정현 | ULSAN | 2017-02-12 | 6Ul2017 | | 박규현 | 5 | 4,000,000 | |
| 25 | 7 | 김형준 | BUSAN | 2016-05-01 | 7Bu2016 | | 이경진 | 6 | 8,000,000 | 평균보다큼 |
| 26 | 8 | 신행수 | ULSAN | 2016-04-01 | 8Ul2016 | | 윤소정 | 2 | 3,000,000 | |
| 27 | | | | | | | | | | |
| 28 | [표5] | | | | | | | | | |
| 29 | 지역코드 | 지역 | 청약가입인원 | | 지역 | | | | | |
| 30 | S-10 | 서울 | 5,131 | | 서울 | | | | | |
| 31 | G-25 | 광주 | 605 | | 부산 | | | | | |
| 32 | U-18 | 울산 | 351 | | | | | | | |
| 33 | B-87 | 부산 | 1,402 | | 지역이 서울이거나 부산인 청약가입인원 평균 | | | | | |
| 34 | D-40 | 대전 | 510 | | 3266 | | | | | |
| 35 | D-12 | 대구 | 1,210 | | | | | | | |
| 36 | I-21 | 인천 | 988 | | | | | | | |

### 01 가점코드 (E3:E10)

=HLOOKUP(SUM(B3:D3),$B$13:$F$15,3,TRUE)

① [E3] 셀을 선택한 후 [수식 입력줄]에 커서를 이동합니다.
② 수식을 작성한 후 Enter 를 누릅니다.
③ [E3] 셀의 채우기 핸들을 [E10] 셀까지 드래그하여 수식을 복사합니다.

### 02 성별 (J3:J7)

=CHOOSE(MID(I3,8,1),"남","여","남","여")

### 03 가입코드 (E19:E26)

① [J3] 셀을 선택한 후 [수식 입력줄]에 커서를 이동합니다.
② 수식을 작성한 후 Enter 를 누릅니다.
③ [J3] 셀의 채우기 핸들을 [J7] 셀까지 드래그하여 수식을 복사합니다.

=A19 & PROPER(LEFT(C19,2)) & YEAR(D19)

① [E19] 셀을 선택한 후 [수식 입력줄]에 커서를 이동합니다.
② 수식을 작성한 후 Enter 를 누릅니다.
③ [E19] 셀의 채우기 핸들을 [E26] 셀까지 드래그하여 수식을 복사합니다.

## 04 결과 (J19:J26)

=IF(AND(H19>AVERAGE($H$19:$H$26),I19>AVERAGE($I$19:$I$26)),"평균보다큼","")

① [J19] 셀을 선택한 후 [수식 입력줄]에 커서를 이동합니다.
② 수식을 작성한 후 Enter 를 누릅니다.
③ [J19] 셀의 채우기 핸들을 [J26] 셀까지 드래그하여 수식을 복사합니다.

## 05 지역이 서울이거나 부산인 청약가입인원 평균 (E34)

=ROUNDDOWN(DAVERAGE(A29:C36,C29,E29:E31),0)

① [E29:E31] 영역에 고급필터에서 입력했던 방식으로 조건을 입력합니다.

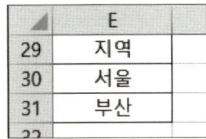

② [E34] 셀을 선택한 후 [수식 입력줄]에 커서를 이동합니다.
③ 수식을 작성한 후 Enter 를 누릅니다.

## 문제 3  분석작업

### 01 '분석작업-1' 시트 (피벗 테이블)

▶ 결과

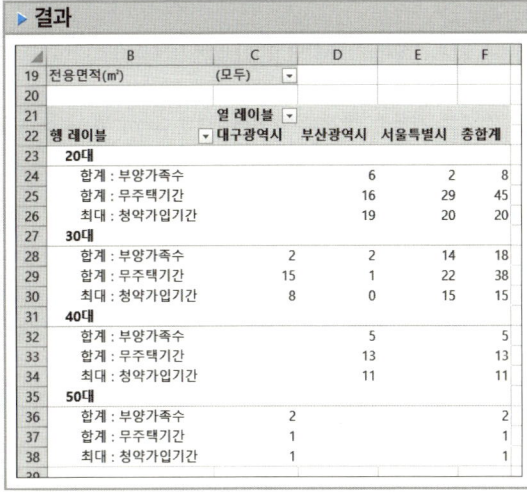

① [B3:H17] 영역의 임의의 셀을 선택한 후 [삽입] 탭-[표] 그룹-[피벗 테이블]-[테이블/범위에서]를 클릭합니다.
② [표 또는 범위의 피벗 테이블] 대화상자가 나타나면 '표/범위'에 입력된 [B3:H17] 영역을 확인하고, 피벗 테이블을 배치할 위치에 '기존 워크시트'의 [B21] 셀을 선택한 후 [확인] 단추를 클릭합니다.

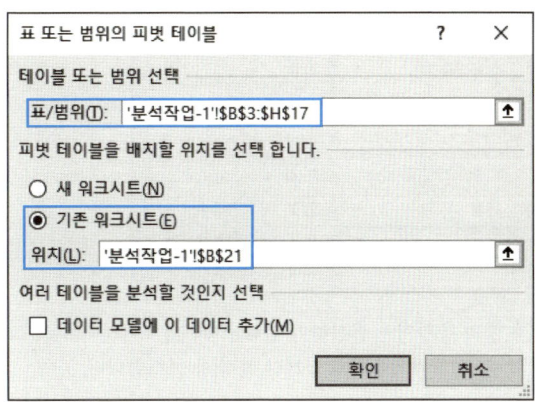

③ '전용면적(m²)'을 [필터] 영역으로 드래그, '연령'을 [행] 영역으로 드래그, '지역'을 [열] 영역으로 드래그, '부양가족수'를 [값] 영역으로 드래그, '무주택기간'을 부양가족수 밑에 [값] 영역으로 드래그, '청약가입기간'을 무주택기간 밑에 [값] 영역으로 드래그합니다.

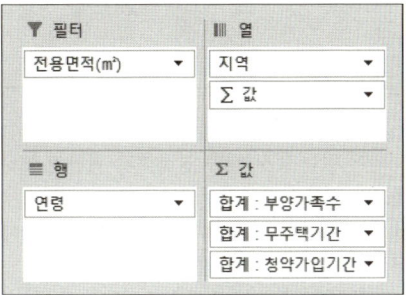

④ '청약가입기간'을 최대값으로 변경하기 위해 [피벗 테이블 필드] 작업창의 [값] 영역에서 '합계 : 청약가입기간'을 클릭하여 [값 필드 설정]을 선택합니다.
⑤ [값 필드 설정] 대화상자가 나타나면 [값 요약 기준] 탭에서 '최대'를 선택하고 [확인] 단추를 클릭합니다.

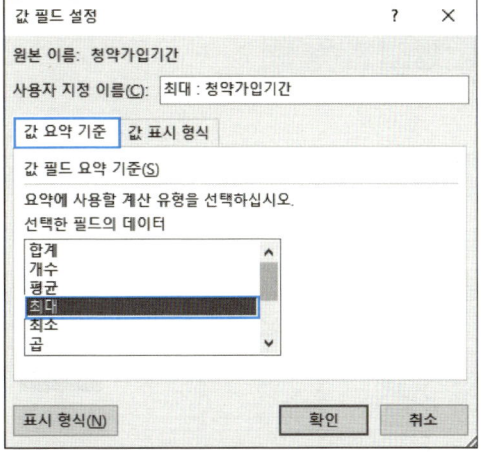

⑥ 청약가입기간이 최대값으로 변경되면 [열] 영역의 'Σ 값'을 [행] 영역의 '연령' 아래로 드래그합니다.

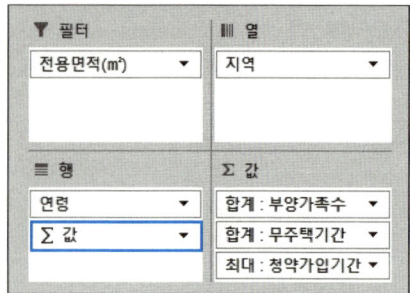

⑦ 행의 총합계만 설정하기 위해 [디자인] 탭-[레이아웃] 그룹-[총합계]-[행의 총합계만 설정]을 클릭합니다.

### 02 '분석작업-2' 시트 (데이터 표)

▶ 결과

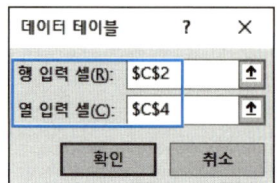

① 변수와 변수가 만나는 지점인 [B9] 셀을 선택한 후 '='을 입력합니다.
② 수식이 입력되어 있는 [C5] 셀과 연결하기 위하여 [C5] 셀을 클릭하고 Enter 를 누릅니다.
③ [B9:H14] 영역을 드래그하여 선택한 후 [데이터] 탭-[예측] 그룹-[가상 분석]-[데이터 표]를 클릭합니다.
④ [데이터 테이블] 대화상자가 나타나면 [행 입력 셀]에 [C2] 셀을 선택하고, [열 입력 셀]에 커서를 이동해 [C4] 셀을 선택한 후 [확인] 단추를 클릭합니다.

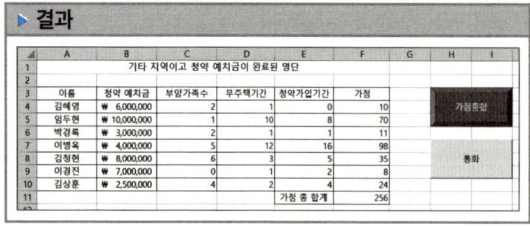

## 문제 4 기타작업

### 01 '매크로작업' 시트 (매크로)

▶ 결과

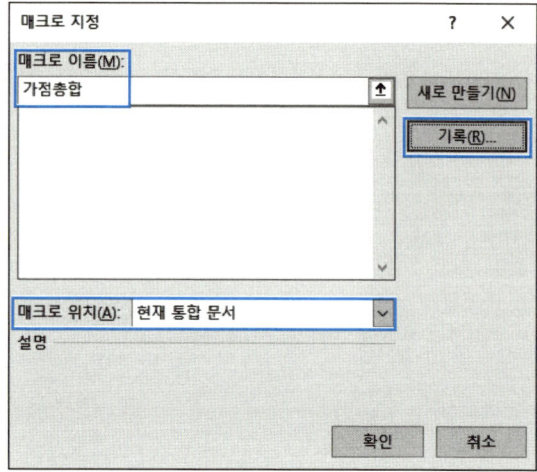

## 1

① [삽입] 탭-[일러스트레이션] 그룹-[도형]-[기본 도형]의 '사각형: 빗면'을 클릭합니다.
② 이어서 [H3:I5] 영역에 드래그하여 '사각형: 빗면' 도형을 생성합니다.
③ 매크로를 지정하기 위해 생성한 도형 위에서 마우스 오른쪽 버튼을 눌러 [매크로 지정] 명령을 클릭합니다.
④ [매크로 지정] 대화상자가 나타나면 [매크로 이름]에 '가점총합'을 입력하고 [매크로 위치]에서 '현재 통합 문서'를 선택한 후 [기록] 단추를 클릭합니다.

⑤ [매크로 기록] 대화상자가 나타나면 [확인] 단추를 클릭합니다.
⑥ 매크로 기록이 시작되면 [F11] 셀에 '=SUM(F4:F10)'을 입력한 후 Enter 를 누릅니다.
⑦ 매크로 기록을 중지하기 위해 [개발 도구] 탭-[코드] 그룹-[기록 중지]를 클릭합니다.
⑧ 생성한 도형 위에서 마우스 오른쪽 버튼을 눌러 [텍스트 편집] 명령을 클릭합니다.
⑨ 커서가 나타나면 '가점총합'을 입력하고 [홈] 탭-[맞춤] 그룹에서 가로 '가운데 맞춤(≡)', 세로 '가운데 맞춤(≡)'을 각각 클릭한 후 임의의 셀을 선택하여 완료합니다.

## 2

① [개발 도구] 탭-[컨트롤] 그룹-[삽입]-[양식 컨트롤]의 '단추(양식 컨트롤)'를 클릭합니다.
② 이어서 [H7:I9] 영역에 드래그하여 '단추'를 생성합니다.
③ [매크로 지정] 대화상자가 나타나면 [매크로 이름]에 '통화'를 입력하고 [매크로 위치]에서 '현재 통합 문서'를 선택한 후 [기록] 단추를 클릭합니다.

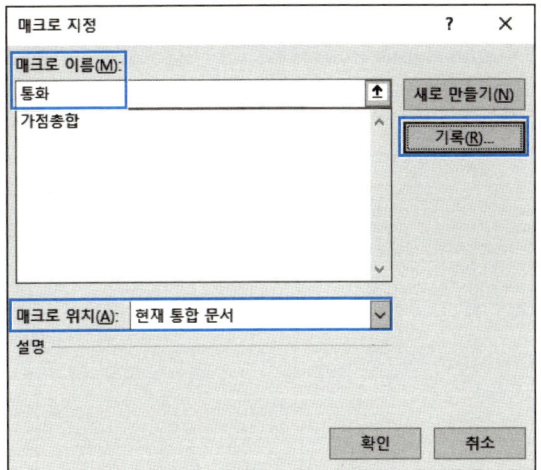

④ [매크로 기록] 대화상자가 나타나면 [확인] 단추를 클릭합니다.
⑤ 매크로 기록이 시작되면 통화 기호를 지정하기 위해 [B4:B10] 영역을 드래그하여 선택한 후 [홈] 탭-[표시 형식] 그룹의 목록 단추(▼)을 클릭하고 '회계'를 선택합니다.
⑥ 표시 형식이 지정되면 임의의 셀을 선택하여 블록을 해제한 후 매크로 기록을 중지하기 위해 [개발 도구] 탭-[코드] 그룹-[기록 중지]를 클릭합니다.
⑦ 생성한 단추 위에서 마우스 오른쪽 버튼을 눌러 [텍스트 편집] 명령을 클릭합니다.
⑧ 커서가 나타나면 단추에 입력된 글자를 '통화'로 변경하고 임의의 셀을 선택하여 완료합니다.

## 02 '차트작업' 시트 (차트)

**1**
① '2013년' 계열을 선택한 후 Delete를 눌러 삭제합니다.

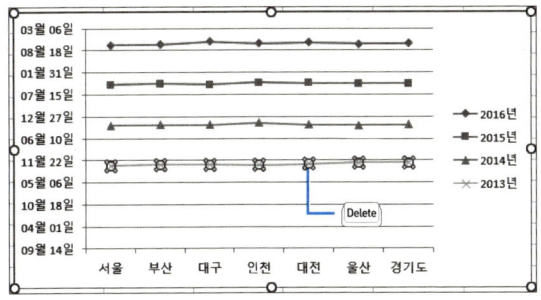

**2**
① 임의의 계열에서 마우스 오른쪽 버튼을 눌러 바로 가기 메뉴가 나타나면 [계열 차트 종류 변경] 명령을 클릭합니다.
② [차트 종류 변경] 대화상자가 나타나면 '2014년' 계열의 [차트 종류] 목록 단추(▼)를 클릭해 [영역형] 범주의 '영역형'을 선택합니다.

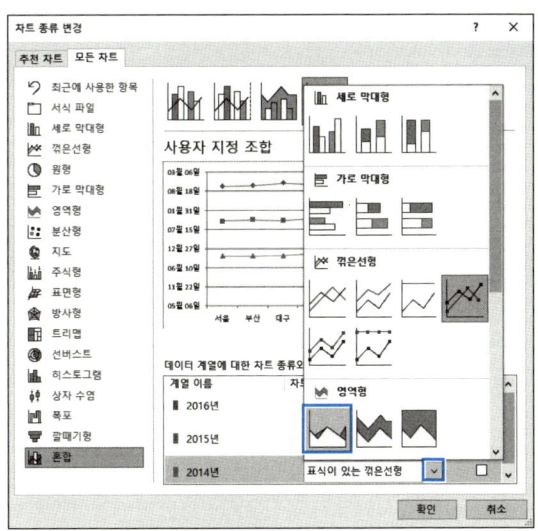

③ [미리 보기]에 2014년 계열의 차트 종류가 변경된 것을 확인한 후 [확인] 단추를 클릭합니다.

**3**
① '가로 (항목) 축'에서 마우스 오른쪽 버튼을 눌러 바로 가기 메뉴가 나타나면 [축 서식] 명령을 클릭합니다.
② [축 서식] 창이 나타나면 [축 옵션]-[축 옵션](📊)-[축 옵션]의 [축 위치]를 '눈금'으로 선택한 후 [닫기](✖) 단추를 클릭합니다.

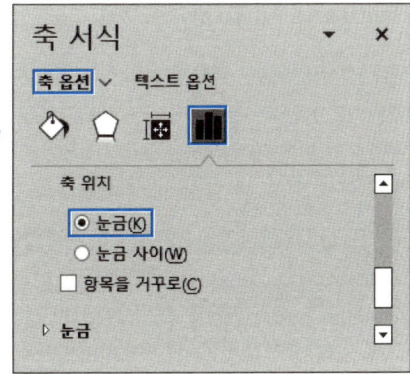

**4**
① 기본 세로 주 눈금선을 표시하기 위해 [차트 디자인] 탭-[차트 레이아웃] 그룹-[차트 요소 추가]-[눈금선]-[기본 주 세로]를 클릭합니다.

**5**
① '차트 영역'을 선택한 후 [서식] 탭-[도형 스타일] 그룹-[자세히](▼)를 클릭한 후 [미세 효과 - 황금색, 강조 4]를 선택합니다.

# 제4회 최신기출유형

| 프로그램명 | 제한시간 |
|---|---|
| EXCEL | 40분 |

수험번호 :

성    명 :

| 2급 | C형 |

---

## 유 의 사 항

★ 펜은 꺼내실 수 없으며 시험지는 유출이 불가능합니다.

- 인적 사항 누락 및 잘못 작성으로 인한 불이익은 수험자 책임으로 합니다.

- 화면에 암호 입력창이 나타나면 아래의 암호를 입력하여야 합니다.
    - 암호 :

★ 암호를 입력할 수도 있으니 이렇게 첫 장을 확인하시면 됩니다.

- 작성된 답안은 주어진 경로 및 파일명을 변경하지 마시고 그대로 저장해야 합니다. 이를 준수하지 않으면 실격 처리됩니다.

★ 디스켓 모양을 눌러 저장하시면 됩니다. 예외가 있을 수도 있으니 감독관이 설명할 때 잘 들어주세요. 제한시간(40분) 안에 디스켓 모양을 눌러 저장을 하고 그 이후에는 화면이 바뀌며 [답안 제출]을 하게 됩니다.

- 외부 데이터 위치 : C:\OA\파일명

- 별도의 지시사항이 없는 경우, 다음과 같이 처리 시 실격 처리됩니다.
    - 제시된 시트 및 개체의 순서나 이름을 임의로 변경한 경우
    - 제시된 시트 및 개체를 임의로 추가 또는 삭제한 경우
    - 외부 데이터를 시험 시작 전에 열어 본 경우

- 답안은 반드시 문제에서 지시 또는 요구한 셀에 입력하여야 하며 다음과 같이 처리 시 채점 대상에서 제외됩니다.
    - 수험자가 임의로 지시하지 않은 셀의 이동, 수정, 삭제, 변경 등으로 인해 셀의 위치 및 내용이 변경된 경우 해당 작업에 영향을 미치는 관련문제 모두 채점 대상에서 제외
    - 도형 및 차트의 개체가 중첩되어 있거나 동일한 계산결과 시트가 복수로 존재할 경우 해당 개체나 시트는 채점 대상에서 제외

- 수식 작성 시 제시된 문제 파일의 데이터는 변경 가능한(가변적) 데이터임을 감안하여 문제 풀이를 하시오.

- 별도의 지시사항이 없는 경우, 주어진 각 시트 및 개체의 설정값 또는 기본 설정값(Default)으로 처리하시오.

- 저장 시간은 별도로 주어지지 않으므로 제한된 시간 내에 저장을 완료해야 하며, 제한시간 내에 저장이 되지 않은 경우에는 실격 처리됩니다.

- 출제된 문제의 용어는 Microsoft Office Excel 2021 기준으로 작성되어 있습니다.

국 가 기 술 자 격 검 정

## 문제 1 기본작업(20점) 주어진 시트에서 다음의 과정을 수행하고 저장하시오.

**01** '기본작업-1' 시트에 다음의 자료를 주어진 대로 입력하시오. (5점)

| | A | B | C | D | E | F | G |
|---|---|---|---|---|---|---|---|
| 1 | 1월 입사 명단 | | | | | | |
| 2 | | | | | | | |
| 3 | 입사일 | ID | 이름 | 지역 | 부서 | 직급 | 휴가수 |
| 4 | 01월 02일 | A1001002 | 홍진석 | 서울 | 기획부 | 사원 | 3 |
| 5 | 01월 04일 | A2001003 | 이해원 | 대구 | 인사부 | 사원 | 2 |
| 6 | 01월 05일 | A3001004 | 신명진 | 부산 | 총무부 | 과장 | 1 |
| 7 | 01월 07일 | A3001005 | 이준희 | 제주도 | 판매부 | 사원 | 2 |
| 8 | 01월 10일 | B1001006 | 김혜영 | 서울 | 디자인팀 | 사원 | 3 |
| 9 | 01월 12일 | B1001007 | 안준영 | 대구 | 기획부 | 대리 | 4 |
| 10 | 01월 15일 | B1001008 | 박유정 | 부산 | 인사부 | 대리 | 5 |
| 11 | 01월 21일 | B1001009 | 윤미경 | 제주도 | 총무부 | 과장 | 4 |
| 12 | 01월 23일 | B1001010 | 임두현 | 서울 | 판매부 | 부장 | 2 |

**02** '기본작업-2' 시트에 대하여 다음의 지시사항을 처리하시오. (각 2점)

① [A1:F1] 영역은 '병합하고 가운데 맞춤', 글꼴 'HY견고딕', 크기 14, 행의 높이를 22로 지정하시오.
② [A3:A4], [B3:B4], [C3:F3], [A5:A8], [A9:B9], [A10:B10] 영역은 '병합하고 가운데 맞춤'을, [A3:F4] 영역은 채우기 색을 '표준 색-노랑'으로 지정하시오.
③ [C3] 셀의 '부서'를 한자 '部署'로 변환하시오.
④ [F8] 셀에 '가장 낮음'이라는 메모를 삽입한 후 메모를 숨기고 '자동 크기'로 지정하시오.
⑤ [A3:F10] 영역에 '모든 테두리(⊞)'와 '굵은 바깥쪽 테두리(⊞)'를 적용하여 표시하시오.

**03** '기본작업-3' 시트에서 다음의 지시사항을 처리하시오. (5점)

▶ [E4:E17] 영역에서 휴가수가 7 초과인 셀에는 '진한 빨강 텍스트가 있는 연한 빨강 채우기'를, [F4:F17] 영역에서 하위 10%에 해당하는 셀에는 글꼴 색 '표준 색-파랑', 배경 색 '표준 색-노랑'을 지정하는 조건부 서식을 작성하시오.
▶ 규칙 유형은 '셀 강조 규칙'과 '상위/하위 규칙'을 이용하시오.

## 문제 2 계산작업(40점) '계산작업' 시트에서 다음의 과정을 수행하고 저장하시오.

**01** [표1]에서 연수점수[B3:B11], 연수평가[C3:C11], 부서코드[D3:D11], 가산비율표[B14:E15]를 이용하여 총점 [E3:E11]을 계산하시오. (8점)

▶ 총점 : 연수점수 × (1 + 가산비율) + 추가점수
▶ 가산비율표의 의미 : 연수평가가 'A'이면 가산비율은 5%, 'B'이면 4%, 'C'이면 3%, 'D'이면 2%임
▶ 추가점수는 부서코드의 세 번째 글자임
▶ HLOOKUP, MID 함수 사용

**02** [표2]에서 직원코드[G3:G11]의 네 번째 문자가 '1'이면 '사원', '2'이면 '대리', '3'이면 '과장', '4'이면 '부장', 그 외에는 '코드확인'을 직급[J3:J11]에 표시하시오. (8점)

▶ IFERROR, CHOOSE, MID 함수 사용

03 [표3]에서 부서[B19:B26]가 '판매부'이거나 직급[C19:C26]이 '사원'이면서, 휴가수[D19:D26]가 5 이상이면 '휴가권장', 그 외에는 공백을 총휴가수[E19:E26]에 표시하시오. (8점)
   ▶ AND, OR, IF 함수 사용

04 [표4]에서 중국어구사[J19:J25]가 가능한 직원 중 직급[H19:H25]이 '대리'인 인원수를 [J26] 셀에 계산하시오. (8점)
   ▶ 조건은 [K25:K26] 영역에 입력하시오.
   ▶ & 연산자를 사용하여 계산한 인원수 뒤에 '명'을 포함하여 표시 [표시 예 : 2명]
   ▶ DCOUNT, DCOUNTA 중 알맞은 함수를 선택하여 사용

05 [표5]에서 직급[B30:B37]이 '사원'이 아니면서 연수점수[D30:D37]가 35 이상인 직원들의 실적점수 [E30:E37] 평균을 [E38] 셀에 계산하시오. (8점)
   ▶ 실적점수 평균은 소수 둘째 자리에서 올림하여 표시
     [표시 예 : 12.34 → 12.4]
   ▶ ROUNDUP, AVERAGEIFS 함수 사용

## 문제 3 | 분석작업(20점) | 주어진 시트에서 다음의 과정을 수행하고 저장하시오.

01 '분석작업-1' 시트에서 다음의 지시사항을 처리하시오. (10점)
   ▶ 데이터 [통합] 기능을 이용하여 [표1], [표2], [표3], [표4]에 대한 부서별 '1월', '2월', '3월'의 실적 점수 합계를 '1분기 총 실적 점수' 표의 [B17:D20] 영역에 계산하시오.

02 '분석작업-2' 시트에서 다음의 지시사항을 처리하시오. (10점)
   ▶ <이번 달 부서별 요약> 표에서 '부서' 별로 '근태점수'와 '연수점수'의 평균과 '실적점수'의 최대값을 계산하는 부분합을 작성하시오.
   ▶ '부서'에 대한 정렬 기준은 오름차순으로 하시오.
   ▶ <그림>과 같이 근태점수와 연수점수의 평균은 하나의 행에 표시하시오.
   ▶ 부분합 작성 순서는 평균을 구한 다음 최대값을 구하시오.

| | A | B | C | D | E | F |
|---|---|---|---|---|---|---|
| 1 | | | 이번 달 부서별 요약 | | | |
| 2 | | | | | | |
| 3 | 이름 | 부서 | 근태점수 | 연수점수 | 실적점수 | 휴가수 |
| 4 | 홍진석 | 기획부 | 18 | 35 | 34 | 3 |
| 5 | 김혜영 | 기획부 | 17 | 33 | 37 | 3 |
| 6 | 안준영 | 기획부 | 11 | 32 | 38 | 4 |
| 7 | 최승규 | 기획부 | 15 | 33 | 38 | 4 |
| 8 | | 기획부 최대 | | | 38 | |
| 9 | | 기획부 평균 | 15.25 | 33.25 | | |
| 10 | 이해원 | 인사부 | 16 | 34 | 35 | 2 |
| 11 | 박유정 | 인사부 | 16 | 31 | 34 | 5 |
| 12 | 장서영 | 인사부 | 17 | 34 | 39 | 5 |
| 13 | | 인사부 최대 | | | 39 | |
| 14 | | 인사부 평균 | 16.33333 | 33 | | |
| 15 | 신명진 | 총무부 | 15 | 36 | 32 | 1 |
| 16 | 윤미경 | 총무부 | 18 | 37 | 36 | 4 |
| 17 | | 총무부 최대 | | | 36 | |
| 18 | | 총무부 평균 | 16.5 | 36.5 | | |
| 19 | 이준희 | 판매부 | 19 | 35 | 36 | 2 |
| 20 | 임두현 | 판매부 | 16 | 38 | 37 | 2 |
| 21 | 이진병 | 판매부 | 12 | 30 | 36 | 3 |
| 22 | | 판매부 최대 | | | 37 | |
| 23 | | 판매부 평균 | 15.66667 | 34.33333 | | |
| 24 | | 전체 최대값 | | | 39 | |
| 25 | | 전체 평균 | 15.83333 | 34 | | |

**문제 4** **기타작업(20점)** **주어진 시트에서 다음의 과정을 수행하고 저장하시오.**

**01** '매크로작업' 시트에서 다음과 같은 기능을 수행하는 매크로를 현재 통합 문서에 작성하고 실행하시오. (각 5점)

① [E3:E9] 영역에 전월휴가수, 이달휴가수, 보너스휴가수의 합계를 계산하는 '합계' 매크로를 생성하시오.
  ▶ [개발 도구]-[삽입]-[양식 컨트롤]의 '단추(□)'를 동일 시트의 [G2:H3] 영역에 생성한 후 텍스트를 '합계'로 입력하고, 단추를 클릭할 때 '합계' 매크로가 실행되도록 설정하시오.

② [B2:D2] 영역에 채우기 색 '표준 색-연한 녹색'을 적용하는 '서식' 매크로를 생성하시오.
  ▶ [도형]-[사각형]의 '직사각형(□)'을 동일 시트의 [G5:H6] 영역에 생성한 후 텍스트를 '서식'으로 입력하고, 도형을 클릭할 때 '서식' 매크로가 실행되도록 설정하시오.
  ▶ 도형 안의 텍스트는 가로 '가운데 맞춤', 세로 '가운데 맞춤'으로 지정

※ 셀 포인터의 위치에 관계없이 매크로가 실행되어야 정답으로 인정됨

02 '차트작업' 시트에서 다음의 지시사항에 따라 차트를 수정하시오. (각 2점)

※ 차트는 반드시 문제에서 제공한 차트를 사용하여야 하며, 신규로 차트 작성 시 0점 처리됨

① 각 계열의 '이우리' 항목을 데이터 범위에서 제거하시오.
② (값) 축의 표시 형식은 범주의 '숫자', 소수 자릿수는 1로 지정하시오.
③ (값) 축의 최소값을 0, 최대값을 120, 주 단위를 40으로 지정하시오.
④ '3월' 계열의 표식 옵션의 모양은 '▲'로 지정하시오.
⑤ 범례는 아래쪽에 배치하시오.

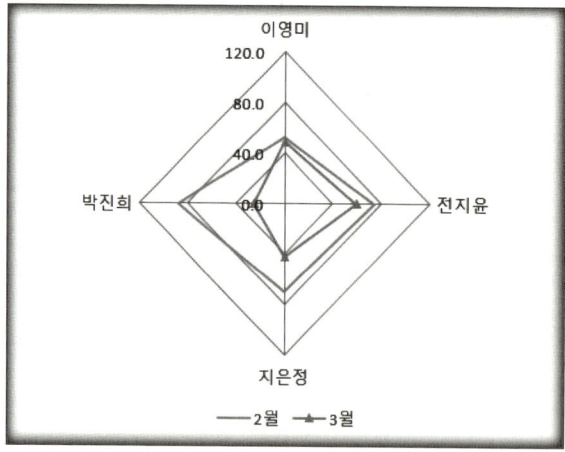

# 정답 및 해설

## 문제1 기본작업

파일을 열었을 때 '보안 경고'가 표시되면 '콘텐츠 사용'을 클릭하세요.

### 01 '기본작업-1' 시트 (자료 입력)

① 주어진 자료를 각각의 셀에 입력합니다.
  ✓ [A4] 셀에 '1-2'를 입력하고 Enter를 누르면 현재 연도의 1월 2일로 인식되어 '01월 02일'로 표시됩니다. 셀에 바로 '01월 02일'을 입력하면 문자로 인식되어 셀 왼쪽으로 정렬되는데 이는 문제의 〈그림〉과 맞지 않습니다.
  ✓ [B3:B12] 영역은 대/소문자를 구분해서 입력해야 합니다.

### 02 '기본작업-2' 시트 (셀 서식)

▶ 결과

| | A | B | C | D | E | F |
|---|---|---|---|---|---|---|
| 1 | 대리 직급의 근태점수 합계 ||||||
| 2 |  |  |  |  |  |  |
| 3 | 직급 | 지역 | 部署 ||||
| 4 |  |  | 기획부 | 디자인팀 | 인사부 | 판매부 |
| 5 | 대리 | 서울 | * | 63 | * | * |
| 6 |  | 대구 | 64 | * | * | * |
| 7 |  | 부산 | * | 61 | 71 | * |
| 8 |  | 제주도 | 67 | * | * | 15 |
| 9 | 대리 요약 |  | 65.5 | 62 | 71 | 15 |
| 10 | 총합계 |  | 65.5 | 62 | 71 | 15 |

**1**

① [A1:F1] 영역을 선택한 후 [홈] 탭-[맞춤] 그룹-[병합하고 가운데 맞춤]을 클릭합니다.
② 이어서 글꼴을 변경하기 위해 [홈] 탭-[글꼴] 그룹-[글꼴] 입력란에 'HY견고딕'을 입력한 후 Enter를 눌러 입력을 완료합니다.
③ 이어서 글꼴 크기를 변경하기 위해 [홈] 탭-[글꼴] 그룹-[글꼴 크기] 입력란에 '14'를 입력한 후 Enter를 눌러 입력을 완료합니다.
④ 이어서 행 높이를 변경하기 위해 [홈] 탭-[셀] 그룹-[서식]-[행 높이]를 클릭합니다.
⑤ [행 높이] 대화상자가 나타나면 '행 높이' 입력란에 '22'를 입력한 후 [확인] 단추를 클릭합니다.

**2**

① [A3:A4] 영역을 선택한 후 Ctrl을 누른 채로 [B3:B4], [C3:F3], [A5:A8], [A9:B9], [A10:B10] 영역을 선택합니다.
② 영역이 모두 선택되면 [홈] 탭-[맞춤] 그룹-[병합하고 가운데 맞춤]을 클릭합니다.
③ 채우기 색을 지정하기 위해 [A3:F4] 영역을 선택한 후 [홈] 탭-[글꼴] 그룹-[채우기 색]의 목록 단추(˅)를 클릭해 '노랑'을 선택합니다.

**3**

① [C3] 셀을 선택한 후 [수식 입력줄]에서 '부서'를 드래그하여 선택합니다.
② 한자로 변환하기 위해 한자를 누릅니다.
③ [한글/한자 변환] 대화상자가 나타나면 '한자 선택' 목록에서 '部署'를 선택하고 '입력 형태'를 '漢字'로 선택한 후 [변환] 단추를 클릭합니다.
④ 부서가 한자로 변환되면 Enter를 눌러 완료합니다.

**4**

① [F8] 셀을 선택한 후 마우스 오른쪽 버튼을 눌러 바로 가기 메뉴가 나타나면 [메모 삽입] 명령을 클릭합니다.
② 메모 입력 창이 나타나면 사용자 이름 맨 앞에 커서를 두고 Delete를 길게 눌러 메모 안의 모든 내용을 지웁니다.
③ 사용자 이름이 지워지면 '가장 낮음'을 입력합니다.
④ 메모의 틀에서 마우스 오른쪽 버튼을 눌러 바로 가기 메뉴가 나타나면 [메모 서식]을 클릭합니다.
⑤ [메모 서식] 대화상자가 나타나면 [맞춤] 탭의 '자동 크기' 확인란을 선택한 후 [확인] 단추를 클릭합니다.
⑥ [F8] 셀에서 마우스 오른쪽 버튼을 눌러 바로 가기 메뉴가 나타나면 [메모 숨기기] 명령을 클릭합니다.

**5**

① 모든 테두리를 지정하기 위해 [A3:F10] 영역을 선택한 후 [홈] 탭-[글꼴] 그룹-[테두리]의 목록 단추(˅)를 클릭하고 '모든 테두리'(⊞)를 선택합니다.
② 이어서 굵은 바깥쪽 테두리를 지정하기 위해 [홈] 탭-[글꼴] 그룹-[테두리]의 목록 단추(˅)를 클릭하고 '굵은 바깥쪽 테두리'(⊡)를 선택합니다.

## 03 '기본작업-3' 시트 (조건부 서식)

▶ 결과

| | A | B | C | D | E | F |
|---|---|---|---|---|---|---|
| 1 | 우리회사 직원 명단 | | | | | |
| 2 | | | | | | |
| 3 | ID | 지역 | 부서 | 직급 | 휴가수 | 근태점수 |
| 4 | B1001011 | 대구 | 디자인팀 | 사원 | 3 | 71 |
| 5 | C4002012 | 부산 | 기획부 | 사원 | 4 | 75 |
| 6 | C4002013 | 제주도 | 인사부 | 부장 | 5 | 76 |
| 7 | C4002014 | 서울 | 총무부 | 사원 | 6 | 89 |
| 8 | C4002015 | 대구 | 판매부 | 사원 | 8 | 52 |
| 9 | C4002016 | 부산 | 디자인팀 | 대리 | 7 | 61 |
| 10 | C4002017 | 제주도 | 기획부 | 대리 | 2 | 67 |
| 11 | C4002018 | 서울 | 인사부 | 과장 | 5 | 62 |
| 12 | C4002019 | 대구 | 총무부 | 부장 | 4 | 41 |
| 13 | C4002020 | 부산 | 판매부 | 부장 | 6 | 59 |
| 14 | D5005021 | 제주도 | 디자인팀 | 사원 | 5 | 70 |
| 15 | D5005022 | 서울 | 기획부 | 사원 | 7 | 40 |
| 16 | D5005023 | 대구 | 인사부 | 사원 | 9 | 65 |
| 17 | D5005024 | 부산 | 총무부 | 사원 | 2 | 40 |

① 문제에 제시된 영역인 [E4:E17] 영역을 드래그하여 선택한 후 [홈] 탭-[스타일] 그룹-[조건부 서식]-[셀 강조 규칙]-[보다 큼]을 클릭합니다.

② [보다 큼] 대화상자가 나타나면 아래와 같이 지정한 후 [확인] 단추를 클릭합니다.

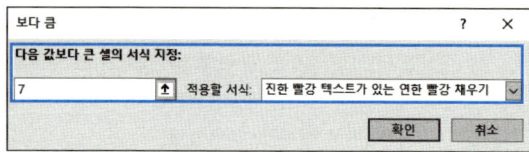

③ 두 번째 규칙을 적용하기 위해 [F4:F17] 영역을 드래그하여 선택한 후 [홈] 탭-[스타일] 그룹-[조건부 서식]-[상위/하위 규칙]-[하위 10%]를 클릭합니다.

④ [하위 10%] 대화상자가 나타나면 '적용할 서식'의 목록 단추(▼)를 클릭하여 [사용자 지정 서식]을 선택합니다.

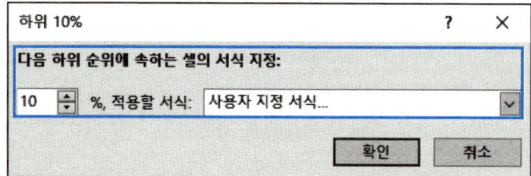

⑤ [셀 서식] 대화상자가 나타나면 [글꼴] 탭에서 [색]을 '파랑'으로 선택하고 [채우기] 탭에서 [배경색]을 '노랑'으로 선택한 후 [확인] 단추를 두 번 클릭하여 대화상자를 모두 닫습니다.

## 문제 2 계산작업

▶ 결과

| | A | B | C | D | E | F | G | H | I | J | K |
|---|---|---|---|---|---|---|---|---|---|---|---|
| 1 | [표1] | | | | | | [표2] | | | | |
| 2 | 이름 | 연수점수 | 연수평가 | 부서코드 | 총점 | | 직원코드 | 직원명 | 지역 | 직급 | |
| 3 | 박규현 | 91 | B | I-18 | 96 | | A1-15 | 이민영 | 서울 | 사원 | |
| 4 | 이경진 | 89 | A | C-21 | 95 | | A2-23 | 이현우 | 대구 | 대리 | |
| 5 | 윤소정 | 75 | C | P-32 | 80 | | A3-38 | 김치수 | 부산 | 과장 | |
| 6 | 이흥근 | 64 | A | D-35 | 70 | | A3-45 | 유연희 | 제주도 | 부장 | |
| 7 | 김형우 | 75 | D | G-22 | 79 | | B1-27 | 김정훈 | 서울 | 대리 | |
| 8 | 김상훈 | 84 | B | I-18 | 88 | | B1-17 | 유혜리 | 대구 | 사원 | |
| 9 | 강민희 | 90 | C | C-21 | 95 | | B1-38 | 이상현 | 부산 | 과장 | |
| 10 | 김기영 | 94 | B | P-32 | 101 | | B1-89 | 김지현 | 제주도 | 코드확인 | |
| 11 | 김소희 | 81 | B | D-35 | 87 | | B1-40 | 진미리 | 서울 | 부장 | |
| 12 | | | | | | | | | | | |
| 13 | <가산비율표> | | | | | | | | | | |
| 14 | 연수평가 | A | B | C | D | | | | | | |
| 15 | 가산비율 | 5% | 4% | 3% | 2% | | | | | | |
| 16 | | | | | | | | | | | |
| 17 | [표3] | | | | | | [표4] | | | | |
| 18 | 이름 | 부서 | 직급 | 휴가수 | 총휴가수 | | 이름 | 직급 | 일본어구사 | 중국어구사 | |
| 19 | 김혜영 | 기획부 | 사원 | 4 | | | 김지호 | 과장 | O | | |
| 20 | 안준영 | 인사부 | 부장 | 5 | | | 유민정 | 과장 | O | O | |
| 21 | 이준희 | 총무부 | 사원 | 6 | 휴가권장 | | 김지연 | 대리 | | | |
| 22 | 윤미경 | 판매부 | 사원 | 8 | 휴가권장 | | 이민희 | 사원 | O | O | |
| 23 | 홍진석 | 디자인팀 | 대리 | 7 | | | 이영희 | 대리 | | O | |
| 24 | 이혜원 | 기획부 | 대리 | 2 | | | 이우현 | 대리 | O | O | 조건 |
| 25 | 박유정 | 인사부 | 과장 | 5 | | | 김은채 | 사원 | O | | 직급 |
| 26 | 김지민 | 디자인팀 | 사원 | 2 | | | 중국어 구사가 가능한 대리 수 | | | 2명 | 대리 |
| 27 | | | | | | | | | | | |
| 28 | [표5] | | | | | | | | | | |
| 29 | 이름 | 직급 | 근태점수 | 연수점수 | 실적점수 | | | | | | |
| 30 | 방성욱 | 대리 | 19 | 32 | 38 | | | | | | |
| 31 | 김정현 | 과장 | 18 | 36 | 31 | | | | | | |
| 32 | 김형준 | 부장 | 16 | 37 | 36 | | | | | | |
| 33 | 신행수 | 부장 | 18 | 31 | 35 | | | | | | |
| 34 | 이주희 | 사원 | 15 | 35 | 36 | | | | | | |
| 35 | 강혜정 | 사원 | 17 | 39 | 36 | | | | | | |
| 36 | 박영현 | 사원 | 16 | 34 | 38 | | | | | | |
| 37 | 이경미 | 과장 | 18 | 38 | 39 | | | | | | |
| 38 | 대리, 과장, 부장의 연수 우수자 실적 평균 | | | | 35.4 | | | | | | |

## 01 총점 (E3:E11)

=B3*(1+HLOOKUP(C3,$B$14:$E$15,2,FALSE))+MID(D3,3,1)

① [E3] 셀을 선택한 후 [수식 입력줄]에 커서를 이동합니다.
② 수식을 작성한 후 Enter 를 누릅니다.
③ [E3] 셀의 채우기 핸들을 [E11] 셀까지 드래그하여 수식을 복사합니다.

## 02 직급 (J3:J11)

=IFERROR(CHOOSE(MID(G3,4,1),"사원","대리","과장","부장"),"코드확인")

① [J3] 셀을 선택한 후 [수식 입력줄]에 커서를 이동합니다.
② 수식을 작성한 후 Enter 를 누릅니다.
③ [J3] 셀의 채우기 핸들을 [J11] 셀까지 드래그하여 수식을 복사합니다.

## 03 총휴가수 (E19:E26)

=IF(AND(OR(B19="판매부",C19="사원"),D19>=5),"휴가 권장","")

① [E19] 셀을 선택한 후 [수식 입력줄]에 커서를 이동합니다.
② 수식을 작성한 후 Enter를 누릅니다.
③ [E19] 셀의 채우기 핸들을 [E26] 셀까지 드래그하여 수식을 복사합니다.

## 04 중국어 구사가 가능한 대리 수 (J26)

=DCOUNTA(G18:J25,J18,K25:K26) & "명"

① [K25:K26] 영역에 고급필터에서 입력했던 방식으로 조건을 입력합니다.

| | K |
|---|---|
| 24 | 조건 |
| 25 | 직급 |
| 26 | 대리 |

② [J26] 셀을 선택한 후 [수식 입력줄]에 커서를 이동합니다.
③ 수식을 작성한 후 Enter를 누릅니다.

## 05 대리, 과장, 부장의 연수 우수자 실적 평균 (E38)

=ROUNDUP(AVERAGEIFS(E30:E37,B30:B37,"<>사원", D30:D37,">=35"),1)

① [E38] 셀을 선택한 후 [수식 입력줄]에 커서를 이동합니다.
② 수식을 작성한 후 Enter를 누릅니다.

### 문제 3  분석작업

## 01 '분석작업-1' 시트 (통합)

▶ 결과

| | A | B | C | D |
|---|---|---|---|---|
| 15 | [표5] | 1분기 총 실적 점수 | | |
| 16 | 부서 | 1월 | 2월 | 3월 |
| 17 | 기획부 | 3,203 | 3,024 | 2,979 |
| 18 | 인사부 | 2,997 | 3,020 | 3,055 |
| 19 | 판매부 | 2,993 | 3,210 | 2,876 |
| 20 | 총무부 | 3,187 | 3,427 | 3,086 |

① [A16:D20] 영역을 드래그하여 선택한 후 [데이터] 탭-[데이터 도구] 그룹-[통합]을 클릭합니다.
② [통합] 대화상자가 나타나면 [함수]를 '합계'로 선택한 후 [참조]로 커서를 이동하여 [A2:D6] 영역을 드래그하여 선택하고 [추가] 단추를 클릭해 [모든 참조 영역] 목록에 표시되게 합니다.
③ 이어서 [F2:I6] 영역을 드래그하여 선택한 후 [추가] 단추를 클릭해 [모든 참조 영역] 목록에 표시되게 합니다.

④ 같은 방법으로 [A9:D13], [F9:I13] 영역도 [모든 참조 영역] 목록에 표시되게 합니다.
⑤ 영역이 모두 표시되면 [사용할 레이블]의 '첫 행'과 '왼쪽 열' 확인란을 선택한 후 [확인] 단추를 클릭합니다.

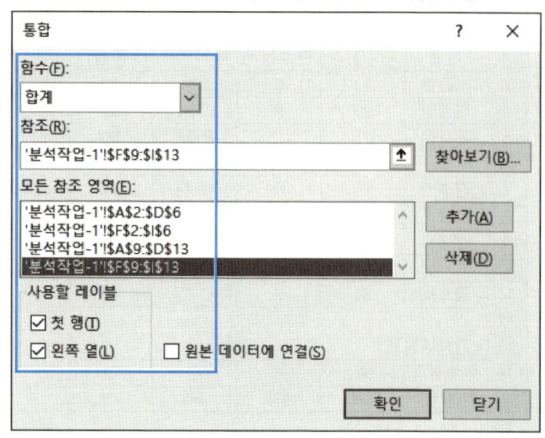

## 02 '분석작업-2' 시트 (부분합)

▶ 결과

| | A | B | C | D | E | F |
|---|---|---|---|---|---|---|
| 1 | | 이번 달 부서별 요약 | | | | |
| 2 | | | | | | |
| 3 | 이름 | 부서 | 근태점수 | 연수점수 | 실적점수 | 휴가수 |
| 4 | 홍진석 | 기획부 | 18 | 35 | 34 | 3 |
| 5 | 김혜영 | 기획부 | 17 | 33 | 37 | 3 |
| 6 | 안중영 | 기획부 | 11 | 32 | 38 | 4 |
| 7 | 최승규 | 기획부 | 15 | 33 | 38 | 4 |
| 8 | | 기획부 최대 | | | 38 | |
| 9 | | 기획부 평균 | 15.25 | 33.25 | | |
| 10 | 이해원 | 인사부 | 16 | 34 | 35 | 2 |
| 11 | 박유정 | 인사부 | 16 | 31 | 34 | 5 |
| 12 | 장서영 | 인사부 | 17 | 34 | 39 | 5 |
| 13 | | 인사부 최대 | | | 39 | |
| 14 | | 인사부 평균 | 16.33333 | 33 | | |
| 15 | 신명진 | 총무부 | 15 | 36 | 32 | 1 |
| 16 | 윤미경 | 총무부 | 18 | 37 | 36 | 4 |
| 17 | | 총무부 최대 | | | 36 | |
| 18 | | 총무부 평균 | 16.5 | 36.5 | | |
| 19 | 이준희 | 판매부 | 19 | 35 | 36 | 2 |
| 20 | 임두현 | 판매부 | 16 | 38 | 37 | 2 |
| 21 | 이진병 | 판매부 | 12 | 30 | 36 | 3 |
| 22 | | 판매부 최대 | | | 37 | |
| 23 | | 판매부 평균 | 15.66667 | 34.33333 | | |
| 24 | | 전체 최대값 | | | 39 | |
| 25 | | 전체 평균 | 15.83333 | 34 | | |

① 부분합 작성 전에 정렬하기 위해 [A3:F15] 영역의 임의의 셀을 선택한 후 [데이터] 탭-[정렬 및 필터] 그룹-[정렬]을 클릭합니다.
② [정렬] 대화상자가 나타나면 [세로 막대형](열)의 정렬 기준에서 '부서'를 선택하고 [정렬]을 '오름차순'으로 선택한 후 [확인] 단추를 클릭합니다.

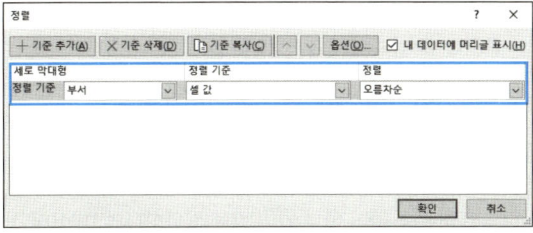

③ 부서를 기준으로 정렬이 된 것을 확인하고 [A3:F15] 영역의 임의의 셀에 셀 포인터가 위치한 상태에서 [데이터] 탭-[개요] 그룹-[부분합]을 클릭합니다.

④ [부분합] 대화상자가 나타나면 [그룹화할 항목]에 '부서', [사용할 함수]에 '평균'을 선택하고, [부분합 계산 항목]에서 '근태점수', '연수점수'의 확인란을 선택한 후 [확인] 단추를 클릭합니다.
('휴가수' 확인란의 선택은 취소합니다.)

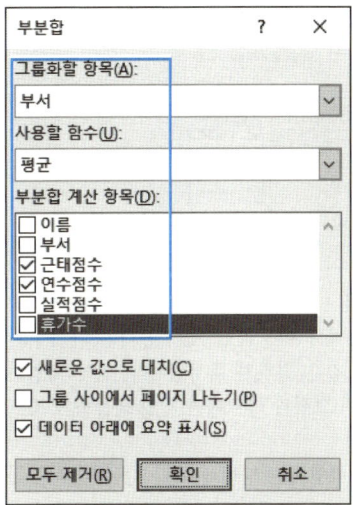

⑤ 최대값을 계산하는 부분합을 추가하기 위해 데이터가 있는 임의의 셀에 셀 포인터가 위치한 상태에서 [데이터] 탭-[개요] 그룹-[부분합]을 클릭합니다.
⑥ [부분합] 대화상자가 나타나면 [사용할 함수]를 '최대'로 변경합니다.
⑦ 이어서 [부분합 계산 항목]에서 '근태점수', '연수점수'의 확인란을 선택 최소합니다.
⑧ '실적점수' 확인란을 선택하고 '새로운 값으로 대치'의 확인란을 선택 최소한 후 [확인] 단추를 클릭합니다.

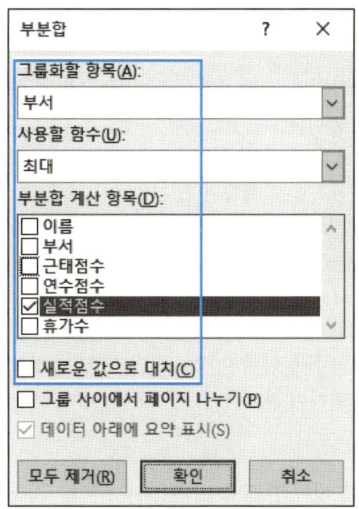

### 문제 4 기타작업

#### 01 '매크로작업' 시트 (매크로)

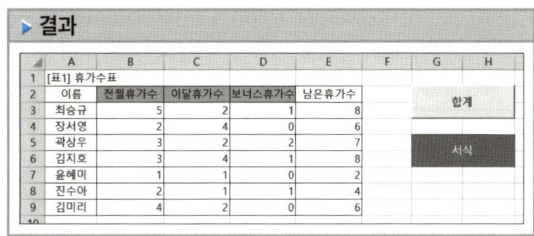

**1**

① [개발 도구] 탭-[컨트롤] 그룹-[삽입]-[양식 컨트롤]의 '단추(양식 컨트롤)'를 클릭합니다.
② 이어서 [G2:H3] 영역에 드래그하여 '단추'를 생성합니다.
③ [매크로 지정] 대화상자가 나타나면 [매크로 이름]에 '합계'를 입력하고 [매크로 위치]에서 '현재 통합 문서'를 선택한 후 [기록] 단추를 클릭합니다.

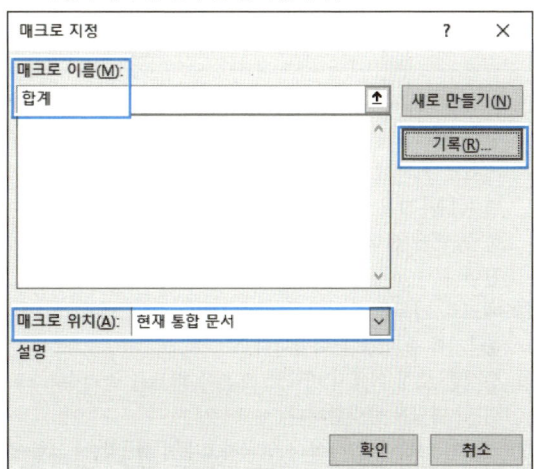

④ [매크로 기록] 대화상자가 나타나면 [확인] 단추를 클릭합니다.
⑤ 매크로 기록이 시작되면 [E3] 셀에 '=SUM(B3:D3)'을 입력한 후 Enter 를 누릅니다.
⑦ [E3] 셀을 선택하고 [E9] 셀까지 수식을 복사한 후 임의의 셀을 선택하여 블록을 해제합니다.
⑧ 매크로 기록을 중지하기 위해 [개발 도구] 탭-[코드] 그룹-[기록 중지]를 클릭합니다.
⑨ 생성한 단추 위에서 마우스 오른쪽 버튼을 눌러 [텍스트 편집] 명령을 클릭합니다.
⑩ 커서가 나타나면 단추에 입력된 글자를 '합계'로 변경하고 임의의 셀을 선택하여 완료합니다.

**2**

① [삽입] 탭-[일러스트레이션] 그룹-[도형]-[사각형]의 '직사각형'을 클릭합니다.
② 이어서 [G5:H6] 영역에 드래그하여 '직사각형' 도형을 생성합니다.
③ 매크로를 지정하기 위해 생성한 도형 위에서 마우스 오른쪽 버튼을 눌러 [매크로 지정] 명령을 클릭합니다.
④ [매크로 지정] 대화상자가 나타나면 [매크로 이름]에 '서식'을 입력하고 [매크로 위치]에서 '현재 통합 문서'를 선택한 후 [기록] 단추를 클릭합니다.

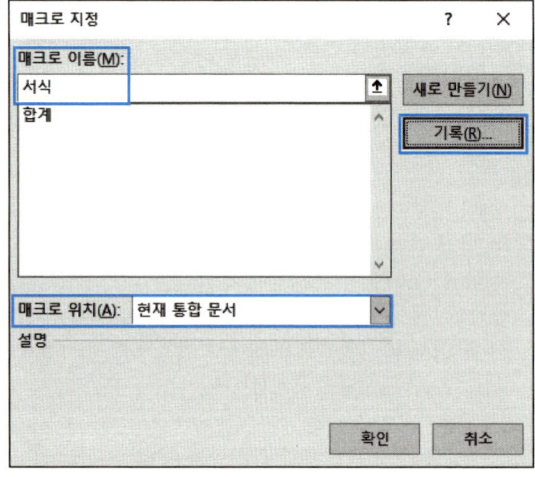

⑤ [매크로 기록] 대화상자가 나타나면 [확인] 단추를 클릭합니다.
⑥ 매크로 기록이 시작되면 [B2:D2] 영역을 선택한 후 [홈] 탭-[글꼴] 그룹-[채우기 색]의 목록 단추(▼)를 클릭해 '연한 녹색'을 선택하고 임의의 셀을 선택하여 블록을 해제합니다.
⑦ 매크로 기록을 중지하기 위해 [개발 도구] 탭-[코드] 그룹-[기록 중지]를 클릭합니다.
⑧ 생성한 도형 위에서 마우스 오른쪽 버튼을 눌러 [텍스트 편집] 명령을 클릭합니다.
⑨ 커서가 나타나면 '서식'을 입력하고 [홈] 탭-[맞춤] 그룹에서 가로 '가운데 맞춤(≡)', 세로 '가운데 맞춤(≡)'을 각각 클릭한 후 임의의 셀을 선택하여 완료합니다.

## 02 '차트작업' 시트 (차트)

**1**

① 이우리 요소를 제거하기 위해 '차트 영역'에서 마우스 오른쪽 버튼을 눌러 바로 가기 메뉴가 나타나면 [데이터 선택] 명령을 클릭합니다.
③ [데이터 원본 선택] 대화상자가 나타나면 [차트 데이터 범위]의 기존 참조 주소를 삭제합니다.
④ [B2:B4] 영역을 선택한 후 Ctrl 을 누른 채 [D2:E4], [B6:B7], [D6:E7] 영역을 차례로 선택합니다.
⑤ [차트 데이터 범위] 주소가 재지정되면 [확인] 단추를 클릭하여 대화상자를 닫습니다.

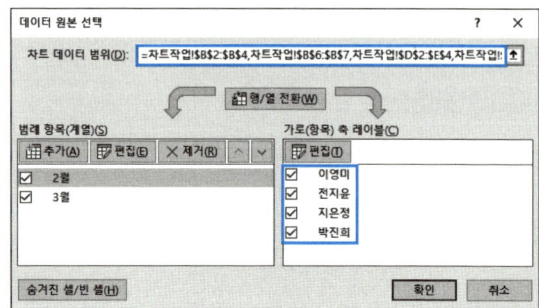

※ [데이터 원본 선택] 대화상자에서 [행/열 전환]을 클릭하고 [범례 항목(계열)]에서 '이우리'를 제거한 다음 다시 [행/열 전환]을 클릭해도 같은 결과가 표시됩니다. 만약 계열의 색상이 문제에 제시된 그림과 다르다면 계열 색상까지 조정해야 합니다.
차트는 작성 방법이 다양하고 방법에 따라 다른 결과가 나올 수 있어 항상 그림이 함께 주어집니다. 따라서 방법이 달라도 최종 그림과 같다면 정답 처리됩니다.

**2**

① [서식] 탭-[현재 선택 영역] 그룹-[차트 요소]의 목록 단추(▼)를 클릭해 '방사형 (값) 축'을 선택합니다.
② 표시 형식을 지정하기 위해 [서식] 탭-[현재 선택 영역] 그룹-[선택 영역 서식]을 클릭합니다.
③ [축 서식] 창이 나타나면 [축 옵션]-[축 옵션](ⅰ)-[표시 형식]의 [범주]를 '숫자'로 선택하고, [소수 자릿수]에 '1'을 입력합니다.

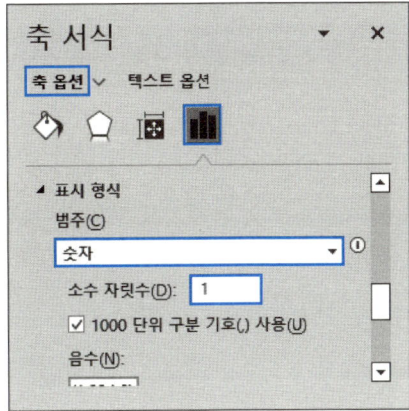

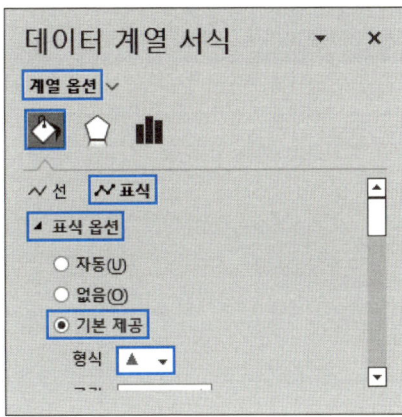

❸
① '방사형 (값) 축'의 [축 서식] 창에서 [축 옵션]-[축 옵션](🎚️)-[축 옵션]의 [최소값] 입력란에 '0', [최대값] 입력란에 '120', [기본] 단위 입력란에 '40'을 입력하고 [닫기](✖) 단추를 클릭합니다.

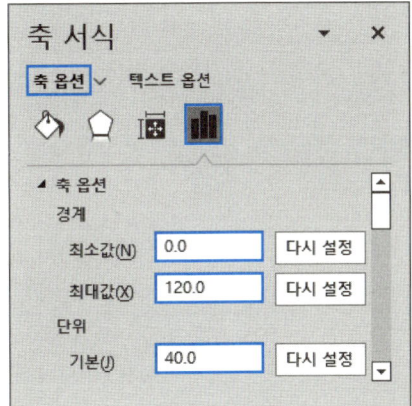

❹
① '3월' 계열에서 마우스 오른쪽 버튼을 눌러 [데이터 계열 서식] 명령을 클릭합니다.
② [데이터 계열 서식] 창이 나타나면 [계열 옵션]-[채우기 및 선](🎨)-[표식]-[표식 옵션]을 '기본 제공'으로 변경하고 [형식]을 '▲'으로 선택한 다음 [닫기](✖) 단추를 클릭합니다.

❺
① '범례'에서 마우스 오른쪽 버튼을 눌러 바로 가기 메뉴가 나타나면 [범례 서식] 명령을 클릭합니다.
② [범례 서식] 창이 나타나면 [범례 옵션]-[범례 옵션](🎚️)-[범례 옵션]의 [범례 위치]를 '아래쪽'으로 선택한 후 [닫기](✖) 단추를 클릭합니다.

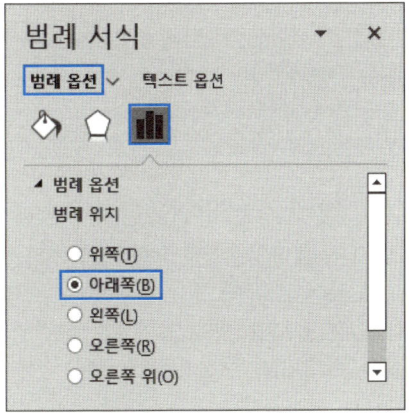

# 제5회 최신기출유형

| 프로그램명 | 제한시간 |
|:---:|:---:|
| EXCEL | 40분 |

수험번호 :

성   명 :

| 2급 | C형 |
|:---:|:---:|

## 유 의 사 항

★ 펜은 꺼내실 수 없으며 시험지는 유출이 불가능합니다.

- 인적 사항 누락 및 잘못 작성으로 인한 불이익은 수험자 책임으로 합니다.
- 화면에 암호 입력창이 나타나면 아래의 암호를 입력하여야 합니다.
  - 암호 :

★ 암호를 입력할 수도 있으니 이렇게 첫 장을 확인하시면 됩니다.

- 작성된 답안은 주어진 경로 및 파일명을 변경하지 마시고 그대로 저장해야 합니다. 이를 준수하지 않으면 실격 처리됩니다.

★ 디스켓 모양을 눌러 저장하시면 됩니다. 예외가 있을 수도 있으니 감독관이 설명할 때 잘 들어주세요. 제한시간(40분) 안에 디스켓 모양을 눌러 저장을 하고 그 이후에는 화면이 바뀌며 [답안 제출]을 하게 됩니다.

- 외부 데이터 위치 : C:\OA\파일명
- 별도의 지시사항이 없는 경우, 다음과 같이 처리 시 실격 처리됩니다.
  - 제시된 시트 및 개체의 순서나 이름을 임의로 변경한 경우
  - 제시된 시트 및 개체를 임의로 추가 또는 삭제한 경우
  - 외부 데이터를 시험 시작 전에 열어 본 경우
- 답안은 반드시 문제에서 지시 또는 요구한 셀에 입력하여야 하며 다음과 같이 처리 시 채점 대상에서 제외됩니다.
  - 수험자가 임의로 지시하지 않은 셀의 이동, 수정, 삭제, 변경 등으로 인해 셀의 위치 및 내용이 변경된 경우 해당 작업에 영향을 미치는 관련문제 모두 채점 대상에서 제외
  - 도형 및 차트의 개체가 중첩되어 있거나 동일한 계산결과 시트가 복수로 존재할 경우 해당 개체나 시트는 채점 대상에서 제외
- 수식 작성 시 제시된 문제 파일의 데이터는 변경 가능한(가변적) 데이터임을 감안하여 문제 풀이를 하시오.
- 별도의 지시사항이 없는 경우, 주어진 각 시트 및 개체의 설정값 또는 기본 설정값(Default)으로 처리하시오.
- 저장 시간은 별도로 주어지지 않으므로 제한된 시간 내에 저장을 완료해야 하며, 제한시간 내에 저장이 되지 않은 경우에는 실격 처리됩니다.
- 출제된 문제의 용어는 Microsoft Office Excel 2021 기준으로 작성되어 있습니다.

국 가 기 술 자 격 검 정

## 문제 1  기본작업(20점)  주어진 시트에서 다음의 과정을 수행하고 저장하시오.

**01** '기본작업-1' 시트에 다음의 자료를 주어진 대로 입력하시오. (5점)

| | A | B | C | D | E | F | G |
|---|---|---|---|---|---|---|---|
| 1 | 한국학원 강사정보 | | | | | | |
| 2 | | | | | | | |
| 3 | 강의코드 | 강의시작일 | 강사이름 | 학년 | 강의과목 | 수강인원 | 인원비율 |
| 4 | H109EN | 2016-09-01 | 유연민 | 고1 | 영어 | 80 | 3.50% |
| 5 | H103MA | 2015-03-01 | 이해원 | 고1 | 수학 | 50 | 2.20% |
| 6 | H209EN | 2016-09-01 | 신명진 | 고2 | 영어 | 65 | 2.90% |
| 7 | H103EN | 2016-03-01 | 이준희 | 고1 | 영어 | 70 | 3.10% |
| 8 | H309SC | 2016-09-01 | 김혜영 | 고3 | 과학 | 120 | 5.30% |
| 9 | H104MA | 2015-04-01 | 안준영 | 고1 | 수학 | 50 | 2.20% |
| 10 | H203MA | 2016-03-01 | 박유정 | 고2 | 수학 | 90 | 4.00% |
| 11 | H310KO | 2015-10-01 | 윤미경 | 고3 | 국어 | 95 | 4.20% |
| 12 | H301MA | 2016-01-01 | 임두현 | 고3 | 수학 | 80 | 3.50% |
| 13 | H312KO | 2015-12-01 | 이진병 | 고3 | 국어 | 65 | 2.90% |

**02** '기본작업-2' 시트에 대하여 다음의 지시사항을 처리하시오. (각 2점)

① [A1:F1], [A4:A5], [A6:A9], [A10:A12] 영역은 '병합하고 가운데 맞춤', 글꼴 '굴림체', 글꼴 스타일 '굵은 기울임꼴'로 지정하시오.
② [C4:C12] 영역은 기호 없는 회계 형식으로 지정하시오.
③ [E4] 셀에 '인기강사'라는 메모를 삽입한 후 '자동 크기'로 지정하고, 항상 표시되도록 하시오.
④ [B4:B12] 영역은 '강사이름'으로 이름을 정의하시오.
⑤ [A3:F12] 영역은 '모든 테두리(⊞)'로 적용하여 표시하시오.

**03** '기본작업-3' 시트에서 다음의 지시사항을 처리하시오. (5점)

▶ '2015년도에 입사한 강사 명단' 표에서 강의과목이 '과학'이거나 수강료가 100,000 이상인 데이터를 고급 필터를 사용하여 검색하시오.
▶ 고급 필터 조건은 [A19:C21] 범위 내에 알맞게 입력하시오.
▶ 고급 필터 결과 복사 위치는 동일 시트의 [A23] 셀에서 시작하시오.

## 문제 2  계산작업(40점)  '계산작업' 시트에서 다음의 과정을 수행하고 저장하시오.

**01** [표1]에서 강의과목[C3:C10]이 '과학'이고, 강의시작연도[D3:D10]가 2016인 강사들의 수강료[E3:E10] 합계를 계산하여 [E11] 셀에 표시하시오. (8점)

▶ AVERAGEIFS, SUMIFS, COUNTIFS 중 알맞은 함수 사용

**02** [표2]에서 강사의 평점[I3:I11]이 가장 많은 강사는 '1위', 두 번째로 많은 강사는 '2위', 세 번째로 많은 강사는 '3위', 그 외에는 공백을 순위[J3:J11]에 표시하시오. (8점)

▶ IFERROR, RANK.EQ, CHOOSE 함수 사용

03 [표3]에서 과목코드[A15:A22]와 코드별수업요일표[D15:E22]를 이용하여 수업요일[B15:B22]을 표시하시오. (8점)

- ▶ 코드별수업요일표의 의미 : 과목코드의 끝번호가 1 또는 5이면 수업요일은 '월요일', 2 또는 6이면 '화요일', 3 또는 7이면 '수요일', 4 또는 8이면 '목요일'임
- ▶ VLOOKUP, RIGHT 함수 사용

04 [표4]에서 학원 출근시간[I15:I22]이 빠른 세 명은 '조기퇴근'을, 그 외에는 공백을 결과[J15:J22]에 표시하시오. (8점)

- ▶ IF, SMALL 함수 사용

05 [표5]에서 강의시작일[A26:A33]부터 오늘 날짜까지의 강의일수[C26:C33]를 계산하시오. (8점)

- ▶ 계산한 강의 일수 뒤에 '일'을 표시 [표시 예 : 100일]
- ▶ DAYS, TODAY 함수와 &연산자 사용

## 문제 3  분석작업(20점)  주어진 시트에서 다음의 과정을 수행하고 저장하시오.

01 '분석작업-1' 시트에서 다음의 지시사항을 처리하시오. (10점)

- <김진영 선생님 이번 주 강의 내용>에서 추가강의료율[B15:C15]이 다음과 같이 변동하는 경우 이번 주 총 강의료[D11]의 변동 시나리오를 작성하시오.
  - ▶ 셀 이름 정의 : [B15] 셀은 '토요일', [C15] 셀은 '일요일', [D11] 셀은 '이번주강의료'로 정의하시오.
  - ▶ 시나리오1 : 시나리오 이름은 '주말인상', 추가강의료율을 토요일 15%, 일요일 20%로 설정하시오.
  - ▶ 시나리오2 : 시나리오 이름은 '주말인하', 추가강의료율을 토요일 5%, 일요일 10%로 설정하시오.
  - ▶ 위 시나리오에 의한 '시나리오 요약' 보고서는 '분석작업-1' 시트 바로 앞에 위치시키시오.
- ※ 시나리오 요약 보고서 작성 시 정답과 일치하여야 하며, 오자로 인한 부분점수는 인정하지 않음

02 '분석작업-2' 시트에서 다음의 지시사항을 처리하시오. (10점)

- '신입 강사 현황' 표를 이용하여 강사이름은 '필터', 강의과목은 '행', 강의시작일은 '열'로 처리하고 '값'에 수강료의 평균과 수강인원의 합계를 계산한 후 행/열의 총합계는 표시하지 않는 피벗 테이블을 작성하시오.
  - ▶ 피벗 테이블 보고서는 동일 시트의 [A20] 셀에서 시작하시오.
  - ▶ 보고서 레이아웃은 '개요 형식'으로 지정하시오.
  - ▶ 수강료의 평균은 '값 필드 설정'의 '셀 서식' 대화상자에서 '숫자' 범주와 '1000 단위 구분 기호(,) 사용'을 이용하여 작성하시오.

## 문제 4 | 기타작업(20점) — 주어진 시트에서 다음의 과정을 수행하고 저장하시오.

### 01. '매크로작업' 시트에서 다음과 같은 기능을 수행하는 매크로를 현재 통합 문서에 작성하고 실행하시오. (각 5점)

① [G4:G7] 영역에 강의과목별 총인원을 계산하는 '총인원' 매크로를 생성하시오.
  ▶ [개발 도구]-[삽입]-[양식 컨트롤]의 '단추(□)'를 동일 시트의 [B9:C10] 영역에 생성한 후 텍스트를 '총인원'으로 입력하고, 단추를 클릭할 때 '총인원' 매크로가 실행되도록 설정하시오.
② [A4:A7] 영역에 셀 스타일 '강조색2'를 적용하는 '서식' 매크로를 생성하시오.
  ▶ [도형]-[사각형]의 '직사각형(□)'을 동일 시트의 [E9:F10] 영역에 생성한 후 텍스트를 '서식'으로 입력하고, 도형을 클릭할 때 '서식' 매크로가 실행되도록 설정하시오.
  ▶ 도형 안의 텍스트는 가로 '가운데 맞춤', 세로 '가운데 맞춤'으로 지정

※ 셀 포인터의 위치에 관계없이 매크로가 실행되어야 정답으로 인정됨

### 02. '차트작업' 시트에서 다음의 지시사항에 따라 차트를 수정하시오. (각 2점)

※ 차트는 반드시 문제에서 제공한 차트를 사용하여야 하며, 신규로 차트 작성 시 0점 처리됨

① 1학년 담당의 '수강인원'이 차트에 표시되도록 데이터 범위를 추가하시오.
② '수강인원' 계열의 차트 종류를 '표식이 있는 꺾은선형'으로 변경하고 '보조 축'으로 지정하시오.
③ 차트 제목을 <그림>과 같이 입력하고, 글꼴 '궁서', 글꼴 색 '표준 색-주황', 채우기 색 '표준 색-진한 파랑'으로 지정하시오.
④ 세로 (값) 축과 보조 세로 (값) 축은 세로 제목으로, 가로 (항목) 축 제목은 가로 제목으로 <그림>과 같이 입력하시오.
⑤ 차트 영역의 테두리에 '그림자(오프셋 대각선 오른쪽 위)'와 '둥근 모서리'를 지정하시오.

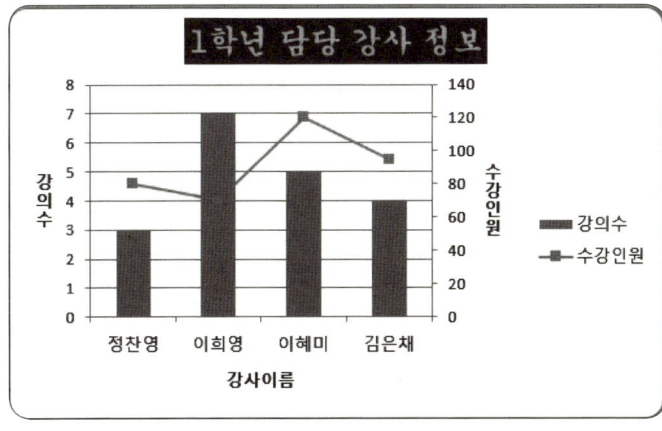

# 정답 및 해설

### 문제1 기본작업

파일을 열었을 때 '보안 경고'가 표시되면 '콘텐츠 사용'을 클릭하세요.

### 01 '기본작업-1' 시트 (자료 입력)

① 주어진 자료를 각각의 셀에 입력합니다.
- ✓ [A4:A13] 영역은 대/소문자를 구분해서 입력해야 합니다.
- ✓ [B4] 셀을 선택하고 '2016-9-1'을 입력한 후 Enter 를 누르면 '2016-09-01'이 표시됩니다.
- ✓ [G4] 셀은 '0.035'를 입력한 후 '백분율 스타일'과 소수 둘째 자리까지 자릿수를 지정해도 되지만 문제는 자료를 주어진 대로 입력하는 것이기 때문에 셀에 '3.50%' 라고 입력하는 것을 권장합니다.

### 02 '기본작업-2' 시트 (셀 서식)

▶ 결과

| | A | B | C | D | E | F |
|---|---|---|---|---|---|---|
| 1 | | | 강의과목별 강사 정보 | | | |
| 2 | | | | | | |
| 3 | 강의과목 | 강사이름 | 수강료 | 강의수 | 수강인원 | 인원비율 |
| 4 | 국어 | 윤미경 | 100,000 | 4 | 95 | ■■4.2% |
| 5 | | 이진병 | 100,000 | 3 | 65 | ■■2.9% |
| 6 | 수학 | 이해원 | 70,000 | 3 | 50 | ■■2.2% |
| 7 | | 안준영 | 70,000 | 4 | 50 | ■■2.2% |
| 8 | | 박유정 | 80,000 | 6 | 90 | ■■4.0% |
| 9 | | 임두현 | 100,000 | 4 | 80 | ■■3.5% |
| 10 | 영어 | 유연민 | 50,000 | 3 | 80 | ■■3.5% |
| 11 | | 신명진 | 50,000 | 5 | 65 | ■■2.9% |
| 12 | | 이준희 | 50,000 | 7 | 70 | ■■3.1% |

**1**

① [A1:F1] 영역을 선택한 후 Ctrl 을 누른 채로 [A4:A5], [A6:A9], [A10:A12] 영역을 선택합니다.
② 영역이 모두 선택되면 [홈] 탭-[맞춤] 그룹-[병합하고 가운데 맞춤]을 클릭합니다.
③ 이어서 [홈] 탭-[글꼴] 그룹-[글꼴] 입력란에 '굴림체'를 입력, [굵게](가)를 클릭, [기울임꼴](가)을 클릭합니다.

**2**

① 기호 없는 회계 형식을 지정하기 위해 [C4:C12] 영역을 선택한 후 Ctrl + 1 을 누릅니다.
② [셀 서식] 대화상자가 나타나면 [표시 형식] 탭-[범주]를 '회계'로 선택하고 '기호'를 '없음'으로 변경한 후 [확인] 단추를 클릭합니다.

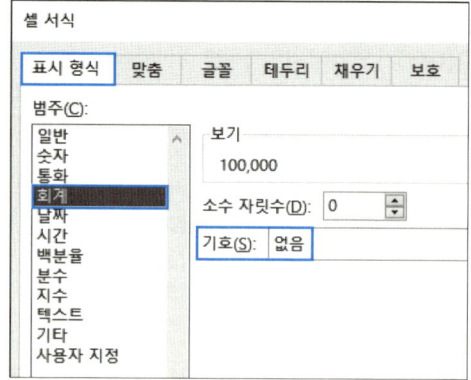

**3**

① 메모를 삽입하기 위해 [E4] 셀을 선택한 후 마우스 오른쪽 버튼을 눌러 바로 가기 메뉴가 나타나면 [메모 삽입] 명령을 클릭합니다.
② 메모 입력 창이 나타나면 사용자 이름 맨 앞에 커서를 두고 Delete 를 길게 눌러 메모 안의 모든 내용을 지웁니다.
③ 사용자 이름이 지워지면 '인기강사'를 입력합니다.
④ 자동 크기를 지정하기 위해 메모의 틀에서 마우스 오른쪽 버튼을 눌러 바로 가기 메뉴가 나타나면 [메모 서식]을 클릭합니다.
⑤ [메모 서식] 대화상자가 나타나면 [맞춤] 탭의 '자동 크기' 확인란을 선택한 후 [확인] 단추를 클릭합니다.
⑥ 메모가 항상 표시되도록 [E4] 셀을 선택한 후 마우스 오른쪽 버튼을 눌러 바로 가기 메뉴가 나타나면 [메모 표시/숨기기]를 클릭합니다.
(메모가 이미 항상 표시된 상태라면 ⑥번 풀이를 생략해도 됩니다.)

**4**

① 이름을 정의하기 위해 [B4:B12] 영역을 드래그하여 선택한 후 [이름 상자]를 클릭합니다.
② '강사이름'을 입력한 후 오타 여부를 확인하고 Enter 를 누릅니다.

**5**

① 모든 테두리를 지정하기 위해 [A3:F12] 영역을 선택한 후 [홈] 탭-[글꼴] 그룹-[테두리]의 목록 단추(▼)를 클릭하고 '모든 테두리'(⊞)를 선택합니다.

## 03 '기본작업-3' 시트 (고급 필터)

▶ 결과

| | A | B | C | D | E |
|---|---|---|---|---|---|
| 23 | 강의코드 | 강의시작일 | 강사이름 | 강의과목 | 수강료 |
| 24 | H310KO | 2015-10-01 | 윤미경 | 국어 | 100,000 |
| 25 | H312KO | 2015-12-01 | 이진병 | 국어 | 100,000 |
| 26 | H209SC | 2015-12-01 | 윤소정 | 과학 | 80,000 |

① 조건을 지정하기 위해 [A19] 셀에 '강의과목', [A20] 셀에 '과학', [B19] 셀에 '수강료', [B21] 셀에 '>=100000'을 입력합니다.

| | A | B |
|---|---|---|
| 19 | 강의과목 | 수강료 |
| 20 | 과학 | |
| 21 | | >=100000 |

② 모두 입력이 되었다면 [A3:E17] 영역의 임의의 셀을 선택합니다.
③ 목록 범위 안에 셀 포인터가 있으면 [데이터] 탭-[정렬 및 필터] 그룹-[고급]을 클릭합니다.
④ [고급 필터] 대화상자가 나타나면 [목록 범위]에 [A3:E17] 영역이 이미 지정되어 있는 것을 확인하고 [조건 범위]에 커서를 이동합니다.
⑤ [조건 범위]에 커서가 나타나면 [A19:B21] 영역을 드래그합니다.
⑥ 복사 위치를 지정하기 위해 '다른 장소에 복사'를 선택한 후 [복사 위치]에 커서를 이동하여 [A23] 셀을 선택합니다.
⑦ 각 항목에 셀 주소가 지정되었다면 [확인] 단추를 클릭합니다.

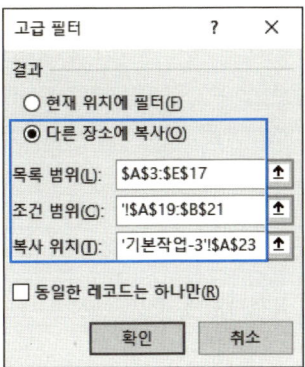

## 문제 2  계산작업

▶ 결과

| | A | B | C | D | E | F | G | H | I | J |
|---|---|---|---|---|---|---|---|---|---|---|
| 1 | [표1] | | | | | | [표2] | | | |
| 2 | 강의코드 | 강사이름 | 강의과목 | 강의시작연도 | 수강료 | | 강의코드 | 강사이름 | 평점 | 순위 |
| 3 | H110KO | 최승규 | 국어 | 2015 | 70,000 | | H218SC | 이현지 | 4.8 | 2위 |
| 4 | H201EN | 장서영 | 수학 | 2016 | 70,000 | | H205EN | 이은영 | 4.6 | 3위 |
| 5 | H302EN | 곽상우 | 영어 | 2016 | 70,000 | | H206MA | 김정훈 | 4.2 | |
| 6 | H204SC | 박경록 | 영어 | 2015 | 90,000 | | H219SC | 최민호 | 4.2 | |
| 7 | H103SC | 이병옥 | 과학 | 2016 | 80,000 | | H317SC | 유민정 | 3.8 | |
| 8 | H101KO | 방성욱 | 영어 | 2015 | 50,000 | | H511SC | 김정미 | 3.2 | |
| 9 | H212KO | 김정현 | 과학 | 2016 | 70,000 | | H502SC | 최시라 | 3.9 | |
| 10 | H110SC | 은민서 | 과학 | 2015 | 70,000 | | H614SC | 김유정 | 4.5 | |
| 11 | 과학 과목을 2016년부터 강의한 수강료 합계 | | | | 150,000 | | H113EN | 이진호 | 4.9 | 1위 |
| 12 | | | | | | | | | | |
| 13 | [표3] | | | <코드별수업요일표> | | | [표4] | | | |
| 14 | 과목코드 | 수업요일 | | 끝번호 | 수업요일 | | 강의시작일 | 강사명 | 출근시간 | 결과 |
| 15 | D4207 | 수요일 | | 1 | 월요일 | | 2015-09-01 | 이지영 | 6시 50분 | 조기퇴근 |
| 16 | C0105 | 월요일 | | 2 | 화요일 | | 2016-03-01 | 임경철 | 6시 52분 | |
| 17 | B3702 | 화요일 | | 3 | 수요일 | | 2015-09-01 | 진희선 | 6시 40분 | 조기퇴근 |
| 18 | D4508 | 목요일 | | 4 | 목요일 | | 2015-01-01 | 김영호 | 7시 10분 | |
| 19 | C0916 | 화요일 | | 5 | 월요일 | | 2016-12-01 | 민철희 | 7시 00분 | |
| 20 | B2104 | 목요일 | | 6 | 화요일 | | 2016-10-01 | 김우진 | 6시 45분 | 조기퇴근 |
| 21 | A2013 | 수요일 | | 7 | 수요일 | | 2015-03-01 | 유선호 | 6시 55분 | |
| 22 | A1011 | 월요일 | | 8 | 목요일 | | 2015-03-02 | 장조미 | 7시 00분 | |
| 23 | | | | | | | | | | |
| 24 | [표5] | | | | | | | | | |
| 25 | 강의시작일 | 강사명 | 강의일수 | | | | | | | |
| 26 | 2016-01-01 | 정준영 | 2711일 | | | | | | | |
| 27 | 2015-12-01 | 김은희 | 2742일 | | | | | | | |
| 28 | 2015-10-01 | 최유미 | 2803일 | | | | | | | |
| 29 | 2016-03-01 | 김선영 | 2651일 | | | | | | | |
| 30 | 2016-01-01 | 신운석 | 2711일 | | | | | | | |
| 31 | 2015-02-01 | 김정철 | 3045일 | | | | | | | |
| 32 | 2016-04-01 | 이승환 | 2620일 | | | | | | | |
| 33 | 2015-04-01 | 정은유 | 2986일 | | ※ 5번은 현재 시스템의 날짜에 따라 값이 달라보일 수 있습니다. | | | | | |

### 01 과학 과목을 2016년부터 강의한 수강료 합계 (E11)

=SUMIFS(E3:E10,C3:C10,"과학",D3:D10,2016)

① [E11] 셀을 선택한 후 [수식 입력줄]에 커서를 이동합니다.
② 수식을 작성한 후 Enter 를 누릅니다.

### 02 순위 (J3:J11)

=IFERROR(CHOOSE(RANK(I3,$I$3:$I$11,0),"1위","2위","3위"),"")

① [J3] 셀을 선택한 후 [수식 입력줄]에 커서를 이동합니다.
② 수식을 작성한 후 Enter 를 누릅니다.
③ [J3] 셀의 채우기 핸들을 [J11] 셀까지 드래그하여 수식을 복사합니다.

### 03 수업요일 (B15:B22)

=VLOOKUP(RIGHT(A15,1),$D$15:$E$22,2,FALSE)

① [B15] 셀을 선택한 후 [수식 입력줄]에 커서를 이동합니다.
② 수식을 작성한 후 Enter 를 누릅니다.
③ [B15] 셀의 채우기 핸들을 [B22] 셀까지 드래그하여 수식을 복사합니다.

## 04 결과 (J15:J22)

=IF(I15<=SMALL($I$15:$I$22,3),"조기퇴근","")

① [J15] 셀을 선택한 후 [수식 입력줄]에 커서를 이동합니다.
② 수식을 작성한 후 Enter를 누릅니다.
③ [J15] 셀의 채우기 핸들을 [J22] 셀까지 드래그하여 수식을 복사합니다.

## 05 강의일수 (C26:C33)

=DAYS(TODAY(),A26) & "일"

① [C26] 셀을 선택한 후 [수식 입력줄]에 커서를 이동합니다.
② 수식을 작성한 후 Enter를 누릅니다.
③ [C26] 셀의 채우기 핸들을 [C33] 셀까지 드래그하여 수식을 복사합니다.

### 문제 3  분석작업

## 01 '분석작업-1' 시트 (시나리오)

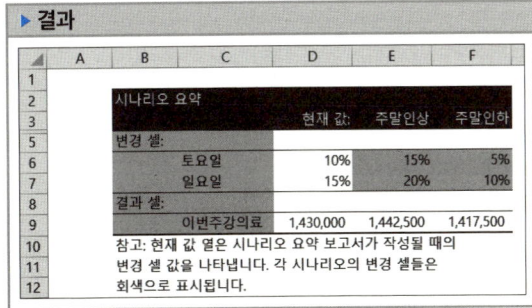

① [B15] 셀의 이름을 정의하기 위해 [B15] 셀을 선택하고 이름 상자에 '토요일'을 입력한 후 Enter를 누릅니다.
② 같은 방법으로 [C15] 셀의 이름을 '일요일', [D11] 셀의 이름을 '이번주강의료'로 정의합니다.
③ 셀 포인터의 위치와 상관없이 [데이터] 탭-[예측] 그룹-[가상 분석]-[시나리오 관리자]를 클릭합니다.
④ [시나리오 관리자] 대화상자가 나타나면 [추가] 단추를 클릭합니다.
⑤ [시나리오 추가] 대화상자가 나타나면 [시나리오 이름]에 '주말인상'을 입력, Tab을 눌러 [변경 셀]로 커서를 이동한 다음 [B15:C15] 영역을 드래그하고 [확인] 단추를 클릭합니다.

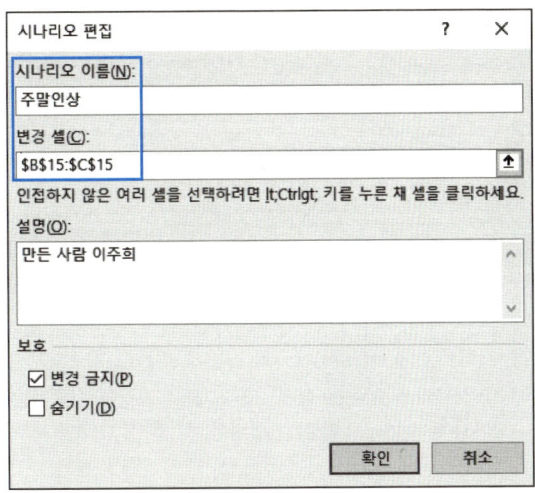

⑥ [시나리오 값] 대화상자가 나타나면 [B15] 셀(토요일)의 값을 '0.15', [C15] 셀(일요일)의 값을 '0.2'로 입력하고 [확인] 단추를 클릭합니다.

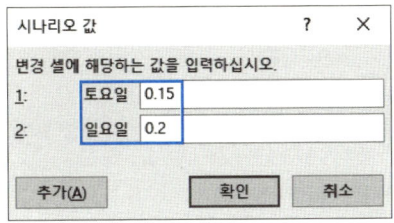

⑦ 다시 [시나리오 관리자] 대화상자가 나타나면 두 번째 시나리오를 추가하기 위해 [추가] 단추를 클릭합니다.
⑧ [시나리오 추가] 대화상자가 나타나면 [시나리오 이름]에 '주말인하'를 입력, [변경 셀]에 [B15:C15] 영역이 지정된 것을 확인 후 [확인] 단추를 클릭합니다.

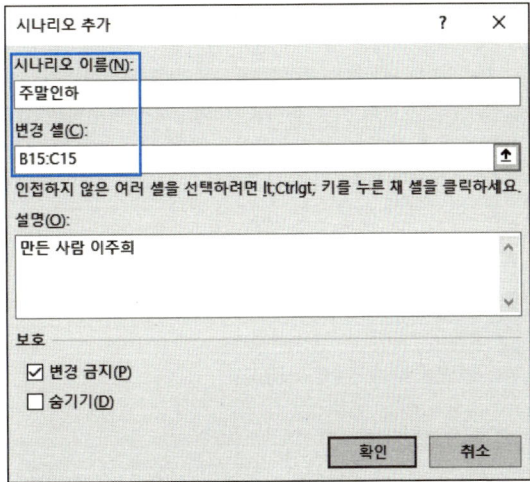

⑨ [시나리오 값] 대화상자가 나타나면 [B15] 셀(토요일)의 값을 '0.05', [C15] 셀(일요일)의 값을 '0.1'로 입력하고 [확인] 단추를 클릭합니다.

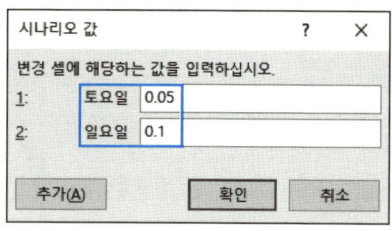

⑩ [시나리오 관리자] 대화상자의 [시나리오] 목록에 생성된 '주말인상'과 '주말인하' 시나리오를 확인한 후 [요약] 단추를 클릭합니다.

⑪ [시나리오 요약] 대화상자가 나타나면 [보고서 종류]에서 '시나리오 요약'을 선택, [결과 셀]로 커서를 이동하여 [D11] 셀(이번주강의료)을 클릭한 후 [확인] 단추를 클릭합니다.

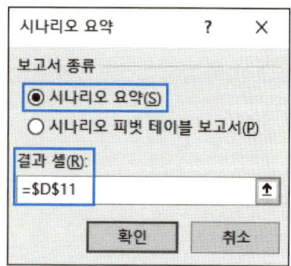

## 02 '분석작업-2' 시트 (피벗 테이블)

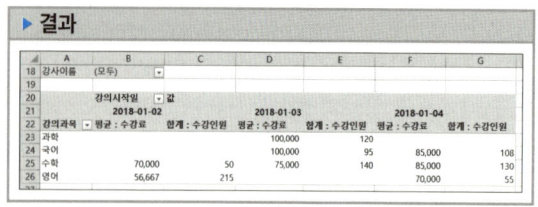

① [A3:G16] 영역의 임의의 셀을 선택한 후 [삽입] 탭-[표] 그룹-[피벗 테이블]-[테이블/범위에서]를 클릭합니다.
② [표 또는 범위의 피벗 테이블] 대화상자가 나타나면 '표/범위'에 입력된 [A3:G16] 영역을 확인하고, 피벗 테이블을 배치할 위치에 '기존 워크시트'의 [A20] 셀을 선택한 후 [확인] 단추를 클릭합니다.

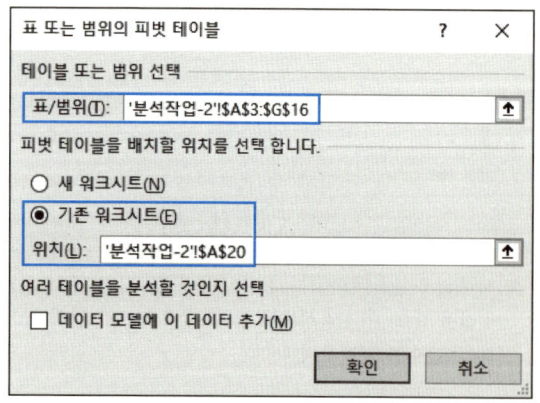

③ '강사이름'을 [필터] 영역으로 드래그, '강의과목'을 [행] 영역으로 드래그, '강의시작일'을 [열] 영역으로 드래그, '수강료'를 [값] 영역으로 드래그, '수강인원'을 수강료 밑에 [값] 영역으로 드래그합니다.

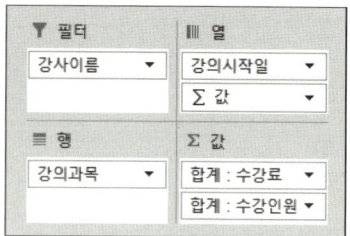

④ '수강료'를 평균으로 변경하기 위해 [피벗 테이블 필드] 작업창의 [값] 영역에서 '합계 : 수강료'를 클릭하여 [값 필드 설정]을 선택합니다.
⑤ [값 필드 설정] 대화상자가 나타나면 [값 요약 기준] 탭에서 '평균'을 선택하고 [확인] 단추를 클릭합니다.

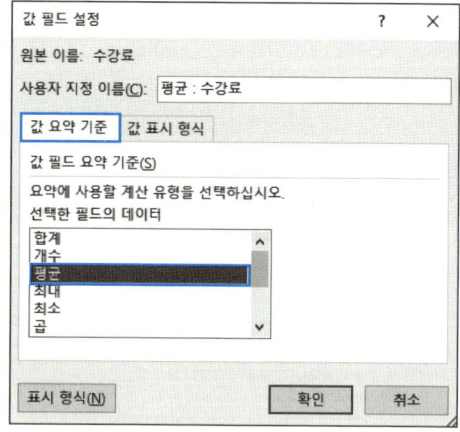

⑥ 행/열의 총합계는 표시하지 않도록 [디자인] 탭-[레이아웃] 그룹-[총합계]-[행 및 열의 총합계 해제]를 클릭합니다.
⑦ 보고서 레이아웃을 변경하기 위해 [디자인] 탭-[레이아웃] 그룹-[보고서 레이아웃]-[개요 형식으로 표시]를 클릭합니다.
⑧ 수강료 평균값의 표시 형식을 변경하기 위해 [피벗 테이블 필드] 작업창의 [값] 영역에서 '평균 : 수강료'를 클릭하여 [값 필드 설정]을 선택합니다.
⑨ [값 필드 설정] 대화상자가 나타나면 [표시 형식] 단추를 클릭합니다.
⑩ [셀 서식] 대화상자가 나타나면 [범주]에 '숫자'를 클릭하고 '1000 단위 구분 기호(,) 사용' 확인란을 선택한 후 [확인] 단추를 두 번 클릭하여 대화상자를 모두 닫습니다.

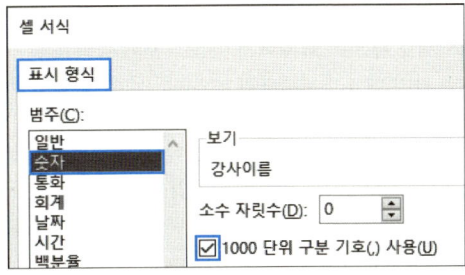

## 문제 4 기타작업

### 01 '매크로작업' 시트 (매크로)

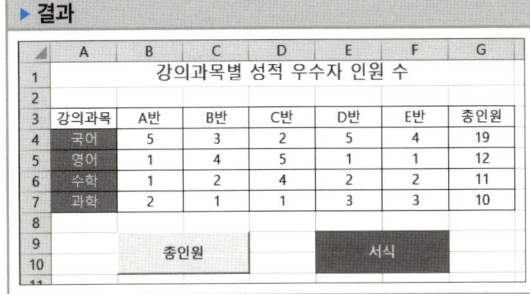

**1**

① [개발 도구] 탭-[컨트롤] 그룹-[삽입]-[양식 컨트롤]의 '단추(양식 컨트롤)'를 클릭합니다.
② 이어서 [B9:C10] 영역에 드래그하여 '단추'를 생성합니다.
③ [매크로 지정] 대화상자가 나타나면 [매크로 이름]에 '총인원'을 입력하고 [매크로 위치]에서 '현재 통합 문서'를 선택한 후 [기록] 단추를 클릭합니다.

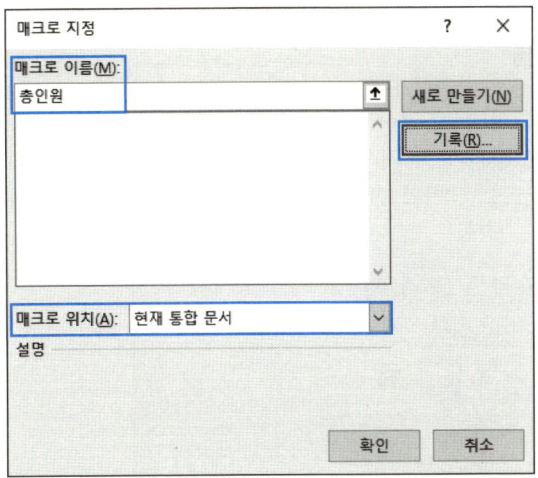

④ [매크로 기록] 대화상자가 나타나면 [확인] 단추를 클릭합니다.
⑤ 매크로 기록이 시작되면 [G4] 셀에 '=SUM(B4:F4)'를 입력한 후 Enter 를 누릅니다.
⑥ [G4] 셀을 선택하고 [G7] 셀까지 수식을 복사한 후 임의의 셀을 선택하여 블록을 해제합니다.
⑦ 매크로 기록을 중지하기 위해 [개발 도구] 탭-[코드] 그룹-[기록 중지]를 클릭합니다.
⑧ 생성한 단추 위에서 마우스 오른쪽 버튼을 눌러 [텍스트 편집] 명령을 클릭합니다.
⑨ 커서가 나타나면 단추에 입력된 글자를 '총인원'으로 변경하고 임의의 셀을 선택하여 완료합니다.

**2**

① [삽입] 탭-[일러스트레이션] 그룹-[도형]-[사각형]의 '직사각형'을 클릭합니다.
② 이어서 [E9:F10] 영역에 드래그하여 '직사각형' 도형을 생성합니다.
③ 매크로를 지정하기 위해 생성한 도형 위에서 마우스 오른쪽 버튼을 눌러 [매크로 지정] 명령을 클릭합니다.
④ [매크로 지정] 대화상자가 나타나면 [매크로 이름]에 '서식'을 입력하고 [매크로 위치]에서 '현재 통합 문서'를 선택한 후 [기록] 단추를 클릭합니다.

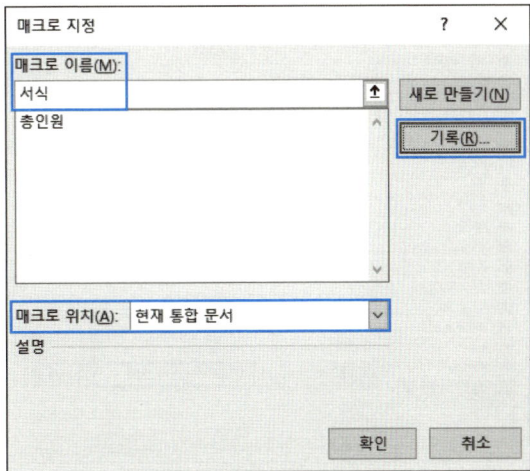

⑤ [매크로 기록] 대화상자가 나타나면 [확인] 단추를 클릭합니다.
⑥ 매크로 기록이 시작되면 [A4:A7] 영역을 선택합니다.
⑦ 셀 스타일을 지정하기 위해 [홈] 탭-[스타일] 그룹-[셀 스타일]을 클릭하고 [테마 셀 스타일] 범주의 '강조색2'를 선택한 후 임의의 셀을 선택하여 블록을 해제합니다.
⑧ 매크로 기록을 중지하기 위해 [개발 도구] 탭-[코드] 그룹-[기록 중지]를 클릭합니다.
⑨ 생성한 도형 위에서 마우스 오른쪽 버튼을 눌러 [텍스트 편집] 명령을 클릭합니다.
⑩ 커서가 나타나면 '서식'을 입력하고 [홈] 탭-[맞춤] 그룹에서 가로 '가운데 맞춤(≡)', 세로 '가운데 맞춤(≡)'을 각각 클릭한 후 임의의 셀을 선택하여 완료합니다.

## 02 '차트작업' 시트 (차트)

### 1
① [D3:D4] 영역을 선택한 후 Ctrl을 누른 채 [D7:D8], [D11] 영역을 순서대로 선택합니다.
② 영역이 모두 선택되면 Ctrl + C 를 눌러 복사합니다.
③ '차트 영역'을 선택한 후 Ctrl + V 를 눌러 붙여넣기를 합니다.

### 2
① 임의의 계열에서 마우스 오른쪽 버튼을 눌러 바로 가기 메뉴가 나타나면 [계열 차트 종류 변경] 명령을 클릭합니다.
② [차트 종류 변경] 대화상자가 나타나면 '수강인원' 계열의 [차트 종류] 목록 단추(∨)를 클릭해 [꺾은선형] 범주의 '표식이 있는 꺾은선형'을 선택합니다.
③ [미리 보기]에 수강인원 계열의 차트 종류가 변경된 것을 확인한 후 보조 축을 표시하기 위해 '수강인원' 계열의 [보조 축] 확인란을 선택하고 [확인] 단추를 클릭합니다.

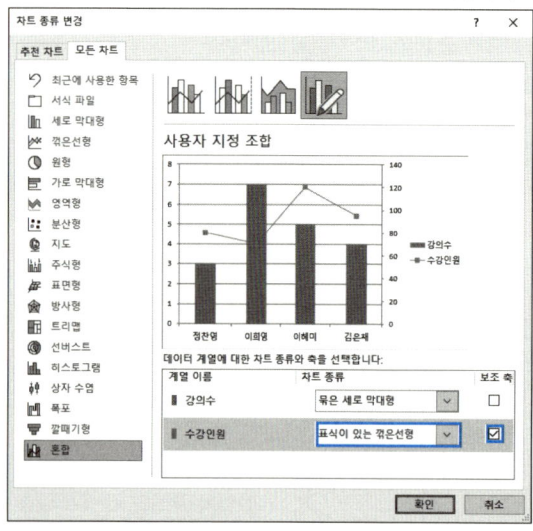

### 3
① [차트 디자인] 탭-[차트 레이아웃] 그룹-[차트 요소 추가]-[차트 제목]-[차트 위]를 클릭합니다.
② '차트 제목'이 차트에 표시되면 [수식 입력줄]을 클릭하고 '1학년 담당 강사 정보'를 입력한 후 Enter 를 누릅니다.
③ '차트 제목'이 선택된 상태에서 [홈] 탭-[글꼴] 그룹의 '글꼴'을 '궁서', '글꼴 색'을 '주황', '채우기 색'을 '진한 파랑'으로 변경합니다.

### 4
① 세로 (값) 축 제목을 표시하기 위해 [차트 디자인] 탭-[차트 레이아웃] 그룹-[차트 요소 추가]-[축 제목]-[기본 세로]를 클릭합니다.
② '축 제목'이 차트에 표시되면 [수식 입력줄]을 클릭하고 '강의수'를 입력한 후 Enter 를 누릅니다.

③ '강의수'가 차트에 표시되면 텍스트 방향이 세로로 표시되도록 '세로 (값) 축 제목'에서 마우스 오른쪽 버튼을 눌러 바로 가기 메뉴가 나타나면 [축 제목 서식] 명령을 클릭합니다.
④ [축 제목 서식] 창이 나타나면 [텍스트 옵션]-[텍스트 상자](🖺)-[텍스트 상자]의 [텍스트 방향]을 '세로'로 선택하고 [닫기](✕) 단추를 클릭합니다.

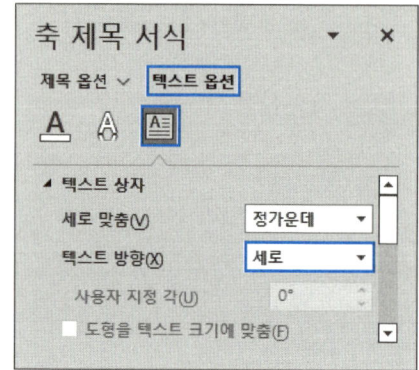

⑤ 보조 세로 (값) 축 제목을 표시하기 위해 [차트 디자인] 탭-[차트 레이아웃] 그룹-[차트 요소 추가]-[축 제목]-[보조 세로]를 클릭합니다.
⑥ '축 제목'이 차트에 표시되면 [수식 입력줄]을 클릭하고 '수강인원'을 입력한 후 Enter 를 누릅니다.
⑦ '수강인원'이 차트에 표시되면 '강의수'와 같이 텍스트 방향이 세로로 표시되도록 변경합니다.
⑧ 가로 (항목) 축 제목을 표시하기 위해 [차트 디자인] 탭-[차트 레이아웃] 그룹-[차트 요소 추가]-[축 제목]-[기본 가로]를 클릭합니다.
⑨ '축 제목'이 차트에 표시되면 [수식 입력줄]을 클릭하고 '강사이름'을 입력한 후 Enter 를 누릅니다.

### 5
① '차트 영역'에서 마우스 오른쪽 버튼을 눌러 바로 가기 메뉴가 나타나면 [차트 영역 서식] 명령을 클릭합니다.
② [차트 영역 서식] 창이 나타나면 [차트 옵션]-[효과](◯)-[그림자]의 [미리 설정]을 '오프셋: 오른쪽 위'로 선택합니다.

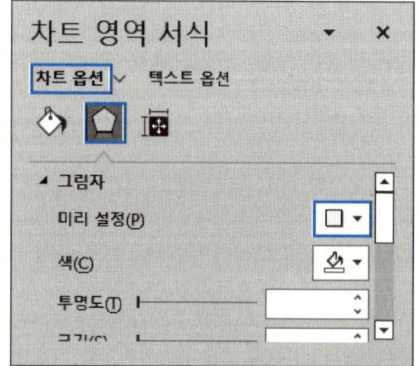

③ 이어서 [차트 옵션]-[채우기 및 선](◇)-[테두리]의 '둥근 모서리' 확인란을 선택하고 [닫기](✖) 단추를 클릭합니다.

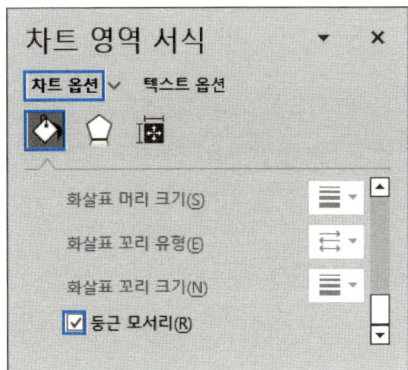

# 제6회 최신기출유형

| 프로그램명 | 제한시간 |
|---|---|
| EXCEL | 40분 |

수험번호 :

성　　명 :

| 2급 | C형 |

## 유 의 사 항

★ 펜은 꺼내실 수 없으며 시험지는 유출이 불가능합니다.

■ 인적 사항 누락 및 잘못 작성으로 인한 불이익은 수험자 책임으로 합니다.

■ 화면에 암호 입력창이 나타나면 아래의 암호를 입력하여야 합니다.
  ● 암호 :

★ 암호를 입력할 수도 있으니 이렇게 첫 장을 확인하시면 됩니다.

■ 작성된 답안은 주어진 경로 및 파일명을 변경하지 마시고 그대로 저장해야 합니다. 이를 준수하지 않으면 실격 처리됩니다.

★ 디스켓 모양을 눌러 저장하시면 됩니다. 예외가 있을 수도 있으니 감독관이 설명할 때 잘 들어주세요. 제한시간(40분) 안에 디스켓 모양을 눌러 저장을 하고 그 이후에는 화면이 바뀌며 [답안 제출]을 하게 됩니다.

■ 외부 데이터 위치 : C:\OA\파일명

■ 별도의 지시사항이 없는 경우, 다음과 같이 처리 시 실격 처리됩니다.
  ● 제시된 시트 및 개체의 순서나 이름을 임의로 변경한 경우
  ● 제시된 시트 및 개체를 임의로 추가 또는 삭제한 경우
  ● 외부 데이터를 시험 시작 전에 열어 본 경우

■ 답안은 반드시 문제에서 지시 또는 요구한 셀에 입력하여야 하며 다음과 같이 처리 시 채점 대상에서 제외됩니다.
  ● 수험자가 임의로 지시하지 않은 셀의 이동, 수정, 삭제, 변경 등으로 인해 셀의 위치 및 내용이 변경된 경우 해당 작업에 영향을 미치는 관련문제 모두 채점 대상에서 제외
  ● 도형 및 차트의 개체가 중첩되어 있거나 동일한 계산결과 시트가 복수로 존재할 경우 해당 개체나 시트는 채점 대상에서 제외

■ 수식 작성 시 제시된 문제 파일의 데이터는 변경 가능한(가변적) 데이터임을 감안하여 문제 풀이를 하시오.

■ 별도의 지시사항이 없는 경우, 주어진 각 시트 및 개체의 설정값 또는 기본 설정값(Default)으로 처리하시오.

■ 저장 시간은 별도로 주어지지 않으므로 제한된 시간 내에 저장을 완료해야 하며, 제한시간 내에 저장이 되지 않은 경우에는 실격 처리됩니다.

■ 출제된 문제의 용어는 Microsoft Office Excel 2021 기준으로 작성되어 있습니다.

국 가 기 술 자 격 검 정

## 문제 1  기본작업(20점)  주어진 시트에서 다음의 과정을 수행하고 저장하시오.

**01** '기본작업-1' 시트에 다음의 자료를 주어진 대로 입력하시오. (5점)

| | A | B | C | D | E | F |
|---|---|---|---|---|---|---|
| 1 | 건강즙과 오메가3 제품 | | | | | |
| 2 | | | | | | |
| 3 | 제품코드 | 제품이름 | 분류 | 정가 | 제조일자 | 보존기간(개월) |
| 4 | GG1112JS | 양배추즙 | 건강즙 | 15000 | 2017-01-06 | 6 |
| 5 | GG1104CD | 양파즙 | 건강즙 | 23000 | 2016-12-30 | 6 |
| 6 | GG1115JY | 흑마늘 진액 | 건강즙 | 61000 | 2017-01-30 | 12 |
| 7 | GG1112DF | 콜라비즙 | 건강즙 | 78000 | 2016-11-30 | 12 |
| 8 | GG1165GD | 잉어곰 | 건강즙 | 253000 | 2017-01-30 | 6 |
| 9 | GG1151AD | 사과즙 | 건강즙 | 35000 | 2017-01-30 | 12 |
| 10 | ZC1336ER | 파마스 플레티넘 | 오메가3 | 67000 | 2016-05-26 | 12 |
| 11 | OM1354SG | 프로 오메가3 | 오메가3 | 100000 | 2015-11-03 | 24 |
| 12 | OM1365MX | 슈프림 오메가3 맥스 | 오메가3 | 59000 | 2016-08-15 | 18 |
| 13 | OM1336JG | 뉴 오메가3 | 오메가3 | 29400 | 2016-11-09 | 12 |

**02** '기본작업-2' 시트에 대하여 다음의 지시사항을 처리하시오. (각 2점)

① [A1:F1] 영역은 '병합하고 가운데 맞춤', 글꼴 '바탕체', 크기 16, 밑줄 '실선'으로 지정하시오.
② [A3:A4], [B3:B4], [C3:F3] 영역은 '병합하고 가운데 맞춤'을 지정하고, [A3:F4] 영역은 채우기 색 '표준 색-노랑'으로 지정하시오.
③ [C5:F11] 영역은 표시 형식을 '백분율 스타일'로 지정하시오. [표시 예 : 0.45 → 45%]
④ [E11] 셀에 '건강즙 1사분기'라는 메모를 삽입한 후 '자동 크기'로 지정하고, 항상 표시되도록 하시오.
⑤ [A3:F11] 영역에 '모든 테두리(田)'를 적용한 후 '굵은 바깥쪽 테두리(田)'를 적용하여 표시하시오.

**03** '기본작업-3' 시트에서 다음의 지시사항을 처리하시오. (5점)

▶ [A4:F16] 영역에 대해 분류가 '홍삼'이면서 정가가 40,000 이상인 행 전체의 글꼴 색을 '표준 색-파랑', 글꼴 스타일을 '굵게'로 지정하는 조건부 서식을 작성하시오.
▶ 단, 규칙 유형은 '수식을 사용하여 서식을 지정할 셀 결정'을 사용하고, 한 개의 규칙으로만 작성하시오.


## 문제 2  계산작업(40점)  '계산작업' 시트에서 다음의 과정을 수행하고 저장하시오.

**01** [표1]에서 제품코드[A3:A10]를 이용하여 분류[D3:D10]를 표시하시오. (8점)

▶ 분류 : 제품코드의 1, 2번째 문자가 'SA'이면 '홍삼', 'OM'이면 '오메가3', 'ZC'이면 '건강즙'으로 표시
▶ IF, LEFT 함수 사용

**02** [표2]에서 판매수량[H3:H10]이 30개 대인 제품 수를 구하여 [I10] 셀에 표시하시오. (8점)

▶ 숫자 뒤에 '개'를 표시 [표시 예 : 3개]
▶ SUMIFS, COUNTIFS, AVERAGEIFS 중 알맞은 함수와 & 연산자를 사용

**03** [표3]에서 보존기간(개월)[B14:B21]이 18개월 이상인 제품들의 정가[D14:D21] 합계를 계산하여 [D22] 셀에 표시하시오. (8점)

▶ SUMIF, COUNTIF, AVERAGEIF 중 알맞은 함수를 선택하여 사용

**04** [표4]에서 제품코드[F14:F22]와 정가[G14:G22], 할인율표[J18:K22]를 이용하여 판매가[H14:H22]를 계산하시오. (8점)
- ▶ 판매가 = 정가 × (1 − 할인율)
- ▶ 할인율표 의미 : 제품코드가 'B'로 시작하면 할인율이 30%, 'G'로 시작하면 25%, 'O'로 시작하면 20%, 'S'로 시작하면 15%, 'Z'로 시작하면 5%임
- ▶ VLOOKUP, LEFT 함수 사용

**05** [표5]에서 분류[A26:A34]가 '홍삼'이면서 판매수량[C26:C34]이 8 이상인 제품들의 할인가[D26:D34] 평균을 [F29] 셀에 계산하시오. (8점)
- ▶ 평균은 반올림하여 백의자리까지 표시 [표시 예 : 12345 → 12300]
- ▶ 조건은 [F25:G27] 영역 내에 입력
- ▶ ROUND, DAVERAGE 함수 사용

## 문제 3  분석작업(20점)   주어진 시트에서 다음의 과정을 수행하고 저장하시오.

**01** '분석작업-1' 시트에서 다음의 지시사항을 처리하시오. (10점)
- '이번 달 건강 제품 매출 현황' 표에서 부가세[D2]가 다음과 같이 변동하는 경우 판매가격총액[D16]의 변동 시나리오를 작성하시오.
    - ▶ 셀 이름 정의 : [D2] 셀은 '부가세', [D16] 셀은 '판매가격총액'으로 정의하시오.
    - ▶ 시나리오1 : 시나리오 이름은 '부가세증가', 부가세는 20%로 설정하시오.
    - ▶ 시나리오2 : 시나리오 이름은 '부가세감소', 부가세는 5%로 설정하시오.
    - ▶ 위 시나리오에 의한 '시나리오 요약' 보고서는 '분석작업-1' 시트 바로 앞에 위치시키시오.
- ※ 시나리오 요약 보고서 작성 시 정답과 일치하여야 하며, 오자로 인한 부분점수는 인정하지 않음

**02** '분석작업-2' 시트에서 다음의 지시사항을 처리하시오. (10점)
- '홍삼톤 마일드' 표는 정가[B3], 기본할인율[B4], 남은기간[B5]을 이용하여 판매가[B6]를 계산한 것이다. '데이터 표' 기능을 이용하여 남은기간과 기본할인율의 변동에 따른 판매가의 변화를 [C11:F14] 영역에 계산하시오.

## 문제 4  기타작업(20점)   주어진 시트에서 다음의 과정을 수행하고 저장하시오.

**01** '매크로작업' 시트에서 다음과 같은 기능을 수행하는 매크로를 현재 통합 문서에 작성하고 실행하시오. (각 5점)
① [G5:G13] 영역에 판매량의 평균을 계산하는 '평균' 매크로를 생성하시오.
- ▶ [개발 도구]-[삽입]-[양식 컨트롤]의 '단추(□)'를 동일 시트의 [I3:J5] 영역에 생성한 후 텍스트를 '평균'으로 입력하고, 단추를 클릭할 때 '평균' 매크로가 실행되도록 설정하시오.

② [B5:B13] 영역에 사용자 지정 서식을 이용하여 천 단위 구분 기호와 숫자 뒤에 '원'을 표시하는 '형식' 매크로를 생성하시오.
- ▶ [도형]-[기본 도형]의 '육각형(⬡)'을 동일 시트의 [I7:J9] 영역에 생성한 후 텍스트를 '형식'으로 입력하고, 도형을 클릭할 때 '형식' 매크로가 실행되도록 설정하시오.
- ▶ 도형 안의 텍스트는 가로 '가운데 맞춤', 세로 '가운데 맞춤'으로 지정
- ※ 셀 포인터의 위치에 관계없이 매크로가 실행되어야 정답으로 인정됨

## 02 '차트작업' 시트에서 다음의 지시사항에 따라 차트를 수정하시오. (각 2점)

※ 차트는 반드시 문제에서 제공한 차트를 사용하여야 하며, 신규로 차트 작성 시 0점 처리됨

① 제품명별로 '상반기'와 '하반기' 계열만 차트에 표시되도록 데이터 범위를 지정하시오.
② 차트 종류를 '묶은 세로 막대형'으로 변경하시오.
③ 세로 (값) 축의 최소값과 주 단위를 '2,000'으로 지정하시오.
④ '홍삼젤리' 요소에만 데이터 레이블 '값(바깥쪽 끝에)'을 표시하시오.
⑤ 세로 (값) 축과 가로 (항목) 축 제목을 <그림>과 같이 입력하시오.

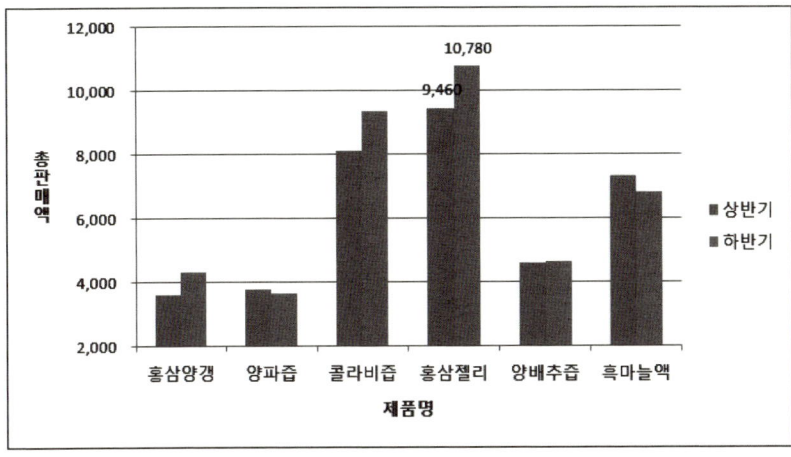

# 정답 및 해설

## 문제 1  기본작업

파일을 열었을 때 '보안 경고'가 표시되면 '콘텐츠 사용'을 클릭하세요.

### 01 '기본작업-1' 시트 (자료 입력)

① 주어진 자료를 각각의 셀에 입력합니다.
   ✓ [A4:A13] 영역은 대/소문자를 구분해서 입력해야 합니다.
   ✓ [B4:B13] 영역은 띄어쓰기에 주의하세요.
   ✓ [E4] 셀을 선택하고 '2017-1-6'을 입력한 후 Enter 를 누르면 '2017-01-06'이 표시됩니다.

### 02 '기본작업-2' 시트 (셀 서식)

### 1

① [A1:F1] 영역을 선택한 후 [홈] 탭-[맞춤] 그룹-[병합하고 가운데 맞춤]을 클릭합니다.
② 이어서 글꼴을 변경하기 위해 [홈] 탭-[글꼴] 그룹-[글꼴] 입력란에 '바탕체'를 입력한 후 Enter 를 눌러 입력을 완료합니다.
③ 이어서 글꼴 크기를 변경하기 위해 [홈] 탭-[글꼴] 그룹-[글꼴 크기] 입력란에 '16'을 입력한 후 Enter 를 눌러 입력을 완료합니다.
④ 이어서 밑줄을 지정하기 위해 [홈] 탭-[글꼴] 그룹-[밑줄](가)을 클릭합니다.

### 2

① [A3:A4] 영역을 선택한 후 Ctrl 을 누른 채로 [B3:B4], [C3:F3] 영역을 선택합니다.
② 영역이 모두 선택되면 [홈] 탭-[맞춤] 그룹-[병합하고 가운데 맞춤]을 클릭합니다.
③ 채우기 색을 지정하기 위해 [A3:F4] 영역을 선택한 후 [홈] 탭-[글꼴] 그룹-[채우기 색]의 목록 단추(▼)를 클릭해 '노랑'을 선택합니다.

### 3

① [C5:F11] 영역을 선택한 후 [홈] 탭-[표시 형식] 그룹-[백분율 스타일](%)을 클릭합니다.

### 4

① 메모를 삽입하기 위해 [E11] 셀을 선택한 후 마우스 오른쪽 버튼을 눌러 바로 가기 메뉴가 나타나면 [메모 삽입] 명령을 클릭합니다.
② 메모 입력 창이 나타나면 사용자 이름 맨 앞에 커서를 두고 Delete 를 길게 눌러 메모 안의 모든 내용을 지웁니다.
③ 사용자 이름이 지워지면 '건강즙 1사분기'를 입력합니다.
④ 자동 크기를 지정하기 위해 메모의 틀에서 마우스 오른쪽 버튼을 눌러 바로 가기 메뉴가 나타나면 [메모 서식]을 클릭합니다.
⑤ [메모 서식] 대화상자가 나타나면 [맞춤] 탭의 '자동 크기' 확인란을 선택한 후 [확인] 단추를 클릭합니다.
⑥ 메모가 항상 표시되도록 [E11] 셀을 선택한 후 마우스 오른쪽 버튼을 눌러 바로 가기 메뉴가 나타나면 [메모 표시/숨기기]를 클릭합니다.
(메모가 이미 항상 표시된 상태라면 ⑥번 풀이는 생략해도 됩니다.)

### 5

① 모든 테두리를 지정하기 위해 [A3:F11] 영역을 선택한 후 [홈] 탭-[글꼴] 그룹-[테두리]의 목록 단추(▼)를 클릭하고 '모든 테두리'(⊞)를 선택합니다.
② 이어서 굵은 바깥쪽 테두리를 지정하기 위해 [홈] 탭-[글꼴] 그룹-[테두리]의 목록 단추(▼)를 클릭하고 '굵은 바깥쪽 테두리'(□)를 선택합니다.

### 03 '기본작업-3' 시트 (조건부 서식)

① 문제에 제시된 영역인 [A4:F16] 영역을 드래그하여 선택한 후 [홈] 탭-[스타일] 그룹-[조건부 서식]-[새 규칙]을 클릭합니다.
② [새 서식 규칙] 대화상자가 나타나면 [수식을 사용하여 서식을 지정할 셀 결정]을 클릭하고 아래 수식 입력란에

커서를 이동한 후 '='을 입력합니다.
③ 이어서 'and('을 입력하고 [C4] 셀을 선택한 다음 열이 변경되면 안 되므로 F4를 두 번 눌러서 '$C4'를 만듭니다.
④ '=and($C4'에 이어서 '="홍삼",'을 입력합니다.
⑤ AND 함수의 두 번째 인수를 지정하기 위하여 [D4] 셀을 선택한 다음 열이 변경되면 안 되므로 F4를 두 번 눌러서 '$D4'를 만듭니다.
⑥ '=and($C4="홍삼",$D4'에 이어서 '>=40000)'을 입력합니다.
⑦ '=and($C4="홍삼",$D4>=40000)' 수식이 완성되면 [서식] 단추를 클릭합니다.
⑧ [셀 서식] 대화상자가 나타나면 [글꼴] 탭에서 [색]은 '파랑', '글꼴 스타일'은 '굵게'로 선택하고 [확인] 단추를 클릭합니다.
⑨ [새 서식 규칙] 대화상자가 나타나면 [확인] 단추를 클릭합니다.

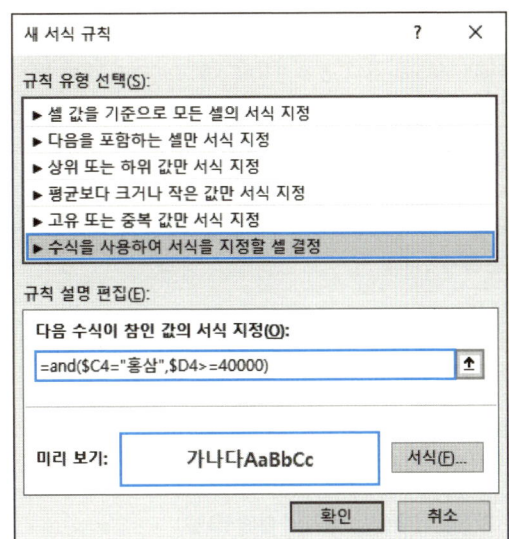

## 문제 2  계산작업

▶ 결과

| | A | B | C | D | E | F | G | H | I | J | K |
|---|---|---|---|---|---|---|---|---|---|---|---|
| 1 | [표1] | | | | | [표2] | | | | | |
| 2 | 제품코드 | 제조일자 | 정가 | 분류 | | 분류 | 제품이름 | 판매수량 | | | |
| 3 | SA1036DS | 2016-09-08 | 36,000 | 홍삼 | | SA | 홍삼양* | 50 | | | |
| 4 | OM1354SG | 2015-11-03 | 100,000 | 오메가3 | | MB | 미네랄 1* | 41 | | | |
| 5 | ZC1336ER | 2016-05-26 | 67,000 | 건강즙 | | OM | 슐가 오* | 35 | | | |
| 6 | SA1086JI | 2017-01-02 | 45,000 | 홍삼 | | BE | 종합 비* | 31 | | | |
| 7 | SA1048JG | 2016-05-19 | 39,000 | 홍삼 | | ZC | 파마스 폴* | 23 | | | |
| 8 | ZC1112JS | 2017-01-06 | 15,000 | 건강즙 | | SA | 홍삼원 골* | 20 | | | |
| 9 | OM1287SG | 2015-12-10 | 57,000 | 오메가3 | | MB | 뉴트리코* | 15 | 30개 대 판매한 제품 수 | | |
| 10 | ZC2122kI | 2016-07-01 | 44,000 | 건강즙 | | MB | 더글라스 멀* | 15 | 2개 | | |
| 11 | | | | | | | | | | | |
| 12 | [표3] | | | | | [표4] | | | | | |
| 13 | 제품이름 | 보존기간(개월) | 할인율 | 정가 | | 제품코드 | 정가 | 판매가 | | | |
| 14 | 홍삼정 굿* | 24 | 25% | 44,000 | | SA1048JG | 69,000 | 58,650 | | | |
| 15 | 슈프림 오* | 18 | 25% | 59,000 | | GG1112JS | 61,000 | 45,750 | | | |
| 16 | 잉어* | 6 | 5% | 253,000 | | SA1045HS | 78,000 | 66,300 | | <할인율표> | |
| 17 | 여성 멀티 * | 6 | 15% | 38,000 | | GG1151AD | 67,000 | 50,250 | | 코드 | 할인율 |
| 18 | 뉴 오메* | 12 | 20% | 29,400 | | OM1336JG | 27,000 | 21,600 | | B | 30% |
| 19 | 더글라스 멀* | 12 | 25% | 130,000 | | BE1214KB | 100,000 | 70,000 | | G | 25% |
| 20 | 사과* | 6 | 15% | 35,000 | | ZC1336ER | 44,000 | 41,800 | | O | 20% |
| 21 | 종합 비* | 18 | 20% | 59,000 | | SA1021GD | 59,000 | 50,150 | | S | 15% |
| 22 | 18개월 이상 남은 정가의 합계 | | | 162,000 | | BE1584KB | 253,000 | 177,100 | | Z | 5% |
| 23 | | | | | | | | | | | |
| 24 | [표5] | | | | | | | | | | |
| 25 | 분류 | 제품명 | 판매수량 | 할인가 | | 분류 | 판매수량 | | | | |
| 26 | 홍삼 | 홍삼 젤* | 4 | 11,000 | | 홍삼 | >=8 | | | | |
| 27 | 홍삼 | 홍삼톤 골* | 8 | 15,240 | | | | | | | |
| 28 | 건강즙 | 콜라비* | 4 | 7,800 | | 인기 홍삼 제품의 할인가 평균 | | | | | |
| 29 | 멀티비타민 | 여성 멀티* | 5 | 3,800 | | 11100 | | | | | |
| 30 | 건강즙 | 양파* | 7 | 2,300 | | | | | | | |
| 31 | 홍삼 | 홍삼 젤* | 10 | 5,900 | | | | | | | |
| 32 | 홍삼 | 홍삼정 에* | 8 | 12,200 | | | | | | | |
| 33 | 멀티비타민 | 종합 비* | 7 | 5,900 | | | | | | | |
| 34 | 건강즙 | 잉어* | 6 | 25,300 | | | | | | | |

## 01 분류 (D3:D10)

=IF(LEFT(A3,2)="SA","홍삼",IF(LEFT(A3,2)="OM","오메가3","건강즙"))

① [D3] 셀을 선택한 후 [수식 입력줄]에 커서를 이동합니다.
② 수식을 작성한 후 Enter 를 누릅니다.
③ [D3] 셀의 채우기 핸들을 [D10] 셀까지 드래그하여 수식을 복사합니다.

## 02 30개 대 판매한 제품 수 (I10)

=COUNTIFS(H3:H10,">=30",H3:H10,"<=39") & "개"

① [I10] 셀을 선택한 후 [수식 입력줄]에 커서를 이동합니다.
② 수식을 작성한 후 Enter 를 누릅니다.

## 03 18개월 이상 남은 정가의 합계 (D22)

=SUMIF(B14:B21,">=18",D14:D21)

① [D22] 셀을 선택한 후 [수식 입력줄]에 커서를 이동합니다.
② 수식을 작성한 후 Enter 를 누릅니다.

## 04 판매가 (H14:H22)

=G14*(1-VLOOKUP(LEFT(F14,1),$J$18:$K$22,2,FALSE))

① [H14] 셀을 선택한 후 [수식 입력줄]에 커서를 이동합니다.
② 수식을 작성한 후 Enter 를 누릅니다.
③ [H14] 셀의 채우기 핸들을 [H22] 셀까지 드래그하여 수식을 복사합니다.

## 05 인기 홍삼 제품의 할인가 평균 (F29)

=ROUND(DAVERAGE(A25:D34,D25,F25:G26),-2)

① [F25:G26] 영역에 고급필터에서 입력했던 방식으로 조건을 입력합니다.

|    | F    | G    |
|----|------|------|
| 25 | 분류  | 판매수량 |
| 26 | 홍삼  | >=8  |

② [F29] 셀을 선택한 후 [수식 입력줄]에 커서를 이동합니다.
③ 수식을 작성한 후 Enter 를 누릅니다.

---

### 문제 3  분석작업

## 01 '분석작업-1' 시트 (시나리오)

▶ 결과

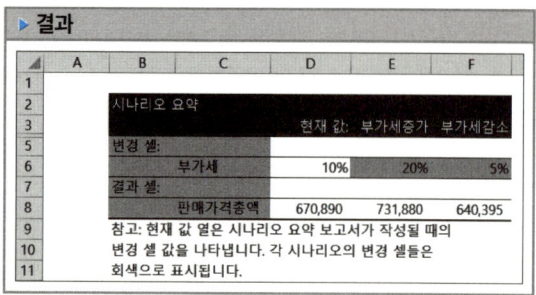

① [D2] 셀의 이름을 정의하기 위해 [D2] 셀을 선택하고 이름 상자에 '부가세'를 입력한 후 Enter 를 누릅니다.
② 같은 방법으로 [D16] 셀의 이름을 '판매가격총액'으로 정의합니다.
③ 셀 포인터의 위치와 상관없이 [데이터] 탭-[예측] 그룹-[가상 분석]-[시나리오 관리자]를 클릭합니다.
④ [시나리오 관리자] 대화상자가 나타나면 [추가] 단추를 클릭합니다.
⑤ [시나리오 추가] 대화상자가 나타나면 [시나리오 이름]에 '부가세증가'를 입력, Tab 을 눌러 [변경 셀]로 커서를 이동한 다음 [D2] 셀을 선택하고 [확인] 단추를 클릭합니다.

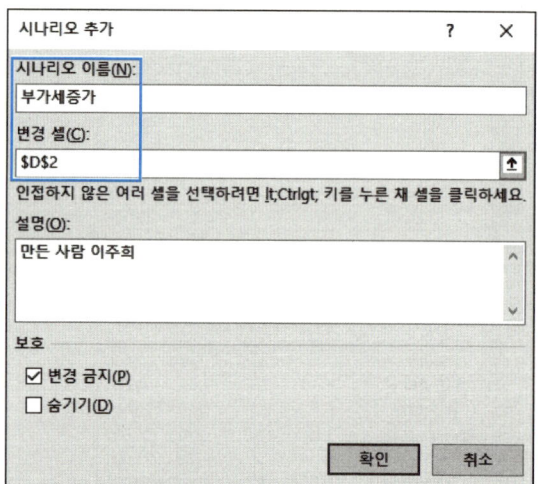

⑥ [시나리오 값] 대화상자가 나타나면 [D2] 셀(부가세)의 값을 '0.2'로 입력하고 [확인] 단추를 클릭합니다.

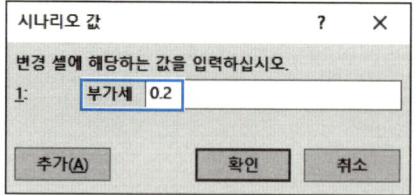

⑦ 다시 [시나리오 관리자] 대화상자가 나타나면 두 번째 시나리오를 추가하기 위해 [추가] 단추를 클릭합니다.

⑧ [시나리오 추가] 대화상자가 나타나면 [시나리오 이름]에 '부가세감소'를 입력, [변경 셀]에 [D2] 셀이 지정된 것을 확인 후 [확인] 단추를 클릭합니다.

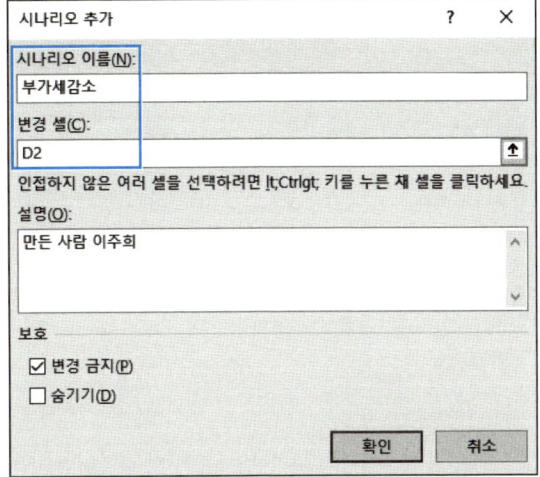

⑨ [시나리오 값] 대화상자가 나타나면 [D2] 셀(부가세)의 값을 '0.05'로 입력하고 [확인] 단추를 클릭합니다.

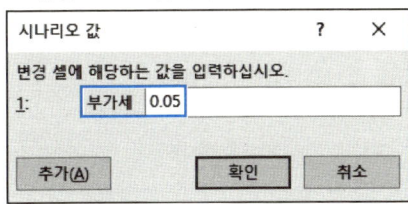

⑩ [시나리오 관리자] 대화상자의 [시나리오] 목록에 생성된 '부가세증가'와 '부가세감소' 시나리오를 확인한 후 [요약] 단추를 클릭합니다.

⑪ [시나리오 요약] 대화상자가 나타나면 [보고서 종류]에서 '시나리오 요약'을 선택, [결과 셀]로 커서를 이동하여 [D16] 셀(판매가격총액)을 클릭한 후 [확인] 단추를 클릭합니다.

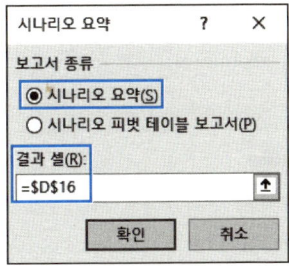

## 02 '분석작업-2' 시트 (데이터 표)

▶ 결과

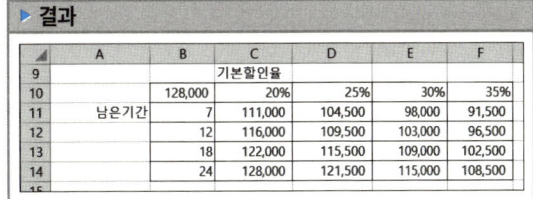

① 변수와 변수가 만나는 지점인 [B10] 셀을 선택한 후 '='을 입력합니다.
② 수식이 입력되어 있는 [B6] 셀과 연결하기 위하여 [B6] 셀을 클릭하고 Enter를 누릅니다.
③ [B10:F14] 영역을 드래그하여 선택한 후 [데이터] 탭-[예측] 그룹-[가상 분석]-[데이터 표]를 클릭합니다.
④ [데이터 테이블] 대화상자가 나타나면 [행 입력 셀]에 [B4] 셀을 선택하고, [열 입력 셀]에 커서를 이동해 [B5] 셀을 선택한 후 [확인] 단추를 클릭합니다.

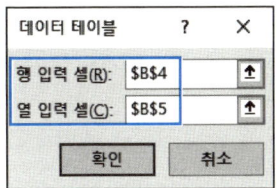

### 문제 4 기타작업

## 01 '매크로작업' 시트 (매크로)

▶ 결과

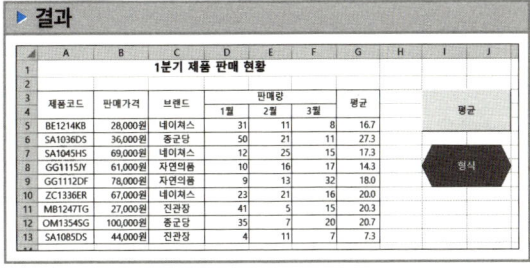

**1**

① [개발 도구] 탭-[컨트롤] 그룹-[삽입]-[양식 컨트롤]의 '단추(양식 컨트롤)'를 클릭합니다.
② 이어서 [I3:J5] 영역에 드래그하여 '단추'를 생성합니다.
③ [매크로 지정] 대화상자가 나타나면 [매크로 이름]에 '평균'을 입력하고 [매크로 위치]에서 '현재 통합 문서'를 선택한 후 [기록] 단추를 클릭합니다.

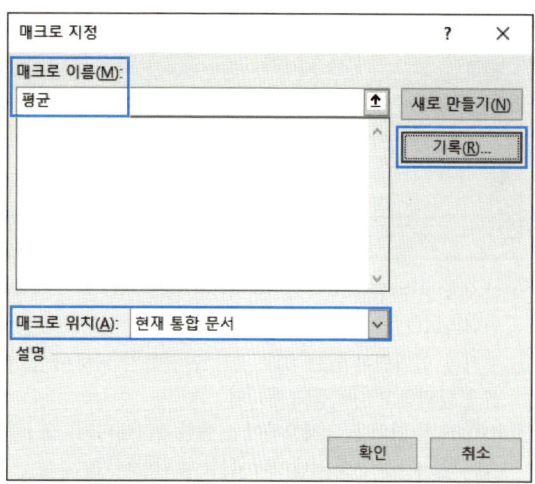
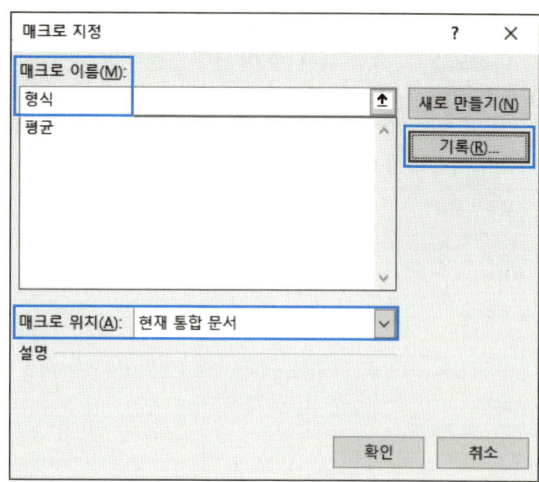

④ [매크로 기록] 대화상자가 나타나면 [확인] 단추를 클릭합니다.
⑤ 매크로 기록이 시작되면 [G5] 셀에 '=AVERAGE(D5:F5)'를 입력한 후 Enter 를 누릅니다.
⑥ [G5] 셀을 선택하고 [G13] 셀까지 수식을 복사한 후 임의의 셀을 선택하여 블록을 해제합니다.
⑦ 매크로 기록을 중지하기 위해 [개발 도구] 탭-[코드] 그룹-[기록 중지]를 클릭합니다.
⑧ 생성한 단추 위에서 마우스 오른쪽 버튼을 눌러 [텍스트 편집] 명령을 클릭합니다.
⑨ 커서가 나타나면 단추에 입력된 글자를 '평균'으로 변경하고 임의의 셀을 선택하여 완료합니다.

**2**
① [삽입] 탭-[일러스트레이션] 그룹-[도형]-[기본 도형]의 '육각형'을 클릭합니다.
② 이어서 [I7:J9] 영역에 드래그하여 '육각형' 도형을 생성합니다.
③ 매크로를 지정하기 위해 생성한 도형 위에서 마우스 오른쪽 버튼을 눌러 [매크로 지정] 명령을 클릭합니다.
④ [매크로 지정] 대화상자가 나타나면 [매크로 이름]에 '형식'을 입력하고 [매크로 위치]에서 '현재 통합 문서'를 선택한 후 [기록] 단추를 클릭합니다.

⑤ [매크로 기록] 대화상자가 나타나면 [확인] 단추를 클릭합니다.
⑥ 매크로 기록이 시작되면 [B5:B13] 영역을 선택한 후 Ctrl + 1 을 누릅니다.
⑦ [셀 서식] 대화상자가 나타나면 [표시 형식] 탭-[범주]를 '사용자 지정'으로 선택하고 '형식'에 이미 입력되어 있는 내용을 지운 뒤 '#,###"원"'을 입력합니다.
⑧ [보기]에 '28,000원'이 표시되면 [확인] 단추를 클릭하고 임의의 셀을 선택하여 블록을 해제합니다.
⑨ 매크로 기록을 중지하기 위해 [개발 도구] 탭-[코드] 그룹-[기록 중지]를 클릭합니다.
⑩ 생성한 도형 위에서 마우스 오른쪽 버튼을 눌러 [텍스트 편집] 명령을 클릭합니다.
⑪ 커서가 나타나면 '형식'을 입력하고 [홈] 탭-[맞춤] 그룹에서 가로 '가운데 맞춤(≡)', 세로 '가운데 맞춤(≡)'을 각각 클릭한 후 임의의 셀을 선택하여 완료합니다.

## 02 '차트작업' 시트 (차트)

**1**
① 차트를 선택한 후 [서식] 탭-[현재 선택 영역] 그룹-[차트 요소]의 목록 단추(▼)를 클릭해 '계열 "판매지점"'을 선택합니다.
② 차트에 '판매지점' 계열이 선택되면 Delete 를 눌러 삭제합니다.

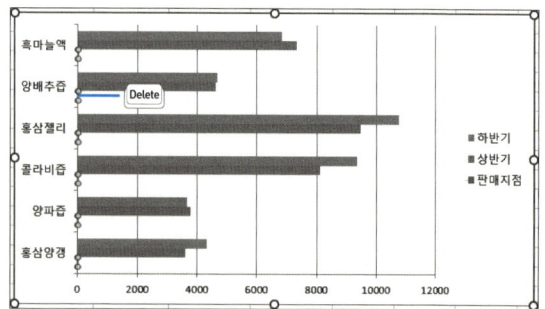

**2**

① 차트 영역을 선택하고 마우스 오른쪽 버튼을 눌러 바로 가기 메뉴의 [차트 종류 변경] 명령을 클릭합니다.

② [차트 종류 변경] 대화상자가 나타나면 [세로 막대형] 범주의 '묶은 세로 막대형'을 선택하고 [확인] 단추를 클릭합니다.

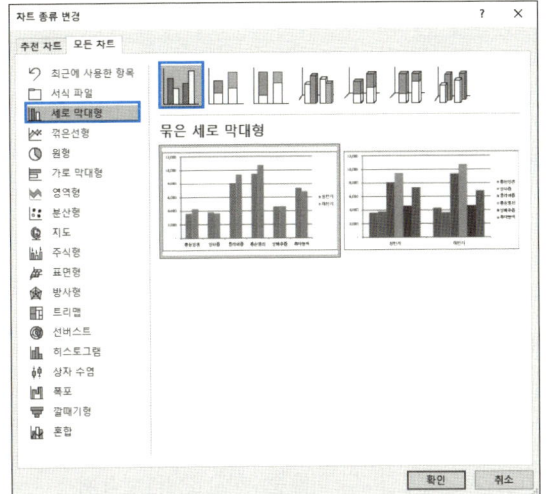

**3**

① '세로 (값) 축'에서 마우스 오른쪽 버튼을 눌러 바로 가기 메뉴가 나타나면 [축 서식] 명령을 클릭합니다.

② [축 서식] 창이 나타나면 [축 옵션]-[축 옵션]()-[축 옵션]의 [최소값] 입력란에 '2000', [기본] 단위 입력란에 '2000'을 입력하고 [닫기](✖) 단추를 클릭합니다.

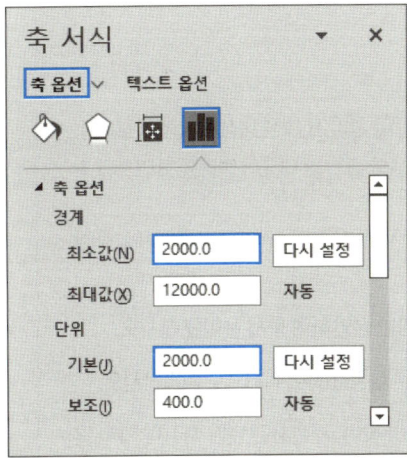

**4**

① '상반기' 계열을 클릭하여 선택한 상태에서 '홍삼젤리' 데이터 요소만 한 번 더 클릭합니다.

② '홍삼젤리'의 '상반기' 계열만 선택이 되면 [차트 디자인] 탭-[차트 레이아웃] 그룹-[차트 요소 추가]-[데이터 레이블]-[바깥쪽 끝에]를 클릭합니다.

③ '하반기' 계열을 클릭하여 선택한 상태에서 '홍삼젤리' 데이터 요소만 한 번 더 클릭합니다.

④ '홍삼젤리'의 '하반기' 계열만 선택이 되면 [차트 디자인] 탭-[차트 레이아웃] 그룹-[차트 요소 추가]-[데이터 레이블]-[바깥쪽 끝에]를 클릭합니다.

**5**

① 세로 (값) 축 제목을 표시하기 위해 [차트 디자인] 탭-[차트 레이아웃] 그룹-[차트 요소 추가]-[축 제목]-[기본 세로]를 클릭합니다.

② '축 제목'이 차트에 표시되면 [수식 입력줄]을 클릭하고 '총판매액'을 입력한 후 Enter 를 누릅니다.

③ '총판매액'이 차트에 표시되면 텍스트 방향이 세로로 표시되도록 '세로 (값) 축 제목'에서 마우스 오른쪽 버튼을 눌러 바로 가기 메뉴가 나타나면 [축 제목 서식] 명령을 클릭합니다.

④ [축 제목 서식] 창이 나타나면 [텍스트 옵션]-[텍스트 상자]()-[텍스트 상자]의 [텍스트 방향]을 '세로'로 선택하고 [닫기](✖) 단추를 클릭합니다.

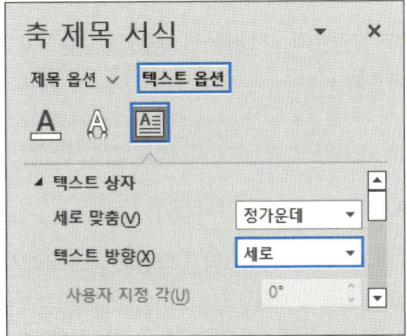

⑤ 가로 (항목) 축 제목을 표시하기 위해 [차트 디자인] 탭-[차트 레이아웃] 그룹-[차트 요소 추가]-[축 제목]-[기본 가로]를 클릭합니다.

⑥ '축 제목'이 차트에 표시되면 [수식 입력줄]을 클릭하고 '제품명'을 입력한 후 Enter 를 누릅니다.

# 제7회 최신기출유형

| 프로그램명 | 제한시간 |
|---|---|
| EXCEL | 40분 |

수험번호 :

성    명 :

| 2급 | C형 |

## 유 의 사 항

★ 펜은 꺼내실 수 없으며 시험지는 유출이 불가능합니다.

- 인적 사항 누락 및 잘못 작성으로 인한 불이익은 수험자 책임으로 합니다.
- 화면에 암호 입력창이 나타나면 아래의 암호를 입력하여야 합니다.
  - 암호 :

★ 암호를 입력할 수도 있으니 이렇게 첫 장을 확인하시면 됩니다.

- 작성된 답안은 주어진 경로 및 파일명을 변경하지 마시고 그대로 저장해야 합니다. 이를 준수하지 않으면 실격 처리됩니다.

★ 디스켓 모양을 눌러 저장하시면 됩니다. 예외가 있을 수도 있으니 감독관이 설명할 때 잘 들어주세요. 제한시간(40분) 안에 디스켓 모양을 눌러 저장을 하고 그 이후에는 화면이 바뀌며 [답안 제출]을 하게 됩니다.

- 외부 데이터 위치 : C:\OA\파일명
- 별도의 지시사항이 없는 경우, 다음과 같이 처리 시 실격 처리됩니다.
  - 제시된 시트 및 개체의 순서나 이름을 임의로 변경한 경우
  - 제시된 시트 및 개체를 임의로 추가 또는 삭제한 경우
  - 외부 데이터를 시험 시작 전에 열어 본 경우
- 답안은 반드시 문제에서 지시 또는 요구한 셀에 입력하여야 하며 다음과 같이 처리 시 채점 대상에서 제외됩니다.
  - 수험자가 임의로 지시하지 않은 셀의 이동, 수정, 삭제, 변경 등으로 인해 셀의 위치 및 내용이 변경된 경우 해당 작업에 영향을 미치는 관련문제 모두 채점 대상에서 제외
  - 도형 및 차트의 개체가 중첩되어 있거나 동일한 계산결과 시트가 복수로 존재할 경우 해당 개체나 시트는 채점 대상에서 제외
- 수식 작성 시 제시된 문제 파일의 데이터는 변경 가능한(가변적) 데이터임을 감안하여 문제 풀이를 하시오.
- 별도의 지시사항이 없는 경우, 주어진 각 시트 및 개체의 설정값 또는 기본 설정값(Default)으로 처리하시오.
- 저장 시간은 별도로 주어지지 않으므로 제한된 시간 내에 저장을 완료해야 하며, 제한시간 내에 저장이 되지 않은 경우에는 실격 처리됩니다.
- 출제된 문제의 용어는 Microsoft Office Excel 2021 기준으로 작성되어 있습니다.

국 가 기 술 자 격 검 정

## 문제 1  기본작업(20점)  주어진 시트에서 다음의 과정을 수행하고 저장하시오.

**01** '기본작업-1' 시트에 다음의 자료를 주어진 대로 입력하시오. (5점)

| | A | B | C | D | E | F |
|---|---|---|---|---|---|---|
| 1 | 우리 서점 도서 정보 | | | | | |
| 2 | | | | | | |
| 3 | 도서코드 | 도서분류 | 저자 | 페이지수 | 판매가 | 회원리뷰수 |
| 4 | G1376 | 경제/경영 | 홍진석 | 376쪽 | 14,400 | 400 |
| 5 | J1108 | 자기계발 | 이해원 | 108쪽 | 11,900 | 178 |
| 6 | H1194 | 취미/레져 | 신명진 | 194쪽 | 13,860 | 91 |
| 7 | I1300 | 인문 | 이준희 | 300쪽 | 13,600 | 490 |
| 8 | I2284 | 인문 | 김혜영 | 284쪽 | 12,800 | 96 |
| 9 | C2460 | 컴퓨터/인터넷 | 안준영 | 460쪽 | 13,500 | 85 |
| 10 | B2298 | 건강/뷰티 | 박유정 | 298쪽 | 14,250 | 11 |
| 11 | C3312 | 컴퓨터/인터넷 | 윤미경 | 312쪽 | 13,500 | 50 |
| 12 | H3296 | 취미/레져 | 임두현 | 296쪽 | 9,000 | 400 |
| 13 | G3436 | 경제/경영 | 이진병 | 436쪽 | 12,600 | 47 |
| 14 | H4304 | 취미/레져 | 최승규 | 304쪽 | 11,050 | 96 |
| 15 | I4640 | 인문 | 장서영 | 640쪽 | 16,200 | 198 |

**02** '기본작업-2' 시트에 대하여 다음의 지시사항을 처리하시오. (각 2점)

① [A1:H1] 영역은 '병합하고 가운데 맞춤', 글꼴 '맑은 고딕', 크기 16, 글꼴 스타일 '굵게'로 지정하시오.
② [A3:H3], [A4:A15], [H4:H15] 영역은 가로 '가운데 맞춤'을 지정하고, [A3:H3] 영역은 셀 스타일에서 '강조색6'으로 지정하시오.
③ [E4:F15] 영역은 사용자 지정 서식을 이용하여 숫자 뒤에 '원'을 표시하되, 셀 값이 0일 경우에는 '0원'으로 표시하시오. [표시 예 : 1000 → 1,000원]
④ [H4] 셀에 '미래보고서'라는 메모를 삽입한 후 '자동 크기'로 지정하고, 항상 표시되도록 하시오.
⑤ [A3:H15] 영역은 '모든 테두리(⊞)'로 적용하여 표시하시오.

**03** '기본작업-3' 시트에서 다음의 지시사항을 처리하시오. (5점)

▶ [A4:H15] 영역에서 3월판매량이 1월판매량 이하인 행 전체의 글꼴 색을 '표준 색-빨강'으로 지정하는 조건부 서식을 작성하시오.
▶ 규칙 유형은 '수식을 사용하여 서식을 지정할 셀 결정'을 사용하시오.

## 문제 2  계산작업(40점)  '계산작업' 시트에서 다음의 과정을 수행하고 저장하시오.

**01** [표1]에서 도서코드[A3:A11]의 두 번째 문자가 2 이하일 경우 공백을, 그 외에는 '외국도서'를 분류[E3:E11]에 표시하시오. (8점)

▶ IFERROR, CHOOSE, MID 함수 사용

**02** [표2]에서 출판일[G3:I11] 중 2013년 8월에 출판한 도서 수를 [G14] 셀에 표시하시오. (8점)
- ▶ & 연산자를 사용하여 숫자 뒤에 '개'를 표시 [표시 예 : 2개]
- ▶ SUMIFS, AVERAGEIFS, COUNTIFS 중 알맞은 함수를 선택하여 사용

**03** [표3]에서 출판일[A15:A25]과 할인율표[H17:K19] 그리고 정가[D15:D25]를 이용하여 할인가[E15:E25]를 계산하시오. (8점)
- ▶ 할인가 = 정가 × 할인율
- ▶ 할인율은 각 도서의 출판일 연도로 구함
- ▶ HLOOKUP, YEAR 함수 사용

**04** [표4]에서 페이지수[B29:B36]가 300 미만이고, 1월판매량[C29:C36]과 2월판매량[D29:D36]의 평균이 3000 이상이면 'BEST', 그렇지 않으면 공백을 평가[E29:E36]에 표시하시오. (8점)
- ▶ IF, AND, AVERAGE 함수 사용

**05** [표5]에서 도서분류[H29:H36]가 '인문'인 판매가[I29:I36]의 평균을 계산하여 [J36] 셀에 표시하시오. (8점)
- ▶ [J33:J34] 영역에 조건 입력
- ▶ 결과 값은 백의 자리에서 올림하여 표시 [표시 예 : 123,456 → 124,000]
- ▶ ROUND, ROUNDUP, ROUNDDOWN, DSUM, DAVERAGE 중 알맞은 함수를 선택하여 사용

## 문제 3 | 분석작업(20점) | 주어진 시트에서 다음의 과정을 수행하고 저장하시오.

**01** '분석작업-1' 시트에서 다음의 지시사항을 처리하시오. (10점)
- '2분기 판매부수' 표를 이용하여 도서코드는 보고서의 '필터', 도서분류는 '행'으로 처리하고, '값'에 4월판매량, 5월판매량, 6월판매량의 평균을 계산하는 피벗 테이블을 작성하시오.
    - ▶ 피벗 테이블 보고서는 동일 시트의 [A20] 셀에서 시작하시오.
    - ▶ 보고서 레이아웃은 '개요 형식'으로 지정하시오.
    - ▶ 피벗 테이블에 '흰색, 피벗 스타일 보통 1' 서식을 적용하시오.

**02** '분석작업-2' 시트에서 다음의 지시사항을 처리하시오. (10점)
- [부분합] 기능을 이용하여 '도서분류별 요약' 표에 <그림>과 같이 도서분류별 '합계'의 최대값을 계산한 후 '7월판매량', '8월판매량'의 합계를 계산하시오.
    - ▶ 정렬은 '도서분류'를 기준으로 오름차순으로 처리하시오.
    - ▶ 최대값과 합계는 명시된 순서대로 처리하시오.

| | A | B | C | D | E | F | G |
|---|---|---|---|---|---|---|---|
| 1 | 도서분류별 7, 8월 판매 요약 | | | | | | |
| 2 | | | | | | | |
| 3 | 도서코드 | 도서분류 | 페이지수 | 정가 | 7월판매량 | 8월판매량 | 합계 |
| 4 | B1208 | 건강/뷰티 | 317 | 16,000 | 2,100 | 1,954 | 63 |
| 5 | B1394 | 건강/뷰티 | 376 | 22,000 | 3,325 | 3,650 | 204 |
| 6 | B4340 | 건강/뷰티 | 264 | 15,000 | 2,300 | 2,300 | 76 |
| 7 | B2698 | 건강/뷰티 | 234 | 18,000 | 1,980 | 1,785 | 112 |
| 8 | | 건강/뷰티 요약 | | | 9,705 | 9,689 | |
| 9 | | 건강/뷰티 최대 | | | | | 204 |
| 10 | G2584 | 경제/경영 | 516 | 14,000 | 8,149 | 8,250 | 61 |
| 11 | G2660 | 경제/경영 | 448 | 24,000 | 3,560 | 2,100 | 266 |
| 12 | G2798 | 경제/경영 | 292 | 15,000 | 4,600 | 5,500 | 77 |
| 13 | G1408 | 경제/경영 | 296 | 19,800 | 1,200 | 1,254 | 92 |
| 14 | | 경제/경영 요약 | | | 17,509 | 17,104 | |
| 15 | | 경제/경영 최대 | | | | | 266 |
| 16 | J1176 | 자기계발 | 640 | 18,000 | 2,100 | 2,610 | 198 |
| 17 | J3812 | 자기계발 | 288 | 12,000 | 3,325 | 3,330 | 150 |
| 18 | J1500 | 자기계발 | 136 | 15,000 | 2,122 | 2,300 | 84 |
| 19 | J4740 | 자기계발 | 300 | 19,500 | 1,899 | 1,700 | 56 |
| 20 | | 자기계발 요약 | | | 9,446 | 9,940 | |
| 21 | | 자기계발 최대 | | | | | 198 |
| 22 | C1400 | 컴퓨터/인터넷 | 256 | 14,400 | 2,474 | 2,510 | 67 |
| 23 | C3996 | 컴퓨터/인터넷 | 296 | 30,000 | 1,000 | 1,010 | 64 |
| 24 | C3136 | 컴퓨터/인터넷 | 302 | 16,000 | 2,154 | 2,510 | 41 |
| 25 | C4204 | 컴퓨터/인터넷 | 1224 | 15,800 | 2,654 | 3,601 | 290 |
| 26 | | 컴퓨터/인터넷 요약 | | | 8,282 | 9,631 | |
| 27 | | 컴퓨터/인터넷 최대 | | | | | 290 |
| 28 | | 총합계 | | | 44,942 | 46,364 | |
| 29 | | 전체 최대값 | | | | | 290 |

## 문제 4  기타작업(20점)  주어진 시트에서 다음의 과정을 수행하고 저장하시오.

**01** '매크로작업' 시트에서 다음과 같은 기능을 수행하는 매크로를 현재 통합 문서에 작성하고 실행하시오. (각 5점)

① [G4:G12] 영역에 재고량을 계산하는 '재고량' 매크로를 생성하시오.
- ▶ 재고량 = 전월재고량 + 주문량 - 판매량
- ▶ [도형]-[기본 도형]의 '십자형(✚)'을 동일 시트의 [I3:J5] 영역에 생성한 후 텍스트를 '재고량'으로 입력하고, 도형을 클릭할 때 '재고량' 매크로가 실행되도록 설정하시오.
- ▶ 도형 안의 텍스트는 가로 '가운데 맞춤', 세로 '가운데 맞춤'으로 지정

② [C4:C12] 영역에 쉼표 스타일(,)을 지정하는 '쉼표' 매크로를 생성하시오.
- ▶ [개발 도구]-[삽입]-[양식 컨트롤]의 '단추(☐)'를 동일 시트의 [I7:J9] 영역에 생성한 후 텍스트를 '쉼표'로 입력하고, 단추를 클릭할 때 '쉼표' 매크로가 실행되도록 설정하시오.

※ 셀 포인터의 위치에 관계없이 매크로가 실행되어야 정답으로 인정됨

02 **'차트작업' 시트에서 다음의 지시사항에 따라 차트를 수정하시오.** (각 2점)

※ 차트는 반드시 문제에서 제공한 차트를 사용하여야 하며, 신규로 차트 작성 시 0점 처리됨

① '리뷰수'와 '판매량' 계열만 차트에 표시되도록 데이터 범위를 지정하시오.
② 차트 제목과 축 제목은 <그림>과 같이 입력하시오.
③ 범례는 위쪽에 배치하고, 크기 12, 글꼴 스타일 '굵은 기울임꼴', 배경 색 '표준 색-노랑'을 지정하시오.
④ 모든 계열에 데이터 레이블 '값(바깥쪽 끝에)'을 지정하시오.
⑤ 차트 영역의 테두리 스타일은 '너비' 3pt와 '둥근 모서리'로 지정하시오.

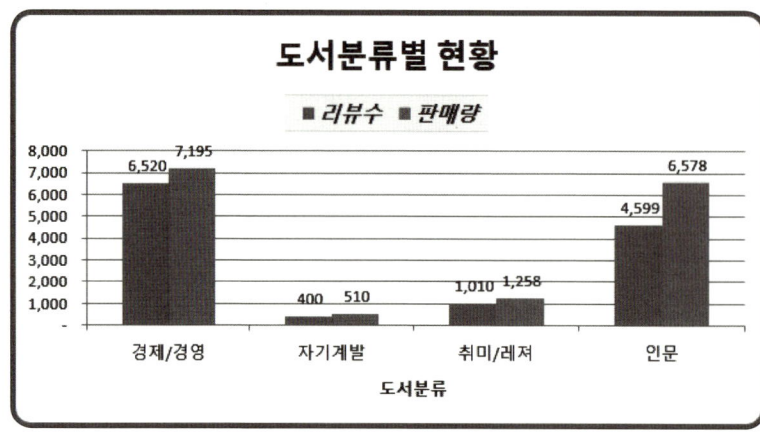

# 정답 및 해설

### 문제 1  기본작업

파일을 열었을 때 '보안 경고'가 표시되면 '콘텐츠 사용'을 클릭하세요.

### 01 '기본작업-1' 시트 (자료 입력)

① 주어진 자료를 각각의 셀에 입력합니다.
- √ [A4:A15] 영역은 대/소문자를 구분해서 입력해야 합니다.
- √ [D4] 셀은 셀의 왼쪽 정렬되어 있으므로 셀에 '376쪽'을 입력해주세요.
- √ [E4] 셀은 '14400'을 입력한 후 '쉼표 스타일'을 지정해도 되지만 문제는 자료를 주어진 대로 입력하는 것이기 때문에 셀에 '14,400'이라고 입력하는 것을 권장합니다.

### 02 '기본작업-2' 시트 (셀 서식)

▶ 결과

### 1

① [A1:H1] 영역을 드래그하여 선택한 후 [홈] 탭-[맞춤] 그룹-[병합하고 가운데 맞춤]을 클릭합니다.
② 이어서 글꼴을 변경하기 위해 [홈] 탭-[글꼴] 그룹-[글꼴] 입력란에 '맑은 고딕'을 입력한 후 Enter 를 눌러 입력을 완료합니다.
③ 이어서 글꼴 크기를 변경하기 위해 [홈] 탭-[글꼴] 그룹-[글꼴 크기] 입력란에 '16'을 입력한 후 Enter 를 눌러 입력을 완료합니다.
④ 이어서 글꼴 스타일을 변경하기 위해 [홈] 탭-[글꼴] 그룹-[굵게](가)를 클릭합니다.

### 2

① [A3:H3] 영역을 선택한 후 Ctrl 을 누른 채로 [A4:A15], [H4:H15] 영역을 선택합니다.
② [홈] 탭-[맞춤] 그룹-[가로 가운데 맞춤](≡)을 클릭합니다.
③ 셀 스타일을 지정하기 위해 [A3:H3] 영역을 선택한 후 [홈] 탭-[스타일] 그룹-[셀 스타일]을 클릭하고 [테마 셀 스타일] 범주의 '강조색6'을 선택합니다.

### 3

① 사용자 지정 표시 형식을 지정하기 위해 [E4:F15] 영역을 선택한 후 Ctrl + 1 을 누릅니다.
② [셀 서식] 대화상자가 나타나면 [표시 형식] 탭-[범주]를 '사용자 지정'으로 선택하고 '형식'에 이미 입력되어 있는 내용을 지운 뒤 '#,##0"원"'을 입력합니다.
③ [보기]에 '16,000원'이 표시되면 [확인] 단추를 클릭합니다.

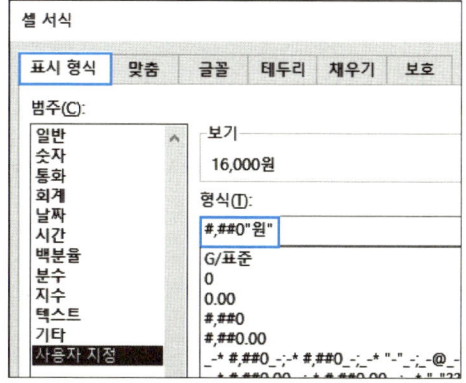

### 4

① 메모를 삽입하기 위해 [H4] 셀을 선택한 후 마우스 오른쪽 버튼을 눌러 바로 가기 메뉴가 나타나면 [메모 삽입] 명령을 클릭합니다.
② 메모 입력 창이 나타나면 사용자 이름 맨 앞에 커서를 두고 Delete 를 길게 눌러 메모 안의 모든 내용을 지웁니다.
③ 사용자 이름이 지워지면 '미래보고서'를 입력합니다.
④ 자동 크기를 지정하기 위해 메모의 틀에서 마우스 오른쪽 버튼을 눌러 바로 가기 메뉴가 나타나면 [메모 서식]을 클릭합니다.
⑤ [메모 서식] 대화상자가 나타나면 [맞춤] 탭의 '자동 크기' 확인란을 선택한 후 [확인] 단추를 클릭합니다.
⑥ 메모가 항상 표시되도록 [H4] 셀을 선택한 후 마우스 오른쪽 버튼을 눌러 바로 가기 메뉴가 나타나면 [메모 표시/숨기기]를 클릭합니다.
(메모가 이미 항상 표시된 상태라면 ⑥번 풀이를 생략해도 됩니다.)

### 5

① 테두리를 표시하기 위해 [A3:H15] 영역을 선택한 후 [홈] 탭-[글꼴] 그룹-[테두리]의 목록 단추(▾)를 클릭하고 '모든 테두리'(⊞)를 선택합니다.

### 03 '기본작업-3' 시트 (조건부 서식)

▶ 결과

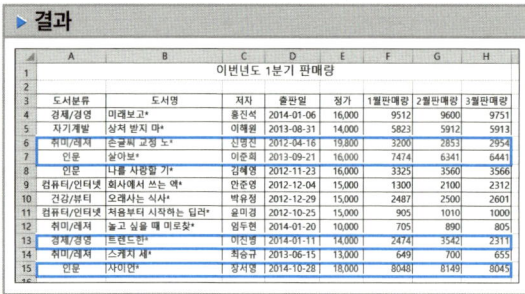

① 문제에 제시된 영역인 [A4:H15] 영역을 드래그하여 선택한 후 [홈] 탭-[스타일] 그룹-[조건부 서식]-[새 규칙]을 클릭합니다.
② [새 서식 규칙] 대화상자가 나타나면 [수식을 사용하여 서식을 지정할 셀 결정]을 클릭하고 아래 수식 입력란에 커서를 이동한 후 '='을 입력합니다.
③ 이어서 [H4] 셀을 선택한 다음 열이 변경되면 안 되므로 F4를 두 번 눌러서 '$H4'를 만듭니다.
④ '=$H4'에 이어서 '<='을 입력합니다.
⑤ '=$H4<='가 입력되면 [F4] 셀을 선택한 다음 열이 변경되면 안 되므로 F4를 두 번 눌러서 '$F4'를 만듭니다.
⑥ '=$H4<=$F4' 수식이 완성되면 [서식] 단추를 클릭합니다.
⑦ [셀 서식] 대화상자가 나타나면 [글꼴] 탭에서 [색]을 '빨강'으로 선택하고 [확인] 단추를 클릭합니다.
⑧ [새 서식 규칙] 대화상자가 나타나면 [확인] 단추를 클릭합니다.

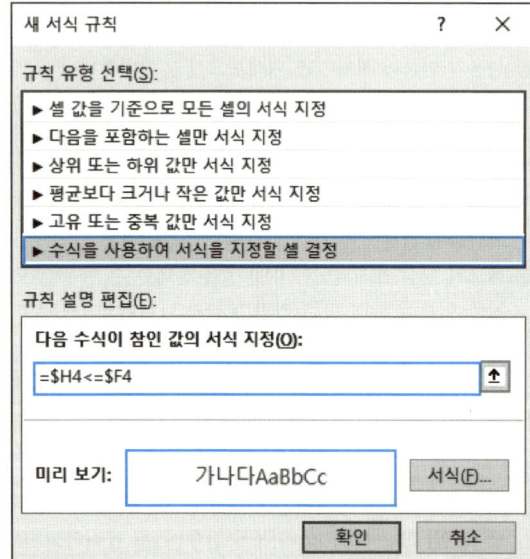

## 문제 2  계산작업

▶ 결과

| | A | B | C | D | E | F | G | H | I | J | K |
|---|---|---|---|---|---|---|---|---|---|---|---|
| 1 | [표1] | | | | | | [표2] | | | | |
| 2 | 도서코드 | 출판일 | 판매가 | 판매량 | 분류 | | 출판연도 | 출판월 | 출판일 | 도서명 | |
| 3 | H4301 | 2013-06-15 | 17,550 | 1687 | 외국도서 | | 2013 | 8 | 1 | 투자의 정* | |
| 4 | I4642 | 2014-10-28 | 25,700 | 510 | 외국도서 | | 2011 | 12 | 16 | 자존* | |
| 5 | I2285 | 2012-11-23 | 13,600 | 2618 | | | 2013 | 9 | 20 | 확실한 공부* | |
| 6 | J1102 | 2013-08-31 | 8,400 | 3008 | | | 2012 | 12 | 15 | 혼자서도 할 수 있는 블로* | |
| 7 | H1193 | 2012-04-16 | 10,200 | 4175 | | | 2013 | 11 | 10 | 귀여운 자* | |
| 8 | G3430 | 2014-01-11 | 17,100 | 2980 | 외국도서 | | 2013 | 8 | 25 | 쉬운 액* | |
| 9 | B2297 | 2012-12-29 | 14,250 | 1133 | | | 2013 | 8 | 16 | 필라테* | |
| 10 | C2466 | 2012-12-04 | 14,220 | 1080 | | | 2012 | 10 | 27 | 나는 부동산에 간* | |
| 11 | C3318 | 2012-10-25 | 13,860 | 8324 | 외국도서 | | 2014 | 1 | 3 | 영어책 한 권 읽어봤니* | |
| 12 | | | | | | | | | | | |
| 13 | [표3] | | | | | | 2013년 8월 출판 도서 수 | | | | |
| 14 | | 출판일 | 도서명 | | 정가 | 할인가 | | 3개 | | | |
| 15 | 2013-03-21 | 백세운* | | | 16,000 | 2,400 | | | | | |
| 16 | 2011-10-29 | 넓고 얕은 지* | | | 22,000 | 7,700 | | <할인율표> | | | |
| 17 | 2013-06-07 | 유튜브로 돈버는 * | | | 14,400 | 2,160 | | 출판 | 2000년 이상 | 2012년 이상 | 2013년 이상 | 2014년 이상 |
| 18 | 2013-05-30 | 명* | | | 14,000 | 2,100 | | 연도 | 2012년 미만 | 2013년 미만 | 2014년 미만 | |
| 19 | 2012-01-05 | 한달간의 글씨 연* | | | 24,000 | 7,200 | | 할인율 | 35% | 30% | 15% | 10% |
| 20 | 2013-08-01 | 투자의 정* | | | 15,000 | 2,250 | | | | | |
| 21 | 2011-12-16 | 자존* | | | 12,000 | 4,200 | | | | | |
| 22 | 2013-09-20 | 확실한 공부* | | | 12,000 | 1,800 | | | | | |
| 23 | 2012-12-15 | 혼자서도 할 수 있는 블로* | | | 30,000 | 9,000 | | | | | |
| 24 | 2013-11-10 | 귀여운 자* | | | 16,000 | 2,400 | | | | | |
| 25 | 2015-08-25 | 컴퓨터 쉽게 하는 * | | | 15,800 | 1,580 | | | | | |
| 26 | | | | | | | | | | | |
| 27 | [표4] | | | | | | [표5] | | | | |
| 28 | 도서코드 | 페이지수 | 1월판매량 | 2월판매량 | 평가 | | 저자 | 도서분류 | 판매가 | | |
| 29 | H1104 | 317 | 3,325 | 3,560 | | | 곽상우 | 컴퓨터/인터넷 | 15,200 | | |
| 30 | B4642 | 376 | 1,300 | 2,100 | | | 박경록 | 건강/뷰티 | 17,600 | | |
| 31 | G2283 | 256 | 2,474 | 3,542 | BEST | | 이병욱 | 인문 | 12,960 | | |
| 32 | B2297 | 516 | 8,048 | 8,149 | | | 방성욱 | 컴퓨터/인터넷 | 11,900 | 조건 | |
| 33 | C2468 | 448 | 9,512 | 9,600 | | | 김정현 | 인문 | 16,900 | 도서분류 | |
| 34 | H1195 | 292 | 3,325 | 3,560 | BEST | | 김형수 | 건강/뷰티 | 12,750 | 인문 | |
| 35 | G3436 | 288 | 649 | 700 | | | 신행수 | 건강/뷰티 | 8,400 | 판매가 평균 | |
| 36 | C4301 | 160 | 905 | 1,010 | | | 차민호 | 인문 | 10,200 | 14000 | |

### 01 분류 (E3:E11)

=IFERROR(CHOOSE(MID(A3,2,1),"",""),"외국도서")

① [E3] 셀을 선택한 후 [수식 입력줄]에 커서를 이동합니다.
② 수식을 작성한 후 Enter 를 누릅니다.
③ [E3] 셀의 채우기 핸들을 [E11] 셀까지 드래그하여 수식을 복사합니다.

### 02 2013년 8월 출판 도서 수 (G14)

=COUNTIFS(G3:G11,2013,H3:H11,8) & "개"

① [G14] 셀을 선택한 후 [수식 입력줄]에 커서를 이동합니다.
② 수식을 작성한 후 Enter 를 누릅니다.

### 03 할인가 (E15:E25)

=D15*HLOOKUP(YEAR(A15),$H$17:$K$19,3,TRUE)

① [E15] 셀을 선택한 후 [수식 입력줄]에 커서를 이동합니다.
② 수식을 작성한 후 Enter 를 누릅니다.
③ [E15] 셀의 채우기 핸들을 [E25] 셀까지 드래그하여 수식을 복사합니다.

### 04 평가 (E29:E36)

=IF(AND(B29<300,AVERAGE(C29:D29)>=3000),"BEST","")

① [E29] 셀을 선택한 후 [수식 입력줄]에 커서를 이동합니다.
② 수식을 작성한 후 Enter 를 누릅니다.
③ [E29] 셀의 채우기 핸들을 [E36] 셀까지 드래그하여 수식을 복사합니다.

### 05 판매가 평균 (J36)

=ROUNDUP(DAVERAGE(G28:I36,I28,J33:J34),-3)

① [J33:J34] 영역에 고급필터에서 입력했던 방식으로 조건을 입력합니다.

| | J |
|---|---|
| 32 | 조건 |
| 33 | 도서분류 |
| 34 | 인문 |

② [J36] 셀을 선택한 후 [수식 입력줄]에 커서를 이동합니다.
③ 수식을 작성한 후 Enter 를 누릅니다.

### 문제 3 분석작업

### 01 '분석작업-1' 시트 (피벗 테이블)

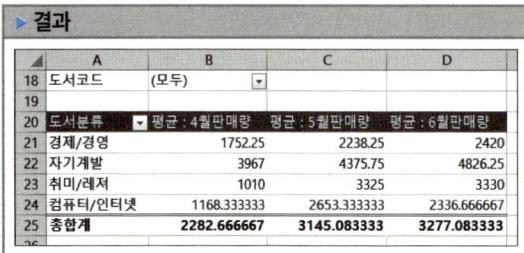

① [A3:E15] 영역의 임의의 셀을 선택한 후 [삽입] 탭-[표] 그룹-[피벗 테이블]-[테이블/범위에서]를 클릭합니다.
② [피벗 테이블 만들기] 대화상자가 나타나면 '표/범위'에 [A3:E15] 영역을 지정하고, 피벗 테이블 보고서를 넣을 위치를 '기존 워크시트'의 [A20] 셀을 선택한 후 [확인] 단추를 클릭합니다.

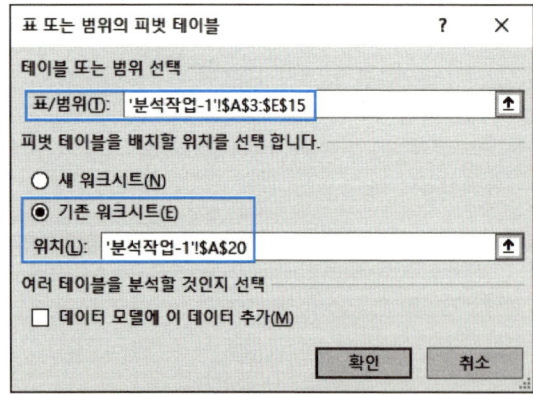

③ '도서코드'를 [필터] 영역으로 드래그, '도서분류'를 [행] 영역으로 드래그, '4월판매량'을 [값] 영역으로 드래그, '5월판매량'을 4월판매량 밑에 [값] 영역으로 드래그, '6월판매량'을 5월판매량 밑에 [값] 영역으로 드래그합니다.

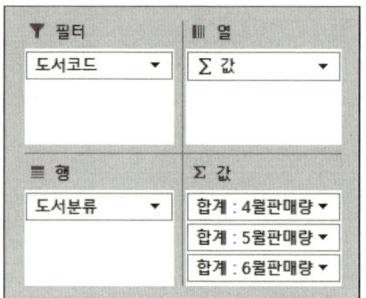

④ '4월판매량'을 평균으로 변경하기 위해 [피벗 테이블 필드] 작업창의 [값] 영역에서 '합계 : 4월판매량'을 클릭하고 [값 필드 설정]을 선택합니다.
⑤ [값 필드 설정] 대화상자가 나타나면 [값 요약 기준] 탭에서 '평균'을 선택하고 [확인] 단추를 클릭합니다.

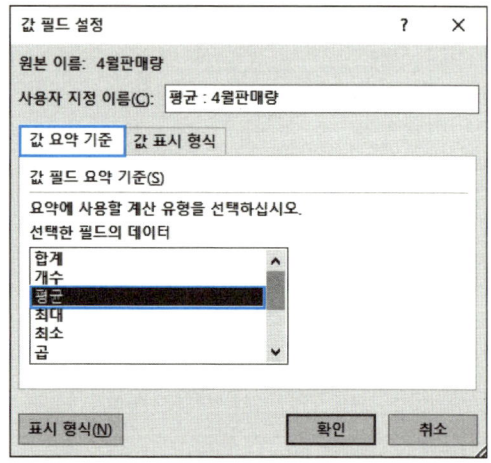

⑥ 같은 방법으로 '5월판매량'과 '6월판매량'도 평균으로 변경합니다.
⑦ 보고서 레이아웃을 변경하기 위해 [디자인] 탭-[레이아웃] 그룹-[보고서 레이아웃]-[개요 형식으로 표시]를 클릭합니다.
⑧ 피벗 스타일을 지정하기 위해 [디자인] 탭-[피벗 테이블 스타일] 그룹-[자세히](▼)를 클릭하여 '흰색, 피벗 스타일 보통 1'을 선택합니다.

## 02 '분석작업-2' 시트 (부분합)

▶ 결과

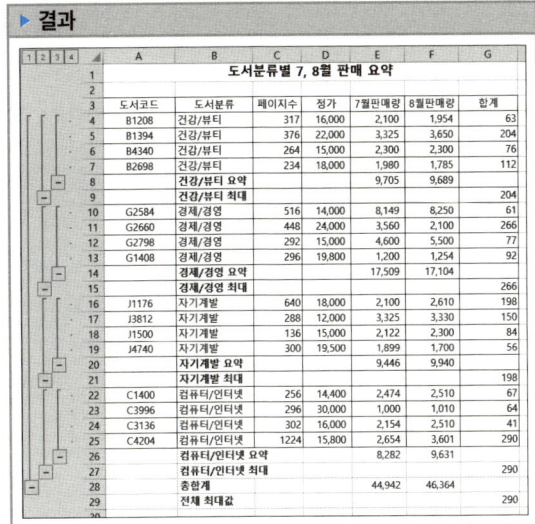

① 부분합 작성 전에 정렬하기 위해 [A3:G19] 영역의 임의의 셀을 선택한 후 [데이터] 탭-[정렬 및 필터] 그룹-[정렬]을 클릭합니다.
② [정렬] 대화상자가 나타나면 [세로 막대형](열)의 정렬 기준에서 '도서분류'를 선택하고 [정렬]을 '오름차순'으로 선택한 후 [확인] 단추를 클릭합니다.

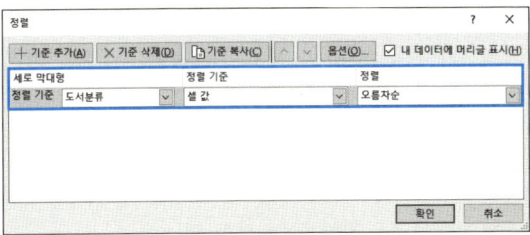

③ 도서분류를 기준으로 정렬이 된 것을 확인하고 [A3:G19] 영역의 임의의 셀에 셀 포인터가 위치한 상태에서 [데이터] 탭-[개요] 그룹-[부분합]을 클릭합니다.
④ [부분합] 대화상자가 나타나면 [그룹화할 항목]에 '도서분류', [사용할 함수]에 '최대'를 선택하고, [부분합 계산 항목]에서 '합계'의 확인란을 선택한 후 [확인] 단추를 클릭합니다.

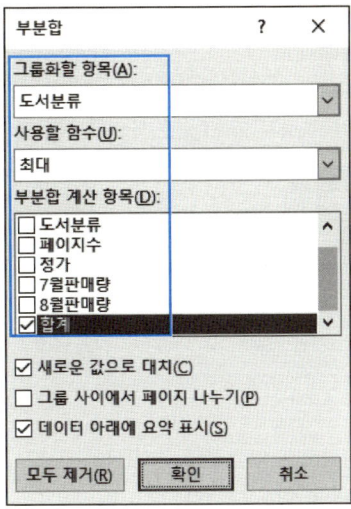

⑤ 합계를 계산하는 부분합을 추가하기 위해 데이터가 있는 임의의 셀에 셀 포인터가 위치한 상태에서 [데이터] 탭-[개요] 그룹-[부분합]을 클릭합니다.
⑥ [부분합] 대화상자가 나타나면 [사용할 함수]를 '합계'로 변경합니다.
⑦ 이어서 [부분합 계산 항목]에서 '합계'의 확인란을 선택 취소하고 '7월판매량', '8월판매량' 확인란을 선택합니다.
⑧ '새로운 값으로 대치'의 확인란을 선택 취소한 후 [확인] 단추를 클릭합니다.

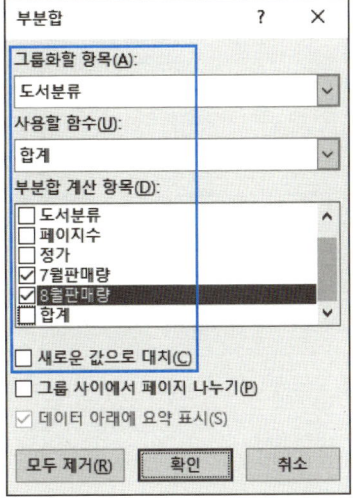

## 문제 4   기타작업

### 01 '매크로작업' 시트 (매크로)

▶ 결과

### 1

① [삽입] 탭-[일러스트레이션] 그룹-[도형]-[기본 도형]의 '십자형'을 클릭합니다.
② 이어서 [I3:J5] 영역에 드래그하여 '십자형' 도형을 생성합니다.
③ 매크로를 지정하기 위해 생성한 도형 위에서 마우스 오른쪽 버튼을 눌러 [매크로 지정] 명령을 클릭합니다.
④ [매크로 지정] 대화상자가 나타나면 [매크로 이름]에 '재고량'을 입력하고 [매크로 위치]에서 '현재 통합 문서'를 선택한 후 [기록] 단추를 클릭합니다.

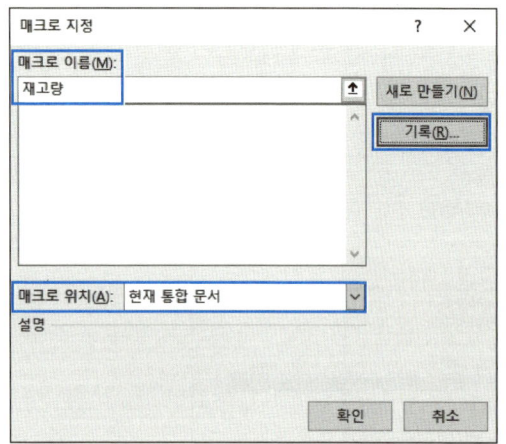

⑤ [매크로 기록] 대화상자가 나타나면 [확인] 단추를 클릭합니다.
⑥ 매크로 기록이 시작되면 [G4] 셀에 '=D4+E4-F4'를 입력한 후 Enter를 누릅니다.
⑦ [G4] 셀을 선택하고 [G12] 셀까지 수식을 복사한 후 임의의 셀을 선택하여 블록을 해제합니다.
⑧ 매크로 기록을 중지하기 위해 [개발 도구] 탭-[코드] 그룹-[기록 중지]를 클릭합니다.
⑨ 생성한 도형 위에서 마우스 오른쪽 버튼을 눌러 [텍스트 편집] 명령을 클릭합니다.
⑩ 커서가 나타나면 '재고량'을 입력하고 [홈] 탭-[맞춤] 그룹에서 가로 '가운데 맞춤(≡)', 세로 '가운데 맞춤(≡)'을 각각 클릭한 후 임의의 셀을 선택하여 완료합니다.

### 2

① [개발 도구] 탭-[컨트롤] 그룹-[삽입]-[양식 컨트롤]의 '단추(양식 컨트롤)'를 클릭합니다.
② 이어서 [I7:J9] 영역에 드래그하여 '단추'를 생성합니다.
③ [매크로 지정] 대화상자가 나타나면 [매크로 이름]에 '쉼표'를 입력하고 [매크로 위치]에서 '현재 통합 문서'를 선택한 후 [기록] 단추를 클릭합니다.

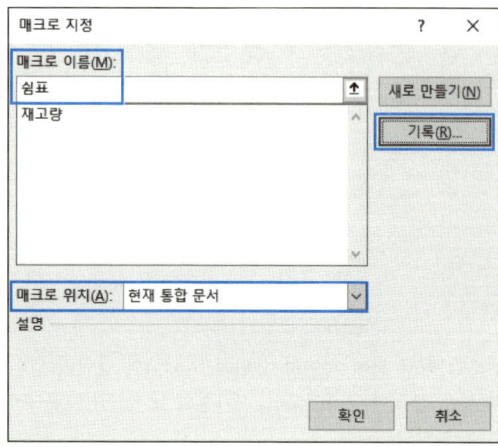

④ [매크로 기록] 대화상자가 나타나면 [확인] 단추를 클릭합니다.
⑤ 매크로 기록이 시작되면 [C4:C12] 영역을 선택한 후 [홈] 탭-[표시 형식] 그룹-[쉼표 스타일](,)을 클릭합니다.
⑥ 임의의 셀을 선택하여 블록을 해제한 후 [개발 도구] 탭-[코드] 그룹-[기록 중지]를 클릭합니다.
⑦ 생성한 단추 위에서 마우스 오른쪽 버튼을 눌러 [텍스트 편집] 명령을 클릭합니다.
⑧ 커서가 나타나면 단추에 입력된 글자를 '쉼표'로 변경하고 임의의 셀을 선택하여 완료합니다.

### 02 '차트작업' 시트 (차트)

### 1

① 차트를 선택한 후 [서식] 탭-[현재 선택 영역] 그룹-[차트 요소]의 목록 단추(▼)를 클릭해 '계열 "할인율"'을 선택합니다.
② 차트에 '할인율' 계열이 선택되면 Delete를 눌러 삭제합니다.

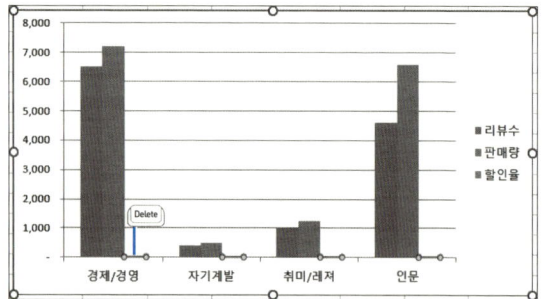

## 2

① [차트 디자인] 탭-[차트 레이아웃] 그룹-[차트 요소 추가]-[차트 제목]-[차트 위]를 클릭합니다.
② '차트 제목'이 차트에 표시되면 [수식 입력줄]을 클릭하고 '도서분류별 현황'을 입력한 후 Enter 를 누릅니다.
③ '도서분류별 현황'이 차트 제목에 표시되면 가로 (항목) 축 제목을 표시하기 위해 [차트 디자인] 탭-[차트 레이아웃] 그룹-[차트 요소 추가]-[축 제목]-[기본 가로]를 클릭합니다.
④ '축 제목'이 차트에 표시되면 [수식 입력줄]을 클릭하고 '도서분류'를 입력한 후 Enter 를 누릅니다.

## 3

① '범례'에서 마우스 오른쪽 버튼을 눌러 바로 가기 메뉴가 나타나면 [범례 서식] 명령을 클릭합니다.
② [범례 서식] 창이 나타나면 [범례 옵션]-[범례 옵션](📊)-[범례 옵션]의 [범례 위치]를 '위쪽'으로 선택한 후 [닫기](✖) 단추를 클릭합니다.
③ '범례'가 선택된 상태에서 [홈] 탭-[글꼴] 그룹의 '글꼴 크기'를 '12', '글꼴 스타일'을 '굵게', '기울임꼴', '채우기 색'을 '노랑'으로 변경합니다.

## 4

① 차트 영역을 선택한 후 [차트 디자인] 탭-[차트 레이아웃] 그룹-[차트 요소 추가]-[데이터 레이블]-[바깥쪽 끝에]를 클릭합니다.

## 5

① '차트 영역'에서 마우스 오른쪽 버튼을 눌러 바로 가기 메뉴가 나타나면 [차트 영역 서식] 명령을 클릭합니다.
② [차트 영역 서식] 창이 나타나면 [차트 옵션]-[채우기 및 선](🎨)-[테두리]의 [너비]에 '3'을 입력하고, '둥근 모서리' 확인란을 선택한 후 [닫기](✖) 단추를 클릭합니다.

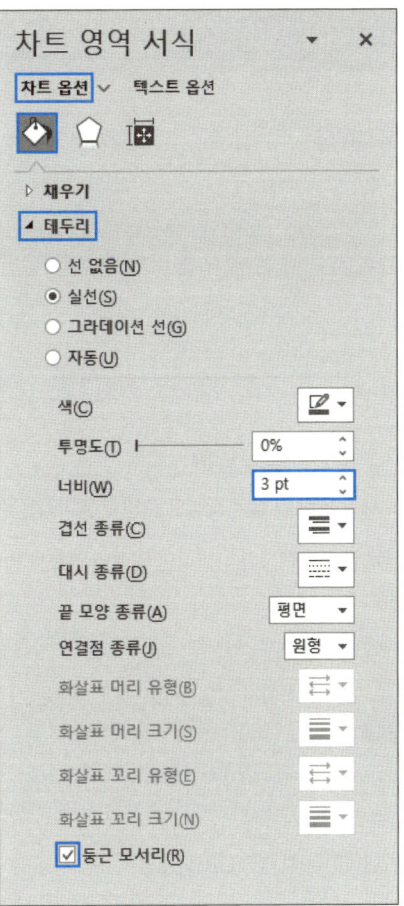

# 제8회 최신기출유형

| 프로그램명 | 제한시간 |
|---|---|
| EXCEL | 40분 |

수험번호 :

성  명 :

2급   C형

## 유 의 사 항

★ 펜은 꺼내실 수 없으며 시험지는 유출이 불가능합니다.

■ 인적 사항 누락 및 잘못 작성으로 인한 불이익은 수험자 책임으로 합니다.

■ 화면에 암호 입력창이 나타나면 아래의 암호를 입력하여야 합니다.
  • 암호 :

★ 암호를 입력할 수도 있으니 이렇게 첫 장을 확인하시면 됩니다.

■ 작성된 답안은 주어진 경로 및 파일명을 변경하지 마시고 그대로 저장해야 합니다. 이를 준수하지 않으면 실격 처리됩니다.

★ 디스켓 모양을 눌러 저장하시면 됩니다. 예외가 있을 수도 있으니 감독관이 설명할 때 잘 들어주세요. 제한시간(40분) 안에 디스켓 모양을 눌러 저장을 하고 그 이후에는 화면이 바뀌며 [답안 제출]을 하게 됩니다.

■ 외부 데이터 위치 : C:\OA\파일명

■ 별도의 지시사항이 없는 경우, 다음과 같이 처리 시 실격 처리됩니다.
  • 제시된 시트 및 개체의 순서나 이름을 임의로 변경한 경우
  • 제시된 시트 및 개체를 임의로 추가 또는 삭제한 경우
  • 외부 데이터를 시험 시작 전에 열어 본 경우

■ 답안은 반드시 문제에서 지시 또는 요구한 셀에 입력하여야 하며 다음과 같이 처리 시 채점 대상에서 제외됩니다.
  • 수험자가 임의로 지시하지 않은 셀의 이동, 수정, 삭제, 변경 등으로 인해 셀의 위치 및 내용이 변경된 경우 해당 작업에 영향을 미치는 관련문제 모두 채점 대상에서 제외
  • 도형 및 차트의 개체가 중첩되어 있거나 동일한 계산결과 시트가 복수로 존재할 경우 해당 개체나 시트는 채점 대상에서 제외

■ 수식 작성 시 제시된 문제 파일의 데이터는 변경 가능한(가변적) 데이터임을 감안하여 문제 풀이를 하시오.

■ 별도의 지시사항이 없는 경우, 주어진 각 시트 및 개체의 설정값 또는 기본 설정값(Default)으로 처리하시오.

■ 저장 시간은 별도로 주어지지 않으므로 제한된 시간 내에 저장을 완료해야 하며, 제한시간 내에 저장이 되지 않은 경우에는 실격 처리됩니다.

■ 출제된 문제의 용어는 Microsoft Office Excel 2021 기준으로 작성되어 있습니다.

국 가 기 술 자 격 검 정

## 문제 1 기본작업(20점) 주어진 시트에서 다음의 과정을 수행하고 저장하시오.

**01** '기본작업-1' 시트에 다음의 자료를 주어진 대로 입력하시오. (5점)

| | A | B | C | D | E | F |
|---|---|---|---|---|---|---|
| 1 | 우리동네 보험 가입 현황 | | | | | |
| 2 | | | | | | |
| 3 | 가입연월 | 피보험자 | 성별 | 구분 | 보험금 | 월납입액 |
| 4 | 2011년 04월~ | 민소희 | 남 | 순수보장형 | 54770 | 38339 |
| 5 | 2006년 10월~ | 이현영 | 남 | 50%만기환급형 | 295000 | 250750 |
| 6 | 2009년 05월~ | 방성욱 | 남 | 100%만기환급형 | 554000 | 554000 |
| 7 | 2007년 02월~ | 이흥근 | 남 | 순수보장형 | 20000 | 최소금액결제 |
| 8 | 2007년 04월~ | 이진병 | 여 | 100%만기환급형 | 201450 | 201450 |
| 9 | 1996년 03월~ | 김형준 | 남 | 50%만기환급형 | 241500 | 205275 |
| 10 | 2000년 10월~ | 신행수 | 여 | 50%만기환급형 | 214000 | 203300 |
| 11 | 1999년 12월~ | 김정현 | 여 | 순수보장형 | 59990 | 47992 |
| 12 | 2009년 07월~ | 이병옥 | 남 | 100%만기환급형 | 91480 | 73184 |

**02** '기본작업-2' 시트에 대하여 다음의 지시사항을 처리하시오. (각 2점)

① [A1:F1] 영역은 '병합하고 가운데 맞춤', 글꼴 '돋움', 크기 18, 글꼴 색 '표준 색-파랑'으로 지정하시오.
② [A3:F3] 영역은 가로 '가운데 맞춤', 글꼴 스타일 '굵게', 채우기 색 '표준 색-노랑'으로 지정하시오.
③ [C4:C16] 영역은 사용자 지정 서식을 이용하여 숫자 뒤에 '세'를 표시하되, 셀 값이 0일 경우에는 '0세'로 표시하시오. [표시 예 : 10 → 10세]
④ [D4:D16] 영역은 '보험금'으로 이름을 정의하시오.
⑤ [A3:F16] 영역은 '모든 테두리(田)'로 적용하여 표시하시오.

**03** '기본작업-3' 시트에서 다음의 지시사항을 처리하시오. (5점)

▶ '남자 보험 가입 현황' 표에서 구분이 '순수보장형'이거나 월납입액이 '최소금액결제'인 데이터를 고급 필터를 사용하여 검색하시오.
▶ 고급 필터 조건은 [A20:C22] 범위 내에 알맞게 입력하시오.
▶ 고급 필터 결과 복사 위치는 동일 시트의 [A24] 셀에서 시작하시오.

## 문제 2 계산작업(40점) '계산작업' 시트에서 다음의 과정을 수행하고 저장하시오.

**01** [표1]에서 월납입액[C3:C11] 중 두 번째로 높은 납입액을 [D3] 셀에 표시하시오. (8점)

▶ MAX, MIN, LARGE, SMALL 중 알맞은 함수를 선택하여 사용

**02** [표2]에서 나이[I3:I11]가 30대인 가입자 수를 구하여 [J3] 셀에 표시하시오. (8점)

▶ 숫자 뒤에 '명'을 표시 [표시 예 : 2명]
▶ SUM, COUNTIF 중 알맞은 함수와 & 연산자 사용

**03** [표3]에서 보험납입횟수[C15:C23]를 기준으로 순위를 구하여 1위와 2위는 '장기가입', 나머지는 공백으로 장기가입여부[D15:D23]에 표시하시오. (8점)

▶ IF, RANK.EQ 함수 사용

**04** [표4]에서 가입코드[F15:F23]의 왼쪽에서 세 번째 문자와 코드별구분표[J15:K17]를 이용하여 구분[H15:H23]을 표시하시오. (8점)

▶ 코드별구분표의 의미 : 코드가 'G'이면 '순수보장형', 'K'이면 '50%만기환급형', 'P'이면 '100%만기환급형'임
▶ VLOOKUP, HLOOKUP, LEFT, RIGHT, MID 중 알맞은 함수를 선택하여 사용

**05** [표5]에서 지역별 20~40대 평균보험료의 표준편차가 전체 평균보험료[B28:D34]의 표준편차보다 크면 '편차 큼', 이외에는 공백을 기타[E28:E34]에 표시하시오. (8점)

▶ IF, STDEV 함수 사용

## 문제 3 분석작업(20점) 주어진 시트에서 다음의 과정을 수행하고 저장하시오.

**01** '분석작업-1' 시트에서 다음의 지시사항을 처리하시오. (10점)

- '보험별 상반기 가입자수' 표를 이용하여 가입성별은 '행', 보험종류는 '열'로 처리하고, '값'에 1월, 2월, 3월 가입자수 합계를 계산한 후 'Σ 값'을 '행'으로 설정하는 피벗 테이블을 작성하시오.
  ▶ 피벗 테이블 보고서는 동일 시트의 [A17] 셀에서 시작하시오.
  ▶ 피벗 테이블에는 '운전자보험'을 제외한 자료만 표시되도록 하시오.

**02** '분석작업-2' 시트에서 다음의 지시사항을 처리하시오. (10점)

- 데이터 도구 [통합] 기능을 이용하여 [표1], [표2], [표3], [표4]에 대한 연령별 '보험금', '월납입액'의 평균을 [표5]의 [B21:C23] 영역에 계산하시오.

## 문제 4 기타작업(20점) 주어진 시트에서 다음의 과정을 수행하고 저장하시오.

**01** '매크로작업' 시트에서 다음과 같은 기능을 수행하는 매크로를 현재 통합 문서에 작성하고 실행하시오. (각 5점)

① [B3:E3] 영역에 대하여 셀 스타일을 '강조색2'로 지정하는 '서식' 매크로를 생성하시오.
  ▶ [도형]-[사각형]의 '사각형: 둥근 모서리(◻)'를 동일 시트의 [G3:H5] 영역에 생성하고, 텍스트를 '서식'으로 입력한 후 도형을 클릭할 때 '서식' 매크로가 실행되도록 설정하시오.
  ▶ 도형 안의 텍스트는 가로 '가운데 맞춤', 세로 '가운데 맞춤'으로 지정
② [C15:E15] 영역에 합계를 계산하는 '합계' 매크로를 생성하시오.
  ▶ [개발 도구]-[삽입]-[양식 컨트롤]의 '단추(◻)'를 동일 시트의 [G7:H9] 영역에 생성한 후 텍스트를 '합계'로 입력하고, 단추를 클릭할 때 '합계' 매크로가 실행되도록 설정하시오.
  ※ 셀 포인터의 위치에 관계없이 매크로가 실행되어야 정답으로 인정됨

**02** '차트작업' 시트에서 다음의 지시사항에 따라 차트를 수정하시오. (각 2점)

※ 차트는 반드시 문제에서 제공한 차트를 사용하여야 하며, 신규로 차트 작성 시 0점 처리됨

① '40세' 인원수 데이터가 차트에 표시되도록 데이터 범위를 추가하고, 행/열 전환을 수행하시오.
② '20세' 계열의 차트 종류를 '묶은 세로 막대형'으로 변경하시오.
③ '30세' 데이터 계열 중 '50%만기환급형'에만 데이터 레이블 '값(오른쪽)'을 표시하시오.
④ 범례는 위쪽에 배치하고, 도형 스타일 '색 윤곽선 - 녹색, 강조 6'으로 지정하시오.
⑤ 차트 영역의 테두리 스타일은 '둥근 모서리'로 지정하시오.

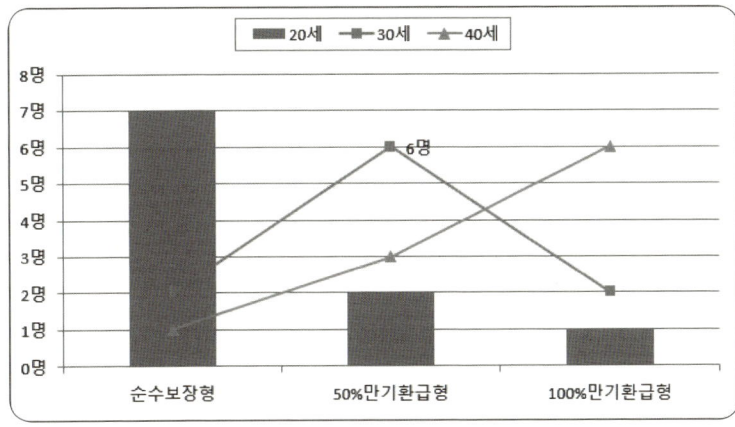

# 정답 및 해설

## 문제1 기본작업

파일을 열었을 때 '보안 경고'가 표시되면 '콘텐츠 사용'을 클릭하세요.

### 01 '기본작업-1' 시트 (자료 입력)

① 주어진 자료를 각각의 셀에 입력합니다.
   ✓ [A4:A12] 영역은 띄어쓰기에 주의하세요.

### 02 '기본작업-2' 시트 (셀 서식)

▶ 결과

| | A | B | C | D | E | F |
|---|---|---|---|---|---|---|
| 1 | | | 여자 보험 가입 현황 | | | |
| 2 | | | | | | |
| 3 | 보험계약자 | 구분 | 연령 | 보험금 | 월납입액 | 기타 |
| 4 | 이*병 가족 | 100%만기환급형 | 40세 | 201450 | 201450 | 환급금확인 |
| 5 | 신*수 가족 | 50%만기환급형 | 40세 | 214000 | 203300 | 환급금확인 |
| 6 | 김*현 가족 | 순수보장형 | 30세 | 59990 | 47992 | |
| 7 | 손*훈 가족 | 순수보장형 | 20세 | 514500 | 360150 | |
| 8 | 김*우 가족 | 순수보장형 | 20세 | 314500 | 220150 | |
| 9 | 박*록 가족 | 50%만기환급형 | 20세 | 52520 | 39390 | |
| 10 | 오*은 가족 | 50%만기환급형 | 40세 | 279500 | 265525 | 환급금확인 |
| 11 | 박*정 가족 | 100%만기환급형 | 30세 | 358100 | 322290 | |
| 12 | 강*정 가족 | 순수보장형 | 20세 | 531500 | 372050 | |
| 13 | 김*수 가족 | 순수보장형 | 20세 | 42000 | 29400 | |
| 14 | 정*민 가족 | 50%만기환급형 | 30세 | 221400 | 188190 | |
| 15 | 윤*경 가족 | 50%만기환급형 | 30세 | 235100 | 199835 | |
| 16 | 최*규 가족 | 순수보장형 | 20세 | 120000 | 84000 | |

**1**

① [A1:F1] 영역을 선택한 후 [홈] 탭-[맞춤] 그룹-[병합하고 가운데 맞춤]을 클릭합니다.
② 이어서 [홈] 탭-[글꼴] 그룹-[글꼴] 입력란에 '돋움'을 입력한 후 Enter 를 눌러 입력을 완료합니다.
③ 이어서 글꼴 크기를 변경하기 위해 [홈] 탭-[글꼴] 그룹-[글꼴 크기] 입력란에 '18'을 입력한 후 Enter 를 눌러 입력을 완료합니다.
④ 이어서 글꼴 색을 변경하기 위해 [홈] 탭-[글꼴] 그룹-[글꼴 색]의 목록 단추(▼)를 클릭해 '파랑'을 선택합니다.

**2**

① [A3:F3] 영역을 선택한 후 [홈] 탭-[맞춤] 그룹-[가로 가운데 맞춤](≡)을 클릭합니다.
② 이어서 [홈] 탭-[글꼴] 그룹-[굵게](가)를 클릭한 후 [채우기 색]의 목록 단추(▼)를 클릭해 '노랑'을 선택합니다.

**3**

① 사용자 지정 표시 형식을 지정하기 위해 [C4:C16] 영역을 선택한 후 Ctrl + 1 을 누릅니다.
② [셀 서식] 대화상자가 나타나면 [표시 형식] 탭-[범주]를 '사용자 지정'으로 선택하고 '형식'에 이미 입력되어 있는 내용을 지운 뒤 '0"세"'를 입력합니다.
③ [보기]에 '40세'가 표시되면 [확인] 단추를 클릭합니다.

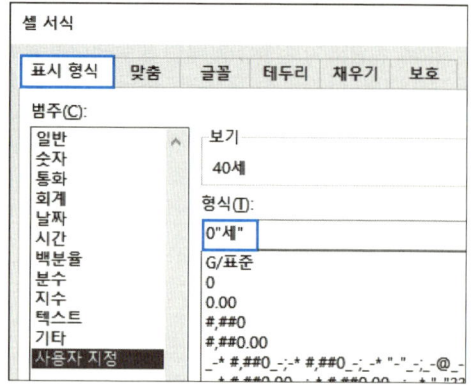

**4**

① 이름을 정의하기 위해 [D4:D16] 영역을 선택한 후 [이름 상자]를 클릭합니다.
② '보험금'을 입력한 후 오타 여부를 확인하고 Enter 를 누릅니다.

**5**

① 테두리를 표시하기 위해 [A3:F16] 영역을 선택한 후 [홈] 탭-[글꼴] 그룹-[테두리]의 목록 단추(▼)를 클릭하고 '모든 테두리'(⊞)를 선택합니다.

### 03 '기본작업-3' 시트 (고급 필터)

▶ 결과

| | A | B | C | D | E |
|---|---|---|---|---|---|
| 24 | 계약일 | 피보험자 | 구분 | 연령 | 월납입액 |
| 25 | 2011-04-20 | 민소희 | 순수보장형 | 20 | 38,339 |
| 26 | 2007-02-22 | 이흥근 | 순수보장형 | 20 | 최소금액결제 |
| 27 | 2012-05-09 | 김혜영 | 순수보장형 | 30 | 81,680 |
| 28 | 2002-06-09 | 김연수 | 50%만기환급형 | 20 | 최소금액결제 |

① 조건을 지정하기 위해 [A20] 셀에 '구분', [A21] 셀에 '순수보장형', [B20] 셀에 '월납입액', [B22] 셀에 '최소금액결제'를 입력합니다.

| | A | B |
|---|---|---|
| 20 | 구분 | 월납입액 |
| 21 | 순수보장형 | |
| 22 | | 최소금액결제 |

② 모두 입력이 되었다면 [A3:E18] 영역의 임의의 셀을 선택합니다.
③ 목록 범위 안에 셀 포인터가 있으면 [데이터] 탭-[정렬 및 필터] 그룹-[고급]을 클릭합니다.
④ [고급 필터] 대화상자가 나타나면 [목록 범위]에 [A3:E18] 영역이 이미 지정되어 있는 것을 확인하고 [조건 범위]에 커서를 이동합니다.
⑤ [조건 범위]에 커서가 나타나면 [A20:B22] 영역을 드래그합니다.

⑥ 복사 위치를 지정하기 위해 '다른 장소에 복사'를 선택한 후 [복사 위치]에 커서를 이동하여 [A24] 셀을 선택합니다.
⑦ 각 항목에 셀 주소가 지정되었다면 [확인] 단추를 클릭합니다.

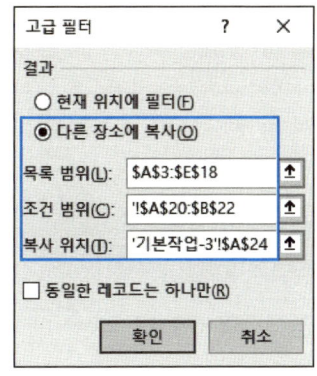

## 문제 2 계산작업

▶ 결과

| | A | B | C | D | E | F | G | H | I | J | K |
|---|---|---|---|---|---|---|---|---|---|---|---|
| 1 | [표1] | | | | | | [표2] | | | | |
| 2 | 성명 | 성별 | 월납입액 | 두 번째 높은 납입액 | | | 가입자 | 가입보험 | 나이 | 30대 가입자 수 | |
| 3 | 김진우 | 남 | 38,200 | | 100,500 | | 이민정 | 연금보험 | 21 | 5명 | |
| 4 | 유형국 | 남 | 100,500 | | | | 김우주 | 상해보험 | 32 | | |
| 5 | 최진수 | 남 | 78,500 | | | | 최상현 | 상해보험 | 33 | | |
| 6 | 이미영 | 여 | 49,210 | | | | 강은정 | 연금보험 | 29 | | |
| 7 | 이영현 | 여 | 110,370 | | | | 김혜경 | 암보험 | 35 | | |
| 8 | 김은혜 | 여 | 55,180 | | | | 이유정 | 연금보험 | 42 | | |
| 9 | 이은정 | 여 | 65,000 | | | | 김다혜 | 암보험 | 36 | | |
| 10 | 김주호 | 남 | 51,000 | | | | 최정민 | 상해보험 | 25 | | |
| 11 | 우선아 | 여 | 29,500 | | | | 김미리 | 연금보험 | 32 | | |
| 12 | | | | | | | | | | | |
| 13 | [표3] | | | | | | [표4] | | | | <코드별구분> |
| 14 | 성명 | 보험료 | 보험납입횟수 | 장기가입여부 | | | 가입코드 | 연령 | 구분 | 코드 | 구분 |
| 15 | 진주연 | 45,500 | 45 | 장기가입 | | | 1-G-32 | 20 | 순수보장형 | G | 순수보장형 |
| 16 | 김은채 | 52,520 | 12 | | | | 9-P-12 | 30 | 100%만기환급형 | K | 50%만기환급형 |
| 17 | 김혜민 | 91,480 | 24 | | | | 5-K-81 | 40 | 50%만기환급형 | P | 100%만기환급형 |
| 18 | 박사랑 | 51,450 | 25 | | | | 6-P-11 | 20 | 100%만기환급형 | | |
| 19 | 정우진 | 20,000 | 13 | | | | 3-P-53 | 40 | 100%만기환급형 | | |
| 20 | 김성우 | 51,900 | 37 | | | | 2-K-43 | 30 | 50%만기환급형 | | |
| 21 | 박민희 | 53,150 | 38 | 장기가입 | | | 7-G-20 | 40 | 순수보장형 | | |
| 22 | 김소라 | 23,510 | 5 | | | | 8-K-25 | 30 | 50%만기환급형 | | |
| 23 | 김아름 | 12,000 | 11 | | | | 4-G-65 | 20 | 순수보장형 | | |
| 24 | | | | | | | | | | | |
| 25 | [표5] | | | | | | | | | | |
| 26 | 지역 | | 평균보험료 | | 기타 | | | | | | |
| 27 | | 20대 | 30대 | 40대 | | | | | | | |
| 28 | 서울 | 34,500 | 36,700 | 41,000 | | | | | | | |
| 29 | 인천 | 32,900 | 34,500 | 39,900 | | | | | | | |
| 30 | 대전 | 36,000 | 35,000 | 45,000 | 편차큼 | | | | | | |
| 31 | 광주 | 35,500 | 36,000 | 41,000 | | | | | | | |
| 32 | 대구 | 39,000 | 38,500 | 42,500 | | | | | | | |
| 33 | 울산 | 39,900 | 39,000 | 41,000 | | | | | | | |
| 34 | 부산 | 34,000 | 35,100 | 53,100 | 편차큼 | | | | | | |

## 01 두 번째 높은 납입액 (D3)

=LARGE(C3:C11,2)

① [D3] 셀을 선택한 후 [수식 입력줄]에 커서를 이동합니다.
② 수식을 작성한 후 Enter를 누릅니다.

## 02 30대 가입자 수 (J3)

=COUNTIF(I3:I11,">=30")-COUNTIF(I3:I11,">=40") & "명"

① [J3] 셀을 선택한 후 [수식 입력줄]에 커서를 이동합니다.
② 수식을 작성한 후 Enter를 누릅니다.

## 03 기타 (D15:D23)

=IF(RANK.EQ(C15,$C$15:$C$23,0)<=2,"장기가입","")

① [D15] 셀을 선택한 후 [수식 입력줄]에 커서를 이동합니다.
② 수식을 작성한 후 Enter를 누릅니다.
③ [D15] 셀의 채우기 핸들을 [D23] 셀까지 드래그하여 수식을 복사합니다.

## 04 구분 (H15:H23)

=VLOOKUP(MID(F15,3,1),$J$15:$K$17,2,FALSE)

① [H15] 셀을 선택한 후 [수식 입력줄]에 커서를 이동합니다.
② 수식을 작성한 후 Enter를 누릅니다.
③ [H15] 셀의 채우기 핸들을 [H23] 셀까지 드래그하여 수식을 복사합니다.

## 05 기타 (E28:E34)

=IF(STDEV(B28:D28)>STDEV($B$28:$D$34),"편차큼","")

① [E28] 셀을 선택한 후 [수식 입력줄]에 커서를 이동합니다.
② 수식을 작성한 후 Enter를 누릅니다.
③ [E28] 셀의 채우기 핸들을 [E34] 셀까지 드래그하여 수식을 복사합니다.

## 문제 3 분석작업

### 01 '분석작업-1' 시트 (피벗 테이블)

▶ 결과

| | A | B | C | D | E | F |
|---|---|---|---|---|---|---|
| 17 | | 열 레이블 | | | | |
| 18 | 행 레이블 | 상해보험 | 실비보험 | 암보험 | 연금보험 | 총합계 |
| 19 | 남 | | | | | |
| 20 | 합계 : 1월 | 51 | 41 | 40 | 51 | 183 |
| 21 | 합계 : 2월 | 46 | 33 | 45 | 48 | 172 |
| 22 | 합계 : 3월 | 41 | 32 | 51 | 36 | 160 |
| 23 | 여 | | | | | |
| 24 | 합계 : 1월 | 48 | 45 | 32 | 49 | 174 |
| 25 | 합계 : 2월 | 51 | 49 | 32 | 38 | 170 |
| 26 | 합계 : 3월 | 45 | 51 | 49 | 40 | 185 |
| 27 | 전체 합계 : 1월 | 99 | 86 | 72 | 100 | 357 |
| 28 | 전체 합계 : 2월 | 97 | 82 | 77 | 86 | 342 |
| 29 | 전체 합계 : 3월 | 86 | 83 | 100 | 76 | 345 |

① [A3:H13] 영역의 임의의 셀을 선택한 후 [삽입] 탭-[표] 그룹-[피벗 테이블]-[테이블/범위에서]를 클릭합니다.
② [표 또는 범위의 피벗 테이블] 대화상자가 나타나면 '표/범위'에 입력된 [A3:H13] 영역을 확인하고, 피벗 테이블을 배치할 위치에 '기존 워크시트'의 [A17] 셀을 선택한 후 [확인] 단추를 클릭합니다.

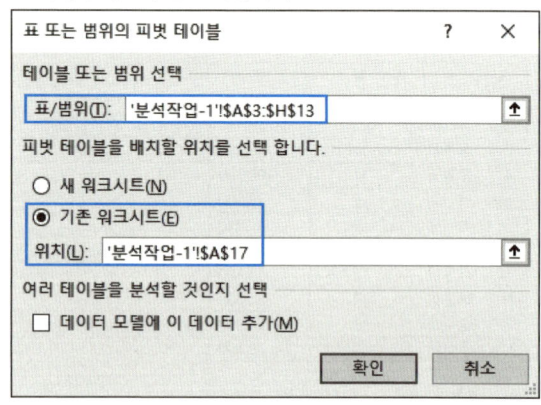

③ '가입성별'을 [행] 영역으로 드래그, '보험종류'를 [열] 영역으로 드래그, '1월'을 [값] 영역으로 드래그, '2월'을 1월 밑에 [값] 영역으로 드래그, '3월'을 2월 밑에 [값] 영역으로 드래그합니다.
④ 이어서 [열] 영역의 'Σ 값'을 [행] 영역의 '가입성별' 아래로 드래그합니다.

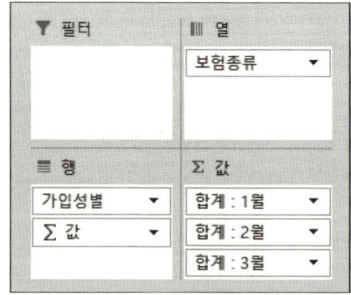

⑤ 운전자보험을 제외하고 표시하기 위해 '열 레이블'의 '필터 목록 단추(▼)'를 클릭합니다.
⑥ '운전자보험' 확인란을 선택 최소한 후 [확인] 단추를 클릭합니다.

## 02 '분석작업-2' 시트 (통합)

▶ 결과

① [A20:C23] 영역을 드래그하여 선택한 후 [데이터] 탭-[데이터 도구] 그룹-[통합]을 클릭합니다.
② [통합] 대화상자가 나타나면 [함수]를 '평균'으로 선택, [참조]로 커서를 이동하여 [A2:C8] 영역을 드래그하여 선택하고 [추가] 단추를 클릭해 [모든 참조 영역] 목록에 표시되게 합니다.
③ 이어서 [E2:G8] 영역을 드래그하여 선택한 후 [추가] 단추를 클릭해 [모든 참조 영역] 목록에 표시되게 합니다.
④ 같은 방법으로 [A11:C17], [E11:G17] 영역도 [모든 참조 영역] 목록에 표시되게 합니다.
⑤ 영역이 모두 표시되면 [사용할 레이블]의 '첫 행'과 '왼쪽 열' 확인란을 선택한 후 [확인] 단추를 클릭합니다.

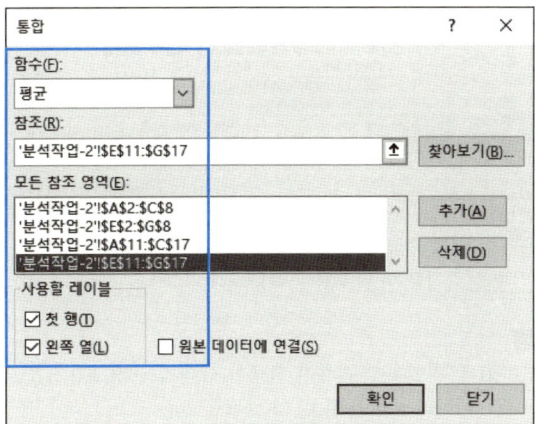

## 문제 4 기타작업

### 01 '매크로작업' 시트 (매크로)

▶ 결과

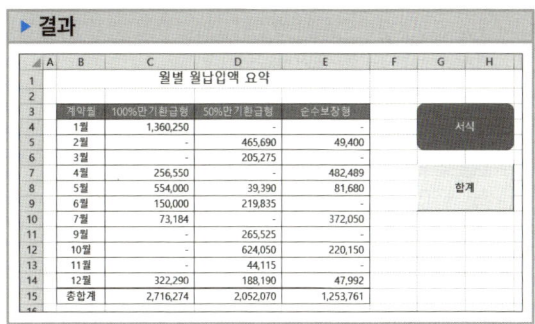

**1**

① [삽입] 탭-[일러스트레이션] 그룹-[도형]-[사각형]의 '사각형: 둥근 모서리'를 클릭합니다.
② 이어서 [G3:H5] 영역에 드래그하여 '사각형: 둥근 모서리' 도형을 생성합니다.
③ 매크로를 지정하기 위해 생성한 도형 위에서 마우스 오른쪽 버튼을 눌러 [매크로 지정] 명령을 클릭합니다.
④ [매크로 지정] 대화상자가 나타나면 [매크로 이름]에 '서식'을 입력하고 [매크로 위치]에서 '현재 통합 문서'를 선택한 후 [기록] 단추를 클릭합니다.

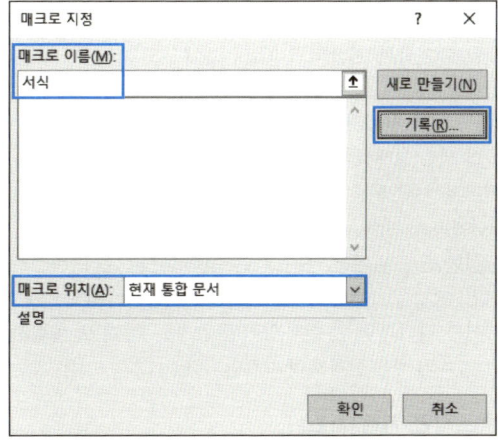

⑤ [매크로 기록] 대화상자가 나타나면 [확인] 단추를 클릭합니다.
⑥ 매크로 기록이 시작되면 [B3:E3] 영역을 선택한 후 [홈] 탭-[스타일] 그룹-[셀 스타일]을 클릭하고 [테마 셀 스타일] 범주의 '강조색2'를 선택합니다.
⑦ 임의의 셀을 선택하여 블록을 해제한 후 [개발 도구] 탭-[코드] 그룹-[기록 중지]를 클릭합니다.
⑧ 생성한 도형 위에서 마우스 오른쪽 버튼을 눌러 [텍스트 편집] 명령을 클릭합니다.
⑨ 커서가 나타나면 '서식'을 입력하고 [홈] 탭-[맞춤] 그룹에서 가로 '가운데 맞춤(≡)', 세로 '가운데 맞춤(≡)'을 각각

클릭한 후 임의의 셀을 선택하여 완료합니다.

### 2

① [개발 도구] 탭-[컨트롤] 그룹-[삽입]-[양식 컨트롤]의 '단추(양식 컨트롤)'를 클릭합니다.
② 이어서 [G7:H9] 영역에 드래그하여 '단추'를 생성합니다.
③ [매크로 지정] 대화상자가 나타나면 [매크로 이름]에 '합계'를 입력하고 [매크로 위치]에서 '현재 통합 문서'를 선택한 후 [기록] 단추를 클릭합니다.

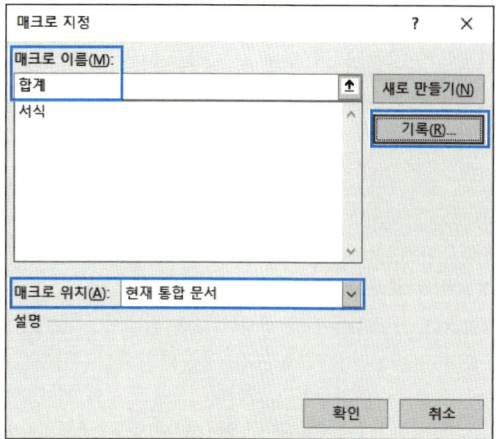

④ [매크로 기록] 대화상자가 나타나면 [확인] 단추를 클릭합니다.
⑤ 매크로 기록이 시작되면 [C15] 셀에 '=SUM(C4:C14)'를 입력한 후 Enter 를 누릅니다.
⑥ [C15] 셀을 선택하고 [E15] 셀까지 수식을 복사한 후 임의의 셀을 선택하여 블록을 해제합니다.
⑦ 매크로 기록을 중지하기 위해 [개발 도구] 탭-[코드] 그룹-[기록 중지]를 클릭합니다.
⑧ 생성한 단추 위에서 마우스 오른쪽 버튼을 눌러 [텍스트 편집] 명령을 클릭합니다.
⑨ 커서가 나타나면 단추에 입력된 글자를 '합계'로 변경하고 임의의 셀을 선택하여 완료합니다.

## 02 '차트작업' 시트 (차트)

### 1

① [E2:E5] 영역을 드래그하여 선택한 후 Ctrl + C 를 눌러 복사합니다.
② '차트 영역'을 선택한 후 Ctrl + V 를 눌러 붙여넣기를 합니다.
③ 행/열 전환을 수행하기 위해 '차트 영역'에서 마우스 오른쪽 버튼을 눌러 바로 가기 메뉴가 나타나면 [데이터 선택] 명령을 클릭합니다.
④ [행/열 전환] 단추를 클릭하고 [확인] 단추를 클릭합니다.

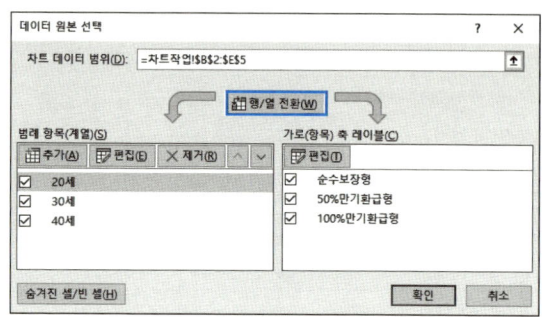

### 2

① 임의의 계열에서 마우스 오른쪽 버튼을 눌러 바로 가기 메뉴가 나타나면 [계열 차트 종류 변경] 명령을 클릭합니다.
② [차트 종류 변경] 대화상자가 나타나면 '20세' 계열의 [차트 종류] 목록 단추(▼)를 클릭해 [세로 막대형] 범주의 '묶은 세로 막대형'을 선택합니다.

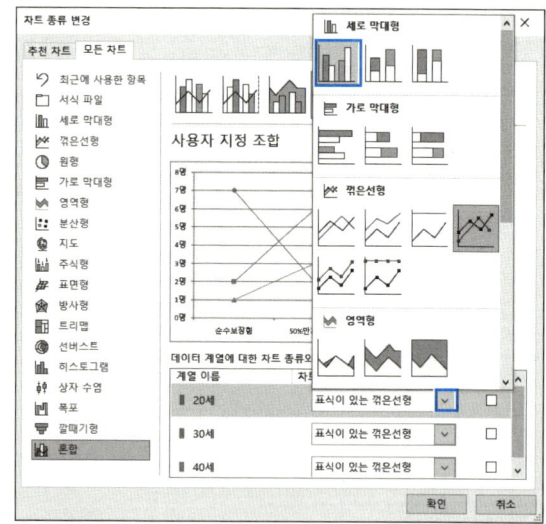

③ [미리 보기]에 20세 계열의 차트 종류가 변경된 것을 확인한 후 [확인] 단추를 클릭합니다.

### 3

① '30세' 계열을 클릭하여 선택한 상태에서 '50%만기환급형' 데이터 요소만 한 번 더 클릭합니다.
② '50%만기환급형'의 '30세' 계열만 선택이 되면 [차트 디자인] 탭-[차트 레이아웃] 그룹-[차트 요소 추가]-[데이터 레이블]-[오른쪽]을 클릭합니다.

### 4

① '범례'에서 마우스 오른쪽 버튼을 눌러 바로 가기 메뉴가 나타나면 [범례 서식] 명령을 클릭합니다.
② [범례 서식] 창이 나타나면 [범례 옵션]-[범례 옵션](▥)-[범례 옵션]의 [범례 위치]를 '위쪽'으로 선택한 후 [닫기](✕) 단추를 클릭합니다.

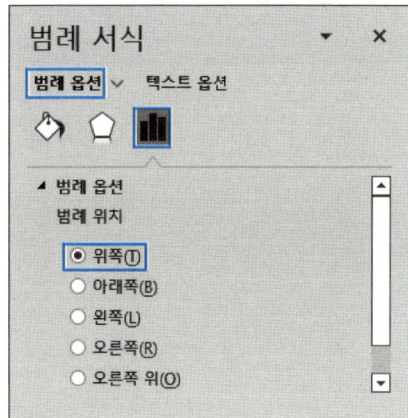

③ 범례가 차트의 위쪽에 표시되면 범례가 선택된 상태에서 [서식] 탭-[도형 스타일] 그룹-[자세히]( )를 클릭하고 [색 윤곽선 - 녹색, 강조 6]을 선택합니다.

**5**

① '차트 영역'에서 마우스 오른쪽 버튼을 눌러 바로 가기 메뉴가 나타나면 [차트 영역 서식] 명령을 클릭합니다.
② [차트 영역 서식] 창이 나타나면 [차트 옵션]-[채우기 및 선]( )-[테두리]의 '둥근 모서리' 확인란을 선택한 후 [닫기]( ) 단추를 클릭합니다.

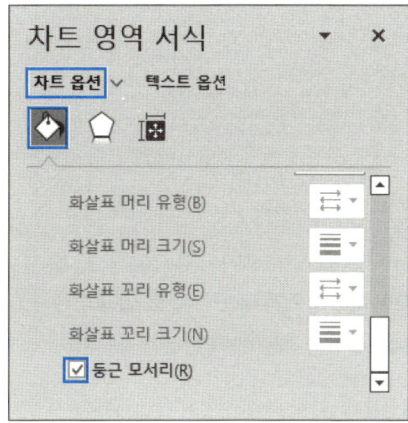

# 제9회 최신기출유형

| 프로그램명 | 제한시간 |
|---|---|
| EXCEL | 40분 |

수험번호 : _____

성　　명 : _____

| 2급 | C형 |

## 유 의 사 항

★ 펜은 꺼내실 수 없으며 시험지는 유출이 불가능합니다.

■ 인적 사항 누락 및 잘못 작성으로 인한 불이익은 수험자 책임으로 합니다.

■ 화면에 암호 입력창이 나타나면 아래의 암호를 입력하여야 합니다.
  • 암호 :

★ 암호를 입력할 수도 있으니 이렇게 첫 장을 확인하시면 됩니다.

■ 작성된 답안은 주어진 경로 및 파일명을 변경하지 마시고 그대로 저장해야 합니다. 이를 준수하지 않으면 실격 처리됩니다.

★ 디스켓 모양을 눌러 저장하시면 됩니다. 예외가 있을 수도 있으니 감독관이 설명할 때 잘 들어주세요. 제한시간(40분) 안에 디스켓 모양을 눌러 저장을 하고 그 이후에는 화면이 바뀌며 [답안 제출]을 하게 됩니다.

■ 외부 데이터 위치 : C:\OA\파일명

■ 별도의 지시사항이 없는 경우, 다음과 같이 처리 시 실격 처리됩니다.
  • 제시된 시트 및 개체의 순서나 이름을 임의로 변경한 경우
  • 제시된 시트 및 개체를 임의로 추가 또는 삭제한 경우
  • 외부 데이터를 시험 시작 전에 열어 본 경우

■ 답안은 반드시 문제에서 지시 또는 요구한 셀에 입력하여야 하며 다음과 같이 처리 시 채점 대상에서 제외됩니다.
  • 수험자가 임의로 지시하지 않은 셀의 이동, 수정, 삭제, 변경 등으로 인해 셀의 위치 및 내용이 변경된 경우 해당 작업에 영향을 미치는 관련문제 모두 채점 대상에서 제외
  • 도형 및 차트의 개체가 중첩되어 있거나 동일한 계산결과 시트가 복수로 존재할 경우 해당 개체나 시트는 채점 대상에서 제외

■ 수식 작성 시 제시된 문제 파일의 데이터는 변경 가능한(가변적) 데이터임을 감안하여 문제 풀이를 하시오.

■ 별도의 지시사항이 없는 경우, 주어진 각 시트 및 개체의 설정값 또는 기본 설정값(Default)으로 처리하시오.

■ 저장 시간은 별도로 주어지지 않으므로 제한된 시간 내에 저장을 완료해야 하며, 제한시간 내에 저장이 되지 않은 경우에는 실격 처리됩니다.

■ 출제된 문제의 용어는 Microsoft Office Excel 2021 기준으로 작성되어 있습니다.

국 가 기 술 자 격 검 정

⑤ 운전자보험을 제외하고 표시하기 위해 '열 레이블'의 '필터 목록 단추(▼)'를 클릭합니다.
⑥ '운전자보험' 확인란을 선택 최소한 후 [확인] 단추를 클릭합니다.

## 02 '분석작업-2' 시트 (통합)

▶ 결과

| | A | B | C |
|---|---|---|---|
| 19 | [표5] | | |
| 20 | | 보험금 | 월납입액 |
| 21 | 20 | 127,896 | 92,066 |
| 22 | 30 | 214,149 | 183,252 |
| 23 | 40 | 367,167 | 361,702 |

① [A20:C23] 영역을 드래그하여 선택한 후 [데이터] 탭-[데이터 도구] 그룹-[통합]을 클릭합니다.
② [통합] 대화상자가 나타나면 [함수]를 '평균'으로 선택, [참조]로 커서를 이동하여 [A2:C8] 영역을 드래그하여 선택하고 [추가] 단추를 클릭해 [모든 참조 영역] 목록에 표시되게 합니다.
③ 이어서 [E2:G8] 영역을 드래그하여 선택한 후 [추가] 단추를 클릭해 [모든 참조 영역] 목록에 표시되게 합니다.
④ 같은 방법으로 [A11:C17], [E11:G17] 영역도 [모든 참조 영역] 목록에 표시되게 합니다.
⑤ 영역이 모두 표시되면 [사용할 레이블]의 '첫 행'과 '왼쪽 열' 확인란을 선택한 후 [확인] 단추를 클릭합니다.

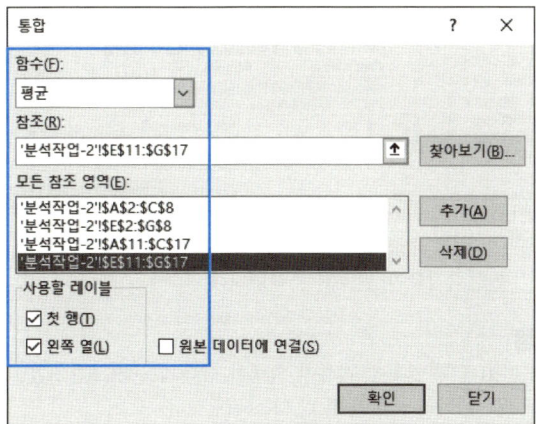

## 문제 4 기타작업

### 01 '매크로작업' 시트 (매크로)

▶ 결과

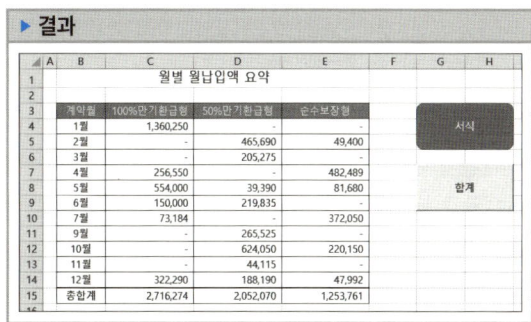

**1**

① [삽입] 탭-[일러스트레이션] 그룹-[도형]-[사각형]의 '사각형: 둥근 모서리'를 클릭합니다.
② 이어서 [G3:H5] 영역에 드래그하여 '사각형: 둥근 모서리' 도형을 생성합니다.
③ 매크로를 지정하기 위해 생성한 도형 위에서 마우스 오른쪽 버튼을 눌러 [매크로 지정] 명령을 클릭합니다.
④ [매크로 지정] 대화상자가 나타나면 [매크로 이름]에 '서식'을 입력하고 [매크로 위치]에서 '현재 통합 문서'를 선택한 후 [기록] 단추를 클릭합니다.

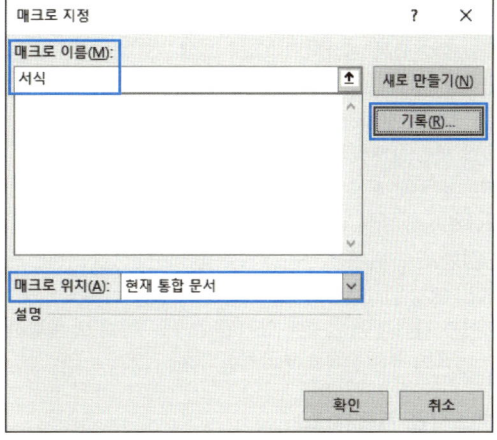

⑤ [매크로 기록] 대화상자가 나타나면 [확인] 단추를 클릭합니다.
⑥ 매크로 기록이 시작되면 [B3:E3] 영역을 선택한 후 [홈] 탭-[스타일] 그룹-[셀 스타일]을 클릭하고 [테마 셀 스타일] 범주의 '강조색2'를 선택합니다.
⑦ 임의의 셀을 선택하여 블록을 해제한 후 [개발 도구] 탭-[코드] 그룹-[기록 중지]를 클릭합니다.
⑧ 생성한 도형 위에서 마우스 오른쪽 버튼을 눌러 [텍스트 편집] 명령을 클릭합니다.
⑨ 커서가 나타나면 '서식'을 입력하고 [홈] 탭-[맞춤] 그룹에서 가로 '가운데 맞춤(≡)', 세로 '가운데 맞춤(≡)'을 각각

클릭한 후 임의의 셀을 선택하여 완료합니다.

### 2

① [개발 도구] 탭-[컨트롤] 그룹-[삽입]-[양식 컨트롤]의 '단추(양식 컨트롤)'를 클릭합니다.
② 이어서 [G7:H9] 영역에 드래그하여 '단추'를 생성합니다.
③ [매크로 지정] 대화상자가 나타나면 [매크로 이름]에 '합계'를 입력하고 [매크로 위치]에서 '현재 통합 문서'를 선택한 후 [기록] 단추를 클릭합니다.

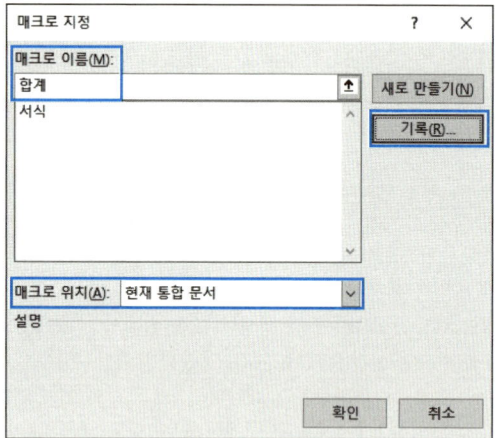

④ [매크로 기록] 대화상자가 나타나면 [확인] 단추를 클릭합니다.
⑤ 매크로 기록이 시작되면 [C15] 셀에 '=SUM(C4:C14)'를 입력한 후 Enter 를 누릅니다.
⑥ [C15] 셀을 선택하고 [E15] 셀까지 수식을 복사한 후 임의의 셀을 선택하여 블록을 해제합니다.
⑦ 매크로 기록을 중지하기 위해 [개발 도구] 탭-[코드] 그룹-[기록 중지]를 클릭합니다.
⑧ 생성한 단추 위에서 마우스 오른쪽 버튼을 눌러 [텍스트 편집] 명령을 클릭합니다.
⑨ 커서가 나타나면 단추에 입력된 글자를 '합계'로 변경하고 임의의 셀을 선택하여 완료합니다.

## 02 '차트작업' 시트 (차트)

### 1

① [E2:E5] 영역을 드래그하여 선택한 후 Ctrl + C 를 눌러 복사합니다.
② '차트 영역'을 선택한 후 Ctrl + V 를 눌러 붙여넣기를 합니다.
③ 행/열 전환을 수행하기 위해 '차트 영역'에서 마우스 오른쪽 버튼을 눌러 바로 가기 메뉴가 나타나면 [데이터 선택] 명령을 클릭합니다.
④ [행/열 전환] 단추를 클릭하고 [확인] 단추를 클릭합니다.

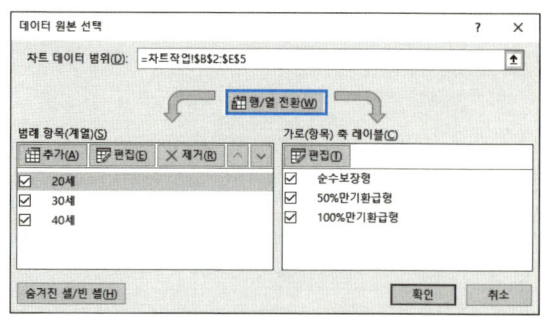

### 2

① 임의의 계열에서 마우스 오른쪽 버튼을 눌러 바로 가기 메뉴가 나타나면 [계열 차트 종류 변경] 명령을 클릭합니다.
② [차트 종류 변경] 대화상자가 나타나면 '20세' 계열의 [차트 종류] 목록 단추(▼)를 클릭해 [세로 막대형] 범주의 '묶은 세로 막대형'을 선택합니다.

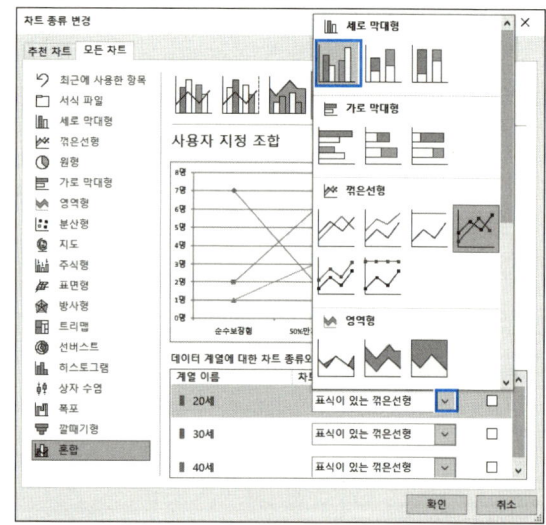

③ [미리 보기]에 20세 계열의 차트 종류가 변경된 것을 확인한 후 [확인] 단추를 클릭합니다.

### 3

① '30세' 계열을 클릭하여 선택한 상태에서 '50%만기환급형' 데이터 요소만 한 번 더 클릭합니다.
② '50%만기환급형'의 '30세' 계열만 선택이 되면 [차트 디자인] 탭-[차트 레이아웃] 그룹-[차트 요소 추가]-[데이터 레이블]-[오른쪽]을 클릭합니다.

### 4

① '범례'에서 마우스 오른쪽 버튼을 눌러 바로 가기 메뉴가 나타나면 [범례 서식] 명령을 클릭합니다.
② [범례 서식] 창이 나타나면 [범례 옵션]-[범례 옵션](📊)-[범례 옵션]의 [범례 위치]를 '위쪽'으로 선택한 후 [닫기](✕) 단추를 클릭합니다.

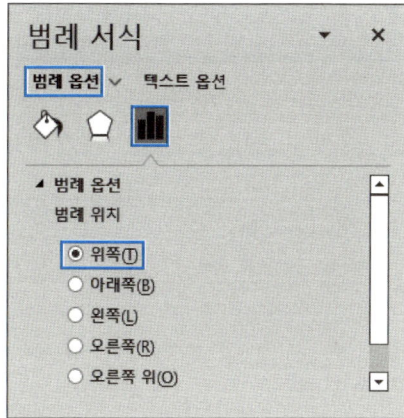

③ 범례가 차트의 위쪽에 표시되면 범례가 선택된 상태에서 [서식] 탭-[도형 스타일] 그룹-[자세히](▽)를 클릭하고 [색 윤곽선 - 녹색, 강조 6]을 선택합니다.

**5**

① '차트 영역'에서 마우스 오른쪽 버튼을 눌러 바로 가기 메뉴가 나타나면 [차트 영역 서식] 명령을 클릭합니다.
② [차트 영역 서식] 창이 나타나면 [차트 옵션]-[채우기 및 선](◇)-[테두리]의 '둥근 모서리' 확인란을 선택한 후 [닫기](✖) 단추를 클릭합니다.

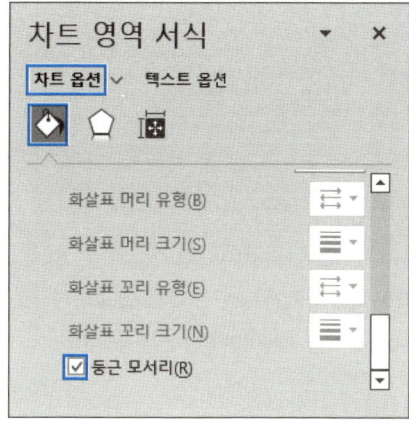

# 제9회 최신기출유형

| 프로그램명 | 제한시간 |
|---|---|
| EXCEL | 40분 |

수험번호 :

성  명 :

2급   C형

## 유 의 사 항

★ 펜은 꺼내실 수 없으며 시험지는 유출이 불가능합니다.

- 인적 사항 누락 및 잘못 작성으로 인한 불이익은 수험자 책임으로 합니다.
- 화면에 암호 입력창이 나타나면 아래의 암호를 입력하여야 합니다.
  - 암호 :

★ 암호를 입력할 수도 있으니 이렇게 첫 장을 확인하시면 됩니다.

- 작성된 답안은 주어진 경로 및 파일명을 변경하지 마시고 그대로 저장해야 합니다. 이를 준수하지 않으면 실격 처리됩니다.

★ 디스켓 모양을 눌러 저장하시면 됩니다. 예외가 있을 수도 있으니 감독관이 설명할 때 잘 들어주세요. 제한시간(40분) 안에 디스켓 모양을 눌러 저장을 하고 그 이후에는 화면이 바뀌며 [답안 제출]을 하게 됩니다.

- 외부 데이터 위치 : C:\OA\파일명
- 별도의 지시사항이 없는 경우, 다음과 같이 처리 시 실격 처리됩니다.
  - 제시된 시트 및 개체의 순서나 이름을 임의로 변경한 경우
  - 제시된 시트 및 개체를 임의로 추가 또는 삭제한 경우
  - 외부 데이터를 시험 시작 전에 열어 본 경우
- 답안은 반드시 문제에서 지시 또는 요구한 셀에 입력하여야 하며 다음과 같이 처리 시 채점 대상에서 제외됩니다.
  - 수험자가 임의로 지시하지 않은 셀의 이동, 수정, 삭제, 변경 등으로 인해 셀의 위치 및 내용이 변경된 경우 해당 작업에 영향을 미치는 관련문제 모두 채점 대상에서 제외
  - 도형 및 차트의 개체가 중첩되어 있거나 동일한 계산결과 시트가 복수로 존재할 경우 해당 개체나 시트는 채점 대상에서 제외
- 수식 작성 시 제시된 문제 파일의 데이터는 변경 가능한(가변적) 데이터임을 감안하여 문제 풀이를 하시오.
- 별도의 지시사항이 없는 경우, 주어진 각 시트 및 개체의 설정값 또는 기본 설정값(Default)으로 처리하시오.
- 저장 시간은 별도로 주어지지 않으므로 제한된 시간 내에 저장을 완료해야 하며, 제한시간 내에 저장이 되지 않은 경우에는 실격 처리됩니다.
- 출제된 문제의 용어는 Microsoft Office Excel 2021 기준으로 작성되어 있습니다.

국 가 기 술 자 격 검 정

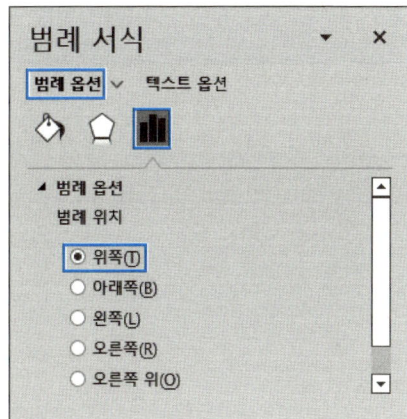

③ 범례가 차트의 위쪽에 표시되면 범례가 선택된 상태에서 [서식] 탭-[도형 스타일] 그룹-[자세히](▼)를 클릭하고 [색 윤곽선 - 녹색, 강조 6]을 선택합니다.

**5**

① '차트 영역'에서 마우스 오른쪽 버튼을 눌러 바로 가기 메뉴가 나타나면 [차트 영역 서식] 명령을 클릭합니다.
② [차트 영역 서식] 창이 나타나면 [차트 옵션]-[채우기 및 선](◇)-[테두리]의 '둥근 모서리' 확인란을 선택한 후 [닫기](✖) 단추를 클릭합니다.

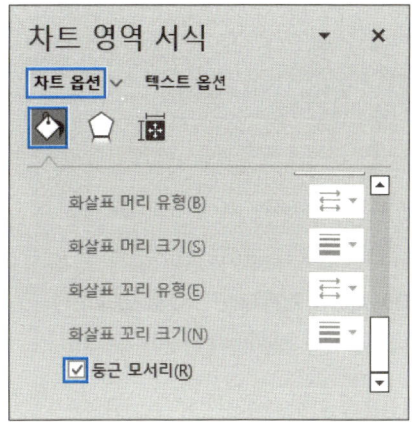

# 제9회 최신기출유형

| 프로그램명 | 제한시간 |
|---|---|
| EXCEL | 40분 |

수험번호 : _____
성　　명 : _____

| 2급 | C형 |

## 유 의 사 항

★ 펜은 꺼내실 수 없으며 시험지는 유출이 불가능합니다.

■ 인적 사항 누락 및 잘못 작성으로 인한 불이익은 수험자 책임으로 합니다.

■ 화면에 암호 입력창이 나타나면 아래의 암호를 입력하여야 합니다.
- 암호 :

★ 암호를 입력할 수도 있으니 이렇게 첫 장을 확인하시면 됩니다.

■ 작성된 답안은 주어진 경로 및 파일명을 변경하지 마시고 그대로 저장해야 합니다. 이를 준수하지 않으면 실격 처리됩니다.

★ 디스켓 모양을 눌러 저장하시면 됩니다. 예외가 있을 수도 있으니 감독관이 설명할 때 잘 들어주세요. 제한시간(40분) 안에 디스켓 모양을 눌러 저장을 하고 그 이후에는 화면이 바뀌며 [답안 제출]을 하게 됩니다.

■ 외부 데이터 위치 : C:\OA\파일명

■ 별도의 지시사항이 없는 경우, 다음과 같이 처리 시 실격 처리됩니다.
- 제시된 시트 및 개체의 순서나 이름을 임의로 변경한 경우
- 제시된 시트 및 개체를 임의로 추가 또는 삭제한 경우
- 외부 데이터를 시험 시작 전에 열어 본 경우

■ 답안은 반드시 문제에서 지시 또는 요구한 셀에 입력하여야 하며 다음과 같이 처리 시 채점 대상에서 제외됩니다.
- 수험자가 임의로 지시하지 않은 셀의 이동, 수정, 삭제, 변경 등으로 인해 셀의 위치 및 내용이 변경된 경우 해당 작업에 영향을 미치는 관련문제 모두 채점 대상에서 제외
- 도형 및 차트의 개체가 중첩되어 있거나 동일한 계산결과 시트가 복수로 존재할 경우 해당 개체나 시트는 채점 대상에서 제외

■ 수식 작성 시 제시된 문제 파일의 데이터는 변경 가능한(가변적) 데이터임을 감안하여 문제 풀이를 하시오.

■ 별도의 지시사항이 없는 경우, 주어진 각 시트 및 개체의 설정값 또는 기본 설정값(Default)으로 처리하시오.

■ 저장 시간은 별도로 주어지지 않으므로 제한된 시간 내에 저장을 완료해야 하며, 제한시간 내에 저장이 되지 않은 경우에는 실격 처리됩니다.

■ 출제된 문제의 용어는 Microsoft Office Excel 2021 기준으로 작성되어 있습니다.

국 가 기 술 자 격 검 정

## 문제 1  기본작업(20점)  주어진 시트에서 다음의 과정을 수행하고 저장하시오.

**01** '기본작업-1' 시트에 다음의 자료를 주어진 대로 입력하시오. (5점)

| | A | B | C | D | E | F |
|---|---|---|---|---|---|---|
| 1 | 환자 조제 정보 | | | | | |
| 2 | | | | | | |
| 3 | 환자명 | 성별 | 처방전유효일자 | 약제코드 | 약제비총액 | 주의사항 |
| 4 | 김지현 | 여 | 4월 19일~21일 | 113C | 5900 | 충분한물섭취 |
| 5 | 유현지 | 여 | 4월 28일~30일 | 233U | 7200 | |
| 6 | 김지훈 | 남 | 4월 28일~30일 | 333S | 13500 | |
| 7 | 김현영 | 여 | 4월 20일~22일 | 442U | 2700 | |
| 8 | 이은주 | 여 | 4월 17일~19일 | 5531U | 19300 | |
| 9 | 이미현 | 여 | 5월 01일~07일 | 1111S | 23500 | |
| 10 | 김주미 | 여 | 5월 04일~10일 | 2214C | 30000 | 충분한물섭취 |
| 11 | 김운호 | 남 | 6월 14일~20일 | 3321U | 11700 | |
| 12 | 김소라 | 여 | 6월 15일~21일 | 4414S | 7900 | |

**02** '기본작업-2' 시트에 대하여 다음의 지시사항을 처리하시오. (각 2점)

① [A1:F1] 영역은 '병합하고 가운데 맞춤', 글꼴 '궁서', 크기 18, 행 높이 30으로 지정하시오.
② [A3:F3] 영역은 셀 스타일에서 '제목 및 머리글'의 '제목 4'로 지정하고 가로 '가운데 맞춤'으로 표시하시오.
③ [B4:B14] 영역은 사용자 지정 서식을 이용하여 문자 뒤에 '******'을 표시하시오.
④ [E4:E14] 영역은 사용자 지정 서식을 이용하여 천 단위 구분 기호를 지정하고 숫자 뒤에 '원'을 표시하되, 셀 값이 0일 경우에는 '0원'으로 표시하시오. [표시 예 : 1234 → 1,234원]
⑤ [A3:F14] 영역에 '모든 테두리(⊞)'를 적용한 후 '굵은 바깥쪽 테두리(🔲)'를 적용하여 표시하시오.

**03** '기본작업-3' 시트에서 다음의 지시사항을 처리하시오. (5점)

▶ '환자별 복약 정보' 표에서 성별이 '남'이고, 1회투약량이 3 이상인 데이터를 고급 필터를 사용하여 검색하시오.
▶ 고급 필터 조건은 [A18:C20] 범위 내에 알맞게 입력하시오.
▶ 고급 필터 결과 복사 위치는 동일 시트의 [A21] 셀에서 시작하시오.

## 문제 2  계산작업(40점)  '계산작업' 시트에서 다음의 과정을 수행하고 저장하시오.

**01** [표1]에서 조제일자[B3:B11]와 복용일수[C3:C11]를 이용하여 병원방문일[D3:D11]을 표시하시오. (8점)

▶ 병원방문일은 조제일자에서 주말(토, 일요일)을 제외한 복용일수가 지난날을 계산
▶ EOMONTH, DAYS, WORKDAY 중 알맞은 함수를 선택하여 사용

**02** [표2]의 약제비총액[H3:H11]에서 본인부담금[I1]을 뺀 금액이 100,000 이상이면 '진단서필요', 100,000 미만 10 이상이면 '영수증첨부', 10 미만이면 공백으로 실비보상[I3:I11]에 표시하시오. (8점)

▶ IF, SUMIF, COUNTIF 중 알맞은 함수 사용

**03** [표3]의 주민등록번호[B15:B24]에서 '-' 앞에 문자열만 추출하여 생년월일[D15:D24]에 표시하시오. (8점)

▶ MID, SEARCH 함수 사용

**04**  [표4]에서 남자 환자의 약제비총액[I15:I24] 평균을 계산하여 [F27] 셀에 표시하시오. (8점)
- ▶ 평균은 반올림 없이 정수로 표시
- ▶ TRUNC, AVERAGEIF 함수 사용

**05**  [표5]에서 약제코드표[B28:D30], 약분류표[B33:D34], 주의사항표[B37:D38]를 이용하여 약제코드[I38]를 표시하시오. (8점)
- ▶ INDEX, HLOOKUP 함수 사용

---

## 문제 3 | 분석작업(20점) | 주어진 시트에서 다음의 과정을 수행하고 저장하시오.

**01**  '분석작업-1' 시트에서 다음의 지시사항을 처리하시오. (10점)
- 데이터 [통합] 기능을 이용하여 '지역별 환자수[B3:E19]' 표에 대한 질병별 '20대', '30대', '40대'의 평균을 [H4:J7] 영역에 계산하시오.

**02**  '분석작업-2' 시트에서 다음의 지시사항을 처리하시오. (10점)
- 1회투약량[H2]과 약제비총액[H3]이 다음과 같이 변동하는 경우 본인부담금[H4]의 변동 시나리오를 작성하시오.
    - ▶ [H2] 셀의 이름은 '투약량', [H3] 셀의 이름은 '약제비액', [H4] 셀의 이름은 '본인부담금'으로 정의하시오.
    - ▶ 시나리오1 : 시나리오 이름은 'A', 투약량을 1, 약제비총액을 5,900으로 설정하시오.
    - ▶ 시나리오2 : 시나리오 이름은 'B', 투약량을 4, 약제비총액을 8,300으로 설정하시오.
    - ▶ 위 시나리오에 의한 '시나리오 요약' 보고서는 '분석작업-2' 시트 바로 앞에 위치시키시오.
- ※ 시나리오 요약 보고서 작성 시 정답과 일치하여야 하며, 오자로 인한 부분점수는 인정하지 않음

---

## 문제 4 | 기타작업(20점) | 주어진 시트에서 다음의 과정을 수행하고 저장하시오.

**01**  '매크로작업' 시트에서 다음과 같은 기능을 수행하는 매크로를 현재 통합 문서에 작성하고 실행하시오. (각 5점)
① [A1:G1], [A4:A12], [A13:A17], [A18:F18]을 '병합하고 가운데 맞춤'으로 지정하는 '병합' 매크로를 생성하시오.
- ▶ [도형]-[사각형]의 '사각형: 둥근 모서리(☐)'를 동일 시트의 [I3:J5] 영역에 생성하고, 텍스트를 '병합'으로 입력한 후 도형을 클릭할 때 '병합' 매크로가 실행되도록 설정하시오.
- ▶ 도형 안의 텍스트는 가로 '가운데 맞춤', 세로 '가운데 맞춤'으로 지정
② [G18] 셀에 약제비총액 평균을 계산하는 '평균' 매크로를 생성하시오.
- ▶ [개발 도구]-[삽입]-[양식 컨트롤]의 '단추(☐)'를 동일 시트의 [I7:J9] 영역에 생성한 후 텍스트를 '평균'으로 입력하고, 단추를 클릭할 때 '평균' 매크로가 실행되도록 설정하시오.
※ 셀 포인터의 위치에 관계없이 매크로가 실행되어야 정답으로 인정됨

**02** '차트작업' 시트에서 다음의 지시사항에 따라 차트를 수정하시오. (각 2점)

※ 차트는 반드시 문제에서 제공한 차트를 사용하여야 하며, 신규로 차트 작성 시 0점 처리됨

① '1일투여횟수' 계열을 삭제하고, 가로 (항목) 축을 <그림>과 같이 지정하시오.
② 차트 제목을 <그림>과 같이 입력하시오.
③ '약제비총액' 계열의 차트 종류를 '표식이 있는 꺾은선형'으로 변경하시오.
④ 세로 (값) 축의 주 단위는 7,000으로 지정하시오.
⑤ 범례를 글꼴 '굴림체', 크기 12, 위치는 '위쪽'으로 지정하시오.

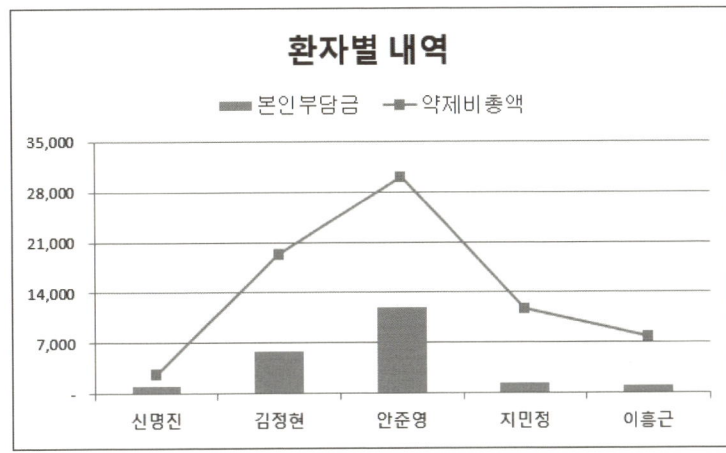

# 정답 및 해설

## 문제1 기본작업

파일을 열었을 때 '보안 경고'가 표시되면 '콘텐츠 사용'을 클릭하세요.

### 01 '기본작업-1' 시트 (자료 입력)

① 주어진 자료를 각각의 셀에 입력합니다.
  √ [C4:C12] 영역은 띄어쓰기에 주의하세요.
  √ [D4:D12] 영역은 대/소문자를 구분해서 입력해야 합니다.

### 02 '기본작업-2' 시트 (셀 서식)

**1**
① [A1:F1] 영역을 선택한 후 [홈] 탭-[맞춤] 그룹-[병합하고 가운데 맞춤]을 클릭합니다.
② 이어서 글꼴을 변경하기 위해 [홈] 탭-[글꼴] 그룹-[글꼴] 입력란에 '궁서'를 입력한 후 Enter를 눌러 입력을 완료합니다.
③ 이어서 글꼴 크기를 변경하기 위해 [홈] 탭-[글꼴] 그룹-[글꼴 크기] 입력란에 '18'을 입력한 후 Enter를 눌러 입력을 완료합니다.
④ 이어서 행 높이를 변경하기 위해 [홈] 탭-[셀] 그룹-[서식]-[행 높이]를 클릭합니다.
⑤ [행 높이] 대화상자가 나타나면 '행 높이' 입력란에 '30'을 입력한 후 [확인] 단추를 클릭합니다.

**2**
① [A3:F3] 영역을 선택한 후 셀 스타일을 지정하기 위해 [홈] 탭-[스타일] 그룹-[셀 스타일]을 클릭하고 [제목 및 머리글] 범주의 '제목 4'를 클릭합니다.
② 이어서 [홈] 탭-[맞춤] 그룹-[가로 가운데 맞춤](≡)을 클릭합니다.

**3**
① [B4:B14] 영역을 선택한 후 Ctrl+1을 누릅니다.
② [셀 서식] 대화상자가 나타나면 [표시 형식] 탭-[범주]를 '사용자 지정'으로 선택하고 '형식'에 이미 입력되어 있는 내용을 지운 뒤 @"******"을 입력한 후 [확인] 단추를 클릭합니다.

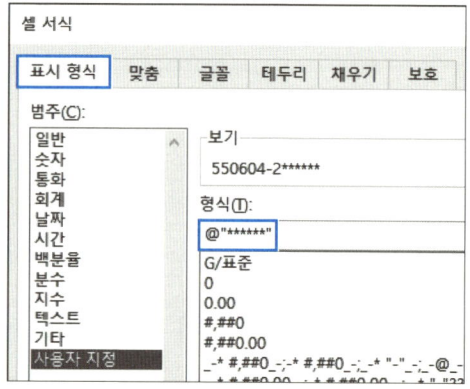

**4**
① [E4:E14] 영역을 선택한 후 Ctrl+1을 누릅니다.
② [셀 서식] 대화상자가 나타나면 [표시 형식] 탭-[범주]를 '사용자 지정'으로 선택하고 '형식'에 이미 입력되어 있는 내용을 지운 뒤 '#,##0"원"'을 입력합니다.
③ [보기]에 '5,900원'가 표시되면 [확인] 단추를 클릭합니다.

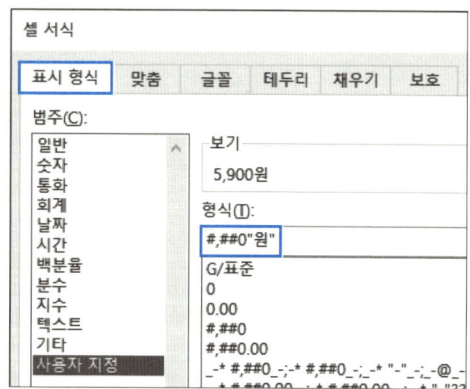

**5**
① 모든 테두리를 지정하기 위해 [A3:F14] 영역을 선택한 후 [홈] 탭-[글꼴] 그룹-[테두리]의 목록 단추(▼)를 클릭하고 '모든 테두리'(⊞)를 선택합니다.
② 이어서 굵은 바깥쪽 테두리를 지정하기 위해 [홈] 탭-[글꼴] 그룹-[테두리]의 목록 단추(▼)를 클릭하고 '굵은 바깥쪽 테두리'(⊞)를 선택합니다.

## 03 '기본작업-3' 시트 (고급 필터)

| | A | B | C | D | E | F |
|---|---|---|---|---|---|---|
| | ▶ 결과 | | | | | |
| 21 | 환자명 | 생년월일 | 성별 | 1회투약량 | 1일투여횟수 | 주의사항 |
| 22 | 이해원 | 2003-06-29 | 남 | 3 | 3 | 졸음주의 |
| 23 | 강현희 | 1989-03-26 | 남 | 4 | 2 | 졸음주의 |
| 24 | 홍진석 | 1980-02-09 | 남 | 4 | 2 | 졸음주의 |
| 25 | 손지훈 | 1991-09-06 | 남 | 3 | 3 | 졸음주의 |
| 26 | 김정현 | 1958-05-31 | 남 | 4 | 2 | 졸음주의 |

① 조건을 지정하기 위해 [A18] 셀에 '성별', [A19] 셀에 '남', [B18] 셀에 '1회투약량', [B19] 셀에 '>=3'을 입력합니다.

| | A | B |
|---|---|---|
| 18 | 성별 | 1회투약량 |
| 19 | 남 | >=3 |

② 모두 입력이 되었다면 [A3:F16] 영역의 임의의 셀을 선택합니다.
③ 목록 범위 안에 셀 포인터가 있으면 [데이터] 탭-[정렬 및 필터] 그룹-[고급]을 클릭합니다.
④ [고급 필터] 대화상자가 나타나면 [목록 범위]에 [A3:F16] 영역이 이미 지정되어 있는 것을 확인하고 [조건 범위]에 커서를 이동합니다.
⑤ [조건 범위]에 커서가 나타나면 [A18:B19] 영역을 드래그합니다.
⑥ 복사 위치를 지정하기 위해 '다른 장소에 복사'를 선택한 후 [복사 위치]에 커서를 이동하여 [A21] 셀을 선택합니다.
⑦ 각 항목에 셀 주소가 지정되었다면 [확인] 단추를 클릭합니다.

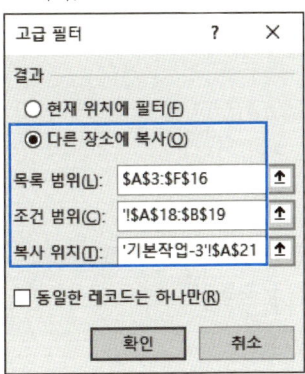

## 문제 2 계산작업

▶ 결과

| | A | B | C | D | E | F | G | H | I |
|---|---|---|---|---|---|---|---|---|---|
| 1 | [표1] | | | | | [표2] | | 본인부담금 | 8,000 |
| 2 | 성명 | 조제일자 | 복용일수 | 병원방문일 | | 환자명 | 약제코드 | 약제비총액 | 실비보상 |
| 3 | 이은영 | 2014-06-30 | 2 | 2014-07-02 | | 김은호 | 4462C | 138,450 | 진단서필요 |
| 4 | 김지후 | 2014-06-16 | 1 | 2014-06-17 | | 김소라 | 5512U | 6,850 | |
| 5 | 박정미 | 2014-06-26 | 3 | 2014-07-01 | | 은현민 | 1142S | 19,500 | 영수증첨부 |
| 6 | 유은혜 | 2014-06-27 | 2 | 2014-07-01 | | 장민지 | 2233J | 42,300 | 영수증첨부 |
| 7 | 김혜정 | 2014-06-19 | 1 | 2014-06-20 | | 김윤경 | 3321J | 8,000 | |
| 8 | 김미림 | 2014-06-30 | 4 | 2014-07-04 | | 김경은 | 4451J | 112,800 | 진단서필요 |
| 9 | 김우영 | 2014-06-19 | 3 | 2014-06-24 | | 김정희 | 5573J | 15,100 | 영수증첨부 |
| 10 | 김진희 | 2014-06-02 | 2 | 2014-06-04 | | 오현영 | 1123J | 35,000 | 영수증첨부 |
| 11 | 이혜리 | 2014-06-04 | 1 | 2014-06-05 | | 신명호 | 2221J | 8,100 | 영수증첨부 |
| 12 | | | | | | | | | |
| 13 | [표3] | | | | | [표4] | | | |
| 14 | 성명 | 주민등록번호 | 성별 | 생년월일 | | 환자명 | 성별 | 나이 | 약제비총액 |
| 15 | 황은지 | 950330-2****** | 여 | 950330 | | 김미림 | 여 | 20 | 6,850 |
| 16 | 김지영 | 720907-1****** | 남 | 720907 | | 김우영 | 남 | 17 | 9,550 |
| 17 | 손지호 | 580531-1****** | 남 | 580531 | | 김지후 | 남 | 32 | 42,300 |
| 18 | 김은석 | 020412-4****** | 여 | 020412 | | 김진영 | 남 | 35 | 3,300 |
| 19 | 최승민 | 880507-2****** | 여 | 880507 | | 김진희 | 여 | 41 | 12,800 |
| 20 | 강은혜 | 831225-2****** | 여 | 831225 | | 김혜정 | 여 | 22 | 15,100 |
| 21 | 박경미 | 470809-1****** | 남 | 470809 | | 박정미 | 여 | 25 | 35,000 |
| 22 | 이은정 | 750908-2****** | 여 | 750908 | | 유은혜 | 여 | 31 | 8,100 |
| 23 | 박미리 | 521204-1****** | 남 | 521204 | | 이은영 | 여 | 35 | 14,600 |
| 24 | 우정희 | 010512-4****** | 여 | 010512 | | 박지훈 | 남 | 41 | 110,000 |
| 25 | | | | | | | | | |
| 26 | <약제코드표> | | | | | 남자 환자의 약제비총액 평균 | | | |
| 27 | | 음주금지 | 졸음주의 | 충분한물 | | 41287 | | | |
| 28 | 캡슐 | CU | CJ | CC | | | | | |
| 29 | 액상 | AU | AJ | AC | | | | | |
| 30 | 가루 | GU | GJ | GC | | | | | |
| 31 | | | | | | | | | |
| 32 | <약분류표> | | | | | | | | |
| 33 | 종류 | 캡슐 | 액상 | 가루 | | | | | |
| 34 | 코드 | 1 | 2 | 3 | | | | | |
| 35 | | | | | | | | | |
| 36 | <주의사항표> | | | | | [표5] | | | |
| 37 | 주의사항 | 음주금지 | 졸음주의 | 충분한물 | | 환자명 | 약종류 | 주의사항 | 약제코드 |
| 38 | 코드 | 1 | 2 | 3 | | 박은정 | 가루 | 졸음주의 | GJ |

### 01 병원방문일 (D3:D11)

=WORKDAY(B3,C3)

① [D3] 셀을 선택한 후 [수식 입력줄]에 커서를 이동합니다.
② 수식을 작성한 후 Enter 를 누릅니다.
③ [D3] 셀의 채우기 핸들을 [D11] 셀까지 드래그하여 수식을 복사합니다.

### 02 실비보상 (I3:I11)

=IF(H3-$I$1>=100000,"진단서필요",IF(H3-$I$1>=10,"영수증첨부",""))

① [I3] 셀을 선택한 후 [수식 입력줄]에 커서를 이동합니다.
② 수식을 작성한 후 Enter 를 누릅니다.
③ [I3] 셀의 채우기 핸들을 [I11] 셀까지 드래그하여 수식을 복사합니다.

## 03 생년월일 (D15:D24)

=MID(B15,1,SEARCH("-",B15)-1)

① [D15] 셀을 선택한 후 [수식 입력줄]에 커서를 이동합니다.
② 수식을 작성한 후 Enter를 누릅니다.
③ [D15] 셀의 채우기 핸들을 [D24] 셀까지 드래그하여 수식을 복사합니다.

## 04 남자 환자의 약제비총액 평균 (F27)

=TRUNC(AVERAGEIF(G15:G24,"남",I15:I24),0)

① [F27] 셀을 선택한 후 [수식 입력줄]에 커서를 이동합니다.
② 수식을 작성한 후 Enter를 누릅니다.

## 05 약제코드 (I38)

=INDEX(B28:D30,HLOOKUP(G38,$B$33:$D$34,2,FALSE),HLOOKUP(H38,$B$37:$D$38,2,FALSE))

① [I38] 셀을 선택한 후 [수식 입력줄]에 커서를 이동합니다.
② 수식을 작성한 후 Enter를 누릅니다.

## 문제 3 분석작업

### 01 '분석작업-1' 시트 (통합)

▶ 결과

| | G | H | I | J |
|---|---|---|---|---|
| 3 | 질병 | 20대 | 30대 | 40대 |
| 4 | 감기 | 2,149 | 2,269 | 1,953 |
| 5 | 위장염 | 1,948 | 2,114 | 2,249 |
| 6 | 잇몸질환 | 2,069 | 2,264 | 1,946 |
| 7 | 관절염 | 1,995 | 2,367 | 2,389 |

① [H4] 셀을 선택한 후 [데이터] 탭-[데이터 도구] 그룹-[통합]을 클릭합니다.
② [통합] 대화상자가 나타나면 [함수]를 '평균'으로 선택, [참조]로 커서를 이동하여 [C4:E7] 영역을 드래그하여 선택하고 [추가] 단추를 클릭해 [모든 참조 영역] 목록에 표시되게 합니다.
③ 이어서 [C8:E11] 영역을 드래그하여 선택한 후 [추가] 단추를 클릭해 [모든 참조 영역] 목록에 표시되게 합니다.
④ 같은 방법으로 [C12:E15], [C16:E19] 영역도 [모든 참조 영역] 목록에 표시되게 합니다.
⑤ 영역이 모두 표시되면 [사용할 레이블]의 '첫 행'과 '왼쪽 열' 확인란의 선택을 취소한 후 [확인] 단추를 클릭합니다.

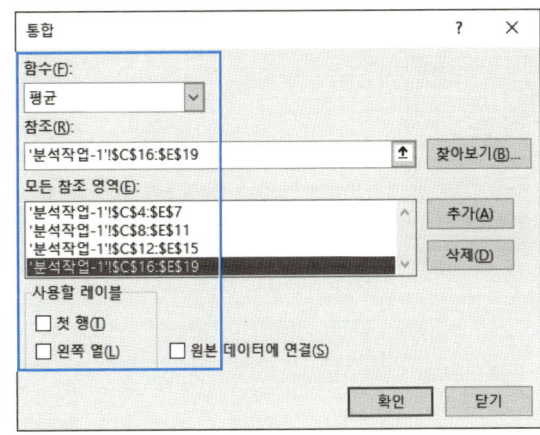

### 02 '분석작업-2' 시트 (시나리오)

▶ 결과

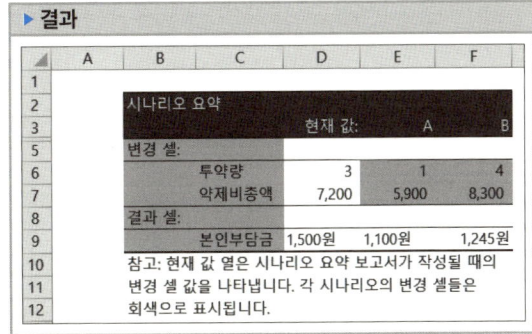

① [H2] 셀의 이름을 정의하기 위해 [H2] 셀을 선택하고 이름 상자에 '투약량'을 입력한 후 Enter를 누릅니다.
② 같은 방법으로 [H3] 셀의 이름을 '약제비총액', [H4] 셀의 이름을 '본인부담금'으로 정의합니다.
③ 셀 포인터의 위치와 상관없이 [데이터] 탭-[예측] 그룹-[가상 분석]-[시나리오 관리자]를 클릭합니다.
④ [시나리오 관리자] 대화상자가 나타나면 [추가] 단추를 클릭합니다.
⑤ [시나리오 추가] 대화상자가 나타나면 [시나리오 이름]에 'A'를 입력, Tab을 눌러 [변경 셀]로 커서를 이동한 다음 [H2:H3] 영역을 드래그하고 [확인] 단추를 클릭합니다.

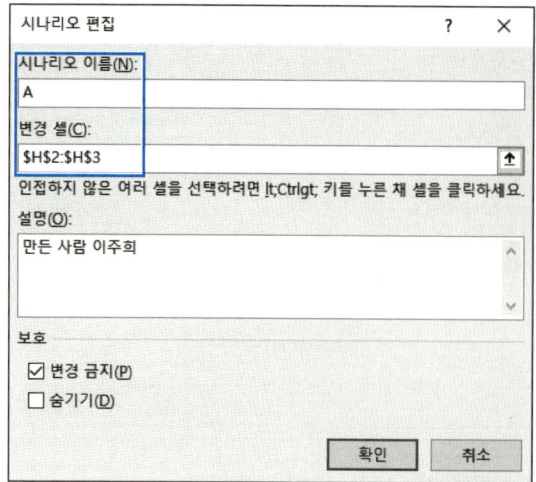

⑥ [시나리오 값] 대화상자가 나타나면 [H2] 셀(투약량)의 값을 '1', [H3] 셀(약제비총액)의 값을 '5900'으로 입력하고 [확인] 단추를 클릭합니다.

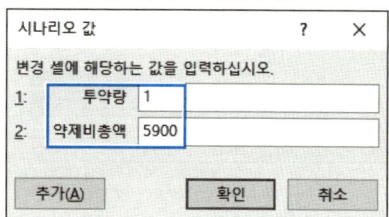

⑦ 다시 [시나리오 관리자] 대화상자가 나타나면 두 번째 시나리오를 추가하기 위해 [추가] 단추를 클릭합니다.
⑧ [시나리오 추가] 대화상자가 나타나면 [시나리오 이름]에 'B'를 입력, [변경 셀]에 [H2:H3] 영역이 지정된 것을 확인 후 [확인] 단추를 클릭합니다.

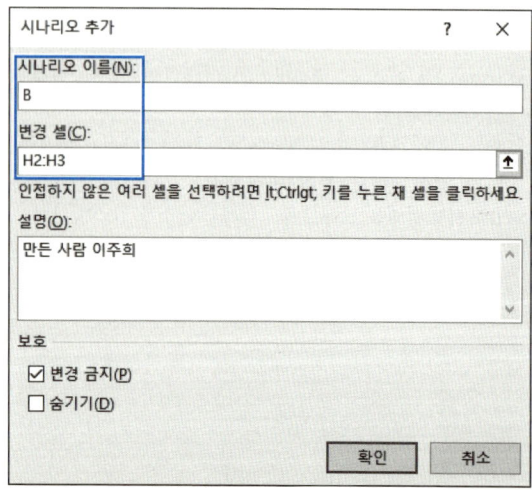

⑨ [시나리오 값] 대화상자가 나타나면 [H2] 셀(투약량)의 값을 '4', [H3] 셀(약제비총액)의 값을 '8300'으로 입력하고 [확인] 단추를 클릭합니다.

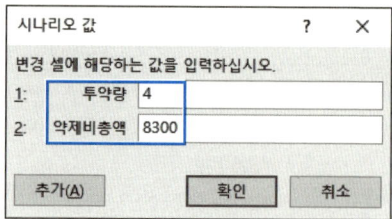

⑩ [시나리오 관리자] 대화상자의 [시나리오] 목록에 생성된 'A'와 'B' 시나리오를 확인한 후 [요약] 단추를 클릭합니다.
⑪ [시나리오 요약] 대화상자가 나타나면 [보고서 종류]에서 '시나리오 요약'을 선택, [결과 셀]로 커서를 이동하여 [H4] 셀(본인부담금)을 클릭한 후 [확인] 단추를 클릭합니다.

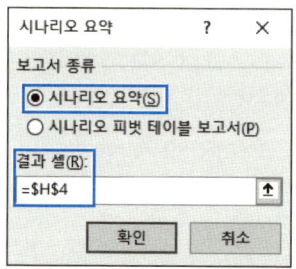

### 문제 4  기타작업

#### 01 '매크로작업' 시트 (매크로)

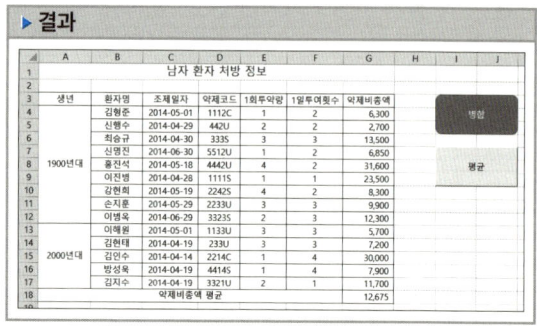

**1**

① [삽입] 탭-[일러스트레이션] 그룹-[도형]-[사각형]의 '사각형: 둥근 모서리'를 클릭합니다.
② 이어서 [I3:J5] 영역에 드래그하여 '사각형: 둥근 모서리' 도형을 생성합니다.
③ 매크로를 지정하기 위해 생성한 도형 위에서 마우스 오른쪽 버튼을 눌러 [매크로 지정] 명령을 클릭합니다.
④ [매크로 지정] 대화상자가 나타나면 [매크로 이름]에 '병합'을 입력하고 [매크로 위치]에서 '현재 통합 문서'를 선택한 후 [기록] 단추를 클릭합니다.

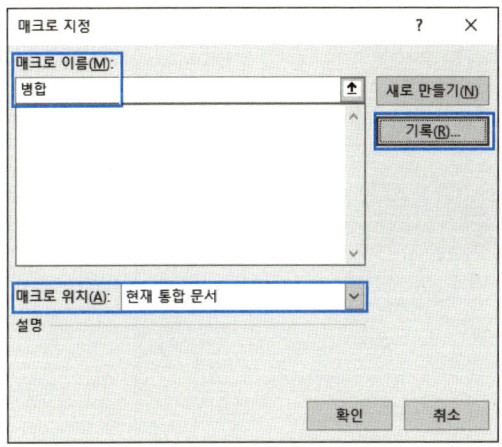

⑤ [매크로 기록] 대화상자가 나타나면 [확인] 단추를 클릭합니다.
⑥ 매크로 기록이 시작되면 [A1:G1] 영역을 선택한 후 Ctrl 을 누른 채 [A4:A12], [A13:A17], [A18:F18] 영역을 선택합니다.
⑦ 영역이 모두 선택되면 [홈] 탭-[맞춤] 그룹-[병합하고 가운데 맞춤]을 클릭합니다.
⑧ 임의의 셀을 선택하여 블록을 해제한 후 [개발 도구] 탭-[코드] 그룹-[기록 중지]를 클릭합니다.
⑨ 생성한 도형 위에서 마우스 오른쪽 버튼을 눌러 [텍스트 편집] 명령을 클릭합니다.
⑩ 커서가 나타나면 '병합'을 입력하고 [홈] 탭-[맞춤] 그룹에서 가로 '가운데 맞춤(≡)', 세로 '가운데 맞춤(≡)'을 각각 클릭한 후 임의의 셀을 선택하여 완료합니다.

**2**

① [개발 도구] 탭-[컨트롤] 그룹-[삽입]-[양식 컨트롤]의 '단추(양식 컨트롤)'를 클릭합니다.
② 이어서 [I7:J9] 영역에 드래그하여 '단추'를 생성합니다.
③ [매크로 지정] 대화상자가 나타나면 [매크로 이름]에 '평균'을 입력하고 [매크로 위치]에서 '현재 통합 문서'를 선택한 후 [기록] 단추를 클릭합니다.

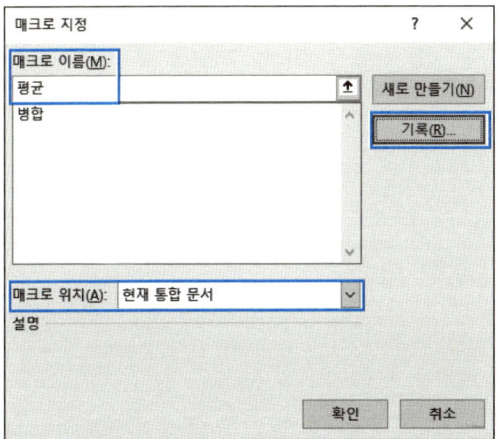

④ [매크로 기록] 대화상자가 나타나면 [확인] 단추를 클릭합니다.
⑤ 매크로 기록이 시작되면 [G18] 셀에 '=AVERAGE(G4:G17)'를 입력한 후 Enter 를 누릅니다.
⑥ 매크로 기록을 중지하기 위해 [개발 도구] 탭-[코드] 그룹-[기록 중지]를 클릭합니다.
⑦ 생성한 단추 위에서 마우스 오른쪽 버튼을 눌러 [텍스트 편집] 명령을 클릭합니다.
⑧ 커서가 나타나면 단추에 입력된 글자를 '평균'으로 변경하고 임의의 셀을 선택하여 완료합니다.

### 02 '차트작업' 시트 (차트)

**1**

① 차트를 선택한 후 [서식] 탭-[현재 선택 영역] 그룹-[차트 요소]의 목록 단추(▼)를 클릭해 '계열 "1일투여횟수"'를 선택합니다.
② 차트에 '1일투여횟수' 계열이 선택되면 Delete 를 눌러 삭제합니다.

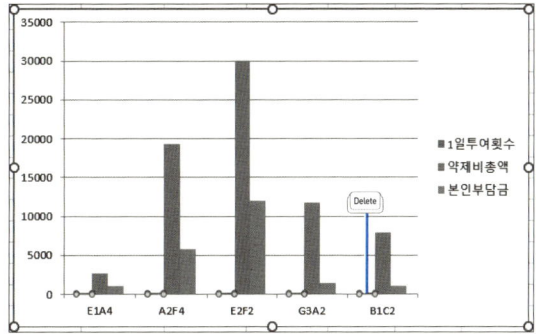

③ 가로 (항목) 축을 변경하기 위해 '차트 영역'에서 마우스 오른쪽 버튼을 눌러 바로 가기 메뉴가 나타나면 [데이터 선택] 명령을 클릭합니다.
④ [데이터 원본 선택] 대화상자가 나타나면 [가로(항목) 축 레이블]의 [편집] 단추를 클릭합니다.
⑤ [축 레이블] 대화상자가 나타나면 '축 레이블 범위'에 이미 입력되어 있는 내용을 지운 뒤 [B3:B4], [B6:B8] 영역을 지정한 후 [확인] 단추를 클릭합니다.
⑥ [데이터 원본 선택] 대화상자가 나타나면 [확인] 단추를 클릭합니다.

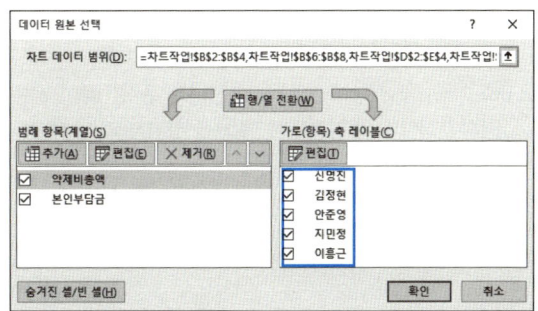

Ⓠ 분명히 가로 축 레이블을 편집해서 [데이터 원본 선택]에 신명진, 김정현, 안준영, 지민정, 이홍근이 보이는데 차트는 변함이 없어요.
Ⓐ 오피스 차트 버그입니다. 파일을 초기화한 후 다시 시도해봐야 합니다.

### 2

① [차트 디자인] 탭-[차트 레이아웃] 그룹-[차트 요소 추가]-[차트 제목]-[차트 위]를 클릭합니다.
② '차트 제목'이 차트에 표시되면 [수식 입력줄]을 클릭하고 '환자별 내역'을 입력한 후 Enter를 누릅니다.

### 3

① 임의의 계열에서 마우스 오른쪽 버튼을 눌러 바로 가기 메뉴가 나타나면 [계열 차트 종류 변경] 명령을 클릭합니다.
② [차트 종류 변경] 대화상자가 나타나면 '약제비총액' 계열의 [차트 종류] 목록 단추(▼)를 클릭해 [꺾은선형] 범주의 '표식이 있는 꺾은선형'을 선택합니다.

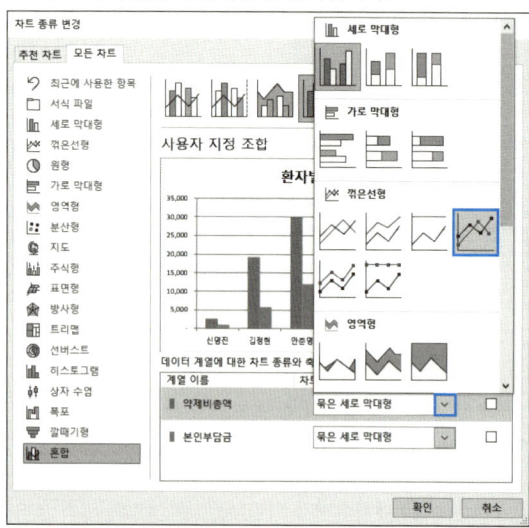

③ [미리 보기]에 약제비총액 계열의 차트 종류가 변경된 것을 확인한 후 [확인] 단추를 클릭합니다.

### 4

① '세로 (값) 축'에서 마우스 오른쪽 버튼을 눌러 바로 가기 메뉴가 나타나면 [축 서식] 명령을 클릭합니다.
② [축 서식] 창이 나타나면 [축 옵션]-[축 옵션](▮▮)-[축 옵션]의 [기본] 단위 입력란에 '7000'을 입력하고 [닫기](✕) 단추를 클릭합니다.

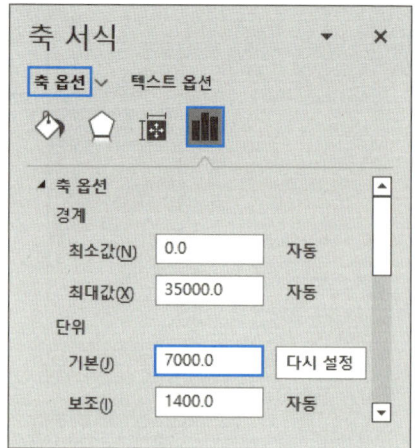

### 5

① '범례'를 선택한 후 [홈] 탭-[글꼴] 그룹의 '글꼴'을 '굴림체', '글꼴 크기'를 '12'로 변경합니다.
② '범례'에서 마우스 오른쪽 버튼을 눌러 바로 가기 메뉴가 나타나면 [범례 서식] 명령을 클릭합니다.
③ [범례 서식] 창이 나타나면 [범례 옵션]-[범례 옵션](▮▮)-[범례 옵션]의 [범례 위치]를 '위쪽'으로 선택한 후 [닫기](✕) 단추를 클릭합니다.

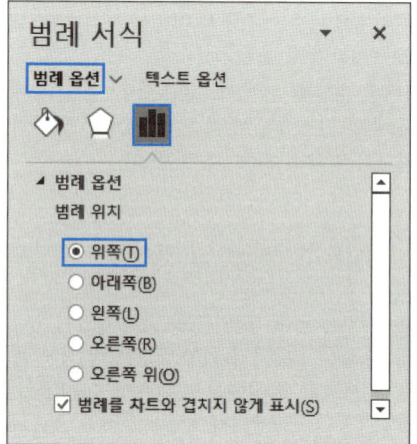

# 제10회 최신기출유형

| 프로그램명 | 제한시간 |
|---|---|
| EXCEL | 40분 |

수험번호 :

성　　명 :

| 2급 | C형 |

## 유 의 사 항

- ★ 펜은 꺼내실 수 없으며 시험지는 유출이 불가능합니다.
- 인적 사항 누락 및 잘못 작성으로 인한 불이익은 수험자 책임으로 합니다.
- 화면에 암호 입력창이 나타나면 아래의 암호를 입력하여야 합니다.
  - 암호 :
- ★ 암호를 입력할 수도 있으니 이렇게 첫 장을 확인하시면 됩니다.
- 작성된 답안은 주어진 경로 및 파일명을 변경하지 마시고 그대로 저장해야 합니다. 이를 준수하지 않으면 실격 처리됩니다.
- ★ 디스켓 모양을 눌러 저장하시면 됩니다. 예외가 있을 수도 있으니 감독관이 설명할 때 잘 들어주세요. 제한시간(40분) 안에 디스켓 모양을 눌러 저장을 하고 그 이후에는 화면이 바뀌며 [답안 제출]을 하게 됩니다.
- 외부 데이터 위치 : C:\OA\파일명
- 별도의 지시사항이 없는 경우, 다음과 같이 처리 시 실격 처리됩니다.
  - 제시된 시트 및 개체의 순서나 이름을 임의로 변경한 경우
  - 제시된 시트 및 개체를 임의로 추가 또는 삭제한 경우
  - 외부 데이터를 시험 시작 전에 열어 본 경우
- 답안은 반드시 문제에서 지시 또는 요구한 셀에 입력하여야 하며 다음과 같이 처리 시 채점 대상에서 제외됩니다.
  - 수험자가 임의로 지시하지 않은 셀의 이동, 수정, 삭제, 변경 등으로 인해 셀의 위치 및 내용이 변경된 경우 해당 작업에 영향을 미치는 관련문제 모두 채점 대상에서 제외
  - 도형 및 차트의 개체가 중첩되어 있거나 동일한 계산결과 시트가 복수로 존재할 경우 해당 개체나 시트는 채점 대상에서 제외
- 수식 작성 시 제시된 문제 파일의 데이터는 변경 가능한(가변적) 데이터임을 감안하여 문제 풀이를 하시오.
- 별도의 지시사항이 없는 경우, 주어진 각 시트 및 개체의 설정값 또는 기본 설정값(Default)으로 처리하시오.
- 저장 시간은 별도로 주어지지 않으므로 제한된 시간 내에 저장을 완료해야 하며, 제한시간 내에 저장이 되지 않은 경우에는 실격 처리됩니다.
- 출제된 문제의 용어는 Microsoft Office Excel 2021 기준으로 작성되어 있습니다.

국 가 기 술 자 격 검 정

## 문제 1    기본작업(20점)    주어진 시트에서 다음의 과정을 수행하고 저장하시오.

**01**   '기본작업-1' 시트에 다음의 자료를 주어진 대로 입력하시오. (5점)

| | A | B | C | D | E | F |
|---|---|---|---|---|---|---|
| 1 | 건어물 주문 | | | | | |
| 2 | | | | | | |
| 3 | 순번 | 주문날짜 | 주문자 | 주소 | 상품명 | 주문량 |
| 4 | 1 | 17-03-25 토요일 | 김지우 | 부산광역시 서구 | 황태오징어 | 2 |
| 5 | 2 | 17-03-25 토요일 | 우은영 | 제주도 서귀포시 | 쥐포오징어 | 1 |
| 6 | 3 | 17-03-26 일요일 | 이현지 | 서울특별시 서대문구 | 황태쥐포 | 2 |
| 7 | 4 | 17-03-28 화요일 | 김정현 | 서울특별시 종로구 | 황태오징어 | 3 |
| 8 | 5 | 17-03-28 화요일 | 박지훈 | 제주도 제주시 | 쥐포오징어 | 1 |
| 9 | 6 | 17-03-29 수요일 | 박연희 | 대구광역시 중구 | 쥐포 | 2 |
| 10 | 7 | 17-03-30 목요일 | 최상미 | 부산광역시 영도구 | 황태 | 2 |
| 11 | 8 | 17-03-30 목요일 | 김진영 | 서울특별시 용산구 | 황태쥐포 | 1 |
| 12 | 9 | 17-03-31 금요일 | 김은미 | 서울특별시 성동구 | 오징어 | 3 |

**02**   '기본작업-2' 시트에 대하여 다음의 지시사항을 처리하시오. (각 2점)

① [A1:G1] 영역은 '병합하고 가운데 맞춤', 글꼴 'HY견명조', 크기 18, 밑줄 '이중 실선'으로 지정하시오.
② [A3:G3], [A4:A14] 영역은 가로 '가운데 맞춤', 셀 스타일 '강조색1'로 지정하시오.
③ [A1] 셀의 제목 중 '냉장'을 한자 '冷藏'으로 변환하시오.
④ [E14] 셀에 '인기상품'이라는 메모를 삽입한 후 글꼴 '맑은 고딕', 크기 11, 글꼴 스타일 '보통', 채우기 색 '표준 색-노랑', 맞춤 '자동 크기'로 지정하고, 항상 표시되도록 하시오.
⑤ [A3:G14] 영역은 '모든 테두리(田)'로 적용하여 표시하시오.

**03**   '기본작업-3' 시트에서 다음의 지시사항을 처리하시오. (5점)

▶ [E4:E14] 영역에서 '상품평(건)'이 하위 20% 이내인 곳에 배경 색 '연한 녹색'을 지정하는 조건부 서식을 작성하시오.
▶ 규칙 유형은 '상위 또는 하위 값만 서식 지정'을 이용하시오.

## 문제 2    계산작업(40점)    '계산작업' 시트에서 다음의 과정을 수행하고 저장하시오.

**01**   [표1]에서 상품평(건)[B3:B11]을 기준으로 순위를 구하여 1위는 'BEST', 2위는 '추천', 나머지는 공백으로 비고 [D3:D11]에 표시하시오. (8점)

▶ 순위는 상품평(건)이 가장 높은 상품이 1위임
▶ IF, RANK.EQ 함수 사용

**02**   [표2]에서 분류가 '생선'인 배송료추가 상품 수를 구하여 [I11] 셀에 표시하시오. (8점)

▶ DCOUNT, DCOUNTA 중 알맞은 함수를 선택하여 사용

**03** [표3]에서 분류코드[B15:B25]의 마지막 문자가 '1'이면 '생선', '2'이면 '채소', '3'이면 '건어물'로 분류 [D15:D25]를 표시하시오. (8점)

▶ LEFT, RIGHT, CHOOSE, VLOOKUP, HLOOKUP 중 알맞은 함수를 선택하여 사용

**04** [표4]에서 1월평점[G15:G24], 2월평점[H15:H24], 3월평점[I15:I24] 각각의 평점이 3점대인 상품 수를 구하여 [G25:I25] 영역에 표시하시오. (8점)

▶ 숫자 뒤에 '개'를 표시 [표시 예 : 2개]
▶ COUNTIFS, SUMIFS, AVERAGEIFS 중 알맞은 함수와 & 연산자 사용

**05** [표5]에서 지역[B29:B35]과 상품금액[C29:C35] 그리고 배송비표[G28:I30]를 이용하여 총결제금액 [D29:D35]을 구하시오. (8점)

▶ 총결제금액 : 상품금액 + 기본배송비 + 추가배송비
▶ INDEX, HLOOKUP, VLOOKUP 중 알맞은 함수를 선택하여 사용

---

## 문제 3 | 분석작업(20점) | 주어진 시트에서 다음의 과정을 수행하고 저장하시오.

**01** '분석작업-1' 시트에서 다음의 지시사항을 처리하시오. (10점)

- '상품별 정보' 표에서 '구성(kg)'별로 '상품평(건)'의 합계와 '판매가', '회원혜택가'의 최대값을 계산하는 [부분합]을 작성하시오.
▶ '구성(kg)'에 대한 정렬 기준은 오름차순으로 하시오.
▶ 합계와 최대값은 위에 명시된 순서대로 처리하시오.

**02** '분석작업-2' 시트에서 다음의 지시사항을 처리하시오. (10점)

- [표1]은 수량[B4], 배송료[B5]를 이용하여 총결제금액[B6]을 계산한 것이다. '데이터 표' 기능을 이용하여 수량과 배송료 변동에 따른 총결제금액의 변화를 [C10:F14] 영역에 계산하시오.

---

## 문제 4 | 기타작업(20점) | 주어진 시트에서 다음의 과정을 수행하고 저장하시오.

**01** '매크로작업' 시트에서 다음과 같은 기능을 수행하는 매크로를 현재 통합 문서에 작성하고 실행하시오. (각 5점)

① [G4:G10] 영역에 합계를 계산하는 '합계' 매크로를 생성하시오.
▶ [도형]-[기본 도형]의 '웃는 얼굴(☺)'을 동일 시트의 [I3:I4] 영역에 생성한 후 도형을 클릭할 때 '합계' 매크로가 실행되도록 설정하시오.
② [A3:G3] 영역에 대하여 글꼴 색 '표준 색-파랑', 배경 색 '표준 색-노랑'을 적용하는 '서식' 매크로를 생성하시오.
▶ [개발 도구]-[삽입]-[양식 컨트롤]의 '단추(□)'를 동일 시트의 [I7:I8] 영역에 생성한 후 텍스트를 '서식'으로 입력하고, 단추를 클릭할 때 '서식' 매크로가 실행되도록 설정하시오.

※ 셀 포인터의 위치에 관계없이 매크로가 실행되어야 정답으로 인정됨

**02** '차트작업' 시트에서 다음의 지시사항에 따라 차트를 수정하시오. (각 2점)

※ 차트는 반드시 문제에서 제공한 차트를 사용하여야 하며, 신규로 차트 작성 시 0점 처리됨

① '상품'별 '결제금액'의 데이터가 차트에 표시되도록 데이터 범위를 추가하시오.
② '판매가' 계열의 차트 종류를 '묶은 세로 막대형'으로 변경하시오.
③ 차트 제목을 삽입한 후 [C1] 셀과 연결하시오.
④ 세로 (값) 축의 주 단위와 가로 축 교차를 30,000으로 지정하시오.
⑤ 차트 영역의 테두리 스타일은 '둥근 모서리'로 지정하시오.

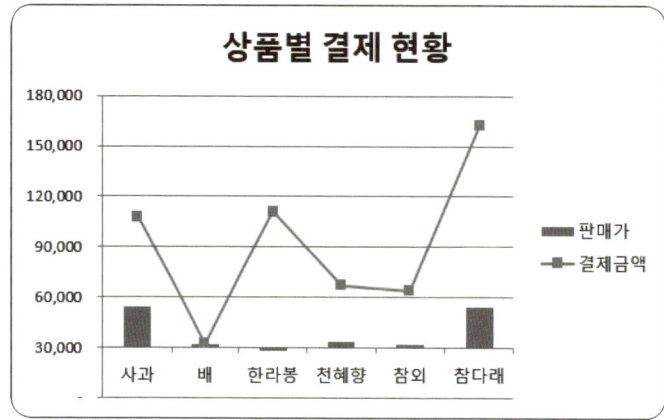

# 정답 및 해설

## 문제 1 기본작업

파일을 열었을 때 '보안 경고'가 표시되면 '콘텐츠 사용'을 클릭하세요.

### 01 '기본작업-1' 시트 (자료 입력)

① 주어진 자료를 각각의 셀에 입력합니다.
- ✓ [B4] 셀은 값이 왼쪽 정렬되어 있으므로 셀에 '17-03-25 토요일'이라고 입력합니다.
- ✓ [B4:B12], [D4:D12] 영역은 띄어쓰기에 주의하세요.

### 02 '기본작업-2' 시트 (셀 서식)

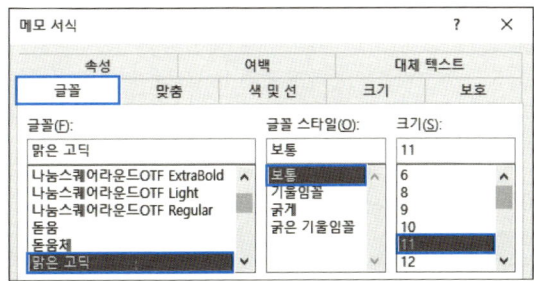

**1**

① [A1:G1] 영역을 선택한 후 [홈] 탭-[맞춤] 그룹-[병합하고 가운데 맞춤]을 클릭합니다.
② 이어서 글꼴을 변경하기 위해 [홈] 탭-[글꼴] 그룹-[글꼴] 입력란에 'HY견명조'를 입력한 후 Enter 를 눌러 입력을 완료합니다.
③ 이어서 글꼴 크기를 변경하기 위해 [홈] 탭-[글꼴] 그룹-[글꼴 크기] 입력란에 '18'을 입력한 후 Enter 를 눌러 입력을 완료합니다.
④ 이어서 이중 실선을 지정하기 위해 [홈] 탭-[글꼴] 그룹-[밑줄]의 목록 단추(▼)를 클릭해 '이중 밑줄'(𝐔)을 선택합니다.

**2**

① [A3:G3] 영역을 선택한 후 Ctrl 을 누른 채로 [A4:A14] 영역을 선택합니다.
② 영역이 모두 선택되면 [홈] 탭-[맞춤] 그룹-[가로 가운데 맞춤](≡)을 클릭합니다.
③ 이어서 셀 스타일을 지정하기 위해 [홈] 탭-[스타일] 그룹-[셀 스타일]을 클릭하고 [테마 셀 스타일] 범주의 '강조색1'을 선택합니다.

**3**

① [A1] 셀을 선택한 후 [수식 입력줄]에서 '냉장'을 드래그하여 선택합니다.
② 한자로 변환하기 [한자] 를 누릅니다.
③ [한글/한자 변환] 대화상자가 나타나면 '한자 선택' 목록에서 '冷藏'을 선택, '입력 형태'를 '漢字'로 선택한 후 [변환] 단추를 클릭합니다.
④ 냉장이 한자로 변환되면 Enter 를 눌러 완료합니다.

**4**

① [E14] 셀을 선택한 후 마우스 오른쪽 버튼을 눌러 바로 가기 메뉴가 나타나면 [메모 삽입] 명령을 클릭합니다.
② 메모 입력 창이 나타나면 사용자 이름 맨 앞에 커서를 두고 Delete 를 길게 눌러 메모 안의 모든 내용을 지웁니다.
③ 사용자 이름이 지워지면 '인기상품'을 입력합니다.
④ 메모의 틀에서 마우스 오른쪽 버튼을 눌러 바로 가기 메뉴가 나타나면 [메모 서식]을 클릭합니다.
⑤ [메모 서식] 대화상자가 나타나면 [글꼴] 탭-[글꼴]을 '맑은 고딕'으로 선택, [크기] 입력란에 '11'을 선택, [글꼴 스타일]을 '보통'으로 선택합니다.

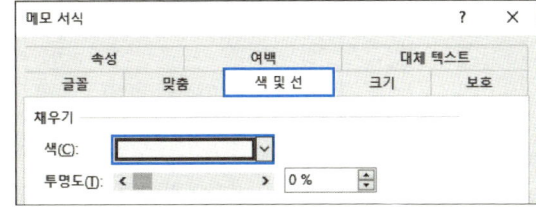

⑥ 이어서 [색 및 선] 탭-[채우기] 범주-'색' 목록 단추(▼)를 클릭해 '노랑'을 선택합니다.

⑦ 이어서 [맞춤] 탭의 '자동 크기' 확인란을 선택한 후 [확인] 단추를 클릭합니다.

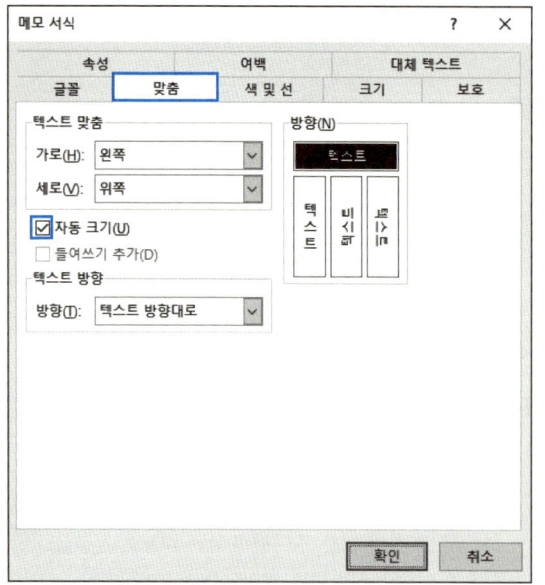

⑧ 메모가 항상 표시되도록 [E14] 셀을 선택한 후 마우스 오른쪽 버튼을 눌러 바로 가기 메뉴가 나타나면 [메모 표시/숨기기]를 클릭합니다.
(메모가 이미 표시된 상태라면 ⑧번 풀이를 생략해도 됩니다.)

**5**

① 모든 테두리를 지정하기 위해 [A3:G14] 영역을 선택한 후 [홈] 탭-[글꼴] 그룹-[테두리]의 목록 단추(▼)를 클릭하고 '모든 테두리'(⊞)를 선택합니다.

### 03 '기본작업-3' 시트 (조건부 서식)

▶ 결과

| ⊿ | A | B | C | D | E | F | G |
|---|---|---|---|---|---|---|---|
| 1 | 냉장보관 상품 정보 | | | | | | |
| 2 | | | | | | | |
| 3 | 상품코드 | 상품 | 원산지 | 구성(kg) | 상품평(건) | 판매가 | 회원혜택가 |
| 4 | OD-01 | 사과 | 경북청송 | 8 | 24 | 54,000 | 51,300 |
| 5 | OD-02 | 배 | 전남나주 | 5 | 8 | 32,000 | 30,400 |
| 6 | OD-03 | 한라봉 | 제주서귀포 | 3 | 10 | 27,800 | 26,966 |
| 7 | OD-04 | 천혜향 | 제주서귀포 | 3 | 19 | 33,500 | 32,495 |
| 8 | OD-05 | 참외 | 경북성주 | 5 | 15 | 39,900 | 37,905 |
| 9 | OD-07 | 딸기 | 전남담양 | 1 | 20 | 13,000 | 12,740 |
| 10 | OD-08 | 단감 | 경남밀양 | 5 | 4 | 14,600 | 13,870 |
| 11 | OD-09 | 수박 | 경남함안 | 5 | 30 | 15,500 | 14,725 |
| 12 | OD-19 | 상추 | 제주서귀포 | 1 | 15 | 13,000 | 12,740 |
| 13 | OD-23 | 토마토 | 전남화순 | 2 | 50 | 12,900 | 12,642 |
| 14 | OD-24 | 고추 | 충남청양 | 2 | 84 | 9,900 | 9,702 |

① 문제에 제시된 영역인 [E4:E14] 영역을 드래그하여 선택한 후 [홈] 탭-[스타일] 그룹-[조건부 서식]-[새 규칙]을 클릭합니다.
② [새 서식 규칙] 대화상자가 나타나면 [상위 또는 하위 값만 서식 지정]을 클릭하고 아래 목록 단추(▼)를 클릭해 '하위'로 변경합니다.
③ 하위 20% 이내인 곳에 서식을 지정하기 위해 입력란에 '20'을 입력하고 '% 이내' 확인란을 선택한 후 [서식] 단추

를 클릭합니다.
④ [셀 서식] 대화상자가 나타나면 [채우기] 탭에서 [배경색]을 '연한 녹색'으로 선택하고 [확인] 단추를 클릭합니다.
⑤ [새 서식 규칙] 대화상자가 나타나면 [확인] 단추를 클릭합니다.

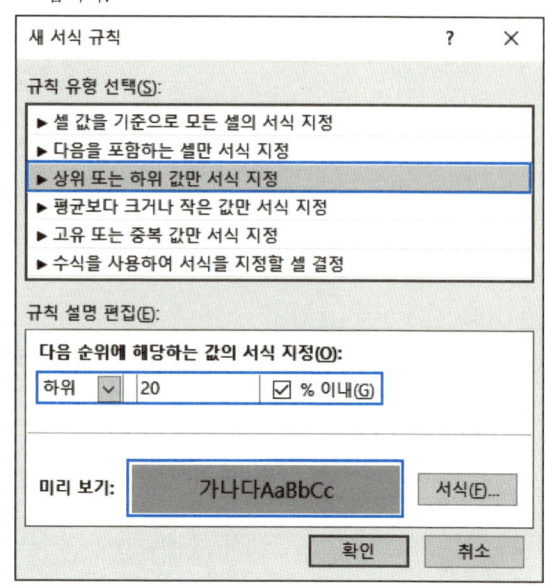

## 문제 2  계산작업

▶ 결과

| | A | B | C | D | E | F | G | H | I |
|---|---|---|---|---|---|---|---|---|---|
| 1 | [표1] | | | | | [표2] | | | |
| 2 | 상품 | 상품평(건) | 판매가 | 비고 | | 상품 | 분류 | 보관방법 | 배송료 |
| 3 | 사과 | 31 | 54,000 | BEST | | 고등어 | 생선 | 냉동보관 | |
| 4 | 배 | 8 | 32,000 | | | 갈치 | 생선 | 냉동보관 | 배송료추가 |
| 5 | 한라봉 | 10 | 27,800 | | | 조기 | 생선 | 냉동보관 | |
| 6 | 천혜향 | 19 | 33,500 | | | 볼락 | 생선 | 냉동보관 | |
| 7 | 참외 | 15 | 39,900 | | | 당근 | 채소 | 실온보관 | |
| 8 | 참다래 | 25 | 20,000 | | | 상추 | 채소 | 냉장보관 | 배송료추가 |
| 9 | 딸기 | 20 | 13,000 | | | 옥돔 | 생선 | 냉동보관 | 배송료추가 |
| 10 | 단감 | 4 | 14,600 | | | 민어 | 생선 | 냉동보관 | |
| 11 | 수박 | 30 | 15,500 | 추천 | | 생선 배송료추가 상품 수 | | | 2 |
| 12 | | | | | | | | | |
| 13 | [표3] | | | | | [표4] | | | |
| 14 | 상품 | 분류코드 | 원산지 | 분류 | | 상품 | 1월평점 | 2월평점 | 3월평점 |
| 15 | 장어 | JG-11 | 전북고창 | 생선 | | 딸기 | 3.5 | 4.1 | 2.9 |
| 16 | 감자 | JI-22 | 전북익산 | 채소 | | 당근 | 2.7 | 4.2 | 2.5 |
| 17 | 고구마 | JH-22 | 전남해남 | 채소 | | 상추 | 4.5 | 3.8 | 3.7 |
| 18 | 마른오징어 | GU-23 | 경북울릉 | 건어물 | | 감자 | 3.2 | 2.5 | 4.5 |
| 19 | 쥐포 | GO-23 | 전남여수 | 건어물 | | 고구마 | 4.3 | 2.7 | 4.2 |
| 20 | 고추 | CC-22 | 충남청양 | 채소 | | 냉이 | 2.9 | 3.6 | 3.8 |
| 21 | 마늘 | GU-32 | 경북의성 | 채소 | | 토마토 | 3.8 | 4.0 | 2.8 |
| 22 | 과메기 | GP-23 | 경북포항 | 건어물 | | 고추 | 3.9 | 3.2 | 3.0 |
| 23 | 황태 | GI-23 | 강원인제 | 건어물 | | 마늘 | 2.4 | 3.8 | 1.7 |
| 24 | 냉이 | GC-22 | 경북청송 | 채소 | | 양배추 | 3.7 | 4.1 | 2.9 |
| 25 | 토마토 | JH-22 | 전남화순 | 채소 | | 3점대 상품수 | 5개 | 4개 | 3개 |
| 26 | | | | | | | | | |
| 27 | [표5] | | | | | <배송비표> | | | |
| 28 | 주문자 | 지역 | 상품금액 | 총결제금액 | | | 일반내륙 | 도서산간 | 해외 |
| 29 | 김지윤 | 일반내륙 | 57,000 | 62,500 | | 기본배송비 | 2,500 | 4,000 | 12,000 |
| 30 | 박윤경 | 도서산간 | 27,000 | 36,000 | | 추가배송비 | 3,000 | 5,000 | 20,000 |
| 31 | 박지우 | 해외 | 38,000 | 70,000 | | | | | |
| 32 | 김정현 | 일반내륙 | 52,000 | 57,500 | | | | | |
| 33 | 이지희 | 해외 | 73,000 | 105,000 | | | | | |
| 34 | 박상훈 | 해외 | 25,000 | 57,000 | | | | | |
| 35 | 김우영 | 도서산간 | 49,000 | 58,000 | | | | | |

### 01 비고 (D3:D11)

=IF(RANK.EQ(B3,$B$3:$B$11,0)=1,"BEST",IF(RANK.EQ(B3,$B$3:$B$11,0)=2,"추천",""))

① [D3] 셀을 선택한 후 [수식 입력줄]에 커서를 이동합니다.
② 수식을 작성한 후 Enter 를 누릅니다.
③ [D3] 셀의 채우기 핸들을 [D11] 셀까지 드래그하여 수식을 복사합니다.

### 02 생선 배송료추가 상품 수 (I11)

=DCOUNTA(F2:I10,I2,G2:G3)

① [I11] 셀을 선택한 후 [수식 입력줄]에 커서를 이동합니다.
② 수식을 작성한 후 Enter 를 누릅니다.

### 03 분류 (D15:D25)

=CHOOSE(RIGHT(B15,1),"생선","채소","건어물")

① [D15] 셀을 선택한 후 [수식 입력줄]에 커서를 이동합니다.
② 수식을 작성한 후 Enter 를 누릅니다.

### 04 3점대 상품수 (G25:I25)

=COUNTIFS(G15:G24,">=3",G15:G24,"<4") & "개"

① [G25] 셀을 선택한 후 [수식 입력줄]에 커서를 이동합니다.
② 수식을 작성한 후 Enter 를 누릅니다.
③ [G25] 셀의 채우기 핸들을 [I25] 셀까지 드래그하여 수식을 복사합니다.

### 05 총결제금액 (D29:D35)

=C29+HLOOKUP(B29,$G$28:$I$30,2,FALSE)+HLOOKUP(B29,$G$28:$I$30,3,FALSE)

① [D29] 셀을 선택한 후 [수식 입력줄]에 커서를 이동합니다.
② 수식을 작성한 후 Enter 를 누릅니다.
③ [D29] 셀의 채우기 핸들을 [D35] 셀까지 드래그하여 수식을 복사합니다.

## 문제 3  분석작업

### 01 '분석작업-1' 시트 (부분합)

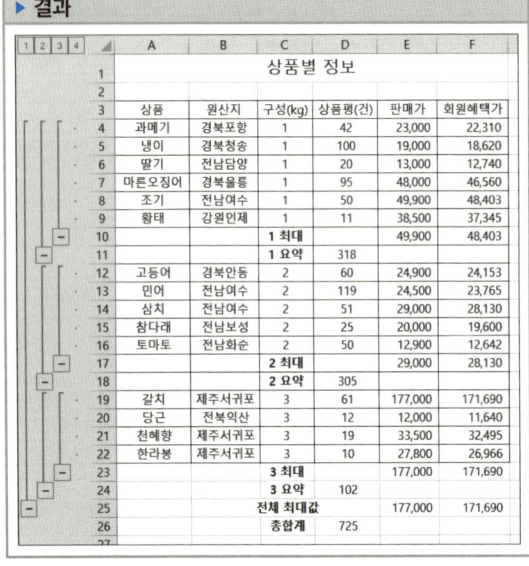

① 부분합 작성 전에 정렬하기 위해 [A3:F18] 영역의 임의의 셀을 선택한 후 [데이터] 탭-[정렬 및 필터] 그룹-[정렬]을 클릭합니다.
② [정렬] 대화상자가 나타나면 [세로 막대형](열)의 정렬 기준에서 '구성(kg)'을 선택하고 [정렬]을 '오름차순'으로 선택한 후 [확인] 단추를 클릭합니다.

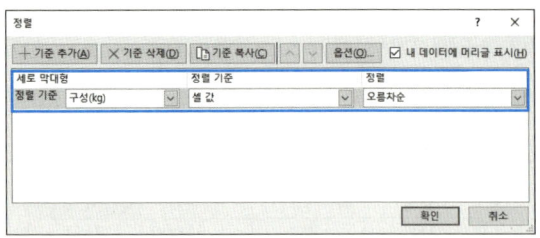

③ 구성(kg)을 기준으로 정렬이 된 것을 확인하고 [A3:F18] 영역의 임의의 셀에 셀 포인터가 위치한 상태에서 [데이터] 탭-[개요] 그룹-[부분합]을 클릭합니다.
④ [부분합] 대화상자가 나타나면 [그룹화할 항목]에 '구성(kg)', [사용할 함수]에 '합계'를 선택하고, [부분합 계산 항목]에서 '상품평(건)'의 확인란을 선택한 후 [확인] 단추를 클릭합니다.
('회원혜택가' 확인란의 선택은 취소합니다.)

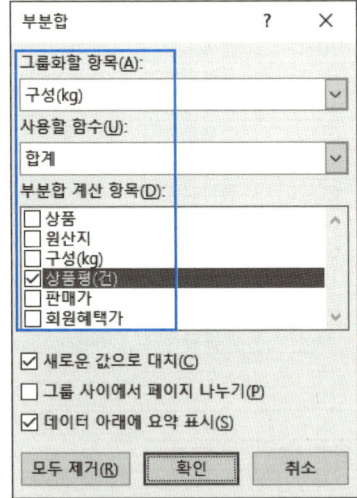

⑤ 최대값을 계산하는 부분합을 추가하기 위해 데이터가 있는 임의의 셀에 셀 포인터가 위치한 상태에서 [데이터] 탭-[개요] 그룹-[부분합]을 클릭합니다.
⑥ [부분합] 대화상자가 나타나면 [사용할 함수]를 '최대'로 변경합니다.
⑦ 이어서 [부분합 계산 항목]에서 '상품평(건)'의 확인란을 선택 취소한 후 '판매가', '회원혜택가' 확인란을 선택합니다.
⑧ 이어서 '새로운 값으로 대치'의 확인란을 선택 취소한 후 [확인] 단추를 클릭합니다.

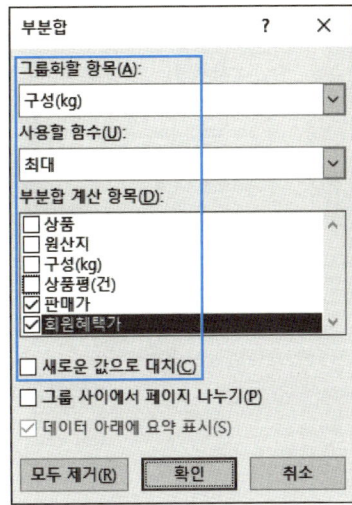

## 문제 4 기타작업

### 01 '매크로작업' 시트 (매크로)

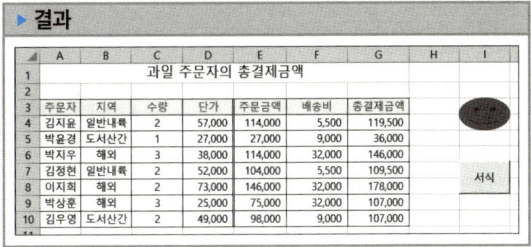

**1**

① [삽입] 탭-[일러스트레이션] 그룹-[도형]-[기본 도형]의 '웃는 얼굴'을 클릭합니다.
② 이어서 [I3:I4] 영역에 드래그하여 '웃는 얼굴' 도형을 생성합니다.
③ 매크로를 지정하기 위해 생성한 도형 위에서 마우스 오른쪽 버튼을 눌러 [매크로 지정] 명령을 클릭합니다.
④ [매크로 지정] 대화상자가 나타나면 [매크로 이름]에 '합계'를 입력하고 [매크로 위치]에서 '현재 통합 문서'를 선택한 후 [기록] 단추를 클릭합니다.

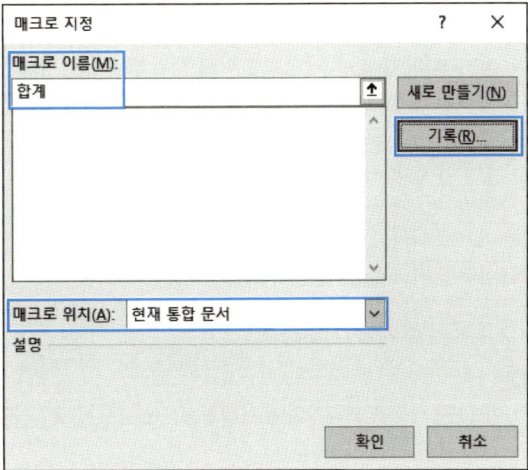

⑤ [매크로 기록] 대화상자가 나타나면 [확인] 단추를 클릭합니다.
⑥ 매크로 기록이 시작되면 [G4] 셀에 '=SUM(E4:F4)'를 입력한 후 Enter 를 누릅니다.
⑦ [G4] 셀을 선택하고 [G10] 셀까지 수식을 복사한 후 임의의 셀을 선택하여 블록을 해제합니다.
⑧ 매크로 기록을 중지하기 위해 [개발 도구] 탭-[코드] 그룹-[기록 중지]를 클릭합니다.

**2**

① [개발 도구] 탭-[컨트롤] 그룹-[삽입]-[양식 컨트롤]의 '단추(양식 컨트롤)'를 클릭합니다.
② 이어서 [I7:I8] 영역에 드래그하여 '단추'를 생성합니다.

### 02 '분석작업-2' 시트 (데이터 표)

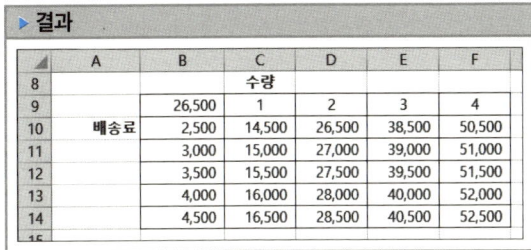

① 변수와 변수가 만나는 지점인 [B9] 셀을 선택한 후 '='을 입력합니다.
② 수식이 입력되어 있는 [B6] 셀과 연결하기 위하여 [B6] 셀을 클릭하고 Enter 를 누릅니다.
③ [B9:F14] 영역을 드래그하여 선택한 후 [데이터] 탭-[예측] 그룹-[가상 분석]-[데이터 표]를 클릭합니다.
④ [데이터 테이블] 대화상자가 나타나면 [행 입력 셀]에 [B4] 셀을 선택하고, [열 입력 셀]에 커서를 이동해 [B5] 셀을 선택한 후 [확인] 단추를 클릭합니다.

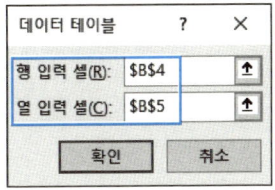

③ [매크로 지정] 대화상자가 나타나면 [매크로 이름]에 '서식'을 입력하고 [매크로 위치]에서 '현재 통합 문서'를 선택한 후 [기록] 단추를 클릭합니다.

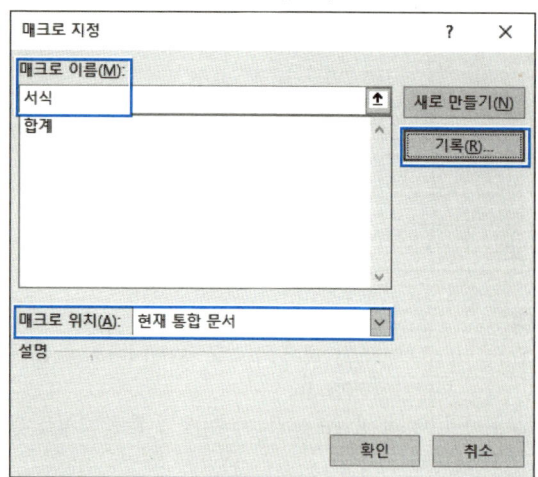

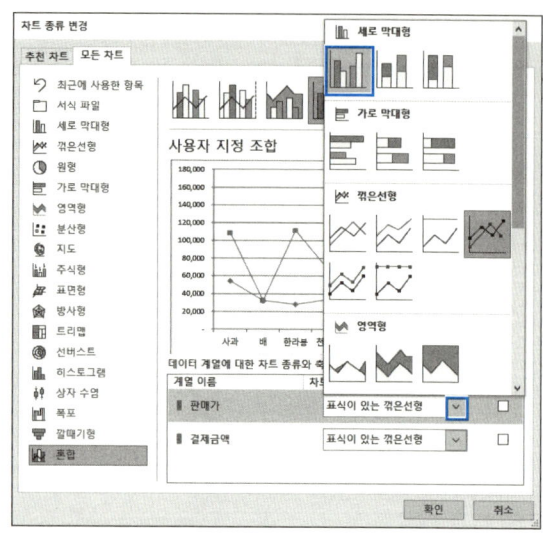

③ [미리 보기]에 판매가 계열의 차트 종류가 변경된 것을 확인한 후 [확인] 단추를 클릭합니다.

④ [매크로 기록] 대화상자가 나타나면 [확인] 단추를 클릭합니다.
⑤ 매크로 기록이 시작되면 [A3:G3] 영역을 선택한 후 [홈] 탭-[글꼴] 그룹-[글꼴 색]의 목록 단추(▼)를 클릭해 '파랑'을 선택합니다.
⑥ 이어서 배경색을 지정하기 위해 [홈] 탭-[글꼴] 그룹-[채우기 색]의 목록 단추(▼)를 클릭해 '노랑'을 선택합니다.
⑦ 임의의 셀을 선택하여 블록을 해제한 후 [개발 도구] 탭-[코드] 그룹-[기록 중지]를 클릭합니다.
⑧ 생성한 단추 위에서 마우스 오른쪽 버튼을 눌러 [텍스트 편집] 명령을 클릭합니다.
⑨ 커서가 나타나면 단추에 입력된 글자를 '서식'으로 변경하고 임의의 셀을 선택하여 완료합니다.

## 02 '차트작업' 시트 (차트)

**1**

① [F2:F8] 영역을 드래그하여 선택한 후 [Ctrl]+[C]를 눌러 복사합니다.
② '차트 영역'을 선택한 후 [Ctrl]+[V]를 눌러 붙여넣기 합니다.

**2**

① 임의의 계열에서 마우스 오른쪽 버튼을 눌러 바로 가기 메뉴가 나타나면 [계열 차트 종류 변경] 명령을 클릭합니다.
② [차트 종류 변경] 대화상자가 나타나면 '판매가' 계열의 [차트 종류] 목록 단추(▼)를 클릭해 [세로 막대형] 범주의 '묶은 세로 막대형'을 선택합니다.

**3**

① [차트 디자인] 탭-[차트 레이아웃] 그룹-[차트 요소 추가]-[차트 제목]-[차트 위]를 클릭합니다.
② '차트 제목'이 차트에 표시되면 차트 제목을 [C1] 셀과 연결시키기 위해 [수식 입력줄]을 클릭하고 '='을 입력한 후 [C1] 셀을 선택합니다.
③ [수식 입력줄]에 '=차트작업!$C$1'가 나타나면 [Enter]를 누릅니다.

**4**

① '세로 (값) 축'에서 마우스 오른쪽 버튼을 눌러 바로 가기 메뉴가 나타나면 [축 서식] 명령을 클릭합니다.
② [축 서식] 창이 나타나면 [축 옵션]-[축 옵션](▬)-[축 옵션]의 [기본] 단위 입력란에 '30000'을 입력합니다.
③ 이어서 [가로 축 교차]를 '축 값'으로 선택한 후 커서를 이동하여 '30000'을 입력하고 [닫기](✖) 단추를 클릭합니다.

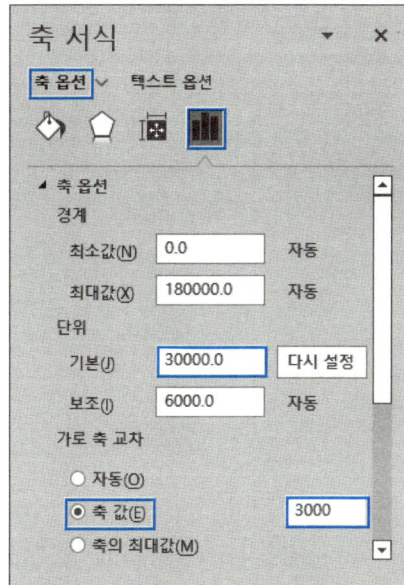

**5**

① '차트 영역'에서 마우스 오른쪽 버튼을 눌러 바로 가기 메뉴가 나타나면 [차트 영역 서식] 명령을 클릭합니다.

② [차트 영역 서식] 창이 나타나면 [차트 옵션]-[채우기 및 선](◇)-[테두리]의 '둥근 모서리' 확인란을 선택하고 [닫기](✖) 단추를 클릭합니다.

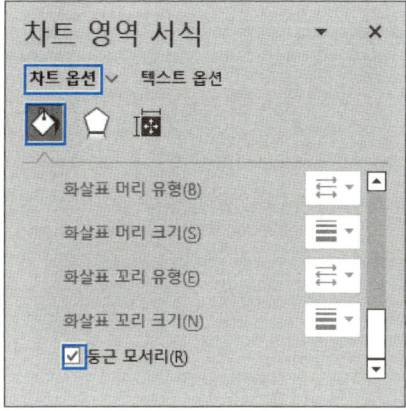

컴퓨터활용능력 2급 실기 2권 최신기출유형+실전모의고사

# PART 2

## 스프레드시트 실전모의고사

- 1회 실전모의고사
- 2회 실전모의고사
- 3회 실전모의고사

## 모의고사 문제 풀기 전

▶ 상시시험에 나왔던 문제를 복원하여 재구성하고 출제될 문제를 예상하여 만들어진 모의고사입니다.
1권(엑셀), 2권(최신기출유형)에 수록된 문제를 모두 풀고 시험 보기 전 마지막 점검용으로 풀어보시길 바랍니다.

▶ 실제 시험처럼 시간(40분)을 재서 문제를 풀어봐 주세요. 자신 있는 문제를 먼저 풀어서 시간을 확보하는 것이 좋습니다.

▶ 상시 시험 문제는 계속해서 변화하기 때문에 책에 수록되지 않은 문제 및 모의고사는 'https://cafe.naver.com/juheessaem'의 컴활 2급 학습자료실에 수시로 업데이트됩니다. 실기 시험 일주일 전에 확인해주세요.

▶ 최신기출유형과 달리 실전모의고사는 채점 프로그램이 제공되지 않습니다. 정답지와 비교하여 채점해보고 궁금한 사항은 질문답변 게시판에 질문하세요.

▶ 시험 볼 때 모르는 문제가 출제되었다면 기억해두었다가 질문답변 게시판에 질문해주세요. 오늘 출제된 문제는 다음에 또 출제될 가능성이 큽니다. 틀린 문제를 또 틀릴 수는 없으니까요.

# 제1회 실전모의고사

| 프로그램명 | 제한시간 | 수험번호 : |
|---|---|---|
| EXCEL | 40분 | 성 명 : |

## 유 의 사 항

★ 펜은 꺼내실 수 없으며 시험지는 유출이 불가능합니다.

- 인적 사항 누락 및 잘못 작성으로 인한 불이익은 수험자 책임으로 합니다.

- 화면에 암호 입력창이 나타나면 아래의 암호를 입력하여야 합니다.
  - 암호 :

★ 암호를 입력할 수도 있으니 이렇게 첫 장을 확인하시면 됩니다.

- 작성된 답안은 주어진 경로 및 파일명을 변경하지 마시고 그대로 저장해야 합니다.
  이를 준수하지 않으면 실격 처리됩니다.

★ 디스켓 모양을 눌러 저장하시면 됩니다. 예외가 있을 수도 있으니 감독관이 설명할 때 잘 들어주세요. 제한시간(40분) 안에 디스켓 모양을 눌러 저장을 하고 그 이후에는 화면이 바뀌며 [답안 제출]을 하게 됩니다.

- 외부 데이터 위치 : C:\OA\파일명

- 별도의 지시사항이 없는 경우, 다음과 같이 처리 시 실격 처리됩니다.
  - 제시된 개체의 이름을 임의로 변경한 경우
  - 제시된 개체의 속성을 임의로 변경한 경우
  - 외부 데이터를 시험 시작 전에 열어본 경우

- 답안은 반드시 문제에서 지시 또는 요구한 셀에 입력하여야 하며 다음과 같이 처리 시 채점 대상에서 제외됩니다.
  - 수험자가 임의로 지시하지 않은 셀의 이동, 수정, 삭제, 변경 등으로 인해 셀의 위치 및 내용이 변경된 경우 해당 작업에 영향을 미치는 관련 문제 모두 채점 대상에서 제외
  - 도형 및 차트의 개체가 중첩되어 있거나 동일한 계산 결과 시트가 복수로 존재할 경우 해당 개체나 시트는 채점 대상에서 제외우

- 수식 작성 시 제시된 문제 파일의 데이터는 변경 가능한(가변적) 데이터임을 감안하여 문제 풀이를 하시오.

- 수식 작성 시 제시된 문제 파일의 데이터는 변경 가능한(가변적) 데이터임을 감안하여 문제 풀이를 하시오.

- 저장 시간은 별도로 주어지지 않으므로 제한된 시간 내에 저장을 완료해야 하며, 제한시간 내에 저장이 되지 않은 경우에는 실격 처리됩니다.

- 출제된 문제의 용어는 Microsoft Office Excel 2021 기준으로 작성되어 있습니다.

국 가 기 술 자 격 검 정

## 문제 1  기본작업(20점)  주어진 시트에서 다음의 과정을 수행하고 저장하시오.

**01** '기본작업-1' 시트에 다음의 자료를 주어진 대로 입력하시오. (5점)

| | A | B | C | D | E | F |
|---|---|---|---|---|---|---|
| 1 | 5월 31일 예약자 현황 | | | | | |
| 2 | | | | | | |
| 3 | (No.) | (Date) | (Name) | (Age) | (Sex) | (Tel) |
| 4 | 146891 | 2025-05-31 | 박예은 | 20 | 여 | 010-2652-8387 |
| 5 | 844787 | 2025-05-31 | 이문삼 | 31 | 남 | 010-4706-7607 |
| 6 | 864113 | 2025-05-31 | 김윤희 | 36 | 여 | 010-4529-7437 |
| 7 | 303534 | 2025-05-31 | 최지영 | 45 | 여 | 010-3427-2560 |
| 8 | 468632 | 2025-05-31 | 이호정 | 35 | 여 | 010-4875-6720 |
| 9 | 302328 | 2025-05-31 | 김영미 | 55 | 여 | 010-8708-0272 |
| 10 | 304354 | 2025-05-31 | 김지혜 | 56 | 여 | 010-8893-1944 |
| 11 | 139537 | 2025-05-31 | 최준서 | 25 | 남 | 010-4740-4828 |
| 12 | 837511 | 2025-05-31 | 유성민 | 64 | 남 | 010-7222-9175 |

**02** '기본작업-2' 시트에 대하여 다음의 지시사항을 처리하시오. (각 2점)

① [B1:F2] 영역은 '병합하고 가운데 맞춤', 밑줄 '이중 밑줄', 크기 '16'으로 지정하시오.
② G열부터 J열까지의 열 너비를 '5.5'로 지정하시오.
③ [B5:D13] 영역은 '셀에 맞춤'으로 텍스트를 조정하시오.
④ [B5:J13] 영역은 '채우기 없음'으로 배경색을 지정하시오.
⑤ [I5:J13] 영역은 사용자 지정 서식을 이용하여 천 단위 구분 기호와 '원'을 표시하시오.
 [표시 예 : 0 → 0원, 1,000,000 → 1,000,000원]

**03** '기본작업-3' 시트에서 다음의 지시사항을 처리하시오. (5점)

▶ [A3:G14] 영역에서 '검진분류'가 "기본"이고, '검사비용'이 전체 '검사비용' 평균 이상인 행 전체에 대하여 밑줄 '실선', 글꼴 스타일 '굵은 기울임꼴'로 적용하시오.
▶ 규칙 유형은 '수식을 사용하여 서식을 지정할 셀 결정'을 이용하시오.
▶ AND, AVERAGE 함수 사용

## 문제 2  계산작업(40점)  '계산작업' 시트에서 다음의 과정을 수행하고 저장하시오.

**01** [표1]에서 검진프로그램[D3:D11]을 이용하여 같은 검진프로그램이 2개 이상이면 "인기", 그렇지 않으면 공란을 [A14:D14] 영역에 표시하시오. (8점)

▶ IF, COUNTIF 함수 사용

**02** [표2]에서 검사비용합계[I3:I11]가 상위 3개 항목에 해당하는 나이 평균을 계산하여 [G14] 셀에 표시하시오. (8점)

▶ LARGE 함수를 사용하여 [F13:F14] 영역에 조건 입력
▶ DAVERAGE 함수 사용

**03** [표3]에서 검사항목이 "암정밀"인 금액의 최대값에 해당하는 등록번호를 [D25] 셀에 표시하시오. (8점)

▶ DMAX, VLOOKUP 함수 사용

**04** [표4]에서 [I24] 셀에 입력된 성명에 해당하는 예약날짜를 [I25] 셀에 표시하시오. (8점)

▶ INDEX, MATCH 함수 사용

**05** [표5]에서 높은 가격[C29:C35]을 기준으로 순위를 구하여 1위는 "★", 2~4위는 "☆", 그 외에는 공백으로 [D29:D35] 영역에 표시하시오. (8점)

▶ IF, RANK.EQ 함수 사용

## 문제 3   분석작업(20점)   주어진 시트에서 다음의 과정을 수행하고 저장하시오.

**01** '분석작업-1' 시트에서 다음의 지시사항을 처리하시오. (10점)

▶ [표1]은 시간당[C2]과 근무시간[C3]을 이용하여 급여[C4]를 계산한 것이다. '데이터 표' 기능을 이용하여 근무시간 변동에 따른 급여의 변화를 [C7:F7] 영역에 계산하시오.

**02** '분석작업-2' 시트에서 다음의 지사사항에 따라 [B2:I58] 영역을 이용하여 피벗 테이블 보고서를 작성하시오.

(10점)

▶ 피벗 테이블 보고서는 동일 시트의 [K4] 셀에서 시작하고, 검진시간은 '필터', 검진날짜와 검진분류는 '행', '값'에는 검사비용의 합계를 설정하시오.
▶ 보고서 레이아웃을 개요 형식으로 표시하시오.
▶ '검진날짜'는 연도로 그룹을 설정하고, 행 및 열의 총합계를 표시하지 마시오.
▶ '검진시간'이 12:00 이거나 15:00인 데이터만을 표시하시오.
▶ '검사비용' 필드 표시 형식은 값 필드 설정의 셀 서식을 이용하여 <그림>과 같이 지정하시오.
[표시 예 : 12900000 → 13, 0 → 0]
▶ 피벗 테이블 스타일은 '흰색, 피벗 스타일 밝게 22', 피벗 테이블 스타일 옵션은 행 머리글, 열 머리글, 줄무늬 열을 지정하시오.

|   | J | K | L | M |
|---|---|---|---|---|
| 1 |   |   |   |   |
| 2 |   | 검진시간 | (다중 항목) ▼ |   |
| 3 |   |   |   |   |
| 4 |   | 검진날짜 ▼ | 검진분류 ▼ | 합계 : 검사비용 |
| 5 |   | ⊟2016년 |   | 4 |
| 6 |   |   | 맞춤형특화 | 3 |
| 7 |   |   | 프리미엄특화 | 1 |
| 8 |   | ⊟2017년 |   | 19 |
| 9 |   |   | 기본 | 1 |
| 10 |   |   | 맞춤형특화 | 13 |
| 11 |   |   | 프리미엄특화 | 5 |
| 12 |   | ⊟2018년 |   | 28 |
| 13 |   |   | 기본 | 3 |
| 14 |   |   | 맞춤형특화 | 23 |
| 15 |   |   | 프리미엄특화 | 2 |

※ 작업이 완성된 그림이며 부분점수 없음

## 문제 4   기타작업(20점)    주어진 시트에서 다음의 과정을 수행하고 저장하시오.

**01**   '매크로작업' 시트에서 다음과 같은 기능을 수행하는 매크로를 현재 통합 문서에 작성하고 실행하시오. (각 5점)

① [B3:C11] 영역에 '간단한 날짜' 형식을 적용하는 매크로를 생성하고, 매크로 이름을 '형식적용'으로 지정하시오.
- ▶ [도형]-[사각형]의 '사각형: 둥근 모서리(□)'를 동일 시트의 [G2:H3] 영역에 생성하고, 텍스트를 '형식적용'으로 입력한 후 도형을 클릭할 때 '형식적용' 매크로가 실행되도록 설정하시오.

② [E12] 셀에 SUM 함수를 사용하여 검사비용 합계를 계산하는 매크로를 생성하고, 매크로 이름을 '합계계산'으로 지정하시오.
- ▶ [개발 도구]-[삽입]-[양식 컨트롤]의 '단추(□)'를 동일 시트의 [G5:H6] 영역에 생성하고, 텍스트를 '합계계산'으로 입력한 후 단추를 클릭할 때 '합계계산' 매크로가 실행되도록 설정하시오.

※ 셀 포인터의 위치에 관계없이 매크로가 실행되어야 정답으로 인정됨

**02**   '차트작업' 시트에서 다음의 지시사항에 따라 차트를 수정하시오. (각 2점)

※ 차트는 반드시 문제에서 제공한 차트를 사용하여야 하며, 신규로 차트 작성 시 0점 처리됨

① <그림>과 같이 '프리미엄특화'의 데이터를 차트에 추가하시오.
② 차트 제목 레이블을 차트 위에 [B2] 셀과 연결하여 표시하고, 가로 축 제목 레이블을 축 아래에 <그림>과 같이 표시하시오.
③ 세로 (값) 축의 표시 단위를 '천'으로 지정하고 단위 레이블을 추가하시오.
④ '맞춤형특화' 항목의 '남' 계열에 <그림>과 같이 데이터 레이블을 표시하고 위치를 지정한 후 도형 스타일을 '보통 효과 - 회색, 강조 3'으로 지정하시오.
⑤ 세로 (값) 축의 축 서식을 이용하여 주 눈금을 '없음'으로 변경한 후 거꾸로 표시하시오.

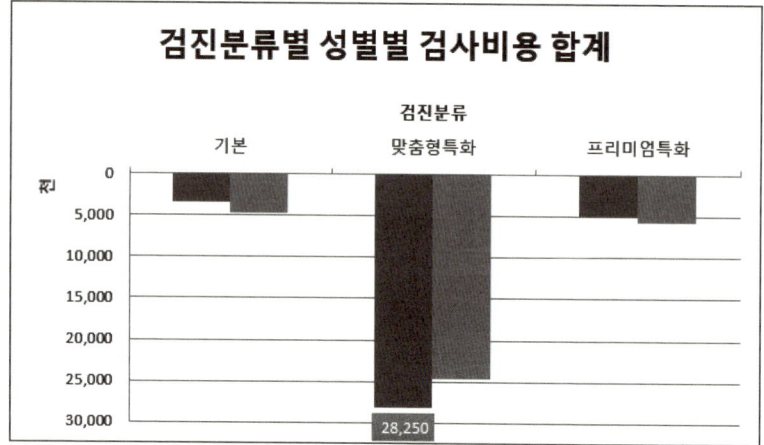

# 정답 및 해설

## 문제1  기본작업

파일을 열었을 때 '보안 경고'가 표시되면 '콘텐츠 사용'을 클릭하세요.

### 01 '기본작업-1' 시트 (자료 입력)

① 주어진 자료를 각각의 셀에 입력합니다.
   √ '(Tel)'을 입력했을 때 '☎'로 변경되면 [파일] 탭-[옵션]-[언어 교정] 탭-[자동 고침 옵션]을 클릭한 후 [자동 고침] 대화상자가 나타나면 [자동 고침] 탭의 아래 목록에서 '(tel)'을 선택하고 [삭제] 단추를 클릭합니다.
   또는 '(T el)'을 입력한 후 중간에 공백을 지워도 됩니다.

### 02 '기본작업-2' 시트 (셀 서식)

▶ 결과

| A | B | C | D | E | F | G | H | I | J |
|---|---|---|---|---|---|---|---|---|---|
| 1 | | | 건강검진 예약 현황 | | | 확인 | 담 | 당대 | 리과 | 장 |
| 2 | | | | | | | | | | |
| 3 | | | | | | | | | | |
| 4 | 등록번호 | 예약날짜 | 검진날짜 | 검진시간 | 이름 | 성별 | 나이 | 검사비용합계 |
| 5 | Tw-125493 | 2024-05-02 목 | 2024-06-09 일 | 9:00 | 이건우 | 남 | 21 | 500,000원 |
| 6 | Tw-148752 | 2024-12-05 목 | 2025-01-30 목 | 12:00 | 김민재 | 남 | 20 | 650,000원 |
| 7 | Th-451855 | 2025-03-25 화 | 2025-04-12 토 | 15:00 | 박영미 | 여 | 35 | 700,000원 |
| 8 | Th-123884 | 2024-07-14 일 | 2024-09-20 금 | 12:00 | 박동현 | 남 | 34 | 500,000원 |
| 9 | Th-516824 | 2025-02-11 화 | 2025-05-07 수 | 15:00 | 최서연 | 여 | 39 | 900,000원 |
| 10 | Tw-156891 | 2023-05-26 금 | 2023-06-01 목 | 9:00 | 박예은 | 여 | 20 | 700,000원 |
| 11 | Tw-798546 | 2025-08-09 토 | 2025-09-30 화 | 9:00 | 김수빈 | 여 | 29 | 700,000원 |
| 12 | Th-165987 | 2024-03-26 화 | 2024-08-05 월 | 12:00 | 김윤서 | 여 | 33 | 700,000원 |
| 13 | Th-132765 | 2024-04-04 목 | 2024-04-30 토 | 15:00 | 이수민 | 남 | 34 | 500,000원 |

#### 1
① [B1:F2] 영역을 드래그하여 선택한 후 [홈] 탭-[맞춤] 그룹-[병합하고 가운데 맞춤]을 클릭합니다.
② 이어서 이중 밑줄을 지정하기 위해 [홈] 탭-[글꼴] 그룹-[밑줄]의 목록 단추(˅)를 클릭해 '이중 밑줄'을 선택합니다.
③ 이어서 글꼴 크기를 변경하기 위해 [홈] 탭-[글꼴] 그룹-[글꼴 크기] 입력란에 '16'을 입력한 후 Enter 를 눌러 입력을 완료합니다.

#### 2
① G열부터 J열까지 드래그하여 선택합니다.

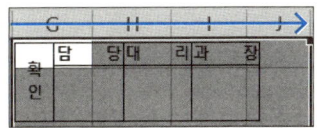

② 열 너비를 변경하기 위해 [홈] 탭-[셀] 그룹-[서식]-[열 너비]를 클릭합니다.
③ [열 너비] 대화상자가 나타나면 '열 너비' 입력란에 '5.5'를 입력한 후 [확인] 단추를 클릭합니다.

#### 3
① [B5:D13] 영역을 드래그하여 선택한 후 Ctrl + 1 을 누릅니다.
② [셀 서식] 대화상자가 나타나면 셀에 맞춰 텍스트를 조정하기 위해 [맞춤] 탭-[텍스트 조정] 범주-'셀에 맞춤' 확인란을 선택한 후 [확인] 단추를 클릭합니다.

#### 4
① [B5:J13] 영역을 드래그하여 선택한 후 [홈] 탭-[글꼴] 그룹-[채우기 색]의 목록 단추(˅)를 클릭해 '채우기 없음'을 선택합니다.

#### 5
① 사용자 지정 표시 형식을 지정하기 위해 [I5:J13] 영역을 선택한 후 Ctrl + 1 을 누릅니다.
② [셀 서식] 대화상자가 나타나면 [표시 형식] 탭-[범주]를 '사용자 지정'으로 선택하고 '형식'에 이미 입력되어 있는 내용을 지운 뒤 '#,##0"원"'를 입력합니다.
③ [보기]에 '500,000원'이 표시되면 [확인] 단추를 클릭합니다.

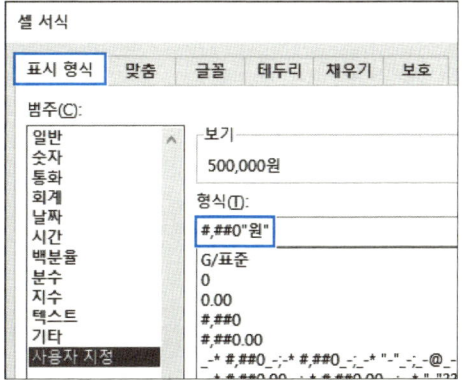

### 03 '기본작업-3' 시트 (조건부 서식)

▶ 결과

| | A | B | C | D | E | F | G |
|---|---|---|---|---|---|---|---|
| 1 | | | | | | | |
| 2 | 검진시간 | 이름 | 나이 | 성별 | 검진분류 | 검진프로그램 | 검사비용 |
| 3 | 9:00 | 이건우 | 21 | 남 | 기본 | 기본 | 500,000 |
| 4 | 12:00 | 김민재 | 20 | 남 | 기본 | 기본 플러스 | 650,000 |
| 5 | 15:00 | 박영미 | 35 | 여 | 기본 | 기본 플러스 | 650,000 |
| 6 | 12:00 | 박동현 | 34 | 남 | 기본 | 기본 | 500,000 |
| 7 | 15:00 | 최서연 | 39 | 여 | 맞춤형특화 | 여성 정밀 | 900,000 |
| 8 | **9:00** | **박예은** | **20** | **여** | **기본** | **기본 플러스** | **700,000** |
| 9 | 9:00 | 김수빈 | 29 | 여 | 기본 | 기본 플러스 | 650,000 |
| 10 | **12:00** | **김윤서** | **33** | **여** | **기본** | **기본 플러스** | **750,000** |
| 11 | 15:00 | 이수민 | 34 | 남 | 프리미엄특화 | 웨딩 | 500,000 |
| 12 | 9:00 | 진승현 | 59 | 남 | 맞춤형특화 | 남성 정밀 | 850,000 |
| 13 | 12:00 | 최진우 | 60 | 남 | 맞춤형특화 | 남성 정밀 | 850,000 |
| 14 | 15:00 | 유현우 | 40 | 남 | 맞춤형특화 | 남성 정밀 | 850,000 |

① 문제에 제시된 [A3:G14] 영역을 드래그하여 선택한 후 [홈] 탭-[스타일] 그룹-[조건부 서식]-[새 규칙]을 클릭합니다.

② [새 서식 규칙] 대화상자가 나타나면 [수식을 사용하여 서식을 지정할 셀 결정]을 클릭하고 아래 수식 입력란에 커서를 이동한 후 '='을 입력합니다.
③ 이어서 'and('을 입력하고 [E3] 셀을 선택한 다음 열이 변경되면 안 되므로 F4를 두 번 눌러서 '$E3'을 만듭니다.
④ '=and($E3'에 이어서 '="기본",'을 입력합니다.
⑤ AND 함수의 두 번째 인수를 지정하기 위하여 [G3] 셀을 선택한 다음 열이 변경되면 안 되므로 F4를 두 번 눌러서 '$G3'을 만듭니다.
⑥ '=and($E3="기본",$G3'에 이어서 '>=average('을 입력한 후 [G3:G14] 영역을 드래그합니다.
⑦ '=and($E3="기본",$G3>=average($G$3:$G$14'에 이어서 '))'를 입력합니다.
⑧ '=and($E3="기본",$G3>=average($G$3:$G$14))' 수식이 완성되면 [서식] 단추를 클릭합니다.
⑨ [셀 서식] 대화상자가 나타나면 [글꼴] 탭에서 [밑줄]은 '실선', [글꼴 스타일]은 '굵은 기울임꼴'로 선택하고 [확인] 단추를 클릭합니다.
⑩ [새 서식 규칙] 대화상자가 나타나면 [확인] 단추를 클릭합니다.

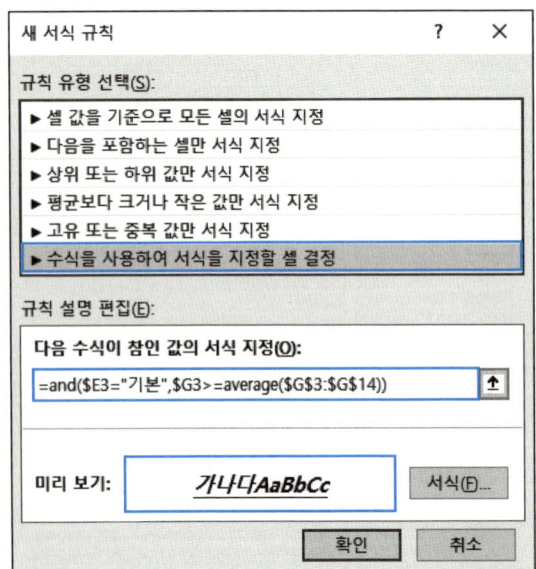

## 문제 2  계산작업

### ▶ 결과

| | A | B | C | D | E | F | G | H | I |
|---|---|---|---|---|---|---|---|---|---|
| 1 | [표1] | | | | | [표2] | | | |
| 2 | 이름 | 나이 | 성별 | 검진프로그램 | | 등록번호 | 이름 | 나이 | 검사비용합계 |
| 3 | 이건우 | 21 | 남 | 기본 | | Si-684387 | 최진우 | 40 | 1,600,000 |
| 4 | 김민재 | 20 | 남 | 기본 플러스 | | Fo-138668 | 유현우 | 41 | 700,000 |
| 5 | 박영미 | 35 | 여 | 기본 플러스 | | Fo-645645 | 최현숙 | 43 | 700,000 |
| 6 | 박동현 | 34 | 남 | 기본 | | Fo-313534 | 최지영 | 60 | 2,700,000 |
| 7 | 최서연 | 39 | 여 | 여성 정밀 | | Fi-324354 | 김지혜 | 61 | 2,200,000 |
| 8 | 박예은 | 20 | 여 | 기본 플러스 | | Fi-657532 | 최민지 | 68 | 2,000,000 |
| 9 | 김수빈 | 29 | 여 | 기본 플러스 | | Fi-318354 | 이미영 | 38 | 600,000 |
| 10 | 김윤서 | 33 | 여 | 기본 플러스 | | Fi-312328 | 김영미 | 34 | 600,000 |
| 11 | 이수민 | 34 | 남 | 웨딩 | | Fo-334351 | 이영자 | 31 | 900,000 |
| 13 | 기본 | 웨딩 | 여성정밀 | 기본 플러스 | | 조건 | 상위검사비용 나이 평균 | | |
| 14 | 인기 | | | 인기 | | FALSE | 63 | | |
| 15 | | | | | | | | | |
| 16 | [표3] | | | | | [표4] | | | |
| 17 | 이름 | 검사항목 | 금액(만원) | 등록번호 | | 성명 | 예약날짜 | | |
| 18 | 유현준 | 암정밀 | 180 | Fo-657565 | | 이유주 | 2024-05-02 | | |
| 19 | 김현민 | 심장정밀 | 110 | Th-165654 | | 김진형 | 2024-12-05 | | |
| 20 | 김준서 | 폐정밀 | 90 | Th-495123 | | 최주호 | 2025-03-25 | | |
| 21 | 이준호 | 심장정밀 | 130 | Th-324574 | | 김상모 | 2024-07-14 | | |
| 22 | 이성진 | 뇌정밀 | 170 | Si-213654 | | 김미리 | 2025-02-11 | | |
| 23 | 최정훈 | 암정밀 | 100 | Si-564789 | | 김종철 | 2023-05-26 | | |
| 24 | 김정훈 | 암정밀 | 95 | Th-656435 | | 김이지 | 2025-08-09 | | 최주호 |
| 25 | 암정밀 최대값 등록번호 | | | Fo-657565 | | 유정혁 | 2024-03-26 | | 2025-03-25 |
| 26 | | | | | | | | | |
| 27 | [표5] | | | | | | | | |
| 28 | 성명 | 검진시간 | 가격 | 비고 | | | | | |
| 29 | 박예은 | 9:00 | 750,000 | ☆ | | | | | |
| 30 | 김윤서 | 12:00 | 730,000 | ☆ | | | | | |
| 31 | 이영자 | 9:00 | 660,000 | | | | | | |
| 32 | 김지영 | 9:00 | 700,000 | ☆ | | | | | |
| 33 | 이예지 | 15:00 | 600,000 | | | | | | |
| 34 | 김준서 | 12:00 | 500,000 | | | | | | |
| 35 | 최정훈 | 12:00 | 1,950,000 | ★ | | | | | |

### 01 인기 검진프로그램 (A14:D14)

=IF(COUNTIF($D$3:$D$11,A13)>=2,"인기","")

① [A14] 셀을 선택한 후 [수식 입력줄]에 커서를 이동합니다.
② 수식을 작성한 후 Enter 를 누릅니다.
③ [A14] 셀의 채우기 핸들을 [D14] 셀까지 드래그하여 수식을 복사합니다.

### 02 상위검사비용 나이 평균 (G14)

=DAVERAGE(F2:I11,H2,F13:F14)

① [F13:F14] 영역에 고급필터에서 입력했던 방식으로 조건을 입력합니다.

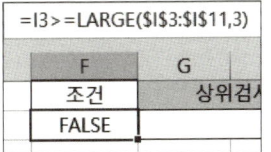

([F14] : =I3>=LARGE($I$3:$I$11,3))
② [G14] 셀을 선택한 후 [수식 입력줄]에 커서를 이동합니다.
③ 수식을 작성한 후 Enter 를 누릅니다.

## 03 암정밀 최대값 등록번호 (D25)

=VLOOKUP(DMAX(A17:D24,C17,B17:B18),C17:D24,2,FALSE)

① [D25] 셀을 선택한 후 [수식 입력줄]에 커서를 이동합니다.
② 수식을 작성한 후 Enter 를 누릅니다.

## 04 최주호 예약날짜 (I25)

=INDEX(G18:H25,MATCH(I24,F18:F25,0),1)

① [I25] 셀을 선택한 후 [수식 입력줄]에 커서를 이동합니다.
② 수식을 작성한 후 Enter 를 누릅니다.

## 05 비고 (D29:D35)

=IF(RANK.EQ(C29,$C$29:$C$35,0)=1,"★",IF(RANK.EQ(C29,$C$29:$C$35,0)<=4,"☆",""))

① [D29] 셀을 선택한 후 [수식 입력줄]에 커서를 이동합니다.
② 수식을 작성한 후 Enter 를 누릅니다.
③ [D29] 셀의 채우기 핸들을 [D35] 셀까지 드래그하여 수식을 복사합니다.

### 문제 3  분석작업

## 01 '분석작업-1' 시트 (데이터 표)

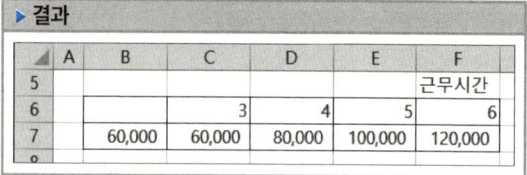

① 변수와 변수가 만나는 지점인 [B7] 셀을 선택한 후 '='을 입력합니다.
② 수식이 입력되어 있는 [C4] 셀과 연결하기 위하여 [C4] 셀을 클릭하고 Enter 를 누릅니다.
③ [B6:F7] 영역을 드래그하여 선택한 후 [데이터] 탭-[예측] 그룹-[가상 분석]-[데이터 표]를 클릭합니다.
④ [데이터 테이블] 대화상자가 나타나면 [행 입력 셀]에 [C3] 셀을 선택하고 [확인] 단추를 클릭합니다.

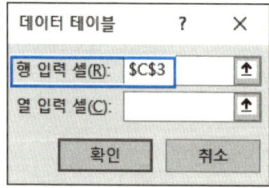

## 02 '분석작업-2' 시트 (피벗 테이블)

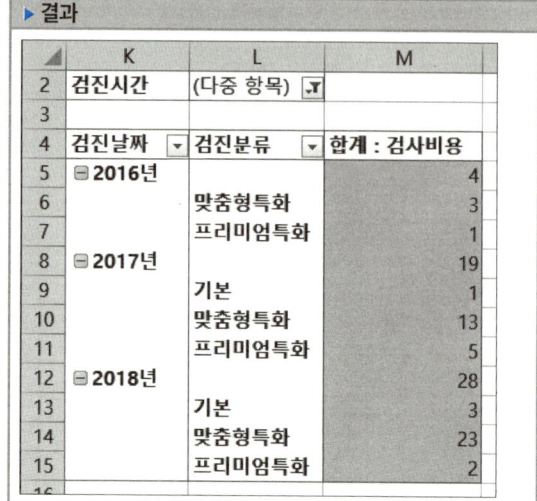

① [B2:I58] 영역의 임의의 셀을 클릭한 후 [삽입] 탭-[표] 그룹-[피벗 테이블]-[테이블/범위에서]를 클릭합니다.
② [표 또는 범위의 피벗 테이블] 대화상자가 나타나면 '표/범위'에 입력된 [B2:I58] 영역을 확인하고, 피벗 테이블을 배치할 위치에 '기존 워크시트'의 [K4] 셀을 클릭한 후 [확인] 단추를 클릭합니다.

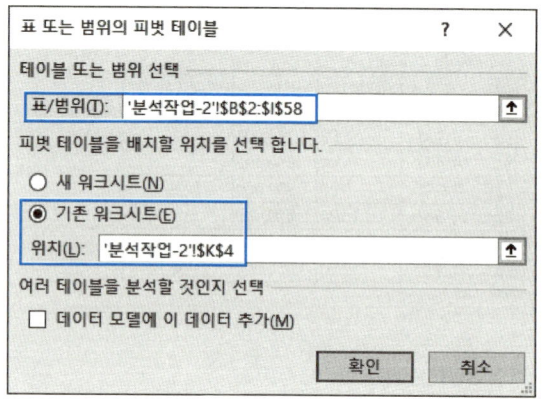

③ '검진시간'을 [필터] 영역으로 드래그, '검진날짜'를 [행] 영역으로 드래그, '검진분류'를 검진날짜 밑에 [행] 영역으로 드래그, '검사비용'을 [값] 영역으로 드래그합니다.

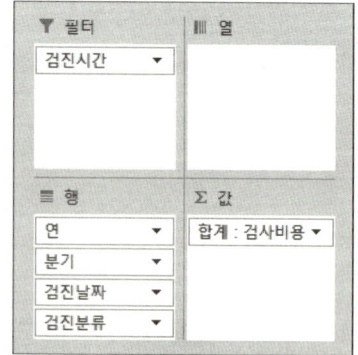

④ 보고서 레이아웃을 변경하기 위해 [디자인] 탭-[레이아웃] 그룹-[보고서 레이아웃]-[개요 형식으로 표시]를 클릭합니다.
⑤ '검진날짜'를 연 단위로만 그룹으로 지정하기 위해 검진날짜가 표시되어 있는 임의의 셀을 선택하고 선택한 셀 위에서 마우스 오른쪽 버튼을 눌러 [그룹] 명령을 클릭합니다.
⑥ [단위]에 선택되어 있는 '월'과 '분기'를 클릭하여 선택을 해제하고 '연'만 선택된 상태에서 [확인] 단추를 클릭합니다.

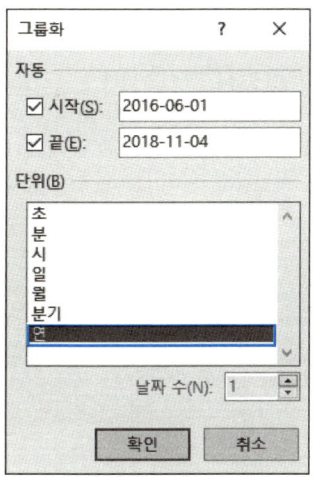

⑦ 행 및 열의 총합계를 표시하지 않기 위해 [디자인] 탭-[레이아웃] 그룹-[총합계]-[행 및 열의 총합계 해제]를 클릭합니다.
⑧ 검진시간에 '12:00'와 '15:00'만 표시하기 위해 '검진시간'의 '필터 목록 단추(▼)'를 클릭합니다.
⑨ '여러 항목 선택'의 확인란을 선택한 후 '09:00' 확인란의 선택을 취소하고 [확인] 단추를 클릭합니다.

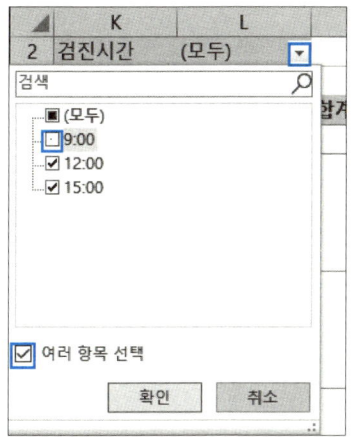

⑩ 표시 형식을 지정하기 위해 [값] 영역에서 '합계 : 검사비용'을 클릭한 후 [값 필드 설정]을 선택합니다.
⑪ [값 필드 설정] 대화상자가 나타나면 [표시 형식] 단추를 클릭합니다.
⑫ [셀 서식] 대화상자가 나타나면 [사용자 지정] 범주를 클릭하고 형식 입력란에 '0,,'을 입력한 후 [확인] 단추를 두 번 클릭하여 대화상자를 모두 닫습니다.
⑬ 피벗 테이블 스타일을 변경하기 위해 [디자인] 탭-[피벗 테이블 스타일] 그룹-[자세히]( )를 클릭하여 '흰색, 피벗 스타일 밝게 22'를 선택합니다.
⑭ 이어서 [디자인] 탭-[피벗 테이블 스타일 옵션] 그룹의 '행 머리글', '열 머리글', '줄무늬 열'을 선택하여 강조합니다.

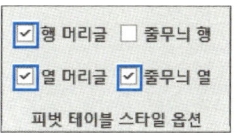

### 문제 4 기타작업

#### 01 '매크로작업' 시트 (매크로)

1
① [삽입] 탭-[일러스트레이션] 그룹-[도형]-[사각형]의 '사각형: 둥근 모서리'를 클릭합니다.
② 이어서 [G2:H3] 영역에 드래그하여 '사각형: 둥근 모서리' 도형을 생성합니다.
③ 매크로를 지정하기 위해 생성한 도형 위에서 마우스 오른쪽 버튼을 눌러 [매크로 지정] 명령을 클릭합니다.
④ [매크로 지정] 대화상자가 나타나면 [매크로 이름]에 '형식적용'을 입력하고 [매크로 위치]에서 '현재 통합 문서'를 선택한 후 [기록] 단추를 클릭합니다.
⑤ [매크로 기록] 대화상자가 나타나면 [확인] 단추를 클릭합니다.
⑥ 매크로 기록이 시작되면 [B3:C11] 영역을 선택한 후 [홈] 탭-[표시 형식] 그룹의 목록 단추(▼)를 클릭해 '간단한 날짜'를 선택합니다.

⑦ 매크로 기록을 중지하기 위해 [개발 도구] 탭-[코드] 그룹-[기록 중지]를 클릭합니다.
⑧ 생성한 도형 위에서 마우스 오른쪽 버튼을 눌러 [텍스트 편집] 명령을 클릭합니다.
⑨ 커서가 나타나면 단추에 입력된 글자를 '형식적용'으로 변경하고 임의의 셀을 선택하여 완료합니다.

**2**

① [개발 도구] 탭-[컨트롤] 그룹-[삽입]-[양식 컨트롤]의 '단추(양식 컨트롤)'를 클릭합니다.
② 이어서 [G5:H6] 영역에 드래그하여 '단추'를 생성합니다.
③ [매크로 지정] 대화상자가 나타나면 [매크로 이름]에 '합계계산'을 입력하고 [매크로 위치]에서 '현재 통합 문서'를 선택한 후 [기록] 단추를 클릭합니다.
④ [매크로 기록] 대화상자가 나타나면 [확인] 단추를 클릭합니다.
⑤ 매크로 기록이 시작되면 [E12] 셀에 '=SUM(E3:E11)'을 입력한 후 Enter 를 누릅니다.
⑥ 매크로 기록을 중지하기 위해 [개발 도구] 탭-[코드] 그룹-[기록 중지]를 클릭합니다.
⑦ 생성한 단추 위에서 마우스 오른쪽 버튼을 눌러 [텍스트 편집] 명령을 클릭합니다.
⑧ 커서가 나타나면 단추에 입력된 글자를 '합계계산'으로 변경하고 임의의 셀을 선택하여 완료합니다.

## 02 '차트작업' 시트 (차트)

**1**

① 프리미엄특화 데이터를 차트에 추가하기 위해 [B6:D6] 영역을 드래그하여 선택한 후 Ctrl + C 를 눌러 복사합니다.
② '차트 영역'을 선택한 후 Ctrl + V 를 눌러 붙여넣기 합니다.

**2**

① 차트 제목을 표시하기 위해 [차트 디자인] 탭-[차트 레이아웃] 그룹-[차트 요소 추가]-[차트 제목]-[차트 위]를 클릭합니다.
② 차트 제목과 [B2] 셀을 연결시키기 위해 [수식 입력줄]에 '='을 입력한 후 [B2] 셀을 클릭합니다.
③ [수식 입력줄]에 '='기타작업-1'!$B$2'가 나타나면 Enter 를 누릅니다.
④ 가로 (항목) 축 제목을 표시하기 위해 [차트 디자인] 탭-[차트 레이아웃] 그룹-[차트 요소 추가]-[축 제목]-[기본 가로]를 클릭합니다.
⑤ '축 제목'이 차트에 표시되면 [수식 입력줄]을 클릭하고 '검진분류'를 입력한 후 Enter 를 누릅니다.

**3**

① '세로 (값) 축'에서 마우스 오른쪽 버튼을 눌러 바로 가기 메뉴가 나타나면 [축 서식] 명령을 클릭합니다.
② [축 서식] 창이 나타나면 [축 옵션]-[축 옵션]-[축 옵션]의 [표시 단위]를 '천'으로 선택한 후 '차트에 단위 레이블 표시'가 선택된 것을 확인하고 [닫기](✖) 단추를 클릭합니다.

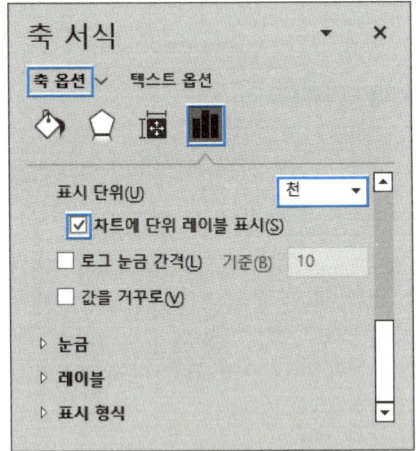

**4**

① '남' 계열을 클릭하여 선택한 상태에서 '맞춤형특화' 데이터 요소만 한 번 더 클릭합니다.
② [차트 디자인] 탭-[차트 레이아웃] 그룹-[차트 요소 추가]-[데이터 레이블]-[바깥쪽 끝에]를 클릭합니다.
③ 표시된 데이터 레이블을 선택하고 [서식] 탭-[도형 스타일] 그룹-[자세히](▼)를 클릭하여 [보통 효과 - 회색, 강조 3]을 선택합니다.

**5**

① '세로 (값) 축'에서 마우스 오른쪽 버튼을 눌러 바로 가기 메뉴가 나타나면 [축 서식] 명령을 클릭합니다.
② [축 서식] 창이 나타나면 [축 옵션]-[축 옵션]-[눈금]의 [주 눈금]을 '없음'으로 선택합니다.
③ 이어서 [축 옵션]-[축 옵션]-[축 옵션]의 '값을 거꾸로' 확인란을 선택한 후 [닫기](✖) 단추를 클릭합니다.

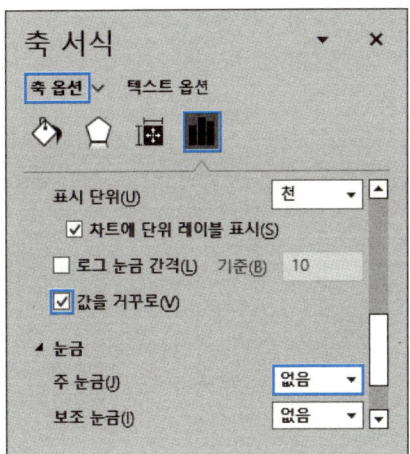

# 제2회 실전모의고사

| 프로그램명 | 제한시간 |
|---|---|
| EXCEL | 40분 |

수험번호 :

성　명 :

| 2급 | C형 |

## 유 의 사 항

★ 펜은 꺼내실 수 없으며 시험지는 유출이 불가능합니다.

■ 인적 사항 누락 및 잘못 작성으로 인한 불이익은 수험자 책임으로 합니다.

■ 화면에 암호 입력창이 나타나면 아래의 암호를 입력하여야 합니다.
　● 암호 :

★ 암호를 입력할 수도 있으니 이렇게 첫 장을 확인하시면 됩니다.

■ 작성된 답안은 주어진 경로 및 파일명을 변경하지 마시고 그대로 저장해야 합니다.
이를 준수하지 않으면 실격 처리됩니다.

★ 디스켓 모양을 눌러 저장하시면 됩니다. 예외가 있을 수도 있으니 감독관이 설명할 때 잘 들어주세요. 제한시간(40분) 안에 디스켓 모양을 눌러 저장을 하고 그 이후에는 화면이 바뀌며 [답안 제출]을 하게 됩니다.

■ 외부 데이터 위치 : C:\OA\파일명

■ 별도의 지시사항이 없는 경우, 다음과 같이 처리 시 실격 처리됩니다.
　● 제시된 개체의 이름을 임의로 변경한 경우
　● 제시된 개체의 속성을 임의로 변경한 경우
　● 외부 데이터를 시험 시작 전에 열어본 경우

■ 답안은 반드시 문제에서 지시 또는 요구한 셀에 입력하여야 하며 다음과 같이 처리 시 채점 대상에서 제외됩니다.
　● 수험자가 임의로 지시하지 않은 셀의 이동, 수정, 삭제, 변경 등으로 인해 셀의 위치 및 내용이 변경된 경우 해당 작업에 영향을 미치는 관련 문제 모두 채점 대상에서 제외
　● 도형 및 차트의 개체가 중첩되어 있거나 동일한 계산 결과 시트가 복수로 존재할 경우 해당 개체나 시트는 채점 대상에서 제외우

■ 수식 작성 시 제시된 문제 파일의 데이터는 변경 가능한(가변적) 데이터임을 감안하여 문제 풀이를 하시오.

■ 수식 작성 시 제시된 문제 파일의 데이터는 변경 가능한(가변적) 데이터임을 감안하여 문제 풀이를 하시오.

■ 저장 시간은 별도로 주어지지 않으므로 제한된 시간 내에 저장을 완료해야 하며, 제한시간 내에 저장이 되지 않은 경우에는 실격 처리됩니다.

■ 출제된 문제의 용어는 Microsoft Office Excel 2021 기준으로 작성되어 있습니다.

국 가 기 술 자 격 검 정

## 문제 1  기본작업(20점)  주어진 시트에서 다음의 과정을 수행하고 저장하시오.

**01** '기본작업-1' 시트에 다음의 자료를 주어진 대로 입력하시오. (5점)

| | A | B | C | D | E | F |
|---|---|---|---|---|---|---|
| 1 | 고객별 전기 사용량이 많은 시간 | | | | | |
| 2 | | | | | | |
| 3 | 주이용시간 | 고객코드 | 고객명 | 납부방법 | 구분 | 전기요금계 |
| 4 | 16:00 | Ac_01 | 이건우 | 자동납부 | 고압 | 25758 |
| 5 | 16:00 | Mg_02 | 김민재 | 모바일 | 고압 | 31944 |
| 6 | 18:00 | Cm_03 | 이예지 | 지로 | 저압 | 34916 |
| 7 | 8:00 | Zi_04 | 유현미 | 자동납부 | 저압 | 149964 |
| 8 | 20:00 | Bi_05 | 채미미 | 모바일 | 저압 | 175780 |
| 9 | 22:00 | Ce_06 | 김영미 | 모바일 | 저압 | 19570 |
| 10 | 22:00 | Mg_07 | 이영자 | 지로 | 고압 | 18098 |
| 11 | 20:00 | Cm_08 | 이정혁 | 자동납부 | 저압 | 156418 |
| 12 | 22:00 | Zi_09 | 이연호 | 모바일 | 저압 | 20635 |
| 13 | 22:00 | Ce_12 | 진승현 | 지로 | 고압 | 16390 |

**02** '기본작업-2' 시트에 대하여 다음의 지시사항을 처리하시오. (각 2점)

① [A1:G1] 영역은 '병합하고 가운데 맞춤', 글꼴 크기 '18', 높이 '30'으로 지정하시오.
② [G4:G15] 영역은 표시 형식을 '쉼표 스타일'로 지정하시오.
③ [C3:G3], [A4:D15] 영역은 텍스트 맞춤을 가로 '가운데'로 설정하시오.
④ [E15] 셀에 "최대 사용"이라는 메모를 삽입한 후 항상 표시되도록 하시오.
⑤ [A3:G15] 영역은 모든 테두리(田)를 적용하고, [A3:B3] 영역은 대각선(X)으로 적용하여 표시하시오.

**03** '기본작업-3' 시트에서 다음의 지시사항을 처리하시오. (5점)

▶ [A2:A14] 영역에 대하여 텍스트 나누기를 실행하시오.
▶ 데이터는 ':'으로 구분되어 있음
▶ 열 너비는 조정하지 않음


## 문제 2  계산작업(40점)  '계산작업' 시트에서 다음의 과정을 수행하고 저장하시오.

**01** [표1]에서 사용[B3:B11]과 납부방법[C3:C11]을 이용하여 납부요금[D3:D11]을 계산하시오. (8점)

▶ 납부요금 = 1100 + 사용의 4번째부터 8번째까지 - 납부할인
▶ 납부할인은 납부방법이 "자동납부"이면 1000, "모바일"이면 500, 공백은 0으로 계산
▶ IF와 MID 함수 사용

**02** [표2]의 빈도가 가장 높은 주이용시간[H3:H10]의 사용량[I3:I10] 합계를 [I11] 셀에 계산하시오. (8점)

▶ SUMIF와 MODE.SNGL 함수 사용

**03** [표3]에서 총사용량[D15:D22]의 평균을 초과하는 고객 수를 계산하여 [D23] 셀에 표시하시오. (8점)

▶ COUNTIF와 AVERAGE 함수, & 연산자 사용

**04** [표4]에서 기사코드[H15:H23]의 첫 문자를 대문자로 변환하고, 담당지역[F15:F23]의 전체 문자를 대문자로 변환하여 코드(지역)[I15:I23]에 표시하시오. (8점)

▶ 표시 예 : 기사코드가 'abc', 담당지역이 'defg'인 경우 → Abc(DEFG)
▶ PROPER, UPPER 함수, & 연산자 사용

**05** [표5]에서 점검일자[B27:B35]와 구분별요일[F27:G33]을 이용하여 점검요일[D27:D35]을 표시하시오. (8점)

▶ WEEKDAY와 VLOOKUP 함수 사용

## 문제 3 | 분석작업(20점) | 주어진 시트에서 다음의 과정을 수행하고 저장하시오.

**01** '분석작업-1' 시트에서 다음의 지시사항을 처리하시오. (10점)

▶ [부분합] 기능을 이용하여 '고객 전기 사용량 내용' 표에 <그림>과 같이 납부방법 별로 '전기요금계'의 평균과 '전월사용량', '당월사용량'의 합계를 계산하시오.
▶ 정렬은 '납부방법'을 기준으로 오름차순으로 처리하시오.
▶ 평균과 합계는 위에 명시된 순서대로 처리하시오.

| | A | B | C | D | E | F |
|---|---|---|---|---|---|---|
| 1 | 고객 전기 사용량 내용 | | | | | |
| 2 | | | | | | |
| 3 | 납부방법 | 고객명 | 전월사용량 | 당월사용량 | 전기요금계 | 구분 |
| 4 | 모바일 | 최민지 | 260 | 258 | 31,158 | 저압 |
| 5 | 모바일 | 김유종 | 709 | 710 | 150,245 | 저압 |
| 6 | 모바일 | 유현우 | 288 | 288 | 29,882 | 고압 |
| 7 | 모바일 | 최서현 | 252 | 257 | 30,970 | 저압 |
| 8 | 모바일 | 박동현 | 199 | 200 | 16,390 | 고압 |
| 9 | 모바일 | 김정철 | 851 | 850 | 189,810 | 저압 |
| 10 | 모바일 요약 | | 2559 | 2563 | | |
| 11 | 모바일 평균 | | | | 74,743 | |
| 12 | 자동납부 | 김은영 | 281 | 285 | 29,440 | 고압 |
| 13 | 자동납부 | 김서윤 | 302 | 301 | 31,797 | 고압 |
| 14 | 자동납부 | 이민지 | 199 | 199 | 19,476 | 저압 |
| 15 | 자동납부 요약 | | 782 | 785 | | |
| 16 | 자동납부 평균 | | | | 26,904 | |
| 17 | 지로 | 이은지 | 272 | 272 | 33,788 | 저압 |
| 18 | 지로 | 박예은 | 258 | 255 | 30,594 | 저압 |
| 19 | 지로 | 유현준 | 200 | 202 | 20,635 | 저압 |
| 20 | 지로 요약 | | 730 | 729 | | |
| 21 | 지로 평균 | | | | 28,339 | |
| 22 | 총합계 | | 4071 | 4077 | | |
| 23 | 전체 평균 | | | | 51,182 | |

**02** '분석작업-2' 시트에서 다음의 지시사항을 처리하시오. (10점)

▶ 데이터 도구 [통합] 기능을 이용하여 [표1], [표2], [표3]에서 "101동"과 "103동"인 거주자의 '전월사용량', '당월사용량', '전기요금계'의 합계를 [표4]의 [G3:I4] 영역에 계산하시오.

## 문제 4  기타작업(20점)  주어진 시트에서 다음의 과정을 수행하고 저장하시오.

**01** '매크로작업' 시트에서 다음과 같은 기능을 수행하는 매크로를 현재 통합 문서에 작성하고 실행하시오. (각 5점)

① [G5:G14] 영역에 총사용량을 계산하는 매크로를 생성하고, 매크로 이름을 '사용량합계'로 지정하시오.
  ▶ 총사용량 = 상반기사용량 + 하반기사용량
  ▶ [도형]-[사각형]의 '사각형: 둥근 모서리(⬜)'를 동일 시트의 [I2:J3] 영역에 생성하고, 텍스트를 '사용량합계'로 입력한 후 도형을 클릭할 때 '사용량합계' 매크로가 실행되도록 설정하시오.

② [B4:G4] 영역에 채우기 색을 '표준 색-노랑'으로 적용하는 매크로를 생성하고, 매크로 이름을 '채우기'로 지정하시오.
  ▶ [개발 도구]-[삽입]-[양식 컨트롤]의 '단추(⬜)'를 동일 시트의 [I5:J6] 영역에 생성하고, 텍스트를 '채우기'로 입력한 후 단추를 클릭할 때 '채우기' 매크로가 실행되도록 설정하시오.

※ 셀 포인터의 위치에 관계없이 매크로가 실행되어야 정답으로 인정됨

**02** '차트작업' 시트에서 다음의 지시사항에 따라 차트를 수정하시오. (각 2점)

※ 차트는 반드시 문제에서 제공한 차트를 사용하여야 하며, 신규로 차트 작성 시 0점 처리됨

① 납부방법이 '모바일'인 정보만 '고객명'별 '1월', '2월', '3월' 계열이 차트에 표시되도록 데이터 범위를 지정하시오.
② 차트 종류는 '묶은 세로 막대형'으로 변경하시오.
③ 차트 제목 레이블은 '차트 위'로, 세로 (값) 축 제목 레이블은 '세로 제목'으로 추가하여 <그림>과 같이 입력하시오.
④ 범례는 서식을 이용하여 위치를 '아래쪽'으로 배치하시오.
⑤ 세로 (값) 축의 최소값은 100, '값을 거꾸로'를 지정하시오.

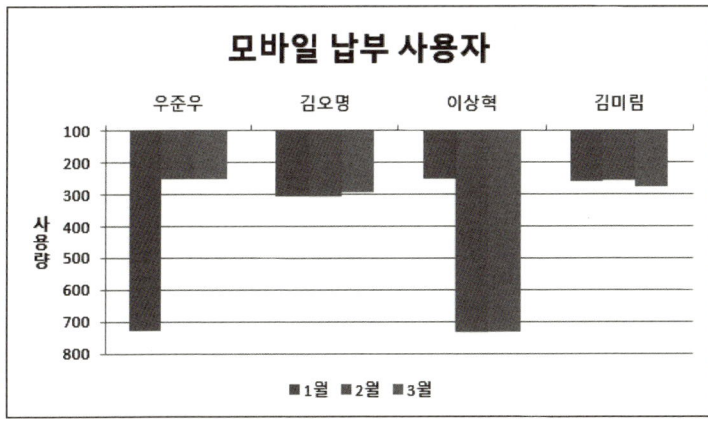

# 정답 및 해설

### 문제 1  기본작업

파일을 열었을 때 '보안 경고'가 표시되면 '콘텐츠 사용'을 클릭하세요.

#### 01 '기본작업-1' 시트 (자료 입력)

① 주어진 자료를 각각의 셀에 입력합니다.
- ✓ [A4:A13] 영역에 시간 입력 시 시와 분을 콜론(:)으로 구분하여 입력해야 합니다.
- ✓ [B4:B13] 영역은 대/소문자를 구분해서 입력해야 합니다. 영어와 숫자 사이에는 밑줄(_)이 있습니다.
- ✓ [E4] 셀은 문제에 주어진 대로 '고압'을 입력해야 합니다.

#### 02 '기본작업-2' 시트 (셀 서식)

▶ 결과

| | A | B | C | D | E | F | G |
|---|---|---|---|---|---|---|---|
| 1 | | | 우리 아파트 전기 사용 현황 | | | | |
| 2 | | | | | | | |
| 3 | | | 납부방법 | 구분 | 전월사용량 | 당월사용량 | 전년도사용량 |
| 4 | 101동101호 | 최민지 | 모바일 | 저압 | 260 | 258 | 3,220 |
| 5 | 102동301호 | 이은지 | 지로 | 저압 | 272 | 272 | 3,270 |
| 6 | 102동501호 | 김유종 | 모바일 | 저압 | 709 | 710 | 8,811 |
| 7 | 101동201호 | 김은영 | 자동납부 | 고압 | 281 | 285 | 4,238 |
| 8 | 103동502호 | 유현우 | 모바일 | 고압 | 288 | 288 | 3,457 |
| 9 | 101동102호 | 김서율 | 자동납부 | 고압 | 302 | 301 | 3,500 |
| 10 | 102동202호 | 최서현 | 모바일 | 저압 | 252 | 257 | 3,155 |
| 11 | 101동501호 | 박예은 | 지로 | 저압 | 258 | 255 | 3,196 |
| 12 | 104동201호 | 박동현 | 모바일 | 고압 | 199 | 200 | 2,400 |
| 13 | 103동101호 | 유현준 | 지로 | 저압 | 200 | 202 | 2,432 |
| 14 | 102동102호 | 이민지 | 자동납부 | 저압 | 199 | 최대 사용 | 3,330 |
| 15 | 102동502호 | 김정철 | 모바일 | 저압 | 851 | | 100 |

**1**

① [A1:G1] 영역을 드래그하여 선택한 후 [홈] 탭-[맞춤] 그룹-[병합하고 가운데 맞춤]을 클릭합니다.
② 글꼴 크기를 변경하기 위해 [홈] 탭-[글꼴] 그룹-[글꼴 크기] 입력란에 '18'을 입력한 후 Enter를 눌러 입력을 완료합니다.
③ 행 높이를 변경하기 위해 [홈] 탭-[셀] 그룹-[서식]-[행 높이]를 클릭합니다.
④ [행 높이] 대화상자가 나타나면 '행 높이' 입력란에 '30'을 입력한 후 [확인] 단추를 클릭합니다.

**2**

① [G4:G15] 영역을 선택한 후 [홈] 탭-[표시 형식] 그룹-[쉼표 스타일](,)을 클릭합니다.

**3**

① [C3:G3] 영역을 선택한 후 Ctrl을 누른 채로 [A4:D15] 영역을 선택합니다.
② 영역이 모두 선택되면 [홈] 탭-[맞춤] 그룹-[가로 가운데 맞춤](≡)을 클릭합니다.

**4**

① [E15] 셀을 선택한 후 마우스 오른쪽 버튼을 눌러 바로 가기 메뉴가 나타나면 [메모 삽입] 명령을 클릭합니다.
② 메모 입력 창이 나타나면 사용자 이름 맨 앞에 커서를 두고 Delete를 길게 눌러 메모 안의 모든 내용을 지웁니다.
③ 사용자 이름이 지워지면 '최대 사용'을 입력합니다.
④ 메모가 항상 표시되도록 [E15] 셀을 선택한 후 마우스 오른쪽 버튼을 눌러 바로 가기 메뉴가 나타나면 [메모 표시/숨기기]를 클릭합니다.
(메모가 이미 있는 상태라면 ④번 해설을 생략해도 됩니다.)

**5**

① 모든 테두리를 지정하기 위해 [A3:G15] 영역을 선택한 후 [홈] 탭-[글꼴] 그룹-[테두리]의 목록 단추(▾)를 클릭하고 '모든 테두리'(⊞)를 선택합니다.
② 대각선을 지정하기 위해 [A3:B3] 영역을 드래그하여 선택한 후 Ctrl + 1 을 누릅니다.
③ [셀 서식] 대화상자가 나타나면 [테두리] 탭의 양쪽 대각선(◩, ◪)을 각각 선택한 후 [확인] 단추를 클릭합니다.

#### 03 '기본작업-3' 시트 (외부 데이터 가져오기)

▶ 결과

| | A | B | C | D | E | F | G |
|---|---|---|---|---|---|---|---|
| 1 | | | | | | | |
| 2 | 동·호수 | 고객명 | 납부방법 | 구분 | 전월사용량 | 당월사용량 | 전기요금계 |
| 3 | 103동501호 | 김수빈 | 자동납부 | 저압 | 260 | 258 | 31,158 |
| 4 | 104동302호 | 이수민 | 모바일 | 저압 | 302 | 302 | 39,425 |
| 5 | 101동301호 | 김윤서 | 지로 | 고압 | 305 | 306 | 32,533 |
| 6 | 102동302호 | 최지영 | 모바일 | 저압 | 250 | 248 | 29,279 |
| 7 | 103동102호 | 김지혜 | 자동납부 | 고압 | 260 | 260 | 25,758 |
| 8 | 103동401호 | 김민준 | 지로 | 저압 | 279 | 278 | 34,916 |
| 9 | 104동402호 | 이지훈 | 자동납부 | 저압 | 200 | 198 | 19,383 |
| 10 | 104동501호 | 최준서 | 모바일 | 저압 | 250 | 252 | 30,030 |
| 11 | 103동201호 | 박우진 | 지로 | 고압 | 460 | 458 | 63,684 |
| 12 | 104동101호 | 김은경 | 모바일 | 고압 | 298 | 300 | 31,650 |
| 13 | 104동502호 | 지현정 | 자동납부 | 고압 | 299 | 300 | 31,650 |
| 14 | 101동502호 | 이미영 | 자동납부 | 고압 | 310 | 311 | 33,270 |

① [A2:A14] 영역을 선택한 후 [데이터] 탭-[데이터 도구] 그룹-[텍스트 나누기]를 클릭합니다.
② [텍스트 마법사] 대화상자가 나타나면 1단계로 '구분 기호로 분리됨'을 선택하고 [다음] 단추를 클릭합니다.
③ 2단계로 이동하면 [구분 기호] 범주-'기타' 확인란을 선택한 후 입력란에 '·'을 입력하고 [다음] 단추를 클릭합니다.
④ 3단계로 이동하면 [마침] 단추를 클릭합니다.

## 문제 2 계산작업

### ▶ 결과

| | A | B | C | D | E | F | G | H | I | J |
|---|---|---|---|---|---|---|---|---|---|---|
| 1 | [표1] | | | | | [표2] | | | | |
| 2 | 고객명 | 사용 | 납부방법 | 납부요금 | | 동·호수 | 자동납부여부 | 주이용시간 | 사용량 | |
| 3 | 이은지 | 저압_31158 | 모바일 | 31,758 | | 101동 101호 | Y | 8:00 | 260 | |
| 4 | 최진우 | 저압_33788 | | 34,888 | | 102동 301호 | Y | 13:00 | 258 | |
| 5 | 오현서 | 고압_50245 | 모바일 | 50,845 | | 102동 501호 | N | 20:00 | 272 | |
| 6 | 김병현 | 저압_29440 | 자동납부 | 29,540 | | 101동 201호 | Y | 19:00 | 278 | |
| 7 | 김정희 | 고압_29882 | 모바일 | 30,482 | | 103동 502호 | N | 7:00 | 285 | |
| 8 | 이민정 | 저압_31797 | 자동납부 | 31,897 | | 101동 102호 | N | 8:00 | 300 | |
| 9 | 이우민 | 저압_30970 | 모바일 | 31,570 | | 102동 202호 | Y | 19:00 | 300 | |
| 10 | 최유리 | 저압_30594 | | 31,694 | | 101동 501호 | N | 19:00 | 311 | |
| 11 | 유우주 | 저압_16390 | 모바일 | 16,990 | | 이용 빈도가 높은 시간대의 사용량 합계 | | | 889 | |
| 12 | | | | | | | | | | |
| 13 | [표3] | | | | | [표4] | | | | |
| 14 | 고객코드 | 상반기사용량 | 하반기사용량 | 총사용량 | | 담당지역 | 안전기사 | 기사코드 | 코드(지역) | |
| 15 | A12Pz | 1632 | 1632 | 3,264 | | seoul | 김무중 | MUJUNG11 | Mujung11(SEOUL) | |
| 16 | A23Go | 1548 | 1530 | 3,078 | | incheon | 유은호 | EunHo14 | Eunho14(INCHEON) | |
| 17 | B45Iu | 1200 | 1212 | 2,412 | | busan | 김준삼 | ChunSam21 | Chunsam21(BUSAN) | |
| 18 | K11Yt | 1830 | 1836 | 3,666 | | daejeon | 최우영 | uyeong32 | Uyeong32(DAEJEON) | |
| 19 | C89Zq | 1674 | 1668 | 3,342 | | daegu | 김준혁 | junhyeok25 | Junhyeok25(DAEGU) | |
| 20 | B65Go | 2760 | 2748 | 5,508 | | ulsan | 심오수 | oSu13 | Osu13(ULSAN) | |
| 21 | G11Yt | 1794 | 1800 | 3,594 | | gwangju | 김인재 | injae20 | Injae20(GWANGJU) | |
| 22 | A86We | 4368 | 4380 | 8,748 | | jeju | 김상무 | SANGMU42 | Sangmu42(JEJU) | |
| 23 | 총사용량 평균을 초과하는 고객 수 | | | 2 | | jeonju | 최종배 | JONGBAE19 | Jongbae19(JEONJU) | |
| 24 | | | | | | | | | | |
| 25 | [표5] | | | | | <구분별요일> | | | | |
| 26 | 점검자 | 점검일자 | 점검시간 | 점검요일 | | 구분 | 요일 | | | |
| 27 | 오장현 | 2018-10-29 | 오전 | 월요일 | | 1 | 월요일 | | | |
| 28 | 오장현 | 2018-11-02 | 오전 | 금요일 | | 2 | 화요일 | | | |
| 29 | 오장현 | 2018-12-05 | 오후 | 수요일 | | 3 | 수요일 | | | |
| 30 | 김명진 | 2018-12-13 | 오전 | 목요일 | | 4 | 목요일 | | | |
| 31 | 김명진 | 2018-12-20 | 오후 | 목요일 | | 5 | 금요일 | | | |
| 32 | 오장혁 | 2018-12-21 | 오후 | 금요일 | | 6 | 토요일 | | | |
| 33 | 이국호 | 2018-12-23 | 오전 | 일요일 | | 7 | 일요일 | | | |
| 34 | 오장현 | 2018-12-28 | 오전 | 금요일 | | | | | | |
| 35 | 이국호 | 2018-12-29 | 오전 | 토요일 | | | | | | |

### 01 납부요금 (D3:D11)

=1100+MID(B3,4,5)-IF(C3="자동납부",1000,IF(C3="모바일",500,0))

① [D3] 셀을 선택한 후 [수식 입력줄]에 커서를 이동합니다.
② 수식을 작성한 후 Enter 를 누릅니다.
③ [D3] 셀의 채우기 핸들을 [D11] 셀까지 드래그하여 수식을 복사합니다.

### 02 이용 빈도가 높은 시간대의 사용량 합계 (I11)

=SUMIF(H3:H10, MODE.SNGL(H3:H10), I3:I10)

① [I11] 셀을 선택한 후 [수식 입력줄]에 커서를 이동합니다.
② 수식을 작성한 후 Enter 를 누릅니다.

### 03 총사용량 평균을 초과하는 고객 수 (D23)

=COUNTIF(D15:D22, ">" & AVERAGE(D15:D22))

① [D23] 셀을 선택한 후 [수식 입력줄]에 커서를 이동합니다.
② 수식을 작성한 후 Enter 를 누릅니다.

### 04 코드(지역) (I15:I23)

=PROPER(H15) & "(" & UPPER(F15) & ")"

① [I15] 셀을 선택한 후 [수식 입력줄]에 커서를 이동합니다.
② 수식을 작성한 후 Enter 를 누릅니다.
③ [I15] 셀의 채우기 핸들을 [I23] 셀까지 드래그하여 수식을 복사합니다.

### 05 점검요일 (D27:D35)

=VLOOKUP(WEEKDAY(B27,2),$F$27:$G$33,2,FALSE)

① [D27] 셀을 선택한 후 [수식 입력줄]에 커서를 이동합니다.
② 수식을 작성한 후 Enter 를 누릅니다.
③ [D27] 셀의 채우기 핸들을 [D35] 셀까지 드래그하여 수식을 복사합니다.

## 문제 3  분석작업

### 01 '분석작업-1' 시트 (부분합)

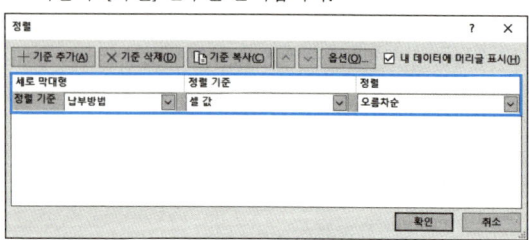

① 부분합 작성 전에 정렬하기 위해 [A3:F15] 영역의 임의의 셀을 선택한 후 [데이터] 탭-[정렬 및 필터] 그룹-[정렬]을 클릭합니다.
② [정렬] 대화상자가 나타나면 [세로 막대형](열)의 정렬 기준에서 '납부방법'을 선택하고 [정렬]을 '오름차순'으로 선택한 후 [확인] 단추를 클릭합니다.

③ 납부방법 기준으로 정렬이 된 것을 확인하고 [A3:F15] 영역의 임의의 셀에 셀 포인터가 위치한 상태에서 [데이터] 탭-[개요] 그룹-[부분합]을 클릭합니다.
④ [부분합] 대화상자가 나타나면 [그룹화할 항목]에 '납부방법', [사용할 함수]에 '평균'을 선택하고, [부분합 계산 항목]에서 '전기요금계'의 확인란을 선택한 후 [확인] 단추를 클릭합니다.
('구분' 확인란의 선택은 취소합니다.)

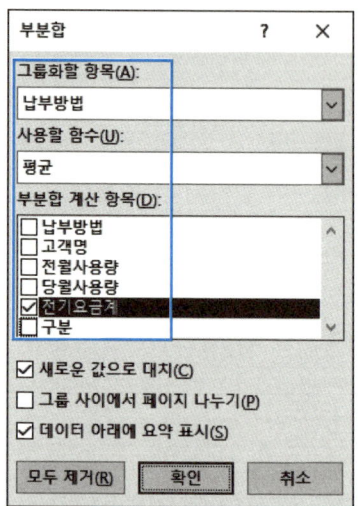

⑤ 합계를 계산하는 부분합을 추가하기 위해 데이터가 있는 임의의 셀에 셀 포인터가 위치한 상태에서 [데이터] 탭-[개요] 그룹-[부분합]을 클릭합니다.
⑥ [부분합] 대화상자가 나타나면 [사용할 함수]를 '합계'로 변경합니다.
⑦ 이어서 [부분합 계산 항목]에서 '전기요금계' 확인란의 선택은 취소하고 '전월사용량', '당월사용량'의 확인란을 선택합니다.
⑧ 이어서 '새로운 값으로 대치'의 확인란을 선택 취소한 후 [확인] 단추를 클릭합니다.

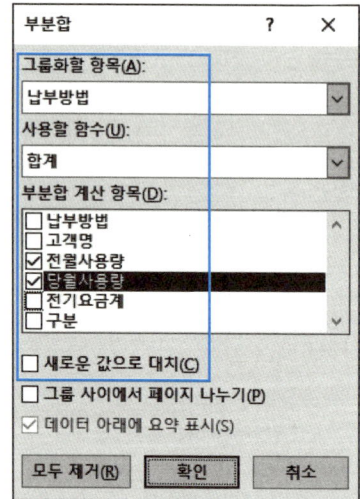

## 02 '분석작업-2' 시트 (통합)

▶ 결과

| | F | G | H | I |
|---|---|---|---|---|
| 1 | [표4] | | | |
| 2 | 동·호수 | 전월사용량 | 당월사용량 | 전기요금계 |
| 3 | 101동* | 2746 | 2748 | 384,355 |
| 4 | 103동* | 1468 | 1466 | 171,117 |

① [F2:I4] 영역을 드래그하여 선택한 후 [데이터] 탭-[데이터 도구] 그룹-[통합]을 클릭합니다.
② [통합] 대화상자가 나타나면 [함수]를 '합계'로 선택, [참조]로 커서를 이동하여 [A2:D11] 영역을 드래그하여 선택하고 [추가] 단추를 클릭해 [모든 참조 영역] 목록에 표시되게 합니다.
③ 이어서 [A14:D22] 영역을 드래그하여 선택한 후 [추가] 단추를 클릭해 [모든 참조 영역] 목록에 표시되게 합니다.
④ 같은 방법으로 [A25:D34] 영역도 [모든 참조 영역] 목록에 표시되게 합니다.
⑤ 영역이 모두 표시되면 [사용할 레이블]의 '첫 행'과 '왼쪽 열' 확인란을 선택한 후 [확인] 단추를 클릭합니다.

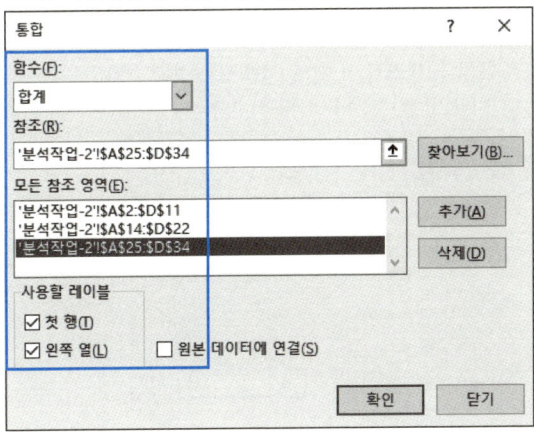

### 문제 4  기타작업

## 01 '매크로작업' 시트 (매크로)

▶ 결과

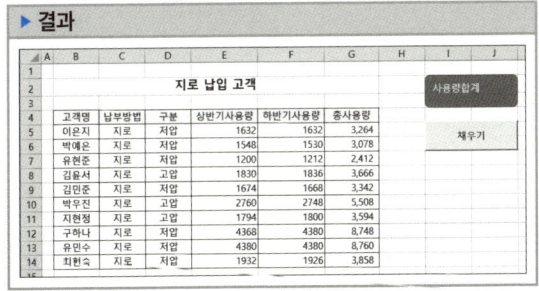

**1**

① [삽입] 탭-[일러스트레이션] 그룹-[도형]-[사각형]의 '사각형: 둥근 모서리'를 클릭합니다.
② 이어서 [I2:J3] 영역에 드래그하여 '사각형: 둥근 모서리' 도형을 생성합니다.
③ 매크로를 지정하기 위해 생성한 도형 위에서 마우스 오른쪽 버튼을 눌러 [매크로 지정] 명령을 클릭합니다.
④ [매크로 지정] 대화상자가 나타나면 [매크로 이름]에 '사용량합계'를 입력하고 [매크로 위치]에서 '현재 통합 문서'를 선택한 후 [기록] 단추를 클릭합니다.

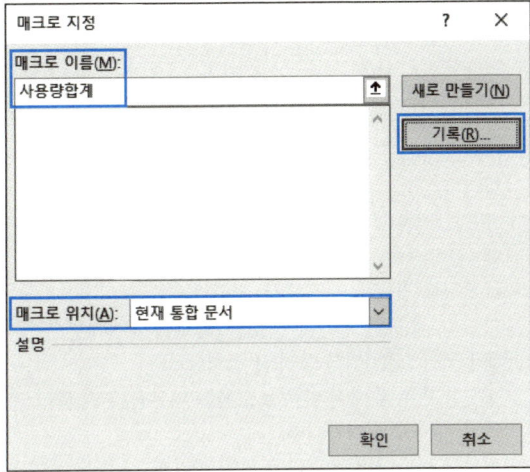

⑤ [매크로 기록] 대화상자가 나타나면 [확인] 단추를 클릭합니다.
⑥ 매크로 기록이 시작되면 [G5] 셀에 '=E5+F5'를 입력한 후 Enter 를 누릅니다.
⑦ [G5] 셀을 선택하고 [G14] 셀까지 수식을 복사한 후 임의의 셀을 선택하여 블록을 해제합니다.
⑧ 매크로 기록을 중지하기 위해 [개발 도구] 탭-[코드] 그룹-[기록 중지]를 클릭합니다.
⑨ 생성한 도형 위에서 마우스 오른쪽 버튼을 눌러 [텍스트 편집] 명령을 클릭합니다.
⑩ 커서가 나타나면 단추에 입력된 글자를 '사용량합계'로 변경하고 임의의 셀을 선택하여 완료합니다.

**2**

① [개발 도구] 탭-[컨트롤] 그룹-[삽입]-[양식 컨트롤]의 '단추(양식 컨트롤)'를 클릭합니다.
② 이어서 [I5:J6] 영역에 드래그하여 '단추'를 생성합니다.
③ [매크로 지정] 대화상자가 나타나면 [매크로 이름]에 '채우기'를 입력하고 [매크로 위치]에서 '현재 통합 문서'를 선택한 후 [기록] 단추를 클릭합니다.

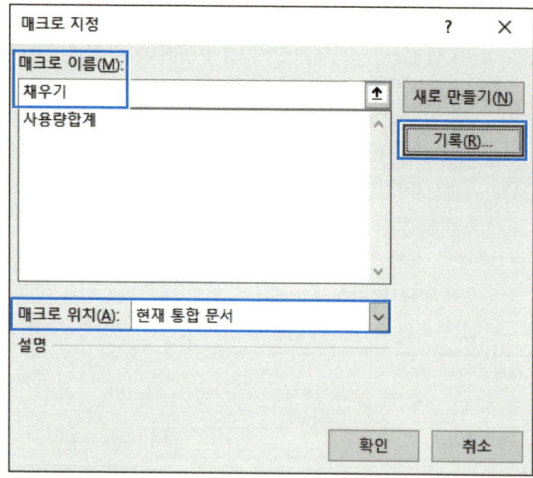

④ [매크로 기록] 대화상자가 나타나면 [확인] 단추를 클릭합니다.
⑤ 매크로 기록이 시작되면 [B4:G4] 영역을 선택한 후 [홈] 탭-[글꼴] 그룹-[채우기 색]의 목록 단추(▾)를 클릭해 '노랑'을 선택합니다.
⑥ 임의의 셀을 선택하여 블록을 해제한 후 [개발 도구] 탭-[코드] 그룹-[기록 중지]를 클릭합니다.
⑦ 생성한 단추 위에서 마우스 오른쪽 버튼을 눌러 [텍스트 편집] 명령을 클릭합니다.
⑧ 커서가 나타나면 단추에 입력된 글자를 '채우기'로 변경하고 임의의 셀을 선택하여 완료합니다.

## 02 '차트작업' 시트 (차트)

**1**

① 납부방법이 모바일인 정보만 표시하기 위해 '차트 영역'에서 마우스 오른쪽 버튼을 눌러 바로 가기 메뉴가 나타나면 [데이터 선택] 명령을 클릭합니다.
② [데이터 원본 선택] 대화상자가 나타나면 [차트 데이터 범위]의 기존 참조 주소를 삭제합니다.
③ [A3:A7] 영역을 선택한 후 Ctrl 을 누른 채 [C3:E7] 영역을 드래그합니다.
④ [차트 데이터 범위] 주소가 재지정되면 [확인] 단추를 클릭하여 대화상자를 닫습니다.

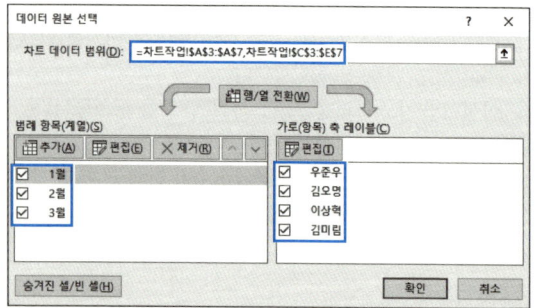

**2**

① 차트 영역을 선택하고 마우스 오른쪽 버튼을 눌러 바로 가기 메뉴의 [차트 종류 변경] 명령을 클릭합니다.
② [차트 종류 변경] 대화상자가 나타나면 [세로 막대형] 범주의 '묶은 세로 막대형'을 선택하고 [확인] 단추를 클릭합니다.

**3**

① [차트 디자인] 탭-[차트 레이아웃] 그룹-[차트 요소 추가]-[차트 제목]-[차트 위]를 클릭합니다.
② '차트 제목'이 차트에 표시되면 [수식 입력줄]을 클릭하고 '모바일 납부 사용자'를 입력한 후 Enter 를 누릅니다.
③ 세로 (값) 축 제목을 표시하기 위해 [차트 디자인] 탭-[차트 레이아웃] 그룹-[차트 요소 추가]-[축 제목]-[기본 세로]를 클릭합니다.
④ '축 제목'이 차트에 표시되면 [수식 입력줄]을 클릭하고 '사용량'을 입력한 후 Enter 를 누릅니다.
⑤ '사용량'이 차트에 표시되면 텍스트 방향이 세로로 표시되도록 '세로 (값) 축 제목'에서 마우스 오른쪽 버튼을 눌러 바로 가기 메뉴가 나타나면 [축 제목 서식] 명령을 클릭합니다.
⑥ [축 제목 서식] 창이 나타나면 [텍스트 옵션]-[텍스트 상자]([A])-[텍스트 상자]의 [텍스트 방향]을 '세로'로 선택하고 [닫기](✖) 단추를 클릭합니다.

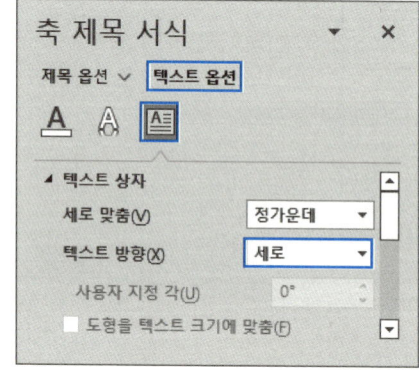

**4**

① '범례'에서 마우스 오른쪽 버튼을 눌러 바로 가기 메뉴가 나타나면 [범례 서식] 명령을 클릭합니다.
② [범례 서식] 창이 나타나면 [범례 옵션]-[범례 옵션](📊) -[범례 옵션]의 [범례 위치]를 '아래쪽'으로 선택한 후 [닫기](✖) 단추를 클릭합니다.

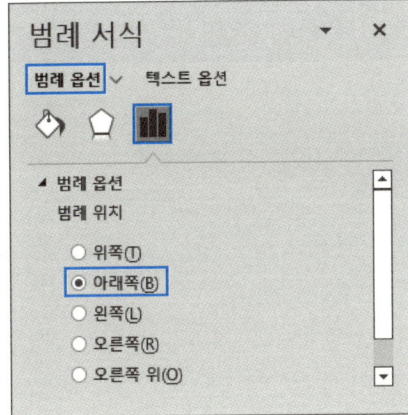

**5**
① '세로 (값) 축'에서 마우스 오른쪽 버튼을 눌러 바로 가기 메뉴가 나타나면 [축 서식] 명령을 클릭합니다.
② [축 서식] 창이 나타나면 [축 옵션]-[축 옵션](📊)-[축 옵션]의 [최소값] 입력란에 '100'을 입력하고 '값을 거꾸로' 확인란을 선택한 후 [닫기](✖) 단추를 클릭합니다.

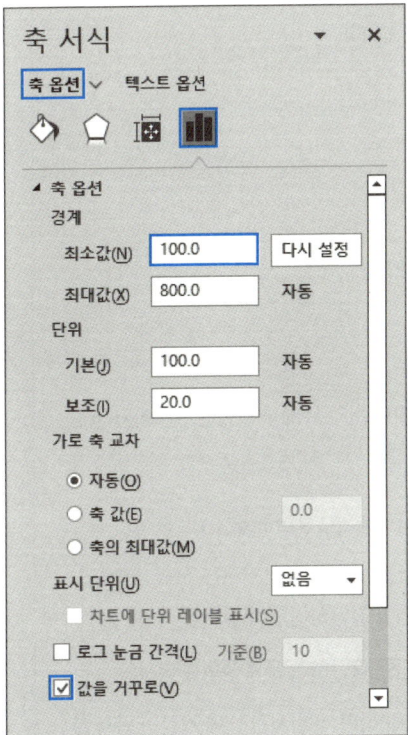

# 제3회 실전모의고사

| 프로그램명 | 제한시간 |
|---|---|
| EXCEL | 40분 |

수험번호 :

성　　명 :

2급　　C형

### 유 의 사 항

★ 펜은 꺼내실 수 없으며 시험지는 유출이 불가능합니다.

■ 인적 사항 누락 및 잘못 작성으로 인한 불이익은 수험자 책임으로 합니다.

■ 화면에 암호 입력창이 나타나면 아래의 암호를 입력하여야 합니다.
   ● 암호 :

★ 암호를 입력할 수도 있으니 이렇게 첫 장을 확인하시면 됩니다.

■ 작성된 답안은 주어진 경로 및 파일명을 변경하지 마시고 그대로 저장해야 합니다.
  이를 준수하지 않으면 실격 처리됩니다.

★ 디스켓 모양을 눌러 저장하시면 됩니다. 예외가 있을 수도 있으니 감독관이 설명할 때 잘 들어주세요. 제한시간(40분) 안에 디스켓 모양을 눌러 저장을 하고 그 이후에는 화면이 바뀌며 [답안 제출]을 하게 됩니다.

■ 외부 데이터 위치 : C:\OA\파일명

■ 별도의 지시사항이 없는 경우, 다음과 같이 처리 시 실격 처리됩니다.
   ● 제시된 개체의 이름을 임의로 변경한 경우
   ● 제시된 개체의 속성을 임의로 변경한 경우
   ● 외부 데이터를 시험 시작 전에 열어본 경우

■ 답안은 반드시 문제에서 지시 또는 요구한 셀에 입력하여야 하며 다음과 같이 처리 시 채점 대상에서 제외됩니다.
   ● 수험자가 임의로 지시하지 않은 셀의 이동, 수정, 삭제, 변경 등으로 인해 셀의 위치 및 내용이 변경된 경우 해당 작업에 영향을 미치는 관련 문제 모두 채점 대상에서 제외
   ● 도형 및 차트의 개체가 중첩되어 있거나 동일한 계산 결과 시트가 복수로 존재할 경우 해당 개체나 시트는 채점 대상에서 제외우

■ 수식 작성 시 제시된 문제 파일의 데이터는 변경 가능한(가변적) 데이터임을 감안하여 문제 풀이를 하시오.

■ 수식 작성 시 제시된 문제 파일의 데이터는 변경 가능한(가변적) 데이터임을 감안하여 문제 풀이를 하시오.

■ 저장 시간은 별도로 주어지지 않으므로 제한된 시간 내에 저장을 완료해야 하며, 제한시간 내에 저장이 되지 않은 경우에는 실격 처리됩니다.

■ 출제된 문제의 용어는 Microsoft Office Excel 2021 기준으로 작성되어 있습니다.

국 가 기 술 자 격 검 정

## 문제 1 기본작업(20점) 주어진 시트에서 다음의 과정을 수행하고 저장하시오.

**01** '기본작업-1' 시트에 다음의 자료를 주어진 대로 입력하시오. (5점)

| | A | B | C | D | E | F |
|---|---|---|---|---|---|---|
| 1 | 가입고객 관리 | | | | | |
| 2 | | | | | | |
| 3 | 가입날짜 | 고객명 | 나이 | 고객등급 | 가입분류 | 요금상품 |
| 4 | 2008-02-01 | 최서연 | 28 | VIP | 개인 | 세이브 |
| 5 | 2009-03-02 | 박예은 | 29 | 최우수 | 개인 | 데이터 2G |
| 6 | 2012-04-12 | 김수빈 | 30 | 우수 | 법인 | 데이터 1G |
| 7 | 2011-05-01 | 김윤서 | 31 | 일반 | 법인 | 데이터 3G |
| 8 | 2012-05-30 | 이수민 | 32 | VIP | 법인 | 무제한 |
| 9 | 2013-07-02 | 최지영 | 39 | 최우수 | 개인 | 데이터 3G |
| 10 | 2014-09-01 | 김지혜 | 40 | 우수 | 법인 | 데이터 2G |
| 11 | 2015-10-10 | 최민지 | 42 | 일반 | 개인 | 데이터 6G |
| 12 | 2016-08-14 | 이은지 | 51 | VIP | 개인 | 데이터 3G |

**02** '기본작업-2' 시트에 대하여 다음의 지시사항을 처리하시오. (각 2점)

① [A1:E1] 영역은 '병합하고 가운데 맞춤', 글꼴 '궁서체', 크기 16, 밑줄 '이중 실선'으로 지정하시오.
② [A4:A8], [A9:A13] 영역은 '병합하고 가운데 맞춤'을 지정하고, [A3:E3] 영역은 채우기 색을 '주황'으로 지정하시오.
③ [D4:D13] 영역은 사용자 지정 표시 형식을 이용하여 숫자 뒤에 "세"가 추가되어 표시되도록 지정하시오.
　[표시 예 : 20 → 20세, 0 → 0세]
④ [C4:C13] 영역은 '고객명'으로 이름을 정의하고, 텍스트 맞춤은 '가로 균등 분할'로 지정하시오.
⑤ [A3:E13] 영역은 모든 테두리(田)를 적용하시오.

**03** '기본작업-3' 시트에서 다음의 지시사항을 처리하시오. (5점)

▶ '고객 하반기사용량 현황' 표에서 가입날짜가 2017-02-01 이후이면서 나이가 30을 초과하는 데이터를 고급 필터를 사용하여 검색하시오.
▶ 고급 필터 조건은 [A23:B25] 범위 내에 알맞게 입력하시오.
▶ 고급 필터 결과 복사 위치는 동일 시트의 [A27] 셀에서 시작하시오.

## 문제 2 계산작업(40점) '계산작업' 시트에서 다음의 과정을 수행하고 저장하시오.

**01** [표1]에서 나이[B3:B11]를 이용하여 연령대[D3:D11]를 계산하시오. (8점)

▶ 연령대는 나이가 20 이상이면 '20대', 30 이상이면 '30대', 40 이상이면 '40대'로 표시
▶ IFS 함수 사용

**02** [표2]에서 사용량[G3:G10]이 두 번째로 많은 고객을 찾아 해당 고객명을 [I11] 셀에 표시하시오. (8점)

▶ VLOOKUP, LARGE 함수 사용

**03** [표3]의 고객등급, 기본요금과 할인율표[G14:J15]를 이용하여 할인액[D15:D23]을 계산하시오. (8점)
- ▶ 할인액 = 기본요금 × 할인율
- ▶ 할인율은 <할인율표>를 참조
- ▶ INDEX와 MATCH 함수 사용

**04** [표4]에서 가입상품[B27:B35]이 "데이터 1G"인 고객의 이달사용[C27:C35] 평균을 [D35] 셀에 계산하시오. (8점)
- ▶ 평균은 소수점 이하 둘째 자리에서 올림하여 소수점 이하 첫째 자리까지 표시
- ▶ ROUNDUP, DAVERAGE 함수 사용

**05** [표5]에서 미납여부[H27:H35]가 "납부"가 아닌 고객 수를 [I35] 셀에 계산하시오. (8점)
- ▶ COUNT, COUNTIF 함수 중 알맞은 함수 사용

---

**문제 3  분석작업(20점)  주어진 시트에서 다음의 과정을 수행하고 저장하시오.**

**01** '분석작업-1' 시트에서 다음의 지시사항을 처리하시오. (10점)
- ▶ [피벗 테이블] 기능을 이용하여 '이번 연도 고객의 데이터 사용량' 표에서 가입날짜는 '행', 가입분류는 '열', '값'에는 사용량의 평균을 계산하시오.
- ▶ 피벗 테이블 보고서는 동일 시트의 [I3] 셀에서 시작하시오.
- ▶ 가입날짜는 '월' 단위로 그룹을 지정하시오.
- ▶ 열의 총합계만 설정하시오.
- ▶ 값 영역의 표시 형식은 값 필드 설정의 셀 서식 대화상자에서 '숫자' 범주의 '1000 단위 구분 기호 사용'을 이용하여 지정하시오.

**02** '분석작업-2' 시트에서 다음의 지시사항을 처리하시오. (10점)
- ▶ [데이터 표] 기능을 이용하여 기본요금을 계산한 [D3:D6] 영역을 참조하여, 제공데이터와 할인율의 변동에 따른 기본요금의 변화를 [D10:I15] 영역에 계산하시오.

---

**문제 4  기타작업(20점)  주어진 시트에서 다음의 과정을 수행하고 저장하시오.**

**01** '매크로작업' 시트에서 다음과 같은 기능을 수행하는 매크로를 현재 통합 문서에 작성하고 실행하시오. (각 5점)
- ① [C12:E12] 영역에 1월, 2월, 3월의 합계를 계산하는 매크로를 생성하고, 매크로 이름을 '합계'로 지정하시오.
  - ▶ [개발 도구]-[삽입]-[양식 컨트롤]의 '단추(□)'를 동일 시트의 [H3:I4] 영역에 생성하고, 텍스트를 '합계'로 입력한 후 단추를 클릭할 때 '합계' 매크로가 실행되도록 설정하시오.
- ② [A3:F3] 영역에 셀 스타일을 '강조색1'로 적용하는 매크로를 생성하고, 매크로 이름을 '셀스타일'로 지정하시오.
  - ▶ [도형]-[사각형]의 '사각형: 빗면(□)'을 동일 시트의 [H6:I7] 영역에 생성하고, 텍스트를 '셀스타일'로 입력한 후 도형을 클릭할 때 '셀스타일' 매크로가 실행되도록 설정하시오.
  - ※ 셀 포인터의 위치에 관계없이 매크로가 실행되어야 정답으로 인정됨

02 '차트작업' 시트에서 다음의 지시사항에 따라 차트를 수정하시오. (각 2점)

※ 차트는 반드시 문제에서 제공한 차트를 사용하여야 하며, 신규로 차트 작성 시 0점 처리됨

① 차트의 데이터 범위에서 '11월합계'가 8,000 이상 20,000 미만을 제거하시오.
② 차트 제목은 '차트 위'로 지정한 후 [A1] 셀과 연결시키오.
③ '11월합계' 계열의 '무제한' 요소에만 데이터 레이블 '값'을 왼쪽에 표시하시오.
④ 그림 영역에 도형 스타일 '미세 효과 - 황금색, 강조 4'를 지정하시오.
⑤ 차트 영역의 테두리 스타일은 '둥근 모서리', 그림자는 '안쪽 가운데'로 지정하시오.

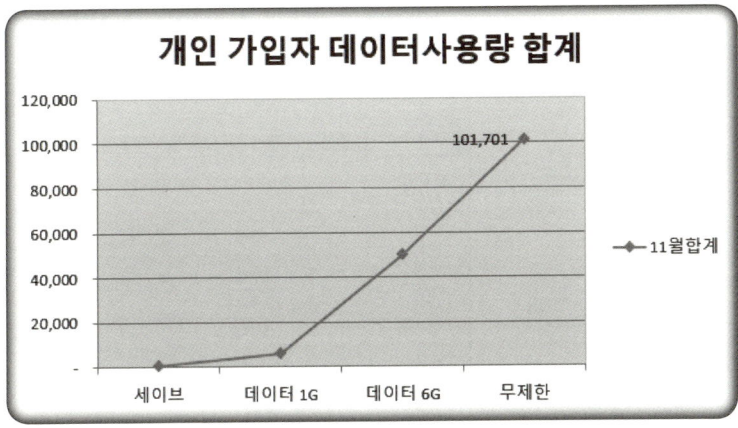

# 정답 및 해설

## 문제1  기본작업

파일을 열었을 때 '보안 경고'가 표시되면 '콘텐츠 사용'을 클릭하세요.

### 01 '기본작업-1' 시트 (자료 입력)

① 주어진 자료를 각각의 셀에 입력합니다.
   - ✓ [A4] 셀은 셀에 '2008-2-1'을 입력한 후 Enter 를 누르면 '2008-02-01'로 입력됩니다.
   - ✓ [E4] 셀은 문제에 주어진 대로 '개인'을 입력해야 합니다.
   - ✓ [F4:F12] 영역은 띄어쓰기에 주의하세요.

### 02 '기본작업-2' 시트 (셀 서식)

| | A | B | C | D | E |
|---|---|---|---|---|---|
| 1 | 데이터 무제한 상품 가입자 | | | | |
| 2 | | | | | |
| 3 | 가입분류 | 가입날짜 | 고객명 | 나이 | 고객등급 |
| 4 | 개인 | 2017-02-17 | 이예지 | 55세 | 최우수 |
| 5 | | 2014-09-02 | 김은경 | 61세 | 일반 |
| 6 | | 2008-02-14 | 김정자 | 36세 | 최우수 |
| 7 | | 2018-11-19 | 최진우 | 35세 | 일반 |
| 8 | | 2015-10-26 | 최현숙 | 37세 | 최우수 |
| 9 | 법인 | 2012-05-30 | 이수민 | 32세 | VIP |
| 10 | | 2015-10-15 | 지현정 | 30세 | 최우수 |
| 11 | | 2016-08-18 | 이미영 | 33세 | 우수 |
| 12 | | 2017-02-11 | 김영미 | 34세 | 일반 |
| 13 | | 2014-09-07 | 이건우 | 45세 | 일반 |

**1**

① [A1:E1] 영역을 선택한 후 [홈] 탭-[맞춤] 그룹-[병합하고 가운데 맞춤]을 클릭합니다.
② 이어서 글꼴을 변경하기 위해 [홈] 탭-[글꼴] 그룹-[글꼴] 입력란에 '궁서체'를 입력한 후 Enter 를 눌러 입력을 완료합니다.
③ 이어서 글꼴 크기를 변경하기 위해 [홈] 탭-[글꼴] 그룹-[글꼴 크기] 입력란에 '16'을 입력한 후 Enter 를 눌러 입력을 완료합니다.
④ 이어서 이중 실선을 지정하기 위해 [홈] 탭-[글꼴] 그룹-[밑줄]의 목록 단추(˅)를 클릭해 '이중 밑줄'을 선택합니다.

**2**

① [A4:A8] 영역을 선택한 후 Ctrl 을 누른 채로 [A9:A13] 영역을 선택합니다.
② 영역이 모두 선택되면 [홈] 탭-[맞춤] 그룹-[병합하고 가운데 맞춤]을 클릭합니다.
③ 이어서 [A3:E3] 영역을 선택한 후 [홈] 탭-[글꼴] 그룹-[채우기 색]의 목록 단추(˅)를 클릭해 '주황'을 선택합니다.

**3**

① 사용자 지정 표시 형식을 지정하기 위해 [D4:D13] 영역을 선택한 후 Ctrl + 1 을 누릅니다.
② [셀 서식] 대화상자가 나타나면 [표시 형식] 탭-[범주]를 '사용자 지정'으로 선택하고 '형식'에 이미 입력되어 있는 내용을 지운 뒤 '0"세"'를 입력합니다.
③ [보기]에 '55세'가 표시되면 [확인] 단추를 클릭합니다.

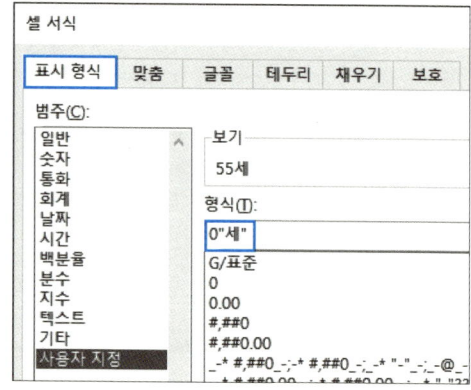

**4**

① 이름을 정의하기 위해 [C4:C13] 영역을 드래그하여 선택한 후 [이름 상자]를 클릭합니다.
② '고객명'을 입력한 후 오타 여부를 확인하고 Enter 를 누릅니다.
③ 이어서 가로 균등 분할을 지정하기 위해 [C4:C13] 영역이 선택된 상태에서 Ctrl + 1 을 누릅니다.
④ [셀 서식] 대화상자가 나타나면 [맞춤] 탭-[텍스트 맞춤] 범주-'가로' 목록 단추(˅)를 클릭해 '균등 분할 (들여쓰기)'을 선택한 후 [확인] 단추를 클릭합니다.

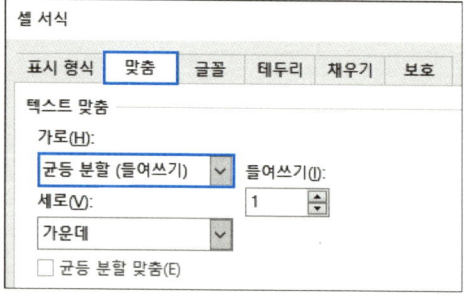

**5**

① 모든 테두리를 지정하기 위해 [A3:E13] 영역을 선택한 후 [홈] 탭-[글꼴] 그룹-[테두리]의 목록 단추(˅)를 클릭하고 '모든 테두리'(⊞)를 선택합니다.

## 03 '기본작업-3' 시트 (고급 필터)

▶ 결과

| | A | B | C | D | E | F |
|---|---|---|---|---|---|---|
| 27 | 가입날짜 | 고객명 | 나이 | 10월사용량 | 11월사용량 | 12월사용량 |
| 28 | 2017-02-17 | 이예지 | 55 | 10000 | 10010 | 10500 |
| 29 | 2017-02-11 | 김영미 | 34 | 10240 | 10244 | 10279 |
| 30 | 2018-11-25 | 이영자 | 35 | 301 | 310 | 315 |
| 31 | 2017-02-25 | 진승현 | 38 | 980 | 985 | 981 |
| 32 | 2018-11-19 | 최진우 | 35 | 1001 | 1051 | 1052 |

① 아래와 같이 조건을 입력합니다.

| | A | B |
|---|---|---|
| 23 | 가입날짜 | 나이 |
| 24 | >=2017-2-1 | >30 |

② 모두 입력이 되었다면 [A3:F20] 영역의 임의의 셀을 선택합니다.
③ 목록 범위 안에 셀 포인터가 있으면 [데이터] 탭-[정렬 및 필터] 그룹-[고급]을 클릭합니다.
④ [고급 필터] 대화상자가 나타나면 [목록 범위]에 [A3:F20] 영역이 이미 지정되어 있는 것을 확인하고 [조건 범위]에 커서를 이동합니다.
⑤ [조건 범위]에 커서가 나타나면 [A23:B24] 영역을 드래그합니다.
⑥ 복사 위치를 지정하기 위해 '다른 장소에 복사'를 선택한 후 [복사 위치]에 커서를 이동하여 [A27] 셀을 선택합니다.
⑦ 각 항목에 셀 주소가 지정되었다면 [확인] 단추를 클릭합니다.

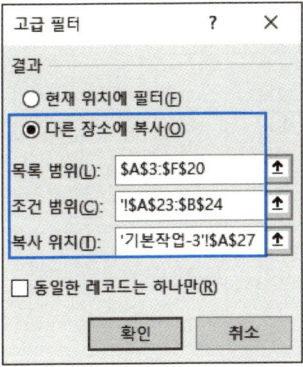

## 문제 2  계산작업

▶ 결과

| | A | B | C | D | E | F | G | H | I | J |
|---|---|---|---|---|---|---|---|---|---|---|
| 1 | [표1] | | | | | [표2] | | | | |
| 2 | 고객명 | 나이 | 평균사용량 | 연령대 | | 순번 | 사용량 | 고객명 | 등급 | |
| 3 | 김지민 | 21 | 2000 | 20대 | | 1 | 66,000 | 김민재 | 최우수 | |
| 4 | 우정명 | 30 | 4020 | 30대 | | 2 | 11,760 | 진승현 | 우수 | |
| 5 | 김태호 | 31 | 3120 | 30대 | | 3 | 12,012 | 최진우 | 일반 | |
| 6 | 이명훈 | 25 | 2099 | 20대 | | 4 | 73,800 | 유현우 | VIP | |
| 7 | 김정석 | 28 | 3700 | 20대 | | 5 | 123,000 | 최현숙 | 최우수 | |
| 8 | 김미진 | 42 | 10500 | 40대 | | 6 | 12,180 | 박영미 | 우수 | |
| 9 | 최수정 | 41 | 2000 | 40대 | | 7 | 73,810 | 박동현 | 우수 | |
| 10 | 김사랑 | 30 | 1988 | 30대 | | 8 | 12,504 | 유현준 | 일반 | |
| 11 | 김성진 | 29 | 4025 | 20대 | | 사용량이 2번째 많은 고객명 | | | 박동현 | |
| 12 | | | | | | | | | | |
| 13 | [표3] | | | | | <할인율표> | | | | |
| 14 | 고객ID | 고객등급 | 기본요금 | 할인액 | | 고객등급 | VIP | 최우수 | 우수 | 일반 |
| 15 | aie1013 | VIP | 33,000 | 3,300 | | 할인율 | 10% | 5% | 3% | 2% |
| 16 | pepp53 | 최우수 | 46,182 | 2,309 | | | | | | |
| 17 | toap20 | 우수 | 40,991 | 1,230 | | | | | | |
| 18 | paap311 | 일반 | 53,053 | 1,061 | | | | | | |
| 19 | oeoe02 | VIP | 66,970 | 6,697 | | | | | | |
| 20 | abc871 | 최우수 | 51,702 | 2,585 | | | | | | |
| 21 | efec21 | 우수 | 47,800 | 1,434 | | | | | | |
| 22 | cetce98 | 일반 | 56,095 | 1,122 | | | | | | |
| 23 | cadfe44 | VIP | 51,702 | 5,170 | | | | | | |
| 24 | | | | | | | | | | |
| 25 | [표4] | | | | | [표5] | | | | |
| 26 | 고객이름 | 가입상품 | 이달사용 | | | 가입분류 | 고객명 | 미납여부 | | |
| 27 | 임우주 | 데이터 6G | 6140 | | | 법인 | 김미진 | 납부 | | |
| 28 | 지인호 | 데이터 1G | 1021 | | | 법인 | 김정희 | 납부 | | |
| 29 | 김서영 | 데이터 6G | 6147 | | | 법인 | 이우영 | 미납 | | |
| 30 | 김민지 | 데이터 1G | 2051 | | | 개인 | 김선영 | 납부 | | |
| 31 | 유호민 | 데이터 6G | 7200 | | | 법인 | 최지운 | 확인 | | |
| 32 | 이정현 | 데이터 3G | 2088 | | | 개인 | 이상수 | 납부 | | |
| 33 | 이상훈 | 데이터 6G | 5500 | 가입상품 | | 개인 | 김예은 | 납부 | | |
| 34 | 김우리 | 데이터 1G | 982 | 데이터 1G | | 개인 | 김승현 | 확인 | 납부하지 않은 고객수 | |
| 35 | 최진아 | 데이터 2G | 1001 | 1351.4 | | 개인 | 유미림 | 미납 | 4 | |

### 01 연령대 (D3:D11)

=IFS(B3>=40,"40대",B3>=30,"30대",B3>=20,"20대")

① [D3] 셀을 선택한 후 [수식 입력줄]에 커서를 이동합니다.
② 수식을 작성한 후 Enter를 누릅니다.
③ [D3] 셀의 채우기 핸들을 [D11] 셀까지 드래그하여 수식을 복사합니다.

### 02 사용량이 2번째 많은 고객명 (I11)

=VLOOKUP(LARGE(G3:G10,2),G3:H10,2,FALSE)

① [I11] 셀을 선택한 후 [수식 입력줄]에 커서를 이동합니다.
② 수식을 작성한 후 Enter를 누릅니다.

### 03 할인액 (D15:D23)

=C15*INDEX($G$15:$J$15,1,MATCH(B15,$G$14:$J$14,0))

① [D15] 셀을 선택한 후 [수식 입력줄]에 커서를 이동합니다.
② 수식을 작성한 후 Enter를 누릅니다.
③ [D15] 셀의 채우기 핸들을 [D23] 셀까지 드래그하여 수식을 복사합니다.

### 04 데이터 1G (D35)

=ROUNDUP(DAVERAGE(A26:C35,C26,D33:D34),1)

① [D35] 셀을 선택한 후 [수식 입력줄]에 커서를 이동합니다.
② 수식을 작성한 후 Enter 를 누릅니다.

### 05 납부하지 않은 고객수 (I35)

=COUNTIF(H27:H35,"<>납부")

① [I35] 셀을 선택한 후 [수식 입력줄]에 커서를 이동합니다.
② 수식을 작성한 후 Enter 를 누릅니다.

## 문제 3 분석작업

### 01 '분석작업-1' 시트 (피벗 테이블)

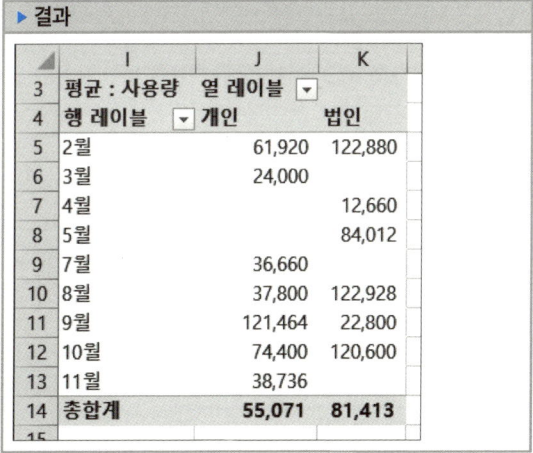

① [A3:G19] 영역의 임의의 셀을 선택한 후 [삽입] 탭-[표] 그룹-[피벗 테이블]-[테이블/범위에서]를 클릭합니다.
② [표 또는 범위의 피벗 테이블] 대화상자가 나타나면 '표/범위'에 입력된 [A3:G19] 영역을 확인하고, 피벗 테이블을 배치할 위치에 '기존 워크시트'의 [I3] 셀을 선택한 후 [확인] 단추를 클릭합니다.

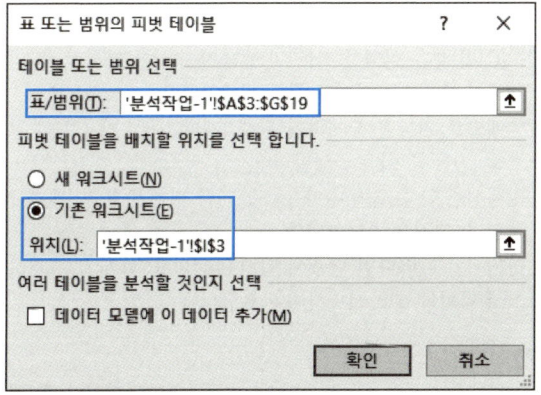

③ '가입날짜'를 [행] 영역으로 드래그, '가입분류'를 [열] 영역으로 드래그, '사용량'을 [값] 영역으로 드래그합니다.

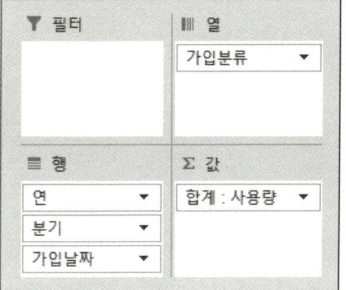

④ '사용량'을 평균으로 변경하기 위해 [피벗 테이블 필드] 작업창의 [값] 영역에서 '합계 : 사용량'을 클릭하여 [값 필드 설정]을 선택합니다.
⑤ [값 필드 설정] 대화상자가 나타나면 [값 요약 기준] 탭에서 '평균'을 선택하고 [확인] 단추를 클릭합니다.

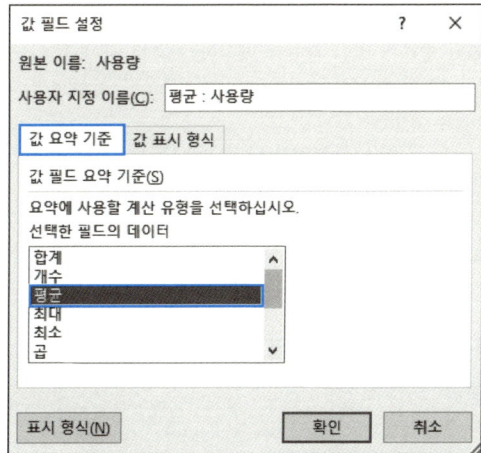

⑥ 가입날짜를 월 단위로만 그룹으로 지정하기 위해 연도가 표시되어 있는 임의의 셀을 선택하고 선택한 셀 위에서 마우스 오른쪽 버튼을 눌러 [그룹] 명령을 클릭합니다.
⑦ [그룹화] 대화상자가 나타나면 '분기'와 '연'을 클릭해 선택을 해제하고, '월'만 선택된 상태에서 [확인] 단추를 클릭합니다.

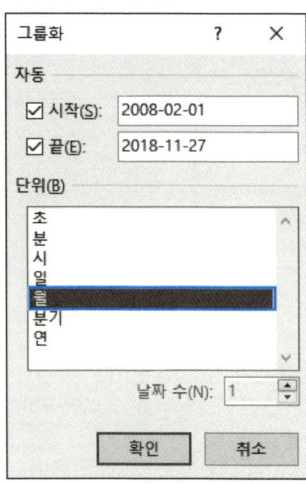

⑧ 행의 총합계는 표시하지 않기 위해 [디자인] 탭-[레이아웃] 그룹-[총합계]-[열의 총합계만 설정]을 클릭합니다.
⑨ 사용량 평균의 표시 형식을 변경하기 위해 [피벗 테이블 필드] 작업창의 [값] 영역에서 '평균 : 사용량'을 클릭하고 [값 필드 설정]을 선택합니다.
⑩ [값 필드 설정] 대화상자가 나타나면 [표시 형식] 단추를 클릭합니다.
⑪ [셀 서식] 대화상자가 나타나면 [범주]에 '숫자'를 클릭하고 '1000 단위 구분 기호(,) 사용' 확인란을 선택한 후 [확인] 단추를 두 번 클릭하여 대화상자를 모두 닫습니다.

## 02 '분석작업-2' 시트 (데이터 표)

▶ 결과

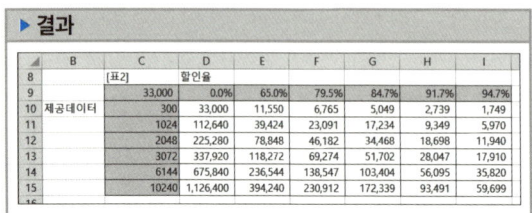

① 변수와 변수가 만나는 지점인 [C9] 셀을 선택한 후 '='을 입력합니다.
② 수식이 입력되어 있는 [D6] 셀과 연결하기 위하여 [D6] 셀을 클릭하고 Enter 를 누릅니다.
③ [C9:I15] 영역을 드래그하여 선택한 후 [데이터] 탭-[데이터 도구] 그룹-[가상 분석]-[데이터 표]를 클릭합니다.
④ [데이터 테이블] 대화상자가 나타나면 [행 입력 셀]에 [D4] 셀을 선택하고, [열 입력 셀]에 커서를 이동해 [D3] 셀을 선택한 후 [확인] 단추를 클릭합니다.

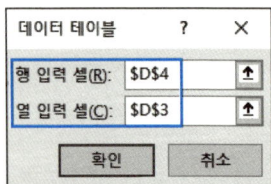

## 문제 4 기타작업

### 01 '매크로작업' 시트 (매크로)

▶ 결과

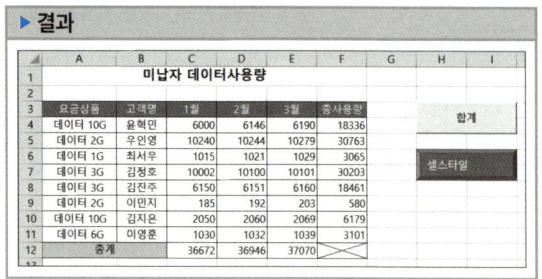

### 1

① [개발 도구] 탭-[컨트롤] 그룹-[삽입]-[양식 컨트롤]의 '단추(양식 컨트롤)'를 클릭합니다.
② 이어서 [H3:I4] 영역에 드래그하여 '단추'를 생성합니다.
③ [매크로 지정] 대화상자가 나타나면 [매크로 이름]에 '합계'를 입력하고 [매크로 위치]에서 '현재 통합 문서'를 선택한 후 [기록] 단추를 클릭합니다.

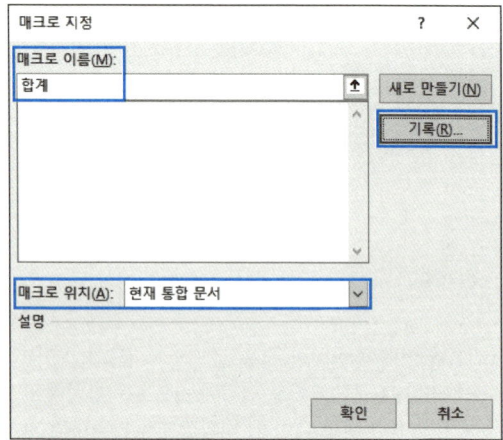

④ [매크로 기록] 대화상자가 나타나면 [확인] 단추를 클릭합니다.
⑤ 매크로 기록이 시작되면 [C12] 셀에 '=SUM(C4:C11)'를 입력한 후 Enter 를 누릅니다.
⑥ [C12] 셀을 선택하고 [E12] 셀까지 수식을 복사한 후 임의의 셀을 선택하여 블록을 해제합니다.
⑦ 매크로 기록을 중지하기 위해 [개발 도구] 탭-[코드] 그룹-[기록 중지]를 클릭합니다.
⑧ 생성한 단추 위에서 마우스 오른쪽 버튼을 눌러 [텍스트 편집] 명령을 클릭합니다.
⑨ 커서가 나타나면 단추에 입력된 글자를 '합계'로 변경하고 임의의 셀을 선택하여 완료합니다.

### 2

① [삽입] 탭-[일러스트레이션] 그룹-[도형]-[기본 도형]의 '사각형: 빗면'을 클릭합니다.

② 이어서 [H6:I7] 영역에 드래그하여 '사각형: 빗면' 도형을 생성합니다.
③ 매크로를 지정하기 위해 생성한 도형 위에서 마우스 오른쪽 버튼을 눌러 [매크로 지정] 명령을 클릭합니다.
④ [매크로 지정] 대화상자가 나타나면 [매크로 이름]에 '셀스타일'을 입력하고 [매크로 위치]에서 '현재 통합 문서'를 선택한 후 [기록] 단추를 클릭합니다.

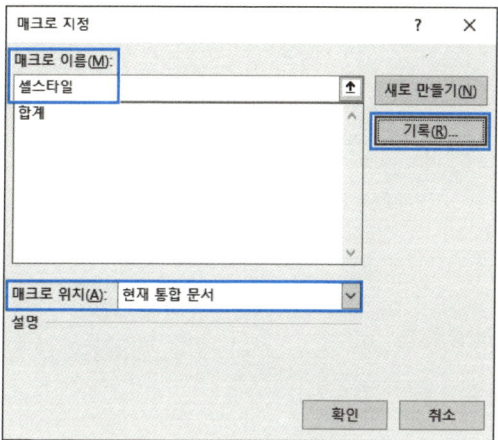

⑤ [매크로 기록] 대화상자가 나타나면 [확인] 단추를 클릭합니다.
⑥ 매크로 기록이 시작되면 [A3:F3] 영역을 선택한 후 [홈] 탭-[스타일] 그룹-[셀 스타일]을 클릭하고 [테마 셀 스타일] 범주의 '강조색1'을 선택합니다.
⑦ 임의의 셀을 선택하여 블록을 해제한 후 [개발 도구] 탭-[코드] 그룹-[기록 중지]를 클릭합니다.
⑧ 생성한 도형 위에서 마우스 오른쪽 버튼을 눌러 [텍스트 편집] 명령을 클릭합니다.
⑨ 커서가 나타나면 '셀스타일'을 입력하고 임의의 셀을 선택하여 완료합니다.

## 02 '차트작업' 시트 (차트)

**1**
① '차트 영역'에서 마우스 오른쪽 버튼을 눌러 [데이터 선택] 명령을 클릭합니다.
② [데이터 원본 선택] 대화상자가 나타나면 [차트 데이터 범위]의 기존 참조 주소를 삭제합니다.
③ [A3:A5] 영역을 선택한 후 Ctrl을 누른 채 [D3:D5], [A8:A9], [D8:D9] 영역을 차례로 선택합니다.
④ [차트 데이터 범위] 주소가 재지정되면 [확인] 단추를 클릭하여 대화상자를 닫습니다.

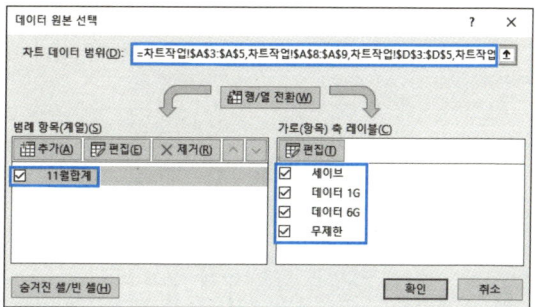

**2**
① [차트 디자인] 탭-[차트 레이아웃] 그룹-[차트 요소 추가]-[차트 제목]-[차트 위]를 클릭합니다.
② '차트 제목'이 차트에 표시되면 차트 제목을 [A1] 셀과 연결시키기 위해 [수식 입력줄]을 클릭하고 '='을 입력한 후 [A1] 셀을 선택합니다.
③ [수식 입력줄]에 '=차트작업!$A$1'가 나타나면 Enter를 누릅니다.

**3**
① '11월합계' 계열을 클릭하여 선택한 상태에서 '무제한' 데이터 요소만 한 번 더 클릭합니다.
② '무제한'의 '11월합계' 계열만 선택이 되면 [차트 디자인] 탭-[차트 레이아웃] 그룹-[차트 요소 추가]-[데이터 레이블]-[왼쪽]을 클릭합니다.

**4**
① '그림 영역'을 선택한 후 [서식] 탭-[도형 스타일] 그룹-[자세히](▼)를 클릭한 후 [미세 효과 - 황금색, 강조 4]를 선택합니다.

**5**
① '차트 영역'에서 마우스 오른쪽 버튼을 눌러 바로 가기 메뉴가 나타나면 [차트 영역 서식] 명령을 클릭합니다.
② [차트 영역 서식] 창이 나타나면 [차트 옵션]-[채우기 및 선](◇)-[테두리]의 '둥근 모서리' 확인란을 선택합니다.

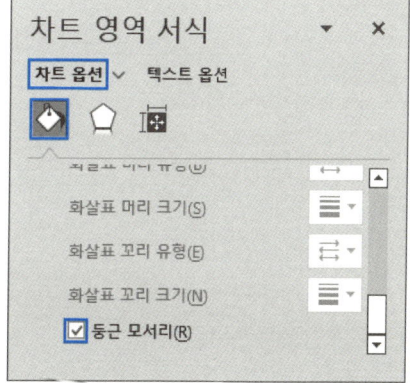

③ 이어서 [차트 옵션]-[효과]( )-[그림자]의 [미리 설정]을
'안쪽 가운데'로 선택한 후 [닫기]( ) 단추를 클릭합니다.

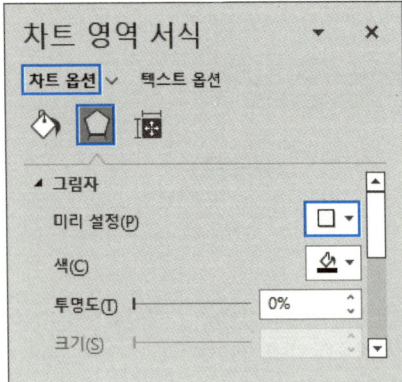

**주희쌤의 컴퓨터활용능력 2급 실기 2권**

ISBN : 979-11-93234-80-8(2권)
979-11-93234-78-5(세트)

발행일 · 2018年  3月  16日  초판  1쇄
       2019年  5月  10日  2판  1쇄
              12月  20日  3판  1쇄
       2021年  4月  10日  4판  1쇄
       2023年 12月  20日  5판  1쇄

저 자 · 이주희 | 발행인 · 이용중
발행처 · 도서출판 배움 | 주소 · 서울시 영등포구 영등포로 400 신성빌딩 2층 (신길동)
주문 및 배본처 | Tel · 02) 813-5334 | Fax · 02) 814-5334

본서는 저작권법 보호대상으로 무단복제(복사, 스캔), 배포, 2차 저작물 작성에 의한 저작권 침해를 금합니다.
또한 저작권법 제136조에 따라 5년 이하의 징역 또는 5천만 원 이하의 벌금에 처하거나 이를 병과할 수 있으며,
저작권법 제125조에 따라 1억 원 이상의 손해배상책임이 발생할 수 있습니다.

서작권 침해 제보: 이메일 baeoom1@hanmail.net, 전화 02) 813-5334

정가 22,000원(전 2권)